Uni-Taschenbücher 656

UTB
FÜR WISSEN
SCHAFT

Eine Arbeitsgemeinschaft der Verlage

Wilhelm Fink Verlag München
Gustav Fischer Verlag Jena und Stuttgart
Francke Verlag Tübingen
Paul Haupt Verlag Bern und Stuttgart
Hüthig Verlagsgemeinschaft
Decker & Müller GmbH Heidelberg
Leske Verlag + Budrich GmbH Opladen
J. C. B. Mohr (Paul Siebeck) Tübingen
Quelle & Meyer Heidelberg · Wiesbaden
Ernst Reinhardt Verlag München und Basel
F. K. Schattauer Verlag Stuttgart · New York
Ferdinand Schöningh Verlag Paderborn · München · Wien · Zürich
Eugen Ulmer Verlag Stuttgart
Vandenhoeck & Ruprecht in Göttingen und Zürich

Wörterbuch der Sozialarbeit und Sozialpädagogik

Herausgegeben von Arnold Schwendtke

Mit Beiträgen von Ulrich Bleidick · Martin Bohle · Ingeborg Böttner Hanspeter Buba · Elvira Hellmer · Hans Hielscher · Friedrich Koch Hartmann Leitner · Ute Leitner · Peter Ludes · Johannes Niermann M. Monika Niermann · Ernst Petzold · Hans Paffenberger · Katharina Reindell · Andrea Reischies · Johannes P. Schilling · Lothar Schmidt Alfred Schmölz · Arnold Schwendtke · Dieter Schüpp · Ellen Seidenstücker · Gerhard Seidenstücker · Walter Thorun · Daniela Watzinger Udo Wolter

Quelle & Meyer Heidelberg · Wiesbaden

Die Deutsche Bibliothek – CIP-Einheitsaufnahme

Wörterbuch der Sozialarbeit und Sozialpädagogik / hrsg. von Arnold Schwendtke. Mit Beitr. von Ulrich Bleidick ... – 3., unveränd. Aufl. – Heidelberg ; Wiesbaden : Quelle und Meyer, 1991
(UTB für Wissenschaft : Uni-Taschenbücher ; 656)
ISBN 3-494-02072-8
NE: Schwendtke, Arnold [Hrsg.]; Bleidick, Ulrich; UTB für Wissenschaft / Uni-Taschenbücher

3., unveränderte Auflage 1991

Druck und Verarbeitung: Allgäuer Zeitungsverlag GmbH, Kempten
Printed in Germany/Imprimé en Allemagne
ISBN 3-494-02072-8

Vorwort

Die Anregung zu diesem »Wörterbuch der Sozialarbeit und Sozialpädagogik« erhielt der Herausgeber zuerst von studentischer Seite. Ein gewandeltes Verständnis der Sozialarbeit und Sozialpädagogik ergab die Notwendigkeit zur Systematik lexikalischer Definitionen und Begriffsdarstellungen der Basis – sowie Rahmenwissenschaften von mehr und mehr professionalisierten Methoden und sozialen Interventionstechniken. Angesprochen werden soll u. a. sowohl der Gruppenerzieher im Berufsfeld der Heimpädagogik als auch der Gemeinwesenarbeiter in Schnittpunktbereichen von Gemeinde- und Sozialpolitik auf der Suche nach einem Vermittlungsverhältnis von politischem Engagement und methodischem Vorgehen in seinem Arbeitsfeld.
Dem Praktiker kann das »Wörterbuch« als Handreichung dienen, nicht zuletzt mit seinem erheblichen Anteil juristischer Stichworte. Einige Stichworte wurden, wenn auch abgewandelt, aus englischen und amerikanischen Publikationen übernommen. Ein früher gefaßter Plan, Struktur und Inhalt der »Encyclopedia of Social Work«, herausgegeben von der National Association of Social Workers, Washington, D.C., zu übernehmen, wurde fallengelassen. Geschichte, Organisation und Struktur der Sozialarbeit und Sozialpädagogik in Deutschland, der Schweiz und Österreich ließen nach Ansicht des Herausgebers eine derartige handbuchartige Fassung nicht zu.
Gewichtet und ausgewählt wurden die Stichworte nach intensiver, über einen längeren Zeitraum vorgenommener Durchsicht von vier führenden Fachzeitschriften. So ergab sich eine Bestandsaufnahme des Systems von Sozialarbeit und Sozialpädagogik mit Begriffen, Interpretationen, Darstellungen von Funktionsbereichen, Organisationszuordnungen sowie Darstellungen zu Arbeits- und Berufsfeldern. Das erkenntnisleitende Paradigma des Herausgebers heißt: »Industriegesellschaft«. Vergleichende internationale Studien verweisen auf Strukturgleichheiten zu Typen individueller Konflikte, Randgruppensituationen, Formen des sozialen Leidens mit kollektiven Defiziten in Bildungs-, Erziehungs- und Versorgungsbereichen.
Der Herausgeber dankt allen Autoren sowie Prof. Dr. Wolfgang Bäuerle, dem er zuerst seinen Plan vortrug, ebenso wie H. Klippel, Lektor im Verlag Quelle & Meyer in Heidelberg, der mit Umsicht und wertvollen Ratschlägen die Arbeit an diesem Werk tatkräftig unterstützte.
Anregungen und kritische Hinweise nehme ich – über den Verlag – gern und dankbar entgegen.

Trier, im März 1977 *Arnold Schwendtke*

Vorwort zur dritten Auflage

Trotz des Wandels von Themenstellungen, Problembeschreibungen und Theoriekonzepten in der sozialen Arbeit fand dieses bereits 1973 geplante und 1980 ergänzte und erweiterte Wörterbuch gebührende Aufmerksamkeit und hinreichende Nachfrage in der Leserschaft. Noch deckt der Corpus der ausgewählten Termini in notwendiger Weise die Lehrgebiete von Sozialarbeit und Sozialpädagogik ab.
Verlag und Herausgeber haben sich deshalb entschlossen, eine dritte, unveränderte Auflage des Wörterbuches der Sozialarbeit und Sozialpädagogik herauszugeben. An dieser Stelle soll allen Mitarbeiterinnen und Mitarbeitern gedankt werden für Beiträge zu Textgestaltungen und weiterführende Planungskonzepte.

Trier, Januar 1991 *Arnold Schwendtke*

Verzeichnis der Mitarbeiter

Die Kürzel hinter den Namen geben die Signaturen für die einzelnen Beiträge wieder; sie stehen jeweils am Ende des Beitrags. Ein ausführlicher »Autorensteckbrief« findet sich auf den Seiten 365–371.

Ulrich Bleidick [U. B.]
Martin Bohle [M. B.]
Hanspeter Buba [H. B.]
Ingeborg Böttner [I. B.]
Maximilian Fuchs [M. F.]
Rudolf Heidemann [R. H.]
Elvira Hellmer [E. H.]
Hans Hielscher [H. H.]
Friedrich Koch [F. K.]
Hartmann Leitner [H. L.]
Ute Leitner [U. L.]
Peter Ludes [P. L.]
Johannes Niermann [J. N.]
Monika M. Niermann [M. N.]
Ernst Petzold [E. P.]
Hans Pfaffenberger [H. P.]
Katharina Reindell [K. R.]
Andrea Reischies [A. R.]
Johannes Schilling [J. Sch.]
Lothar Schmidt [L. Sch.]
Alfred Schmölz [A. Schm.]
Arnold Schwendtke [A. S.]
Dieter Schüpp [D. Sch.]
Ellen Seidenstücker [G. S.]
Gerhard Seidenstücker [G. S.]
Walter Thorun [W. Th.]
Daniela Watzinger [D. W.]
Udo Wolter [U. W.]

Abkürzungen

a. d.	= an der (Stelle)	histor.	= historisch
allg.	= allgemein	i. e. S.	= im engeren Sinn
amtl.	= amtlich	Inst.	= Institut
Anm.	= Anmerkung	jgd.	= jugendlich
Aufl.	= Auflage	jur.	= juristisch
bearb.	= bearbeitet	lat.	= lateinisch
Bibliogr.	= Bibliographie	lfd.	= laufend
bibliogr.	= bibliographisch	Lit.	= Literatur
BMin	= Bundesministerium	m.	= mit
BR	= Bundesrepublik Deutschland	med.	= medizinisch
bzw.	= beziehungsweise	Päd.	= Pädagogik
d.	= der/die	päd.	= pädagogisch
d. h.	= das heißt	SA	= Sozialarbeit
DDR	= Deutsche Demokratische Republik	s.	= siehe
ders.	= derselbe	s. d.	= siehe dort
dt. oder dtsch.	= deutsch	s. o.	= siehe oben
engl.	= englisch	SP	= Sozialpädagogik
erg.	= ergänzend, ergänztes	u.	= dt. und; engl.; and
f.	= für	u. a.	= unter anderem
frz.	= französisch	überarb.	= überarbeitet
GG	= Grundgesetz	usw.	= und so weiter
Hdb.	= Handbuch	vgl.	= vergleiche
(Hg.)	= Herausgeber	Vlg.	= Verlag
		Vol.	= Band (engl.)
		z. B.	= zum Beispiel
		Zs.	= Zeitschrift
		Ztschr.	= Zeitschrift

Abnormalität, Psychologie der –, Bezeichnung für –, verschiedene Teilgebiete der Psychologie, die sich mit der Untersuchung, Diagnose, Therapie und auch Prävention abnormen Verhaltens befassen. A. kann in drei verschiedenen Bedeutungen verwendet werden: 1. A. als Abweichung von einer ideellen Norm, 2. von einer statistischen und 3. von einer funktionalen Norm. Während es bei körperlichen Erkrankungen im allgemeinen klare, festgelegte und gewöhnlich meßbare Anzeichen einer Krankheit gibt (Abweichung von einer funktionalen Norm), wird die psychische Pathologie nicht durch körperliche, sondern durch soziale Realitäten (Abweichung von einer sozialen Norm) bestimmt. Eine Person wird gewöhnlich aufgrund einer Kombination folgender Merkmale für psychisch abnorm gehalten: 1. Sie befindet sich in psychiatrischer Fürsorge; 2. Einflußreiche Mitglieder der Gesellschaft (Ehegatten, Richter, Lehrer, Eltern u. a.) stimmen darin überein, daß ihr Verhalten fehlangepaßt ist; 3. Ein Psychiater oder Klinischer Psychologe diagnostiziert eine psychische Störung; 4. Ihre aus psychologischen Untersuchungsverfahren (Tests, Fragebögen) abgeleiteten Testwerte weichen in einem festgelegten Ausmaß von den Standardwerten einer als normal bezeichneten Gruppe ab; 5. Sie bezeichnet sich selbst als »psychisch krank«; 6. Sie zeigt deutlich Gefühle des Unglücklichseins, der Angst oder der Minderwertigkeit; 7. Sie verhält sich in der Öffentlichkeit so, als wollte sie die anderen darauf aufmerksam machen, daß ihr Verhalten von den anerkannten Normen der Gesellschaft abweicht. Allport (1969) argumentiert, daß jenseits der statistischen und relativen Maße für Normalität, wie sie von sozialen Systemen und Kulturen auferlegt werden, ein ethischer Maßstab beim Beurteilen der Abnormalität anzuwenden ist. Er meint, daß der gültige Maßstab für die tüchtige und gesunde Persönlichkeit auf einem grundlegenden menschlichen Potential aufgebaut werden müßte und nicht auf den jeweils vorherrschenden Gegebenheiten, Beurteilungen, personalen sowie institutionellen Entscheidungen. [E. S.]

Lit.: Allport, G. W.: Ethical considerations in the definition of mental illness, in: Southwell, E. A. u. Feldman, H. (Hg.): Abnormal psychology: Readings in theory and research, Belmont, California 1969. Arieti, S. (Hg): American handbook of psychiatry, New York 1959. Eysenck, H.-J. (Hg.): Handbook of abnormal psychology, London 1960. Scott, W. A.: Research definitions of mental health and mental illness, Psychological Bulletin, 1958, 55, 29–45. Szasz, Th.: Geisteskrankheit: Ein moderner Mythos? Olten 1972. Ullmann, L. P. u. Krasner, L.: A psychological approach to abnormal behavior, Englewood Cliffs, 1969. Wegrocki, H. J.: A critique of cultural and statistical concepts of abnormality, Journal of Abnormal and Social Psychology, 1939, 34, 166–178.

Abstraktion, Wesentliches Merkmal menschlicher Erkenntnisprozesse; begriffliche, denkende Heraussonderung, Zuordnung und Umorganisation einzelner Elemente oder Strukturteile aus Gesamtheiten mit dem Ziel, veränderte Zusammenhänge und Zuordnungen zu bilden. Wissenschaftliche Abstraktion gilt als Bewegung von Erkenntnisprozessen in und über alle Dimensionsbereiche eines Gegenstandes, Objekts, Phänomens. [A. S.]

Abwehr, theoretischer Begriff der →Psychoanalyse, der die automatisierte Hemmung einer Motivbefriedigung bezeichnet, die durch Personen der Umgebung vereitelt wurde. A. erfolgt gewöhnlich unbewußt. Das Vorliegen von A. kann von Außenstehenden in ihren verschiedenen Formen (→Abwehrmechanismen) erschlossen werden. A. stellt eine Widerstandsform des Ich gegen Gefahrensituationen heraufbeschwörende Es-Impulse dar. Das Ich erzeugt dann Angst als Gefahrensignal (Signalangst →Angst) und ist unter dem Realitätsprinzip (→Psychoanalyse) in der Lage, gegen die gefährlichen Impulse Widerstand zu leisten. Neben allen normalen Ichfunktionen sind spezifische A.mechanismen von A. Freud beschrieben worden. [E. S.]

Lit.: Freud, A.: Das Ich und die Abwehrmechanismen. München 1973[8]. Freud, S.: Vorlesungen zur Einführung in die Psychoanalyse, 1916/17, Ges. Werke, Bd. 11, London 1940–52. Freud, S.: Das Ich und das Es, 1923, Ges. Werke, Bd. 13. Freud, S.: Hemmung, Symptom und Angst, 1926, Ges. Werke, Bd. 14.

Abwehrmechanismen, typische Erscheinungsformen der →Abwehr, die als relativ konstante psychische Strukturen furchterregende Es-Impulse vom Bewußtsein fernhalten. A. werden insbesondere dann aktiviert, wenn die Triebregungen nicht mit den Forderungen des Über-Ich bzw. der Realität in Einklang stehen. Zu diesen beschränkt bewußten Techniken, deren sich das Ich in seinen eventuell zur Neurose führenden Konflikten bedient, zählen: Verdrängung (Tätigkeit des Ich, die dem unerwünschten Es-Impuls oder den Abkömmlingen dieses Impulses, wie Erinnerungen, Emotionen, Begehrungen oder wunscherfüllende Phantasien, den Zugang zum Bewußtsein versperrt) – Reaktionsbildung (aus einem Paar ambivalenter Motive (Liebe – Haß) wird durch Unterdrückung des einen, nicht akzeptablen Teils nur der andere Teil bewußt) – Regression (teilweiser Rückzug auf ontogenetisch frühere Verhaltensweisen, oft begleitet von einer Regression in den Ichfunktionen (motorische Kontrolle, Wahrnehmung, Erinnerung, Affekte, Denken) und in der Ichentwicklung) – Projektion (die Person schreibt einen eigenen, nicht akzeptablen Impuls oder Wunsch einer anderen Person oder auch einem nichtpersönlichen Objekt der Außenwelt zu) – Sublimierung (Befriedigung nicht erfüllter infantiler Triebabkömmlinge durch Ersatzhandlungen, die den Forderungen der Außenwelt entsprechen) – Verleugnung (ursprünglich: Blockierung gewisser Sinneseindrücke aus der äußeren Welt; später: Verleugnung eines Stücks unangenehmer Wirklichkeit mit Hilfe einer wunscherfüllenden Phantasie oder durch äußeres Verhalten) – Verschiebung (Entladung aufgestauter, gewöhnlich feindseliger Gefühle auf Objekte, die weniger gefährlich sind als diejenigen, welche die Emotion ursprünglich erregt haben) – Identifizierung oder Introjektion (innere Übernahme des Verhaltens, der Rolle, der Wertvorstellungen usw. einer Person, zu der starke emotionale Beziehungen bestehen) – Isolierung (ein bestimmter Gedanke wird durch Abschneiden aller Assoziationsverbindungen isoliert und somit weitgehend der Möglichkeit beraubt, wieder ins Bewußtsein zu treten) – Isolieren des Affekts oder Affektverdrängung (eine schmerzhafte Emotion wird von der ursprünglich mit ihr verknüpften Phantasie (einem Wunsch oder einer wichtigen Erinnerung aus der Vergangenheit) isoliert und tritt im Gegensatz zum Inhalt der Phantasie nicht ins Bewußtsein) – Ungeschehen machen (Versuch, den Schaden zu widerlegen oder aufzuheben, von dem die Person glaubt, ihn durch sexuelle oder feindselige Wünsche oder Handlungen verursacht zu haben) – Wendung gegen das Selbst (Wendung eines Triebimpulses gegen die eigene Person anstatt auf das ursprüngliche Objekt des Impulses, häufig begleitet von einer unbewußten Identifizierung mit dem Objekt). [E. S.]

Lit.: Brenner, Ch.: Grundzüge der Psychoanalyse, Frankfurt/M. 1955. Freud, A.: Das Ich und die Abwehrmechanismen, München 1973[8]. Freud, S.: Hemmung, Symptom und Angst, 1926, Ges. Werke, Bd. 14, London 1940–52.

Abweichendes Verhalten, kategorialer Grundbegriff der Soziologie, der sich von anderen soziologischen Kategorien wie: Anomie, Konformität, Soziales Handeln, Soziale Norm, Soziale Kontrolle, Segregation, Sozialisation, Stigmatisierung, Subkultur u. a. erklären läßt. Über dem von E. Durkheim eingeführten Begriff der Anomie erfährt die Kategorie A. V. eine Ausweitung auf Untersuchungen zu Kulturkonflikten, Delikttypen, Sanktions- und Kontrollprozessen bis hin zu Ausprägungsmerkmalen sozialer Pathologien (Suchtverhalten, Apathien, Entfremdung). Ausgehend vom Begriffskomplex »soziales Verhalten« erscheint A. V. als eine Teilklasse des Verhaltens mit weiteren definitorisch ausgezeichneten Unterklassen A. V. wie kriminelles Verhalten, Suchtverhalten, subkulturelles-gegengesellschaftliches Verhalten etc. Die ursprünglich negativ bewertende Anwendung des Begriffs A. V. ist weitgehend einer wertneutralen Definition gewichen. Ausmaße, Reichweiten, Typen, Funktionen, Handlungsräume sowie Konsequenzen des A. V. sind Gegenstand weiterführender theoretischer Konzepte bei der Analyse von Familienstrukturen, Rollensystemen, sozialpathologischen Syndromen sowie in Rahmentheorien zur Sozialisation und zu Soziali-

sationsstörungen. Neben allgemeinen Theorien des A. V. (Anomietheorie) steht das Konzept eines →»Labeling approach« zur Diskussion. Nicht zuletzt ermöglichen Verhaltenstheorien der Soziologie etwa über die Integration zu Anwendungsmöglichkeiten von Lerntheorien eine Erkenntniserweiterung über Ursachen, Ausprägungen und Folgen des A. V. Die Verhältnisse zwischen A. V. und Konformität in einer Gesellschaft sind schwer zu bestimmen (Dunkelfelder).
Es erscheint weitgehend unzulässig, das gesamte Verhaltensspektrum einer Person oder sozialen Gruppe als abweichend zu benennen. A. V. ist demnach immer nur partielles, d. h. auf einen bestimmten Verhaltensbereich beschränktes A. V.
Wesentliche Bezüge zu Erkenntnissen des A. V. ergeben sich aus Analysen sozialer Normen, Mechanismen sozialer Kontrolle sowie Prozessen der Stigmatisierung. Soziale Normen sind dabei als gesamtgesellschaftliche sowie als gruppenspezifische Normen zu verstehen. [A. S.]

Lit.: Cohen, A. K.: Abweichung und Kontrolle, München 1968. Matza, D.: Abweichendes Verhalten, Heidelberg 1974. Opp, K. D.: Abweichendes Verhalten und Gesellschaftsstruktur, Darmstadt und Neuwied 1974. Sack, F.: Abweichendes Verhalten, in: Bernsdorf, W. (Hg.), Wörterbuch der Soziologie, Stuttgart, 1969. Wiswede, G.: Soziologie abweichenden Verhaltens, Stuttgart 1973.

Adoption, als Teil des →Familienrechts in den §§ 1741–1772 →BGB geregelt. Die Vorschriften sind 1976 völlig neu gefaßt worden.
1. Nach dem früheren Recht entfaltete die A. nur schwache rechtliche Wirkungen (sog. schwache A.): Das Verwandtschaftsverhältnis des Kindes zu seinen bisherigen Verwandten und die sich daraus ergebenden Rechte und Pflichten blieben im wesentlichen unberührt, die leiblichen Eltern verloren nur die →elterliche Gewalt; das Kind erhielt zwar den Familiennamen des Annehmenden, es entstanden jedoch keine Rechtsbeziehungen zwischen dem Kind und den Verwandten sowie dem Ehegatten des Annehmenden.
2. Die Neuregelung geht davon aus, daß eine ungestörte Entwicklung eines Kindes in der neuen Familie gewährleistet sein müsse. Deshalb werden die Beziehungen zur alten Familie völlig gelöst. Das Kind wird wie ein eheliches in die neue Familie eingegliedert, es wird mit allen Verwandten des Annehmenden sowie dessen Ehegatten verwandt (sog. starke A.). Die Familie wird also nicht als ein auf der natürlichen Basis der Blutsbande gewachsenes Gebilde gesehen, sondern als ein sozialer Tatbestand, durch den das Kind eine größere Chance zur eigenen Entfaltung erhält als in einem Heim (→Heimaufsicht). Die Herauslösung aus der alten Familie bedarf der Einwilligung der Eltern, die diese erteilen können, wenn das Kind 6 Wochen alt ist. Um das Kind vor jeder Einmischung der leiblichen Eltern zu bewahren, kann eine

Inkognito-A. vorgenommen werden, bei der ihnen Name und Anschrift der neuen Eltern unbekannt bleiben. Ein minderjähriges ausländisches Kind erwirbt mit der Adoption die deutsche Staatsangehörigkeit. Die Adoption wird nicht mehr wie bisher durch einen Vertrag zwischen Annehmendem und Anzunehmendem, sondern durch den Ausspruch des →Vormundschaftsgerichts wirksam (Dekret- statt Vertragssystem, § 1752). Bis zum Eintritt der Volljährigkeit ist eine Aufhebung des A.-Verhältnisses nur in beschränktem Maße möglich (§§ 1759–1766). Die Grundsätze der starken A. erfahren gewisse Ausnahmen bei der A. eines verwandten Kindes (§ 1756) und bei der A. Volljähriger (§ 1767–1772).

3. Eine Ergänzung findet das (materielle) A.-Recht des BGB durch das 1976 beschlossene Adoptionsvermittlungsgesetz (AdVermiG). Es ordnet die organisatorischen und personellen Voraussetzungen für die Zusammenführung von A.-Bewerbern mit Kindern unter 18 Jahren zur Vorbereitung der A. Die Aufgabe wird als →Jugendhilfe von den →Jugendämtern und Landesjugendämtern durchgeführt; sie kann auch von den Verbänden der →freien Wohlfahrtspflege wahrgenommen werden, wenn diese als A.-Vermittlungsstellen staatlich anerkannt worden sind. [U. W.]

Text und Lit.: →BGB, →Familienrecht, →Fürsorgeerziehung, →Heimaufsicht, →Pflegekinder. Roth-Stielow, K.: Das neue Adoptionsrecht. Kommentar zum Adoptionsgesetz und Adoptionsvermittlungsgesetz (Kohlhammer Kommentar), Stuttgart 1976.

Ätiologie, Lehre von den Ursachen, ursprünglich in der Medizin bezogen auf Krankheitsursachen. Daneben oder in Ergänzung dazu Ätiologie der Kriminalwissenschaften (→Kriminologie, →Kriminalsoziologie). Faktoren in den unterschiedlichen Entwicklungs-, Erziehungs- und Bildungsphasen bedingen →abweichendes Verhalten mit allen seinen Ausprägungen: Drogenkonsum, Trunksucht, kriminelle Delikte. Medizinische und kriminologische Ätiologie bilden die Voraussetzung für eine entsprechende Prognostik von Krankheitsabläufen oder etwa Ausrichtungen devianten (delinquenten) Verhaltens. [A. S.]

Affekt, rasch entstehende, heftig verlaufende, aber relativ kurzfristige Gefühlsregung. A.formen sind u. a. Begeisterung, Freude, Zorn, Wut, Schreck, Angst. Affekte gehen mit motorischen Ausdrucksbewegungen, Änderungen in vegetativen Funktionen (Herz-Kreislauf-System, Atmung, Magen-Darm-Trakt) und zentralnervösen Einheiten (Thalamus und Hypothalamus) einher. A.kontrolle gehört zu den Sozialisationszielen. Leichte A.-Erregbarkeit (bei Hysterie, Manie) bzw. A.-Inkontinenz (bei Angst, Phobie, Zerebralsklerose) gelten als psychopathologische Symptome (→Neurose). [E. S.]

Lit.: Bleuler, E.: Lehrbuch der Psychiatrie, Berlin 1966. Meili, R., Rohracher, H. (Hg.): Lehrbuch der experimentellen Psychologie, Bern 1968².

Affektpsychosen, Psychosen aus dem manisch-depressiven Formenkreis (Manie, Depression), die durch geänderte Stimmungslage gekennzeichnet sind. [G. S.]

Aggression, Verhaltensweise, die eine intendierte, direkte oder indirekte Schädigung von Personen beinhaltet. Nach Berkowitz (1969) wird zwischen impulsiver A., die als konditionierte Reaktion von Schlüsselreizen ausgelöst wird, und instrumenteller A., die der Sicherung von Macht, Besitz, Unversehrtheit usw. dient, unterschieden. Über die Ursprünge der A. bestehen kontroverse Auffassungen. Von der →Psychoanalyse und der Ethologie (Lorenz 1963) wird A. als angeborener Trieb betrachtet. Demgegenüber haben sozialwissenschaftliche Theorien die Rolle des Lernens bei A. betont: nach älterer und inzwischen aufgegebener Lehrmeinung (Dollard u.a. 1970) soll A. stets durch →Frustration bedingt sein; in jüngerer Zeit hat Bandura (1973) eine differenzierte lerntheoretische Analyse der A. vorgelegt. Eine kritische Sichtung der Argumente für die trieb- und die lerntheoretische A.-Auffassung gibt Michaelis (1975), der die Befunde einem kybernetischen Modell subsumiert. Für die Frage nach der A.bewältigung gilt, daß das von den Triebtheorien empfohlene Ausagieren der A. oder ihr Umlenken nicht die gewünschte aggressionsmindernde Wirkung hat. Es steigert vielmehr die Auftretenswahrscheinlichkeit weiteren A.verhaltens (Berkowitz 1969). Die sozialwissenschaftliche Forschungsrichtung betont zur A.bewältigung die Ausformung nicht aggressiver Verhaltensweisen zur Konfliktlösung. A. sollte nicht belohnt werden. Insbesondere dürfte bei Kindern Nachgiebigkeit gegen A. als stillschweigende Billigung verstanden werden und dadurch aggressionsfördernd wirken. [G. S.]

Lit.: Bandura, A.: A social learning analysis, Englewood Cliffs 1973. Berkowitz, L.: Roots of aggression: a re-examination of the frustration-aggression hypothesis, Chicago 1969. Dollard, J., Doob, L., Miller, N., Mowrer, O., Sears, R.: Frustration und Aggression, Weinheim 1970. Lorenz, K.: Das sogenannte Böse, Wien 1963. Merz, F.: Aggression und Aggressionstrieb, in: Thomae, H. (Hg.): Handbuch der Psychologie, Bd. 2, Göttingen 1965, S. 569–601. Michaelis, W.: Verhalten ohne Aggression, Köln 1976. Schmidt-Mummendey, A., Schmidt, H.D. (Hg.): Aggressives Verhalten, München 1971. Selg, H., Mees, U.: Menschliche Aggressivität, Göttingen 1976². Werbik, H.: Theorie der Gewalt, München 1974.

Aggression und Erziehung. Aggressionen werden beobachtbar, wenn sie sich in aggressiven Verhaltensweisen äußern. Unter aggressiven

Verhaltensweisen werden Verhaltensweisen von Individuen und Gruppen verstanden, die anderen Schaden zufügen, sie in Angst versetzen oder Zwang unterwerfen.
Zur Entstehung aggressiven Verhaltens gibt es unterschiedliche Erklärungsmodelle. Die Vertreter trieb- und instinkttheoretischer Modelle gehen davon aus, daß aggressives Verhalten auf einen spezifischen, biologisch verankerten Trieb bzw. Instinkt zurückzuführen sei. Durch Umwelteinflüsse könne der genetisch angelegte Mechanismus nur modifiziert, d. h. abgelenkt, kanalisiert und verfeinert werden; er verliere dadurch zwar nicht seine Zielrichtung, könne aber so der Durchsetzungsfähigkeit und der Lebensfähigkeit des Individuums dienen. Dollard und seine Mitarbeiter formulierten 1939 ihre »Frustrations-Aggressions-Hypothese«. Danach tritt aggressives Verhalten immer dann auf, wenn ein Individuum oder eine Gruppe in ihren zielgerichteten Handlungen oder Handlungsabsichten beeinträchtigt werden. Lerntheoretiker gehen davon aus, daß Lernvorgänge nicht nur einen Einfluß auf die Ausdrucksform aggressiven Verhaltens haben, sondern daß aggressives Verhalten durch Lernvorgänge überhaupt erst aufgebaut wird. Aggressive Verhaltensweisen werden als erlernte Problemlösetechniken angesehen.
Je nach dem für richtig gehaltenen Erklärungsmodell werden unterschiedliche Strategien zur Befriedigung von Aggressionen bevorzugt werden müssen. Die trieb- und instinkttheoretischen Modelle legen es nahe, den aggressiven Individuen einerseits Ersatzhandlungen anzubieten, die ihnen eine für die Umwelt unschädliche Abreaktion erlauben, ihnen andererseits erzieherische Hilfen zu geben, um den Aggressionstrieb zu kanalisieren und zu verfeinern. Nach der Frustrations-Aggressions-Hypothese erscheint es wichtig, die Umwelt der Individuen einerseits frustrationsarm zu gestalten, andererseits aber die Individuen zu erziehen, Frustrationen realitätsgerecht zu verarbeiten. Wird aggressives Verhalten überwiegend als Ergebnis von Lernvorgängen angesehen, so ist es die Aufgabe der Erziehung, den Individuen positive Lernmodelle vorzustellen, aggressionsarme Problemlösetechniken zu vermitteln und durch systematische Verhaltensmodifikation aggressives Verhalten »auszulöschen«. Da beim gegenwärtigen Forschungsstand nicht entschieden werden kann, welches der genannten Erklärungsmodelle besonders zutreffend ist und zudem davon ausgegangen werden kann, daß aggressive Verhaltensweisen in mehrfacher Weise erklärt werden können, sollten alle genannten erzieherischen Strategien herangezogen werden. [H. H.]

Lit.: Denker, R./Ballstaedt, S. P.: Aggression im Spiel, Stuttgart 1976. Fürntratt, E.: Psychologie der Aggression, in: betrifft: erziehung, Heft 5/1972,

S. 27–33. Schmidt-Mummendey, A.: Bedingungen aggressiven Verhaltens, Bern 1972. Selg, H. (Hrsg.): Zur Aggression verdammt? Stuttgart 1971. Stange, E./Stange, W.: Training des Konfliktlöseverhaltens, in: Hielscher, H. (Hrsg.): Materialien zur sozialen Erziehung im Kindesalter, Heidelberg 1976[2]. Stiksrud, H. A. u. a.: Aggressivität im Kindergarten, Frankfurt/M. 1975 (Paritätisches Bildungswerk).

Agogik. Auf der Basis der →Agologie (Lehre vom Handeln) kann Agogik als die anwendungsbezogene Sozial- und Verhaltenswissenschaft für planvolles, zielgerichtetes Handeln von Individuen, Gruppen, Institutionen und Organisationen unter Zuhilfenahme von Erkenntnissen der empirischen Wissenschaften sowie der Handlungs-, Planungs- und Organisationswissenschaften verstanden werden. [A. S.]

Lit.: Beugen, M. van: Agogische Intervention, Freiburg 1972.

Agogische Intervention, handlungs-, organisations- und planungswissenschaftliche Systematik für Vorbereitungen, Durchführungen sowie Wirkungskontrollen von Typen sozialen Handelns (Interventionen) mit Hilfe von Individuen, sozialen Gruppierungen sowie Institutionen über ein Instrumentarium sozialtechnischer Operationen und Strategien. Über A. I. wird eine Weiterentwicklung des klassischen Methodeninstrumentariums von Sozialarbeit/Sozialpädagogik angestrebt. (→Maßnahmen, →Methoden). Eine notwendige Basistheorie im Sinne sozialer Technologie scheitert nicht zuletzt an den Implikationen gesellschaftlicher sowie gruppenspezifischer Wert-, Norm- und Zielvorstellungen. [A. S.]

Lit.: Beugen, van M.: Agogische Intervention, Freiburg 1972.

Agologie, System-, Handlungs-, Organisations- und Planungswissenschaft, die Zielsetzungen, Reichweiten und Wirkungen von Interventionen in sozialen Systemen untersucht. Anwendungsmöglichkeiten einer A. bestehen u. a. in Systemen der Wirtschaft, in den Strategielehren sowie in der Politik. Für den Bereich der Sozialarbeit/Sozialpädagogik bietet die A. über ein Konzept →agogischer Interventionen die Möglichkeit eines weiterentwickelten Aussagesystems angewandter Sozialwissenschaften in den bestehenden Handlungs-, Arbeits- und Berufsfeldern mit Ansätzen einer Fachtheorie und erweiterten Methodik. A. versteht sich somit als theoretisches Rahmenkonzept zu einer Systematik vom Typus →agogischer Intervention. Ein System der A. benötigt Erkenntnisse von Hilfswissenschaften wie: Statistik, Kybernetik, Demographie, Ökonometrie, Systemtheorie und Aussagen empirischer Sozial- und Verhaltenswissenschaften. (→Agogik, →Praxistheorie, →Agogische Intervention). [A. S.]

Aktionsforschung, (engl. action research), eine Weiterführung forschungsstrategischer und methodologischer Überlegungen K. Lewins

(1946), ist dadurch gekennzeichnet, daß die Mitglieder des untersuchten Subsystems nicht nur Objekt der Forschung sind, sondern als Subjekte aktiv am Forschungsprozeß teilnehmen. Sie und die sozialwissenschaftlichen Forscher zielen hierbei auf gemeinsame Selbstveränderung und auf die praktische (politische) Lösung der untersuchten sozialen Probleme. Dementsprechend findet die Auswahl des zu untersuchenden Problems sowohl unter theoretischen als auch unter praktisch-politischen Gesichtspunkten statt. Bei der Aus- und Verwertung der Forschungsergebnisse sollen die Subjekte-Objekte der A. beteiligt sein. A. unterscheidet sich von Institutionsberatung und →sozialer Planung, bei denen die Ziele vorgegeben sind, und hat Ähnlichkeiten mit der →Gemeinwesenarbeit und einer →Soziologie der Alternativen, die zumindest die expliziten Ziele der Mitglieder des untersuchten Subsystems mitberücksichtigen und auch praktische Intentionen haben. Probleme der A. sind vor allem folgende: 1) Sie resultiert oft in einer bloßen Modifikation des sozialen Problemfeldes, ohne substantielle Veränderungen der Entscheidungsprozesse herbeizuführen; 2) Kommunikationsprobleme zwischen den Wissenschaftlern und den Subjekten-Objekten der A.; 3) Interesselosigkeit, Ohnmachtsgefühl, Zeitmangel der Mitglieder des Problemfeldes; 4) Politische, gesellschaftliche, wirtschaftliche und wissenschaftsorganisatorische (»Verstoß gegen die Wertfreiheit der Soziologie«) Widerstände gegen die A. Es geht nicht (nur) darum, »die im Feld vorfindlichen Interessenstandpunkte, die vielfach Standpunkte der Interessenlosigkeit sind, als gültig zu übernehmen. Vielmehr geht es darum, in gemeinsam hergestellten Situationen Interessen erkennen und artikulieren zu lernen.« (S. Hering) Beispiele für A. sind Projekt- und Arbeitsgruppen an (Fach)Hochschulen, politische Aktionsgruppen, therapeutische Gruppen, Wohngruppen, Sanierung von Slums und Abbau von Diskriminierung, wenn diese sozialtheoretische und praktische Intentionen vereinen. [P. L.]

Lit.: Fuchs, W.: Empirische Sozialforschung als politische Aktion, in: Soziale Welt 1 (1970/71), S. 1–18. Haag, F., Krüger, H., Schwärzel, W., Wildt, J. (Hg.): Aktionsforschung – Forschungsstrategien, Forschungsfelder und Forschungspläne, München 1972, insbes. I. Aktionsforschungsstrategien (Beiträge von R. Vagt, F. Haag). Moser, H.: Aktionsforschung als kritische Theorie der Sozialwissenschaften, München 1975, insbes. 3. (Die Renaissance der Aktionsforschung). Lewin, K.: Die Lösung sozialer Konflikte, Bad Nauheim 1953 und später, Teil III. 13 (Tatforschung und Minderheitsprobleme). Eichner, K. und Schmidt: Aktionsforschung – eine neue Methode?, in: Soziale Welt – Zeitschrift für sozialwissenschaftliche Forschung und Praxis, 1974, Heft 2, S. 145–168.

Akzeleration, Entwicklungsbeschleunigung, d. h. das frühere Eintreten der körperlichen und sexuellen Entwicklung bei einer Gruppe oder einem Individuum und Abhebung von einer Vergleichsgruppe, etwa Entwicklungsstand der heutigen Jugend gegenüber dem früherer Generationen, der Großstadtkinder gegenüber Landkindern, aber auch einzelner Individuen im Vergleich zur statistischen Norm. A. wird auf veränderte Umwelteinflüsse (wie mengenmäßig ausreichende und qualitativ hochwerte Nahrung, Sport, Reizüberflutung u. ä.) zurückgeführt. [E. S.]

Lit.: Ausubel, D. P.: Das Jugendalter, München 1976[5]. Mitscherlich, A.: Pubertät und Tradition, in: L. v. Friedeburg: Jugend in der modernen Gesellschaft, Köln 1965[2], S. 288–307. Mussen, P. H., Conger, J. J., Kagan, J.: Child development and personality, New York 1974[4]. Undeutsch, U.: Das Verhältnis von körperlicher und seelischer Entwicklung, in: L. v. Friedeburg (Hg.): Jugend in der modernen Gesellschaft, Köln 1965[2], S. 247–276.

Alkoholismus. Nach der Definition der Weltgesundheitsorganisation (WHO) sind Alkoholiker exzessive Trinker, deren Abhängigkeit vom Alkohol einen solchen Grad erreicht hat, daß sie deutlich Störungen in ihrer körperlichen und geistigen Gesundheit, ihren mitmenschlichen Beziehungen, ihren sozialen und wirtschaftlichen Funktionen aufweisen. Jellinek definiert: »Unter A. versteht man jeglichen Gebrauch von alkoholischen Getränken, der einem Individuum oder der Gesellschaft oder beiden Schaden zufügt.« Der A. ist seit 1968 in der BRD als Krankheit anerkannt. Die Anzahl der Alkoholiker in der BRD wird auf ca. 1 Million geschätzt, wobei der Anteil der trunksüchtigen Frauen (ca. 15%) und der Jugendlichen (ca. 9%) in letzter Zeit steigt. A. ist das größte Suchtproblem. Seine Entstehung wird durch die herrschenden Trinksitten begünstigt. Die Sucht bleibt bis zu einem späten Stadium häufig unentdeckt. Jellinek schlägt eine Stadieneinteilung vor, die sich für die Einschätzung und Behandlung von Alkoholkranken durchgesetzt hat: 1. Voralkoholische Phase: Stadium des progredienten Erleichterungstrinkens, weithin sozial motiviert; 2. Prodromalphase: Stadium der Toleranzsteigerung; Räusche mit Erinnerungslücken; heimliches Trinken; dauerndes Denken an Alkohol; gieriges Trinken der ersten Gläser; Schuldgefühle; Vermeiden von Anspielungen auf Alkohol; 3. Kritische Phase: Stadium des Zwangstrinkens; Verlust der Kontrolle; Widerstand gegen Vorhaltungen; großspuriges, aggressives Benehmen; Zerknirschung; Wechsel von Perioden völliger Abstinenz mit ständigen Niederlagen; Freunde fallen lassen; Arbeitsplätze aufgeben; das Verhalten auf Alkohol konzentrieren; Verlust an Interessen; Selbstmitleid; gedankliche oder tatsächliche Ortsflucht; ungünstige Änderungen im Familienleben; grundloser Unwille; Bestreben, »seinen Vorrat zu sichern«; Vernachlässigung angemessener Ernährung; erste Einweisung ins Krankenhaus wegen »körperlicher« alkoholischer Beschwerden (die aber vom Patienten anders gedeutet werden); Abnahme der sexuellen Bedürfnisse; alkoholisch bedingte Eifersucht; morgendliches Trinken; 4. Chronische Phase: Stadium der Sensibilisierung: verlängerte, tagelange Räusche; ethischer Abbau; Beeinträchtigung des Denkens; passagere alkoholische Psychose; Zuflucht zu Ersatzprodukten (Haarwasser, Rheumamittel, Brennspiritus); Verlust der Alkoholtoleranz; Angstzustände; Zittern; psychomotorische Hemmung; Trinken vom Charakter der Besessenheit. Körperliche Folgen des A. sind u. a. Gastritis, Magenulcus, Fettleber, Lebercirrhose, Impotenz, Polyneuropathie und toxische Hirnschädigung. Psychisch fallen zunächst Stimmungslabilität, soziale Kontaktstörungen sowie fehlende Kontrolle aggressiver und sexueller Impulse auf, gefolgt von einer hirnorganischen Leistungsminderung (organisches Psychosyndrom) bis zur Demenz (Korsakow-Syndrom). Soziale Folgen des A. sind Invalidität, kriminelle Handlungen in der Enthemmung des Alkoholrausches und Verkehrsdelikte. Jellinek unterscheidet verschiedene Formen des A.: α-A.: psychische Abhängigkeit, familiäre und soziale Komplikationen; β-A.: somatische Komplikationen; γ-A.: Toleranzsteigerung, Stoffwechselstörungen, Kontrollverlust, Abstinenzsymptome; δ-A.: Unfähigkeit, zu verzichten, tägliches Trinken, selten nüchtern; ε-A.: Dipsomanie, d. h. periodisch auftretende Trinkexzesse. Neuere Untersuchungen stellen einige Ansichten, die bisher allgemein anerkannt waren, in Frage. Franks (1970) weist darauf hin, daß die von Jellinek und MacFarland (1940) vertretenen Meinungen, Alkohol führe stets zu einer Verschlechterung der intellektuellen Leistungsfähigkeit und die Wirkungen des Alkohols hingen linear von der aufgenommenen Menge des Alkohols ab, auf Untersuchungen basieren, die methodische Mängel aufweisen (so wurde immer mit einer einmaligen Alkoholgabe gearbeitet und nicht die Wirkung langdauernden Alkoholgenusses untersucht). Individuen unterscheiden sich hinsichtlich der Empfindlichkeit ihres Gehirngewebes gegenüber Alkohol nur wenig; es gibt aber große Unterschiede bezüglich subjektiver und manifester Reaktionen, die bis heute nicht hinreichend erklärt werden können, wenn es auch mehrere Versuche dazu gibt (Eysenck 1957; Franks 1967; Keuchel, Kohnen, Lienert 1976). [E. S.]

Lit.: Antons, K., Schulz, W.: Normales Trinken und Suchtentwicklung, Göttingen 1976. Chafetz, M. E.: Clinical studies in alcoholism, Mental Health Program Reports, 1970, 4, 107–125. Eysenck, H.-J.: Drugs and personality. 1: Theory and methodology, Journal of Mental Science, 1957, 103, 119–131. Feuerlein, W.: Alkoholismus – Mißbrauch und Abhängigkeit, Stuttgart 1975. Franks, C. M.: The use of alcohol in the investigation of drug personality postulates, in: Fox R. (Hg.): Alcoholism – Behavioral research, therapeutic approaches, New York 1967, S. 55–79. Franks, C. M.: Alcoholism, in: C. G. Costello (Hg.): Symptoms of psychopathology: a handbook, New York, 1970, S. 448–480. Hobi, V.: Zur Psychodiagnostik der Depression und der Sucht, in: Schraml,

W. J., Baumann, U. (Hg.): Klinische Psychologie I, Bern 1975³, S. 123–145. Jellinek, E. M.: The disease concept of alcoholism, New Haven 1960. Jellinek, E. M., MacFarland, R. A.: Analysis of psychological experiments on the effects of alcohol, Quarterly Journal of Studies on Alcohol, 1940, 1, 272–371. Keuchel, I., Kohnen, R., Lienert, G. A.: The effects of alcohol and caffeine on speed test performance (im Druck). Krypsin-Exner, K.: Theorie und Praxis der Therapie der Alkoholabhängigkeit, Wien 1969. Landis, C., Cushman, J. F.: The relation of national prohibition to the incidence of mental disease, Quarterly Journal of Studies on Alcohol, 1945, 5, 527–534. Schulte, W., Tölle, R.: Psychiatrie, Berlin 1975³.

Altenberatung. Im System von Beratungseinrichtungen und Behandlungsprogrammen für verschiedene Altersgruppen und Konfliktbereiche (Jugendhilfe-Beratung, Elternberatung, Beratung für Drogenabhängige u. a.) konzentriert sich A. inhaltlich und methodisch auf individuelle sowie gruppenspezifische Problemstellungen des alten Menschen durch Vermittlung von sozialen Hilfen, I. a) Situationsgerechte *Prävention* (medizinische Prophylaxe, Psychohygiene) b) Beeinflussung des sozialen Umfeldes (Familie, Nachbarschaft, Gemeinde) im Sinne einer präventiven Sozialhygiene durch Beratungen. II. a) situativ durch geriatrische Hilfen, die medizinische Behandlungen ergänzen sollen, b) durch Konzeptionen methodischer Sozialarbeit, einschließlich der Beratung durch Behörden. III. rehabilitierend durch a) nachklinische ambulante gesundheitserzieherische Beratung, b) Vermittlung therapeutischer Hilfen (Psycho- und Verhaltenstherapie), c) nachklinische Kombinationsmaßnahmen von Beratung, Behandlung und Altenbildung, wobei A. alle Phasen dieser Maßnahmen begleitet. [A. S.]

Lit.: Keil, S. (Hg.): Familien- und Lebensberatung, Stuttgart-Berlin 1975.

Altenbildung (Gerontagogik), Bildungsbereich mit speziellen Zielsetzungen für Personengruppen, die infolge ihrer Altergruppenzugehörigkeit eigene Bedürfnisse nach Informationsvermittlung und Bildung besitzen. A. unterscheidet sich in Methodik, Didaktik sowie im Inhaltlichen von Erwachsenenbildung. (Unterschiedliche individuelle und soziale Bildungsbedürfnisse in Generationengruppen) [A. S.]

Lit.: Knoll, J. H. (Hg.): Lebenslanges Lernen, Hamburg 1974. Petzold, H. u. Bubolz, E. (Hg.): Bildungsarbeit mit alten Menschen, Stuttgart 1976. Lehr, U.: Altern und Bildung, Braunschweig, 1976. Ruprecht, H.: Lernen für das Älterwerden, Heidelberg 1972. Schubert, R. u. Strömer, A. (Hg.): Vorbereitung auf das Alter, München, 1974.

Altenhilfe, Bezeichnung für ein Praxisfeld bildender, sozialer und pflegerischer Maßnahmen für alte Menschen. Unterscheidungen nach: a) Versorgungsdiensten (Mahlzeitendienste, Wäschedienste, Transportdienste etc.); b) Methodischen Sozialhilfen (Sozialarbeit mit alten Menschen, Einzelfallhilfen, sozialer Gruppenarbeit, Gemeinwesenarbeit); c) Bildungsangebote (Gerontagogik); d) Freizeitangebote (Altensport, Urlaubsangebote). Die einzelnen Maßnahmen ergänzen und überschneiden sich. A. wird z. T. gleichgesetzt mit Altenpflege, Altenarbeit, Altenfürsorge. Für das Arbeitsfeld der A. werden an Fachschulen Altenpfleger ausgebildet, die in ambulanten Einrichtungen (Sozialstationen) oder stationär (Altenheime, Altenpflegeheime) alte Menschen beraten, aktivieren, pflegen und betreuen. [A. S.]

Lit.: Paazig, M.: Lebenshilfen für alte Menschen, Stuttgart 1975. Ruprecht, H.: Lernen für das Älterwerden, Heidelberg 1972.

Altenplan. Altenpläne fassen Maßnahmen zusammen, die aufgrund empirisch gesicherter Erkenntnisse zur Lösung von Problemen alter Menschen geeignet sind. Eine wesentliche Aufgabe liegt darin, das öffentliche Bewußtsein von der Lage und den Bedürfnissen der älteren Generation mit der sozialen Wirklichkeit und den Möglichkeiten der Verwirklichung auf öffentlich-rechtlicher und privater Ebene in Einklang zu bringen. Der A. stellt eine Richtschnur dar für künftige Interventionen im Rahmen der Altenhilfe. Es gilt als vorrangiges Handlungsziel, daß in der industriellen Gesellschaft die Selbständigkeit und Eigenständigkeit des älteren Menschen erhalten und gefördert werden soll. In Teilen von A. werden die wichtigsten soziologischen, gesetzgeberischen sowie statistischen Gesichtspunkte der Altenhilfe dargestellt. Der anschließende Maßnahmenkatalog für die älteren Mitbürger beinhaltet Vorsorgeprogramme für die künftige Entwicklung der Altenhilfe in Bund, Ländern und Gemeinden. Zusammenfassend sind A. zu betrachten als die Summe der sich aus der gegenwärtigen Sicht der sozialen Lage der alten Mitbürger ergebenden Hilfenotwendigkeiten und -maßnahmen, deren Verwirklichung dem Grunde und der Zeitfolge nach entscheidend von der Entwicklung der Finanz- und Wirtschaftskraft öffentlicher sowie privater Träger und den Relationen zu ihren anderen zwingenden Aufgaben abhängig sind. A. gehören wie Jugendpläne, Pläne für Obdachlose, Behinderte u. a. zu den öffentlichen Sozialplänen. [A. S.]

Lit.: Dick, E.: Methoden der Analyse und Planung in der kommunalen Altenhilfe. Bericht »kommunale Gemeinschaftsstelle«, Köln 1975. Lange, K.: Forschung und Planung in der Altenhilfe. Untersuchung im Landkreis Mettmann, Deutscher Verein für öffentliche und private Fürsorge, Frankfurt 1964.

Alterspsychologie, oder synonym Psychologie des Alterns bzw. Gero(nto)-Psychologie ist jener Zweig der →Entwicklungspsychologie, der sich mit den altersspezifischen Veränderungen des Verhaltens und Erlebens befaßt. Altern wird nicht mehr nur als Abbau der Leistungsfähigkeit und Einschränkung des Umfangs von Interessen und Aktivitäten gesehen, sondern als eine Veränderung auf folgenden Gebieten aufgefaßt: physiologische und pathologische Veränderungen der psychischen Funktionen (Wahrnehmung, Gedächtnis, Denken), Persönlichkeitsveränderungen und Rollenwechsel in der Gesellschaft. Ergebnisse standardisierter Intelligenztests legen nahe, daß bestimmte Funktionen wie Redegewandtheit und Wortschatz mit fortschreitendem Alter vervollkommnet werden, d. h. daß immer mehr gespeicherte Informationen zur Verfügung stehen. Dagegen speichern und selektieren ältere Menschen langsamer Informationen, so daß zu schließen ist, daß das älter werdende Zentralnervensystem einen immer größer werdenden Teil der gespeicherten Information zur Verfügung hat bei einem langsamer werdenden Verarbeitungsmechanismus. [E. S.]

Lit.: Birren, J. E.: Altern als psychologischer Prozeß, Freiburg 1974. Lehr, U.: Psychologie des Alterns, Heidelberg 1977³. Reimann, H., Reimann, H. (Hg.): Das Alter, München 1974. Schneider, H. D.: Aspekte des Alterns, Ergebnisse sozialpsychologischer Forschung, Frankfurt 1974. Thomae, H., Lehr, U. (Hg.): Altern, Probleme und Tatsachen, Frankfurt 1968.

Alterspsychiatrie. Die Alterspsychiatrie befaßt sich mit den in höherem Lebensalter auftretenden psychischen Erkrankungen und den sozialhygienischen Maßnahmen. Das Alter beeinflußt die in dieser Lebensphase auftretenden Störungen (Altersschizophrenie, Altersdepression). Auch treten bestimmte hirnorganische Prozesse erst im Alter auf, wie z. B. die Cerebralsklerose und Hirnschwundkrankheiten, die Psychosen bzw. senile Demenz herbeiführen. Als reaktive altersspezifische Störungen sind außerdem die depressiven und paranoiden Psychosen der Rückbildungsjahre zu nennen, wie etwa die klimakterische Depression. [K. R.]

Lit.: Weitbrecht, H. J.: Psychiatrie im Grundriß, Bonn 1963. Oesterreich, K.: Psychiatrie des Alterns, Heidelberg 1976.

Altruismus, bezeichnet intendierte, anderen zum Vorteil dienende und dabei nicht auf eigenen Gewinn zielende Verhaltensweisen. Die Bedingungen des A. werden erst seit kurzem empirisch untersucht (Lück 1975). [G. S.]

Lit.: Lück, H. E.: Prosoziales Verhalten. Empirische Untersuchungen zur Hilfeleistung, Köln 1975.

Anamnese, nach Schmidt und Keßler das Sammeln, Systematisieren und diagnostische Verarbeiten der Information, so daß die Vorgeschichte sowie die aktuelle Situation dargestellt werden können. Schraml unterscheidet: 1. Somatische A., welche die Vorgeschichte des Leidens, das Gegenstand der Untersuchung ist, die bisher durchgemachten Erkrankungen und Operationen, die biologische Entwicklung und die Familiengeschichte umfaßt; 2. Sozio-ökonomische A., die der Eruierung soziologischer Daten wie Alter, Geschwisterzahl, Ausbildung, Berufsart und -stellung einer Patientengruppe innerhalb eines klinischen Forschungsvorhabens dient; 3. Fremdanamnese, die Befragung dritter Personen über den Patienten, 4. Biographische Fremdanamnese mit dem Schwergewicht auf der Subjektivität des Erlebens; 5. Neurosenpsychologische A. oder gezielte A. (Schultz-Hencke), in der nach Verhaltensweisen in den einzelnen der fünf Antriebsbereiche gefragt und ferner versucht wird, normgerechtes, gehemmtes oder übertriebenes Verhalten festzustellen. [E. S.]

Lit.: Kemmler, L.: Die Anamnese in der Erziehungsberatung, Göttingen 1965. Richardson, S. A., Dohrenwend, B. S., Klein, D.: Interviewing, New York 1965. Schmidt, L. R. u. Keßler, B. H.: Anamnese, Methodische Probleme und Erhebungsstrategien, Weinheim 1976. Schraml, W. J.: Das klinische Gespräch in der Diagnostik, in: Schraml, W. J. u. Baumann, U. (Hg.): Klinische Psychologie I, Bern 1975³, S. 267–296. Schultz-Hencke, H.: Lehrbuch der analytischen Psychotherapie, Stuttgart 1965². Seidenstücker, E., Seidenstücker, G.: Interviewforschung: allgemeiner Teil, in: Schraml, W. J. u. Baumann, U. (Hg.): Klinische Psychologie II, Bern 1974, S. 377–402.

Angewandte Psychologie, Sammelbegriff für eine Anzahl psychologischer Teilgebiete, die aus der interdisziplinären Zusammenarbeit von Psychologen mit anderen Wissenschaftlern entstanden. Wellek subsumiert der A. P. folgende Disziplinen: Eignungs-, Arbeits- und Wirtschaftspsychologie, Pharmakopsychologie, Pädagogische Psychologie, Schulpsychologie, Psychagogik, Beratung, Heilpädagogik, Psychotherapie, Psychohygiene, Medizinische und Klinische Psychologie, Forensische sowie Kriminalpsychologie, Politische Psychologie und Pastoralpsychologie. A.P. ist wissenschaftlich orientiert und wendet verschiedene psychologische Methoden der Grundlagenfächer (Experiment, Verhaltensbeobachtung, Test usw.) systematisch an. Sie kann praktische Tätigkeit wie etwa Beratung, Behandlung und Auslese einschließen, doch wird diese Tätigkeit zutreffender mit »Praktische Psychologie« bezeichnet. [E. S.]

Lit.: Anastasi, A.: Fields of applied psychology, New York 1964. Arnold, W.: Angewandte Psychologie, Stuttgart 1970. Blum, M. L., Naylor, J. C.: Industrial psychology, New York 1968. Dorsch, F.: Geschichte und Probleme der angewandten Psychologie, Bern 1963. Wellek, A. (Hg.): Gesamtverzeichnis der deutschsprachigen psychologischen Literatur der Jahre 1942–1960, Göttingen 1965.

Angst, Zustand einer Person, der sich hauptsächlich in vier relativ unabhängigen Verhaltensdimensionen manifestiert: Erlebensmäßige Dimension mit negativen Emotionen wie Gefühlen des Bedrohtseins und anderen Empfindungen, motorische Dimension mit Zittern, Meidungsverhalten, Flucht u. ä., physiologische Dimension mit Änderung des Muskeltonus, Schweißabsonderung, Änderung des Herzschlags etc., kognitive Dimension. In der Forschung werden darüber hinaus weitere Dimensionen wie etwa biochemische Betrachtungsweisen (Rachmann) abgegrenzt. Umgangssprachlich bedeutet A. Erleben von Spannung, Ungewißheit, Erregung und Beengtsein (lat. anxietas). Mit der Unterscheidung zwischen Angstneurose und Neurasthenie (→Neurose) hat Freud den Begriff in die wissenschaftliche Psychologie eingeführt. Nach Wolpe stellt A. das für jeden individuellen Organismus kennzeichnende Reaktionsmuster auf Reizungen durch eine schädigende Einflußgröße dar. Ein schädigendes Agens kann z. B. ein elektrischer Schlag sein, der eine lokale Gewebestörung bewirkt, vom Ich als Schmerz registriert wird und möglicherweise eine Gewebeschädigung hinterläßt. A. wird als angepaßte Verhaltensweise betrachtet, wenn sie in objektiven Gefahrensituationen auftritt. Unangemessene Angstreaktionen gehören zu den Symptomen der →Neurose oder →Psychose. Zur Erklärung der Angst gibt es mehrere konkurrierende Theorien (Spielberger). Die frühe Psychoanalyse betrachtet A. als Ergebnis einer Affektumwandlung infolge nicht abgeführter, unterdrückter Libidoenergie. Später sah Freud in der A. ein Unlustsignal, das im Ich bei äußerer (Realangst) oder innerer (Triebangst, Gewissensangst) Bedrohung auftritt →Psychoanalyse. Nach lerntheoretischer Auffassung können A.reaktionen durch (→Lernen) klassisches oder operantes Konditionieren auftreten. Im Konzept des klassischen Konditionierens stellt A. einen sekundären Trieb dar, der aus der Paarung unkonditionierter angstauslösender Reize mit bisher neutralen Reizen entsteht. Durch fortlaufende Konditionierung (Konditionierung höherer Ordnung) kann der so konditionierte Reiz weitere, bisher neutrale Reize zu angstauslösenden Reizen werden lassen. Die so gelernte A. motiviert Meidungs- und Fluchtverhaltens. Durch operantes Konditionieren können mit der A. verbundene Verhaltensweisen zusätzlich aufrecht erhalten werden. Randbedingungen der durch →Lernen bedingten Plastizität des Organismus stellen angeborene Faktoren der Konditionierbarkeit dar (Eysenck). Für unangemessene A.reaktionen sind auch pathophysiologische Ursachen (wie Hyperthyreose, Hypoglykämie, Nebennierenrindentumor) in Betracht zu ziehen. Die gegenwärtigen A.theorien werden in klinischer Forschung und im Experiment (Tier- und Humanexperiment) auf breiter Front weiterentwickelt (Spielberger, Sarason). In zahlreichen Experimenten ist der Einfluß von A. auf die Leistung untersucht worden. Die Ergebnisse sprechen für einen Zusammenhang im Sinne einer umgekehrten U-Funktion: demzufolge wirkt ein mittleres A.niveau leistungsfördernd. Bei einem zu hohen A.niveau kommt es zu einer Leistungsminderung: geistige Konzentration, Assoziationsfluß und Informationsverarbeitung werden gestört. Entsprechend der mehrdimensionalen Konzeption der A. lassen sich auch die gängigen Meßverfahren der A. in Fragebogenverfahren (→Test), Verhaltensbeobachtungsskalen und physiologische Meßverfahren gruppieren (Birbaumer). Die Unabhängigkeit der Reaktionskomponenten der A. wird durch die geringe Korrelation zwischen Meßverfahren unterschiedlichen Typs unterstrichen. [G. S.]

Lit.: Birbaumer, N.: Neuropsychologie der Angst, München 1973. Cohen, R.: Versuche der Quantifizierung der Angst. In: v. Ditfurth, H. (Hg.): Aspekte der Angst, Stuttgart 1965. Eysenck, H.-J.: The dynamics of anxiety and hysteria, London 1957. Fröhlich, W. D.: Angst und Furcht. In: Thomae, H. (Hg.): Handbuch der Psychologie, Bd. 2, Göttingen 1965. Levitt, E. E.: Psychologie der Angst, Stuttgart 1967. Rachman, S.: Verhaltenstherapie bei Phobien, München 1972. Sarasaon et al.: Angst bei Schulkindern, Stuttgart 1971. Spielberger, D. C. (Hg.): Anxiety Current trends in theory and research, New York: Academic Press 1972. Wolpe, J.: Praxis der Verhaltenstherapie, Bern 1972.

Anomie, »Gesetzlosigkeit«, »Regellosigkeit«, von E. Durkheim in die Soziologie eingeführter Begriff, der 1) den Zustand mangelnder sozialer Regelung; 2) individuelles oder gruppenmäßiges abweichendes Verhalten und 3) abweichende Gesellschaftsstrukturen bezeichnet. R. K. Merton unterscheidet nach dem Kriterium der nicht perfekten Koordination von kulturellen Zielen und institutionalisierten Mitteln, im Unterschied zu konformen und nicht-konformem Verhalten, Innovation (Akzeptierung der Ziele, Ablehnung der institutionalisierten Mittel), Ritualismus (Ablehnung der Ziele, Akzeptierung der institutionalisierten Mittel) und Eskapismus (Ablehnung von Zielen und Mitteln) als abweichende Verhaltensweisen der Situationsbewältigung (nicht: Persönlichkeitsmerkmale). Bestimmte Verhaltensweisen werden zu verschiedenen Zeiten, in verschiedenen Gesellschaften, in verschiedenen Teilsystemen einer Gesellschaft und in verschiedenen Situationen in verschiedenen Graden als abweichendes (auch überkonformes) oder aber als normales Verhalten definiert bzw. erlebt. Dies zeigt schon, daß »abweichendes« Verhalten nicht unbedingt »dysfunktional« für die entsprechende Gesamtgesellschaft wirken muß – ja, es mag den Beginn neuer (normativ gültiger) Verhaltensmuster bedeuten. Tatsache, Art, Grad und Raten abweichenden Verhaltens sind sozialstrukturell mitbedingt. Allerdings sollte »der dynamische Charakter der Interaktion, die wechselseitige Verflochtenheit von ›individuellen‹ und ›sozialen‹ Elementen, beachtet« werden, »aus der sich normative Orientierung oder anomische Orientierungslosigkeit erst ergibt« (H. P. Dreitzel). Außerdem muß zwischen »abweichendem Verhalten«, das von der Bezugsgruppe erkannt wird, und solchem, das nicht erkannt wird, unterschieden werden. H. S. Becker meint sogar: »Der Abweichende ist jemand, dem gegenüber diese Definition erfolgreich durchgesetzt worden ist.« Dies zeigt die besonderen Schwierigkeiten der Probleme und Problemgruppen definierenden →Gemeinwesenarbeit auf. Im Sinne der →Aktionsforschung ist auch daran zu erinnern, daß »Anpassung« »nicht selten ein Euphemismus« ist, »der ideologisch umschreibt, was Unterdrückung heißen müßte« (Dreitzel). »Normal« und »abweichend« sind nicht Personen, sondern eher Perspektiven (E. Goffman), was über die bisher genannten Kontextfaktoren hinaus auf das Problem derer, die ein Verhalten als »abweichend« bezeichnen, verweist. [P. L.]

Lit.: Dreitzel, H. P.: Die gesellschaftlichen Leiden und das Leiden an der Gesellschaft: Vorstudien zu einer Pathologie des Rollenverhaltens, Stuttgart 1972. Merton, R. K.: Social Theory and Social Structure (erweiterte Aufl.), New York, London 1968, Kap. VI und VII.

Anthropologie, die fächerübergreifende, integrierende Lehre vom Menschen. Der Mensch als wissenschaftliches Zentralthema wird unter biologischen, psychologischen, pädagogischen, philosophischen, theologischen usw. Aspekten untersucht. Nach englischem Sprachgebrauch, der sich tendenziell auch im Deutschen durchsetzt, umfaßt die A. als Erfahrungswissenschaft z. B. →Soziologie, →Sozialpsychologie, Völkerkunde, Volkskunde. Grundlegend ist die Auffassung, daß der Mensch als historisch und gesellschaftlich bedingtes Wesen und zugleich »Schöpfer« von Geschichte und Gesellschaft und als biologisches »Mängelwesen« (J. G. Herder, A. Gehlen), mit von historischen und kulturellen Unterschieden relativ unabhängigen Grundmerkmalen und typischen Chancen menschenmöglichen Verhaltens (W. E. Mühlmann) sich selbst zum Thema und Problem wird. Gefragt wird z. B. nach den Unterschieden zwischen Mensch und Tier (M. Scheler) und nach den Merkmalen menschlichen Handelns, der »Veränderung der Natur zum Zwecke des Menschen« und der Reaktion auf die »Rückmeldung« der Erfolge oder Nicht-Erfolge dieses Handelns (Gehlen). Außerdem ist der Mensch gekennzeichnet durch die Überschußqualität seines Trieblebens, die in den meisten Situationen zur Umwelt- und Selbstveränderung durch Handeln und Lernen führt. Diese Veränderung, z. B. Spezialisierung, Technik, Industrialisierung, Dominanz durch Medien vermittelter Informationen, hat das geistige Antlitz des Menschengeschlechts fast bis zur Unkenntlichkeit verändert (M. Weber), »wobei die Umstellung bis in die Kerne der Moral und bis in die Strukturen, geradezu bis in die Ablaufsgesetze des Bewußtseins durchgreift« (Gehlen). Ansatz und bisherige Erkenntnisse der A. dienen allgemein zur (hauptsächlich empirischen) Erforschung der Problematik Mensch – Handeln – Umwelt (s. auch →Sozialökologie), spezieller z. B. von Städtebau, Musik, Kunst und Menschen- und Naturbild, aber auch zur Untersuchung prinzipieller menschlicher Verhaltensweisen wie Spiel, Entscheidung und Planung. [P. L.]

Lit.: Gadamer, H.-G. und Vogler, P.: Neue Anthropologie, bes. Bd. 3 (Sozialanthropologie), Stuttgart 1972 und Bd. 4 (Kulturanthropologie), Stuttgart 1973.

Gehlen, A.: Anthropologische Forschung: Zur Selbstbegegnung und Selbstentdeckung des Menschen, Reinbek 1961.

Antiautoritäre Erziehung. Im Mittelpunkt einer pädagogischen Programmatik von A. E. stehen Erkenntnisse der Psychoanalyse über Triebunterdrückung im Kindesalter und daraus entstehende Zwänge zur Herausbildung eines Charaktertypus von »autoritärer Persönlichkeit« (Adorno, Horkheimer, Fromm, Marcuse). Merkmale eines solchen Objekts herkömmlicher Erziehung bilden u. a.: Autoritätsgläubigkeit, neurotizistisches Ordnungsstreben, ständige Prägungen von Vorurteilen gegenüber Andersdenkenden. Zurückdrängen des Strebens nach »Autonomie«, »Selbstfindung« und »kreativer Persönlichkeitsentfaltung« aber führt zu »Entfremdung« (H. P. Dreitzel), »Außenleitung« (D. Riesmann) sowie »Eindimensionalität« (H. Marcuse). Nicht zuletzt gefördert durch die Studentenrevolte an westeuropäischen und amerikanischen Hochschulen in den sechziger Jahren, entstanden von neuem pädagogische Modelleinrichtungen (Kinderladenbewegung, antiautoritäre Kindergärten, Freizeitkollektive), die Konzepte einer unterdrückungsfreien Erziehung erprobten. Mangels hinreichender theoretischer Fundierung (Monopolisierung psychoanalytischer und politisch-ökonomischer Erkenntnisse) blieb vielen dieser Ansätze der Erfolg versagt, nicht zuletzt infolge fehlender Analysen von familialen, schichtenspezifischen und gesamtgesellschaftlichen Rahmenbedingungen. Unter stärkerer Betonung von Prinzipien und Bedingungen des Klassenkampfes hat sich daneben eine Richtung der »kritischen Erziehung«, »proletarischen Erziehung« in Westeuropa etabliert. [A. S.]

Lit.: Claßen, J.: Bibiliographie zur antiautoritären Erziehung, Heidelberg 1971. Claßen, J. (Hg.): Antiautoritäre Erziehung in der wissenschaftlichen Diskussion, Heidelberg 1973. Wulf, C. (Hg.): Wörterbuch der Erziehung, München 1974.

Arbeitsförderungsgesetz (AFG). Während der Vorgänger des A., das 1927 geschaffene Gesetz über die Arbeitsvermittlung und Arbeitslosenversicherung (AVAVG), nur die Aufgabe hatte, eine bereits eingetretene Arbeitslosigkeit zu überbrücken bzw. zu beseitigen, gibt das 1969 in Kraft getretene A. der Aktivierung der Arbeitsmarktpolitik mit den gesellschaftspolitischen Zielen einer gezielten Konjunktur-, Beschäftigungs- und Bildungspolitik den Vorrang, um die Arbeitslosigkeit von vornherein zu verhindern oder, um es in Anbetracht der vom Staat wenig beeinflußbaren konjunkturellen Schwankungen des Kapitalismus realistischer auszudrücken, möglichst gering zu halten. Daher liegt einer der Schwerpunkte des A. in der Stärkung der Mobilität der Arbeitnehmer (insbesondere auch der gesellschaftlich benachteiligten Gruppen, der Frauen und älteren Erwerbstätigen) durch →Berufsförderung (→Ausbildungsförderung, Förderung der →beruflichen Fortbildung, →beruflichen Umschulung) sowie der →Förderung der beruflichen →Rehabilitation für geistig und körperlich Behinderte (hier aber nur entweder vorläufig bei Streit zwischen verschiedenen Rehabilitationsträgern oder subsidiär, d. h. wenn kein anderer Rehabilitationsträger verantwortlich ist). Neben dieser individuellen Förderung, zu der auch Berufsberatung, Arbeitsvermittlung und Förderung der Arbeitsaufnahme gehören, sind strukturelle Maßnahmen, wie Arbeitsmarkt- und Berufsforschung, Hilfe für Industrieansiedlung und Schaffung von Arbeitsplätzen in industrieschwachen Gebieten vorgesehen. Zu den vorbeugenden Maßnahmen, die der Erhaltung der Arbeitsplätze dienen, gehören die Zahlung von Kurzarbeiter- und Schlechtwettergeld sowie die Winterbauförderung. Tritt trotz solcher Maßnahmen Arbeitslosigkeit ein, dann sieht – sozusagen als letzte Maßnahme – das A. das »klassische« Instrumentarium vor, nämlich das Arbeitslosengeld und die Arbeitslosenhilfe (→Arbeitslosenversicherung). Alle diese Aufgaben werden von der Bundesanstalt für Arbeit in Nürnberg wahrgenommen. Die Finanzierung aller Maßnahmen erfolgt durch Beiträge der Arbeitnehmer und Arbeitgeber zu gleichen Teilen, bei Bedarf gewährt der Bund (→Grundgesetz) Darlehen oder Zuschüsse. Bei Rechtsstreitigkeiten, die sich im Zusammenhang mit dem AFG ergeben, ist die →Sozialgerichtsbarkeit zuständig. [U. W.]

Text: AFG m. BBiG u. a., Einf. J. Stingl (Beck-Texte im dtv. 5037) München. 1976[3].

Lit.: →Ausbildungsförderung, →Berufsförderung, →Sozialversicherung. Loseblatt-Kommentare die laufend ergänzt werden. Henning/Kuhl/Heuer: AFG (WK-Reihe. 65) Frankfurt. Krebs: AFG. 3 Bde., Bonn-Bad Godesberg. Schieckel: AFG. 3 Bde., Percha. Schieckel: Drei sozialpolitische Gesetze – AFG, BAFöG, BBiG – 4 Bde., Percha. Schönfelder/Kranz/Wanka: Kommentar zum AFG, Stuttgart.

Arbeitsgerichtsbarkeit, eine besondere Gerichtsbarkeit, die aus dem Bereich der Zivilgerichtsbarkeit ausgegliedert ist. Sie ist in ausschließlicher Zuständigkeit für Rechtsstreitigkeiten zwischen Arbeitnehmern und Arbeitgebern (→Arbeitsrecht) geschaffen worden. Die Rechtsgrundlage ist das Arbeitsgerichtsgesetz (ArbGG) von 1953. Die A. wird durch die Arbeitsgerichte, die Landesarbeitsgerichte und das Bundesarbeitsgericht (BAG) in Kassel ausgeübt. In allen drei Instanzen sind sowohl Berufsrichter als auch ehrenamtliche Richter an der Entscheidung beteiligt; die letzteren kommen jeweils zur Hälfte aus den Kreisen der Arbeitnehmer und Arbeitgeber. Der Sinn der Einrichtung einer besonderen A. liegt darin, daß die Rechtsstreitigkeiten in Arbeitssachen von Richtern, die auch in der Praxis erfahren sind, möglichst schnell und billig erledigt werden. Deswegen ist vorgeschrieben, daß das Verfahren in allen Rechtszügen zu beschleunigen ist; der

Rechtsstreit soll nach Möglichkeit in einem Termin entschieden werden. Die erste Verhandlung vor dem Arbeitsgericht nach Klageerhebung ist stets eine Güteverhandlung vor dem Vorsitzenden (Berufsrichter) der Kammer des Arbeitsgerichts; bereits hier kann eine Einigung zwischen den Parteien herbeigeführt werden und wird auch in einer großen Zahl von Fällen erreicht. Vor dem Arbeitsgericht (also in der 1. Instanz) können die Parteien den Prozeß selbst führen. Sie können sich aber auch von einem Rechtsanwalt oder der Arbeitnehmer von einem Sekretär der Gewerkschaft vertreten lassen; bei einem Streitwert unter 300 DM bedarf es aber einer besonderen Zulassung des Rechtsanwalts durch den Vorsitzenden Richter. Die Gerichtskosten der A. sind in allen Instanzen erheblich niedriger als in der Zivilgerichtsbarkeit. In der 1. Instanz trägt der Unterliegende nur die Gerichtskosten und ggfls. die Kosten seines Rechtsanwalts; die Kosten des gegnerischen Anwalts braucht er nicht zu zahlen. In den beiden höheren Instanzen muß der Unterliegende allerdings – wie in der Zivilgerichtsbarkeit sonst – auch diese Kosten tragen. Ein besonderes Verfahren ist das Beschlußverfahren bei Streitigkeiten über das Betriebsverfassungsgesetz (→Mitbestimmung). [U. W.]

Text und Lit.: →Arbeitsrecht. Auffarth/Schönherr: ArbGG. Kommentar. Ergänzbare Ausgabe, Berlin 3. Aufl. 1976. Grunsky, W.: ArbGG. Kommentar, München 1976. Rohlfing/Rewolle: ArbGG. Loseblatt-Kommentar, Frankfurt/M.; Schaub, G.: Das Arbeitsgerichtsverfahren (Beck-Rechtsinformation im dtv. 5205), München 1974

Arbeitslosenversicherung, ein wesentlicher Teil der →Sozialversicherung. Rechtsgrundlage ist das →AFG von 1969 (§§ 100ff.). Danach sind alle Arbeitnehmer (→Arbeitsrecht) sowie Wehr- oder Ersatzdienstleistende versichert; beitragsfrei sind nur wenige Gruppen, z.B. Beamte, Schüler bei Aushilfstätigkeiten oder Nebenbeschäftigte bis zu 20 Wochenstunden. Einen Anspruch auf Arbeitslosengeld (Ag) hat, wer arbeitslos ist, der Arbeitsvermittlung zur Verfügung steht, ohne daß ihm sofort eine zumutbare Beschäftigung vermittelt werden kann, die Anwartschaftszeit erfüllt (in den letzten 3 Jahren wenigstens 26 Wochen beitragspflichtig gearbeitet), sich beim Arbeitsamt arbeitslos gemeldet und Ag beantragt hat. Das Ag wird mindestens 78 Werktage lang gewährt, je nach Dauer der vorherigen Beschäftigung bis zu 312 Tagen. Die Höhe des AG beträgt 68% des letzten innerhalb von 20 Tagen abgerechneten Nettolohnes; die Leistungssätze für Verheiratete sind höher als die für Ledige. Arbeitslosenhilfe (Ah) bekommen bedürftige Arbeitslose, die wegen Nichterfüllung der Anwartschaft kein Ag erhalten, und zwar dann, wenn entweder die Bezugsdauer für das Ag abgelaufen ist oder wenn sie im letzten Jahr 10 Wochen (auch ohne

Beitragspflicht) gegen Lohn gearbeitet haben; die Höhe der Ah ist geringer als die des Ag, sie wird aber zeitlich unbegrenzt gezahlt (§§ 134 ff.). Bei Eintritt einer Notlage kann zusätzlich ein Anspruch auf Sozialhilfe erwachsen (→BSHG). Für die Zeit, in der der Arbeitnehmer Ag oder Ah erhält, entstehen ihm Nachteile weder in der →Krankenversicherung (die Bundesanstalt für Arbeit hat die Beiträge zu entrichten) noch in der →Rentenversicherung (die Zeiten der Arbeitslosigkeit werden als Ausfallzeiten behandelt). Zum Rechtsweg →AFG. [U. W.]

Arbeitsrecht. 1. Als Teil des →Bürgerlichen Rechts das Sonderrecht der unselbständigen, d. h. fremdbestimmte Arbeit leistenden Personen. Es regelt die Beziehungen zwischen den Arbeitgebern und den in deren Betrieb eingegliederten Arbeitnehmern, und zwar als individuelles A. die personenrechtlichen Beziehungen auf der Grundlage des Arbeitsvertrags und als kollektives A. die gruppenrechtlichen Beziehungen der Arbeitnehmer (Gewerkschaften) und der Arbeitgeber, die im Rahmen der durch Art. 9 Abs. 3 →GG garantierten Koalitionsfreiheit (→Grundrechte) ihre Interessen bei der Gestaltung von Arbeits- und Wirtschaftsbedingungen, ggfls. auch mit dem Mittel des Arbeitskampfes (Streik, Aussperrung, Boykott), wahrnehmen können. Arbeitnehmer im Sinne des A. sind sowohl Angestellte, die traditionell als geistig tätig gelten, als auch Arbeiter, die hauptsächlich körperliche Arbeit verrichten; diese Unterscheidung ist in Anbetracht der technischen Entwicklung höchst fragwürdig geworden. Nicht als Arbeitnehmer i. S. des A. gelten die kraft öffentlich-rechtlichen Dienstverhältnisses tätigen Beamten und Soldaten (→Verwaltungsrecht). 2. Die Entwicklung als Sonderrecht hat historische Gründe. In der Zeit des Wirtschaftsliberalismus dem »freien Spiel der Kräfte« ausgesetzt, mußten die Arbeiter hinnehmen, daß die Unternehmer auf der Grundlage des individuellen »freien« Arbeitsvertrages die Höhe des Lohnes beliebig drückten und die Arbeitsbedingungen frei bestimmten. In dem im Jahre 1900 in Kraft getretenen →BGB wurde der gesamte Bereich der abhängigen Arbeit ausgelassen und nur einige dürftige soziale Bestimmungen im Dienstvertragsrecht getroffen. Eine Verbesserung der Lage der Arbeiter trat erst allmählich ein (→Sozialstaat, →Sozialversicherung). Neben der staatlichen Aktivität trug dazu vor allem das Erstarken der Sozialdemokratie und der Gewerkschaften bei. Es wurden nach und nach, vor allem seit der Weimarer Republik, gesetzliche Regelungen zur Bewältigung einzelner sozialpolitisch besonders problematischer Fragen getroffen. 3. Die Situation des A. ist heute im wesentlichen die gleiche geblieben: Es gibt kein einheitliches Arbeitsgesetzbuch; es besteht nur eine Anzahl von Einzelgesetzen, die einzelne Materien regeln, so z. B. →Arbeitsschutz, →Kündigungsschutz, →Lohnfortzahlung, →Mitbestimmung, →Urlaub. Erhebliche Bedeutung haben ferner die von Gewerkschaften und Arbeitgeberverbänden geschlossenen Tarifverträge. Eine der wichtigsten Rechtsquellen ist in Ermangelung einer umfassenden Kodifikation heute immer noch die Rechtsprechung (→Arbeitsgerichtsbarkeit, →Rechtsstaat), die »der eigentliche Herr des A.« ist. [U. W.]

Text: Nipperdey, Arbeitsrecht. Loseblatt-Sammlung aller wichtigen arbeitsrechtlichen Vorschriften, München 1976[12]. Kittner, M.: Arbeits- und Sozialordnung. Ausgewählte und eingeleitete Gesetzestexte, Köln 1976. Richardi (Hg.): Arbeitsgesetze (Beck-Texte im dtv. 5006), München 1976[21].

Lit.: Haberkorn, K.: Arbeitsrecht. Aktuelles Grundwissen und prakt. Rüstzeug f. Studium u. Praxis, Grafenau 1976. Hanau/Adomeit: Arbeitsrecht, Frankfurt/M. 1974[3]. Rewolle/Lorentz: Arbeitsrecht, leicht gemacht. Ein Lexikon des Arbeitsrechts, Braunschweig 1975[18]. Schaub, G.: Arbeitsrecht (Beck-Rechtslexika im dtv. 5041), München 1976[8]. Schaub G.: Arbeitsrechts-Handbuch. Systematische Darstellung u. Nachschlagewerk für die Praxis, München 1975[2]. Söllner A.: Arbeitsrecht (Kohlhammer Studienbücher Rechtswissenschaft), Stuttgart 1976[5]. Stahlhacke E.: Handbuch zum Arbeitsrecht (HzA). Loseblattwerk in 2 Ordnern, Neuwied 1976. Weber/Bitzer: Arbeitsrechts- und Sozialfibel. Eine praxisnahe Gesamtdarstellung des Arbeits- und Sozialrechts, Köln 1976[13]. Speziell: Klostermeier/Maurer: Moderne Sozialpolitik und Arbeitswelt (Luchterhand Arbeitsmittel), Neuwied 1975. Köbl, U.: Die Frau im Arbeitsrecht. Stand: 1. 8. 1975 (Beck-Rechtsinf. im dtv. 5204), München 1975; Markefka M. u. a.: Soziologie der Arbeitswelt, Neuwied 1976.

Arbeitsschutz, Inbegriff der vom Staat geregelten Maßnahmen zur Abwehr der dem Arbeitnehmer drohenden Gefahren im Produktionsprozeß. Es handelt sich im wesentlichen um die Verhütung von Gefahren, die von den technischen Einrichtungen im Betrieb für Leben und Gesundheit ausgehen (Betriebsschutz, Unfallschutz), und von solchen, die durch eine übermäßige Inanspruchnahme der Arbeitskraft entstehen können. Dabei genießen einen besonderen Schutz Frauen, Jugendliche und Schwerbehinderte. Die Durchsetzung eines vernünftigen A. gehörte seit Beginn der Industrialisierung zu den wichtigsten Zielen der Arbeiterschaft (→Arbeitsrecht). Heute besteht ein recht umfassendes System gesetzlicher Regelungen, deren Einhaltung von verschiedenen staatlichen Behörden (Gewerbeaufsichtsämter, Polizei) und Berufsgenossenschaften (→Unfallversicherung) überwacht wird. Die wichtigsten Bereiche sind:

1. Arbeitszeitschutz. Einer Überbeanspruchung des Arbeitnehmers durch zu lange Arbeitszeiten wird hauptsächlich durch die (inzwischen mehrfach geänderte) Arbeitszeitordnung (AZO) von 1938 vorgebeugt. Hierin ist die regelmäßige werktägliche Arbeitszeit auf 8 Stunden festgelegt, sind die Voraussetzungen von Mehrarbeit angegeben, Anord-

nungen über Ruhezeiten und Pausen getroffen u. v. a. Das Gesetz zeigt die Höchstgrenzen der Belastungsmöglichkeit der Arbeitnehmer auf; günstigere Vereinbarungen, insb. in Tarifverträgen (→Arbeitsrecht) sind natürlich zulässig und entsprechen heute in vielen Wirtschaftszweigen der sozialen Wirklichkeit, wie etwa die 40-Stunden-Woche. Eine Anpassung der in manchen Punkten überholten AZO an die Bedingungen der modernen Arbeitswelt ist dringend erforderlich. Für Verkaufsstellen, in denen Warenumsatzgeschäfte an jedermann vorgenommen werden, gilt das Ladenschlußgesetz von 1956.
2. Frauenschutz. In der AZO werden zugunsten des Gesundheitsschutzes von Frauen Beschäftigungsverbote ausgesprochen. Danach dürfen sie nicht in Berufen tätig sein, die sie übermäßig beanspruchen würden, z.B. in Bergwerken oder über Tag bei Förderung und Verladung. Frauen dürfen grundsätzlich auch nicht in der Nacht arbeiten; Ausnahmen bedürfen behördlicher Genehmigung. Besondere Schutzvorschriften bestehen für die schwangere Frau (→Mutterschutz).
3. →Jugendarbeitsschutz.
4. Schwerbehindertenschutz →Schwerbehindertengesetz.
5. Heimarbeiterschutz. Die besonders starke Abhängigkeit der Heimarbeiter von ihren Auftraggebern war schon im vorigen Jahrhundert eine Ursache großer sozialer Spannungen. Erste gesetzliche Regelungen zu ihrem Schutz sind erst zu Anfang dieses Jahrhunderts ergangen. Die gegenwärtige Rechtsgrundlage des Heimarbeiterschutzes ist das Heimarbeitsgesetz (HAG) von 1951. Die Vorschriften dieses Gesetzes können nur einen Minimalschutz gewähren, insbesondere weil die Heimarbeiter bisher (offenbar wegen ihrer Abhängigkeit) nicht gewagt haben, sich gewerkschaftlich zu organisieren und ihre Interessen mit Hilfe von Tarifverträgen zur Geltung zu bringen; die Möglichkeit dazu mußte erst durch das HAG geschaffen werden, da die Heimarbeiter zwar abhängig, aber nicht (in den Betrieb des Arbeitgebers eingegliederte) Arbeitnehmer im Sinne des →Arbeitsrechts sind. [U. W.]

Text und Lit.: →Arbeitsrecht. Ferner: Arbeitsschutz. Aushangpflichtige Gesetze (m. Aushangvorrichtung), Stuttgart 1976. Deneke/Neumann: Arbeitszeitordnung. Kommentar, München 1976[9]. Heinen/Tentrop, W. u. a.: Kommentar zum medizinischen und technischen Arbeitsschutz. Loseblatt-Ausgabe, Stuttgart. Maus/K. Schmidt: Heimarbeitsgesetz. Kommentar, München 1976[3]. Spinnarke/Schork: ASiR – Arbeitssicherheitsrecht. Kommentar zum Arbeitssicherheitsgesetz. Loseblattausgabe, Karlsruhe, ab 1976. Rechtspolitische Information: Winterhager, W.D. (Hg.): Humanisierung der Arbeitswelt. Ges. Vorschr., Modelle, Pläne, Kontroversen (Aktuelle Dokumente), Berlin 1975.

Archetypen, Urbilder, die als Inhalte des kollektiven Unbewußten allen Menschen gemeinsam sind. A. besitzen bildhaften und emotionalen Wert. Nach Auffassung der analytischen Psychologie (Jung) werden die

Formen der a. Vorstellungen – ähnlich wie die angeborenen auslösenden Mechanismen bei Tieren – vererbt. A. sind in religiösen Mythen, Märchen und Kunst nachweisbar. Mit A., die in der Psychotherapie auftreten, kann die Einseitigkeit der bewußten Haltungen des Patienten korrigiert werden. [G. S.]

Lit.: Jung, C. G.: Die Dynamik des Unbewußten. Gesammelte Werke, Bd. 8, Zürich 1967.

Armut. Der Begriff der A. erfuhr seit Beginn des 20. Jahrhunderts in westlichen Industriegesellschaften eine Verlagerung von soziologischen auf volkswirtschaftliche Fragestellungen und Erhebungsziele. Zusätzlich wurde er mehrdeutig verwandt, etwa durch Randgruppenuntersuchungen über Bezeichnungen wie relative A., sekundäre A., tertiäre A., Deprivation (materielle, soziale, psychische, physische Deprivation). Sozialgeschichtlich wird A. unter verschiedenen Aspekten betrachtet. Nach der mittelalterlichen Hochscholastik (Thomas von Aquin) sind Arme eine in die ständische Gesellschaftsordnung integrierte Schicht. Im Humanismus (Thomas Morus, Erasmus von Rotterdam) entwickelt sich eine Sichtweise, die nach den Verursachungen von A. fragt. Zur Zeit der Aufklärung sowie danach, parallel zum Aufstieg und zur Herrschaft des Bürgertums, wird A. vor allem unter nationalökonomischen Gesichtspunkten analysiert. Neben Untersuchungen zur Gesellschaftslehre, Lorenz von Stein, 1815–1890, Ferdinand Lassalle, 1825–1864, sowie nach Entwicklungen zu einer politischen Ökonomie entwirft Karl Marx, 1818–1883, über eine Theorie des Mehrwertes die Sichtweise systemimmanenter Verarmung (Verelendung) des Proletariats gegenüber den Eigentümern und Kontrolleuren von Produktionsmitteln. In der zweiten Hälfte des 20. Jahrhunderts wird von einer globalanteiligen A. gesprochen. Im Gegensatz zu den Industrieländern der nördlichen Halbkugel besitzen die Länder der südlichen Halbkugel ein weitaus geringeres Maß an gesellschaftlichen Reichtümern (Nord-Südgefälle). A. läßt sich gegenwärtig unter folgenden Erscheinungsweisen und Theoriebezügen definitorisch erfassen: 1) A. statistisch analysiert, sowie unter dem Aspekt von meßbaren Bedürfnissen und Bedürfnisbefriedigungen festgelegt. 2) A. als alternativ verwandter Begriff für Ungleichheit, Chancenverminderung, politisch, durch Willkürmaßnahmen von Staatsorganen und/oder sozial durch bewußte Benachteiligung bei der Zuweisung von materiellen Gütern, Rechten und Informationen. 3) A. sozioökonomisch unter reproduktionstheoretischen Analysen erfaßt. 4) A. unter staats- und gesellschaftsrechtlichen Aspekten erfaßt (Rechtsgeschichte). 5) A. sozialgeschichtlich (Pauperismus – 19. Jahrh.), ehemalige Kolonialländer, Dritte Welt, gegenwärtig. 6) A. als Abfolgezustand materieller, sozialer, psychischer und physischer Verelendung unter gegebenen Struktur- und Rahmenbedingungen (Obdachlose). 7) A. als Subkultur der A. infolge Normendifferenzen, sozialer Kontrolle und institutioneller sowie sozialer Zuweisung von A. (Etikettierung – Segregation). 8) physisch-existentielle A. Zustand des völligen Entzugs von Gütern, Rechten und Informationen bei gleichzeitiger psychischer und physischer Zerstörung des Individuums; schwerster Zustand der A. etwa in Haftanstalten totalitärer Herrschaftsbereiche. Menschenrechte gelten in diesem Zusammenhang als höchstwertigste Güter humaner Existenz. [A. S.]

Lit.: Balibar, E.: Plus-Value et Classes Sociales, in: ders.: Cinq Etudes du Matérialisme Historique, Paris 1974. Glatzer, W./Krupp, H. J.: Soziale Indikatoren des Einkommens und seiner Verteilung für die Bundesrepublik Deutschland, in: Zapf, W. (Hg.): Soziale Indikatoren, Konzepte und Forschungsansätze, Bd. I–III, Frankfurt/M./New York 1975. Hobsbawn, E. J.: Poverty, in: International Encyclopedia of the Social Sciences, vol. 12, New York 1968. Roth, J.: Armut in der Bundesrepublik, Frankfurt/M. 1974. Vaskovics, L.: Segregierte Armut, Frankfurt/M. 1976. Zander, H.: Sozialarbeit und Armut, in: Otto, H. U., Schneider, S. (Hg.): Gesellschaftliche Perspektiven der Sozialarbeit, Neuwied-Berlin 1972.

Assoziation, Bezeichnung für ein Prinzip, demzufolge die Verbindung von Bewußtseinsinhalten so gestaltet ist, daß das Auftreten einer Wahrnehmung, Vorstellung oder eines Begriffs zur Reproduktion der mit ihnen verknüpften Wahrnehmungen, Vorstellungen oder Begriffe führt. Die Selektion der A. erfolgt nach Ähnlichkeit, Kontrast, räumlicher Koexistenz oder zeitlicher Sukzession. [G. S.]

Audiometrie, Messungen des Hörvermögens. Hörstörungen – Behinderung oder Ausfall (Gehörlosigkeit) der normalen Hörfunktionen. Wesentlich zur Vorbeugung von Lern- und Verhaltensstörungen im Kindesalter. [A. S.]

Lit.: Naffin, P.: Die psychol. Voraussetzungen der Erziehung des taubstummen Kindes, in: Hdb. d. Psychol., Bd. 10, 2. A. 1959, S. 404 ff.

Aufstieg, soz. A., Wechsel von einer niedrigeren zu einer höher bewerteten Position. Führt nach den in einer Gesellschaft geltenden Rangabstufungen zu einer Verbesserung des soz. Status oder der Schichtzugehörigkeit. A.-prozesse sind Abstiegsprozessen entgegengesetzte Bewegungen und als solche ein Aspekt der vertikalen Mobilität von Individuen oder Kollektiven, der soz. Ungleichheit dokumentiert. Es wird zwischen intragenerativem (während eines Lebenslaufs erreichtem) und intergenerativem (von einer zur folgenden Generation erreichtem) A. unterschieden. Soz. A. vollzieht sich in industrialisierten Gesellschaften vornehmlich über den Beruf (durch Funktions- oder Gehaltsverbesserungen oder durch Berufswechsel), jedoch auch durch Heirat in eine höhere Schicht oder durch nicht selbst erworbenen finanziellen

Reichtum (Erbschaft). Berufliche Karrieresysteme haben die Funktion, durch künstliche Prestigeabstufungen Leistungsanreize und Aufstiegsmotivationen zu schaffen, wobei entgegen der herrschenden Leistungsideologie soz. A. nicht nur durch den funktionalen Leistungsbeitrag erreicht wird, sondern auch durch sog. extrafunktionale A.kriterien wie persönl. oder polit. Beziehungen, Konfession, Mitgliedschaften oder Dienstalter. [M. B.]

Lit.: Abstieg, soz., dem soz. Aufstieg entgegengesetzte vertikale Mobilitätsbewegung →soziokultureller Wandel →soziale Schicht
Bolte, K. M.: Sozialer Aufstieg und Abstieg, Opladen 1959.

Ausbildungsförderung. Für die staatliche Förderung der Ausbildung bestehen unterschiedliche Rechtsgrundlagen, je nachdem, ob es sich um eine →Berufsförderung oder um die Förderung der Ausbildung in (Fach-)Schulen oder (Fach-)Hochschulen (→Schulrecht) handelt. 1) Das →AFG erfaßt die Förderung der →Berufsausbildung (als Teil der →Berufsbildung) in Betrieben und überbetrieblichen Einrichtungen einschließlich Teilnahme an berufsvorbereitenden Lehrgängen in einem anerkannten Ausbildungsberuf (→BBiG) (§ 40). Der Antragsteller muß die allgemeinen Förderungsvoraussetzungen (§§ 33–39, →Berufsförderung) erfüllen. Die Leistungen sind Bundesausbildungsbeihilfe entweder (in der Regel) als Zuschüsse oder als Darlehen. Die Höhe bestimmt sich nach dem Bedürfnis der Auszubildenden; dabei ist eine zumutbare Eigenbeteiligung des Auszubildenden und seiner Unterhaltsverpflichteten zu berücksichtigen (→Unterhaltsrecht). Der Antrag auf Bewilligung der A. nach dem AFG ist beim Arbeitsamt zu stellen, das für den Wohnungsort des Auszubildenden zuständig ist. Dieses entscheidet in den meisten Fällen, in einigen auch das Arbeitsamt, in dessen Bereich die Ausbildungsstätte liegt. Zum Rechtsweg →AFG. 2) Das Bundesausbildungsförderungsgesetz (BAFöG) von 1971, ebenso wie das AFG mit Wirkung ab 1976 aus Gründen der Kostenersparnis geändert (→Berufsförderung), erfaßt die gesamte schulische Ausbildung, also den Besuch von Haupt-, Berufs-, Berufsaufbau-, Fachschulen, Fachhochschulen, Akademien und Universitäten, und zwar grundsätzlich die erste Ausbildung, unter den Voraussetzungen des § 7 Abs. 2 eine weitere Ausbildung (z. B. wenn dadurch die erste Ausbildung in derselben Fachrichtung weitergeführt wird) und gem. Abs. 3 bei Abbruch der Ausbildung oder Wechsel der Fachrichtung aus wichtigem Grund eine andere Ausbildung. Voraussetzung für die A. ist die Eignung (§ 9), über die ggfls. im späteren Stadium der Ausbildung ein Leistungsnachweis zu erbringen ist. Die Leistungen der A. sind Zuschüsse oder Darlehen (§ 17). Allerdings ist kein Antragsteller nur zuschußberechtigt; einen – nicht unbeträchtlichen – Teil muß auch derjenige als Darlehen nehmen, der dem Grunde nach einen Anspruch auf einen Zuschuß hat, d.i. derjenige, der einer ersten Ausbildung unterliegt. Bei einer weiteren oder einer anderen Ausbildung wird A. (abgesehen von einigen in § 17 Abs. 3 vorgesehenen Ausnahmen) ausschließlich als Darlehen geleistet. Die Höhe der A. bemißt sich nach dem Bedarf für Lebensunterhalt und Ausbildung (§§ 11 ff.); die Förderung ist familienabhängig, denn es werden das Einkommen der Auszubildenden und der Eltern bzw. des Ehegatten bei der Berechnung berücksichtigt (§§ 21 ff.) (→Unterhaltsrecht). Die Zuständigkeit für die Bewilligung der Leistungen liegt bei den Landkreisen und kreisfreien Städten (Ämter für Ausbildungsförderung) (§§ 39 ff.). Bei Rechtsstreitigkeiten ist der Rechtsweg der →Verwaltungsgerichtsbarkeit gegeben. 3) Soweit der Bedarf des Auszubildenden durch die Förderungsbeträge nach AFG oder BAFöG nicht gedeckt wird, kommt ergänzend ein Anspruch nach §§ 31 ff. →BSHG in Betracht. [U. W.]

Text: →AFG, →Arbeitsrecht. Ferner: BAFöG. Einf. Söllner A. (Beck-Texte im dtv. 5033) München 4. Aufl. 1976.

Lit.: →AFG. Ferner: Jaron/Knudsen u. a. (Hg.): Die gesamte Ausbildungsförderung in der BRD. Ergänzb. Auskunftswerk, Neuwied o. J. Arnt Richter: Ausbildungsförderung auch für mich? (Goldmann Jura. 8332), München 1975. Rothe F./Blanke: BAFöG. Loseblatt-Kommentar, Stuttgart 2. Aufl. 1974. Schieckel: Drei sozialpolitische Gesetze – AFG, BAFöG, BBiG – 4bdg. Loseblatt-Kommentar, Percha o. J.

Ausländerrecht. Der Begriff bezeichnet die gesetzlichen Bestimmungen, welche die Einreise und die erzwungene Ausreise, den Aufenthalt und die berufliche Betätigung von Ausländern regeln. Die wichtigsten Rechtsgrundlagen sind das Ausländergesetz (AuslG) von 1965 und das Gesetz über Einreise und Aufenthalt von Staatsangehörigen der Mitgliedstaaten der EWG (AufenthG/EWG) von 1969. Die rechtliche Lage des im zuletzt genannten Gesetz erwähnten Personenkreises ist erheblich günstiger als die der übrigen Ausländer, es sei denn, es bestehen zweiseitige Verträge zwischen der BRD und dem jeweiligen ausländischen Staat; eine günstigere Stellung haben auch politisch Verfolgte, die das Asylrecht erhalten haben. Von besonderer Bedeutung ist die Rechtslage der Gastarbeiter. In Millionenzahl während der wirtschaftlichen Hochkonjunktur (zumeist in einem besonderen Anwerbeverfahren) in das Land gerufen, um ihre Arbeitskraft ökonomisch zu verwerten, bedürfen sie auch in Zeiten des Abschwungs des rechtlichen und sozialen Schutzes. Dieser ist jedoch durchaus unterschiedlich ausgeprägt. Ausländer, die nicht Angehörige der Mitglieder der EG sind, bedürfen außer einer Aufenthaltserlaubnis nach § 2 AuslG einer Arbeitserlaubnis nach § 19 →AFG. Die erstere darf erteilt werden, wenn die Belange der BRD nicht beeinträchtigt sind, und wird zumeist recht kurz befristet; die Erteilung der letzteren hängt von rein ökonomischen und arbeitsmarkpolitischen Erwägungen ab. Beide Erlaubnisse stehen in einer engen Verbindung: Ohne Aufenth.Erl. wird keine Arb.Erl. erteilt; ist die Arb.Erl. beendet und arbeitet der Ausländer trotzdem weiter, so liegt einer der zahlreichen Gründe des § 10 AuslG vor, die die Ausländerbehörde zur Ausweisung berechtigen. Erst nach 5jähriger Tätigkeit oder Heirat mit einem (einer) Deutschen verbessert sich die Lage. Weniger prekär ist die Situation für die EG-Staatsangehörigen; sie benötigen keine Arb.Erl., können sich zur Arbeitssuche 3 Monate ohne Aufenth.Erl. aufhalten und haben, wenn sie in einem Arbeitsverhältnis stehen, einen Anspruch auf eine Aufenth.Erl. von mindestens 5 Jahren. Die Rechtsstellung während der Arbeit in der BRD richtet sich nach dem deutschen →Arbeitsrecht und →Sozialversicherungsrecht einschl. dem →AFG. Der Ausländer erhält unter den Voraussetzungen des BKKG →Kindergeld. Er kann auch Sozialhilfe nach dem →BSHG in Anspruch nehmen; allerdings läuft dieses Recht in der Praxis leer, weil Hilfsbedürftigkeit ein Ausweisungsgrund nach § 10 AuslG ist. Für Familienangehörige, d. h. den Ehepartner und Kinder unter 21 Jahren, wird eine Aufenth.Erl. nur unter erschwerten Voraussetzungen gewährt, nämlich nach einjährigem Aufenthalt des Gastarbeiters und bei Nachweis einer ausreichenden Wohnung. Die politische Betätigung der Ausländer ist dadurch eingeschränkt, daß die →Grundrechte der Versammlungs- und Vereinsfreiheit nur für Deutsche gewährt sind und § 6 AuslG den Behörden Eingriffsmöglichkeiten bei Gefährdung »erheblicher Belange« der BRD gibt. Rechtsweg bezüglich der Arb.Erl. →Sozialgerichtsbarkeit, bezüglich der Aufenth.Erl. →Verwaltungsgerichtsbarkeit. [U. W.]

Text: Sartorius Nr. 560–567 (→Verwaltungsgerichtsbarkeit).

Lit.: →Arbeitsrecht. Ferner: Ansay T./Gessner (Hg.): Gastarbeiter in Gesellschaft und Recht (Beck'sche Schwarze Reihe. 108), München 1974. F. Becker/Puente: Informationen für ausländische Arbeitnehmer (Falken-Bücherei. 0307), Wiesbaden 1973. Böckenförde, D.: Ausländerrecht, Wiesbaden 2. Aufl. 1972. Braun, B.: Niederlassungsrecht der BRD. Grundriß und Textsammlung, Berlin 1973. Dolde, K.-P.: Die politischen Rechte der Ausländer in der BRD, Berlin 1972. Grabitz, E.: Europäisches Bürgerrecht zwischen Marktbürgerschaft und Staatsbürgerschaft, Köln 1970. Heldmann, H. H.: Ausländerrecht (Sammlung Luchterhand. 120), Darmstadt 1974. Kloesel, A./Christ: Deutsches Ausländerrecht. Loseblatt-Kommentar, Stuttgart. Reiman, H. und H. (Hg.): Gastarbeiter (Goldmann. Soz. Probleme. 4 = Das Wiss. Taschenbuch. Abt. Soziologie. 24), München 1976. Speziell: Becker, U.: Oberloskamp H., Kinder ausl. Arbeitnehmer in der BRD (Arbeitsgemeinschaft für Jugendhilfe) 1975.

Auswertung. Neben der →Datenaufbereitung und der →Datenverarbeitung beinhaltet die A. noch den Schritt der Interpretation der Ergebnisse einer Untersuchung. Während die Datenverarbeitung eher auf den technischen Aspekt der A. abzielt, bezieht sich die Interpretation auf den inhaltlichen Aspekt. Je nach Art der Untersuchung dient sie der Diskussion der Hypothesen (analytische Studien) oder der Formulierung von Hypothesen für weiterführende Untersuchungen (explorative Studien). [D. W.]

Lit.: Friedrichs, J.: Methoden der empirischen Sozialforschung, Reinbek 1973. Mayntz, R., Holm, K., Hübner, P.: Einführung in die Methoden der empirischen Sozialforschung, Opladen 1971. Opp K. D.: Methodologie der Sozialwissenschaften, Reinbek 1976.

Bedürfnisse. Personen, soziale Gruppen und Gesellschaften lassen sich u. a. über Gruppierungen, Klassen sowie Hierarchien von Bedürfnissen bedingt analysieren. Eine Einteilung nach B. ergibt sich unter Aspekten von I. a) personalen B., b) gruppenspezifischen B., c) kollektiven B.; II. a) juristischen Kriterien der B. und Bedürftigkeit (BSHG), b) psychologischen Gesichtspunkten (physiologische B., Sicherheitsb., Zuwendungsb., Anerkennungsb. sowie B. nach Selbstverwirklichung (A. Maslow), c) organische B. (Nahrung) auch primäre B. genannt, im Gegensatz zu sekundaren Bedürfnissen (Kontakte, Kommunikationen, Leistung, Einfluß). B. werden in den Sozialwissenschaften über soziale Indikatoren erfaßt. Bedürfnisanalysen bilden wesentliche Voraussetzungen für politische Planungen, Maßnahmen, sowie agogische Interventionen und Methodenanwendungen in SA/SP (Zielgruppenanalysen für die Arbeit mit Kindern, Jugendlichen, Erwachsenen, Randgruppenangehörigen). [A. S.]

Lit.: Hondrich, K. O.: Menschliche Bedürfnisse und soziale Steuerung, Reinbek b. Hamburg 1975. Maslow, A.: Motivation and Personality, 2. Aufl., New York – Evanslon – London 1970. Schäfer, D.: Bedürfnisse und Bedürftigkeit, in: Archiv f. Wissensch. u. Praxis d. soz. Arbeit, Nr. 3, 1976, S. 157 ff. Thomae, H. (Hg.): Die Motivation menschlichen Handelns, Köln, 1965 →Motivation.

Befragung, fast alle sozialwissenschaftlichen Erhebungstechniken, in denen der →Fragebogen eingesetzt wird (→Interview, Soziometrie, Gruppendiskussion). Im engeren Sinne versteht man unter B. die schriftliche Befragung. Der Fragebogen wird dem Befragten zugesandt und soll von ihm ausgefüllt retourniert werden. Der Fragebogen muß daher kurz und verständlich sein. Das bedeutet eine Einschränkung auf relativ einfach zu erhebende Forschungsprobleme. Als Vorteil dieser Befragungstechnik gegenüber dem mündlichen Interview gelten 1. niedrige Kosten und geringer Zeitaufwand, 2. das Wegfallen einer räumlichen Einschränkung, 3. die Befragungssituation wird durch den Interviewer nicht beeinflußt. – Nachteile sind 1. die geringe Rücklaufquote ausgefüllter Fragebögen (geringere Antwortbereitschaft). Damit ist möglicherweise auch ein negativer Einfluß auf die Repräsentativität der Ergebnisse verbunden. 2. Die Nicht-Kontrollierbarkeit der Erhebungssituation. Dies bezieht sich auf die Anwesenheit anderer, nicht zu befragender Personen und deren Einfluß, die Verständlichkeit der Fragen, die Einhaltung der Reihenfolge der Fragen u. ä. [D. W.]

Lit.: Friedrichs, J.: Methoden der empirischen Sozialforschung, Reinbek 1973. Scheuch, E. K.: Das Interview in der Sozialforschung, in: König, R. (Hg.): Handbuch der emp. Soz.forschung I, Stuttgart 1967. Richter, H. J.: Die Strategie schriftlicher Massenbefragungen, Bad Harzburg 1971.

Begabung, Gefüge der auf angeborenen Anlagen basierenden, im Laufe der Sozialisation entwickelten Leistungsdispositionen. Der Begriff der B. unterscheidet sich von dem der Intelligenz. Roth (1967) unterscheidet zwischen der relativ konstant bleibenden Intelligenz und der ausbaufähigen B. als Lern- und Leistungsfähigkeit. Mühle (1974) sieht in der Intelligenz eine stabilisierende Anpassungsfunktion und in der B. eine Gestaltungsfunktion im Sinne produktiver und kreativer Fähigkeiten. In der empirischen Forschung wurden mittels Faktorenanalyse (→Statistik) B.-Faktoren abgegrenzt: Sprachliche Fähigkeit, technisches Denken, räumliches Denken, rechnerisches Denken (Arnold 1968). Die Auffassungen über den Einflußanteil von Anlage- oder Umweltfaktoren auf die Ausprägung von B. sind kontrovers (Skowronek 1973). [G. S.]

Lit.: Mühle, G.: Definitions- und Methodenprobleme der Begabungsforschung, in: Roth, H. (Hg.): Begabung und Lernen, Stuttgart 1974[9]. Roth, H. (Hg.): Begabung und Lernen, Stuttgart 1974[9]. Skowronek, H. (Hg.): Umwelt und Begabung, Stuttgart 1973. Süllwold, F. (Hg.): Begabung und Leistung, Hamburg 1975.

Behandlungsprogramm, Interventions- und Therapiesystem in integriertem Verbund, entwickelt nach Modellen mit ausgewählten Zielsetzungen, vor allem für die Rehabilitation von psychisch Kranken, Suchtmittelabhängigen oder Behinderten. Ein B. umfaßt neben organisatorischen und technischen Gegebenheiten Maßnahmen zu: 1. Einrichtungen für vortherapeutische Kommunikationen, Kontakt- und Beratungsstellen, 2. Methodenanwendung der SA/SP. 3. Ambulante und stationäre Therapien, Psycho- und Sozialtherapien 4. Medizinische ambulante und stationäre Einrichtungen 5. Wissenschaftliche Begleituntersuchungen wie Therapieketten, ergänzt durch Organisations-, Bildungssowie Beratungseinrichtungen liegen weitgehend den Rehabilitationskonzepten für Drogenabhängige in den USA zugrunde (Daytop – Synanon – Four – Steps – Wohngemeinschaften). Im erweiterten Modell lassen sich B. auch auf andere Klientengruppen übertragen, wie Suicidgefährdete oder isolierte alte Menschen. Therapeutische Modelle und Methoden heben ab auf die Eigendynamik innerhalb des Klienten. Mit Hilfe von Planspielen (strategische Spiele – Spieltheorie) lassen sich Situationen in sogenannten methodenvariablen Laboratorien simulieren. Für Aufbaustudien zur SA/SP ergeben sich Notwendigkeiten hinsichtlich inhaltlicher curricularer sowie technisch-therapeutischer Überlegungen zur Ausbildung von Suchtkrankentherapeuten. Das Methodeninstrumentarium der SA/SP läßt sich in B. kombiniert sowie kombinierend mit Therapien anwenden. [A. S.]

Lit.: Petzold, H.: Drogentherapie, Paderborn 1974. Schwendtke, A. u. Krapp, F.: Drogen, Gesellschaft, Pädagogik, Frankfurt/Main 1972. Sollmann, U.: Therapie mit Drogenabhängigen, Gießen 1974.

Behaviorismus, einflußreiche Richtung der amerikanischen Psychologie, die als Gegenstand ihrer Untersuchungen nur objektiv beobachtbares Verhalten ansieht. In Absetzung vom Mentalismus verzichtet der B. auf die Untersuchung von Bewußtseinsinhalten. [G. S.]

Beobachtung, Methode der Datenerhebung von individuellem bzw. gruppenspezifischem Verhalten. Sie setzt im Gegensatz zur täglichen Beobachtung 1. ein Forschungsziel, 2. eine systematische Planung, 3. eine Systematisierung der Datenerhebung voraus. Inwieweit diese Forderungen erfüllt werden können, hängt ab vom Grad der Erforschtheit des Untersuchungsbereichs und damit von der Möglichkeit, Kausalhypothesen zu formulieren, Begriffe exakt zu operationalisieren und in Beobachtungskategorien umzusetzen. Demnach lassen sich im wesentlichen zwei Beobachtungsstrategien unterscheiden: 1. die unstrukturierte, teilnehmende, nicht standardisierte Beobachtung. Sie dient dazu, noch nicht bzw. in geringem Ausmaß untersuchte Phänomene zu erfassen, das Forschungsziel zu präzisieren und ein systematisches Beobachtungsschema zu erarbeiten. Der Beobachter nimmt die Rolle eines Gruppenmitglieds ein. Damit ist allerdings die Problematik eventueller Verhaltensänderungen der zu untersuchenden Individuen, Gruppen etc. durch die Anwesenheit des Beobachters zu berücksichtigen, weiters der Grad der erwünschten Integriertheit des Beobachters, ohne dadurch Verzerrungen der Datenerfassung zu bewirken. – 2. Die strukturierte, nicht teilnehmende, standardisierte Beobachtung. Sie setzt genauere Kenntnis des Untersuchungsobjekts, Strukturierung des Forschungsziels (Formulierung von Kausalhypothesen) und Systematisierung der Beobachtungskategorien (Bales) voraus. Diese Art der Beobachtung wird meist unter experimentellen Bedingungen durchgeführt. →Experiment →Operationalisierung. [D. W.]

Lit.: Friedrichs, J.: Methoden der empirischen Sozialforschung, Reinbek 1973. Friedrichs, J., H. Lüdtke: Teilnehmende Beobachtung, Weinheim 1973[2]. König, R.: die Beobachtung, in: König, R. (Hg.): Handbuch der empirischen Sozialforschung I, Stuttgart 1967. Selltiz, C. u. a.: Untersuchungsmethoden der Sozialforschung, Neuwied 1972.

Beratung, Kommunikationsvorgang zwischen Berater (Br.) und Klienten (Kl.), in dem der Br. bestrebt ist, die Probleme des Kl. zu verstehen und ihm Anregungen und Hilfen zur Selbsthilfe zu vermitteln. Die Beratung schließt Diagnose, Beschaffung von Informationen, Gesprächsführung zur Sicherung des Verständnisses, Ermutigung und Ratschlag ein. Der Br. weist Gesichtspunkte auf, die für eine Problemlösung wesentlich sind, hilft bei der Definition der Problemlage und orientiert aus seinem Wissen über die zu erwartenden Folgen verschiedener Lösungsmöglichkeiten. Im Gegensatz zur Psychotherapie hat es der Br. in der Regel mit Problemstellungen ohne Krankheitswert zu tun. Dennoch hat die B. in jüngerer Zeit vor allem Anregungen aus der →Verhaltenstherapie, die detaillierte Handlungsanweisungen ausarbeitet und in ihren Effekten kontrolliert, und der →Gesprächspsychotherapie, die den Kl. zu eigenständiger Problembewältigung anzuregen sucht, bezogen. Als Modell des B.Prozesses bietet sich das Problemlösungskonzept an (Derow 1976). Der B.Vorgang unterteilt sich in folgende Handlungsstufen: 1. Problemdefinition anhand der vom Kl. gewonnenen Informationen; 2. Bildung von Hypothesen zur Problemlösung: Beratungsplan mit vorläufigen Zielsetzungen; 3. Datenerhebung (Tests, Verhaltensbeobachtung, Interviews mit Bezugspersonen) zur Hypothesenprüfung; 4. Gemeinsames Durcharbeiten der Ergebnisse aus (3) im Hinblick auf (1) und (2): Sichtung von Alternativen und Bestimmung des weiteren Vorgehens; 5. Realitätskontrolle der bisherigen B.-Maßnahmen und gesprächsweise Ermittlung der Konsequenzen aus den Handlungsalternativen, Erarbeitung von Entscheidungskriterien; 6. Unter Berücksichtigung von (5) gemeinsame Entscheidung für ein bestimmtes Vorgehen; 7. Realisierung des Lösungsplans u. U. mit Hilfen durch den Br.; 8. Gemeinsame Bewertung des Handlungsresultats; 9. Im Fall eines Mißerfolges oder unzureichender Resultate Neubeginn bei (1). Durch den im Modell vorgesehenen Rückkoppelungsprozeß werden die B.-Ziele stufenweise approximiert. Die B.-Tätigkeit ist nach Anwendungsfeldern organisiert: Erziehungs-B. (Aichhorn 1959; Pfistner 1969), Berufs-B. (Stets 1964), Schul-B. (Seiß 1976), Hochschul-B. (Sperling u. Jahnke 1974) und Ehe-B. (Reiter 1975). [E. S.]

Lit.: Aichhorn, A.: Erziehungsberatung und Erziehungshilfe, Bern 1959. Bornemann, E.: Erziehungsberatung, München 1963. Derow, R.: Beratung, in: F. Dorsch (Hg.): Psychologisches Wörterbuch, Bern 1976; Gilmore, S. K.: The counselor in training, New York 1973. Pfistner, H.-J.: Erziehungsberatung, Koblenz 1969. Rogers, C. R.: Die nicht-direktive Beratung, München 1972. Reiter, L.: Ehe- und Familientherapie, in: H. Strotzka (Hg.): Psychotherapie, München 1975. Seiß, R. (Hg.): Beratung und Therapie im Raum der Schule, Bad Heilbrunn 1976. Sperling, E., Jahnke, J.: Zwischen Apathie und Protest, Bd. 1,

Studentenprobleme und Behandlungskonzepte einer ärztlich-psychologischen Beratungsstelle, Bern 1974. Stefflre, B., Grant, H. W.: Theories of counseling, New York 1972. Stets, W.: Formen und Entwicklung der Beratung, in: A. Mayer, B. Herwig (Hg.): Handbuch der Psychologie, Bd. 9, Göttingen 1964, S. 362–370. Strotzka, H.: Prävention und Rehabilitation psychischer Krankheiten, in: W. J. Schraml. U. Baumann (Hg.): Klinische Psychologie I, Bern 1975³, S. 79–102.

Beratung, soziale, Prozeß komplexer Interaktion und Kommunikation mit ausgewählten Zielen, Phasen, Strukturen und Techniken, die Klienten Hilfestellungen bei der Lösung von Problemen vermitteln sollen. In der Einzelfallhilfe (case-work) bildet die B. ein wesentliches Element agogischer Interventionen. In der SA/SP wird unterschieden nach Beratungsbedürfnis und Beratbarkeit sowie Beratungsfähigkeit. B. hebt ab auf Techniken der Befragung, sozialen Anamnese, Diagnose und Gesprächsführung. B. und helfende Gesprächsführungen in der Einzelfallhilfe erfahren fließende Übergänge sowie Ergänzungen zu Psycho- und Sozialtherapien. B. läßt sich (W. Bäuerle) weiterhin bezeichnen als Orientierungs-, Planungs- und Entscheidungshilfe für Einzelne und soziale Gruppen. In den Handlungs- und Funktionsbereichen der SA/SP findet B. statt in der öffentlichen und freien Familienb., Elternb., Drogenb., Sozialhilfeb. Wesentlicher Bestandteil der B. ist die Methodik und Technik der →Gesprächsführung. Formen der B. lassen sich unterscheiden nach I. a) Einzelb., mündlich und/oder schriftlich; b) Gruppenb., mündlich und/oder schriftlich; II. a) Freier B., mündlich und/oder schriftlich; b) Administrativer B., mündlich und/oder schriftlich; III. a) Sachbezogener Problemfeldb. (Berufsb., Mieterb., Wohnungsb.); b) Problem- und Konfliktb. (Sexual-, Erziehungsb.); c) therapeutischer B. im eigentlichen Sinne; IV. a) B. als abgeschlossenes Einzelverfahren; b) B. als Integrationselement zu Methoden und Therapien (→Gesprächsführung). [A. S.]

Lit.: Bäuerle, W.: Theorie der Elternbildung, 2. durchgesehene Auflage, Weinheim, 1972. Bratt, N.: Gespräch und Behandlung in der sozialen Arbeit, Weinheim 1971. Junker, H.: Das Beratungsgespräch, München 1973.

Beratungsgespräch, ein Grundelement jeder Form von Einzelfallhilfe, erfordert in seiner Anwendung die Berücksichtigung wesentlicher Voraussetzungen. 1. Vorbedingungen zum B., technische, organisatorische; 2. Alternative Möglichkeiten der Auswahl zu Formen und Inhalten der Gesprächsführung; 3. Klientenorientierte Techniken des B. unter Berücksichtigung von Bedürfnissen, Motiven sowie sozialer Herkunft des Klienten; 4. Zielsetzung des B. vor oder während des Dialogs zwischen Sozialarbeiter, Sozialpädagogen und Klient unter Aspekten a) der Informationsvermittlung, b) der Hinführung zu Einsicht in die eigene Problematik mit dem Ziel einer Problemlösung durch den Klienten, c) Hilfestellung zu Reflexion der Lage des Klienten mit dem Ziel weiterführender Methoden und Therapieanwendungen, d) B. für Integration (Reintegration) oder Segregation des Klienten in oder aus bestehenden Situationen, Gruppierungen, Handlungssystemen, Verhaltensweisen. Zu unterscheiden ist zwischen Inhalt, Form (symmetrisch-asymmetrisch) und Technik (Verfahrensweise) des B. Besonders zu beachten ist jeweils die Situationsstruktur im B., die beeinflußt wird von einseitigen affektiv-emotionalen Besetzungen (Projektionen) oder wechselseitigen wahrnehmbaren und nicht wahrnehmbaren Übertragungen von Stimmungen, Gesprächsinhalten und Reaktionsweisen. Jede Situation enthält eine Vielzahl von Komponenten, die beeinflußbar sind von den Gesprächspartnern, von der Problemlage sowie vom augenblicklichen Stand des gesamten Hilfe- und Beratungsprozesses. Erweiterte Funktionen des B. führen über zu Konzepten der B. in therapeutischen Behandlungen (Gesprächstherapien, Psychotherapie). [A. S.]

Lit.: Bratt, N.: Gespräch und Behandlung in der sozialen Arbeit, Sozialpädagogische Reihe, Bd. 5, Weinheim 1971. Perlman, H. H.: Soziale Einzelfallhilfe als problemlösender Prozeß, Freiburg/Br. 1969. Stuttgarter Akademie für Tiefenpsychologie und analytische Psychotherapie, Stuttgart 1971.

Berufsausbildung. Als Teil der →Berufsbildung bedeutet die B. die Vermittlung einer breit angelegten Grundbildung und der für die Ausübung einer qualifizierten beruflichen Tätigkeit notwendigen fachlichen Fertigkeiten und Kenntnisse in einem geordneten Ausbildungsgang; sie hat ferner den Erwerb der erforderlichen Berufserfahrung zu ermöglichen. Diese Definition findet sich in § 1 Abs. 2 →BBiG. In diesem Gesetz sind auch die wesentlichen Rechtsnormen für das B.-Verhältnis zu finden; gesonderte Bestimmungen bestehen für die →Ausbildungsfönah,→Jugendarbeitsschutz. [U. W.]

Lit.: →BBiG

Berufsbildung, auch berufliche Bildung genannt, umfaßt als Oberbegriff alle grundlegenden und weiterführenden Maßnahmen, welche die Ausübung einer qualifizierten beruflichen Tätigkeit ermöglichen. Der Begriff ist durch das →BBiG als Rechtsbegriff neu eingeführt worden. Nach § 1 Abs. 1 gehören dazu →Berufsausbildung, →berufliche Fortbildung und →berufliche Umschulung. Die B. wird durchgeführt in Betrieben der Wirtschaft, in vergleichbaren Einrichtungen außerhalb der Wirtschaft, insb. des öffentlichen Dienstes, der Angehörigen freier Berufe und der Haushalte, überdies in berufsbildenden Schulen und sonstigen Berufsbildungseinrichtungen außerhalb der schulischen und betrieblichen B. (§ 1 Abs. 5 BBiG). Es besteht also ein duales System, d. h. eine Mischung von betrieblichen und staatlichen Bildungsmaßnahmen. Die Durchführung der schulischen B. erfolgt nach den Schulgesetzen der Bundesländer (→Schulrecht), während die Regelungen nach dem BBiG auf der Gesetzgebungskompetenz des Bundes beruhen (→Demokratie). Die Ausgestaltung des gesamten Bereichs der B., insb. die Berufsausbildung und die →Berufsförderung, ist eine der wesentlichen Aufgaben, die dem Staat zur Verwirklichung des Prinzips des →Sozialstaats gestellt sind; wegen der unterschiedlichen Kompetenzen sind hierbei Bund und Länder zu einer engen Zusammenarbeit verpflichtet. [U. W.]

Lit.: →AFG, →BBiG

Berufsbildungsgesetz (BBiG). 1. Das 1969 in Kraft getretene, 1971 geänderte B. regelt die →Berufsbildung in allen Berufs- und Wirtschaftszweigen mit Ausnahme der Berufsbildung in einem öffentlich-rechtlichen Dienstverhältnis (als Beamter oder Soldat, nicht aber als Angestellter oder Arbeiter, →Arbeitsrecht), auf Kauffahrteischiffen und in Heil- und Heilhilfsberufen (§ 2). Der wesentliche Inhalt des B. liegt in der Regelung der →Berufsausbildung; für →berufliche Fortbildung und →berufliche Umschulung sind vor allem die Vorschriften für die →Berufsförderung von Bedeutung. 2. Das B. sieht das Berufsausbildungsverhältnis zwischen »Ausbildendem« und »Auszubildendem« als einen Arbeitsvertrag an, für den die Regeln des →Arbeitsrechts gelten, wenn sich aus dem B. nichts anderes ergibt (§§ 3–5). Als Grundlage für eine geordnete und einheitliche Berufsausbildung sind bestimmte Ausbildungsberufe als solche durch Rechtsverordnung des Bundeswirtschaftsministers anerkannt und für sie Ausbildungsordnungen erlassen worden; nur in einem solchen Beruf findet Ausbildung im Sinne des B. statt (§ 25–33). Verantwortlich für die Ausbildung ist der »Ausbildende«, d. h. der Betriebsinhaber; er wird dabei von den jeweils zuständigen Berufsorganisationen, den (Industrie- und Handels-, Handwerks-, Landwirtschafts-, etc.) Kammern, überwacht (§§ 6–8, 44 f., 73 ff.). In Bund, Ländern und bei den Berufsorganisationen sind überdies Ausschüsse für Berufsbildung errichtet, denen außer Beauftragten der Arbeitgeber auch solche des Bundes, der Länder, der Arbeitnehmer bzw. der Berufsschulen angehören; sie haben jedoch überwiegend nur beratende Funktion (§§ 50–59). 3. Die Reform des B. ist ein gesellschaftspolitisch heftig umstrittenes Thema. Die Bundesregierung hat 1974 einen entsprechenden Gesetzentwurf vorgelegt. Er geht von einer stärkeren Verantwortung des Staates bei der Berufsbildung aus und sieht gleichzeitig eine echte →Mitbestimmung aller am Ausbildungsprozeß Beteiligten und dafür Verantwortlichen (auch der Gewerkschaften, →Arbeitsrecht) vor. Das äußert sich vor allem darin, daß das bisherige Übergewicht des Kammereinflusses zugunsten einer stärkeren Einflußnahme durch die (»mitbestimmten«) Berufsbildungsausschüsse abgemildert werden soll; auf Bundesebene soll ein »Bundesinstitut für Berufsbildung« mit Regelungs- und Kontrollbefugnissen errichtet werden, um eine der allgemeinen (insb. Schul-)Bildung gleichwertige Berufsbildung zu ermöglichen. Ferner soll eine hinreichende Zahl von qualifizierten Ausbildungsstellen dadurch geschaffen werden, daß alle Unternehmen finanzielle Beiträge zu erbringen haben und damit auch überbetriebliche Ausbildungsplätze errichtet werden. Ob und in welcher Gestalt die Reform des B. Wirklichkeit werden wird, ist in Anbetracht der tiefgreifenden Meinungsunterschiede offen. [U. W.]

Text: →AFG, →Arbeitsrecht.

Lit.: →Berufsbildung. Ferner: Degen/Rohlfing/Spiertz: BBiG (Lehrlingsrecht). Loseblatt-Kommentar (WK-Reihe. 44), Frankfurt. Fredebeul/Krebs: Recht auf Berufsbildung. 6bdg. Loseblatt-Textsammlung und Kommentar, Bielefeld. Haase/Richard/Wagner: BBiG mit Erläuterungen, Köln 2. Aufl. 1974. Schieckel: Drei sozialpolitische Gesetze – AFG, BAFöG, BBiG – 4bdg. Loseblatt-Kommentar, Percha. Rechtspolitische Information: Offe, C.: Berufsbildungsreform. Eine Fallstudie über Reformpolitik (edition suhrkamp. 761), Frankfurt 1975. Pulte/Vorbrücken: Berufliche Bildung. 39 Modelle, Meinungen und Entwürfe zu einem Reformvorhaben (Heggen-Dokumentation. 4), Opladen 1974. Bähr, W.: Rechtsgrundlagen der Berufsbildung. Ein Arbeitsbuch und Nachschlagewerk entspr. d. Rahmenstoffplänen z. Ausbilder-Eignungs-Verordnung, Stuttgart 1975. Binkelmann/Böhler/Schneller: Industrielle Ausbildung und Berufsbildungsrecht, Köln 1975. Reuter, M.: Berufliche Bildung aus Gewerkschaftssicht, Frankfurt 1975. Schling, H.: Rechtliche Grundlagen der Ausbildung und Fortbildung im außerschulischen Bereich, Berlin 1974.

Berufsförderung. 1. Die öffentlichen Maßnahmen zur Förderung der →Berufsbildung werden gewöhnlich aufgeteilt in Förderung der →Berufsausbildung (→Ausbildungsförderung), der →beruflichen Fortbildung, der →beruflichen Umschulung; im weiteren Sinne gehören dazu auch die Maßnahmen der beruflichen →Rehabilitation zugunsten körperlich, geistig und seelisch Behinderter. Die Rechtsgrundlagen sind sehr unterschiedlich, je nach der Art oder dem Entstehungs- und Zuordnungsbereich der berufsfördernden Maßnahmen. Das →AFG stellt die wichtigste Rechtsgrundlage dar. Spezielle Regelungen bestehen aufgrund der RVO, wenn die Versicherungsträger der →Unfallversicherung oder der →Rentenversicherung im Rahmen der ihnen übertragenen Aufgaben eingreifen müssen. Es kommen ferner zur Anwendung: das Bundesausbildungsförderungsgesetz (→Ausbildungsförderung); das →BSHG wegen der dort gewährten Eingliederungshilfen; das Lastenausgleichs- und Bundesversorgungsgesetz (→Soziale Sicherheit) für einzelne vom Krieg besonders betroffene Personengruppen; die Sonderregelungen im Rahmen der →Tuberkulosehilfe. 2. Während die zuletzt genannten Maßnahmen nur bestimmten Personengruppen zugute kommen, hat im Hinblick auf die im AFG vorgesehene Maßnahmen grundsätzlich jeder (auch Ausländer, insbes. aus dem Bereich der Europäischen Gemeinschaft, →Ausländerrecht) einen Anspruch. Allerdings sind die Voraussetzungen für die Förderung der Berufsbildung (§§ 33–49 AFG) aus Gründen der Kostenersparnis durch das Gesetz zur Verbesserung der Haushaltsstruktur ab 1976 gegenüber dem früheren Recht verschärft worden. Leistungen zur individuellen Förderung einer jeden Form der beruflichen Bildung werden nur gewährt (§ 36), wenn der Antragsteller beabsichtigt, eine die Beitragspflicht begründende Beschäftigung (→Arbeitslosenversicherung) aufzunehmen oder fortzusetzen, wenn er dafür geeignet ist und voraussichtlich mit Erfolg an der Förderungsmaßnahme teilnehmen wird und wenn die Teilnahme im Hinblick auf die arbeitsmarktpolitischen Ziele des AFG und unter Berücksichtigung von Lage und Entwicklung des Arbeitsmarktes zweckmäßig ist. Maßnahmen an einer Fachhochschule, Hochschule oder ähnlichen Bildungsstätte kommen nicht (mehr) als berufliche Bildungsmaßnahmen im Sinne des AFG in Betracht (§ 34 Abs. 4); es bleibt also nur noch die Möglichkeit, ggfls. eine →Ausbildungsförderung nach dem BAFöG zu erwirken, die aber finanziell sehr ungünstig ist. Besonderen (sozialpolitisch umstrittenen) Beschränkungen ist überdies die Förderung der →beruflichen Fortbildung und der →beruflichen Umschulung unterworfen worden. Die Maßnahmen der Berufsförderung werden durch das AFG dadurch institutionell gesichert, daß die Bundesanstalt für Arbeit Darlehen oder Zuschüsse für (nichtschulische, nicht reinen Erwerbszwecken dienende) Bildungseinrichtungen geben kann. [U. W.]

Text und Lit.: unter den Stichworten, auf die verwiesen ist. Zur B. nach dem AFG insb.: →Ausbildungsförderung. Hoppe/Berlinger: Förderung der beruflichen Bildung. Loseblatt-Kommentar m. lfd. Erg.

Berufliche Fortbildung, Teil der →Berufsbildung: Intensivierung, Vertiefung und Erweiterung der beruflichen Kenntnisse und Fähigkeiten zur Verwertung im ausgeübten Beruf, zur Anpassung an die technische Entwicklung (Anpassungsfortbildung) oder zur Ermöglichung des beruflichen Aufstiegs (Aufstiegsfortbildung). Die wichtigste Rechtsgrundlage für staatliche Förderungsmaßnahmen findet sich im →AFG (§§ 41–45). Nach diesen (mit Wirkung ab 1976 erheblich geänderten) Vorschriften werden nur Antragsteller gefördert, die die allgemeinen Förderungsvoraussetzungen (§§ 33–39 AFG, →Berufsförderung) erfüllen und überdies entweder eine abgeschlossene →Berufsausbildung haben und danach mindestens drei Jahre beruflich tätig waren oder, wenn sie keine abgeschlossene Berufsausbildung haben, mindestens sechs Jahre beruflich tätig waren (§ 42 mit Ausnahmen in Abs. 3 und 4). Entscheidend für die Abgrenzung zur Berufsausbildung (§ 40 AFG →Ausbildungsförderung) ist der Gesichtspunkt, daß es sich bei der b. F. im Sinne des § 41 AFG um eine Maßnahme handelt, bei der an beruflich erworbene Kenntnisse, die bereits vor Eintritt in die Maßnahme vorhanden sein müssen, angeknüpft wird. Zielgruppen der b. F. sind vor allem auch Frauen, die wieder in den Beruf eintreten wollen, und ältere Menschen, deren Eingliederung in das Berufsleben bekanntlich besondere Schwierigkeiten bereitet (vgl. § 43). Bei ganztägigem Unterricht beträgt das Unterhaltsgeld 80% des bisherigen Netto-Arbeitsentgelts, wenn die Teilnahme an der Maßnahme notwendig ist, und das gilt nur für drei Fälle: der Antragsteller ist arbeitslos und soll beruflich eingegliedert werden; er ist von der Arbeitslosigkeit unmittelbar bedroht und soll nicht arbeitslos werden; er hat keinen beruflichen Abschluß und soll eine berufliche Qualifikation erwerben. Ist die Teilnahme zwar arbeitsmarktpolitisch zweckmäßig, aber nicht notwendig, so beträgt das Unterhaltsgeld nur 58% (vgl. § 44). Ob das Geld als nicht zurückzahlbarer Zuschuß gewährt wird, hängt davon ab, ob der Geförderte zuvor eine längere Zeit zur →Arbeitslosenversicherung beitragspflichtig war; erfüllt er diese Voraussetzung nicht, erhält derjenige, dessen Teilnahme arbeitsmarktpolitisch notwendig ist, ggfls. ein Darlehen, das aber nicht zurückgezahlt zu werden braucht, wenn er nach Abschluß der Maßnahme längere Zeit eine Arbeitnehmertätigkeit ausübt (Einzelheiten § 46). Rechtsweg: →AFG. [U. W.]

Text und Lit.: →AFG, →Ausbildungsförderung, →Berufsförderung.

Berufliche Umschulung, Teil der →Berufsbildung: sie hat das Ziel, den Übergang in eine andere geeignete berufliche Tätigkeit zu ermöglichen, insbesondere um die berufliche Beweglichkeit zu sichern und zu verbessern. Als Rechtsgrundlagen im Rahmen der →Berufsförderung kommen neben den Vorschriften der RVO für die speziellen Maßnahmen aus der →Rentenversicherung und der →Unfallversicherung vor allem die (ab 1976 neugefaßt geltenden) §§ 47–49 des →AFG in Betracht. Anspruchsberechtigt ist nach dem AFG derjenige, der die allgemeinen Förderungsvoraussetzungen (§§ 33–39, AFG, →Berufsförderung) erfüllt und der arbeitssuchend ist (§ 47 Abs. 1, S. 1), d. h. der zur Zeit ohne Arbeit (ohne beim Arbeitsamt gemeldet zu sein, →Arbeitslosenversicherung), jedoch vermittlungsfähig und (nach der b. U.) vermittlungsbereit ist. Die weiteren Voraussetzungen ergeben sich aufgrund einer entsprechenden Verweisung in § 47 Abs. 1 S. 2 aus den Vorschriften über die Förderung der →beruflichen Fortbildung (insb. § 42). Da die b. U. zum Ziel hat, dem Teilnehmer die Tätigkeit in einem anderen Beruf (d.h. mit neuem Inhalt) zu ermöglichen, wird stets vorab geprüft, ob nicht die billigere und weniger zeitraubende Maßnahme, die berufliche Fortbildung, anzuwenden ist, um zu einem ähnlich sinnvollen arbeitsmarktpolitischen Ergebnis zu kommen (»Fortbildung geht vor Umschulung«). Für Leistungen (insb. das Unterhaltsgeld) der Umschulungsförderung gilt das zur beruflichen Fortbildung Gesagte. [U. W.]

Text und Lit.: →AFG, →Ausbildungsförderung, →Berufsförderung.

Beurteilung, Prozeß und Ergebnis der Einschätzung von Merkmalsausprägungen von Personen und Gegenständen. B. ermöglicht eine grobe Information über Merkmalsausprägungen, zu deren Erfassung keine exakten Meßmethoden (wie z.B. Tests) vorliegen. Zur B. werden B.-Skalen (auch als Rating- oder Schätz-Skalen bezeichnet) verwendet, deren Stufen meist durch Zahlen mit verbaler Kurzdefinition (z.B.: 1 = häufig; 2 = manchmal; 3 = selten) gekennzeichnet sind. Die Anzahl der Skalenstufen beträgt in der Regel 3, 5 oder 7. Ein Beispiel für B.-Skalen ist die Schulnotenskala. B.-Skalen sind fehleranfällig. Die wichtigsten Fehlerformen der B. sind: 1. Hof-Effekt (Halo-Effekt): Übertragung des Urteils von einer Eigenschaft auf eine andere; 2. Milde-Effekt: Tendenz zur durchgängig milden B.; 3. Strenge-Effekt: Tendenz zur durchgängig strengen B.; 4. Logischer Fehler: ähnliche B. von als logisch zusammenhängend betrachteten Merkmalen; 5. Zentraltendenz: Durchgängige Bevorzugung mittlerer B.-Stufen; 6. Effekt der sozialen Erwünschtheit: Verzerrung der B. in Richtung auf sozial akzeptierte Wertvorstellungen. Durch das Training der Beurteiler und den Einsatz mehrerer Beurteiler läßt sich der Fehlereinfluß vermindern und die Objektivität der B. erhöhen. [E. S.]

Lit.: Guilford, J.P.: Persönlichkeit, Weinheim 1965. Traxel, W.: Grundlagen und Methoden der Psychologie, Bern 1974.

Bewährungshelfer. Im System der Strafen und der Maßnahmen der Besserung und Sicherung (→Strafrecht) spielt der B. eine große Rolle. Der B. wird vom Gericht (→Strafprozeß) bestellt; die wichtigste Vorschrift ist § 56d StGB; andere Fälle der Bestellung eines B. sind in §§ 57 III, 68a, 68d, 70a III StGB sowie in §§ 23–25, 27–30 JGG (→Jugendgerichtsbarkeit) geregelt. 1. Im Falle der Strafaussetzung zur Bewährung (§§ 56ff. StGB) kann das Gericht den Verurteilten für die Dauer der Bewährungszeit der Aufsicht und Leitung eines B. unterstellen, um ihn von Straftaten abzuhalten. Der B. hat ihm helfend und betreuend zur Seite zu stehen und die Erfüllung etwaiger Auflagen und Weisungen des Gerichts zu überwachen. In bestimmten Zeitabständen hat er über die Lebensführung des Verurteilten dem Gericht zu berichten, grobe Verstöße hat er mitzuteilen. 2. Ein B. kann vom Gericht ferner im Falle der Aussetzung des Strafrestes (§ 57), der Anordnung der Führungsaufsicht (§§ 68 ff.) und der Aussetzung eines Berufsverbots (§ 70 a) sowie im Rahmen der →Jugendgerichtsbarkeit bestellt werden. 3. Durch die Bestellung erhält der B. kein Weisungsrecht gegenüber dem Verurteilten; dieses hat allein das Gericht. Die Tätigkeit des B. wird in der Regel hauptamtlich ausgeübt, die ehrenamtliche tritt dagegen weit zurück. Die Ausübung des Amtes wird durch die Landesgesetze (→Demokratie) geregelt. [U. W.]

Lit.: Zeitschrift »Bewährungshilfe«, hg. v. Verein f. Bewährungshilfe in Bonn-Bad Godesberg. →Strafrecht (insb. Dreher, in den Anm. zu § 56 d), →Jugendgerichtsbarkeit.

Bewußtsein, eine unreduzierbare Eigenart des Erlebens und Verhaltens. Graumann (1966) unterscheidet folgende Bedeutungsaspekte: belebt, beseelt, wach, empfindend, unterscheidend, mitteilbar, aufmerkend, vorsätzlich, wissend. Nach Klarheit und Stärke lassen sich B.-Zustände unterscheiden: Bewußtlosigkeit (Koma, Schlaf), B.-Trübung (Dämmerzustände, Absencen, Verwirrtheit) und B.-Klarheit. [E. S.]

Lit.: Graumann, C. F.: Bewußtsein und Bewußtheit. Probleme und Befunde der psychologischen Bewußtseinsforschung, in: Metzger, W. (Hg.): Handbuch der Psychologie, Bd. 1/1, Göttingen 1966, S. 79–127.

Bildung. Im Bezugsrahmen einer humanistisch orientierten Tradition wurde B. verstanden 1. als der Entfaltungsvorgang eines Individuums im Rahmen einer kulturell-wertigen Umwelt, 2. als das Maß bzw. der Stand der geprägten Persönlichkeitsentwicklung und 3. als die Entfaltung der Persönlichkeit durch in der Regel planmäßige Unterweisung (im Unterricht). Ausgehend von den griechisch-römischen Kulturwerten und in der Tradition des Neuhumanismus wurden das Substantiv B. und das Verb bilden durch die Verinnerlichung ethischer Normen und die Identifizierung mit ihnen bestimmt. In der Abhebung zum Erwerb technischer Fertigkeiten und Fähigkeiten wurde B. als Ziel, Prozeß und erreichter Stand primär von allgemeinen, die Persönlichkeit entwickelnden Kriterien verstanden. So wurde B. nicht in erster Hinsicht als der Erwerb und die Anwendung von erfahrenem und erworbenem Wissen gedeutet, sondern als eine Möglichkeit zur Erweiterung und Bestimmung des Selbst- und Weltverständnisses. W. Klafki hat in einer Kritik an den geisteswissenschaftlich orientierten B.theorien zwei Gruppen unterschieden: 1. Die materialen und 2. die formalen B.theorien. Während die Vertreter der materialen B.theorien auf die Objektseite des B.geschehens fixiert sind, sehen die Vertreter der formalen B.theorien ihr Ziel in der Veränderung des Kindes, das »gebildet« werden soll. Klafki stellt diesen beiden Positionen eine »kategoriale B.«

gegenüber, womit er die Interdependenz der an das Subjekt angetragenen Wirklichkeit von den selbst vollzogenen kategorialen Einsichten und Erfahrungen bezeichnet, durch die sich der Einzelne die Wirklichkeit erschließt. Nach Klafki werden mit B. im Bereich der Didaktik reale und konkrete Dimensionen angesprochen. Anders als der Erziehung wird der B. stets ein öffentliches oder offiziell-politisches Postulat beigemessen. Nicht zuletzt die als aufklärerisch verstandenen wissenschaftlichen Positionen haben die politische Dimension des B.begriffs deutlich herausgestellt und das Interesse politischer Machtgruppen an bestimmten Inhalten und Zielen der B. verdeutlicht. Im Verlauf der Industrialisierung setzte sich das Bedürfnis nach ständig verwertbaren und präzise bestimmbaren Kenntnissen, Fertigkeiten und Fähigkeiten durch. Aufgrund der Einbeziehung einer realhistorischen Analyse in die Erörterung und Darstellung pädagogischer Kategorien bestimmte auch Klafki B. weniger idealtypisch, sondern mehr konkret-gesellschaftlich. Aus diesem Problemfeld heraus erscheint B. notwendig, um bestimmte Kulturtechniken (Lesen, Schreiben, Rechnen, Arbeiten) zu beherrschen. In allgemeinerem Sinne wird der B.begriff in der Gegenwart im Zusammenhang mit anderen Begriffen als B.politik, B.beratung, B.forschung, B.ökonomie, B.planung, B.reform, B.recht, B.soziologie, B.verwaltung, B.wesen zur Bestimmung von primär aus öffentlichem Interesse hergeleiteten und an das Individuum zu vermittelnden Fähigkeiten und Fertigkeiten verwandt. In diesem Sinne bietet der Begriff B. nicht mehr das exklusive Potential für eine Auslese der Gesellschaft, sondern versteht sich als Terminus für die Planung, Analyse, Zielbestimmung, Vermittlung und Kontrolle von vermittelbaren und erwerbbaren Fakten zur Selbstbestimmung und Selbstverwirklichung des Individuums. Die wesentlichste Form einer systematischen Vermittlung und eines systematischen Erwerbs von B.inhalten ist der Unterricht. Unter dem Begriff B. subsumieren sich daher insbesondere spezifische Ziele, Prozesse und Ergebnisse der Lerntätigkeiten wie sprechen, lesen, schreiben, zeichnen, beobachten, experimentieren u. a. Generell werden deshalb Lerntätigkeiten und das Lernen in der pädagogischen Fachsprache unter dem Begriff B. behandelt. [J. N.]

Lit.: Adorno, Th. W. u. a.: Beiträge zum B.begriff der Gegenwart, Frankfurt a. M. 1967. Beck, J. u. a.: Erziehung in der Klassengesellschaft, München 1971. Blankertz, H.: B. im Zeitalter der großen Industrie, Hannover 1969. Dahrendorf, R.: B. ist Bürgerrecht, o. O. 1965. Dohmen, G.: B. und Schule, 2 Bde., Weinheim 1964–65. Goldschmidt, D. u. a.: Erziehungswissenschaft als Gesellschaftswissenschaft, Heidelberg 1969. Heydorn, H.-J.: Zu einer Neufassung des B.begriffs, Frankfurt 1972. Klafki, W.: Studien zur B.theorie und Didaktik, Weinheim [10]1969. Lichtenstein, E.: Zur Entwicklung des B.begriffs. Von Meister Eckhart bis Hegel, Heidelberg 1966. Menze, C.: B., in: Speck, J./Wehle, G. (Hg.): Handbuch pädagogischer Grundbegriffe, 2 Bde., München 1970,

Bd. I, 134–184. Mühlmeyer, H.: B., in: Rombach, H. (Hg.): Lexikon der Pädagogik. Neue Ausgabe, 4 Bde., Freiburg 1970–71, Bd. 1, 179–181. Strzelewicz, W./Schulenberg, W./Raapke, H. D.: B. und gesellschaftliches Bewußtsein, Stuttgart 1966.

Bürgerliches Gesetzbuch (BGB)/Bürgerliches Recht.
1. BürgR im weiteren Sinn ist das gesamte Privat- oder Zivilrecht. Es ist also derjenige Teil des Rechts, der sämtliche Beziehungen der einzelnen Bürger oder Gruppen zueinander regelt. Der Begriff steht im Gegensatz zu dem des öffentlichen Rechts, welches das Verhältnis des Staates und anderer Hoheitsträger zu den rechtsunterworfenen Bürgern regelt (→Recht). Zum öff. Recht gehört das Verfahrensrecht (→Zivilgerichtsbarkeit), mit dessen Hilfe der Staat einen Konflikt zwischen den Bürgern oder Gruppen entscheidet. Die dem BürgR i. w. S. zuzuordnenden Materien sind zahlreich: z. B. Handels- und Gesellschafts- (Aktien-, GmbH-), Wertpapier-, Privatversicherungs-, Wettbewerbsrecht. Diese Bereiche sind jeweils durch spezielle Gesetze geregelt.
2. Das BürgR im engeren Sinn, das nicht einzelne besondere Lebenskreise, sondern in allgemeiner Weise die Beziehungen der Bürger und Gruppen zueinander regelt und damit für jedermann gilt, hat seine wichtigste Rechtsgrundlage in dem BGB. Dieses ist in 5 Bücher aufgeteilt. Das 1. Buch (Allg. Teil) enthält allgemeine Grundsätze und Regeln, die für alle Teile des BGB gelten, so z. B. über das Zustandekommen von Verträgen, darunter auch Vorschriften über →Entmündigung und →Geschäftsfähigkeit. Das 2. Buch regelt das Schuldrecht, und zwar alle wichtigen Vertragstypen des täglichen Lebens wie Kauf (für →Abzahlungsgeschäfte bestehen besondere gesetzliche Regelungen), Miete (→Mieterschutz), Dienstvertrag (besondere Regelungen für die abhängige Arbeit sind im →Arbeitsrecht entwickelt worden) oder Werkvertrag. Ferner enthält das 2. Buch Vorschriften über die (zivilrechtlichen) Folgen rechtswidriger Eingriffe in den Rechtskreis des einzelnen Bürgers, z. B. bei Körper- oder Eigentumsverletzung; während im →Strafrecht die Sanktion zumeist die Strafe ist (anders teilweise im →Jugendstrafrecht), handelt es sich im Recht der unerlaubten Handlungen (Deliktsrecht) des BGB in der Regel um Schadensersatz (zur Deliktsfähigkeit →Geschäftsfähigkeit). Das 3. Buch, das Sachenrecht, regelt die Beherrschung der körperlichen Gegenstände, z. B. die Übereignung von beweglichen Sachen oder Grundstücken. Das 4. Buch umfaßt das →Familienrecht, das 5. Buch das →Erbrecht.
3. Das BGB ist im Jahre 1900 in Kraft getreten. Es ist also in der Zeit des Hochkapitalismus entstanden und liberalistisch-individualistisch geprägt. Es ging darum, dem Bürgertum als der herrschenden Klasse die

erworbenen Rechte in Form von Eigentums-, Vertrags- und Vererbungsfreiheit zu erhalten (→Grundrechte). Während das öff. Recht zwingender Natur ist, sind die Bestimmungen des BürgR zu einem großen Teil durch die freie Vereinbarung der Parteien innerhalb gewisser Grenzen (Sittenwidrigkeit, Wucher) abdingbar. In der Folgezeit konnte daher das BGB von den wirtschaftlich Mächtigen zur Stärkung ihrer Position ausgenutzt werden. So haben sie die Vertragsfreiheit z. B. dazu verwendet, den Kunden mit Hilfe von »Allgemeinen Geschäftsbedingungen« (AGB) oder Formularverträgen ihre Bedingungen zu diktieren. Unter der Geltung des →GG, das den Rechtsstaat nicht mehr formal bestimmt, sondern ihn in eine enge Verbindung mit den Prinzipien →Demokratie und →Sozialstaat bringt, muß eine einseitige Ausnutzung formaler Rechtspositionen unterbunden werden. Rechtsprechung und Rechtslehre gehen den Weg einer sozialstaatlich-demokratischen Umgestaltung des BürgR allerdings nur zögernd. Zur Verwirklichung dieses Zieles muß daher der Gesetzgeber wegweisend handeln, wie er z. B. auf dem Gebiet des →Mieterschutzes begonnen hat. Ein Gesetz zum Schutz vor ungerechtfertigten AGB soll in absehbarer Zeit erlassen werden.[U. W.]

Text und Lit.:→ Recht. Ferner: Bähr, P.: Grundzüge des Bürgerlichen Rechts, München 1976. Beuthien/Hadding/Lüderitz/Medicus/Wolf: Studienkommentar zum BGB, Frankfurt 1975. Erman: Handkommentar zum BGB. 2 Bde., Münster 1976. Gernhuber, J.: Bürgerliches Recht, Tübingen 1976. Hartwig, H.: Privatrecht – Lehrbuch für Fachhochschulstudenten, Berlin. Bd. 1: 1975², Bde. 2–6: 1973/74. Kellner/Schreiber: Rechtsgeschäfte des täglichen Lebens (Beck-Rechtslexika im dtv. 5045), München 1974³. Medicus, D.: Bürgerliches Recht, Köln 1975⁷. Palandt: BGB. Kurzkommentar, München 1977³⁶. Schmelzeisen, G. K.: Bürgerliches Recht. Grundriß f. d. Studium d. Rechts- u. Wirtschaftswiss. (BGB I–III), München 1975. Schwab, D.: Einführung in das Zivilrecht, Kronberg/Ts. 1976². Speziell: Bartl/Garthe u. a.: AGB. Kommentar, Neuwied 1976. Stein, A.: Gesetz zur Regelung des Rechts der AGB. Kommentar, Stuttgart 1976.

Bundessozialhilfegesetz (BSHG). Im System der →sozialen Sicherung nimmt das B. von 1961 eine wichtige ergänzende Funktion wahr: es gewährt einen Rechtsanspruch auf Sozialhilfe (SH) den Personen, die sich in einer Notlage befinden und nicht (hinreichend) von →Sozialversicherung und Versorgung berücksichtigt werden. Das Gesetz faßt das Recht der öffentlichen Fürsorge zusammen; lediglich die Hilfe zur Erziehung Jugendlicher (im →JWG) und die Kriegsopferfürsorge (im Bundesversorgungsgesetz) bleiben gesondert geregelt. Besondere Regelungen bestehen zur Abgrenzung der →freien Wohlfahrtspflege. Der Begriff »Sozialhilfe« ist bewußt an die Stelle des bisher verwendeten Begriffs »Fürsorge« gesetzt worden. Dadurch wird der Weg gekennzeichnet von der vorindustriellen Armenpflege über die seit 1924

rechtlich geregelte Fürsorge, auf die kein Rechtsanspruch bestand und deren Umfang beschränkt war, bis zur umfassenden, im →Sozialstaat rechtlich begründeten Hilfe der Allgemeinheit zur Sicherung eines menschenwürdigen Lebens für den einzelnen. Zwei Grundsätze beherrschen das B.:
1. der Nachrang der SH, d. h. sie wird erst gewährt, wenn der Hilfesuchende seine Not nicht allein oder durch Unterstützung Dritter (→Unterhaltsrecht) beseitigen kann (→Sozialethik);
2. die Individualisierung, d. h. die Hilfe ist auf die konkrete Notlage des einzelnen ausgerichtet. Im Falle der Verweigerung der Leistung ist der Verwaltungsrechtsweg (→Rechtsstaat) gegeben. Im einzelnen gewährt das B. folgende Leistungen:
1. Hilfe zum Lebensunterhalt (§§ 11–25) – sie umfaßt z. B. Ernährung, Unterkunft (vorrangig →Wohngeld), Kleidung, Hausrat, Heizung, Kosten für →Krankenversicherung und Altersicherung, Hilfe zur Arbeit (zu der der Hilfesuchende nach seinen Kräften verpflichtet ist).
2. Hilfe in besonderen Lebenslagen (§§ 27–75), und zwar Hilfe zum Aufbau oder zur Sicherung der Lebensgrundlage, Ausbildungshilfe (vorrangig die →Ausbildungsförderung nach AFG und BAFöG), vorbeugende Gesundheitshilfe und Krankenhilfe, Hilfe für werdende Mütter und Wöchnerinnen (→Mutterschutz), Eingliederungshilfe für Behinderte (vorrangig die sonstigen gesetzlichen Maßnahmen zur →Rehabilitation, →Tuberkulosehilfe, Blindenhilfe, Hilfe zur Pflege (sie kann auch in einem Pflegegeld bestehen), Hilfe zur Weiterführung des Haushalts, Hilfe zur Überwindung besonderer sozialer Schwierigkeiten (z. B. für Obdachlose, Alkoholiker, Drogen- und Rauschgiftsüchtige, aus der Strafhaft Entlassene), Altenhilfe (→Heimgesetz).
Entscheidend für Höhe und Umfang der Leistungen ist das Einkommen des Hilfesuchenden, bei laufenden Leistungen im Rahmen der Hilfe zum Lebensunterhalt überdies noch sog. Regelsätze, die das Einkommen nicht überschreiten darf. Die SH wird von örtlichen und überörtlichen Trägern gewährt; die örtlichen Träger sind die kreisfreien Städte und die Landkreise, die überörtlichen werden durch die Länder bestimmt. [U. W.]

Text: BSHG mit Rechtsverordnungen des Bundes (Goldmann Jura. 8025), München 1976; Streppel, M.: Das Recht der öff. Fürsorge: BSHG SGB. Internat. Fürsorgerecht. Sammlung von Vorschriften des Bundes auf d. Gebiet d. öff. Fürsorge, Köln 1975.
Lit.: (Kommentare) Gottschick/Giese: Das BSHG. Köln 1974[5]. Keese/Kursawe/Burucker: Sozialhilferecht, Hannover 1974[4]. Knopp/Fichtner: BSHG. München 1974[3]. Mergler/Zink u. a.: BSHG, Köln 1975[2]. Oestreicher, E.: BSHG m. Recht d. Kriegsopferfürsorge. Loseblatt-Kommentar, München. Schellhorn/Jirasek/Seipp: Das BSHG. Ein Kommentar f. Ausbildung, Praxis und Wiss. Neuwied 1974[8]. (Sonstige Darstellungen) Flottmann, W.: Sozialhilfe, Neuwied

1975[3]. Peters, E.: Sozialhilfe. Grundriß und Praxisanleitung (dgv-skript), Stuttgart 1976[3]. Tiesler, Eb.: Sozialhilfe. Eine praxisorientierte Einf. 2 Bde., Karlsruhe Bd. 1: 1974, Bd. 2: 1976. Zink, G.: Das Kostenerstattungsrecht in der Sozial- und Jugendhilfe. Kommentar (Neue kommunale Schriften. 39), Köln 1976.

Code, Zeichen, das stellvertretend für einen bestimmten Inhalt verwendet wird und über dessen Verwendung und Bedeutung Übereinstimmung besteht. In der empirischen Sozialforschung Bezeichnung für die Übertragung der Daten in ein maschinenlesbares Zahlensystem (→Datenaufbereitung). [D. W.]

Curriculum. Der Begriff C., der aus dem amerikanischen Sprachraum erst nach dem letzten Weltkrieg übernommen wurde, ist im deutschen Sprachraum bereits im 17./18. Jahrhundert verwandt worden. S. B. Robinson führte den Begriff 1967 in die erziehungswissenschaftliche Diskussion in Deutschland ein. Die Definitionen von C. gehen ähnlich wie beim Didaktikbegriff unter zahlreichen Autoren weit auseinander, jedoch bildet der primär materiale Aspekt des Lernens die gemeinsame Basis zur Artikulation von Inhalt und Struktur des C.begriffes. Nach dem Amerikaner Goodlad läßt sich eine Definition des Begriffs C. durch eine von R. W. Tyler entwickelte Fragengruppe vornehmen: 1. Welche Erziehungsziele sollten von der Schule erreicht werden? 2. Welche Lernerfahrungen lassen sich bereitstellen, damit diese Ziele erreicht werden? 3. Wie können diese Lernerfahrungen am effektivsten organisiert werden? 4. Wie läßt sich ermitteln, ob die gesetzten Ziele erreicht werden? Die Einengung der C.diskussion auf das Lernen, wie sie sich auch aus vorgenanntem Fragenkatalog ergibt, führte in eine Phase isolierter und projektbeschränkter C.konzeption. D. Knab formulierte, daß mit Notwendigkeit die Problematik der Zielbestimmung wieder stärker in das Blickfeld der C.konstrukteure rückt, die damit die Aufgabe der systematischen Integration aller dafür kompetenten Instanzen anzuerkennen haben. Sowohl im anglo-amerikanischen als auch im deutschen Sprachbereich finden sich Begriffsbestimmungen von C. als Summe sämtlicher Lernerfahrungen bis hin zu C. als Summe der pädagogischen Erfahrungen, die sich größtenteils mit den Erfahrungen im täglichen Leben schlechthin decken. Faßt man vor allem die Diskussionsergebnisse aus den letzten Jahren zusammen, so kommt man zu einer Definition unter drei Kriterien: C. erstreckt sich 1. auf Unterrichtsziele bzw. zu erwerbende Qualifikationen und deren detaillierte Beschreibung, 2. auf Inhalte, die nach Jahrgängen oder Schulstufen geordnet angeboten werden und 3. auf die Unterrichtsorganisation und die Methoden, nach denen in den einzelnen Fächern von speziellen Zielsetzungen her die Auseinandersetzung mit den Bildungsinhalten erfolgen soll. Im Vergleich zur ersten Begriffsdefinition läßt diese Definition sowohl eine vielseitige als auch eine unpräzise Verwendung zu. Eine eindeutige Abgrenzung z. B. zum Begriff Didaktik ist nicht möglich. Die Definition von C. bestimmt die jeweiligen Dimensionen seiner Konstruktion und die von ihr ausgehenden Revisionen. Unter dieser Bestimmung ist der Praxisbezug die Leitkategorie aller Curricula, d. h. daß die Schule durch die Anwendung verschiedener C.elemente den Erwerb von Verhaltensdispositionen und Qualifikationen zur Bewältigung und Veränderung von Lebenssituationen ermöglicht. Kriterien für die Bestimmung und die Legitimierung von Qualifikationen werden aus der Analyse von Lebenssituationen und der in ihnen konkurrierenden Normen gewonnen. Die Kriterien für die Auswahl und die Zuordnung qualifizierender Elemente werden aus einer Analyse der Lernprozesse, ihres inhaltlichen Substrats und ihrer Bedingungen gewonnen (S. B. Robinson). C. wird in der Regel als der bestimmende Faktor für die Organisation schulischer und außerschulischer Lernprozesse angesehen. Durch C. wird ausgesagt, welche Bildungsziele die Gesellschaft verwirklichen möchte und welche Wege zu ihnen führen (Strukturplan für das Bildungswesen).

Entwicklung seit 1967 in der Bundesrepublik: Seit 1967 sind überregionale und geschlossene Curricula entwickelt worden. Zu den bedeutendsten und am meisten diskutierten überregionalen Modellen gehören: 1. Der LOT-Ansatz von Flechsig u. a., 2. der situative Ansatz von Robinson u. a., 3. der Ansatz von Frey u. a., in dem das Leitziel Denken eine primäre Rolle spielt, 4. der Ansatz der fachdidaktischen Arbeitsgruppe von H. Blankertz und seinen Mitarbeitern. Neben diesen Gruppen, die vorzugsweise überregionale Curricula erforschen und projektieren, gibt es Ansätze, die aufgrund des bildungsspezifischen Verständnisses und der bildungspolitischen Forderungen der jeweiligen Landesregierung entsprechende C. für einzelne Länder entwickeln (K. Westphalen für Bayern). Zu weiteren Modellen der C.konstruktion, die neben den vier genannten Modellen entwickelt wurden, gehören das idealtypische Modell von K. Giel/G. G. Hiller und das schulnahe Konzept der C.konstruktion von H. von Hentig. Auf die genannten Modelle der C.konstruktion ist unter dem Aspekt des zeitlichen Ablaufes des Modells einzugehen:

1. Revision des C. als umfassendes Forschungsprogramm, und zwar permanent und langfristig (S. B. Robinson, D. Knab). Die Vertreter dieser Richtung erkannten, daß eine historisch notwendige Strukturreform des deutschen Bildungswesens durch die Revision der Inhalte des Lehrgefüges möglich und notwendig ist. Aus der Voraussetzung, daß Erziehung »Ausstattung zur Bewältigung von Lebenssituationen« zu leisten hat, leitet Robinson methodisch einen Dreierschritt ab: a) Er-

mitteln und analysieren relevanter »Lebenssituationen« und der in ihnen geforderten »Funktionen« in Beruf, Freizeit, Öffentlichkeit und Familie, b) Ermittlung von »Qualifikationen« (Kenntnisse, Einsichten, Fertigkeiten, Haltungen), die zur Bewältigung von Lebenssituationen notwendig sind, c) Auswahl von »C.elementen« (Bildungsinhalten), durch die spezifische Qualifikationen erreicht werden können. Die jeweiligen C.konstruktionen sollen dabei jeweils durch wissenschaftliche Arbeitsgruppen erarbeitet werden. Die häufig geübte Trennung von Forschung und Schulpraxis führte zwangsläufig zur Entwicklung von praxisfernen C.

2. Mittelfristige Strategien der C.forschung und -entwicklung (fachdidaktisch orientierte Projekte). Fachbezogene Curricula wurden von der Münsteraner Arbeitsgruppe unter Blankertz für die Schulfächer Arbeitslehre, Pädagogik, Physik, Deutsch, Gemeinschaftskunde/Politische Bildung, Geschichte, Englisch erarbeitet. Fachcurricula für Französisch entwickelte die Forschungsgruppe um Flechsig. Gleichfalls wurde für den Bereich der außerfamiliären Elementarerziehung ein C. erstellt. Beiden C.konstruktionsansätzen liegen die Prämissen der Entscheidungslogik, der Systemtheorie und der Linguistik zugrunde. Die Mitarbeiter der Blankertz-Arbeitsgruppe versuchen darüber hinaus, die C.inhalte ideologie-kritisch zu hinterfragen. Die Blankertz-Gruppe ordnet die Fachcurricula vermittels didaktischer Strukturgitter in den Kontext von Gesamtcurricula ein. Die Strukturgitter mit ihren Kategorien und Kriteriensystemen bilden den methodischen Schnittpunkt für die Erforschung, Planung und Anwendung von C.strategien. Frey und seine Mitarbeiter haben im Rahmen der C.forschung und der C.strukturierung Kriterien und Verfahren für die Entwicklung, Bestimmung und Verwirklichung von Lernzielen entwickelt. Im Mittelpunkt ihrer Arbeit steht die Operationalisierung von Lernfeldern zu Lernzielen. Parallel zur Entwicklung von Lernzielen werden Strategien zu ihrer Verwirklichung im Unterricht dargelegt. Die Grundtendenz dieser C.modelle im Rahmen mittelfristiger Strategien bildet im Sinne der Modellforschung die Revision von einzelnen Fachcurricula mit zum Teil präzis bestimmter Laufzeit.

3. C.forschung und -entwicklung in schulnaher und unterrichtsbezogener Form. Über Inhalte des Unterrichts, die Verwirklichung dieser Inhalte und Einordnung dieser Inhalte und Methoden im gesamtgesellschaftlichen Kontext sowie auf der Grundlage einer sich als kritisch verstehenden Forschung arbeiten Lehrer, Schüler und Wissenschaftler gemeinsam an der Entwicklung, Verwirklichung und Kontrolle von Strategien. Grundtendenz dieser C.entwicklung und -forschung ist die politische Implikation, wonach eine aus dem Bedürfnis der Gesellschaft

geforderte Demokratisierung von Entscheidungsprozessen in der Schul- und Unterrichtspraxis stattfinden muß. Die Bedingungen von geplanten Reformen werden »vor Ort« erfaßt, betroffene Schüler, Eltern, Lehrer, Vertreter der Fachwissenschaften und andere Personen an Entscheidungsfindungen beteiligt. Notwendige Hilfe für eine schulnahe Lernplanung sind hierbei alternative Unterrichtsmodelle, die als »offene Curricula« von Expertengruppen erstellt werden. C.forschung versteht sich entsprechend auch als wissenschaftliche Beratung und Begleitung, als Handlungsforschung, d. h. als eine permanente Verbindung von Theorie und Praxis. Ein solches Modell wird seit einigen Jahren in der Laborschule in Bielefeld durch Hartmut von Hentig zu verwirklichen gesucht.

Will die C.forschung und C.konstruktion sich als wissenschaftlich verstehen, wird sie genötigt sein, ihre erforschten und rückgemeldeten Positionen auf dem Hintergrund einer gesellschaftsbezogenen Praxis permanent kritisch zu überdenken und zu revidieren. [M. N.]

Lit.: Achtenhagen, F./Meyer, H. L. (Hg.): C.revision. Möglichkeiten und Grenzen, München 1971. Blankertz, H. (Hg.): C.forschung – Strategien, Strukturierung, Konstruktion, Essen 1971. Ders. (Hg.): Fachdidaktische C.forschung, Essen 1973. Ders.: Theorien und Modelle der Didaktik, 7. Aufl., München 1973. Bloom, B. (Hg.): Taxonomie von Lernzielen im kognitiven Bereich, 2. Aufl., Weinheim 1973. Deutscher Bildungsrat: Empfehlungen der Bildungskommission: Zur Förderung praxisnaher C.-Entwicklung, Bonn 1974. Elbers, D.: C.reformen in den USA, Berlin 1973. Frey, K.: Theorien des C., Weinheim 1971. Ders. (Hg.): Kriterien in der C.konstruktion, 3. Aufl., Weinheim 1973. Frey, K. u. a. (Hg.): C.-Handbuch, 3 Bde., München 1975. Gerbaulet, S. u. a.: Schulnahe C.entwicklung. Ein Vorschlag zur Errichtung Regionaler Pädagogischer Zentren, Stuttgart 1972. Giel, K./Hiller, G. G.: Verfahren zur Konstruktion von Unterrichtsmodellen als Teilaspekt einer konkreten C.reform, in: Zeitschrift für Pädagogik, 16 (1970) 6, 739–754. Heimann, P./Otto, G./Schulz, W.: Unterricht, Analyse und Planung. 6. bearb. Aufl., Hannover 1972. Hesse, H. A./Manz, W.: Einführung in die C.forschung, Stuttgart 1972. Huhse, K.: Theorie und Praxis der C.-Entwicklung (USA, Schweden, England), Berlin 1968. Klafki, W./Lingelbach, K. Ch./Nicklas, H. W. (Hg.): Probleme der C.entwicklung, 2. Aufl., Frankfurt 1972. Mager, R. F.: Lernziele und Programmierter Unterricht, Weinheim 1972. Meyer, H. L.: Einführung in die C.-Methodologie, München 1972.

Datenaufbereitung. D. stellt die wesentliche Voraussetzung für die →Datenverarbeitung dar. Sie umfaßt 1) (nachträgliche) Codierung der in Form von →Fragebogen oder Protokollen (→Beobachtung, Gruppendiskussion) vorliegenden Daten; 2) Übertragung der →Codes auf Datenträger. Drei allgemein gültige Codierungsregeln müssen berücksichtigt werden: 1. Eindimensionalität der Inhalte, die der Code repräsentiert; 2. Ausschließlichkeit der Merkmale; 3. Vollständigkeit. Die Konkretisierung dieser Regeln hängt einerseits von dem jeweiligen Forschungsproblem und den in den Hypothesen festgehaltenen erwünschten Informationen ab, andrerseits von der Art der späteren Datenverarbeitung. Sowohl die Möglichkeiten der Maschinen (Sortiermaschine, verschiedene Computertypen), der Datenträger als auch der EDV-Programme müssen berücksichtigt werden. Der heute am häufigsten verwendete Datenträger ist die Lochkarte. Von ihr können die Daten auf Magnetbänder bzw. -platten überspielt werden. Dies erleichtert insbesondere bei großen Datenmengen die weitere Verarbeitung. Alle Entscheidungen über die Zuweisung von Codes und die Zuweisung von Lochkartenspalten müssen in eindeutiger Weise vor dem Codierungs- und Übertragungsvorgang in einem Codeplan festgehalten werden. [D. W.]

Lit.: Allerbeck, K.: Datenverarbeitung in der empirischen Sozialforschung, Stuttgart 1972. Friedrichs J.: Methoden der empirischen Sozialforschung, Reinbek 1973. Mayntz, R., Holm, K., Hübner P.: Einführung in die Methoden der empirischen Sozialforschung, Opladen 1971.

Datenverarbeitung, schließt an die →Datenaufbereitung an und umfaßt 1. die Datenüberprüfung; 2. die Datenanalyse. Die Datenüberprüfung dient einerseits der Bereinigung von Daten (fehlerhafte →Codes müssen wenn möglich korrigiert oder ausgeschieden werden), andrerseits der Überprüfung der individuellen Konsistenz mit Hilfe eines internen Codierungsvergleichs. Ziel der Datenanalyse ist es, hypothetische Annahmen über die Verteilung von Merkmalen in einer Population (lineare, eindimensionale Auswertung), kausale Zusammenhänge zwischen Merkmalen (zwei- und mehrdimensionale Auswertung: Tabellen, Korrelations-, Assoziationsmaße, multivariate Verfahren) sowie die Repräsentativität der Daten zu überprüfen. Datenanalyse beinhaltet eher den technischen Aspekt der →Auswertung. Handelt es sich um geringe Datenmengen (kleine Stichprobe, geringe Variablenzahl, geringe Anzahl der Merkmalsausprägungen, geringe Anzahl der erwünschten Tabellen) kann die Datenanalyse manuell durchgeführt werden. Eine rationelle Überprüfung und Analyse großer Datenmengen ist nur mit Hilfe der EDV (elektronische Datenverarbeitung) möglich. Hierfür stehen inzwischen auf die Bedürfnisse der einzelnen Wissenschaftszweige abgestimmte Programme und Programmpakete zur Verfügung. [D. W.]

Lit.: Allerbeck, K.: Datenverarbeitung in der empirischen Sozialforschung, Stuttgart 1972. Friedrichs, J.: Methoden der empirischen Sozialforschung, Reinbek 1973. Mayntz, R., Holm, K., Hübner, P.: Einführung in die Methoden der empirischen Sozialforschung, Opladen 1971. Opp, K. D., Schmidt, P.: Einführung in die Mehrvariablenanalyse, Reinbek, 1976. Beutel, P. u. a.: SPSS, Statistik-Programmsystem für die Sozialwissenschaften; Institut für Social Research, OSIRIS III, Ann Arbor 1974. Kriz, J.: Datenverarbeitung für Sozialwissenschaftler, Reinbek 1975.

Demographie (Bevölkerungsbeschreibung), beschreibt und analysiert mit Hilfe statistischer Daten Wachstum, Verteilung und Entwicklung von Bevölkerungsgruppen (regional, national, international). Gliederungsdaten der D. erfassen u. a. Angaben zu Beruf, Geschlecht, Familienstand, Sprache, Alter. Geburten-, Sterbe- und Wanderungsquoten ermöglichen bevölkerungspolitische Analysen und Voraussagen. Gliederungsdaten der D. liegen gesellschaftspolitischen Analysen, Planungen und Entscheidungen zugrunde (→Sozialpläne). Sach- und zahlenlogische Abhängigkeiten, wechselseitige Bedingtheiten (Interdependenzen) zwischen demographischen sowie wirtschaftlichen und soziokulturellen Variablen ermöglichen Entwicklungen zu Bevölkerungstheorien (Bevölkerungslehre, Bevölkerungswissenschaft). [A. S.]

Lit.: Mayer, K.: Einführung in die Bevölkerungswissenschaft, Stuttgart 1972. Mayer, K.: Bevölkerungslehre und Demographie, in: René König (Hrsg.): Handbuch der empirischen Sozialforschung, Bd. 4, Stuttgart 1974.

Demokratie. 1. Ebenso wie →Rechtsstaat und →Sozialstaat ein elementarer Verfassungsgrundsatz des →Grundgesetzes (GG). Das demokratische Prinzip ist das von der Idee der Volkssouveränität getragene Leitprinzip der Ordnung des politischen Prozesses, in dem die staatliche Gewalt geschaffen und wirksam ist. Im GG kommt das in den Art. 20 und 28 so zum Ausdruck: Alle Staatsgewalt geht vom Volke aus; sie wird vom Volke in Wahlen und Abstimmungen und durch besondere Organe der Gesetzgebung, der vollziehenden Gewalt und der Rechtsprechung ausgeübt. Die BRD ist damit nicht als unmittelbare, sondern als mittelbare oder repräsentative D. konzipiert. Denn die unmittelbare Ausübung der Staatsgewalt durch das Volk ist auf die Teilnahme an den Wahlen zu den verschiedenen Parlamenten (Bundestag, Landtage, Kommunalvertretungen) beschränkt. Ein Gesetzgebungsverfahren im Wege der Volksabstimmung ist im GG, anders als in einigen Länderverfassungen, nicht vorgesehen. Alleinige Gesetzgeber sind vielmehr der Bundestag (Art. 38–49) im Zusammenwirken mit dem Bundesrat (Art. 50–53), und zwar nach Maßgabe der Art. 70–82, sowie die einzelnen Landtage (Art. 30, 70).

2. Die dem demokratischen Prinzip zugrunde liegende Idee ist die Legitimation der Herrschaft von Menschen über Menschen für einen gewissen Zeitraum durch die Mehrheit des Volkes, wobei Minderheiten zu schützen und ihre Chance, die Mehrheit zu werden, zu wahren ist (System der Möglichkeit alternativer Regierung). Voraussetzung dafür sind Freiheit und Offenheit des politischen Prozesses. Wesentliche Träger dieses Prozesses sind die politischen Parteien (Art. 21) und ein freier öffentlicher Meinungsbildungsprozeß (→Grundrechte). Doch wird man es damit nicht genug sein lassen können. Eine Gesellschaft,

die sich demokratisch nennt, kann sich nicht darauf beschränken, alle vier Jahre in Bundestags-, Landtags- und Kommunalwahlen ihre Regierenden, die in einem Vorauswahlverfahren in der Regel durch die Parteien vorgeschlagen werden, zu bestätigen oder ggfls. neu zu bestimmen. Vielmehr bedarf überall dort, wo im gesellschaftlichen oder staatlichen Bereich Herrschaft über »mündige« Bürger ausgeübt wird, diese der Legitimation und Kontrolle. Als politische Forderung ergibt sich daraus, dem Bürger die Chance zur Teilhabe an Entscheidungsprozessen in gesellschaftlich wichtigen Bereichen (Schule, Universität, Arbeitswelt, Presse und Informationswesen etc.) zu eröffnen, insbesondere angemessene Formen der →Mitbestimmung zu entwickeln. [U. W.]

Demoskopie, (Meinungsforschung, Umfrageforschung), Hilfswissenschaft der empirischen Soziologie, die über ausgewählte Methoden der empirischen Sozialforschung (Interview) Meinungen ausgewählter Bevölkerungsgruppen ermittelt. [A. S.]

Lit.: Noelle, E.: Umfragen in der Massengesellschaft, Reinbek bei Hamburg 1963.

Denken, auf das Lösen von Problemstellungen bezogener Informationsverarbeitungsprozeß. D. ist hinsichtlich seiner Prozeßeigenschaften ein heuristischer Vorgang, der von (meist unvollständigen) Ausgangsinformationen ausgeht und sich zur Gewinnung lösungsrelevanter Einsichten und zur Auffindung des Lösungsweges (Transformationen) heuristischer Methoden bedient. Elementare D.-Operationen sind das Erkennen und Identifizieren, die Gedächtnissuche, das Produzieren möglicher oder notwendiger Folgerungen aus dem Identifizierten oder Erinnerten und schließlich die Bewertung der Folgerungen hinsichtlich ihrer Lösungsqualität. In der experimentellen Analyse des D. werden prototypische Problemlösesituationen untersucht: Umwegprobleme, Labyrinthaufgaben, Anagramme, logisches Schließen und mathematische Aufgaben. Zur Erklärung des D. existieren gegenwärtig mehrere konkurrierende Theorien. Die Gestalttheorie (Wertheimer 1957) sieht als determinierende Größe im D. die lösungsbezogene Reorganisation des Wahrnehmungsfeldes an, die in dem bedeutungsmäßigen Umstrukturieren von Situationsgegebenheiten nach Gestaltgesetzen besteht. Duncker (1935) hat im Rahmen dieses Ansatzes die heuristischen Prinzipien der Problemlösung beschrieben: Materialanalyse, Zielanalyse, Konfliktanalyse. Er wies die Abhängigkeit des erfolgreichen Umstrukturierens von situativen und persönlichkeitsspezifischen Einflüssen nach. Die Lerntheorien (Kaminski 1964) erklären das Zustandekommen eines Denkablaufs durch gelernte Gewohnheitshierarchien (einer

Klasse von gelernten Reiz-Reaktions-Beziehungen) und durch die Auswahl einer problemadäquaten Reaktion innerhalb einer Hierarchie. Die Intelligenzforschung analysiert die Bedingungen des D. im Rahmen von Intelligenztests und versucht den Zusammenhang zwischen D. und →Intelligenz herzustellen (Guilford 1967). Der in jüngster Zeit ausgearbeitete Informationsverarbeitungsansatz des D. (Klix 1971, Dörner 1976) konzipiert D. als problemabhängige Herausbildung und adaptive Änderung von Entscheidungsstrukturen auf der Basis gezielter Informationsaufnahme und -verarbeitungsprozesse während der Problemlösung. Er analysiert die heuristischen Strategien bei der Lösung spezifischer Probleme. Die daraus resultierenden Modelle werden durch Computersimulationen geprüft und weiterentwickelt. Auf die aus der Forschung resultierenden Möglichkeiten der Denkschulung (Übungstraining, Taktisches und Strategisches Training) geht Dörner (1976) ein. [G. S.]

Lit.: Bruner, J. S., Goodnow, J. J., Austin, G. A.: A study of thinking, New York 1956. Dörner, D.: Problemlösen als Informationsverarbeitung, Stuttgart 1976. Duncan, C. P. (Hg.): Thinking: current experimental studies, New York 1967. Duncker, K.: Zur Psychologie des produktiven Denkens, Berlin 1935. Guilford, J. P.: The nature of human intelligence, New York 1967. Kaminski, G.: Probleme des Denkens, in: Bergius, R. (Hg.): Handbuch der Psychologie, Bd. 1/2, Göttingen 1964. Klix, F.: Information und Verhalten, Bern 1971. Oerter, R.: Psychologie des Denkens, Donauwörth 1972[3]. Wertheimer, M.: Produktives Denken, Frankfurt 1957.

Depravation. Begriff für individuelle, intrapersonelle Defizite (Mangelerscheinungen). In der klinischen Psychologie für unterschiedliche Grade psychischer Störungen sowie psychosomatischer Fehl- und Unterfunktionen. Im Gegensatz zur →Deprivation auf eine personale Anschauungsweise ausgerichtet. [A. S.]

Deprivation. Subjektiv empfundene und/oder objektiv meßbare Benachteiligung, Behinderung von Individuen oder sozialen Gruppierungen im Vergleichsverhältnis zu materiellen Ausstattungen, Zuwendungen, Sozialchancen und politischen Partizipationen der Gesamtbevölkerung einer Gesellschaft. D. wird theoretisch sowie empirisch erfaßt u. a. über sozio-ökonomische, sozio-kulturelle und sozial-geschichtliche Determinationen, Strukturgegebenheiten und Rahmenbedingungen. Im Zusammenhang mit Randgruppenuntersuchungen (Obdachlose, ausländische Arbeiter) sind Analysen zu D. von Bedeutung. Der Begriff der D. hat in den letzten Jahren über Forschungen der politischen Soziologie, auf dem Gebiet der Subkulturphänomene und der politischen Ökonomie einen Bedeutungswandel erfahren. Ursprünglich psychologische Bezeichnung für psychischen Zustand der Entbehrung →Depravation. Zustände kollektiver Deprivation werden u. a. über

Typen von →sozialen Indikatoren analysiert: materielle D., soziale D., psychische D., sozial-psycho- sowie physiopathologische D.[A. S.]

Lit.: Runciman, W. G.: Relative Deprivation and Social Justice, London 1968

Diagnostik, psychologische, Feststellung psychologischer Eigenschaften einer Person mit Hilfe besonderer Methoden zur Charakterisierung ihres gegenwärtigen Zustandsbildes oder der Bedingungen, die zur Ausformung eines Zustandsbildes führten (Retrognose) oder zur Vorhersage eines künftigen Zustandes (Prognose). Methoden der D. sind →Anamnese, →Tests, →Beobachtungs- und →Beurteilungsverfahren. Die D. setzt die Vorgabe eines D.ziels voraus, das für die Selektion der Untersuchungsmethoden maßgebend ist. Ein typischer Diagnosekontext ist mit dem Einsatz verhaltensändernder Maßnahmen (z. B. Unterricht, Beratung, Therapie) gegeben. Bei der Verwendung derartiger Maßnahmen ist nicht nur die D. der Ausgangslage, sondern auch wiederholte, zwischenzeitliche D. erforderlich, damit alle Veränderungsmaßnahmen sinnvoll ausgewählt und zielgerecht eingesetzt werden können. Bei Selektion und Klassifikation dient die D. der Entscheidung, ob eine Person einer bestimmten Maßnahme (etwa Schulart, Beruf, Behandlung, Umschulung) zugeführt wird oder nicht bzw. bei welcher von mehreren möglichen Maßnahmen (wie Haupt-, Mittel- oder Oberschule) sie die günstigsten Erfolgsaussichten hat (Kaminski 1970). Durch Quantifizierung der diagnostischen Daten läßt sich die diagnostische Fragestellung zufallskritisch beantworten. An Verarbeitung und Interpretation schließt sich die Zusammenfassung der Daten zu einem diagnostischen Bericht (Gutachten) an, in dem – je nach Fragestellung – retrognostische und prognostische Aussagen enthalten sind (Hartmann 1970). Die endgültige Diagnose erfolgt durch Einordnen aller Daten in ein theoretisches Bezugssystem. Zur Abbildung und Analyse von Diagnoseprozessen sind mathematisch-statistische Diagnosemodelle entworfen worden, die Teilaspekte des diagnostischen Arbeitsprozesses (Testdarbietung, Verhaltensregistrierung, Datenauswertung und -verarbeitung, Gutachtenabfassung) erfolgreich übernehmen können (Seidenstücker 1975). [G. S.]

Lit.: Anastasi, A.: Psychological testing, New York 1968³. Barkey, P., Langfeldt, H. P., Neumann, G.: Pädagogisch-psychologische Diagnostik am Beispiel von Lernschwierigkeiten, Bern 1976. Cronbach, L. J.: Essentials of psychological testing, New York 1970³. Hartmann, H.: Psychologische Diagnostik, Stuttgart 1970. Heiss, R. (Hg.): Handbuch der Psychologie, Bd. 6, Göttingen 1964. Hörmann, H.: Aussagemöglichkeiten psychologischer Diagnostik, Göttingen 1964. Kaminski, G.: Verhaltenstheorie und Verhaltensmodifikation, Stuttgart 1970. Pawlik, K. (Hg.): Diagnose der Diagnostik, Stuttgart 1976. Seidenstükker, G.: Computereinsatz in der Klinischen Psychologie: Diagnostik und Therapie, in: Hawel, W. (Hg.): Datenverarbeitung in der Psychologie, Stuttgart 1975. Westmeyer, H.: Logik der Diagnostik, Stuttgart 1972.

Didaktik, hergeleitet aus dem Griechischen, heißt soviel wie Lehren, Unterrichten, Lernen und bezieht sich in der Ableitung auf die Institutionen Unterricht und Schule und auf die Mitteilungsform Lehre. Die griechische Wortbedeutung bezog sich außer auf das Vermitteln von Stoffen in Schule und Wissenschaft auf die Gattung des Epos. Die Römer verstanden gleichfalls unter D. eine lehrhafte Poesie. Auch im westlichen Abendland des Mittelalters wurde D. so verstanden. D. als die Wissenschaft vom Lehren und Lernen fand erst durch Comenius im 17. Jahrhundert Anerkennung. Die Diskussion zum Begriff D., wie sie heute noch hinsichtlich von Inhalten und Zielen geführt wird, begann mit einer Schrift von E. Weniger, der D. als eine Theorie der Bildungsinhalte und des Lehrplans bezeichnete. Inhalte und Lehrpläne werden heute jedoch zumeist unter dem Stichwort Curriculum diskutiert. Dennoch spielt auch der Begriff D. besonders in der institutionalisierten Form als Studieninhalt der Lehrerausbildung eine dem Begriff Curriculum gleich bedeutsame Rolle. In der Gegenwart gibt es einige Versuche zur Systematisierung der D.diskussion. Hervorzuheben sind insbesondere die Ausführungen von W. Klafki und H. Blankertz. Blankertz sieht gegenwärtig drei bzw. vier Modelle diskutiert: 1. D. als informationstheoretisches Modell (H. Frank, F. von Cube). D. wird danach von der erstrebten Effektivität nicht als eine Theorie der Bildungsinhalte verstanden, sondern als Theorie zur Beförderung und Vermittlung von bestimmten Inhalten mit dem Zweck der Veränderung von Einstellungen, Fähigkeiten, Fertigkeiten und Verhaltensweisen bei Individuen. Unter dem Anspruch, Informationen weiterzuleiten und zu vermitteln, wird deshalb nicht mehr von Lehrern und Schülern, sondern in der kybernetischen Sprache von Sendern und Empfängern gesprochen. Als Mittel zur Durchsetzung der didaktischen Prämissen, zur Vermittlung und Übertragung von Informationen überhaupt, wird auf kybernetische Mittel wie Programmierung und Lehrmaschinen zurückgegriffen. Methodologisch findet die informationstheoretische D. ihre Begründung im Positivismus. Entsprechend verstehen sich die Ansätze unter diesem Modell als wertfrei und intersubjektiv überprüfbar. Ziele werden nicht diskutiert, sondern lediglich als gegeben vorausgesetzt. Im Mittelpunkt der Forschungsarbeit dieses Modells steht die Entwicklung von Strategien (Lehr-Algorithmen).

2. Die bildungstheoretische D., die von E. Weniger im Anschluß an W. Dilthey begründet wurde, orientiert sich an der geisteswissenschaftlichen Pädagogik. Zentrale Funktion in diesem Modell kommt vor allem dem Bildungsbegriff zu. In solchem Bezugsrahmen wird D. auch als eine Theorie der Bildungsinhalte und des Lehrplans definiert. Als Zielkategorien finden Methodik und D. Anwendung. Weniger bezieht

sich bei der Ausfüllung des D.begriffes auf die Lehrplantheorie, die er in den Bildungsbegriff transformiert. Die Lehrpläne enthalten nach Weniger die Bildungsinhalte. Im Lehrplan artikulieren der Staat und die gesellschaftlichen Gruppen ihr jeweiliges Interesse an der Bildung der Heranwachsenden. Daher rekurrieren aus den jeweils gegebenen und herrschenden Prinzipien, den Bedürfnissen und Machtverhältnissen im Staat Bildung und D. als die vom Staat fortgesetzten Mittel zur permanenten Bildung. Die zweckfreie inhaltliche Bestimmung der Bildungsinhalte bei Weniger fixiert den Lehrplan mit seinen Normen weniger auf konkrete Ziele und Postulate, als auf allgemeine Werte, Fähigkeiten, Fertigkeiten, Haltungen und Eigenschaften. W. Klafki bemüht sich hingegen, die bildungstheoretische Konzeption für die D. zu konkretisieren, und zwar so, daß sie direkt in die Unterrichtsvorbereitung eingehen kann. D. wird bei ihm als Elementares, Exemplarisches, Typisches und Repräsentatives verstanden, das in deduktiver Subsumierung zunächst das Allgemeine erkennen läßt. Unter dem Begriff der »kategorialen Bildung« faßt Klafki materiale und formale Akzente einer zu vermittelnden Bildung zusammen. Demgemäß erscheint Bildung didaktisch als eine vermittelnde Kategorie zwischen den Anforderungen einer objektiven Welt und dem Recht und Bedürfnis auf Existenz und Selbstentwicklung des Individuums. Für Klafki resultiert die Impotenz der D. aus den Erkenntnissen und Ergebnissen der verschiedenen Bildungstheorien in Zwecksetzung zu ihrer didaktischen Verwirklichung. Dieser Begriffsinhalt von D. bzw. Bildung erweist sich als eine Bezugnahme und als Arrangement auf eine sich stets wandelnde Wirklichkeit, wobei die individuell erfahrbaren Konflikte und Antagonismen zum Teil als Resultate anthropologischer Begründungen begriffen werden. Die Maximen der gesellschaftlichen Wirklichkeit werden im Horizont der bisher jeweils individuell erfahrbaren Wirklichkeit erkennbar und veränderbar. Klafki wendet sich in seiner kategorialen Bildung gegen die Enge und Begrenztheit der subjektivistischen, harmonistischen, ständischen und auch nationalistischen Bildungsvorstellungen. In seinem geschichtlich-gesellschaftskritischen Ansatz liegt das Implikat zu einem von ihm in letzter Zeit modifizierten D.begriff. Danach enthält die Konzeption des D.begriffes bei Klafki durchaus noch einen Akzent der geisteswissenschaftlichen Pädagogik, und zwar ist dieser nicht zuletzt in der Ableitung seines methodologischen Ansatzes von Dilthey und der Hermeneutik zu verstehen. Die Inhalte der D. rekurrieren sich nach Klafki indes auf deduzierende Ziele, die den individuell erreichbaren Subjekten zugeteilt werden. Unter Rückbeziehung auf diesen gesellschaftlich Wirklichkeit umfassenden Inhalt mit der Zielbestimmung muß Bildung etwa Selbst- und Mitbestimmungsfähigkeit, Kritik- und Kommunikationsfähigkeit, Aufklärung über historische, ökonomische, gesellschaftliche, politische, kulturelle Ziele enthalten. Damit knüpft Klafki an die historisch-gesellschaftsbedingte Analyse des Bildungsbegriffes in seinem Hauptwerk an.

3. Die Vertreter der lerntheoretischen D. (P. Heymann, W. Schulz: Berliner Schule) gehen in der Bestimmung des D.begriffes nicht streng von der Lernpsychologie aus. In kritischer Einstellung zur bildungstheoretischen D. verstehen sie Lernen, d. h. Ermitteln und Erfahren als die eigentliche Funktion der D. Der Rückgriff auf die Lerntheorie rekurriert aus dem Verständnis, Begriffe und Theorie zu wählen, die ideologiefrei und intersubjektiv verifizierbar sind. Wissenschaftliche Kontrolle nach den Prinzipien von Heymann/Schulz entspricht somit einem wissenschaftlichen Erfassen sämtlicher Bedingungen und Faktoren des Unterrichtsgeschehens in einer erfahrungswissenschaftlichen Analyse. Aus der lerntheoretischen D. werden zwei Aufgaben abgeleitet: 1. die didaktische Analyse bzw. didaktische Strukturanalyse und 2. die didaktische Konstruktion. Während in der didaktischen Analyse alle den Unterricht betreffenden Faktoren erfaßt werden sollen, faßt die Strukturanalyse sechs Momente zu einem Ordnungsschema zusammen, nach denen der Unterricht in bestimmte Inhalts-, Entscheidungs- und Methodikfelder bzw. Medienfelder eingeteilt wird: a) Intentionen, b) Thematik, c) Methodik, d) Medien, e) anthropogene Voraussetzungen, f) sozio-kulturelle Voraussetzungen. Der lerndidaktische Ansatz von Heymann/Schulz hat beträchtlich zur Differenzierung und Objektivierung der Diskussion um die begriffliche Problematik von D. beigetragen. In der Ausbildungspraxis an den Pädagogischen Hochschulen sowie in der zweiten Ausbildungsphase der Lehrer wird in der Regel entweder der bildungstheoretische D.ansatz nach Klafki oder das lerntheoretische D.modell von Heymann/Schulz verwandt.

4. Weitere Aspekte aus Modellen, die den zuvor dargestellten Modellen der D. nahestehen bzw. vergleichbar sind. Insbesondere zur Problematik der Lernzielentwicklung und -bestimmung bringen B. und Ch. Möller in die Didaktikdiskussion Aspekte der Curriculumforschung aus dem amerikanischen Sprachraum ein. B. und Ch. Möller greifen den Bloomschen Gedanken der wertfreien Taxonomie möglicher Lernziele auf. Die didaktische Diskussion bei Möller und Möller geht ebenso wie bei Flechsig u. a. von der empirischen Unterrichtsforschung aus. Vordergründig werden unter dem Aspekt der Unterrichtstechnologie Fragen der Lerntechniken und der Lehrmittel behandelt, durch die Lernziele realisierbar und Erfolgskontrollen meßbar werden. Flechsig diskutiert die Lernziele innerhalb des methodologischen Rahmens der analytischen Wissenschaftstheorie. In diesem Sinne ordnet er die

Kontrollierbarkeit des Unterrichts dem prozessualen Geschehen des Unterrichts sowie den in ihm entfalteten Intentionen und Zielen unter. Die Vertreter des unterrichtstechnologischen Modells stellen folglich den Inhalten und Zielen der D. die Lernzieloperationalisierung, Lernorganisation und Lernkontrolle als wissenschaftliche Instrumente zur Objektivierung von Lern- und Unterrichtseinheiten voran.
Klafki systematisiert die gegenwärtigen Ansätze von Theoremen zur D. mit folgenden Modellen: 1. D. als Wissenschaft vom Lehren und Lernen, 2. D. als Wissenschaft vom Lehren und Lernen in spezifischen pädagogischen Institutionen bzw. als Wissenschaft vom Unterricht bzw. der Unterrichtstheorie unter Einschluß der Methodik. Hierzu rechnet Klafki die Vertreter der Berliner Schule (Heymann/Schulz), die Vertreter der systemtheoretischen D. (E. König, K. Riedel), den Ansatz der strukturtheoretischen D. (Peterßen) und den Ansatz der kommunikativen D. (K.-H. Schäfer/K. Schaller), 3. D. als Theorie der Bildungsinhalte (Weniger, Klafki) bzw. D. als Theorie der Bildungskategorien (J. Derbolav). 4. Unter der Thematik der Lernzielbestimmung faßt Klafki die vierte Gruppe zusammen. Hierzu zählt er die Vertreter einer kybernetisch ausgerichteten D. (Frank, von Cube).
In jüngster Zeit versucht eine Gießener Arbeitsgruppe unter Leitung von W. Himmerich ein Gegenmodell zur Berliner Schule zu entwickeln. Im Mittelpunkt des Gießener D.begriffs steht der Unterricht mit seinen Bedingungen, seinem Handlungsgeschehen, den ihn tragenden Personen und dem wissenschaftlichen Instrumentarium der Analyse, Planung, Durchführung, Kontrolle und Veränderbarkeit. Aus der erziehungswissenschaftlichen Diskussion abgeleitet stellt die Gießener Arbeitsgruppe den Begriff Erziehung in das Zentrum unterrichtsspezifischer Reflexion. Im Bewußtsein des erkenntnisleitenden Interesses und unter dem verpflichtenden Anspruch einer kritischen Analyse der gesellschaftlichen Wirklichkeit stellen die Gießener unter den Aspekten von Inhalt und Methode D. als individual- und gesellschaftsverändernden Faktor dar. [M. N.]

Lit.: Blankertz, H.: Theorien und Modelle der D., München 1969. von Cube, F.: Zum Begriff der D., in: Die Deutsche Schule 60 (1968), S. 391 ff. Derbolav, J.: Versuch einer wissenschaftstheoretischen Grundlegung der D., in: Zs. für Päd., 2. Beiheft: D. in der Lehrerbildung, Weinheim 1960, S. 17 ff. Flechsig, K.-H.: Leitfaden zum Kolleg »Theorie des Unterrichts«, 5 Teile, Konstanz o. J. Frank, H.: Zur Objektivierbarkeit der D., in: programmiertes lernen und programmierter unterricht 4 (1967), S. 1 ff. Heimann, P./Otto, G./Schulz, W.: Unterricht – Analyse und Planung, Hannover 1965. Himmerich, W. u. M.: Unterrichtsplanung und Unterrichtsanalyse – ein didaktisches Modell, 2 Bde., Stuttgart 1976. Huisken, F.: Zur Kritik bürgerlicher D. und Bildungsökonomie, München 1972. Klafki, W.: Studien zur Bildungstheorie und D., Weinheim 1964$^{3/4}$. Ders.: Das päd. Problem des Elementaren und die Theorie der kategorialen Bildung, Weinheim 1963[2]. Klingberg, C.: Einführung in die Allgemeine D., Berlin 1972. König, E./Riedel, H.: Unterrichtsplanung als Konstruktion, Weinheim 1970. Peterßen, W. H.: D. als Strukturtheorie des Lehrens und Lernens, Ratingen 1973. Schäfer, K.-H./Schaller, K.: Kritische Erziehungswissenschaft und kommunikative D., Heidelberg 1973[2]. Weniger, E.: D. als Bildungslehre, Teil 1, Theorie der Bildungsinhalte und des Lehrplans, Weinheim 1965[6].

Diskriminierung, Benachteiligung von Personen oder Personenkategorien, etwa durch stark erhöhte Bereitschaft zu negativen Sanktionen, Ausschluß aus normalen Interaktionsbeziehungen und Abwertung des sozialen Status. (→Randgruppe, →Stigmatisierung, →Vorurteil, →abweichendes Verhalten). [H. B.]

Drogen, Pharmaka natürlicher (pflanzlicher) Herkunft im Unterschied zu synthetischen Stoffen. In Angleichung an den anglo-amerikanischen Sprachgebrauch für »drug« heute als Synonym verwendet für natürliche und synthetische Substanzen. Außerdem wurde D. eine Bezeichnung für Suchtstoffe (→Sucht, →Alkoholismus) und spezieller für Rauschgifte, insbesondere für einzelne Psychopharmaka wie z. B. Stimulantia, Tranquillantia, Neuroleptika und Psychotomimetika (Halluzinogene). [E. S.]

Lit.: Dittrich, A.: Probleme der pharmakopsychologischen Forschung, in: Schraml, W. J., U. Baumann (Hg.): Klinische Psychologie II, Bern: 1974, S. 523–558; Eysenck, H.-J.: Experiments with drugs, Oxford: 1963. Schwendtke, A. und Krapp, F.: Drogen, Gesellschaft, Pädagogik, Frankfurt/M. 1972.

Eherecht. Teil des →Familienrechts, hauptsächlich geregelt in den §§ 1297 bis 1588 →BGB und im Ehegesetz (EheG). Das Eherecht wird geprägt durch den Grundsatz der Gleichberechtigung von Mann und Frau (Art. 3 Abs. 2 GG) und des besonderen Schutzes staatlicher Ordnung (Art. 6 Abs. 1 GG) (→Grundrechte). Das überkommene E. ist wesentlich durch das Gleichberechtigungsgesetz 1957 und vor allem durch das Eherechts-Reformgesetz 1976 geändert worden. 1. Das bisherige gesetzliche Leitbild der nur im Haushalt tätigen Ehefrau und des im Erwerbsleben stehenden Ehemannes (§§ 1356, 1360 BGB) ist aufgegeben worden. Künftig sollen allein die Eheleute darüber entscheiden, wie sie die Aufgaben in Ehe und Familie wahrnehmen wollen. Beide Ehegatten können Geschäfte zur angemessenen Deckung des Lebensbedarfs tätigen; beide werden daraus berechtigt und verpflichtet. 2. Durch das Gleichberechtigungsgesetz wurde 1957 der gesetzliche Güterstand der Zugewinngemeinschaft eingeführt: Grundsätzlich selbständige Vermögensverwaltung der Ehegatten; Einwilligung des anderen Ehegatten bei Verfügungen über Haushaltsgegenstände sowie über das Vermögen als Ganzes; Ausgleich des während

der Ehe erworbenen Zugewinns bei Beendigung der Ehe durch Tod oder durch Scheidung (§§ 1371 ff. BGB).
3. Bisher war eine Scheidung grundsätzlich nur möglich, wenn der andere Ehegatte durch eine schwere, schuldhafte Eheverfehlung die Ehe tiefgreifend zerrüttet hatte. Nach neuem Recht kann eine Ehe geschieden werden, wenn sie gescheitert ist, d. h. die Wiederherstellung der ehelichen Lebensgemeinschaft nicht mehr zu erwarten ist (Zerrüttungsprinzip statt Verschuldensprinzip). Wenn die Ehepartner seit einem Jahr getrennt leben und beide mit der Scheidung einverstanden sind, wird das Scheitern der Ehe vermutet; stellt nur ein Ehegatte den Scheidungsantrag, so tritt die Vermutung erst nach dreijähriger Trennung ein. Die Vermutung ist unwiderlegbar. 4. Unterhaltsansprüche nach der Scheidung hängen von der wirtschaftlichen Bedürftigkeit ab. Wer nicht selbst für seinen Unterhalt sorgen kann (wegen Alters, wegen Kindererziehung, wegen Ausbildung oder Umschulung) oder keine angemessene Erwerbstätigkeit findet, kann von dem anderen Ehegatten Unterhalt verlangen (§§ 1570 bis 1586 b BGB). 5. Neu eingeführt worden ist mit der E.-Reform 1976 der Versorgungsausgleich: alle während der Ehe erworbenen Ansprüche auf Altersversorgung (→Sozialversicherung, insb. →Rentenversicherung, Beamtenpensionen, →betriebliche Altersversorgung und Privatversicherungen) der Ehegatten werden miteinander verglichen. Der Saldo wird ausgeglichen, indem Rentenanwartschaften auf den anderen Ehegatten übertragen oder für ihn neu begründet werden (§§ 1587–1587 q BGB). 6. Für die Entscheidung, wem das Sorgerecht für das Kind zugesprochen werden soll, ist dessen Wohl entscheidend, nicht mehr, wie bisher, eine Eheverfehlung eines Elternteils. 7. Das Verfahren über die Scheidung und sämtliche Folgen wird in einem Verhandlungs- und Entscheidungsverbund von dem zum Amtsgericht gehörigen Familiengericht (→Zivilgerichtsbarkeit) durchgeführt. [U. W.]

Text: →BGB, →Recht. Ferner: EheRG. Textausgabe m. Sachverm. Sachverz. u. e. Einf. v. Böhmer, Chr. (Beck-Texte im dtv. 5525) München 1976.
Lit.: →BGB, →Familienrecht. Ferner: Bastian/Roth-Stielow u. a.: 1. EheRG, Das neue Ehe- und Scheidungsrecht. Kommentar. Stuttgart 1976. Fuchs, A.: Das neue Scheidungsrecht (Heyne-Buch. 4512. Rechtsratgeber) München 1976. Göhring, H.-J.: Die Scheidung und ihre Folgen vor und nach der Eherechtsreform (Beck-Rechtsinformation im dtv. 5080) München 5. Aufl. 1976. Münch, E. M. v.: Eheschließung – Eheführung – Ehescheidung. Das neue Ehe- und Scheidungsrecht (Goldmann Jur. Ratgeber. 8338) München 1976. Rolland, W.: Das neue Ehe- und Familienrecht. Kommentar zum 1. Ehereformgesetz. Neuwied 1976; Voskuhl/Pappai/Niemeyer: Versorgungsausgleich in der Praxis. Bonn-Bad Godesberg 1976.

Ehrenamtliche Mitarbeiter in der Sozialarbeit/Sozialpädagogik. Die Mitarbeit freiwilliger, ehrenamtlicher Helfer geht auf die Ursprünge der Jugend- und Sozialarbeit überhaupt, deren caritative Wurzeln und bürgerschaftliche Verantwortung zurück. Sie ist durch die zwischenzeitliche Weiterentwicklung der Sozialarbeit/Sozialpädagogik keineswegs überholt, denn auch heute noch sind eine große Zahl freiwilliger und ehrenamtlicher Mitarbeiter in den freien Wohlfahrtsverbänden, Jugendverbänden und anderen Formen öffentlicher und freier Jugend- und Sozialarbeit tätig. Sie nehmen dort wichtige organisatorische Funktionen wahr und leisten unmittelbare Jugend- und Sozialarbeit in vielen Bereichen und Aufgabenfeldern. So sind sie u. a. als Vorstandsmitglieder im demokratischen Aufbau der betreffenden Verbände, als Mitglieder in den Jugendwohlfahrtsausschüssen, als Jugendschöffen und in vielen Arbeitsgebieten, wie Erziehungsbeistandschaft, Altenhilfe, Nachbarschafshilfe etc. tätig. Die Idee von Jugend- und Sozialarbeit als Selbsthilfe und durch Solidarität hat durch die Arbeit von Bürgerinitiativen und Basisgruppen neuerdings noch wesentlich an Umfang und Gewicht gewonnen. Freiwillige soziale Dienste der Jugend und das Freiwillige Soziale Jahr (s. Gesetz zur Förderung eines Freiwilligen sozialen Jahres vom 17. 8. 1964) sind weitere Beispiele für nichtberufliche Tätigkeit in der Sozial- und Jugendarbeit und das zunehmende Interesse und Engagement dafür.

Die Frage freiwilliger und ehrenamtlicher Mitarbeit ist also durch die Verberuflichung der Sozialarbeit/Sozialpädagogik keineswegs überholt, sondern im Gegenteil neu und vertieft gestellt: als Frage nach einer sinnvollen und verantwortbaren arbeitsteiligen Aufgabendefinition für die freiwilligen, ehrenamtlichen Mitarbeiter, nach Anleitung, Vorbereitung, Praxisberatung und laufender Hilfestellung und Unterstützung solcher Mitarbeiter als Aufgabe der hauptamtlichen ausgebildeten Fachkräfte und nach der Organisation von Arbeitsteilung und Zusammenarbeit im Interesse der Betroffenen und der Gesamtheit sozialpädagogisch/sozialer Aufgaben und Aktivitäten. Zwischen den beiden Tätigkeitsformen – der ehrenamtlichen und der hauptamtlichen – darf es also eigentlich unter Sachgesichtspunkten und im Interesse der Betroffenen keine Konkurrenz, keine Verdrängungsprozesse oder negatives Gegen- oder Nebeneinander geben, sondern nur die Weiterentwicklung von Kriterien sinnvoller und sachbezogener Arbeitsteilung, nach Prinzipien der Koordinierung und Zusammenarbeit, und ein zielgerichtetes Ergänzungsverhältnis von primärer, nichtberuflicher Motivation und gesellschaftlichem Engagement einerseits und durch Ausbildung und Berufserfahrung angeleiteter Sachkenntnis andererseits. Damit muß angestrebt werden, daß soziales und gesellschaftliches Engagement durch Fachlichkeit nicht gelähmt und stillgelegt, sondern im Gegenteil angeregt, entwickelt und entfaltet wird. [H. P.]

Eignung, Vorliegen bestimmter Verhaltensmerkmale als persönliches Qualifikationsmerkmal zur Erreichung eines bestimmten Ziels in Ausbildung oder Beruf (etwa erfolgreicher Abschluß des Medizinstudiums oder Bewährung als Bürokraft), ohne die Entstehungsgeschichte der E. zu berücksichtigen. Die E. wird erschlossen aus den zum Zeitpunkt der psychologischen Untersuchung vorliegenden Verhaltensmerkmalen, die als relativ überdauernd angesehen werden. Zur Untersuchung werden psychologische →Tests, Verhaltensproben und →Interviews eingesetzt. Meistens wird der E.begriff zur kurz- oder langfristigen Prognose verwendet, was wegen der mangelnden Berücksichtigung der Entstehung der individuellen Merkmale, sowie der häufig unzureichenden psychologischen Analyse der zu prognostizierenden Tätigkeiten problematisch ist. [E. S.]

Lit.: Moede, W.: Eignungsprüfung und Arbeitseinsatz, Stuttgart 1943.

Einsicht, unmittelbares Verstehen eines Sachverhaltes, das Erkennen seiner Ursache, Wirkung und Zusammenhänge. Kriterien einsichtigen Verhaltens sind: plötzliches Auftreten der Lösung, die Geschlossenheit der zur Lösung führenden Handlungskette, die subjektive Originalität der Lösung und die Übertragbarkeit auf analoge Sachverhalte. (→Denken). [G. S.]

Einstellung ist unter sozialpsychologischem Aspekt als relativ überdauernde Wahrnehmungsorientierung und Reaktionsbereitschaft gegenüber spezifischen Personen oder Objekten zu verstehen. Mit einer kognitiven und einer affektiven Komponente haben E. steuernde Wirkung auf das Handeln. Unter allgemeinpsychologischem Aspekt (Rohracher 1965) bestimmen sie die inhaltliche Ordnung im Erlebnisablauf und führen dazu, daß das Denken sich in bestimmter Richtung bewegt, daß die entsprechenden Vorstellungen auftreten und daß aus der Vielfalt des Wahrnehmbaren dasjenige ausgesucht und klar bewußt wird, was man gerade benötigt. E. sind nicht direkt beobachtbar, sondern müssen als hypothetische Konstrukte (→Methodik) aus Meinungsäußerungen, Handlungen oder physiologischen Veränderungen einer Person erschlossen werden. Nach Roth (1967) sind alle Arten von E. durch Objektbezug, Lerngeschichte und ihren Systemcharakter gekennzeichnet. E. werden meist durch Fragebögen erfaßt (Scott 1969). Da Fragebögen den Nachteil der Fälschbarkeit (z. B. Antworten im Sinn der sozialen Erwünschtheit) besitzen, wurden weniger fehleranfällige Meßverfahren ersonnen. Dazu gehören physiologische Meßverfahren, wie die Messung der elektrischen Hautleitfähigkeit (Lügendetektor) bei Vorgabe von E.-Äußerungen. E. lassen sich zudem aus ihrer Wirkung auf Wahrnehmung und Gedächtnis erschließen. Bei den E. zu sozialen Streitfragen wurde als Hauptdimension ein Faktor gefunden, dessen Pole sich mit »Konservativismus« und »Liberalität« bezeichnen lassen. Der Konservative ist durch folgendes E.Muster gekennzeichnet: religiösen Dogmatismus, rechtsgerichtete politische Orientierung, Intoleranz gegenüber Minderheiten, Beharren auf strengen Grundsätzen und Strafen, Vorliebe für konventionelle Kunst, Kleidung sowie Institutionen und Opposition gegenüber dem wissenschaftlichen Fortschritt. Nach McGuire (1969) erfüllen E. folgende vier Funktionen: 1. Utilitaristische Funktion: sie leiten zu einem Verhalten an, das zu wertvollen Zielen führt; 2. Ökonomische Funktion: E. schaffen Vereinfachungen unserer Beziehungen zur Umgebung, u. a. indem sie Anleitung zu angemessenem Verhalten in neuen Situationen geben; 3. Expressive Funktion: E. wirken als Selbstbestätigung und rechtfertigen das eigene Verhalten; 4. Verteidigung des Ich: E. können helfen, innere Konflikte zu lösen bzw. abzuwehren (→Konflikt). Häufig haben E. zugleich mehrere Funktionen. Ein Rassenvorurteil, das zur Ich-Verteidigung entstand, wird bald durch ein Netz weiterer E. unterstützt und kann zu einem bequemen Weg werden, um sich selbst zu bestätigen und der eigenen Welt einen Sinn zu geben. Es kann zur Grundlage für die Auswahl von Freunden werden und wird dadurch dann zusätzlich durch eine Bezugsgruppe aufrechterhalten (McGuire 1969). Es ist offensichtlich mit erheblichem psychischen Aufwand für eine Person verbunden, grundlegende und mehrfach determinierte E. zu ändern. [E. S.]

Lit.: Eyferth, K.: Das Lernen von Haltungen, Bedürfnissen und sozialen Verhaltensweisen, in: Bergius, R. (Hg.): Handbuch der Psychologie, Bd. 1/2, Göttingen 1964. Fishbein, M. (Hg.): Attitude theory and measurement, New York 1967. McGuire, W.: The nature of attitudes and attitude change, in: Lindzey, G. u. Aronson, E. (Hg.): Handbook of social psychology, Bd. 3, Reading 1969. Roth, E.: Einstellung als Determinanten individuellen Verhaltens, Göttingen 1967. Scott, W. A.: Attitude measurement, in: Lindzey, G. u. Aronson, E. (Hg.): Handbook of social psychology, Bd. 2, Reading 1969.

Einstellung (Struktur). Gegenwärtige Erkenntnisziele der Sozialpsychologie zu Bereichen wie: Soziale Interaktion und Kommunikation, Psychologie der Gruppe, Sozialisation, soziale Wahrnehmung und soziales Verhalten weisen dem Begriff E. einen zentralen Stellenwert zu. Bei der Analyse von Verhalten gegenüber Personen, Gruppen, in Situationen oder im Zusammenhang mit Gewohnheiten liegen Überlegungen zu Entwicklungen und Strukturen von E. zugrunde. E. läßt sich als ein länger andauernder, innerer Zustand einer Person ansehen, die Handlungen sowie Verhaltensweisen dieser Person bedingen.

E. ist zu bezeichnen als:

Wahrnehmungsorientierung und Handlungsbereitschaft gegenüber Personen, Situationen, Ereignissen oder Gruppen solcher Objekte.

E. kann weiterhin als ein seelischer und nervlicher Bereitschaftszustand definiert werden, der, organisiert über Erfahrungen, Einfluß auf Verhalten in bestimmte Richtungen ausübt und dazu Funktionen sowie Strukturen von Wahrnehmung, Denken, Fühlen und Motivation einer Person beeinflußt.
Einstellungen lassen sich nach drei psychischen Funktionen (Komponenten) einteilen:
a) Kognitive K. (Wahrnehmen, Denken);
b) Affektive K. (Emotionen, Affekte, Gefühle, Stimmungslagen);
c) Konative Komponente, die auf Verhaltensbereitschaften einwirkt.
Mehrere Einstellungen fügen sich zu Einstellungsclustern zusammen (Gruppen von Einstellungen, etwa zu Religion, Sexualität, Lebenssinn). [A. S.]

Lit.: Allport, G. W.: Die Natur des Vorurteils, Köln 1971. Graumann, C. F.: Eigenschaften als Problem der Persönlichkeitsforschung, in: Lersch, Ph. u. Thomae, H. (Hg.): Handbuch der Psychologie, Bd. 4 Persönlichkeitsforschung und Persönlichkeitstheorie, Göttingen 1960. Schmidt, H. D., Brunner, E. J., Schmidt-Mummendey, A.: Soziale Einstellungen, München 1975.

Einstellungsänderung, Prozeß der sozialen Beeinflussung, bei dem in Abhängigkeit von Kommunikationsvariablen (Sender – Art und Inhalt der Mitteilung – Informationsmedien – Charakteristika des Empfängers) Einstellungen geändert werden. Die Beeinflussung kann sich auf die kognitive, affektive oder verhaltensmäßige Komponente der Einstellung beziehen: durch Anbieten von Informationen, durch positive oder negative Gefühlsappelle oder durch die Formung von Verhaltenstendenzen. E. hängen empirisch ab von der Glaubwürdigkeit des Senders, der Überzeugbarkeit des Empfängers und der Gestaltung der Mitteilung. So ist eine zweiseitige Darstellung (Pro- und Kontra-Argumente) in der Regel wirkungsvoller als eine einseitige. Negative Gefühlsappelle (etwa Angstappelle) sind nur in einem mittleren Ausmaß im Sinne der E. wirksam. Zu starke Angstappelle rufen Abwehrreaktionen hervor und bewirken eine Immunisierung. [E. S.]

Lit.: Eyferth, K. u. Kreppner, K.: Entstehung, Konstanz und Wandel von Einstellungen, in: C. F. Graumann (Hg.): Handbuch der Psychologie, Bd. 7/2, Göttingen 1972, S. 1342–1370; Insko, C. A.: Theories of attitude change, New York 1967.

Elementar- und Primarbereich. Die Begriffe »Elementar-« bzw. »Primarbereich« sind vom Deutschen Bildungsrat geprägt und inhaltlich bestimmt worden. Der Elementarbereich umfaßt alle Einrichtungen familienergänzender Erziehung und Bildung für Drei- bis Vierjährige. Der Primarbereich soll die bisherige Grundschule ablösen und gliedert sich in die Eingangsstufe (Vorklasse und 1. Schuljahr), die Grundstufe und gegebenenfalls in die Orientierungsstufe. (Deutscher Bildungsrat, 1970, 102 sowie 123)

Institutionelle Realisierung: Kindergärten und Kindertagesstätten in freier oder kommunaler Trägerschaft sind die wesentlichsten Einrichtungen des Elementarbereichs. Daneben bestehen einige Eltern-Kind-Gruppen in privater und geschlossene Heime in öffentlicher Trägerschaft. Kindergärten (Halbtagseinrichtungen) und Kindertagesstätten (Ganztagseinrichtungen) betreuen heute in der Regel die Vier- – seltener Drei- – bis Fünfjährigen in altersgemischten Gruppen. Im Jahre 1974 standen in der Bundesrepublik 23000 Kindergärten und -tagesstätten mit insgesamt 1510000 Plätzen zur Verfügung. (Anbuhl, 1976, 18). Der Primarbereich ist heute im wesentlichen mit der Grundschule identisch. Nur in Einzelfällen wurden Vorklassen an Schulen realisiert, noch seltener wurde versucht, Vorklassen und erste Schuljahre zu »pädagogischen Einheiten« (= Eingangsstufe) zusammenzufassen. Die an vielen Schulen bestehenden Schulkindergärten sind Einrichtungen für schulpflichtige, aber noch nicht schulfähige Kinder. Nach dem Willen des Deutschen Bildungsrates sollen sie nach der Einführung der Eingangsstufe in dieser aufgehen.

Der vielzitierte »Streit um die Vorschulerziehung« (Flitner) war in Wahrheit ein Tauziehen um die institutionelle Zuordnung der Fünfjährigen: Der Deutsche Bildungsrat, die Kultusministerien der Länder und ein Teil der Erziehungswissenschaftler plädierten für die Realisierung der Eingangsstufe und damit für die Zuordnung der Fünfjährigen zu Vorklassen an Schulen. Die freien Trägerverbände (wie Arbeiterwohlfahrt, Diakonisches Werk, Caritas-Verband), die Sozialministerien der Bundesländer und ebenfalls ein Teil der Erziehungswissenschaftler sprachen sich für ein Verbleiben der Fünfjährigen in Kindergärten und -tagesstätten aus. Beide Seiten führten gewichtige Argumente ins Feld: Für die Einrichtung der Eingangsstufe spricht, daß der Übergang von dem sozialpädagogisch geprägten Kindergarten zu der im günstigen Fall ebenfalls teilweise sozialpädagogisch geprägten Eingangsstufe ohne Brüche geschehen könnte. (Vgl. Kochansky, 1975). Für den Kindergarten spricht die begründete und in Einzelbeispielen nachgewiesene Befürchtung, daß durch die Einrichtung von Vorklassen eine Verschulung des Vorschulalters und eine Herabsetzung des Schulalters auf »kaltem« Wege erfolgen könnte. (Vgl. Hielscher, 1975). Weniger aus pädagogischen, mehr wohl aus finanziellen Gründen dürften in der näheren und mittleren Zukunft keine grundlegenden Änderungen zu erwarten sein. Die Drei- bis Fünfjährigen werden Kindergärten und -tagesstätten besuchen, die Sechs- bis Zehnjährigen die Grundschule. Die bisher eingerichteten Vorklassen an Grundschulen werden weiter bestehen bleiben. Bei günstiger räumlicher Zuordnung könnten sich kooperative Übergangsformen ergeben. Die seit jeher bestehenden Schwierigkeiten des Übergangs vom Kindergarten zur Grundschule werden auf längere Sicht nicht beseitigt werden können. [H. H.]

Lit.: Anbuhl, H.: Plädoyer für die Einführung einer Bildungspflicht der Fünfjährigen? In: Sozialpädagogische Blätter (1976) 17–20. Deutscher Bildungsrat: Strukturplan für das Bildungswesen. Stuttgart 1970. Hielscher, H.: Vorschulerziehung an Schulen – ohne sozialpädagogische Perspektiven. In: Unsere Jugend 27 (1975) 366–379. Kochansky, G.: Eingangsstufe, Heidelberg 1975

Elternarbeit (Elternbildung). Elternarbeit meint die Zusammenarbeit mit Eltern im Rahmen einer pädagogischen Einrichtung mit dem Ziel, die Erziehungsaufgabe der Einrichtung zu unterstützen. Elternbildung umfaßt alle Maßnahmen zur pädagogischen Qualifizierung von Laien, die Kinder erziehen. Für die Elternarbeit und Elternbildung lassen sich folgende Ziele formulieren:

1. Eltern werden in die Lage versetzt, auf psychohygienische Probleme ihrer Kinder angemessen zu reagieren.
2. Eltern werden in die Lage versetzt, pädagogisch »sinnvoll« zu handeln. Das heißt, sie können Begabungen entdecken und entwickeln, Lernhemmungen nach Anleitung mit therapieren und ihre eigenen erzieherischen Probleme in einem größeren Zusammenhang (d. h. »entindividualisiert«) sehen und interpretieren.
3. Eltern können Demokratie als eine Lebensform realisieren und aktiv gegen unterdrückende Normen und Praktiken vorgehen, sofern sie im Erziehungsbereich öffentlicher Einrichtungen erkennbar sind.
4. Eltern werden in die Lage versetzt, die durch Erlasse geregelten Möglichkeiten der Mitwirkung in öffentlichen Erziehungseinrichtungen wirklich wahrzunehmen.
5. Eltern werden dazu motiviert, die Aufgaben der Einrichtung und die Ziele der Erzieher bzw. Lehrer in kritischer Solidarität zu unterstützen.

Folgende Möglichkeiten und Methoden der Elternarbeit bieten sich an:
Hausbesuche dienen dazu, genauere Informationen über das häusliche Erziehungsmilieu zu erhalten, die Lernvoraussetzungen eines Kindes kennenzulernen und die Eltern individuell zu beraten. Sie sind ein wirksames Mittel, um die Eltern zur Beteiligung an anderen Maßnahmen der Elternarbeit zu motivieren, und tragen dazu bei, die Einstellungen der Eltern gegenüber dem Erzieher und der Bildungseinrichtung positiv zu beeinflussen.
Elternabende vermitteln den Eltern allgemeine Informationen, dienen dem Erfahrungsaustausch, initiieren, aktivieren und verstärken Veränderungen des elterlichen Erziehungsstils.

Elternbriefe dienen der thematischen Information, der Vorbereitung anderer elternpädagogischer Maßnahmen und der Begleitung der auf die Kinder gerichteten erzieherischen Bemühungen der Bildungseinrichtung.

Besuche der Eltern in der Einrichtung eröffnen Einsichten in die Organisation von Lernprozessen, wecken Verständnis für die eigenen Kinder und können den Eltern dazu verhelfen, durch Imitation des erzieherischen Verhaltens der Fachkräfte das eigene erzieherische Verhalten zu verbessern.

Elternberatung bezieht sich in der Regel auf Lern- und Verhaltensschwierigkeiten der Kinder.

Elternbildungskurse dienen dem Training angemessener erzieherischer Verhaltensweisen und vermitteln Grundlagenwissen.

Elternbibliotheken und Spielzeugsammlungen stellen den Eltern mediale Hilfen zur Verbesserung der eigenen erzieherischen Praxis bereit. [H. H.]

Lit.: Hielscher, H.: Elternarbeit – Elternbildung – Elternmitbestimmung, in: Blätter des Pestalozzi-Fröbel-Verbandes, Heft 1/1975, S. 1–11. Hielscher, H.: Didaktische Skizzen zur Elternbildung, in: Sprey, T. (Hrsg.): Elternbildung: Projekte – Hilfen – Perspektiven, München 1977. Schmidt-Wenkebach, B.: Kindergarten und Elternarbeit, Hannover 1976. Stange, W.: Elternarbeit und Sozialerziehung, in: Hielscher, H. (Hg.): Materialien zur sozialen Erziehung im Kindesalter, Heidelberg 1976². Walther, H./Schmidt, H. J./Dietze, L.: Elternarbeit in der Grundschule, Ravensburg 1976.

Elterliche Gewalt / Elternrecht. Teil des →Familienrechts, geregelt in den §§ 1626–1698 b →BGB, ergänzt durch das →JWG. Durch Art. 6 Abs. 2 und 3 GG (→Grundrechte) wird (1) den Eltern das Recht zur Pflege und Erziehung der Kinder gewährleistet und (2) dem Staat ein Überwachungs- und Eingriffsrecht bei Versagen der Eltern eingeräumt; (3) eine Reform einiger Normen des BGB über die e. G. ist geplant.

1. Schon der Begriff der e. G., abgeleitet aus dem der römisch-rechtlichen »patria potestas«, ist antiquiert und drückt die Idee einer patriarchalischen Gewalt aus, wie sie heute der sozialen Wirklichkeit nicht mehr entspricht. Autoritäres Verhalten ist zwar bei weitem nicht abgebaut, insb. nicht in der großen Zahl der Unterschichtfamilien (→Familienrecht). Das BGB ist auch insoweit (seinen Formulierungen nach) nicht verändert worden. Denn gem. § 1626 steht das minderjährige Kind unter e. G., und dazu gehören das Vertretungs- (§ 1629) und das Personen- und Vermögenssorgerecht sowie das Erziehungs- und Beaufsichtigungsrecht (§§ 1626, 1631). Diese Rechte haben beide Eltern gemeinsam auszuüben; einigen sie sich nicht, entscheidet auf Antrag das →Vormundschaftsgericht. Nach dem Gesetz ist die e. G. im Hin-

blick auf die Herrschaftsgewalt über das Kind an sich fast unbegrenzt. Begrenzt wird sie lediglich durch Regelungen wie die der §§ 1666, 1676, nach welchen bei Gefährdung des geistigen und leiblichen Wohls des Kindes als Folge z. B. (schuldhaften) Mißbrauchs des Personenrechts oder (schuldhafter) Vernachlässigung des Kindes das →Vormundschaftsgericht die notwendigen Maßnahmen treffen darf. Trotz dieser weitreichend erscheinenden Gesetzesbestimmungen anerkennt man aber zunehmend in der Rechtslehre und – wenn auch viel zögernder – in der Rechtsprechung ein dem Elternrecht gleichwertig gegenüberstehendes Persönlichkeitsrecht des Kindes, das jenes in seiner weitgehenden Eingriffsfunktion eingrenzt und es auf ein Kontrollrecht reduziert, insb. dann, wenn sich das Kind dem Volljährigkeitsalter nähert. Durch die Senkung dieser Altersgrenze von 21 auf 18 Jahre (→Geschäftsfähigkeit) hat sich für eine große Zahl von Jugendlichen eine Reihe von Problemen (rechtlich) gelöst, bei deren Bewältigung die Rechtsprechung sich sehr schwer tut, z. B. bei der Frage, in welchem Maß das Kind seinen Beruf oder Umgang frei wählen darf. Gesetzlich geregelt ist die Entscheidung über die religiöse Kindererziehung durch das gleichlautende Gesetz von 1921; danach kann das Kind ab dem 14. Lebensjahr über sein Bekenntnis selbst bestimmen.

2. In der juristischen und gesellschaftspolitischen Diskussion besteht immer noch das Tabu des Elternrechts, durch das ein staatsfreier Raum erhalten werden soll, innerhalb dessen sich die Familienangehörigen frei entwickeln sollen (→Familienrecht, →JWG, →Schulrecht). Dabei wird nicht immer hinreichend berücksichtigt, daß die Frage, welche Erziehung (Sozialisation) das Kind in der Familie erhält, wie also »seine Persönlichkeit entfaltet« wird, für die Gesellschaft von entscheidender Bedeutung ist. Die rechtliche Wirklichkeit ist im Augenblick immer noch so, daß die staatlichen Stellen (→Jugendamt, →Vormundschaftsgericht) »zum Wohl des Kindes« erst eingreifen (durch die Maßnahmen des § 1666, z. B. Entziehung des Personensorgerechts oder des Vertretungsrechts bzw. die Unterbringung in einer anderen Familie oder einer Erziehungsanstalt, oder durch die Maßnahmen nach dem →JWG), wenn eine schwere Fehlentwicklung bereits eingetreten und kaum noch korrigierbar ist. Die Lösung kann allerdings nicht in einer Reform des elterlichen Sorgerechts dahin bestehen, daß dem Staat eine totale Präventivkontrollbefugnis und Erziehungsaufgabe zuerkannt wird. Die Grenzen zwischen e. G., Persönlichkeitsrecht des Kindes und Überwachungsrecht des Staates müssen aber auf jeden Fall von der Rechtswissenschaft und der Gesetzgebung neu durchdacht werden.

3. Erste Schritte dazu hat die Bundesregierung dadurch getan, daß sie 1973 einen Gesetzentwurf zur Neuregelung des Rechts der elterlichen

Sorge (so der neue Begriff anstelle des der e. G.) vorgelegt hat. Danach soll die Rechtsstellung des Kindes im Sinne einer partnerschaftlichen Beteiligung (→Mitbestimmung) ausgebaut werden: Die Eltern sollen verpflichtet sein, auf den Kindeswillen Rücksicht zu nehmen, vor allem auch bei den Entscheidungen über den Ausbildungs- und Berufsgang; in Konfliktsfällen soll der Rat eines Berufsberaters eingeholt werden. Ferner ist beabsichtigt, § 1666 dahin abzuändern, daß das Vormundschaftsgericht bereits bei objektiver Gefährdung des Kindeswohls, also auch ohne Verschulden der Eltern, eingreifen darf. Ein weiterer Schritt zur Neugestaltung des →Jugendrechts ist durch das Ministerium für Jugend, Familie und Gesundheit mit der Vorlage des Entwurfs eines →JHG gemacht worden; dadurch soll vor allem das →Jugendhilferecht neu geregelt werden. [U. W.]

Text u. Lit.: →BGB, →Familienrecht, →JHG, →Jugendhilferecht, →JWG. Ferner: Danzig, H.: Kindschaftsrecht, Neuwied 1974. Uwe Gerber (Hg.): Kindeswohl contra Elternwillen? Evang. Akad. Loccum 19.–21. 11. 1973, Berlin 1975. Göhring, H. J.: Das Recht des Kindes und der Eltern (Beck-Rechtsinformation im dtv. 5081), München 4. Aufl. 1975. Goldstein/Freud/Solnit: Jenseits des Kindeswohls. Mit einem Beitrag v. Spiros Simitis (Suhrkamp Tb. 212), Frankfurt/M. 1974. Hinz, M.: Kinderschutz als Rechtsschutz und elterliches Sorgerecht, Paderborn 1976.

Entfremdung, ursprünglich ein anthropologisch-theologischer Begriff, erhielt in der Philosophie durch Hegel (»Phänomenologie des Geistes«) die Bedeutung einer zentralen Grundkategorie in der Philosophie und Soziologie. Im Rahmen dialektischer Darstellungen des Geschichtsprozesses entstehen danach Widersprüche zwischen Selbstsein und Anderssein sowie zwischen handelnden Subjekten und einer entäußerten Welt der Objekte. Marx konstatierte gesellschaftlich-ökonomische Ursachen der E. Seither hat der Begriff der E. eine Entfaltung und Mehrdeutigkeit in den Sozial- und Verhaltenswissenschaften erfahren. E. kann mithin auch bedeuten: Machtlosigkeit, Sinnlosigkeit, Isolierung u. a. Über Ansätze zu einer Pathologie des Sozialverhaltens (soziales Leiden) erfährt der Begriff der E. eine Ausweitung im Rahmen soziologischer Theorienbildung. [A. S.]

Lit.: Bernsdorf, W.: Wörterbuch der Soziologie, Stuttgart 1969. Dreitzel, H. P.: Die gesellschaftlichen Leiden und das Leiden an der Gesellschaft, Stuttgart 1972. Israel, I.: Der Begriff Entfremdung, Reinbek bei Hamburg 1972.

Entmündigung, Entziehung oder Einschränkung der dem Betroffenen dem Alter nach zustehenden →Geschäftsfähigkeit, und zwar entweder wegen Geisteskrankheit oder Geistesschwäche oder wegen Verschwendungs-, Trunk- oder Rauschgiftsucht (§ 6 →BGB). Die Entscheidung trifft das Amtsgericht nach den §§ 645–687 ZPO (→Zivilgerichtsbarkeit). Ein volljähriger (→Geschäftsfähigkeit) Entmündigter ist nach

Maßgabe der §§ 1896–1909 unter →Vormundschaft zu stellen. Falls es im öffentlichen Interesse oder im Interesse eines Geisteskranken oder Drogen-, Rauschgift- oder Alkoholsüchtigen erforderlich ist, kann seine →Unterbringung in einer geschlossenen Anstalt angeordnet werden. [U.W.]

Lit.: →BGB, →Unterbringung, →Zivilgerichtsbarkeit.

Entwicklungspsychologie, befaßt sich im weiteren Sinne mit der Untersuchung und dem Vergleich zwischen »primitiverem« und »differenzierterem« Verhalten und Erleben am Beispiel der Entwicklung innerhalb der Phylogenese (Vergleich: Tier-Mensch), innerhalb der Ontogenese (Vergleich: Kind-Erwachsener) und dem Unterschied zwischen dem Erleben geistig-seelisch gestörter und gesunder Erwachsener. E. im engeren Sinne hat die Aufgabe, das menschliche Verhalten und Erleben möglichst angemessen zu erfassen, es unter Aspekten von Konstanz und Veränderlichkeit während des Lebensablaufs zu beschreiben und nach Möglichkeit zu messen, sowie nach den Bedingungen für Konstanz und Veränderlichkeit zu forschen und den künftigen Verlauf der Entwicklung, soweit es geht, vorherzusagen (Thomae 1969). Während um die Jahrhundertwende Entwicklung als Entfaltung von angeborenen Anlagen, als Reifung verstanden wurde und so auf das Kindes- und Jugendalter zentriert war, werden seit der Mitte unseres Jahrhunderts verstärkt die Veränderungen im Erwachsenen- und Greisenalter bis hin zum Tod untersucht. Verschiedene Modellvorstellungen der Art und Weise des Entwicklungsverlaufs stehen sich gegenüber: 1. das quantitative Modell des Wachstums, 2. das Modell der Stufenfolge (Bühler), 3. das Spiralmodell, 4. das Modell der Differenzierung, 5. das Modell der Prägung und das Modell der aktiven Gestaltung (→Kinderpsychologie). Die Anlage-Umwelt-Problematik wird in diesen Modellen unterschiedlich gelöst. Während die Modelle 1, 2, 3 und teilweise 4 seelische Veränderungen als abhängig vom Ausreifen bestimmter Funktionen und Anlagen sehen, heben die Modelle 5 und 6 die durch Umwelteinflüsse bedingten Lernprozesse hervor. [E. S.]

Lit.: Bühler, Ch.: Der menschliche Lebenslauf als psychologisches Problem, Göttingen: 1959[2]. Höhn, E.: Geschichte der Entwicklungspsychologie, in: Thomae, H. (Hg.): Handbuch der Psychologie, Bd. 3, Göttingen: 1959, S. 21–45. P. H. Mussen (Hg.): Handbook of research methods in child development, New York: 1960. Oerter, R.: Moderne Entwicklungspsychologie, Donauwörth: 1967. Piaget, J., Inhelder, B.: Gedächtnis und Intelligenz, Olten: 1974. Schmidt, H.-D.: Allgemeine Entwicklungspsychologie, Berlin: 1970. Thomae, H.:, H. Feger: Einführung in die Psychologie, Bd. 7, Hauptströmungen der neueren Psychologie, Frankfurt/Bern, S. 96–108. 1969.

Epidemiologie. Empirisches Verfahren zur Messung verbreiteter und häufig auftretender Krankheiten sowie zur Erforschung von Gesetzmäßigkeiten der Entstehung, Verlaufrichtung und Verlaufstruktur von Krankheiten innerhalb einer Bevölkerungsgruppe. Über den Untersuchungsbereich von organischen Erkrankungen hinaus erfaßt die Epidemiologie in den letzten Jahren auch psychische Störungen, Suchtkrankheiten sowie Verhaltensstörungen, etwa im Kindes- und Jugendalter. Forschungsziele der epidemiologischen Untersuchungen lassen sich unterscheiden nach: 1. Dekriptiver E., beschreibt die Häufigkeiten von Krankheiten innerhalb einer Bevölkerungsgruppe; 2. Analytischer E., erforscht ätiologisch bedeutsame kausale, funktionale und strukturelle Zusammenhänge von Krankheitsbildern; 3. Experimenteller E., ermittelt die Wirksamkeit gezielter medizinisch stationärer oder ambulanter Interventionen; 4. Prognostischer E., erstrebt möglichst gültige Prognosen über zukünftigen Verlauf, zeitliche Reichweiten von Krankheiten im Dienst institutioneller Gesundheitsvorsorge; 5. Retrospektiver E., die den Einfluß zeitlich zurückliegender Erkrankungen (traumatische Schädigungen, Entbehrungen, psychische und physische Defizite von sozialen Gruppen, Sozialkategorien) über Generationen auf gegenwärtige Krankheitszustände untersucht. Anwendungsbereiche der E. im Funktionszusammenhang zwischen Medizin und Sozialarbeit sowie gesundheitserzieherischen, gesundheitspolitischen Maßnahmen lassen sich in verschiedenen Arbeits- und Berufsfeldern der SA/SP ausweisen. Erkenntnisziele der E. heben weiterhin ab auf: 1. Ätiologie sozialer Pathologie; 2. Schichtenspezifische Strukturen von Berufskrankheiten; 3. Syndromwandlungen, Syndromverschränkungen bei Drogenabhängigkeit; 4. Prognosen zu Alterskrankheiten; 5. Zusammenhänge zwischen sozialem Abstieg, sozialen Krisen, Arbeitslosigkeit und Krankheiten; 6. Einwirkung von Stigmatisierungen, Diskriminierung, sozialer Isolation und Segregation auf Krankheiten und Leiden. Wenig erforscht sind noch die Entstehungszusammenhänge von Sekundärsymptomen bei psychischen und psychosomatischen Leiden infolge Stigmatisierung kranker Menschen, etwa in psychiatrischen Anstalten und Kliniken. [A. S.]

Lit.: Geißler, B., Thoma, P.: Medizinsoziologie, Frankfurt/Main 1975. Keupp, H.: Psychische Störungen als abweichendes Verhalten. Pflanz, M.: Allgemeine Epidemiologie, Stuttgart 1973

Erhebungsbogen. Beratungen und Therapien von Kindern, Jugendlichen und Erwachsenen gehen einher mit Datensammlungen für statistische, diagnostische und behandlungsorientierte Zielsetzungen. Zu Einzelfallerhebungen (→Anamnese →Diagnose) sind mehrere Datenbereiche möglich, die sich jeweils den besonderen Erfordernissen in der Praxis von SA/SP entsprechend weiter aufgliedern lassen. Als wichtige Datengruppen für Anamnesen und Diagnosen (Erziehungsberatung,

Suchtkrankenhilfe, klinische Sozialarbeit) gelten 1. Angaben zur Person; 2. Angaben zum sozialen Umfeld der Person; 3. Symptomatik, Bedürfnisse; 4. Daten zu ärztlichen Untersuchungen; 5. Daten zu psychologischen Untersuchungen; 6. Sozialanamnese; 7. Gesamtanamnese; 8. Sozialdiagnose; 9. Gesamtdiagnose; 10. Prognose (kurzer, mittlerer und langzeitiger Reichweite); 11. Behandlungsvorschläge, allgemeiner Vorschlag; 12. spezielle Behandlungsvorschläge. Derartige Grunderhebungen lassen sich ergänzen durch zusätzliche Datenerhebungen, z. B. 1. Gefächerten Symptomkatalogen (etwa bei Drogenabhängigen; 2. Therapie- und Therapiefolgekatalogen; 3. Methodenschemata der SA/SP; 4. Anamnesebogen; 5. Diagnosenschemata; 6. Anleitenden Datendarstellungen für ergänzende Maßnahmen der Beratung und Therapie; 7. Befundsdaten; 8. dokumentarischen Daten (Briefe, Zeichnungen, Protokolle des Klienten, Patienten). [A. S.]

Lit.: Bundeskonferenz für Erziehungsberatung e. V. 8510 Fürth, Amalienstr. 6, Bericht über gegenwärtigen Stand und bisherige Ergebnisse des Projektes Erhebungsbogen. Schwendtke, A.: Sozialarbeit und Computer, Blätter der Wohlfahrtspflege, 2/1968.

Erwachsenenbildung (Andragogik), Bereich der staatlichen und privaten Bildungsorganisation, der über ausgewählte, zielgruppengerechte Bildungsinhalte lebensbegleitendes Lernen ermöglicht. E. ist vorrangig Selbstbildung durch Selbstbestimmung. Dementsprechend sind Lehrende in der E. auf die Analyse gruppenspezifischer Bedürfnisse, Einstellungen und Motivierungschancen angewiesen. Eine ständige Zunahme existenzbestimmender Informationskomplexe in Industriegesellschaften führt in der gegenwärtigen Struktur unseres Bildungswesens zur Forderung nach »Weiterbildung« als »Fortsetzung oder Wiederaufnahme organisierten Lernens nach Abschluß einer unterschiedlich ausgedehnten ersten Bildungsphase« (Strukturplan des Dt. Bildungsrates, 1970). Die Arbeit in der E. erfordert besondere methodisch-didaktische Voraussetzungen in einer Methodik der Bildungsarbeit wie: 1. Systematische Grundlegung der E.; 2. Gruppendynamische Techniken; 3. Strukturierung und Kombination von Lehrveranstaltungstypen. Grundlagendisziplinen für die E. sind u. a.: Anthropologie, Psychologie, Soziologie, Philosophie und Pädagogik. Die E. zählt im eigentlichen Sinne nicht mehr zur Pädagogik, sondern nimmt als Andragogik einen eigenen Platz im Bereich der →Agogik ein. Sie ist somit spezielle Disziplin im Erkenntnisbereich der Erziehungswissenschaften. Wesentliche Elemente eines Studiums der E. (Andragogik) sind: I. Systemlehre und Systemgeschichte der E.; II. Methodik der Zielgruppenanalyse (Alter, Kohorte, d. h. Geburtsjahrgang, soziale Schichtenzugehörigkeit u. a.); III. Fachdidaktik; IV. Recht der E.; V. Methodik der E.; VI. Curricula der E. zu zentralen Bildungsinhalten. Weiterhin läßt sich E. bestimmen nach Zielsetzungen und Bedürfnissen (Frese, H.): a) Ziele der Institutionen; b) Ziele der Kurse oder Aktionen; c) Ziele der Leitung oder Veranstalter; d) Ziele der Teilnehmer; e) Gesamtgesellschaftliche Zielsetzungen (Bildungsplan); f) Zielsetzungen pluralistischer, integrativer, ergänzender, linearer, komplexer Art etc. Zielsetzungen der E. sind abhängig von vorausgehenden Zielgruppenanalysen, die wiederum weitergehende Untersuchungen zu Bedürfnissen, Einstellungen und Verhaltensweisen von Individuen, sozialen Gruppen, Jahrgängen (Kohorten), Jahrgangsgruppen (Kohortengruppen) sowie ausgewählten, möglichst homogenen Sozialkategorien (erwerbstätige Frauen, Industriearbeiter, Angestellte) etc. voraussetzen. [A. S.]

Lit.: Feidel – Mertz: Erwachsenenbildung seit 1945, Köln 1975; Frese, H.: Erwachsenenbildung, eine Praxistheorie, Freiburg, Br. 1976; Pöggeler, F.: Methoden der Erwachsenenbildung, Freiburg 1964; Siebert, H.: Erwachsenenbildung, Aspekte einer Theorie, Düsseldorf 1972; Tietgens, H.: Lernen mit Erwachsenen, Braunschweig 1967.

Erziehung, neben Unterricht und Bildung ein Grundbegriff der Pädagogik bzw. der E.wissenschaft. Etymologisch und geschichtlich geht der Begriff E. auf den sozialen Begriff »Zucht« zurück. Die Zucht bzw. das Ziehen oder Hervorziehen gilt als die Fortentwicklung der biologischen Geburt des Menschen. So wird das neugeborene Kind in die Primärgruppe hineingezogen und muß weiterhin aufgezogen werden, damit es lebensfähig bleibt und lebensfähig wird. Zunächst bezieht sich der E.begriff auf die Lebenserhaltung. So wie von Zucht nicht nur der Begriff Ziehen abgeleitet wird, sondern ebenfalls auch die Züchtigung, wurde und wird zum Teil heute noch aus dem E.begriff die Legitimation für die Anwendung von Zwangsmitteln abgeleitet. Zucht oder Züchtigung und E. mit mehr oder weniger starken Zwängen hat es zu allen Zeiten der Menschheitsentwicklung und in allen Kulturen gegeben. Von Kultur zu Kultur unterschiedlich zeigen sich jedoch Ausmaß und Art der Zwänge. In der Gegenwart gibt es noch Naturvölker, bei denen Zwänge in der E. der Kinder auf ein Mindestmaß reduziert werden. Jedoch auch in hochindustrialisierten Gesellschaften wie in den USA oder in der Bundesrepublik gibt es Gruppen, deren Anhänger den Kindern einen großen Freiraum in der E. gewähren (→Antiautoritäre E.). Im Rahmen einer geisteswissenschaftlichen Pädagogik entsprach der Begriff E. der Beschreibung einer gefährdeten bzw. fördernden Entfaltung der individuellen Persönlichkeit, wobei zwischen Fremd- und Selbste. intentionaler und funktionaler E. unterschieden wurde. Dem E.begriff kam stets eine primär hermeneutische Deutung und Bestimmung zu, der in der Regel die E. wirklichkeit aus der Historie zugrunde lag. Die Beschreibung von E. als Prozeß bzw. als Einwirkung von Menschen und Objekten auf das Individuum erfolgte allgemein mit philosophisch orientierten Termini. In den vergangenen zehn Jahren zeigten sich Bemühungen, dem Begriff E. einen konkreten Inhalt zu geben. Zumeist geschieht dies, indem im Zusammenhang mit dem E.prozeß bzw. mit dem E.ergebnis oder dem E.ziel die Bedingungen und die zu entwickelnden Faktoren beschrieben werden. Zu diesen Faktoren gehört zunächst der Zögling bzw. das Individuum, das erzogen wird oder erzogen werden soll, dann der Erzieher, die E. bedingungen, die E.methoden, die E.ziele und die E.wirkungen. Im Sinne der differenzierten und logischen Strukturierung des E.begriffes wird den Begriffen E.stil, E.ziele und E.bedingungen größere Bedeutung beigemessen. Grundsätzlich läßt sich E. in folgende Kategorien einteilen: 1. Analyse und Formulierung von Zielvorstellungen; 2. Analyse und Darstellung von Lernmöglichkeiten, a) Träger bzw. E.macht, unter deren Obhut die E. des Individuums stattfindet, b) anthropogene Bedingungen wie Anlagen und jeweilige Umwelteinflüsse, c) Mittel und 3. Kontrolle bzw. Interpretation der Lernergebnisse. Ausgehend von den genannten Faktoren läßt sich E. als Möglichkeit und Notwendigkeit vielfältig interpretieren.

Auf eine Kurzformel gebracht, versteht sich E. als Einwirkung auf das Individuum mit dem Zweck der Veränderung seiner Eigenschaften, Haltungen und Einstellungen, Verhaltensweisen und Fähigkeiten. Bedingt einerseits durch die in den vergangenen Jahrhunderten und Jahrzehnten geisteswissenschaftliche Bestimmung des Begriffes E. und andererseits durch die Beteiligung vor allem der Soziologie und der Psychologie an der Bewältigung praktischer Probleme in der E. von Individuen wird der Begriff E. primär im Zusammenhang einer historisch orientierten Wertlehre verstanden und bestimmt. Aus diesem herkömmlichen Verständnis des E.begriffes und der Entwicklung der aktiven Beteiligung anderer wissenschaftlicher Disziplinen an der Lösung praktisch orientierter E.fragen wurden andere Begriffe in die wissenschaftliche Diskussion eingebracht, die eine Kritik des E.begriffes rechtfertigen. Zu diesen Begriffen zählen u. a. Sozialisation, Enkulturation, Personalisation und Interaktion. Auch die zuletzt genannten Begriffe werden wie der E.begriff unterschiedlich interpretiert und zur Analyse und Interpretation von E.wirklichkeit, E.normen und E.methoden herangezogen. Im Hinblick auf die Auseinandersetzung mit diesen zum Teil sozialwissenschaftlich orientierten Begriffen wurde das Verständnis vom E.begriff, das zunächst und grundsätzlich auf die Veränderung von Individuen im Kinder- und Jugendalter gerichtet ist, bisweilen auf das gesamte Leben des Individuums bezogen. [J. N.]

Lit.: Bokelmann, H.: Pädagogik: E., E.wissenschaft, in: Speck, J./Wehle, G. (Hg.): Handbuch pädagogischer Grundbegriffe, 2 Bde., München 1970, Bd. II, S. 178–267. Brezinka, W.: Grundbegriffe der E.wissenschaft, München 1975². Geißler, E.: E.mittel, Bad Heilbrunn 1975⁵. Götz, B.: Erfahrung und E., Freiburg 1973. Horn, K.: Dressur oder E., Frankfurt a. M. 1967. Mollenhauer, K.: Theorien zum E.prozeß, München 1972. Neill, A. S.: Theorie und Praxis der antiautoritären E., Reinbek 1969. Rousseau, J. J.: Emile oder über die E., Paderborn 1972. Vogel, M. R.: E. im Gesellschaftssystem, München 1970.

Erziehungsbeistandschaft, eine der Erziehungsmaßnahmen nach dem →JWG, geregelt in §§ 55–61, 80–85. Sie wird zur Beseitigung einer Gefährdung oder Schädigung eines Minderjährigen (Mj.) angeordnet, wenn weitergehende Maßnahmen (→Freiwillige Erziehungshilfe, →Fürsorgeerziehung) nicht erforderlich sind. Ein E.-Beistand kann in erster Linie auf Antrag des Personensorgeberechtigten (PersBer.) (→Adoption, →elterliche Gewalt, →nichteheliche Kinder, →Vormundschaft) vom →Jugendamt bestellt werden (§ 56); dann ist dieses auch für die Wiederaufhebung zuständig (§ 61). Die Bestellung kann aber auch vom →Vormundschaftsgericht (§ 57) oder vom Jugendgericht (→Jugendgerichtsbarkeit) angeordnet werden. Die Aufgaben des E.-Beistandes bestehen in der Unterstützung des PersBer. bei der Erziehung und Beratung des Mj., ins. bei der Verwendung des Arbeitsverdienstes; er hat das Recht auf Zutritt zum Mj. und auf Auskunft durch PersBer., Arbeitgeber, Lehrer usw. (§§ 58, 59). Die Rechte und Pflichten des PersBer. werden dadurch nicht eingeschränkt. Der E.-Beistand hat dem Jugendamt bzw. auch dem Vormundschaftsgericht zu berichten und wird dafür auch seinerseits vom Jugendamt unterstützt. Die E. endet mit der Volljährigkeit (→BGB) oder ausdrücklicher Aufhebung (§ 61). [U. W.]

Text und Literatur: →Jugendhilferecht, →JWG

Erziehungshilfe. 1. Nach § 5 JWG ist in der Aufzählung allgemeiner erzieherischer Aufgaben des Jugendamtes E. vorgesehen »während der Berufsvorbereitung, Berufsausbildung u. Berufstätigkeit einschl. der Unterbringung außerhalb des Elternhauses«. Die §§ 62–64 JWG regeln die »Freiwillige E.« (FEH) als Maßnahme zur Abwendung der Gefährdung oder Schädigung der leiblichen, geistigen oder seelischen Entwicklung eines Minderjährigen, so daß eine anderweitige Unterbringung (in einer Familie oder einem Heim) erforderlich wird. Die FEH ist von der Antragstellung der Personensorgeberechtigten u. von ihrer Bereitschaft abhängig, ihr nicht nur zuzustimmen, sondern sie auch zu fördern. Sie endet mit der Volljährigkeit; sie ist aufzuheben, wenn der Zweck erreicht oder anderweitig sichergestellt ist; sie muß aufgehoben werden, wenn ein Personensorgeberechtigter es beantragt.

2. Im Rahmen der allgemein angestrebten Reform des Jugendhilferechts wird E. in einem umfassenderen Sinne verwendet, nämlich als Oberbegriff für alle Erziehungsleistungen außerhalb von Schule u. Beruf: (1) Beratung und Unterstützung (Erziehungsberatung) junger Menschen u. Erziehungsberechtigter durch Fachkräfte; (2) Frühkindliche Erz. für Kinder vom 3. Lebensjahr an bis zum Beginn der Schulpflicht u. (3) für Kinder im schulpflichtigen Alter in Tageseinrichtungen, wenn dies wegen des teilweisen Ausfalls der Erziehungsleistung der Eltern oder eines alleinstehenden Elternteils erforderlich ist; (4) Erziehung in einer Pflegefamilie, wenn die eigene Familie nicht in der Lage ist, die notwendige Erziehung zu leisten, auch: Aufnahme in eine Adoptivfamilie; (5) Aufnahme in Kinder- oder Wohnheimen, wenn die Eltern für voraussichtlich längere Zeit zur Erz. nicht in der Lage sind oder wenn eine Aufnahme aus schulischen oder beruflichen Gründen geboten ist; (6) Hilfen für unvollständige Familien, insbes. für Mütter nichtehelicher Kinder, u.a. bei der Wohnraumbeschaffung, zwecks Inanspruchnahme soz. Leistungen u. Geltendmachung von Unterhaltsansprüchen; (7) E. für behinderte junge Menschen durch heilpädagogische bzw. therapeutische Hilfen, angemessene Schulbildung, Beratung für Inanspruchnahme von Leistungen, Unterstützung der Angehörigen; (8) E. bei Gefährdung oder Störung der Entwicklung: Offene u. halboffene E. durch sozialpäd. Einzel- oder Gruppenarbeit, heilpäd. Behandlung oder Einzel-, Gruppen- oder Familientherapie; ferner bei begangenen Verfehlungen Jugendlicher durch Auferlegung besonderer Pflichten, Teilnahme an Erziehungskursen, Bestellung eines Erziehungsbeistands, E. außerhalb des Elternhauses, wenn eine Entwicklungsgefährdung oder -störung sonst nicht zu beheben ist, Erz. u. Behandlung in Heimen, Wohngemeinschaften oder sozial-therapeutischen Jugendzentren; schließlich: nachgehende Betreuung durch Beratung, Vermittlung sozialer Kontakte oder Bestellung eines Erziehungsbeistands. [W. Th.]

Lit.: Diskussionsentwurf eines Jugendhilfegesetzes, Bundesmin. f. Jgd., Fam. u. Ges., Bonn-Bad-Godesberg 1973. Gernert, W.: Jugendhilfe. Kurze praxisbez. Einf., München/Basel 1973. Harrer, F.: Jugendhilfe. Ein Grundriß. Neuwied u. Berlin, 3. Aufl. 1974.

Erziehungsstil, relativ einheitliche Ausprägung erzieherischen Verhaltens, die sich in einer Konfiguration von Erziehungspraktiken darstellt. Die bisherigen empirischen Erfassungsversuche des E. sind typologisch oder dimensional (faktorenanalytisch) orientiert. Der typologische Forschungsansatz wurde von Lewin angeregt, der drei Merkmalskomplexe des Erziehungsverhaltens (autoritär, demokratisch, »laissez-faire«) abgegrenzt hat (Tausch u. Tausch 1971). Die Schwierigkeiten des Typenkonzepts (u. a. unpräzise Merkmalsbeschreibung und -quantifizierung) führte zur Erprobung dimensionaler Forschungsansätze. Dabei ging man von der Frage aus, welche Einzelmerkmale im Verhalten von Erwachsenen gegenüber Kindern unterscheidbar sind. Aus der Analyse der Kovariation dieser Einzelmerkmale (mittels Faktorenanalyse, Clusteranalyse usw.) wird dann auf Merkmalskomplexe geschlossen. Solche Komplexe stellen z. B. die folgenden bipolaren Dimensionen mütterlichen E. dar: Nachsichtigkeit vs. Verständnislosigkeit, Toleranz vs. Kontrolle, Durchsetzung vs. Nachgiebigkeit, Manipulation vs. Appell an das kindliche Mitgefühl, Einfühlungsfähigkeit vs. mangelndes Einfühlungsvermögen, Unterstützung vs. mangelnde Hilfsbereitschaft, Kontaktsuche vs. Distanzierung (Schneewind u. a. 1974). Die Erhebung von E.-Merkmalen erfolgt über Verhaltensbeobachtung, Interview oder Fragebögen. Erhebungsmethoden und die z. T. widersprüchlichen Ergebnisse stellt Lukesch (1975) dar. Die Ergebnisse lassen sich vorläufig in ein Schema einordnen, in dem Erziehungsnormen, Erziehungsvorstellungen und Erziehungspraxis unterschieden werden (Herrmann 1972). Dieser Ordnungsrahmen ist von Lukesch (1975) differenziert worden. [G. S.]

Lit.: Herrmann, T. (Hg.): Psychologie der Erziehungsstile, Göttingen 1972[3]. Lukesch, H.: Erziehungsstile: pädagogische und psychologische Konzepte, Stuttgart 1975. Schneewind, K. A., Engfer, A., Filipp, U. D., Hoffmann, A.: Entwicklung eines Fragebogens zur Erfassung perzipierter mütterlicher Erziehungseinstellungen, Nürnberg 1974. Stapf, K. H., Herrmann, T., Stapf, A., Staecker, K. H.: Psychologie des elterlichen Erziehungsstils, Stuttgart 1972. Tausch, R., Tausch, A.-M.: Erziehungspsychologie, Göttingen 1971[5]. Weber, E.: Erziehungsstile, Donauwörth 1973[4].

Erziehungswissenschaft. Die Inhalte der E. – die Erziehung, die Bildung und der Unterricht – wurden allgemein bis vor wenigen Jahren und zum Teil auch heute noch als »Pädagogik« deklariert. Als entgegnender bzw. widersprechender Pol oder als Ergänzung zum meist geisteswissenschaftlich definierten Pädagogikbegriff werden unter dem Begriff E. alle jene Fragen, Probleme, Lösungsansätze oder insgesamt als Metatheorien verstandenen Theoreme subsumiert, die die Gegenstände Erziehung, Bildung, Unterricht betreffen. In ihrem Begriff sucht die E. 1. ihren Anspruch auf wissenschaftliche Legitimation zu verdeutlichen und 2. ihr aufklärerisches Interesse nach exakt meßbarer und nachvollziehbarer Wahrheitsfindung und dem Wahrheitsnachweis einer beeinflußbaren und zu steuernden Entwicklung der Individuen zum Ausdruck zu bringen. Eine exakte Bestimmung von E. ist in der Gegenwart primär nur von der Darlegung der Theorie- und Systematisierungsversuche einzelner Wissenschaftler oder einzelner wissenschaftlicher Schulen her möglich. Als E.en werden – bedingt durch ihre gesellschaftliche und primär sozialwissenschaftliche Determinierung – auch jene Disziplinen bezeichnet, die in den berufsvorbereitenden Studien an den wissenschaftlichen Hochschulen in Lehre und Forschung eine Rolle spielen: Soziologie, Psychologie, Politologie, Philosophie. Versuche zur Systematisierung und Eingrenzung der E. finden sich in jüngster Zeit insbesondere bei F. Wellendorf, der die E. als Sozialwissenschaft einordnet und die bekannten theoretischen Konzepte in drei Bereiche einordnet: 1. E. als empirische Wissenschaft, 2. E. als Normwissenschaft, 3. E. als Geisteswissenschaft. H. Blankertz hat die bisherigen Ansätze einer erziehungswissenschaftlichen Theoriebildung in vier Gruppen eingeteilt, und zwar in 1. Prinzipienwissenschaft, 2. Erfahrungswissenschaft, 3. Geisteswissenschaft und 4. kritische Theorie. Dieser Zusammenfassungs- und Systematisierungsversuch rekrutiert aus dem Verständnis, die Ansätze der Theoriebildung vom jeweiligen Verständnis her darzustellen. Ein dritter Ansatz zur Unterscheidung und Systematisierung erziehungswissenschaftlicher Theoriebildung ist von H. Bokelmann her bekannt, der E. 1. als hermeneutisch-spekulative Theorie (nach F. Schleiermacher, W. Dilthey, H. Nohl, E. Weniger, W. Flitner), 2. als deskriptiv-phänomenologische Theorie (ein Versuch, die geisteswissenschaftliche mit der empirisch-positivistischen Theoriebildung zu verbinden; A. Fischer, P. Petersen, R. Lochner bzw. S. Strasser, M. J. Langeveld, O. F. Bollnow und 3. als empirisch-positivistische Theorie (H. Roth, S. B. Robinson, P. M. Roeder und W. Brezinka) versteht. Darüberhinaus führt Bokelmann eine Anzahl weiterer Theorieansätze an: die transzendentalkritische (A. Petzelt, M. Heitger), die fundamental-ontologische (Th. Ballauff) sowie die dialektische Position (J. Derbolav, W. Klafki). Ein weiterer Versuch zur Abgrenzung, Bestimmung und Systematisierung der E. und der von ihr vertretenen Richtungen ist von H.-J. Gamm vorgenommen worden. Gamm teilt die in der Gegenwart vertretenen erziehungswissenschaftlichen Strömungen in folgende Gruppen ein: 1. Geisteswissenschaften (H. Nohl, E. Spranger, Th. Litt, W. Flitner, E. Weniger, O. F. Bollnow), 2. normative Pädagogik, die vom Neukantianismus ausgeht (A. Petzelt, J. Derbolav, M. Heitger, Cl. Menze), 3. empirisch-analytische Theorie, die vom kritischen Rationalismus ausgeht (W. Brezinka, R. Lochner), 4. kritisch-materialistische Theorie, deren Vertreter von Hegel und Marx ausgehen und erziehungswissenschaftlich relevantes Denken und Handeln als Zielimplikat mit der Maßgabe der Hinführung des Menschen zur Emanzipation ansehen (H. J. Heydorn, G. Koneffke, H.-J. Gamm, M. Baethge, H.-G. Rolff).

Diese kurze Darstellung verschiedener Ansätze von Theorien bzw. Theoriebildungen und deren Vertreter dürfte den offenen Charakter von Erziehungswissenschaft verdeutlichen. Der Meinungsstreit zwischen den Vertretern einzelner erziehungswissenschaftlicher Positionen ist in seinen Vorzügen als ständiger Motor einer Wahrheitssuche anzusehen. Soweit E. frei betrieben werden kann, d. h. von den individuell eingeführten erkenntnisleitenden Interessen bestimmt wird, wird es nicht »die eine« Metatheorie geben, der sich alle Theorieansätze unterordnen. Zweifelsohne wird in allen erziehungswissenschaftlichen Diskussionen im Hinblick auf den generativen Fortbestand der Menschengattung die Notwendigkeit einer erzieherischen, bildenden und unterrichtenden Einwirkung auf die Individuen anerkannt. An Einzelfragen, z. B. ob die kulturelle Tradition durch die neue Generation gesichert werden soll oder ob eine allgemein bedingte Angleichung aller Individuen an bestimmte Normen Ziel einer derart reflektierten Erziehung, Bildung und eines Unterrichts auf erziehungswissenschaftlichem Hintergrund sein soll, unterscheiden sich die Ansätze, Begründungen und theoretischen Lösungen. Neben dem partikularen Interesse am Erkenntnisgegenstand aus subjektivem Bedürfnis bildet auch der durch eigene theoretische und praktische Ausbildung erfahrene Disziplinhorizont den Mittelpunkt von Forschung und Lehre.

E. kann jedoch nicht nur als Ansatz zu einer Theorie oder als Theorie verstanden werden, die in allgemeiner Form über die Notwendigkeit oder Möglichkeit eines bestimmten prägenden Einflusses auf Individuen reflektiert. Die wissenschaftliche Struktur des Begriffes E. läßt sich in einer Matrix unterbringen: Auf horizontaler Ebene werden die verschiedenen wissenschaftlichen Disziplinen aufgeführt, die zur Konstituierung des erziehungswissenschaftlichen Gegenstandes beitragen: z. B. Soziologie, Psychologie, Biologie, Geschichte, Philosophie, Theologie, Anthropologie, Ethologie, Ethnologie, Komparatistik. In vertikaler Ebene lassen sich folgende Kriterien einbringen: Vorwissenschaftliches Erziehungsverständnis und erziehungswissenschaftliche Hauptprobleme: Beschreibung der Erziehungswirklichkeit, Probleme der Erziehung, Standortfragen des Erziehungsverständnisses; praxisrelevante Probleme und erziehungswissenschaftlich relevante Probleme der Theoriebildung: Theorieverständnis und Theorietypen, Erziehungs-, Bildungs- und Unterrichtsverständnis und thematische Theorien, wissenschaftstheoretische Grundfragen praxisrelevanter Theorien; E. und Wissenschaftstheorie: Standpunkte der erziehungswissenschaftlich relevanten Methodologie und der Theoriebildung, ideologiekritische Reflektion der E.

Der Theoriekomplex E. hat in seiner Struktur zunächst die Bedeutung, durch eine Differenzierung die systematische Teilhabe an und Einführung in Normen, Probleme und Lösungen erziehungswissenschaftlicher

Reflexion zu ermöglichen. Im Kontext von Studien im Bereich der E. erscheint die Kenntnis der Differenzierung im Angehen der Inhaltsbereiche und Probleme notwendig. Dieses Angehen erfolgt in der Regel über a) die historische, b) die systematische und c) die vergleichende Dimension. In der primär erfahrungswissenschaftlich ausgerichteten E. ist es zudem die mathematische Kategorie, die Einblick in und Auseinandersetzung mit Inhalten und Problemen der E. gewährleistet. Auf die Forschung bezogen erkundet E. je nach ihrem Selbstverständnis die spezifischen Bedingungen und die Faktizität der Erziehungs-, Bildungs- und Unterrichtspraxis. [J. N.]

Lit.: Benner, D.: Hauptströmungen der E., München 1973. Blankertz, H.: Pädagogik unter wissenschaftstheoretischer Kritik, in: Oppolzer, S. (Hg.): E. 1971 zwischen Herkunft und Zukunft der Gesellschaft, Wuppertal 1971, 20–33. Bokelmann, H.: Pädagogik: Erziehung, E., in: Speck, J./Wehle, G. (Hg.): Handbuch pädagogischer Grundbegriffe, 2 Bde., München 1970, Bd. II. 178–267. Brezinka, W.: Von der Pädagogik zur E., Weinheim 1972². Dahmer, I.: Die E. als kritische Theorie und ihre Funktion in der Lehrerbildung, in: didactica, 3 (1969), 16–32 und 4 (1970), 157–165. Goldschmidt, D. u. a.: E. als Gesellschaftswissenschaft. Probleme und Ansätze, Heidelberg 1969, 9–44. Klafki, W. u. a.: Funk-Kolleg E. Eine Einführung in drei Bänden, Frankfurt 1970–71. Lochner, R.: Deutsche E., Meisenheim 1963. Oppolzer, S. (Hg.): Denkformen und Forschungsmethoden der E., 2 Bde., München 1966–69. Ulich, D. (Hg.): Theorie und Methode der E., Weinheim 1972.

Experiment, Untersuchungsplan (-anordnung) zur Prüfung analytischer Hypothesen (Kausalbeziehungen zwischen einer abhängigen und einer oder mehrerer unabhängiger Variablen). Als Verfahren der Datenerhebung wird oft die →Beobachtung eingesetzt, Methodologische Forderungen sind 1. Die Wiederholbarkeit der Anordnung und der Beobachtung; 2. Die Isolation der relevanten Variablen. Die relevanten Variablen müssen bekannt und exakt operationalisierbar sein (→Operationalisierung). 3. Die Kontrolle der Anordnung. Sie soll den Einfluß unkontrollierbarer Variablen und damit die Möglichkeit alternativer Erklärungen der Ergebnisse reduzieren (Auswahl der Kontrollgruppen: Die beiden häufigsten Techniken sind das Matching-Verfahren – die Verteilung bestimmter Merkmale wird für beide Gruppen gleichgehalten – und das Random-Verfahren – eine Auswahl der Gruppenmitglieder erfolgt nach dem Zufallsprinzip). 4. Die Manipulation der unabhängigen Variablen. Dies ist eine Frage der experimentellen Anordnung und zeitlichen Abfolge der Messung der abhängigen Variablen in der Experimental- und Kontrollgruppe. Experimente werden hauptsächlich in der Kleingruppenforschung eingesetzt. Als die beiden wesentlichsten Typen gelten das Laborexperiment und das Feldexperiment, wobei gerade beim letzteren die Erfüllung der genannten Forderungen meist nicht gewährleistet ist. [D. W.]

Lit.: Friedrichs, J.: Methoden der empirischen Sozialforschung, Reinbek 1973. Irle, M., (Hg.): Texte aus der experimentellen Sozialpsychologie, Neuwied 1969. König, R. (Hg.): Beobachtung und Experiment in der Sozialforschung, Köln 1965. Zimmermann, E.: Das Experiment in den Sozialwissenschaften, Stuttgart 1972.

Fähigkeit, Gesamtheit der psychischen Bedingungen, die zum Vollzug einer Tätigkeit notwendig sind. In die F. gehen Besonderheiten des Verlaufs psychischer Prozesse ein, die sich in der Tätigkeit herausbilden. Dazu gehören: Reaktionsgeschwindigkeit, Sensibilität, Genauigkeit und – bei kognitiven Operationen – Abstrahieren, Differenzieren, Klassifizieren und Verallgemeinern. Tätigkeiten und die ihnen zugeordneten Fähigkeiten können sehr spezifisch (Addieren) oder komplex (Handarbeit) sein. Allgemeine F. umfassen relativ gleichartige Tätigkeiten wie Intelligenzleistungen, Aufmerksamkeit, Konzentration etc. (→Intelligenz). Das F.-Konzept spielt in Eignungsuntersuchungen eine Rolle. Dabei versucht man diejenigen Faktoren zu bestimmen, die den Berufsleistungen zugrunde liegen. [G. S.]

Lit.: Cattell, R. B.: Die empirische Erforschung der Persönlichkeit, Weinheim 1973. Klausmeier, H. J., Goddwin, W.: Learning of human abilities, New York 1969[3]. Vernon, P.: The structure of human abilities, London 1961.

Fallanalyse. Neben theorie-praxisbezogenen didaktischen Modellen von 1, Projektstudium, →2, Planspielen und 3, Simulationsverfahren bietet die Fallanalyse in der Lehre von Sozialarbeit/Sozialpädagopik Möglichkeiten des Zugangs zu formalen sowie inhaltlichen Strukturen von Lehrinhalten, Lernzielen und Lehrverfahren für das Verständnis von individuellen und sozialen Konflikten, Bedürfnissen, Sachverhalten, Zielsetzungen und Problemstellungen. Im Gegensatz zur Fallanalyse dient die →Fallstudie (Monographie, Case-study – Einzelfallstudie) Erkenntniszielen im Vorfeld zur Methodik der empirischen Sozialforschung. In der klassischen, medizinischen und klinisch-psychologischen Forschung (Kinderpsychologie, Kinderpsychiatrie) wurden die Begriffe »Fallanalyse« und »Fallstudie« unter dem Oberbegriff »Kasuistik« zusammengefaßt. Für die berufliche Qualifikation in Berufsfeldern der Sozialarbeit/Sozialpädagogik vermittelt die Fallanalyse Kenntnisse zu: Analysen, Zielbestimmungen, Beratungs- und Handlungskonzepten und Aktivierungsmöglichkeiten. Objekte der Fallanalyse können sein: Einzelpersonen (Drogenberatung), soziale Gruppierungen (Familien, Nachbarschaften). F. vermittelt weiterhin erkenntnisleitende Informationen (Datengruppen) zu: a) Problem- und Situationsanalysen b) Anamnesen u. Diagnosen c) Hypothesenbildungen d) Verständnissen agogischer Prozesse und Interventionen mit Zielbeschreibungen e) Konstruktionen von Erziehungsplänen, Interventionsstrategien sowie Behandlungsprogrammen. [A. S.]

Lit.: Gorges, R.: »Die Fallanalyse als hochschuldidaktisches Modell für das Studium der Sozialpädagogik, in: Theorie und Praxis der Sozialen Arbeit, Nr. 6/1976. Theopold, G. (u. a.): Kasuistik methodischer Sozialarbeit, in: Praxis der Kinderpsychologie und Kinderpsychiatrie, 21. Jg., Nr. 5/6 1972. Scarbath, H.: Kasuistik, in: Pädagogisches Lexikon, Hg. Horney, W. (u. a.), Gütersloh 1971, Bd. II, Sp. 18.

Fallstudie. Unter dem Begriff Einzelfallstudie (Case-study, Monographie, biographische Methode) werden Untersuchungsverfahren der angewandten und empirischen Sozialwissenschaften zusammengefaßt. Ausgangspunkte der erhebungsmethodischen Überlegungen münden in der Sichtweise, daß jede »soziale Einheit« als »ein Ganzes« verstanden wird. Strukturzusammenhänge sozialer Wirklichkeit (Konflikte, Familienkonstellationen, Gruppensituationen) lassen sich in unmittelbarer Anschauung erfassen. Die Auswahl von Aspekten sowie pragmatischen Dimensionen beeinflussen maßgeblich weiterführende Erkenntnisziele. So hebt etwa die biographische Methode über die aktuelle Situationsanalyse ab auf vertiefende Erkenntnisse in zeitlichen lebensgeschichtlichen Situationsbeschreibungen (Dokumentenanalyse). Für weniger aufwendige Untersuchungen im Studium sowie in Praxisfeldern der SA/SP bietet sich die Fallstudie als ein geeignetes analytisches Verfahren an. Die Zusammenfassung mehrerer Fallstudien kann einen Beitrag zu theoretischen, empirischen und handlungsbezogenen Hypothesenbildungen liefern. [A. S.]

Lit.: Mangold, W.: Empirische Sozialforschung, Heidelberg 1972, S. 26ff. Szczepanski, J.: Die biographische Methode, in: König, R. (Hg.): Handbuch der empirischen Sozialforschung, Stuttgart 1974, S. 226–252, Bd. 4.

Familie. Sie gehört in ihrer Grundstruktur als »Kernfamilie« zu den wenigen universalen Erscheinungen menschlicher Gesellschaften. In vormodernen Gesellschaften finden wir die Kernfamilie – bestehend aus den Ehegatten und deren nicht-erwachsenen Kindern – typischerweise in einer, mehrere Generationen umfassende verwandtschaftliche Haushaltsgemeinschaft (»Großfamilie«) integriert. Im Vergleich zu diesem Familientypus erweist sich die moderne Kernfamilie, quantitativ gesehen, als funktionsarm. Qualitativ betrachtet, erfüllen die von ihr wahrgenommenen Aufgaben jedoch gesellschaftlich höchst bedeutsame Funktionen. So hängen die von den öffentlichen Erziehungs- und Bildungsinstituten erzielten Erfolge ganz wesentlich von den im Prozeß der primären Sozialisation in der Familie erbrachten Vorleistungen ab. Als »affektiver Gegenpol« zu den leistungsorientierten, hochspezialisierten und weithin personunabhängigen Erwartungen und Anforderungen des Berufslebens vermag die Familie, Mißerfolge, Unzufriedenheit und unterdrückte Aggressionen des Arbeitslebens aufzufangen und zu verarbeiten. Diese Funktion, als »affektiver Spannungsausgleich« bezeichnet, hat die Kritik an der Familie als einer systemstabilisierenden Institution herausgefordert. Desungeachtet gilt die Familie als die Lebensform, die nicht nur von der Mehrzahl der Bevölkerung bejaht wird, sondern an die auch hohe Erwartungen individueller Glücks- und Lebenserfüllung geknüpft werden. Diese Tatsache findet ihren Ausdruck in dem stetig sinkenden durchschnittlichen Heiratsalter sowie in den steigenden Scheidungsquoten und den gleichermaßen ansteigenden Wiederverheiratungsquoten Geschiedener. Versuche, alternative Formen des Zusammenlebens zu praktizieren, wurden bisher nur von einem zahlenmäßig geringen Teil der Bevölkerung unternommen. Staatlicherseits wird die Familie durch eine Vielzahl familienpolitischer Maßnahmen zu sichern gesucht. [U. L.]

Lit.: Braun, H. und Leitner, U. (Hg.): Problem Familie – Familienprobleme, Frankfurt 1976. Claessens, D. und Milhoffer, P. (Hg.): Familiensoziologie. Frankfurt 1973. Neidhardt, F.: Die Familie in Deutschland. Gesellschaftliche Stellung, Struktur und Funktion, Opladen 1975. Rosenbaum, H. (Hg.): Familie und Gesellschaftsstruktur. Materialien zu den sozioökonomischen Bedingungen von Familienformen, Frankfurt 1974.

Familienbildung, jede organisierte Erwachsenenbildung, deren Inhalte das Zusammenleben von Mann und Frau, von Eltern und Kindern betreffen. Der F. geht es um ein Fähigmachen der Ehepartner und Kinder, Bedürfnisse im Hinblick auf die allseitige Entwicklung der Persönlichkeit im Rahmen der Primärgemeinschaft Familie weiterzuentwickeln. Im Kontext einer breit gefächerten Aus- und Weiterbildung der Erwachsenen, als berufsspezifische Aus- und Weiterbildung bzw. als allgemeine Weiterbildung stellt F. ein Desiderat dar. F. findet ihre inhaltliche Bestimmung einerseits in den Anforderungen der gesellschaftlichen Kräfte, die an die Familie als Erziehungs- und Bildungsinstitution gestellt werden, andererseits ist sie in der Notwendigkeit begründet, die Individuen zur Artikulation ihrer Bedürfnisse im gesellschaftlichen Meinungsbildungsprozeß anzuleiten, damit sie in einem selbstverwirklichenden Interesse an der gesellschaftlichen Entwicklung partizipieren können. F. Pöggeler gliedert F. in fünf Stufen: 1. Information der Jugendlichen von 15 bis 18 Jahren über Geschlechtlichkeit, Ehe und Familie, 2. spezielle Ausbildung der Brautleute in der Form der bekannten Ehevorbereitung hinsichtlich rechtlicher, wirtschaftlicher, pädagogischer, medizinischer und anderer Fragen, 3. Ehebildung für junge und ältere Ehepartner zur Bewältigung von aus der Ehegemeinschaft resultierenden Konflikten und familienbedingten Neurosen, 4. Elternbildung, als eine Ausbildung der Eltern zur Erweiterung spezieller Fähigkeiten und Kenntnisse im Hinblick auf die soziale, schulische und berufliche Entwicklung ihrer Kinder und ihrer eigenen Interessen,

5. F. für ältere Menschen, die häufig für Eltern stellvertretend Erziehungshilfe leisten oder durch die Loslösung aus der Familie ihre Familienbeziehungen nicht einzuordnen vermögen.

F. kann sich weder als Mütterschulung verstehen, noch kann sie sich als Garant oder Stimulus für die Erhaltung der Institution Familie verbürgen. Bislang konnte die F. in weitem Ausmaß in der Familie noch nicht wirksam werden, so daß für die Gestaltung des Zusammenlebens in der Familie, für die Entwicklung und Befriedigung der individuellen Bedürfnisse der Familienmitglieder die Erfahrungen aus dem Elternhaus, aus der Jugendgruppe und aus dem Betrieb sowie individuell erworbene Kenntnisse aus Büchern und Beratungen die Kerninhalte der familialen Sozialisation darstellen. Soweit die Familie Gegenstand erziehungswissenschaftlicher Reflexion war und in der Praxis einen konkreten Zielort pädagogischer Eingriffe darstellte, geschah dies in der Regel nicht präventiv, sondern mit dem Ziel, eine Notsituation zu beheben. Ausgangspunkt war hier das sozialpädagogische Prinzip, subsidiär zu reagieren. Seit einigen Jahren wird jedoch auch von der Sozialpädagogik nicht mehr ausschließlich die Einzelfallhilfe verfolgt, sondern es werden Problemlösungen für gesellschaftliche Gruppen geboten. Im Rahmen solcher Bemühungen wird versucht, den Individuen in der Familie, d. h. den Eltern und Kindern durch Schulungen und gruppendynamische Methoden Informationen und Erfahrungen anzutragen. Künftige Aufgabe einer F. dürfte es sein, die Mitglieder der Familie fähig zu machen, die selbst erfahrenen Sozialisationsprozesse und Bedingungen zu analysieren, und zwar 1. zunächst am Gegenstand der Familie selber, 2. an den Anforderungen, die von den gesellschaftlichen Mächten an die Familie gestellt werden und 3. insgesamt an den Einwirkungen auf die Mitglieder der Familie. Den theoretischen Bezugsrahmen, der die F. konstitutiv bestimmt, bildet hier die Aufgabe, die Individuen mündig zu machen, ihre individuelle Persönlichkeitsentwicklung in der Familie selbstvermittelnd und selbstbestimmend zu vollziehen. Ohne die eigenverantwortliche Teilhabe der Individuen an den gesellschaftlichen Reproduktions- und Produktionsprozessen dürfte das Postulat eigenverantwortlicher Selbstbestimmung nicht zu erzielen sein. Vom Postulat einer mündigen Partizipation der Familienmitglieder an den gesellschaftlichen Prozessen müßte F. zum Ziel haben, Jugendliche und Erwachsene zu befähigen, ihre Bedürfnisse und Interessen in den Beziehungen von Menschen verschiedenen Alters und unterschiedlichen Geschlechts zur Geltung zu bringen und solidarisch durchzusetzen. Im Rahmen einer derart verstandenen F. kommt dem gruppendynamisch-kommunikativen Lernen eine besondere Bedeutung zu. [J. N.]

Lit.: Bäuerle, W.: Theorie der Elternbildung, Weinheim 1971. b:e (Hg.): Familienerziehung, Sozialschicht und Schulerfolg, Weinheim 1971. Bleuel, H. P. (Red.): Lernen Familie zu leben, Hg.: Bundesarbeitsgemeinschaft Evangelischer Familienbildungsstätten, 8504 Stein. Brim, O. G./Wheeler, S.: Erwachsenensozialisation, Stuttgart 1974. Caesar, B.: Autorität in der Familie, Reinbek 1972. Milhoffer, P.: Familie und Klasse, Frankfurt a. M. 1973. Pöggeler, F.: Elternbildung, in: Rombach, H. (Hg.): Lexikon der Pädagogik, Neue Ausgabe, 4 Bde., Freiburg 1970–71, Schleicher, K. (Hg.): Elternmitsprache und Elternbildung, Düsseldorf 1973. Strunck, G.: Elternbildung in Kirche und Gesellschaft, 1974. Wurzbacher, G./Cyprian, G./Haensch, D. u. a.: Probleme der Familie und der Familienpolitik in der BRD, Stuttgart 1973.

Familienpolitik, eine Staats- und Regierungstätigkeit, die sich auf die gesellschaftliche Kleingruppe »Familie« richtet, auf die Herstellung und Sicherung ihrer vollen Entfaltung und optimalen gesellschaftlichen Funktionsfähigkeit.[1] Ihr allgemeines Ziel ist die Stützung und Förderung der Familie durch materielle und sonstige Hilfen. F.P. geht aus von der Familie in ihrer heutigen Struktur, ihrem derzeitigen Selbstverständnis und den Funktionen, die sie in der sozialen und gesellschaftlichen Wirklichkeit wahrnimmt.

»Die« Familie gibt es nicht, kann es nicht geben; statt dessen gibt es vielgestaltige familiale Zusammenschlüsse. Das Absehen von dieser Vielgestaltigkeit führt zur Ideologisierung einer historischbestimmten, gewordenen Lebensform.

Grundsätzlich jedoch ist die Struktur der Familie in der bürgerlichen Gesellschaft charakterisiert durch ihre isolierte Stellung gegenüber Beruf und Öffentlichkeit (die Familie als isolierter Ort privater Reproduktion); das Machtgefälle unter ihren Mitgliedern (Familie als Ort gebrochener Widerspiegelung objektiver Autoritätsverhältnisse); den Warencharakter ihrer Binnenbeziehungen (Familie als Ort des Tausches von Beziehungen); relativ große personelle und zeitliche Kontinuität des Zusammenhangs (Familie als »sozialer Dauerbrenner« (R. Wolff).

Zu ihren Grundfunktionen zählen: die Sicherung der Regeneration der Gesellschaft; die Erziehung der Kinder; die Befriedigung der Grundbedürfnisse (Wohnung, Ernährung, Kleidung); die Erhaltung und Wiederherstellung der Gesundheit des Einzelnen; der Ausgleich gegenüber entfremdeten Beziehungen im Produktionssektor; die Vermittlung von gesellschaftlichen Werthaltungen, vor allem an die Kinder.

FP in der bürgerlichen Gesellschaft soll demnach vor allem die Sozialisations- und Reproduktionsfähigkeiten der wegen verminderter Konkurrenzfähigkeit bzw. Produktionsmittellosigkeit an eigenem Nachwuchs desinteressierten Familie sicherstellen. Um dies zu leisten, werden z. Zt. vor allem folgende Einzelmaßnahmen diskutiert bzw. ergriffen: a) Familienlastenausgleich, Ausbildungsbeihilfen, Wohnbeihilfen,

Mietermäßigungen, Sparprämien, beitragsfreie Krankenversicherung, zur Schaffung familiengemäßen Einkommens und familiengemäßer Einkommensverwendung; b) Förderung des Familienheimbaus, Familienzusatzdarlehen, Spielstraßen, zur Schaffung familiengemäßen Wohn- und kindgemäßen Spielraums; c) Förderung von Familienferienstätten, Verbraucherschutzmaßnamen, freiwilliger oder pflichtmäßiger sozialer Dienst als familienbezogene soziale Dienste; d) familienorientierte Arbeitszeit- und Schulzeitregelungen, Betriebsurlaubspläne zur Schaffung gemeinsamer freier Zeit für familiales Zusammenleben; e) Ehe-, ·Erziehungs-, Gesundheitsberatung; Ehevorbereitungskurse, Elternseminare als Bildungsmaßnahmen; f) verschiedene zivil- und strafrechtliche Vorschriften zur öffentlichen Wertschätzung von Ehe und Familie (Heinsohn/Knieper).

Diese politischen Rettungsversuche der Institution »Familie« sind bestimmt von pragmatischer Orientierung und partikularen Interessen diverser gesellschaftlicher Teilsysteme (Sozial-, Bevölkerungs-, Gesundheits-, Bildungs-, Arbeitsmarkt-Politik).

Um die nur relative Effizienz f. p. Maßnahmen zu verbessern, ist es notwendig,

- daß FP zum Bestandteil einer umfassenden Gesellschaftspolitik wird;
- einen systematischen theoretischen Ansatz zu entwickeln, in dem die historische Relativität der Kleingruppe »Familie« beachtet und ihr ökonomischer und gesellschaftlicher Stellenwert bestimmt wird;
- darauf aufbauend ein integriertes Maßnahmensystem zu entwickeln, das mit den Maßnahmen der Rechts-, Arbeits-, Sozial-, Wirtschafts- und Wohnungsbaupolitik abgestimmt und in seinen intendierten Einzelwirkungen stimmig ist. [D. Sch.]

Lit.: Arbeitsgruppe Kinderschutz: Gewalt gegen Kinder. Reinbek b. Hamburg 1975. Bundesministerium für Jugend, Familie und Gesundheit: Zweiter Familienbericht. Bonn-Bad Godesberg 1975. Haensch, D.: Repressive Familienpolitik: Reinbek b. Hamburg 1975. Heinsohn/Knieper: Theorie des Familienrechts, Frankfurt/M. 1974. Wingen, M.: Familienpolitik (Ziele, Wege und Wirkungen). Paderborn 1965.

Familienprobleme. Ob und in welchem Maße Familie als konfliktreich oder harmonisch erlebt wird, hängt wesentlich davon ab, welche Vorstellungen vom »richtigen« oder »guten« Familienleben subjektiv geteilt und welche Erwartungen an die »Leistungen« der Familie gerichtet werden. Da in unserer Gesellschaft typischerweise hohe affektive Erwartungen an Ehe und Familie geknüpft werden, scheint es fast zwingend, daß Familie in ihrer konkreten »Lebensbewährung« in hohem Maße problemanfällig ist. Die der Familie als ureigenste Funktion zugeschriebene Leistung des »affektiven Spannungsausgleichs« (vgl. →Familie) bezeichnet zugleich auch das Risiko der emotionalen Überforderung ihrer Mitglieder, da sie ihnen abverlangt, familiale Glückserwartungen an eben dem Ort zu erfüllen, an dem das außerhalb der Familie erfahrene »Unglück« (oder weniger zugespitzt formuliert: die Erfahrung der Unzulänglichkeit, der Mißerfolge und der Ängste insbesondere des Berufslebens) ertragen und verarbeitet werden muß. Als problematisch hat ferner die Tatsache zu gelten, daß sich bestimmte, für die Familie vitale Handlungsentscheidungen an nur teilhaft gültigen, häufig auch kontroversen Normen zu orientieren haben. So wird heute etwa das Leitbild der emanzipierten Ehefrau nicht nur weithin akzeptiert, sondern auch durchaus gefordert, andererseits ist der Ruf nach der mütterlichen »Dauerpflegeperson« keineswegs verstummt. Es werden von der Familie also Entscheidungen verlangt, die sich nicht an gültigen Selbstverständlichkeiten anlehnen können, sondern individuell begründet und verantwortet werden müssen, – Entscheidungen also, über deren subjektive Richtigkeit erst im Nachhinein geurteilt werden kann, die sich gegen Herausforderungen der jeweils verpaßten oder »abgewählten« Alternativen kaum vollständig immunisieren können. Auch die undramatischen, eher unbewußten Entscheidungen des alltäglichen Tuns oder Lassens bereiten mögliche problematische Situationen vor. So stellen Konsumansprüche, Wünsche der Freizeitgestaltung und der Teilhabe an öffentlichen und kulturellen Belangen die Familie vor das Problem, über die zum Teil noch unbekannten »Ressourcen« vorgreifend zu disponieren. Gemeint ist damit nicht nur die gegenwärtige oder künftige Verfügung über materielle Mittel, sondern ebenso über Zeit und Energien, über physische und psychische Kapazitäten. Theorie und Praxis der Sozialarbeit wird sich nicht zuletzt mit der Frage auseinanderzusetzen haben, inwieweit es gelingen kann, Fehleinschätzungen in dieser Hinsicht zu erkennen und gegebenenfalls korrigieren zu helfen. Zwischen der Konfrontation mit »Familienproblemen« und »Problemfamilien« liegt heute und in nächster Zukunft ein weites Feld präventiver Sozialarbeit über Familienbildung, Elternarbeit sowie Vorbereitung auf das Leben in der Familie (→Familie). [U. L.]

Lit.: Braun, J. und Leitner, U. (Hg.): Problem Familie – Familienprobleme, Frankfurt/New York 1976

Familienrecht. Der Begriff umfaßt das →Eherecht, das Verwandtschafts-, insbes. Kindschaftsrecht (→Adoption, →elterliche Gewalt, →nichteheliche Kinder) und das Recht der →Vormundschaft und →Pflegschaft. Die wichtigsten Rechtsgrundlagen sind das 4. Buch des →BGB von 1900 sowie das Ehegesetz von 1938/1946; nach Art. 6

Abs. 1 GG (→Grundrechte) stehen Ehe und Familie unter dem besonderen Schutz der staatlichen Ordnung. Der Begriff der Familie, dem BGB zunächst unbekannt, wird vom Gesetz heute an einigen Stellen verwendet (z.B. §§ 1360, 1360 a, 1360 b BGB), ohne definiert zu werden. Als soziales Gebilde steht die Familie in enger Anhängigkeit mit den jeweiligen sozioökonomischen Verhältnissen. Das Industriezeitalter, getragen von der Idee des individualistischen Liberalismus, hat die Großfamilie (oder Sippe) zur Kleinfamilie schrumpfen lassen, der lediglich die Eheleute und die noch nicht verheirateten Kinder angehören. In diesem Sinne versteht man heute auch in der Rechtswissenschaft den Begriff der Familie. Die Entwicklung zur Kleinfamilie hat einen erheblichen Funktionsverlust mit sich gebracht. Früher oft Produktions- und Konsumtionsgemeinschaft, ist sie heute nur noch das letztere. Vor allem hat sie die Fürsorge- und Schutzfunktion für ältere und schwächere (entfernte, aber auch nahe) Verwandte weitgehend verloren (→Heimgesetz, →Unterhaltsrecht). Auch die Herrschaftsstruktur innerhalb der Familie befindet sich in einem Wandlungsprozeß, nämlich von der patriarchalisch geleiteten zur partnerschaftlichen Familie; allerdings gibt es hier noch erheblich schichtenspezifische Unterschiede. Denn die Chancen beider Ehepartner und ihrer Kinder zur Selbstbestimmung und Verwirklichung ihrer Persönlichkeiten haben bestimmte ökonomische und soziale Voraussetzungen, die vielleicht in bürgerlichen Mittelschichtsfamilien, aber kaum in der großen Zahl der Unterschichtsfamilien vorhanden sind. Insoweit besteht die Gefahr, daß Veränderungen im rechtlichen Bereich (→Eherecht, →Elterliche Gewalt) ziemlich leerlaufen, wenn sie nicht von einer Gesellschaftspolitik begleitet werden, die von der Idee des →Sozialstaats getragen ist. Die Selbstbestimmung der Familienangehörigen im Innern hat eine Außenwirkung insofern, als der Staat das Eigenleben der Familie zu achten hat. Da er es aber auch zu schützen hat, muß er gegenüber der versagenden Familie, z.B. bei fehlender Einigung der Eltern über die Ausübung ihrer elterlichen Gewalt oder bei Gefährdung des Wohls des Kindes, eingreifen (→Vormundschaftsgericht). [U. W.]

Text: →BGB, →Recht. Ferner: Familienrecht. Mit e. Einf. Grassmann, G.: (Goldmann Gesetze. 8006) München 1976. Link, H.: Ehe- und Familienrecht (Beck-Rechtslexika im dtv. 5042) München 1976[5]. Massfeller/Böhmer: Das gesamte Familienrecht. Bd. 1: Das innerstaatliche Recht der BRD. Loseblatt-Sammlung fam.-r. Vorschr. m. kurzen Erl., Frankfurt/M. 1974[3].

Lit.: →BGB, →Jugendhilferecht. Ferner: Beitzke, G.: Familienrecht (Jur. Kurzlehrbücher), München 18. Aufl. 1976. Braun, H., Leitner, U. (Hg.): Problem Familie – Familienprobleme, Frankfurt/M. 1976. Firsching, K.: Familienrecht und andere Rechtsgebiete in der freiwilligen Gerichtsbarkeit, München 1973[3]. Gernhuber, J.: Lehrbuch des Familienrechts, München 1977[3]. Heinsohn/Knieper: Theorie des Familienrechts: Geschlechtsrollenaufhebung, Kindesvernachlässigung, Geburtenrückgang (edition suhrkamp. 747), Frankfurt 1975. Huhn, D.: Ehe, Familie und Recht (Sammlung Luchterhand. 213), Neuwied 1976; König, R.: Die Familie der Gegenwart (Beck'sche Schwarze Reihe. 116), München 1974. Mühlfeld, C.: Familiensoziologie. Eine systematische Einführung. Hamburg 1976. Münchener Kommentar, Bd. 5: Familienrecht, Red.: Kurt Rebmann, München 1977. Schleicher, H.: Jugend- und Familienrecht (Sozialpäd. Studienreihe), München 1973. Schlüter, W.: Familien- und Erbrecht, Karlsruhe 1976. Seminar: Familie und Familienrecht. Hg.: Simitis, S., Zenz, G. 2 Bde. (Suhrkamp Tb. Wissenschaft. 102/103), Frankfurt 1976.

Familiensoziologie. Erkenntnisse über den Strukturwandel der Familie führten in der zweiten Hälfte des 19. Jahrhunderts zu kulturkritischen Betrachtungen über Entstehung und Schicksal der Institution Familie. Die dabei entwickelten Theorien sind jedoch nach heutigem Wissenschaftsverständnis allenfalls im Vorfeld soziologischer Bemühungen anzusiedeln. Erst in den letzten Jahrzehnten wurde – insbesondere durch die Ergebnisse anthropologischer Forschungen angeregt – ein wissenschaftlich-methodisches Instrumentarium zur Analyse von Familienstrukturen und der wechselseitigen Abhängigkeiten zwischen Familien- und Gesellschaftstypen erstellt. Die Übernahme dieser, vornehmlich in den USA entstandenen, theoretischen und empirischen Arbeiten ging in der Bundesrepublik Anfang der 50er Jahre einer Bestandsaufnahme der »Wandlungen der deutschen Familie« (Schelsky) sowie der »Leitbilder gegenwärtigen deutschen Familienlebens« (Wurzbacher) voraus. Erst Mitte der 60er Jahre geriet die Familie erneut in den Blickpunkt soziologischer Betrachtung. Das zentrale Interesse galt dabei den in der Familie ablaufenden Sozialisationsprozessen, insbesondere deren schichtspezifisch unterschiedlichen Bedingungen und Leistungen. Ein zweiter, im Hinblick auf das Problem mütterlicher Erwerbstätigkeit nie ganz aus dem Blick geratener Aspekt der Familiensoziologie, die Auseinandersetzung mit der »Doppelrolle« der Frau in Beruf und Haushalt, wurde mit dem wieder lauter werdenden Ruf nach Emanzipationschancen der Frau verstärkt thematisiert. Ein weiterer Problemkreis familiensoziologischer Betrachtung bezieht sich auf die Erscheinungsformen familialer Autorität und Autoritätsausübung. Hier finden sich Anknüpfungspunkte an die vom Institut für Sozialforschung (Horkheimer) Anfang der 30er Jahre erarbeiteten Studien über »Autorität und Familie«. Marxistisch orientierte Familiensoziologen verwiesen in jüngerer Zeit erneut auf den Zusammenhang zwischen Autoritätsstrukturen der Familie und der durch sie begünstigten Disposition zur Anpassung an die »Zwänge des kapitalistischen Produktionsprozesses«. Als bedeutsamer Schwerpunkt der Familiensoziologie erweist sich zunehmend die Auseinandersetzung mit den durch familiale Prozesse hervorgerufenen psychosomatischen Störungen. Die auf diesem Feld gewonnenen Erkenntnisse haben zumindest ansatzweise zur Entwicklung neuer Therapieversuche in der Psychiatrie geführt. Aus der kritischen Analyse der gegenwärtigen Familienstruktur resultierten nicht zuletzt erneute Spekulationen bzgl. der Überlebens- und Entwicklungschancen der Kleinfamilie sowie theoretischer und praktischer Versuche, Alternativmodelle zur Kleinfamilie zu entwickeln. [U. L.]

Lit.: Claessens, D. und Milhoffer, P. (Hg.): Familiensoziologie. Ein Reader als Einführung, Frankfurt 1973. Goode, W. J.: Soziologie der Familie, München 1967. König, R.: Materialien zur Soziologie der Familie, Köln 1974². Lüschen, G. und Lupri, E. (Hg.): Soziologie der Familie, Sonderheft 14 der Kölner Zeitschrift für Soziologie und Sozialpsychologie, Opladen 1970. Neidhardt, F.: Die Familie in Deutschland, Gesellschaftliche Stellung, Struktur und Funktion, Opladen 1975. Rosenbaum, H. (Hg.): Familie und Gesellschaftsstruktur, Materialien zu den sozioökonomischen Bedingungen von Familienformen, Frankfurt 1974. Schwägler, G.: Soziologie der Familie, Ursprung und Entwicklung, Tübingen 1970.

Familienzyklus. Jede Familie durchlebt ihre eigene, ganz individuelle Geschichte. Grundsätzliche Gemeinsamkeiten finden sich jedoch in den Lebensläufen verschiedener Familien insofern, als sich diese während einzelner Phasen des Familienzyklus vor die Lösung bestimmter phasentypischer und somit strukturell vergleichbarer Probleme gestellt sehen. Folgende Phasen des Familienzyklus können unterschieden werden: 1. der Aufbau »ehelicher Wirklichkeit«, 2. Geburt und primäre Sozialisation der Kinder, 3. Schulbesuch der Kinder, 4. »Emanzipation« der Kinder durch Ausbildung, Studium, Beruf, 5. die Zeit nach erfolgter räumlicher Ablösung der Kinder bis zum Tod eines Ehepartners. In der Familiensoziologie findet die Betrachtung phasentypischer Probleme zunehmendes Interesse. [U. L.]

Lit.: Haller, M.: Lebenszyklus und Familientheorie. Bericht über das 13. International Family Research Seminar, Paris 24.–28. 9. 1973, in Kölner Zeitschrift für Soziologie und Sozialpsychologie, 1/1974, S. 148–166.

Feldtheorie, von Lewin (1937, 1963) für die Sozialpsychologie und Persönlichkeitsforschung entwickelter theoretischer Ansatz, der auf der Grundlage der Gestaltpsychologie eine Gegenposition zur Assoziationspsychologie (→Psychologie) darstellt. Grundannahmen der F. sind, daß das Verhalten durch die Gesamtheit der gleichzeitig wirksamen Einflußgrößen bestimmt wird und daß diese als ein dynamisches Feld aufzufassen sind, in dem der Zustand jedes Teils von jedem anderen abhängt. Das psychologische Feld (Lebensraum) umfaßt die Person und ihre psychologische Umwelt. Die Struktur und Dynamik des Feldes, wie Lagebezeichnungen und Lokomotionen in und zwischen den Bereichen des Lebensraums, werden in der F. graphisch dargestellt (Vektoren) und topologisch beschrieben. Die F. ist in jüngster Zeit auf die Problemstellung in der Sozialarbeit (Hege 1974) angewendet worden. [G. S.]

Lit.: Lewin, K.: Feldtheorie in den Sozialwissenschaften, Bern 1963. Hege, M.: Engagierter Dialog, München 1974.

Forensische Psychologie, synonym mit »gerichtlicher Psychologie«, ist ein Teilgebiet der →angewandten Psychologie, das sich mit Fragen der Glaubwürdigkeit von Zeugenaussagen, der Schuldfähigkeit und des Strafvollzugs in Zusammenarbeit mit juristischen Instanzen beschäftigt. Psychologen arbeiten mit sowohl in Strafprozessen (Zeugen- und Täterbegutachtungen) als auch bei Zivilsachen (etwa Familienrecht), in der Sozial- (etwa bei Arbeitsstörungen) und Verwaltungsgerichtsbarkeit (z. B. Führerscheintauglichkeit) sowie im Strafvollzug. Es werden in der F. P. Erkenntnisse der →Entwicklungspsychologie, der →Sozialpsychologie, der Persönlichkeitspsychologie und der →Klinischen Psychologie eingebracht und angewendet. Die Methoden der F. P. dekken sich großenteils mit denen der →Psychologischen Diagnostik. Dabei werden →Anamnesen erhoben, die sozialpsychologisch interpretierbare Lebenssituationen ermittelt und die Probanden mit validierten →Tests untersucht. Bei der Zeugenbegutachtung hat sich nicht so sehr die allgemeine Glaubwürdigkeit, als vielmehr die Glaubhaftigkeit der speziellen Aussage als bedeutsam erwiesen. Es müssen bei Jugendlichen nicht so sehr »Reifediagnosen« gestellt werden, sondern individualkriminologische und prognostische Feststellungen getroffen werden, um eine optimale Resozialisation zu erreichen. Zu den weiteren Aufgaben der F.Psychologen gehört die diagnostische Klassifizierung von Gefangenen, ihre psychologische Betreuung, die Schulung des Aufsichtspersonals, arbeitspsychologische und pädagogische Maßnahmen, Entlassungsprognosen, sowie Gruppen- und Einzelberatung. [E. S.]

Lit.: Blau, G., E. Müller-Luckmann (Hg.): Gerichtliche Psychologie, Neuwied-Berlin 1962. Glueck, S. H., Glueck, E.: Jugendliche Rechtsbrecher. Wege zur Vorbeugung, Stuttgart 1963. Göppinger, H., Witter, H. (Hg.): Handbuch der forensischen Psychiatrie, Berlin 1972. Moser, T.: Jugendkriminalität und Gesellschaftsstruktur, Frankfurt 1970. Müller-Luckmann, E.: Über die Glaubwürdigkeit kindlicher und jugendlicher Zeuginnen bei Sexualdelikten, Stuttgart 1963². Müller-Luckmann, E.: F. P. in: Arnold, W., Eysenck, H.-J., Meili, R. (Hg.): Lexikon der Psychologie, Bd. 1, Freiburg: 1971. Probst, E.: Kinder und Jugendliche als Zeugen, Basel 1950². Undeutsch, U. (Hg.): Handbuch der Psychologie, Bd. 11, F. P., Göttingen 1967.

Frage, in sozialwissenschaftlichem methodologischem Sinne Teilergebnis der →Operationalisierung von Begriffen. Je nach ihrem Abstraktionsgrad unterscheidet man zwischen 1. Programmfrage; sie beschreibt einen Inhalt in globaler Form, 2. Testfrage; im →Fragebogen verwendete Formulierung der Frage. Testfragen lassen sich untergliedern

1. nach der Art des verwendeten Meßinstruments (Skalen, Vorgabe fiktiver Situationen, offene, geschlossene Fragen), 2. nach ihrer Stellung und Funktion im Zusammenhang mit anderen Fragen (→Fragebogen; z.B. Einleitungs-, Puffer-, Filter-, Trichterfragen). 3. Nach der Art der Vorgabe von Merkmalsausprägungen (wie offen: keine Vorgabe; geschlossen: Vorgabe von Merkmalen in Form von Alternativantworten, Mehrfachantworten usw.) 4. Nach Inhalten der Fragen (so etwa Einstellung-, Verhaltens-, Faktenfragen). [D. W.]

Lit.: Erbslöh, E.: Interview, Stuttgart 1972. Friedrichs, J.: Methoden der empirischen Sozialforschung, Reinbek 1973. König, R.: Das Interview, Köln 1965. Mayntz, R., Holm, K., Hübner, P.: Einführung in die Methoden der empirischen Sozialforschung, Opladen 1971.

Fragebogen, wird als Meßinstrument im Rahmen fast aller Methoden der empirischen Sozialforschung eingesetzt (Interview, Beobachtung, Experiment, Gruppendiskussion, Soziometrie). Der F. enthält in schriftlicher Form die bei der →Operationalisierung entwickelten →Fragen. Regeln für die Fragebogenerstellung wurden aus der Befragungs- und Auswertungspraxis abgeleitet. Sie beziehen sich erstens auf die graphische Gestaltung (graphische Anordnung der Fragen, deren Antwortmöglichkeiten, evtl. Codierungsanweisungen usw.), zweitens auf die Länge des Fragebogens (zeitliche Dauer des Interviews bzw. des Ausfüllens), drittens auf die Anordnung der Fragen nach psychologischen Gesichtspunkten (Berücksichtigung der »Interessenkurve« des Befragten), viertens auf die Anordnung der Fragen nach inhaltlichen Gesichtspunkten (Vermeidung von »Ausstrahlungseffekten« von Fragen auf nachfolgende Fragenkomplexe; Anwendung bestimmter Techniken wie Filtern, wenn Fragen nur von bestimmten Personenkategorien beantwortet werden sollen; Trichtern, d.h. hinführendes Befragen von generellen Fragenstellen auf konkrete). Fragebogentypen ergeben sich nach dem Grad der Standardisierung, die dem Ausmaß der Verbindlichkeit der Frageformulierung und Antwortmöglichkeiten einerseits sowie der Einhaltung der Reihenfolge von Fragen und Fragekomplexen andererseits entspricht. Je nach Vorwissen und Schwierigkeit der Erhebbarkeit des zu untersuchenden Bereichs ist es sinnvoll, nicht standardisierte F. (sog. Interviewerleitfäden), halbstandardisierte oder standardisierte F. einzusetzen. [D. W.]

Lit.: Erbslöh, E.: Interview, Stuttgart 1972. Friedrichs, J.: Methoden der empirischen Sozialforschung, Reinbek 1973. Goode, W., Hatt, P.: Beispiel für den Aufbau eines F., in: König R.: Das Interview, Köln 1965. Noelle, E.: Umfragen in der Massengesellschaft, Reinbek 1967

Frauenhaus, stationäre Beratungs- und Versorgungseinrichtung für Frauen in Situationen besonderer Hilfsbedürftigkeit. Sozialeinrichtung für den gesundheitlichen, erzieherischen und sozialen Frauenschutz mit Angeboten kooperativer Sozialdienste, unter Einbeziehung der Kinder von Klientinnen. Die Konzeption des F. versteht sich als übergreifender Interventionszusammenhang von Sozial- und Jugendhilfe unter gleichzeitiger Berücksichtigung des aktiven Personenschutzes. →Kinderschutz. [A. S.]

Freizeit, differenziert gedeuteter Begriff für einen zeitlich abgrenzbaren Bereich individuellen und sozialen Verhaltens sowie damit verbundener Aktivitäten: in zunehmendem Maße Gegenstand von Freizeitforschung, etwa über Zeitbudgetstudien in einer Soziologie der F. Elemente einer Theorie zur F. können u. a. umfassen: 1. Beschreibungen zu Freizeitaktivitäten nach Art und Intensität unter Berücksichtigung von Variablen sozialer Schichtung, Generationsgruppierung, Kohorte (Jugend u. F.); 2. Analysen zum subjektiven Freizeiterleben; 3. Untersuchungen zu Freizeitbedürfnissen von Individuen, sozialen Gruppen oder Sozialkategorien über soziale Indikatoren. Analysen zu Freizeitbedürfnissen bilden wesentliche Voraussetzungen für die schulische und außerschulische Pädagogik, Andragogik und Gerontagogik. [A. S.]

Lit.: Opaschowski, H. (Hg.): Freizeitpädagogik, Bad Heilbrunn 1970. Scheuch, E. u. Meyersohn, R. (Hg.): Soziologie der Freizeit, Köln 1972.

Freie Wohlfahrtspflege. Die Aufgaben der Sozialhilfe (Fürsorge) werden in Deutschland einerseits durch den Staat und die Gemeinden wahrgenommen, die rechtlichen Grundlagen dafür finden sich hauptsächlich im →BSHG und →JWG, andererseits durch die 6 Spitzverbände der f. W. Dabei handelt es sich um 3 konfessionelle Verbände: Deutscher Caritasverband, Diakonisches Werk und Zentralwohlfahrtsstelle der Juden, sowie 3 nichtkonfessionelle: Arbeiterwohlfahrt, Deutsches Rotes Kreuz, Deutscher Paritätischer Wohlfahrtsverband. Sie haben sich zu einer »Arbeitsgemeinschaft« zusammengeschlossen. Als amtlich anerkannte gemeinnützige Verbände erhalten sie öffentliche Haushaltsmittel für bestimmte Wohlfahrtsaufgaben; ihr Finanzgebaren wird vom Bundesrechnungshof überprüft. Besondere Regelungen zur Abgrenzung der öffentlichen Fürsorge trifft das BSHG. Diese sind von dem – besonders von der katholischen →Soziallehre betonten – Grundsatz der Subsidiarität getragen. Er besagt, daß die größere Gemeinschaft, insb. Staat und Gemeinden, erst handeln soll, wenn die kleinere, insb. gesellschaftliche Gemeinschaft die Aufgabe nicht bewältigen kann. Demgemäß ordnet das BSHG an, daß die Träger der f. W. in ihrer Tätigkeit nicht berührt werden, daß die Träger der öffentlichen Fürsorge vielmehr mit ihnen zusammenarbeiten, sie unterstützen und in allen sozialen Fragen, die nicht die Sozialhilfe betreffen, auf jene hinweisen sollen. Maßnahmen der Träger der f. W. haben Vorrang,

und wenn ein Sozialhilfeträger eine soziale Einrichtung schaffen will, soll er davon absehen, wenn eine solche der f. W. bereits besteht, ausgebaut oder geschaffen werden kann. Diese Regelungen des BSHG waren zur Zeit der Entstehung des Gesetzes (1961) und danach äußerst umstritten; das Bundesverfassungsgericht (→Rechtsstaat) hat sie gebilligt. [U. W.]
Lit.: →BSHG

Freiwillige Erziehungshilfe, eine der Erziehungsmaßnahmen nach dem →JWG, geregelt in den §§ 62, 63, 69, 71, 72, 74–77, 80–85. Sie wird gewährt bei Gefährdung oder Schädigung eines noch nicht 17 Jahre alten Minderjährigen (Mj.) in leiblicher, geistiger oder seelischer Beziehung, wenn →Erziehungsbeistandschaft nicht ausreicht, →Fürsorgeerziehung aber nicht erforderlich ist. Voraussetzung ist aber, daß von dem (den) Personensorgeberechtigten (PersBer.) (→Adoption, →elterliche Gewalt, →nichteheliche Kinder, →Vormundschaft) die Maßnahme nicht nur geduldet, sondern ernstlich gefördert wird (§ 62). Die FEH wird auf Antrag des (der) PersBer. durch das Landesjugendamt (→Jugendamt, →Jugendhilferecht) gewährt (§ 63). Sie wird unter seiner Aufsicht in der Regel in einer geeigneten Familie oder in einem Heim durchgeführt CIP 69). Die →elterliche Gewalt wird dadurch nicht eingeschränkt. Die FEH wird unabhängig davon gewährt, ob dem Mj. und seinen Eltern die Aufbringung der Kosten zumutbar ist; allerdings müssen sie unter Umständen zu den Kosten beitragen (§§ 81, 85; →Unterhaltsrecht). Die FE endet mit der Volljährigkeit (→BGB oder ausdrücklicher Aufhebung (§ 75). [U. W.]
Text u. Lit.: →Jugendhilferecht, →JWG

Frustration, Behinderung der Befriedigung von Verhaltensmotiven. Frustrierende Bedingungen sind das Erlebnis einer Benachteiligung oder Zurücksetzung, Gewaltandrohung, einer zeitlichen Verzögerung der Befriedigung usw. F. kann zu →Aggression, zu Regression des Verhaltens oder zu einer Fixierung des frustrierten Verhaltens führen. [G. S.]

Funktion. 1. Mathematischer, logistischer Begriff. 2. Fähigkeiten eines oder mehrerer dynamischer Systeme über Verbindungen zwischen den Elementen dieses/dieser Systeme, bestimmte Reaktionen hervorzubringen. Struktur und Funktion eines jeden Systems bilden weitgehend eine Einheit (Anschauungsweise), die jedoch durch übergreifende, verschränkte Systemhierarchien aufgehoben werden können. 3. Zentrale Kategorie in der Philosophie (Erkenntnistheorie). →Struktur. →System. [A. S.]

Fürsorgeerziehung, eine der Erziehungsmaßnahmen nach dem →JWG, geregelt in den §§ 64–77, 80–85. Sie kommt nur als äußerstes Erziehungsmittel in Betracht, wenn andere Möglichkeiten, insb. →Erziehungsbeistandschaft oder →Freiwillige Erziehungshilfe, nicht ausreichen (→JWG). Die FE wird vom →Vormundschaftsgericht von Amts wegen oder auf Antrag angeordnet, wenn ein noch nicht 17 Jahre alter Minderjähriger (Mj.) zu verwahrlosen droht (vorbeugende FE) oder verwahrlost ist (heilende FE) und erziehbar ist. Antragsberechtigt sind das →Jugendamt, Landesjugendamt und jeder Personensorgeberechtigte (→Adoption, →elterliche Gewalt, →nichteheliche Kinder, →Vormundschaft). Gegen den Beschluß des Vormundschaftsgerichts steht den Antragsberechtigten und dem 14 Jahre alten Mj. das Rechtsmittel der sofortigen Beschwerde zu; sie hat aufschiebende Wirkung (§ 65). Ist Gefahr im Verzuge, so kann die vorläufige FE angeordnet werden; die sofortige Beschwerde dagegen ist ohne aufschiebende Wirkung (§ 67). Die Ausführung der FE erfolgt durch das Landesjugendamt, und zwar in der Regel in einer Familie oder einem Heim (§ 69). Anders als bei der Erziehungsbeistandschaft und Freiwilligen Erziehungshilfe wird die →elterliche Gewalt teilweise eingeschränkt, insb. im Hinblick auf die Eingehung, Änderung oder Aufhebung eines Arbeits- oder Berufsausbildungsverhältnisses; weitergehende Einschränkungen kann das Vormundschaftsgericht nach § 1666 BGB anordnen. Für die Kosten gilt das zur →Freiwilligen Erziehungshilfe Gesagte. Die FE endet mit Volljährigkeit (→Geschäftsfähigkeit) oder ausdrücklicher Aufhebung (§ 75). Die FE kann auch durch die →Jugendgerichtsbarkeit angeordnet werden. Die Aussicht, die Sozialisationsschäden von »Verwahrlosten« mit dem Erziehungsmittel der FE zu »heilen«, ist nach den bisherigen Erfahrungen recht gering. Ganz im Gegenteil führt das heute praktizierte System der Heimerziehung, das auf Disziplinierung abweichenden Verhaltens ausgerichtet ist und an dem auch der einzelne Erzieher trotz persönlichen Einsatzes nichts ändern kann, allzu oft zu einer Vertiefung der drohenden oder eingetretenen Fehlentwicklung des Jugendlichen. Infolge des Mangels an öffentlichen Mitteln wird es aber in absehbarer Zeit wohl nicht möglich sein, die therapeutischen Einrichtungen und die qualifizierte individuelle pädagogische Betreuung zu schaffen, durch die allein die Chance einer persönlichkeitsentfaltenden Erziehung besteht (→JHG). [U. W.]

Text u. Lit.: →Jugendhilferecht, →JWG. Ferner: Brosch, P.: Fürsorgeerziehung. Heimterror und Gegenwehr (Fischer Bücherei), Frankfurt/M. 1971. Gefesselte Jugend. Fürsorgeerziehung im Kapitalismus. Untersuchung eines Autorenkollektivs (edition suhrkamp. 514), Frankfurt/M. 1971. Wenzel H.: Fürsorgeheim in pädagog. Kritik, Stuttgart 1970. Wilfert O.: Erziehungsheim gestern, heute und morgen, Neuwied 1969.

Gedächtnis, Informationsspeicher des Organismus, aus dem vergangene Ereignisse abgerufen werden können, die das aktuelle Verhalten beeinflussen. Am G. lassen sich die Teilprozesse des Einprägens, Behaltens, Reproduzierens unterscheiden. Einprägen besteht in bewußter und wiederholter Aufnahme von Informationen zum Zweck des Behaltens. Das Einprägen wird durch Sinnzentrierung und Absetzung ähnlicher Inhalte gegeneinander erleichtert. Während des Behaltens unterliegt der G.-Inhalt Veränderungen, er wird umgeformt (G.-Täuschungen) oder vergessen. Die Veränderungen des G.-Inhalts hängen von Wiederholung, Interferenz (Hemmung durch Informationsüberlagerung) oder Modifikation (Verformung durch emotionale oder motivationale Einflüsse) ab (Foppa 1966). Um gute G.-Leistungen zu erreichen, ist es günstig, die Lerntätigkeit sinnvoll zu wechseln, Pausen einzulegen, vor dem Reproduzieren nicht neue Inhalte zu lernen und negative affektive Erregungen nach dem Einprägen zu vermeiden. Inhalte, die mit persönlichen Bedürfnissen zusammenhängen, werden rascher eingeprägt, länger und genauer behalten und korrekter reproduziert als motivational indifferente (Hörmann 1964). Faktorenanalytische Untersuchungen unterstreichen die Mehrdimensionalität der G.-Fähigkeit, indem sie folgende G.-Dimensionen ausweisen: G.-Spanne, assoziatives G., optisches G., G. für sinnvolles Material, Kurzzeit-G. und Langzeit-G. (Norman 1973). Zur Erklärung der Speicherleistungen des G. werden zentralnervöse G.-Spuren als elektrische Felder oder als molekulare Variantenbildungen angenommen (Pribram 1969). [G. S.]

Lit.: Adams, J. A.: Human memory, New York 1967. Foppa, K.: Lernen, Gedächtnis, Verhalten, Köln 1966². Hörmann, H.: Bedingungen für das Vergessen, Behalten und Erinnern, in: Bergius, R. (Hg.): Handbuch der Psychologie, Bd. 1/2, Göttingen 1964. Katzenberger, G.: Gedächtnis oder Gedächtnisse, München 1967. Norman, D. A.: Aufmerksamkeit und Gedächtnis, Weinheim 1973. Postman, L., Keppel, G. (Hg.): Verbal learning and memory, Harmondsworth 1969. Pribram, K. H. (Hg.): Brain and behavior. 3. Memory mechanisms, Harmondsworth 1969.

Gefühl, ein nach seiner Qualität typisiertes Erlebnis wie Ärger, Freude, Trauer, Wut. G. stellen komplexe Zustände dar, die von gesteigerter Objektwahrnehmung, physiologischen Veränderungen und Annäherungs- bzw. Meidungsverhalten begleitet sind. Neben kognitiven und motivationalen Prozessen sind sie an der Erreichung oder Nichterreichung von Handlungszielen beteiligt. Nach ihrer Intensität lassen sich G. in objektbezogene Gefühle, in Stimmungen (z. B. Depression), die sich über das gesamte Erleben ausbreiten, und in intensiv verlaufende →Affekte einteilen. Zur Frage der Einteilung der G. hat Wundt drei Dimensionen vorgeschlagen: Lust – Unlust, Erregung – Hemmung,

Spannung – Lösung. Die Mehrdimensionalität wurde in jüngsten faktorenanalytischen Untersuchungen bestätigt. So fand Traxel (1963) drei Faktoren, die er als Angenehm – Unangenehm, Unterwerfung – Überhebung und Motivationsgrad interpretiert. G. entstehen aus der Interaktion von physiologischen Faktoren und Umgebungseinflüssen. Schädigende Umgebungseinflüsse führen zu unspezifischen Veränderungen, einer kurzfristigen Notfallreaktion oder einem längerfristigen Adaptationssyndrom (Streßreaktion). Die Notfallreaktion bewirkt eine rasche Mobilisierung der Körperreserven und wird durch den sympathischen Anteil des Nervensystems vermittelt. Danach kommt es zum Adaptationssyndrom, bei dem Abwehr- bzw. Verteidigungsreaktionen aufgebaut und ausgeführt werden. [G. S.]

Lit.: Arnold, M. B.: Emotion and personality, New York 1960. Bottenberg, E. H.: Emotionspsychologie, München 1972. Davitz, J. R.: The language of emotion, New York 1969. Ewert, O.: Gefühle und Stimmungen, in: Thomae, H. (Hg.): Handbuch der Psychologie, Bd. 2, Göttingen 1965. Gellhorn, E., Loufbourrow, G. N.:Emotions and emotional disorders, New York 1963. Traxel, W.: Gefühl und Gefühlsausdruck, in: Meili, R., Rohracher, H. (Hg.): Lehrbuch der experimentellen Psychologie, Bern 1963.

Geistige Behinderung, eine unvollständige oder ungenügende Entwicklung der →Intelligenz. Sie wird gemessen mit Intelligenz-→Tests. Es wird unterschieden bei einem Intelligenz-Test (mit einem Mittelwert von 100 und einer Standardabweichung von 15) in »sehr schwere« G.B. (0–19), »schwere« G.B. (20–34), »mäßige« G.B. (35–49), »geringe« (50–70). Für die Entstehung der G.B. sind eine oder mehrere Ursachen – häufig in Wechselwirkung – verantwortlich: 1. genetische Aberrationen (z. B. bei Mongolismus), 2. Krankheit oder Verletzungen (prä-, peri- oder postnatal), 3. soziale Einflüsse (→Hospitalismus). Die Gruppe der G.B. verringert sich aufgrund folgender Einflüsse: Abnahme infektiöser Kinderkrankheiten, Impfmaßnahmen, genetische Beratung, Abnahme schlechter oder einseitiger Ernährung, frühe Diagnose und Behandlung von Stoffwechselerkrankungen (z. B. Phenylketonurie), verbesserte Schwangerenberatung und Frühgeburtenprophylaxe, schonendere Geburtenlenkung, Entwicklung spezieller Lehr- und allgemeiner Erziehungsprogramme (→Verhaltenstherapie). [E. S.]

Lit.: Barkey, P., Langfeldt, H.-P., Neumann, G.: Pädagogisch-psychologische Diagnostik am Beispiel von Lernschwierigkeiten, Bern 1976. Beiser, M.: Etiology of mental disorders: sociocultural aspects, in: B. B. Wolman (Hg.): Manual of child psychopathology, New York 1972. Clarke, A. M., Clarke, A. D. B.: Mental subnormality, in: H.-J. Eysenck (Hg.): Handbook of abnormal psychology, New York 1970. Ellis, N. R.: International view of research in mental retardation, Bd. 1, 2, 3, New York: 1966, 1966, 1968. Hurst, L. A.: Etiology of mental disorders: genetics, in: B. B. Wolman (Hg.): Manual of child psychopathology, New York 1972. Klauer, K. J.: Intelligenztraining im Kindesalter, Weinheim 1975. Schechter, M. D., Toussieng, P. W., Sternhof, R. E., Pollack, E. A.: Etiology of mental disorders: prenatal, natal, and postnatal organic factors, in: B. B. Wolman (Hg.): Manual of child psychopathology, New York 1972. Wegener, H.: Die Minderbegabten und ihre sonderpädagogische Förderung, in: H. Roth (Hg.): Begabung und Lernen, Stuttgart 1971.

Gemeindesoziologie, Zweigsoziologie, die Kombinationen sozialer Einheiten und (Sub-)Systeme, die die wichtigsten ortsbezogenen sozialen Funktionen über längere Zeit erfüllen und zu deren Bereich dessen Bewohner oft signifikante emotionale Bindungen haben, theoretisch und empirisch untersucht. Die wichtigsten ortsbezogenen sozialen Funktionen sind nach R. L. Warren folgende: 1) Produktion-Distribution-Konsum, 2) Sozialisation, 3) soziale Kontrolle, 4) soziale Partizipation, 5) gegenseitige Hilfe. Vorläufiger heutiger g. Studien gibt es mindestens seit F. Engels' »Die Lage der arbeitenden Klasse in England« (1845). – In den stark urbanisierten westlichen Industriegesellschaften, in denen eine hauptsächlich städtisch geprägte Massenkultur auch in kleineren Orten dominiert, gewannen stadtsoziologische Arbeiten auf Kosten der Analyse von Dörfern oder Stadt-Landbeziehungen immer mehr an Bedeutung. Die neuere Suburbanisierung spiegelt die steigende Bedeutung des Wohn- und Freizeitbereichs gegenüber dem Arbeitsplatz und läßt (wieder) Fragen nach den Vor- (z.B. H.P. Bahrdt, J. Jacobs, H. Lefebvre) und Nachteilen (z.B. D. Morris) des Lebens in der Großstadt aufkommen. Die Komplexitätssteigerung der Gemeinden, ihre Ausdifferenzierung verschiedener Subsysteme mit signifikant unterschiedlichen Strukturprinzipien und eigenen Beziehungen zu anderen Subsystemen innerhalb und außerhalb der Gemeinde führte zu einer Differenzierung verschiedener Forschungsschwerpunkte innerhalb der G., wobei (interkulturell vergleichende) Untersuchungen kommunaler Machtstrukturen und Untersuchungen utopischer, alternativer (→Soziologie der Alternativen) Gemeinden vor allem in der amerikanischen G. an Gewicht gewonnen. Wegen des Autonomieverlustes der Gemeinden, der Abhängigkeit der meisten ihrer Subsysteme (Unternehmenseinheiten, Berufs- und Interessenverbände, politische Verwaltungseinheiten, Kirchen) von außerhalb der Gemeinde liegenden Entscheidungszentren (Warren: »vertikale Bindungen«) und wegen der steigenden überlokalen Orientierung der Gemeindemitglieder (H. Oswald) zeichnen sich zwei Forschungsrichtungen für die weitere g. Forschung ab. Erstens die Analyse umfassenderer Siedlungseinheiten (Siedlungssoziologie), die Ähnlichkeit mit der →Sozialökologie hat. Zweitens die Analyse der Systeme, welche die Funktionen übernehmen, die früher von der Ortsgemeinde erfüllt wurden, und die sich nicht mehr territorial abgrenzen lassen. Diese Systeme vermitteln zwischen dem Individuum und der Gesamtgesellschaft, Gewerkschaften, kirchliche, politische, allgemein berufliche oder Freizeitorganisationen. [P. L.]

Lit.: Bahrdt, H. P.: Die moderne Großstadt, Soziologische Überlegungen zum Städtebau (2. erweiterte Aufl.), Reinbek 1969. Jacobs, J.: Tod und Leben großer amerikanischer Städte, Berlin-Frankfurt-Wien 1963. Kanter, R. M.: Commitment and Community, Cambridge 1972. Stein, M. R.: The Eclipse of Community, An Interpretation of American Studies (erweiterte Aufl.), Princeton 1972. Warren, R. L.: Soziologie der amerikanischen Gemeinde, Opladen 1969.

Gemeinwesenarbeit (community organization, community development), die zusammenfassende Bezeichnung verschiedener, vor allem nationaler und im Lauf der Entwicklung der letzten Jahrzehnte unterschiedlicher Arbeitsformen, die auf die Verbesserung der sozio-kulturellen Umgebung als problematisch definierter, territorial oder funktional abgegrenzter Bevölkerungsgruppen (Gemeinwesen) gerichtet ist. Diese Verbesserung soll in methodischer Weise unter fachkundiger Begleitung durch theoretisch und praktisch ausgebildete Sozialarbeiter und unter aktiver Teilnahme der (entsprechenden) Bevölkerung(sgruppe) durchgeführt werden. Es geht hierbei um eine Anpassung der Problemgruppe an die Umgebung, um eine Veränderung der (Einstellungen, Verhaltensweisen der) Umgebung und um die gemeinsame Erarbeitung von, gemäß den entsprechenden kulturellen Normen, notwendigen Fertigkeiten oder Institutionen. Der Prozeß der G. gliedert sich nach M. Ross in: 1) das Feststellen und Bewußtmachen von Bedürfnissen und Zielen, die 2) in eine Rangordnung zu bringen sind, 3) das Entwickeln der Bereitschaft, ans Werk zu gehen, 4) das Ausfindigmachen von internen und externen (finanziellen, organisatorischen, publizistischen usw.) Hilfsquellen und 5) den Übergang zur Aktion. Die praktische Gemeinwesenarbeit erfordert von dem G.arbeiter die Arbeit mit Gruppenvertretern des entsprechenden Gemeinwesens. Neben den sachlichen Zielen strebt G. an, daß diejenigen, denen geholfen wird, an Selbständigkeit und Selbstverantwortung gewinnen. »Dadurch daß im Prozeß der G. in prinzipiellen Angelegenheiten nicht mit Stimmenmehrheit beschlossen wird, ist der ›Machtstandpunkt‹« innerhalb dieser »Gruppen weniger stark im Spiel«, aber außerhalb des direkten Bereichs der G. liegende mächtige Interessengruppen aus Politik und Wirtschaft können selbstverständlich signifikante Widerstände bieten. »Der Prozeß der G. ist (im Unterschied zur sozialen Gruppenarbeit) primär auf Bedürfnisse der Gesellschaft gerichtet und nicht auf persönliche Bedürfnisse der Mitglieder der Gruppe, die er sekundär befriedigt, indem Möglichkeiten zum Kontakt, zum Zusammenarbeiten und zur gemeinschaftlichen Formung« geboten werden (J. Boer und K. Utermann). Ähnlich wie in der →Aktionsforschung kann das Bewußtmachen von latenten Bedürfnissen Voraussetzung für »wünschenswerte« Veränderungen sein. [P. L.]

Lit.: Boer, J. und Utermann, K.: Gemeinwesenarbeit, Community Organization – Opbouwwerk, Einführung in Theorie und Praxis, Stuttgart 1970.

Generation. Neuere theoretische Ansätze zu speziellen Soziologien wie: Jugendsoziologie, Soziologie der Subkulturen, Soziologie der Industriegesellschaft sowie Soziologie des Alterns versuchen den Begriff »Generation« in erweiterten und präziseren Erklärungszusammenhängen zu erfassen. Für Untersuchungen der Jugendsoziologie →Jugendarbeit, sind u. a. Lebenspläne von G. bedeutsam. Als Grundbegriff der beschreibenden Statistik gilt die »Kohorte«, d. h. die Menge von Personen, die während eines Kalenderjahres geboren wird. Kohorten wurden bislang im Rahmen empirischer Vergleichsuntersuchungen als Kohortengruppen (Jahrgangsgruppen) erfaßt und analysiert, wie die von 1870–1900 geborene männliche Bevölkerung (Generation des I. Weltkrieges) oder die zwischen 1925 bis 1935 Geborenen (Nationalsozialismus, II. Weltkrieg). In der Jugendsoziologie entstanden dazu metaphorische Bezeichnungen, wie die »skeptische« oder die »kritische G.« Für die vorläufige Erfassung von Bedürfnissen, Einstellungen, Erwartungen, etwa über Einzelfallstudien (Monographien, Lebenslaufbeschreibungen bei alten Menschen, Angehörigen verschiedener Subkulturen oder Randgruppen) sowie für die Entwicklung theoretischer und empirischer Hypothesen zu Bedingungen von Sozialisationsphasen, Prozessen sozio-kultureller Wandels (etwa des Einflusses bestimmter Medien in Altersgruppen von Jugendlichen, Erwachsenen), ist eine Einbeziehung und Überprüfung grundlegender Variablen für Zielgruppenanalysen in Berufs- und Arbeitsfeldern der SA/SP unerläßlich. Das erfordert allerdings eine Erfassung stets gleichbleibender Variablenkomplexe zu Sozialisationsprozessen in Primär- und Sekundärgruppen (Familie, Schule, Peer-group, Verbände, Parteien), ein Miteinbeziehen sozioökonomischer Rahmenbedingungen (Schicht, Klasse) sowie kultureller-geschichtlicher Veränderungen (Wandel sozialer Normen, Vermittlung ästhetischer Erlebnisse über neue Medien und damit verbundene inhaltliche Aussagen zu Werten sowie Lebens- und Existenzdeutungen). Der Begriff G. kann demnach sowohl statistisch-beschreibend als auch im Sinne soziologischer Theorienbildung benutzt werden. [A. S.]

Lit.: Bernsdorf, W.: Generation, in: ders. (Hg.), Wörterbuch der Soziologie, Stuttgart 1969. Buchhofer, B. u. a.: Alter, Generationsdynamik und soziale Differenzierung, in: Kölner Ztschr. f. Soz. u. Sozialpsych. Nr. 2, 1970, S. 300 ff. Pfeil, E.: Der Kohortenansatz in der Soziologie, in: Kölner Ztschr. f. Soz. u. Sozialpsych., 1967 S. 645 ff.

Geriatrische Hilfen. Die wachsende Zahl älterer Menschen erfordert neue Aufgabenstellungen im öffentlichen und privaten Gesundheitswesen sowie neue wissenschaftliche Erkenntnisse und Forschungsvorhaben zur besonderen Situation alternder u. alter Menschen. Mit der »Altersforschung« (Gerontologie) und der »Lehre von der Behandlung von Alterskrankheiten« (Geriatrie) in den Disziplinen Medizin und Psychiatrie wurden neue Therapien und Behandlungsprogramme entwickelt. In Abgrenzung zu anderen medizinischen Bereichen werden unterschieden: Akutkranke; das sind Kranke, die während einer zeitlich absehbaren, kürzeren stationären Unterbringung intensiv medizinisch und psychosozial behandelt werden müssen. Dabei wird angestrebt, sie zu heilen oder zumindest so zu behandeln, daß ihr körperlicher oder geistiger Zustand eine sichtbare Besserung erfährt. Zu den Langzeitkranken gehören Personen, die während einer zeitlich absehbaren, längeren stationären Unterbringung intensiv medizinisch und psychosozial behandelt werden müssen. Es wird versucht, sie zu heilen oder ihren Zustand so zu bessern, daß ihr körperliches und geistiges Wohlbefinden nicht mehr erheblich beeinträchtigt ist. Chronischkranke sind Kranke, die während einer zeitlich nicht absehbaren, langen stationären Unterbringung intensiv gepflegt und anhaltend, in der Intensität aber wechselnd, medizinisch und psychosozial behandelt werden müssen. Zielsetzungen bestehen darin, ihren Organismus zumindest so zu aktivieren und anzupassen, daß die Notwendigkeit einer stationären ärztlich-pflegerischen Behandlung entfällt und sie in häusliche Pflege oder in ein die häusliche Pflege ersetzendes Heim entlassen werden können. Vor und nach der stationären Behandlung sind psycho- und sozialtherapeutische Maßnahmen sowie Methodenanwendungen einer Sozialarbeit für alte Menschen in Überlegungen zur klinischen Behandlung mit einzubeziehen. Die Übergänge in den Symptomen und Syndromen der Akutkranken, der Langzeitkranken sowie der Chronischkranken können fließend sein. Organische und psychische sowie soziale Befunde sind gleichwertig zu erheben. Bei den im zunehmenden Alter auftretenden Krankheiten handelt es sich oft um vielschichtige Syndromkomplexe. Daher ist zur Durchführung einer wirksamen medizinischen und sozialen Therapie eine differenzierte Anamnese und Diagnose notwendig. Die Geriatrie verfolgt das Ziel, den kranken älteren Menschen soweit zu rehabilitieren, daß er zumindest in die häusliche Pflege entlassen oder in ein Altenheim überwiesen werden kann. Sie wird ergänzt durch Hilfestellungen einer Sozialarbeit mit alten Menschen. Die geriatrische Behandlung verfolgt daneben auch Ziele vorbeugenden Charakters im Sinne einer altersgerechten Gesundheitserziehung (Gerontopsychohygiene). Geriatrische Hilfen sollen die geriatrischen (medizinischen) Behandlungen begleiten und ergänzen. [A. S.]

Lit.: Radebold, H., u. a.: Psychosoziale Arbeit mit älteren Menschen, Freiburg, 1973. Schubert, R. (Hg.): Veröffentlichungen der Deutschen Gesellschaft für Gerontologie, Bd. 3, Darmstadt 1970. Tews, H. P.: Soziologie des Alterns, Heidelberg 1974[2].

Gerichtspsychiatrie (Forensische Psychiatrie), ein Gebiet der Psychiatrie, das sich allgemein und im speziellen Fall mit den juristischen Aspekten neurologisch-psychiatrischer Erkrankungen und seelischer Abartigkeiten befaßt, etwa mit der strafrechtlichen Verantwortlichkeit, der Pflegschaft, der Testierfähigkeit, der Entmündigung, Ehescheidung und Unterbringung in Psychiatrischen Anstalten. Von einem Gericht wird der Psychiater als Gutachter bei strittigen Fragen herangezogen und ist als solcher Gehilfe des Richters. Er muß seine wissenschaftliche Überzeugung vertreten und allgemein verständlich begründen. Er trifft keine juristischen Entscheidungen und darf diesen auch nicht vorgreifen. Zu seinen Hauptaufgaben gehört es zu prüfen, ob aufgrund psychischer Störungen im Strafrecht die Schuldfähigkeit, im Zivilrecht die Entscheidungsfreiheit zu einem bestimmten Zeitpunkt aufgehoben oder eingeschränkt war. Weitere Aufgaben ergeben sich für die Forensische Psychiatrie auf dem Gebiet des Sozialrechtes und der Berufs- sowie Erwerbsunfähigkeit. Der forensisch tätige Psychiater muß immer Kenntnis von den juristischen Voraussetzungen haben. Außerdem ist es wichtig, daß er seine Befunde erklärt und nur Fragen beantwortet, die sein Fachwissen einschließen, also keine Spekulationen anstellt. Zur Beurteilung dieser Faktoren zieht der forensisch tätige Psychiater die Hilfsmittel heran, die auch der nicht forensisch arbeitende Psychiater benutzt. [K. R.]

Lit.: Weitbrecht, H. J.: Psychiatrie im Grundriß, Bonn 1963.

Gerontologie. Als interdisziplinäre Wissenschaft umgreift G. alle Erscheinungsweisen des Alterns als Prozeß sowie des Alters als Situationsgefüge im Erkenntniszusammenhang mit den dazugehörigen angewandten und empirischen Wissenschaften. In Zuordnungen spezieller Disziplinen läßt sich Gerontologie klassifizieren als wissenschaftliches, auf Objekte (Krankheiten) bzw. eine Sozialkategorie und deren Situationen, Bedürfnisse etc. hin orientiertes System der Ursachenforschung und Behandlung (Intervention). So streben Gerontopsychologie, Gerontosoziologie, Gerontomedizin, Gerontopsychiatrie zusammenhängende Erkenntnisziele u. a. zu sozialen Strukturen, individuellen, kollektiven Zuständen, organischen, psychosomatischen und/oder psychopathologischen Symptomen, Syndromen im Hinblick auf ätiologische, diagnostische und therapiebezogene Zielsetzungen an. Wissenschaftslogisch umstritten sind Fragestellungen einer zusammenhängenden Analyse von psychosozialen sowie biologisch-organischen Funktionsstörungen im Alter →Epidemiologie. Von wesentlicher Bedeutung im Kontext zu den angewandten Sozialwissenschaften erweisen sich Entwicklungen in Handlungsbereichen der Altenbildung →Gerontagogik sowie der →Altenhilfen (Sozialarbeit) mit alten Menschen. Im Rahmen von →Sozialplanung erhalten außerdem Altenpläne zur Versorgung alter Menschen eine zunehmende Bedeutung im System der sozialen Sicherung. G., ursprünglich ein Teilgebiet der Biologie und Medizin, hat inzwischen eine Ausdehnung auf Verhaltens- und Sozialwissenschaften erfahren. Eine Definition von Alter erfolgt bislang weitgehend nach sozialrechtlichen Festlegungen der Altersgrenze. Für die empirischen Sozial- und Verhaltenswissenschaften sowie für eine Sozialarbeit mit alten Menschen, teilweise als soziale Geriatrie bezeichnet, sind u. a. Fragen der Einstellungen im Alter, zum Alter, der Rollenwandlungen, der räumlichen und sozialen Isolation, sowie der Stigmatisierung alter Menschen von Bedeutung. Psychischen und sozialen Konflikten soll mit einem Angebot psycho-sozialer Dienste begegnet werden. [A. S.]

Lit.: Koch: Straube-Koch-Leisner Alternsforschung, Ein Lernprogramm für die soziale Praxis. Siehe dazu auch Literaturlisten des Deutschen Zentrums für Altersfragen, DZA, 1 Berlin, Rankestr. 17 zu Spezialgebieten der G. Lehr, U.: Psychologie des Alterns, Heidelberg 1977[3]. Oesterreich, K.: Psychiatrie des Alterns, Heidelberg 1976. Radebold, H. u. a.: Psychosoziale Arbeit mit älteren Menschen, Freiburg 1973; Schubert, R. (Hg.): Veröffentlichungen der Deutschen Gesellschaft für Gerontologie, Bd. I–III., Darmstadt 1968, 1969, 1970.
→Gerontagogik →geriatrische Hilfen →Altenhilfen (Sozialarbeit für alte Menschen).

Geschäftsfähigkeit. Nach § 1 →BGB ist der Mensch mit der Vollendung der Geburt rechtsfähig, d. h. fähig, Träger von Rechten und Pflichten zu sein. Nach § 2 BGB tritt mit der Vollendung des 18. Lebensjahres die Volljährigkeit ein. Damit ist der Jugendliche auch voll geschäftsfähig, d. h. er kann vollwirksam Rechtsgeschäfte abschließen. Geschäftsunfähig ist das Kind bis zum 7. Lebensjahr und der wegen Geisteskrankheit Entmündigte (→Entmündigung); Rechtsgeschäfte dieser Personen sind nichtig §§ 104, 105. Beschränkt geschäftsfähig sind Minderjährige von der Vollendung des 7. Lebensjahres an bis zur Volljährigkeit und Personen, die wegen Geistesschwäche, Verschwendung oder Trunksucht entmündigt sind; ihre Rechtsgeschäfte bedürfen in der Regel der Zustimmung des/der gesetzlichen Vertreter(s) (→Adoption, →elterliche Gewalt, →nichteheliche Kinder, →Vormundschaft), §§ 106–115. Eine ähnliche Staffelung nach Altersgruppen besteht im Hinblick auf die zivilrechtliche Verantwortlichkeit bei der Zufügung eines Schadens (Deliktsfähigkeit, →BGB), § 828 BGB:

Unter 7 Jahren besteht keine Verantwortlichkeit; nach der Vollendung des 7. Lebensjahres bis zur Volljährigkeit ist der Minderjährige nicht verantwortlich, wenn er bei Begehung der schädigenden Handlung nicht die zur Erkenntnis der Verantwortlichkeit erforderliche Einsicht hat (zur strafrechtlichen Verantwortlichkeit →Jugendgerichtsbarkeit). [U. W.]

Geschichte der Sozialarbeit/Sozialpädagogik. Wie Not gehört auch Hilfe zu den Urphänomenen des menschlichen Daseins (Scherpner). Mitmenschliche Hilfe ist aber in ihren konkreten historischen Erscheinungsformen abhängig von historisch-ökonomischen und sozio-kulturellen Bedingungen und Entwicklungsvoraussetzungen und übernimmt in verschiedenen Epochen und Entwicklungsstadien von verschiedenen Gesellschafts- und Wirtschaftssystemen unterschiedliche gesellschaftlich-politische Funktionen. So lassen sich durch die Entwicklung menschlicher Gesellschaften hindurch Vorläufer, Vorformen und funktionale Äquivalente der modernen Sozialarbeit/Sozialpädagogik ausmachen und definieren. Moderne Sozialarbeit/Sozialpädagogik läßt sich bestimmen als gesellschaftliche Reaktion auf den durch die industrielle Revolution und die kapitalistische Produktions- und Wirtschaftsweise ausgelösten Wandel der Produktivkräfte und Produktionsverhältnisse und als die für Industriegesellschaften kapitalistischer Produktionsweise charakteristische Form mitmenschlicher Hilfe im 19./20. Jahrhundert.
Historisch von Bedeutung ist die Vergesellschaftung von Aufgaben und Funktionen, die vorher von »natürlichen« (meist kleinen) Gemeinschaften, der Familie oder Sippe, der Nachbarschaft oder kleineren »Gemeinwesen«, wahrgenommen wurden. Sie erfolgte durch Ausdifferenzierung von organisierten und institutionalisierten sozialen Dienstleistungssystemen und -apparaturen. Diese Entwicklung führte weiterhin zur Verberuflichung, die sich in der formalisierten (schulischen) Ausbildung und hauptamtlichen Tätigkeit (Erziehung und Fürsorge als Lohnarbeit) seit Ende des 19. Jahrhunderts zeigt. Ideologisch freilich hingen ihr noch lange (mit residualen Strängen vielleicht bis heute) die Traditionen christlich-karitativer Nächstenliebe und humanitärer und mitbürgerlicher »Liebestätigkeit« an. Erst die Analyse ihrer gesellschaftlich-historischen Bedingtheit und ihrer gesellschaftlich-politischen Funktionen läßt ein neues berufliches Selbstverständnis sich entwickeln in den neueren Phasen (nach dem 2. Weltkrieg) der Professionalisierung und Verwissenschaftlichung. Sozialarbeit und Sozialpädagogik lassen sich als Berufe aus verschiedenen Wurzeln und Entwicklungslinien herleiten, die erst allmählich im Laufe ihrer Geschichte

mehr und mehr konvergierten, in breiten Überschneidungszonen der Praxis ineinander übergingen und eine wachsende Gemeinsamkeit ihrer theoretischen Grundlagen entdeckten bzw. erarbeiteten. Deshalb muß die historische Entwicklung zunächst getrennt dargestellt werden: Die Jugendleiterin – Berufsbezeichnung seit 1967: Sozialpädagoge/-in – entwickelte sich um die Jahrhundertwende als typischer Aufbau-Beruf zur Kindergärtnerin, die mit der Entstehung des Kindergartens gegen Ende des 18. Jahrhunderts (Oberlin, Fliedner, Pestalozzi, Fröbel) auch bald als Beruf mit eigener Ausbildung entstand. Seit 1880 erfolgten in Berlin (Henriette Schrader-Breymann, Großnichte und Schülerin Frobels, Leiterin des Pestalozzi-Fröbel-Hauses in Berlin) zunächst halbjährige, bald danach ganzjährige Fortbildungen, die Fachkräfte für erweiterte Aufgaben besser qualifizieren sollten. Von 1911/12 an gab es die erste staatliche Prüfungsordnung für Jugendleiterinnen und die ersten staatlichen Genehmigungen für ihre Ausbildungsstätten (Berlin, Frankfurt, Kassel). Erst 1931 allerdings folgte eine Vereinbarung über die gegenseitige Anerkennung der Ausbildung durch alle deutschen Länder. Die Ausbildungsdauer betrug ursprünglich 1 Jahr, seit 1947/51 1 ½ und seit 1956 2 Jahre.
Seit 1966/67 wurde zunächst in Nordrhein-Westfalen, dann in Bremen und Hamburg und in der Folge in allen Bundesländern eine grundständige Form der Ausbildung von dreijähriger Dauer mit einem daran anschließenden einjährigen Berufspraktikum (in Anlehnung an Form und Bedingungen der Sozialarbeiter-Ausbildung seit 1959) geschaffen mit der Berufsbezeichnung »Sozialpädagoge (-in) «, die den Beruf erstmals auch Männern in größerer Zahl öffnete.
Schon 1971 folgt als nächster Reformschritt die Umwandlung der Höheren Fachschulen für Sozialpädagogik (und für Sozialarbeit) in Fachhochschulen, meist in Fachbereichen für Sozialwesen, die damit die beiden Teilbereiche erstmals in der Ausbildung in gemeinsamen Ausbildungsstätten vereinte und zugleich in den Hochschulbereich überführten. Damit war ein entscheidender Schritt zur Professionalisierung und Konvergenz getan.
Die Sozialarbeit – nach einer langen Vorgeschichte aus Almosenwesen, Armenpflege und verschiedenen Formen der Fürsorge für Behinderte und Bedürftige als gesellschaftliche Reaktion auf die gesellschaftlichen Folgen der industriellen Revolution entstanden – begann ihre Berufsentwicklung und Berufswerdung mit der Einrichtung einer formalen Ausbildung für diese Aufgaben (einjährige Kurse 1899, zweijährige seit 1908 in Berlin). So entstanden 9 Soziale Frauenschulen vor und 13 während des 1. Weltkrieges, die sich 1917 zur Konferenz der Sozialen Frauenschulen zusammenschlossen. Die Ausbildung wurde durch staat-

liche Regelungen standardisiert (1918/1920/1922) und die Berufsvertretung und Interessenwahrnehmung durch Gründung von Berufsorganisationen (1916) gestärkt. In den zwanziger Jahren erhielt der Beruf seine entscheidende, lange Zeit überdauernde Ausprägung. Diese fruchtbare Entwicklung, die auch zu regem internationalen Kontakt und Austausch geführt hatte, wurde durch die nationalsozialistische Machtübernahme 1933 abgebrochen, die Grundwerte mitmenschlicher Hilfe durch ideologische Leitbilder von »Rasse«, »Volksgesundheit«, »Erbgut« und »lebensunwerten Leben« ersetzte und die Ausbildung entsprechend deformierte.

Nach dem Krieg mußte die Sozialarbeit, wie andere Lebensbereiche, annähernd vom Punkt Null her rekonstruiert werden. Für diese Phase der Rekonstruktion und Restauration (bis in die Mitte der 60er Jahre hinein) verbanden sich verschiedene Strömungen: Aus- und Fortwirkungen der NS-Zeit, Einflußnahme der Besatzungsmächte durch Reedukation, Rezeption vor allem US-amerikanischer fachlicher und wissenschaftlicher Inhalte (durch Literatur, Gastwissenschaftler und -fachleute und Personenaustausch), neue Ideologisierung durch den »Kalten Krieg« und Wiederanknüpfen an Gegebenheiten der Weimarer Zeit (etwa durch Wiedergründung der Konferenz der Wohlfahrtsschulen 1947, Wiederherstellung der gesetzlichen Grundlagen der Jugend- und Sozialhilfe sowie ihrer früheren organisatorischen und trägerschaftlichen Strukturen). Wegen der faktischen Kontinuitätsbrüche und des fehlenden Geschichts- und Problembewußtseins erschienen die Neuansätze vielfach als Überfremdung durch ausländische Einflußnahme, als antiquiert und überholt, in Tradition erstarrt oder als nicht zu hinterfragende Rückversetzung in eine Jahrzehnte zuvor abgebrochene Entwicklung, ohne daß diese kontroversen Eindrücke und Einschätzungen auf ihre genetischen und historischen Bedingungen, ideologischen Verzerrungen hin analysiert worden wären oder werden konnten. Zu den inhaltlichen Diskussionen, vor allem um die Tendenz zur Verwissenschaftlichung, Theoretisierung, Methodisierung und Professionalisierung, denen sich Ende der 60er Jahre intensive Hinterfragung von gesellschaftlichen und politischen Funktionen der Sozialpädagogik/Sozialarbeit (»Politisierung«) anschloß, entstanden 2 formal-organisatorische Reformschritte:

I. 1959/61 neue Ausbildungs- und Prüfungsordnungen in allen Bundesländern mit einer Verlängerung der Ausbildungszeit von 2 auf 3 Jahre mit anschließendem Berufspraktikum, das mit einem Kolloquium als Abschluß zur staatlichen Anerkennung führt, sowie Einführung der Berufsbezeichnung »Sozialarbeiter«; und der Schulbezeichnung »Höhere Fachschule für Sozialarbeit«; Vereinheitlichung und Differenzierung des Berufes durch Wegfall der bisherigen 3 Hauptfächer und Einführung von Vertiefungsgebieten, d. h. Studienschwerpunkten (im 4.–6. Semester).

II. 1971 wurden die bisherigen Höheren Fachschulen (für Sozialarbeit bzw. Sozialpädagogik) zu Fachhochschulen bzw. Fachbereichen (meist »für Sozialwesen«) in Fachhochschulen umgewandelt und damit in den Hochschulbereich überführt. Damit und mit der Einrichtung von Studiengängen für Sozialpädagogik/Sozialarbeit in Universitäten und Pädagogischen Hochschulen wird die bisherige bereichsspezifische Disparität dieser Ausbildungsrichtungen (und der entsprechenden Praxisfelder) formal weitgehend abgebaut. Die Umstellung führt zu einer Konzentration auf weniger aber größere und leistungsfähigere Ausbildungsstätten mit einem weit höheren Anteil öffentlicher (staatlicher) Trägerschaft und einer starken Zunahme der Bewerber- und Studentenzahlen. Sie schafft Voraussetzungen für Weiterentwicklung auch der Praxis über die Reform der Ausbildung, die allerdings noch inhaltlich gefüllt und voll realisiert werden muß. [H. P.]

Lit.: Hollstein/Meinhold (Hg.): Sozialarbeit unter kapitalistischen Produktionsbedingungen, Frankfurt 1973. Mollenhauer, K.: Die Ursprünge der Sozialpädagogik in der industriellen Gesellschaft, Weinheim 1959. Pfaffenberger, H.: Zur Entwicklung der Sozialarbeit und ihrer Theorie und Methodik im sozio-kulturellen Wandel, in: W. Dreier (Hg.): Über Ziel und Methoden der Sozialarbeit. Schriftenreihe der Akademie für Jugendfragen Bd. 4, Münster 1970. Scherpner, H.: Theorie der Fürsorge, Göttingen 1962. Tuggener, H.: Social Work, Weinheim 1972. Vahsen, F.: Einführung in die Sozialpädagogik, Stuttgart 1975.

Gesellschaft, komplexes, strukturiertes System menschlichen Zusammenlebens, das über soziologische, anthropologische und historische Kategorien Typen von Definitionen in Fragmenten theoretischer Entwürfe erfährt. G. als Vorstellung eines in sich zusammenhängenden Sozialsystems, eines Ganzen, erscheint schon als Entwurf in der frühen griechischen Naturphilosophie. Platon entwickelt in »Politeia« das Konzept eines Staatswesens aus den Lebenszusammenhängen und Bedürfnissen der Menschen. In der Lehre der griechischen Stoa manifestiert sich im 2. Jahrhundert v. Chr. bereits die Idee eines Universalstaates im Sinne einer alle Menschen in einer einheitlichen Ordnung umfassenden ›Humanitas‹. Hobbes erklärt, daß »natürliche Gerechtigkeit« Staat und Gesellschaft begründen und der Mensch nicht von Natur, sondern durch Zucht zur Gesellschaft geeignet sei. Voltaire nennt die Vernunft als einzige Ursache für den Fortbestand der G. Hegel sieht in der allgemeinen Abhängigkeit aller voneinander Möglichkeiten der Befriedigung von Bedürfnissen Einzelner im gesellschaftlichen Gefüge. Marx kritisiert die bürgerlich-industrielle G. mit den Struktur- und Herrschaftsbedingungen kapitalistischer Produktion. Spencer analysiert eine Komplementarität von Integration und Differenzierung über Anwachsen von Vergesellschaftung. So ist »die Zunahme einer Gesellschaft an Zahl und innerer Festigkeit verbunden mit einer zunehmenden Ungleichartigkeit ihrer politischen wie ihrer industriellen Organisation. Im Gegensatz zum Begriff des Staates setzt die Sozialphilosophie der französischen Aufklärung, die klassische politische Soziologie des 19. Jahrhunderts sowie der deutsche Idealismus den Begriff der G. Als G. des dritten Standes, nach Adel und Geistlichkeit, versteht sich somit G. als bürgerliche G. Bedingt durch die Machtentfaltung im ökonomischen Bereich und die dadurch entstehende Klasse eines industriellen Proletariats, entwickelte sich aus der Kritik an der bürgerlich-kapitalistischen Klassengesellschaft die von Karl Marx und Friedrich Engels im 19. Jhdt. entwickelte Konzeption einer klassenlosen Gesellschaft. Erscheinungsformen totalitärer Herrschaft im 20. Jahrhundert führten seit 1920 in der Kritik am Totalitarismus bestehender G. zu Entwürfen negativer Utopien von G. durch literarische Darstellungen. G. Orwell, A. Huxley, A. Koestler, u. a. Zunehmende Komplexität von G. sowie Sachzwänge der Produktion und Verteilung von Gütern drängen in der Beschreibung von G. Paradigmen zu Systemen und Systemkomplexen auf. Sie ermöglichen inter-, intra- und supradisziplinäre Untersuchungen zu ökonomischen, humanbiologischen, ökologischen sowie planungs- und organisationswissenschaftlichen Fragestellungen. Im übergreifenden Erkenntniszusammenhang zu Analysen spezieller Soziologien (Familiensoziologie, Jugendsoziologie, Kultursoziologie) erweist sich die Anschauungsweise von Agrar- und Industriegesellschaft als partiell fruchtbar für die Beschreibungen von makrosozialen und Strukturwandlungen (Verstädterung, Industrialisierungskomplexe, Mobilitäten, Wandel sozialer Normen, Soziopathien, Typen des abweichenden Verhaltens). Bezeichnungen wie: spätkapitalistische, pluralistische, staatskapitalistische oder industrielle G. decken jeweils nur Teile sozialer Wirklichkeit ab. G. läßt sich weiterhin definieren als dichotome G. Nach industriesoziologischen Untersuchungen in den 50er Jahren erleben Arbeiter G. als in ein nach oben und unten geteiltes, unauflösliches Herrschaftssystem. Angestellte dagegen verstehen G. als hierarchisches Gebilde. Angesichts zunehmender Komplexität von G., bedingt durch Arbeitsteilung, Automatisierung, Anpassungszwang, erwächst der Soziologie als Wissenschaft von den Beziehungen zwischen Individuen und G. die Aufgabe permanenter Kritik in emanzipatorischer Absicht.

Sachzwänge industrieller Produktion, Distribution sowie kollektiver Konsumbedürfnisse verweisen G. gegenwärtig auch auf die Kategorien Kontinentalgesellschaft, Weltgesellschaft in einem Gegensatz zu Gesellschaften industrieller Überproduktion und Gesellschaften der Massenarmut, Nord-Südgefälle gesellschaftlichen Reichtums. G. läßt sich weiterhin analysieren nach dem Ausmaß der Bürokratisierung, bürokratische G., der ideologischen Kontrolle, totalitäre G., der Wertung von Traditionen, traditionale G. G. unter dem Aspekt des Prozessualen und somit Veränderbaren ist zugleich Objekt der Analyse und Kritik einer →Soziologie der Alternativen. [A. S.]

Lit.: Bolte, K. M.: Deutsche Gesellschaft im Wandel, 2. Bd., Opladen 1967–1969. Bülow, Fr.: Gesellschaft, in: Wörterbuch der Soziologie, Bernsdorf, W. (Hg.), Stuttgart 1969. Geiger, Th.: Gesellschaft, in: Handworterbuch der Soziologie, Vierkandt, A. (Hg.) 1931. Habermas, J.: Theorie und Praxis, Neuwied 1963. Hartfiel, G.: Wörterbuch der Soziologie, Stuttgart 1972. Marx, K.: Die Frühschriften, herausgegeben von S. Landshut, Stuttgart 1964, siehe dort: Die deutsche Ideologie. Weber, M.: Wirtschaft und Gesellschaft, Tübingen 1921/1922.

Gesellschaftspolitik, aus der Staats- und Gesellschaftslehre des 19. Jahrhunderts entwickelter Begriff, der einzelne sowie kombinierte Maßnahmen zur Verminderung bestehender sozialer Ungleichheiten durch sozialrechtliche und ökonomische Sicherungen bestimmter Bevölkerungsgruppen begriffsanalytisch erfaßt und systematisiert. G. ist weiterhin das System von →Maßnahmen und Konzeptionen zur Strukurierung von Institutionen, Organisationen sowie Wirkungsbereichen staatlicher Interventionen. Die G. steht in einem engen Funktionszusammenhang mit der →Sozialpolitik. [A. S.]

Lit.: Friedl, G. A.: Gesellschaftspolitik in Deutschland, München-Wien 1967.

Gesprächsführung, gilt im Bereich der SA/SP als eine zentrale methodische Form und Technik. Sie basiert auf einem umfangreichen Konzept spezieller Psychologien (Psycholinguistik, Psychologie der Wahrnehmung, Psychologie der Einstellungen und Motivationen sowie des Verhaltens). Im Rahmen sozialpsychologischer sowie soziologischer Fragestellungen werden u. a. untersucht: Soziale Rollen, Interaktionen, Bedürfnisse, Kommunikationsstrukturen. G. kann dialogisch oder gruppenbezogen erfolgen, d. h. unter Einbeziehen aller Gesprächsteilnehmer. G. ist in jeder Phase eingebettet in ein Umfeld individueller sowie sozialer Emotionsstrukturen. G. in der Methodik der SA/SP strebt u. a. an: a) Herstellung einer Bereitschaft zur G.; b) Vermittlungen zu Einsichten in die Situation des Klienten, Klären, Definieren, Erläutern; c) Hinführung zu Problemfindungen; d) Herbeiführung eines Zustandes der Befreiung von Konflikten und Leidensempfindungen im Vorfeld von Psycho- und Sozialtherapien sowie zu deren Vorbereitung, Begleitung und Ergänzung. G. läßt sich unterscheiden nach a) Form und Struktur der G., b) Technik der G., c) Inhalte der G., d)

Funktionen der G., e) Objekte der G., f) Bereiche der G. (SA/SP, schulische, außerschulische Bildung, Erziehung und Beratung, Therapien, g) Zielsetzungen der G., orientiert nach Phasen, Formen, Strukturen, Inhalten, Reaktionserwartungen und Reaktionsweisen der Gesprächspartner. Eine Weiterentwicklung von G. als methodische Form und Technik in SA/SP setzt vertiefende Strukturanalysen zu Dimensionsbereichen sozialer Interaktion, sozialer sowie individueller Normen, Einstellungen und Bedürfnisse voraus. Analysen zur sozialen Kommunikation (verbal, averbal) heben auf Dimensionsanalysen von Sprache im Prozeß der G. (Psycho-Soziolinguistik) ab. Soziale Kommunikation über Medien (schriftlicher Dialog, Telephonberatung) erfolgt nach eigenen methodischen und technischen Gesichtspunkten. [A. S.]

Lit.: Bratt, N.: Gespräch und Behandlung in der sozialen Arbeit, Weinheim-Basel 1971. Lattke, H.: Das helfende Gespräch, 2. Aufl., Freiburg, Br. 1973. Lotzmann, G.: Das Gespräch in Erziehung und Behandlung, Heidelberg 1973.

Gesprächspsychotherapie, ein von C. R. Rogers (1942) initiiertes und in Deutschland von R. und A.-M. Tausch eingeführtes verbales Verfahren zur Psychotherapie neurotischer Störungen von Kindern und Erwachsenen. Axline entwickelte auf der Grundlage der G. (auch nichtdirektive oder klientenzentrierte Psychotherapie genannt) eine nicht-direktive Spieltherapie für Kinder. Rogers geht von der Voraussetzung aus, daß eine ausreichend motivierte Person das eigene Problem bewältigen kann, wenn sie sich genügend von Selbsttäuschung und Furcht vor der Erkennung des Problems befreien kann. Der Klient (Kl.) wird deswegen im Gespräch ermuntert, über das zu sprechen, was ihn bedrückt und das Problem nach seinem Gutdünken anzugehen. Rogers betrachtet die Therapie als »Wachstumsprozeß«, in dem der Kl. durch die Mobilisierung innewohnender Kräfte zu reiferen emotionalen Einstellungen, zu einer Korrektur der Selbst- und Fremdwahrnehmung und seines Verhaltens gelangt. Der Therapeut (Th.) versucht durch sein verbales und nonverbales Verhalten, indem er in einer Atmosphäre der Wärme (= positive Wertschätzung = Akzeptierung des Kl. unabhängig von Person und Verhalten) und Echtheit (= Übereinstimmung der Th.-Äußerung mit sich selbst, kein Spielen einer beruflichen Rolle, einer nicht empfundenen Sympathie) die vom Kl. geäußerten Gefühle reflektiert, den Kl. bei der Auseinandersetzung mit seinen aktuellen Gefühlen in Form der Selbstexploration (Kl.-Variable) zu unterstützen. Von Truax und Carkhuff (Tausch 1973[5]) wurden Rating-Skalen entwickelt, auf denen geschulte, neutrale Beobachter anhand von Ton- und Videoaufnahmen der Psychotherapiestunde die Th.- und Kl.-Variablen zu Forschungs-, Ausbildungs- und Supervisionszwecken einschätzen. Neben der Untersuchung der Prozeßmerkmale anhand von Schätzskalen dienen zur Kontrolle der Effekte der G. zu Forschungszwecken fortlaufende physiologische Messungen (Herzschlagfrequenz, galvanische Hautreaktion usw.) sowie Vergleiche zwischen prä- und post-Werten in Persönlichkeitstests (TAT, FPI) und Selbstbeurteilungsbögen wie Q-Sort, Personal Orientation Inventory (Shostrom) usw. Problematisch ist die Anwendung der G. bei persönlichen Problemen, deren Verursachung in der aktuellen Umwelt hauptsächlich zu suchen ist (etwa bei hospitalisierten oder strafgefangenen Kl., teilweise auch bei Kindern). [E. S.]

Lit.: Axline, V. M.: Kinder-Spieltherapie im nicht-direktiven Verfahren, München 1971. Gesellschaft für wissenschaftliche Gesprächspsychotherapie (Hg.): Die klientenzentrierte Gesprächspsychotherapie, München 1975. Minsel, W.-R., Langer, I.: Forschung in client-centered Gesprächspsychotherapie, in: Schraml, W. J., Baumann, U. (Hg.): Klinische Psychologie II, Bern 1974. Rogers, C. R.: Die nicht-direktive Beratung, München 1972. Rogers, C. R.: Entwicklung der Persönlichkeit, Stuttgart 1973. Rogers, C. R.: Die klientbezogene Gesprächstherapie, München 1973. Rogers, C. R.: Encountergruppen, München 1974. Rogers, C. R.: Partnerschule, München 1975. Tausch, R.: Gesprächspsychotherapie, Göttingen 1973[5]; Weber, W.: Wege zum helfenden Gespräch, München 1975.

Gestaltpsychologie, psychologische Richtung, die sich von der Assoziationspsychologie und dem Behaviorismus absetzt und Ganzheiten und ihre Ordnung (Gestalten) als Grundgegebenheiten in Erleben und Verhalten untersucht. [G. S.]

Gesundheitserziehung, Maßnahmen öffentlicher und freier Träger in allen Bildungs- und Erziehungsbereichen zur Aufklärung über Ernährungsfragen, massenhaft auftretende Krankheiten, Medikamentenmißbrauch, Rauschmittel und Rauschgiftabhängigkeit oder Folgen der Umweltverschmutzung, auch im Rahmen einer Psycho- und Sozialhygiene. Wesentliches Ziel der G. ist die →Prävention (Vorbeugung). [A. S.]

Lit.: Klein, K.: Praktische Gesundheitserziehung, Heidelberg 1976. Schwendtke, A. u. Krapp, F.: Drogen – Gesellschaft – Pädagogik, Frankfurt/M. 1972.

Gewissen, Bezeichnung für ein moralisches Wertesystem, dem sich ein Individuum verpflichtet fühlt. G. bezieht sich nach Aronfreed (1968) auf die »kognitiven und emotionalen Prozesse, von denen eine internalisierte moralische Steuerung des individuellen Verhaltens ausgeht.« Aronfeed schlägt vor, den Begriff G. einzuschränken auf jene Bereiche des Verhaltens, in denen eine wesentliche Veränderung der emotionalen Zustände auch zu einer Veränderung der Handlungen oder ihrer kognitiven Entsprechungen führt. In unserer westlichen Kultur zählen dazu etwa die Bereiche des aggressiven und sexuellen Verhaltens, der

Aufrichtigkeit, Reinheit, Wahrheitsliebe und Achtung vor Autorität. Dic psychoanalytische Theorie der Persönlichkeitsentwicklung, die G. als »Über-Ich« bezeichnet, betont in ihrer Erklärung des Mechanismus der Internalisierung elterlicher Werte die Bedeutung der Eltern-Kind-Beziehung. Eysenck dagegen führt mangelnde Hemmungen verbotenen Verhaltens darauf zurück, daß entweder eine Konditionierung (→Lernen) nicht wirksam werden konnte oder auf eine spezifische Unfähigkeit, antizipierte Furchtreaktionen auszubilden, gerichtet wird. [E. S.]

Lit.: Aronfreed, J.: Conduct and conscience, New York 1968. Bandura, A., Walters, R. H.: Social learning and personality development, New York 1963. Berkowitz, L.: The development of motives and values in the child, New York 1964. Kay, W.: Die moralische Entwicklung des Kindes, Düsseldorf 1975. Piaget, J.: Das moralische Urteil beim Kinde, Frankfurt 1973.

Grundgesetz (GG). Die Verkündung des Bonner Grundgesetzes am 23. 5. 1949 stellt die Geburtsstunde der Bundesrepublik Deutschland dar. Das GG ist eine vollwertige Verfassung, d. h. es ist eine Grundordnung des Staates, nach der die obersten Organe eingerichtet werden und die Staatsgewalt, insb. durch die Organe der Gesetzgebung (→Demokratie), der vollziehenden Gewalt (→Verwaltungsrecht) und der Rechtsprechung (→Rechtsstaat), ausgeübt wird (organisatorischer Teil) und aufgrund deren sich das Verhältnis des Staates zu den Staatsangehörigen bestimmt (→Grundrechte). Daß trotzdem die Bezeichnung »Grundgesetz« und nicht Verfassung gewählt wurde, hat seinen Grund in der damals bestehenden Vorstellung, das GG sei nur eine vorläufige Ordnung; demgemäß sieht Art. 146 vor, daß das GG seine Gültigkeit verliere, wenn das (gesamte) deutsche Volk in freier Entscheidung eine Verfassung beschlossen habe. Das GG ist wie folgt aufgebaut: Abschn. I behandelt die →Grundrechte, II das Verhältnis zwischen Bund und Ländern, III–IV die Bundesorgane: Bundestag, Bundesrat, Bundespräsident und Bundesregierung; die folgenden Abschn. befassen sich mit der Bundesgesetzgebung, der Ausführung der Bundesgesetze, der Bundesverwaltung sowie den Gemeinschaftsaufgaben, IX und X mit Rechtsprechung und Finanzverwaltung; X a enthält Sondervorschriften über den Verteidigungsfall, XI Übergangs- und Schlußbestimmungen. Die Leitprinzipien, nach denen sich die politische Einheit bilden soll und die staatlichen Aufgaben wahrzunehmen sind, und die als verfassungsrechtliche Wertentscheidung in allen Rechtsbereichen Beachtung finden müssen (→BBiG, →BGB, →Jugendrecht, →Schulrecht), nennt das GG in den Art. 1, 20, 28 und 79 Abs. 3. Ausgangspunkt ist dabei Art. 1, der das oberste Prinzip festlegt: die Unantastbarkeit der Würde des Menschen und die Verpflichtung aller staatlichen Gewalt, sie zu achten und zu schützen. Darin liegt nicht nur eine Schranke staatlicher Gewalt, sondern eine Aufforderung, die Grundlagen einer menschenwürdigen Gemeinschaft und somit die Voraussetzungen für die freie Selbstbestimmung eines jeden Einzelnen (→Grundrechte) zu schaffen. Auf dieser Basis ordnet das GG die BRD als Republik (als Gegensatz zur Monarchie), Bundesstaat, →Demokratie, →Rechtsstaat und →Sozialstaat (Art. 20, 28). Die in Art. 1 und 20 niedergelegten Grundsätze werden in Art. 79 Abs. 3 für unabänderlich erklärt. [U. W.]

Text u. Lit.: Giese/Schunck: Kommentar zum GG, Frankfurt 1976[9]. Hesse, K.: Grundzüge des Verfassungsrechts der BRD, Karlsruhe 1975[8]. Hesselberger, D.: Das Grundgesetz. Kommentar f. d. polit. Bildung, Neuwied 1975[2]. Maunz, Th.: Deutsches Staatsrecht (Jur. Kurzlehrbücher), München 1975[20]. Maunz/Dürig/Herzog: Grundgesetz. 3bdg. Loseblatt-Kommentar m. lfd. Erg., München. Model, O./Müller: GG für die BRD. Taschenkommentar für Studium und Praxis, Köln 8. Aufl. 1976. Müller, Klaus: Einführung in das GG, Köln 1975. Münch, Ingo v.: Grundgesetz-Kommentar. 3 Bde, München 1975–1976. Staff I.: Verfassungsrecht (Rechts- u. wirtsch. wiss. Grundkurse), Baden-Baden 1976. Stein, E.: Staatsrecht, Tübingen 1975[4].

Grundrechte. G. sind als positiv niedergelegte Menschenrechte nach überwiegendem Verständnis unveräußerliche und unverletzliche Rechte des Individuums. Das →GG bekennt sich in Art. 1 Abs. 2 zu diesen Menschenrechten als der Grundlage jeder menschlichen Gemeinschaft, des Friedens und der Gerechtigkeit und ordnet in Abs. 3 an, daß die im GG verankerten G. Gesetzgebung, vollziehende Gewalt und Rechtsprechung (→GG) als unmittelbar geltendes Recht binden. Der im GG mit der Überschrift »Grundrechte« bezeichnete I. Abschnitt (Art. 1–19) enthält nicht alle G.; vielmehr finden sich auch im sog. organisatorischen Teil des GG derartige Rechte, wie z. B. die justiziellen Grundrechte der Art. 101–104 oder das Widerstandsrecht des Art. 20 Abs. 4. Funktion und Bedeutung der G. sind durchaus unterschiedlich; dabei kann jedes einzelne G. unter verschiedenen Aspekten relevant sein. So unterscheidet man zum einen subjektive öffentliche Rechte (→Recht) des Individuums und institutionelle Garantien, die Elemente der objektiven Ordnung des Gemeinwesens darstellen, wie z. B. Ehe und Familie (Art. 6 Abs. 1, →Eherecht, →elterliche Gewalt, →Familienrecht, Eigentums- und →Erbrecht (Art. 14), Pressefreiheit (Art. 5 Abs. 1). Die individuellen Rechte zum anderen können den Gesichtspunkt der Freiheit und der Abwehr gegenüber staatlichen Eingriffen betonen, wie z. B. das Recht auf freie Entfaltung der Persönlichkeit und die persönliche Freiheit des Art. 2, die Meinungsfreiheit des Art. 5 Abs. 1 oder die Vereinigungsfreiheit des Art. 9 (→Arbeitsrecht). Sie können aber auch unter dem Gesichtspunkt der gleichberechtigten (Art. 3) Mitwirkung am politischen Leben des Gemeinwesens (→Demokratie) von Bedeutung sein, z. B. Wahlrecht nach Art. 38 oder das Recht auf Teilhabe am öffentlichen Meinungsbildungsprozeß nach Art. 5 Abs. 1. Mit der Verbürgung dieser Rechte steht das GG ganz und gar in der Tradition des liberalen Verfassungsstaates. Soweit das Bürgertum als die herrschende Klasse im Kampf gegen den Feudalismus seine Rechte durchsetzen wollte, ging es ihm allein um seine Eigentums- und Freiheitsrechte und – in Deutschland allerdings in geringerem Maß als z. B. in Frankreich – das Recht auf politische Mitwirkung (→BGB, →Rechtsstaat). Soziale Teilhaberechte, wie das Recht auf Arbeit, berufliche Ausbildung oder →soziale Sicherung, brauchte es als sozial gesicherte Klasse nicht zu erkämpfen. Das GG kennt trotz seiner relativ späten Entstehung im Unterschied zu einigen Länderverfassungen (Bayern, Hessen) derartige soziale G. nicht. Den Verfassern des GG war allerdings klar, daß die Grundbedingungen einer menschenwürdigen Existenz gesichert werden müßten. Sie haben dafür die Lösung über die Formel vom sozialen →Rechtsstaat gewählt (→Sozialstaat). Das Problem dieser Lösung liegt darin, daß damit nicht individuelle unmittelbare Ansprüche begründet werden und somit die verfassungsmäßige Bestandskraft der sozialen Rechte in Frage gestellt werden kann; zumindest könnten diese bis zur Grenze des Existenzminimums gemindert werden, es sei denn, man erkennt dem Sozialstaatsprinzip eine derart umfassende Bedeutung zu, daß diese Gefahr nicht besteht; die Auffassungen in Rechtsprechung und Lehre gehen darüber weit auseinander (→Soziale Sicherheit). [U. W.]

Text u. Lit.: →GG. Ferner: Badura, P.: Das Prinzip der sozialen Grundrechte und seine Verwirklichung im Recht der BRD, in: Der Staat 1975, S. 17 ff. Ridder, H.: Die soziale Ordnung des Grundgesetzes. Leitfaden zu den Grundrechten einer demokratischen Verfassung, Opladen 1975. Brünneck, Rupp-v. W.: Die Grundrechte im juristischen Alltag, Frankfurt/M. 1970. Schmidt-Bleibtreu, B.: Der Schutz des Bürgers gegen den Staat (Beck-Rechtsinformation im dtv. 5092), München 1971. Tomandl, Th.: Der Einbau sozialer Grundrechte in das positive Recht (Recht und Staat. 337/338), Tübingen 1967.

Gruppe, soziale. Der Begriff wird in der Umgangssprache sowie in soziologischen Theorien synonym verwandt mit Masse, Bevölkerungsteil, Menge von Personen u. a. sowie Sozialkategorien. Cooley traf die erste Unterscheidung zwischen Primärgruppe und Sekundärgruppe. Als Primärgruppen gelten relativ stabile soziale Gebilde mit engen sozialen Beziehungen, wie u. a. Familie, Nachbarschaft, Partnerschaft. Als Sekundärgruppen werden Gruppierungen mit rational orientierten Zielsetzungen, wie Schulklassen, Arbeitsgruppen, Vereine, Organisationen etc. bezeichnet. Leopold von Wiese unternahm den Versuch, Komplexe sozialer Beziehungen, wie sie sich etwa im Begriff von Gesellschaft manifestieren, aufzulösen in Beziehungseinheiten. L. Moreno analysierte s. G. über sein Meßverfahren der →Soziometrie als Netzwerk von Antipathie- und Sympathiebeziehungen. Nach Th. Geiger unterscheidet sich das Paargebilde (Dyade) grundsätzlich von anderen Gruppengebilden. Eine Soziologie der G. hebt theoretisch ab auf eine allgemeine Theorie der Gruppe mit idealtypischen Beschreibungen (L. v. Wiese, Th. Geiger) sowie auf spezielle Theorien von G. unter Beachtung eigener Strukturgesetzlichkeiten. Untersuchungsobjekte solch spezieller Theorien von G. sind u. a. Familie, Arbeitsgruppe, Randgruppe etc.

G. werden erfaßt über eine Typisierung nach folgenden Gesichtspunkten: 1. Zahlenmäßiger Umfang (Groß-, Kleingruppe); 2. Formen der Binnenstruktur, wie natürlich gewachsene G. sowie durch Außenentscheidung entstandene Zwangs- oder Wahlgruppen; 3. Eigengruppe, Fremdgruppe, positiv bewertete Eigengruppe (Bezugsgruppe, positiv oder negativ bewertete Fremdgruppe.

Im Gegensatz zur Soziologie, die G. als strukturiertes soziales System mit verschiedenen Dimensionsbereichen betrachtet, stellt für die Psychologie die G. den theoretischen und empirischen Bezugsrahmen für das Erleben und Verhalten der Persönlichkeit in G. dar. Art und Maß interpersonaler Beziehungen ermöglichen auch eine Einteilung von G. in: 1. G. als natürliche Lebenseinheiten (Groß- und Kleingruppen wie Gemeinde, Stamm, Familie); 2. Zweckgebilde mit ausgewählten Zielsetzungen, (Vereine, Interessenverbände, Arbeits- und Forschungsgruppen); 3. Wertorientierte G. Sie richten Einstellungen sowie Verhaltensweisen auf gleiche intentionale Objekte aus, wie Ideologien, religiöse Überzeugungen, ethische und moralische Wertvorstellungen, subkulturelle Normsetzungen. Weitere Unterscheidungen sind möglich nach: I. Biologische G.; II. Psychisch verbundene G., Sympathie-, Interessen- sowie Sinngemeinschaften; III. Nomologische G. Funktionsgruppen entstehen aufgrund von Vorschriften, Gesetzen und anerkannten Regeln. Angestellte einer Behörde etwa gehören dazu, wie auch Betriebsräte oder Lehrer im Kollegium. G. als Sozialkategorien sind soziale Gebilde, die durch Meinungsumfragen sowie statistisch-demographische Klassifikationen gebildet werden (Autobesitzer, aktive Fußballsportler). Bedeutsam für Zielanalysen von Bildungs- und Beratungstätigkeit in der Sozialarbeit/Sozialpädagogik sind Sozialkategorien der Alters- und Generationsgruppen sowie der G. in subkulturellen Gebilden. K. Lewin übertrug psychologische Feldtheorien auf Untersuchungen zur →Gruppendynamik von kleineren Gruppen. Erkenntnisse über Strukturen und Prozesse lassen sich gewinnen über Art und Ausmaß des Zusammenhalts (Kohäsion) sowie des Auseinanderstrebens

Differenzierung in G. Gruppenprozesse verlaufen über Phasen mit speziellen Zielen, Normen, differenzierten Rollen, Rang- und Machtverteilungen sowie über Netze gruppeninterner sowie gruppenübergreifender Kommunikationen. Persönlichkeitsstrukturen einzelner Mitglieder prägen ebenfalls Inhalte und Formen gruppeninterner Interaktionen, Kommunikationen und Einstellungen. Führungsstil sowie Führungsverhalten des Gruppenleiters entscheiden wesentlich über Art und Ausprägung von Konflikten, Einstellungswandel und Meinungsbildung in G. Versuche einer Generalisierung gruppenspezifischer Dimensionen scheiterten bislang an der Komplexität von G., mithin an einer Vielzahl bekannter sowie vermuteter Variablen. G. C. Homans versuchte, über die Dimensionen Aktivität, Interaktion, Norm und Gefühl Hypothesen zu Gesetzmäßigkeiten in G. zu entwickeln. Als mögliche Ebenen der Analyse von G. gelten u. a. 1. Persönlichkeitsbereiche (Dimensionen der Persönlichkeit); 2. Interaktion und Kommunikation (Grundformen sozialer Kommunikation); 3. Kohäsion (Zusammenhang) und Differenzierung (Teilungstendenz); 4. gruppeninterne sowie gruppenübergreifende soziale Normen; 5. Rollen der Mitglieder; 6. Rolle und Rollenstruktur des Gruppenleiters; 7. Typen individueller und sozialer Konflikte; 8. Motivationsstrukturen zu Lern-, Leistungs- und Interaktionsmotivation; 9. Wert- und Handlungszielvorstellungen der Mitglieder und des Gruppenleiters. Gruppengeschehen in Kleingruppen läßt sich analysieren mit den Methoden und Techniken der empirischen Sozialforschung, wie: Soziometrie, Gruppendiskussionsverfahren, Beobachtung, Inhaltsanalyse, Gruppenexperiment sowie primär- und sekundärstatistische Verfahren.

Zu agogischen sowie pädagogischen Arbeitsfeldern bieten Analysen zu G. Möglichkeiten u. a. für: a) Kommunikationstraining; b) Aggressionsreduzierende und apathieauflösende Kommunikation; c) Aufnahme, Interpretation und Weitervermittlung von Informationen; d) Förderung individueller und kollektiver Kreativität; e) Steigerung von Leistungen; f) Problemfindungen und Problemlösungen; h) Bewältigung intrapersonaler, interpersoneller und kollektiver Konflikte. Empirische Analysen von G. fördern darüber hinaus Theorie- und Therapieentwicklungen in Arbeitsfeldern der Psycho- und Sozialtherapien. [A. S.]

Lit.: Hofstätter, P., Wandt, D.: Quantitative Methoden der Psychologie, Bd. I, Frankfurt/M. 1974. Homans, G. C.: Elementarformen sozialen Verhaltens, Köln, Opladen 1968. Homans, G. C.: Theorie der sozialen Gruppe, Köln, Opladen 1972. Lewin, K.: Die Lösung sozialer Konflikte, Bad Nauheim 1968. Mills, Th. M.: Soziologie der Gruppe, München 1974. Olmstedt, M. S.: Die Kleingruppe, Freiburg i. Br. 1971. Rice, A. K.: Führung und Gruppe, Stuttgart 1971. Weiner, B.: Theorien der Motivation, Stuttgart 1976. Wiese, L. v.: System der allgemeinen Soziologie, Berlin 1966.

Gruppenagogik. Eine Lehre von →Agologie und ihre Anwendung in der →Agogik (Soziagogik) setzt den Begriff G. als Oberbegriff für: 1. Gruppenarbeit; 2. Gruppenpädagogik; 3. Gruppentraining im Übergang zwischen Lernen in Gruppen und Gruppentherapien; 4. Soziale Gruppenarbeit (Social Group Work) als klassische Methode der SA/SP; 5. Spezielle Gruppenagogik für altersgruppenspezifische Sozialkategorien (Erwachsene, alte Menschen); 6. Gruppentherapie, soweit sie sich auf agogische Interventionen sowie entwickelte Methoden der sozialen Gruppenarbeit beschränkt. →Agologie →Agogik (Agogie) →Agogische Intervention. [A. S.]

Gruppenarbeit, soziale, ist Sozialarbeit in und mit Gruppen und wie Sozialarbeit/Sozialpädagogik allgemein ein helfender und problemlösender Prozeß. (Ähnliche Anwendungen der Gruppenmethode finden sich in anderen Bereichen, wie etwa Gruppenunterricht, Gruppentherapie usw.). Ihre Herkunft läßt sich auf nicht-professionelle Gruppenarbeit in sozialen Bewegungen zurückführen. Erst relativ spät wurde sie als Methode der Sozialarbeit definiert und als Teilbereich in die Sozialarbeit/Sozialpädagogik integriert (Grace L. Coyle 1946).
In der modernen sozialpädagogisch/sozialen Arbeit wird in verschiedenen Tätigkeitsfeldern und Teilbereichen soziale Gruppenarbeit eingesetzt, etwa in Jugendbildung und Freizeithilfen, in Elterbildung und Elternarbeit; aber auch viele der traditionellen, herkömmlicherweise nur durch soziale Einzelhilfe getragenen Aufgaben der Sozialarbeit/Sozialpädagogik lassen sich besser, ergiebiger oder arbeitsökonomischer (zusätzlich) mit Gruppenarbeit lösen; so etwa Erziehungsbeistandschaft, Bewährungshilfe, präventive Hilfen, offene Hilfen (»im Vorfeld der Heimerziehung«), Beratung und Stützung von Pflegeeltern sowie Hilfe in institutionellen Gruppen, wie der Heimerziehung, der Vorschulerziehung etc. Soziale Gruppenarbeit beruht auf gleichen oder ähnlichen Voraussetzungen und Grundlagen wie die anderen Hauptmethoden der sozialpädagogisch/sozialen Arbeit (soziale →Einzelhilfe, soziale →Gemeinwesenarbeit). Die drei Methoden sollten je nach Aufgaben- und Problemstellung aufgrund diagnostischer Abklärung gezielt und differenziert nach ihren jeweils spezifischen Wirkungsmöglichkeiten eingesetzt werden. Die Annahme scheint nicht unbegründet, daß dem gegenüber die soziale Gruppenarbeit in der deutschen Sozialarbeit/Sozialpädagogik heute noch nicht den Umfang einnimmt, in dem sie einsetzbar, nützlich oder notwendig sein könnte. Auch theoretisch bedarf sie noch weiterer und gründlicherer Fundierung. Damit teilt sie allerdings wiederum Schicksal, Notwendigkeiten und Entwicklungsaussichten des methodischen Arbeitens in der Sozialpädagogik/Sozialar-

beit überhaupt. →Soziale Einzelfallhilfe. →Soziale Gemeinwesenarbeit. [H. P.]

Lit.: Schiller, H.: Gruppenpädagogik social group work) als Methode der Sozialarbeit. Darstellung und Analyse ihrer Theorie und Praxis, Wiesbaden 1963. Lattke, H.: Sozialpädagogische Gruppenarbeit, Freiburg 1962. Konopka, G.: Soziale Gruppenarbeit, in: Friedländer/Pfaffenberger (Hrg.): Grundbegriffe und Methoden der Sozialarbeit, Neuwied 1966. Konopka, G.: Soziale Gruppenarbeit: ein helfender Prozeß, Weinheim 1968. Pfaffenberger, H.: Das Theorie- und Methodenproblem in der sozialen und sozialpädagogischen Arbeit, in: Friedländer/Pfaffenberger (Hrg.): Grundbegriffe und Methoden der Sozialarbeit, Neuwied 1966. Northen, H.: Soziale Arbeit mit Gruppen. Der Verlauf des helfenden Prozesses, Freiburg 1973. Lowy, L., u. a.: Der ältere Mensch in der Gruppe. Lebenshilfe durch soziale Gruppenarbeit, Freiburg 1975.

Gruppendiskussion, Verfahren zur Analyse von Meinungsbildungsprozessen in Gruppen. Das Untersuchungsziel bestimmt die Kriterien für die Auswahl der Gruppenmitglieder und das durch einen Grundreiz (Film, Zeitungsartikel etc.) vorgegebene Diskussionsthema. Die Betreuung erfolgt meist durch einen der Gruppe nicht angehörenden Diskussionsleiter. Protokollierung kann mit Hilfe eines Tonbandes (verbale Kommunikation) und/oder Beobachtungsprotokollen (verbale und nonverbale Kommunikation) vorgenommen werden. Im Unterschied zur →Befragung und zum →Interview können Aussagen nur über die Gruppenmeinung bzw. die individuelle Meinung in Abhängigkeit von der Gruppenmeinung gemacht werden. Mögliche inhaltliche Schwerpunkte sind die Verteilung der Themenbereiche, die Verteilung der individuellen Diskussionsbeiträge oder Beziehungen auf der emotionalen Ebene. →Beobachtung, Experiment. [D. W.]

Lit.: Friedrichs, J.: Methoden der empirischen Sozialforschung, Reinbek 1973. Mangold, W.: Gegenstand und Methode des Gruppendiskussionsverfahrens, Frankfurt 1960. Pollock, F.: Gruppenexperiment, Frankfurt 1966.

Gruppendynamik, von K. Lewin (1890–1947) eingeführter Begriff für die Analyse und Interpretation von Prozessen wechselseitiger Abhängigkeiten und Steuerungen des Verhaltens von Mitgliedern sozialer Gruppen (Kleingruppen). G. als Begriff, Methode, Konzept und Technik erhielt seit Mitte der dreißiger Jahre eine mehrfache Deutung und Anwendung für folgende Bereiche: 1. Soziologische und sozialpsychologische Gruppenforschung (Entstehungs-, Strukturierungs- und Prozeßablaufanalysen); 2. politische Programmatik mit positiver Wertung demokratischer Führungsstile und Mitwirkung von Gruppenmitgliedern in Institutionen und Organisationen; 3. Verfahren und Techniken der Kooperation in Arbeitsgruppen und pädagogischen Gruppen (Problemlösungen, Entscheidungsfindungen); 4. Struktur- und Systemanalysen für therapeutische Zielsetzungen und Behandlungsverfahren; 5. Systemtechnik für Ansätze und Übertragungen systemtheoretischen Denkens aus der Ethologie, Biologie, Ökonomie für ausgewählte Problemstellungen der Analyse, Modell- und Theorienbildung in den Organisations-, Sozial- und Verhaltenswissenschaften. [A. S.]

Lit.: Bernstein, S. u. Lowey, L.: Untersuchungen zur soz. Gruppenarbeit in Theorie und Praxis, Freiburg/Br. 1969. Fritz, J.: Emanzipatorische Gruppendynamik, München 1974. Hofstätter, P. R.: Gruppendynamik, in: Hofstätter (Hg.): Fischer-Lexikon der Psychologie, Frankfurt/M. 1957, S. 154 ff. Slater, P. E.: Mikrokosmos. Eine Studie über Gruppendynamik, Stuttgart 1976.

Heimaufsicht. Gemäß § 78 →JWG führt das Landesjugendamt (→Jugendamt) die Aufsicht über Heime und andere Einrichtungen, in denen Minderjährige (Mj.) dauernd oder zeitweise, ganztägig oder für einen Teil des Tages, jedoch regelmäßig, betreut werden oder Unterkunft erhalten. Unter die Aufsicht fallen z. B. alle Kinderheime, Kindergärten, Lehrlingsheime u. dgl., nicht aber Jugendbildungs- und -freizeitstätten sowie Studentenheime. Durch die H. wird sichergestellt, daß in den Einrichtungen allgemein die Voraussetzungen zur Gewährleistung des Wohls des Mj. gegeben sind, also z. B. im Hinblick auf den gesundheitlichen Zustand oder die Größe der Räume, auf die ordentliche Betreuung oder Verpflegung. Darüber hinaus bedarf der Mj., der sich außerhalb der eigenen Familie befindet, des individuellen Schutzes. Dieser wird durch § 79 JWG gewährt. Für die Durchführung dieser Aufgabe, die dem LJA übertragen sind, sind die Vorschriften über den Schutz der →Pflegekinder entsprechend anzuwenden. Demnach muß der Träger einer Einrichtung vor Aufnahme eines Mj. unter 16 Jahren die Erlaubnis des LJA einholen (§§ 79, 28, 29); überdies hat das LJA das Recht und die Pflicht zur Aufsicht nach §§ 79, 31. [U. W.]

Text u. Lit.: →Adoption, →Familienrecht, →Fürsorgeerziehung, →Jugendhilferecht, →JWG, →Pflegekinder. Bäuerle, W./Markmann (Hg.): Reform der Heimerziehung, Materialien und Dokumente. Weinheim 1974. Becker, W. (Hg.): Demokratische Heimerziehung? Verwirklichung demokratischer Lebens- und Erziehungsformen in den Heimen – Möglichkeiten und Grenzen, Hannover 1971. Ditl F./Heitger/Jochum (Hg.): Heimerziehung. Aspekte zur Neugestaltung (Pädagogik der Gegenwart. 210), Wien/München 1976. Gerber, U. (Hg.): Holt die Kinder aus den Heimen. Alternativen zur Heimunterbringung, Berlin-Charlottenburg 1974. Kiehn, E.: Praxis des Heimerziehers, Freiburg/Br. 1972[3]. Mehringer, A.: Heimkinder. Gesammelte Aufsätze zur Geschichte und Gegenwart der Heimerziehung, München 1976. Roth, J.: Heimkinder. Ein Untersuchungsbericht über Säuglings- und Kinderheime in der BRD (pocket 50) Köln 1973. Schmidle/Junge, P.: Sozialisationsfeld Heimerziehung (Freiburger Sozialpäd. Beiträge. 11), Freiburg/Br. 1975. Schmidt-Traub, S.: Rollenkonflikte der Heimerzieher, Weinheim 1975.

Heime. H. sind Einrichtungen, die vorübergehend oder für längere Zeit anstelle der Familie die Sorge für Kinder und Jgdl. übernehmen. Zu unterscheiden sind: a) Tageseinrichtungen, die regelmäßig Kinder für einen Teil des Tages betreuen: Krippen, Krabbelstuben, Kindergärten, Horte, Kindertagesheime (-stätten), Schulkindergärten, Spielstuben, Ferientagesstätten, Sonderkindergärten (für Kinder mit speziellen Behinderungen oder Schädigungen), Beschützende Werkstätten; b) H., die vorübergehend oder für längere Zeit (Tag und Nacht) anstelle der Familie die Sorge für Kinder und Jgdl. übernehmen: Säuglingsheime, Dauerheime für Kinder u. Jugdl. (auch Kinderdörfer), Heime für Mutter und Kind, Säuglings- und Kinderabteilungen in Mütterheimen, Schülerwohnheime, Jugendwohnheime, Lehrlingswohnheime, Jungarbeiterwohnheime, Sonderheime für Kinder und Jgdl. mit speziellen Behinderungen oder Schädigungen; c) H., in denen Kinder und Jgdl. nur für eine begrenzte Zeit aufgenommen werden: Aufnahme-, Beobachtungs- u. Durchgangsheime, Erholungsheime sowie Ferienheime, Kinderkurheime, Kursanatorien (sofern nicht Heilstätten). Diese Einrichtungen unterstehen in der Regel nach § 78 JWG der Aufsicht des Landesjugendamtes. Zu den sonstigen Einrichtungen, die Kinder oder Jgdl. aufnehmen oder betreuen, die aber nicht der Aufsicht der Landesjugendämter unterstehen, gehören u. a.: Kinderspielplätze, Schullandheime, Internate u. Wohnheime im Zusammenhang mit Berufsausbildungsstätten, Jugendherbergen, Jugendgästehäuser und -hotels, Jugendfreizeitstätten, Kinderkrankenhäuser, Kinder- und Jugendheilstätten. [W. Th.]

Lit.: Heimaufsicht. Richtl. f. d. Betrieb u. Bau von u. Katalog der H. u. a. Einrichtungen, die gem. § 78 JWG der Aufsicht des Landesjgdamtes unterstehen. (Hg.): Bundesarbeitsgem. d. Ladesjgdämter u. überörtl. Erziehungsbehörden (Oktober 1971).

Heimerziehung (HE) (Funktion). H. bedeutet Unterbringung eines Minderjährigen zum Zweck der Erziehung in einem Heim statt in der eigenen oder einer fremden Familie. Wenn Eltern vorübergehend oder längerfristig nicht imstande sind, das Kind in der häuslichen Gemeinschaft zu erziehen (Krankheit, Obdachlosigkeit, Strafverbüßung, Trennung der Familie), können Kinder nach § 5Abs. 5 u. 8 JWG in einem Heim untergebracht werden. Für diese Unterbringung sind die Jgd.ämter unmittelbar verantwortlich. Nach § 62 u. § 63 JWG wirkt das Jgd.amt bei der Gewährung der Freiw. Erziehungshilfe (FEH) mit. Nach § 62 wird FEH gewährt, wenn die leibliche, geistige oder seelische Entwicklung eines Minderjährigen gefährdet oder geschädigt ist. Im Bereich der Fürsorgeerziehung (FE), die vom Vormundschaftsgericht angeordnet werden kann, wenn der Mj. zu verwahrlosen droht oder verwahrlost ist (§ 64), hat das Jgd.amt ebenfalls Mitwirkungspflichten.

Die Erziehungsheime unterliegen vielfältiger Kritik: Lage an regional ungünstigen Orten, keine Sonder- und weiterführenden Schulen, kaum ausreichende Berufsausbildungsmöglichkeiten. Besondere Schwierigkeiten bereitet die Unterbringung von Kindern mit geistigen oder seelischen Störungen. Nur ein Teil des Heimpersonals verfügt über eine Fachausbildung. Die Bundesregierung sieht als Ursachen für die Misere der HE: Vorurteil der Gesellschaft, negative Kritik in den Massenmedien, unzureichende Finanzierung, fehlende Differenzierung von Heimen, nicht ausreichende Platzzahl in Sonderheimen und unzureichende nachgehende Betreuung der Entlassenen. Zu berücksichtigen ist aber auch dies: HE setzt in der Regel erst ein, wenn schwerwiegende Erziehungsmängel und Fehlentwicklungen entstanden sind. Die Hilfen werden dadurch erschwert, daß sich die Interventionen der pädagogischen Institutionen nicht der Behebung der Gesamtproblematik in der Familie widmen, sondern aus strukturellen, juristischen sowie institutionellen Gründen auf eine Partialbehandlung beschränkt bleiben. Vereinzelt sind Jgd.ämter dazu übergegangen, Alternativen zu schaffen, etwa durch familienähnliche Einrichtungen mit 10 Kindern und Jgdl., die zusammenleben. Solche Jugendwohngemeinschaften bedürfen intensiver Beratung und Unterstützung durch die Jgd.ämter, um erfolgreich werden zu können. Eine erfolgreiche öffentliche Erziehung in Heimen u. a. Einrichtungen hängt davon ab, inwieweit die Jgd.ämter in der Lage sind, sich ständig auf neue Situationen u. neue Formen pädagogischen Handelns einzustellen.

Statistik: Der Heimaufenthalt dauerte 1974 bei 29,8% der aus FEH endgültig entlassenen Mj. 0–12 Monate, bei 43,5% 1–3 Jahre, bei 26,7% 3–10 Jahre. 67,2% durchliefen in dieser Zeit ein Heim, 22,6% zwei Heime, 7,1% drei u. 3,1% vier u. mehr Heime.

Bei den 1974 aus der FE endgültig Entlassenen betrug die Dauer der HE bei 25,2% 0–12 Monate, bei 45,0% 1–3 Jahre, bei 29,8% 3–10 Jahre, 62,4% durchliefen in dieser Zeit ein Heim, 24,7% zwei Heime, 8,8% drei Heime u. 4,1% vier und mehr Heime. [W. Th.]

Lit.: Dritter Jugendbericht der Bundesregierung (1972). Statist. Bundesamt: Öffentl. Sozialleistungen, Reihe 2: Öffentl. Jugendhilfe, Stuttgart/Mainz (1976). Kupffer, H.: Einführung in Theorie und Praxis der Heimerziehung, Heidelberg 1977. Wilfert: Das Erziehungsheim gestern, heute u. morgen, JiB 1969. Ekkensberger: Sozialisationsbedingungen der öffentl. Erz., Frankfurt a. M. 1971.

Heimgesetz. Das 1974 in Kraft getretene H. gilt für Alten(wohn)heime, Pflegeheime und gleichartige Einrichtungen, sofern alte Menschen sowie pflegebedürftige oder behinderte Volljährige darin auf Dauer leben. Dazu gehören auch Einrichtungen der beruflichen →Rehabilitation, sofern die Rehabilitanden auf Dauer untergebracht sind. Das Betreiben einer solchen Einrichtung steht unter (staatlichem) Erlaubnisvorbehalt; öffentliche Träger und gemeinnützige Verbände der

→freien Wohlfahrt haben den Betrieb allerdings nur anzuzeigen. Die Erlaubnis ist u. a. zu versagen, wenn der Antragsteller nicht zuverlässig ist, die ärztliche und sonstige Betreuung nicht gesichert ist, die Mindestanforderungen, die Ausgestaltung und die Größe der Räume sowie die Eignung und Zahl der Beschäftigten betreffend nicht gewährleistet sind oder wenn die Prüfung der Unterlagen ein Mißverhältnis zwischen den gebotenen Leistungen und dem geforderten Entgelt ergibt. Alle bestehenden Einrichtungen werden vom Staat laufend beraten und überwacht. Werden trotz entsprechender Anordnung festgestellte Mängel nicht beseitigt, kann die Erlaubnis entzogen bzw. der Betrieb der Einrichtung untersagt werden. Das gesellschaftspolitische Ziel der →Mitbestimmung ist für die Heimbewohner durch die Anordnung des H. erreicht worden, daß in jedem Heim ein Heimbeirat einzurichten ist. Durch ihn wirken die Heimbewohner in Angelegenheiten des Heimbetriebes, wie Unterbringung, Aufenthaltsbedingungen, Heimordnung, Verpflegung und Freizeitgestaltung, mit, ggfls. auch bei der Verwaltung sowie der Geschäfts- und Wirtschaftsführung (§ 5 HeimG). Damit ist die Chance zum Abbau hierarchischer Strukturen, wie sie oft gerade in Altenheimen zu finden sind, gegeben. Zwei wichtige gesellschaftspolitische Probleme werden durch das H. nicht behandelt:
1) Der Bedarf an Heimplätzen ist noch lange nicht befriedigt und steigt in immer stärkerem Maß. Allerdings sollte dabei bedacht werden, daß es sehr viel sinnvoller ist, alte und pflegebedürftige Menschen so lange wie möglich in ihrer bisherigen Umwelt zu belassen, entsprechende Versorgungseinrichtungen zu schaffen und die Heimunterbringung erst als letzte Maßnahme vorzusehen. 2) Die sozialrechtliche Stellung der alten Menschen ist bisher nicht hinreichend gesichert. Durch das →BSHG wird zwar Altenhilfe oder Hilfe zur Pflege gewährt, und die Träger der →Rentenversicherung erbringen für alte Menschen Leistungen im Rahmen ihrer gesetzlichen Verpflichtungen. Das reicht aber bei weitem nicht. Die Frage, ob, von wem und in welchem Umfang die (oft beträchtlichen) Kosten bei Pflegebedürftigkeit (auch von Nicht-Heimbewohnern), die nicht von der →Krankenversicherung getragen werden, zu übernehmen sind, ist ein offenes Problem unseres Systems der →sozialen Sicherung. [U. W.]

Text u. Lit.: Dahlem/Giese: Das Heimgesetz. Loseblatt-Kommentar, Köln, ab 1974. Gössling/Knopp: Handkommentar zum Heimgesetz, Hannover 1976. Kunz/Ruf/Wiedemann: Heimgesetz. Kommentar, München, ab 1976. Speziell: Oesterreich, K.: Psychiatrie des Alterns. Grundlagen, Diagnose, Therapie (UTB 496), Heidelberg 1976. Paul, C. H.: Altenpflegerecht. Eine Rechtskunde f. Ausbildung u. Praxis d. Altenpflegers, Neuwied 1975; Tews, H. P.: Soziologie des Alterns (UTB 359), Heidelberg 1974[2].

Hospitalismus, Anstaltsverwahrlosung, Frühverwahrlosung, Verlassenheits-, Deprivations-, Verkümmerungs- oder emotionales Frustrationssyndrom. Unter H. im Kindesalter versteht man eine universelle oder partielle Entwicklungsstörung, die vor allem die affektiven und intellektuellen, aber auch die statomotorischen Funktionen des Kindes beeinträchtigt. Es werden vier Formen des psychischen H. nach der Dauer der frustrierenden Einwirkungen und dem Schweregrad unterschieden: 1. psychische Erscheinungen des Kleinkindes im Zusammenhang mit der Trennung von der Bezugsperson: »Separationsschock« (Bowlby); 2. »anaklitische Depression« (Spitz), die sich in ihrem Ablauf mit den 3 Phasen Bowlby's (Protest-Verzweiflung-Ablehnung) deckt; 3. »mentale Inanition« (Tramer), die bereits zu Dauerschäden führt und 4. der H. im engeren Sinne mit schweren somatischen und physischen Dauerschäden und mit vitaler Bedrohung. Die motorische Entwicklungsverlangsamung zeigt sich bereits im 1. Lebensjahr (Sitzen, Stehen, Laufen werden erheblich verzögert gelernt, Feinmotorik schwerfällig), die Sprachentwicklung ist verzögert, der Wortschatz gering, die Sprechweise oft stammelnd und schwer verständlich, das Wortverständnis mangelhaft. Der Entwicklungsrückstand läßt sich testpsychologisch in einem niedrigen Entwicklungsquotienten (EQ) diagnostizieren. Hinzu kommen neurotische Erscheinungen wie Enuresis, Enkopresis, Jaktation, allgemeine motorische Unruhe bis zu Bewegungsstereotypien. Dem H. versucht man durch Schaffung enger und stabiler zwischenmenschlicher Beziehungen von Bezugsperson und Kindern zu begegnen. In letzter Zeit hat der psychische H. in Langzeitkrankenhäusern und Anstalten für chronisch Kranke, wenn auch hauptsächlich bei Kinderkrankenhäusern, Beachtung gefunden. Vorbeugende Maßnahmen sind u. a. eine flexible Besuchsregelung, Dezentralisierung der ländlichen großen Nervenheilanstalten zu kleineren Abteilungen, die Allgemeinkrankenhäusern angegliedert werden. [E. S.]

Lit.: Dührssen, A.: Heimkinder und Pflegekinder in ihrer Entwicklung, Göttingen: 1958². Pechstein, J.: Umweltabhängigkeit der frühkindlichen zentralnervösen Entwicklung, Stuttgart 1974. Spitz, R. A.: Hospitalism, The Psychoanalytic Study of the Child, 1945, 1, 53–74; 1946, 2, 113–117. Spitz, R. A.: Vom Säugling zum Kleinkind. Naturgeschichte der Mutter-Kind-Beziehungen im ersten Lebensjahr, Stuttgart 1967. Strotzka, H.: Prävention und Rehabilitation psychischer Krankheiten, in: W. J. Schraml, U. Baumann (Hg.): Klinische Psychologie I, Bern 1975³, S. 79–102.

Humanistische Psychologie, eine auf Maslow (1954), Bühler (1974) und Rogers (1973) zurückgehende Richtung in der Psychologie. Als sog. dritte Kraft hat sich die H.P. in Absetzung von der verhaltensorientierten, behavioristischen Psychologie und der Psychoanalyse konstituiert. Ihr liegt ein spezifisches Persönlichkeitsverständnis zugrunde, demzufolge individuelle Entwicklung auf Selbstaktualisierung und Selbstverwirklichung zielt. Methodisch thematisiert die H.P. die Rolle der Werte in der Persönlichkeitsentwicklung und eine ganzheitliche Betrachtung des menschlichen Lebenslaufs (Bühler u. Massarik 1969). [E.S.]

Lit.: Bühler, Ch., Allen, M.: Einführung in die humanistische Psychologie, Stuttgart 1964. Bühler, Ch., Massarik, F.: Lebenslauf und Lebensziele, Stuttgart 1969. Bugental, J. F. G. (Hg.): Challenges of humanistic psychology, New York 1967. Maslow, A. H.: Motivation and personality, New York 1954. Rogers, C. R.: Die klient-bezogene Gesprächspsychotherapie, München 1973.

Instinkt, im Sinne der Ethologie (Tinbergen 1963) angeborenes, genetisch fixiertes Verhaltensprogramm, das im Evolutionsprozeß erworben wurde. I.-Verhalten liegt eine feste Verschaltung von Rezeptoren, Nervenzentren und Effektoren zugrunde. Es ist arttypisch und reicht von einfachen Reflexen bis zu komplexen Orientierungsleistungen. Beim Menschen sind die angeborenen Verhaltensdispositionen auf ein Minimum reduziert und zudem sehr plastisch. Genetisch fixiert sind die meisten Verhaltensweisen des Säuglings und einige Antriebsmechanismen sowie motorische Koordinationen bei Kindern und Erwachsenen (→Lernen). In der Psychoanalyse bezeichnet der Begriff des I. einen Antrieb zum Handeln und ist eher psychologischen Motivationskonzepten zuzuordnen als ethologisch zu verstehen. In der Psychologie verwendet man für die Phänomene des Antriebs nicht mehr den Begriff des I., sondern Konzepte wie →Bedürfnis oder Trieb (→Motivation). [E. S.]

Lit.: Tinbergen, N.: Instinktlehre, Berlin 1963.

Intelligenz, hierarchisch geordnete Gesamtheit von Fähigkeiten, die Qualität und Niveau der Denkprozesse einer Person kennzeichnen. Den bisherigen zahlreichen Abgrenzungsversuchen von I. ist gemeinsam, daß sie auf die Fähigkeit hinauslaufen, sich in neuen Situationen aufgrund von Einsicht zurechtzufinden oder Aufgaben mit Hilfe des Denkens zu lösen, wobei es auf die Erfassung von Beziehungen ankommt. Die Leistungen der I. liegen im Auffassen des Wesentlichen und seiner weiterführenden, schlußfolgernden Verarbeitung. Das hierarchische Fähigkeitsgefüge der I. wurde vor allem mit Methoden der Faktorenanalyse (→Statistik) in Form von I.dimensionen ermittelt (Jäger 1967). Die einflußreichsten faktorenanalytischen Konzeptionen stammen von Thurstone, Guilford und Meili (Jäger 1967; Rot u. a. 1972; Wewetzer 1972). Thurstone grenzte die folgenden Faktoren als intellektuelle Primärfähigkeiten ab: Auffassungsgeschwindigkeit, Wortflüssigkeit, sprachliche Gewandtheit, Leichtigkeit im Umgang mit Zahlen, Raumvorstellung, Gedächtnis und induktives sowie deduktives Denken. Guilford hat ein mehrdimensionales Modell der Intelligenzfaktoren vorgeschlagen, wobei die grundlegenden Dimensionen durch Denkinhalte, Denkoperationen und Denkprodukte dargestellt werden. Als Denkinhalte unterscheidet er: bildliche, symbolische, semantische, verhaltensmäßige; Denkoperationen sind: Bewertung, konvergentes Denken, divergentes Denken, Gedächtnis, Erkennen; Denkprodukte sind: Einheiten, Klassen, Beziehungen, Systeme, Transformationen, Implikationen. Meili hält vier I.faktoren für ausreichend: Komplexität: »Weite des Bewußtseins«; Plastizität: »Beweglichkeit der I.«; Gesamtheit: »Fähigkeit zum Umformen oder Vereinigen von Inhalten«; Flüssigkeit: »Fähigkeit, leicht und flüssig eine Problemsituation lösen zu können«. Ein allgemein akzeptiertes I.strukturmodell liegt noch nicht vor.

Entwicklungspsychologisch ist die Frage der I.konstanz gestellt worden. In Längsschnittuntersuchungen wurde die I. von Kindern in Jahresintervallen gemessen. Dabei zeigte sich, daß ab dem 9. Lebensjahr das I.niveau der Person, das mit 17 Jahren erreicht wird, mit einer →Korrelation von .80 vorausgesagt werden kann. Eine quantitative Beschreibung der Stufen der I.entwicklung legte Piaget (1948) vor. Er unterscheidet: sensumotorische I. (0–2 Jahre); vorbegriffliches Denken (2–4 Jahre); anschauliches Denken (4–6 Jahre); Denken in konkreten Operationen (6–12 Jahre); Denken in formalen Operationen (ab 12 Jahre).

Die Frage nach dem Einfluß von Anlage und Umwelt auf die I. ist noch nicht präzise beantwortet. Beide Faktorenkomplexe haben einen Einfluß auf die I.; approximative quantitative Angaben gibt die Zwillingsforschung: bei eineiigen Zwillingen liegen die →Korrelationen der I. bei .90, wenn die Geschwister in derselben Umgebung aufwachsen; ansonsten fallen sie auf .75. Bei zweieiigen Zwillingen oder Geschwistern liegen die Korrelationen der I. bei .60, wenn sie im gleichen Milieu aufwachsen; ansonsten belaufen sie sich auf .40. Unter der Voraussetzung linearer Zusammenhänge (die jedoch kontrovers ist) läßt sich damit die gemessene I. zur Hälfte bis zu Zweidrittel auf Umwelteinflüsse zurückführen. [E. S.]

Lit.: Cattell, R. B.: Die empirische Erforschung der Persönlichkeit, Weinheim 1973; Eysenck, H.-J. (Hg.): The measurements of intelligence, Lancaster 1973; Groffmann, K. J.: Die Entwicklung der Intelligenzmessung, in: Heiss, R. (Hg.): Handbuch der Psychologie, Bd. 6, Göttingen 1966; Jäger, A. O.: Dimensionen der Intelligenz, Göttingen 1967; Klauer, K. J.: Intelligenztraining im Kindesalter, Weinheim 1975; Köhler, W.: Intelligenzprüfungen an Menschenaffen, Berlin 1921; Piaget, J.: Psychologie der Intelligenz, Zürich 1948; Roth, E., Oswald, W. D., Daumenlang, K.: Intelligenz, Stuttgart 1972; Wewetzer, K. H.: Intelligenz und Intelligenzmessung, Darmstadt 1972.

Intelligenzquotient, (IQ), das mit 100 multiplizierte Verhältnis von Intelligenzalter (IA) zu Lebensalter (LA) definiert den Intelligenzquotienten: IQ = (IA / LA) · 100. Wenn IA und LA numerisch gleich sind, handelt es sich um durchschnittliches Intelligenzniveau (IQ = 100), anderenfalls spricht man von einer unter- bzw. überdurchschnittlichen Intelligenz. Die heute verwendeten IQ-Angaben bezeichnen dagegen das Verhältnis von individueller Intelligenzleistung zum Mittelwert der betreffenden Altersgruppe (Abweichungs-IQ). [E. S.]

Interaktion (soziale), Bezeichnung für Verbindungen, Beziehungen zwischen Personen und Situationen, die bei den Partnern von s.I. spezifische Reaktionen, Verhaltensweisen, Handlungen sowie Änderungen in Verhaltens- und Handlungsbereitschaften einseitig oder wechselseitig hervorrufen. Im engeren psychologischen Sinn kann s. I. auch als Strukturierung von Situationen, Feldern und Umweltbereichen durch individuelle und soziale Wahrnehmung aufgefaßt werden. Neben Dimensionen sozialen Verhaltens, sozialer Einstellungen (Attitüden) vermitteln Dimensionen der sozialen Kommunikation (verbale, averbale, ästhetische Kommunikation) analytisch wesentliche Einsichten s. I. Für vorbereitete Entwürfe zu Anwendungen von Methoden der SA/SP sind Muster und Modelle von s.I. von Bedeutung, u. a. in Kleingruppenuntersuchungen. (Interaktionsanalyse). [A. S.]

Lit.: Argyle, M.: Soziale Interaktion, Köln 1972. Fuchs, W., Klima, R. u. a. (Hg.): Lexikon zur Soziologie, Opladen 1973, S. 309 ff. Hartfiel, G.: Wörterbuch der Soziologie, Stuttgart 1972.

Interventionsstruktur (Phasen). Im Hinblick auf Problemlösungen und Entscheidungen zu Interventionen (Anwendungen von Methoden und Techniken der SA/SP) lassen sich folgende Phasen darstellen:

I. Problemerfassung: a) Problemerkennung; b) Problembeschreibung; c) Problemstrukturierung.

II. Datenerfassung (Informationssammlung): a) Datenerhebung nach entsprechender Vorplanung; b) Datenauswahl und Dateninterpretation zur Problemerstellung.

III. Methodenkonzeption im Modell (allgemein): a) Methodenauswahl; b) Entwicklungen zu Alternativen, Integrationen und Abläufen von Methoden (Einzelfallhilfe, soziale Gruppenarbeit, Gemeinwesenarbeit etc.) sowie die gleichzeitige Zuordnung spezieller Techniken (Information, Erschließung des sozialen Umfeldes).

IV. Interventionen, Methodenanwendungen unter Aspekten von Phasenablauf und Entscheidungen: a) allgemeine Zielsetzungen; b) spezielle Zielsetzung für jede einzelne Phase methodischer und technischer Anwendungen; c) Entscheidungen, Anwendungen, Interventionen; d) zwischenzeitliche Wirkungsbeschreibungen.

V. Auswertung: a) Bewertung des Gesamtverlaufs der Intervention; b) Bewertungen einzelner Phasen; c) Bilanz zum technischen, organisatorischen, finanziellen In- und Output, etwa im Sinne einer quasi betriebswirtschaftlichen Kosten-Nutzenanalyse; d) Einschätzung der Problemsituation für weiterführende Interventionen. [A. S.]

Lit.: Biasio, S.: Entscheidung als Prozeß, Münsingen 1969.

Interview, strukturierte soziale Situation, in der 2 Personen, der Interviewer und der Befragte, miteinander in Beziehung treten. Das I. wird in einer asymmetrischen Situation unter einer vom Interviewer festgelegten Zielsetzung durchgeführt, die dem Befragten teilweise bekannt ist. Der Interviewer erhält über den Kommunikationsvorgang verbale und nonverbale Informationen vom Befragten oder bewirkt Erlebens- oder Verhaltensänderungen beim Befragten. Das I. ist neben →Tests und Verhaltensbeobachtungen das wichtigste und umfassendste diagnostische Instrument in der Pädagogik, Sozialarbeit, Medizin und Psychologie. Speziell in der Psychologie wird das Interview für Forschungszwecke in allen Teilbereichen und für praktische Zwecke wie →Diagnostik und Intervention in der →Angewandten Psychologie und →Klinischen Psychologie eingesetzt. Hinsichtlich des Freiheitsgrades der Gesprächsführung wird zwischen freien, halbstandardisiertem und standardisiertem I. unterschieden. Im freien I. sind die Art und Reihenfolge der Fragen sowie die angesprochenen Themen offen, so daß ein hohes Maß an Individualisierung der Themenwahl und der Fragengestaltung gestattet wird. Das standardisierte I. kann man unter dem Aspekt der Normierung der Durchführungsbestimmungen als einen im Gespräch applizierten Test betrachten. Standardisierung bedeutet dabei die Festlegung der Interviewfragen, ihrer Reihenfolge und ihres Wortlautes, so daß für alle Befragten vergleichbare Bedingungen geschaffen werden. Das halbstandardisierte I. stellt einen Kompromiß zwischen der freien und der standardisierten Form dar, wobei dem Interviewer eine Gruppe von umschriebenen Befragungsgegenständen vorgegeben ist, die eventuell durch einige vorformulierte Fragen ergänzt ist. Die Qualität der in I. erhobenen Daten kann in 4 Bereichen verbessert werden (Anger 1969): a) durch Standardisierung der Fragen, b) durch die Erweiterung der Fragetechnik, wie z. B. durch die Einführung neuer Frageformen wie Kontroll-, Filter- und Pufferfragen, c) durch die Übernahme der Reliabilitäts- und Validitätsprüfungen aus der Testkonstruktion und d) durch den Einsatz empirisch überprüfter systematischer Trainingsprogramme für Interviewer. [E. S.]

Lit.: Anger, H.: Befragung und Erhebung, in: Graumann, C. F. (Hg.): Handbuch der Psychologie, Bd. 7/1, Göttingen 1969. Cannell, C. F., Kahn, R. L.: Interviewing, in: Lindzey, G., Aronson, E. (Hg.): The handbook of ssocial psychology, Reading 1968. Moser, U., Seidenstücker, G., Seidenstücker, E.: Interviewforschung: Modelle des klinischen Gesprächs, in: Schraml, W. J., Baumann, U. (Hg.): Klinische Psychologie II, Bern 1974. Scheuch, E.: Das Interview in der Sozialforschung, in: König, R. (Hg.): Grundlegende Methoden und Techniken der empirischen Sozialforschung, Stuttgart 1973. Schmidt, L. R., Keßler, B.: Anamnese, Weinheim 1976. Schraml, W. J.: Das klinische Gespräch in der Diagnostik, in: Schraml, W. J., Baumann, U. (Hg.): Klinische Psychologie I, Bern 1975[3]. Seidenstücker, E., Seidenstücker, G.: Interviewforschung: allgemeiner Teil, in: Schraml, W. J., Baumann, U. (Hg.): Klinische Psychologie II, Bern 1974.

Jugend als Segment im Lebenslauf eines Menschen sowie, auf der Makroebene, als Bezeichnung für eine Altersklasse (mit Merkmalen der Gleichaltrigkeit, Gleichheit der Lebenslage, Gleichzeitigkeit von Erfahrungen etc.) kann nicht als statistische Größe angesehen werden, die allein durch einen endogen gesteuerten biomechanischen Reifungsprozeß entsteht; Jugend ist vielmehr ein bio-soziales Phänomen, d. h. es resultiert aus einer je spezifischen Verknüpfung von biologisch-somatischen Reifungsprozessen mit Faktoren des sozialen Zusammenlebens bzw. der Kultur des Menschen. Wie Jugend jeweils definiert wird, ergibt sich demnach aus den spezifischen Bedingungen, insbesondere den sozioökonomischen und kulturellen Verhältnissen einer bestimmten Epoche (Eisenstadt, Tenbruck). In sog. einfachen Kulturen ist die soziale Gruppierung »Jugend« nicht existent. Die Werte, Normen und Verhaltensweisen der Familie sind identisch mit denen der Ges. In solchen familienkonformen Gesellschaften erfolgt der Statuswechsel vom Kind zum Erwachsenen ohne Zwischenschaltung einer »Jugendphase«, durch Initiationsriten markiert. (Mead, Eisenstadt).

Die historische Entstehung der Altersgruppe »Jugend« in der vorindustriellen Ges. ist ansatzweise im Mittelalter an folgenden Einrichtungen zu erkennen: Ritter- und Knappentum, Systematisierung des Unterrichtes in Altersklassen und Organisationsformen der Zünfte (Rosenmayr). Bis weit ins 18. Jh. hinein wurden die »Jugendlichen« »Knaben« genannt, erst nach 1920 werden sie allgemein als »Jugendliche« bezeichnet (Muchow, Flitner, Hornstein). Jugend ist also eine im Gesellschaftsleben neuartige Erscheinung.

In den modernen G.en sind die Familie einerseits und die Bereiche des öffentlichen und gesellschaftlichen Lebens andererseits gemäß je unterschiedlicher Werte und Normen institutionalisiert. Wenn der Einzelne sein Verhalten nur nach zugeschriebenen partikularistischen Kriterien des Familienlebens ausrichtet, kann er einen vollen Status, wie ihn die universalistische Ges. kennt, nicht erreichen (Eisenstadt).

Je weiter die Entwicklung der sozialen Lebens- und Strukturformen einer industriellen Gesellschaft voranschreitet, um so länger wird die

Lebens- und Ausbildungsphase der Jugendlichen, und um so mehr Sozialisationsinstitutionen sind für die Vergabe von sozialen Rollen und die Zuteilung von sozialem Status notwendig.
Die neuere soziologische Forschung weist darauf hin, daß der Gleichaltrigengruppe (peer group) im Sozialisationsprozeß des Jugendlichen eine immer größere Bedeutung zukommt. Die peer group dient den Jugendlichen als Experimentierraum für Rollenfindung, für die Ablösung von der Herkunftsfamilie etc. (Schilling).
Eine allgemeingültige Definition der sozialen Gruppierung Jugend, die ein sehr differenziertes Bündel vieler sozialer Variablen berücksichtigen müßte (Alter, Geschlecht, Land-Stadt, Schicht, Geschwisterkonstellation, wirtschaftliche Lage, Krieg-Frieden etc.), ist bisher noch nicht gelungen. Die vielfältigen Ansätze zur Begriffsbestimmung in der sozialwissenschaftlichen Jugendkunde gehen entweder von rechtlichen, biologischen, soziologischen oder psychologischen Alters- bzw. Reifungskriterien aus. Häufig wird eine negative Abgrenzung vorgenommen: Jugend ist »weder Kind noch Erwachsener« (Schelsky). In der neueren Forschung zur Jugendkunde sind jedoch auch Definitionsversuche mit positivem Inhalt von Jugend zu finden (Neidhardt, Lüdtke, Kreutz), die vom Rollenkonzept und von der Bezugsgruppentheorie ausgehen. Jugend wird hier umschrieben als ein Aggregat differenzierter Gruppen mit eigenem Verhaltenskodex, die sich als neue und wichtigste Bezugsgruppen im Loslösungsprozeß aus der Orientierungsfamilie verstehen und in denen im Hinblick auf Beruf und Ehepartner die Objektwahl zunehmend vorbereitet wird. [J. Sch.]

Lit.: Schelsky, H.: Die skeptische Generation, Düsseldorf 1960. Muchow, H. H.: Jugend und Zeitgeist, Hamburg 1962. Rosenmayr, L.: Familienbeziehungen und Freizeitgewohnheiten jugendlicher Arbeiter, Wien 1963. Flitner, A.: Soziologische Jugendforschung, Heidelberg 1963. Tenbruck, F.: Jugend und Gesellschaft, Freiburg 1965. Hornstein, W.: Vom »jungen Herrn« zum »hoffnungsvollen Jüngling«, Heidelberg 1965. Eisenstadt, N. S.: Von Generation zu Generation, München 1966. Blücher, V.: Die Generation der Unbefangenen, Düsseldorf 1966. Müller, C. W.: Jugend, Heidelberg 1967. Friedeburg, L. v.: Jugend in der modernen Gesellschaft, Köln 1968. Neidhardt, F.: Jugend im Spektrum der Wissenschaften, München 1970. Mead, M.: Der Konflikt der Generationen, Freiburg 1971. Kreutz, H.: Soziologie der Jugend, München 1974. Schilling, J.: Freizeitverhalten Jugendlicher, Weinheim 1976.

Jugendalter, synonym mit Adoleszenz, Reifezeit, Reifealter, umfaßt einen von verschiedenen Autoren unterschiedlich definierten Abschnitt des menschlichen Lebenslaufs. Havighurst definiert J. für die Zeitspanne vom 12. bis zum 18. Lebensjahr und zählt folgende Entwicklungsaufgaben dafür auf: Bildung neuerer und reiferer Beziehungen zu Gleichaltrigen beiderlei Geschlechts, Erlernen einer männlichen oder weiblichen sozialen Rolle, adäquater Gebrauch des eigenen Körpers,

Erreichen emotionaler Unabhängigkeit von Eltern und anderen Erwachsenen, Gewißheit, ökonomische Unabhängigkeit zu erreichen, Auswahl und Vorbereitung auf einen Beruf, Vorbereitung auf Ehe und Familienleben, Entwicklung intellektueller Fähigkeiten und Entwicklung von Konzepten, die für das Leben notwendig sind, Entwicklung sozialen Verantwortungsbewußtseins, Aneignung eines ethischen Wertsystems, welches das eigene Verhalten lenkt. Im J. vollziehen sich demnach Veränderungen sowohl im körperlichen, im seelisch-geistigen wie auch im sozialen Bereich (Übernahme neuer Rollen). Diese Veränderungen wirken wechselseitig aufeinander ein und sind nicht im Sinne eines Kausalzusammenhangs zwischen Veränderungen in den einzelnen Bereichen zu verstehen. Die Unterscheidung von Phasen und Stufen in älteren Arbeiten erscheint unangemessen, da eine große Variabilität sämtlicher Merkmale bezüglich des Auftretens generell (abhängig von der sozialen Umwelt), des Zeitpunktes und der Dauer des Auftretens sowie des Ausprägungsgrades besteht. Neuere empirische Arbeiten zum J. befassen sich mit den Fragen des Selbsterlebens, der Identitätsfindung, der Leistungsfähigkeit, der generellen Zukunftsorientierung, der Berufssituation, des familiären Bereichs und der Interessen- und Wertewelt. [I. Sch.]

Lit.: Ausubel, D. P.: Das Jugendalter, München 1976[5]. Bandura, A., Walters R. H.: Adolescent aggression, New York 1959. Bühler, Ch.: Der menschliche Lebenslauf als psychologisches Problem, Göttingen 1959[2]. Bühler, Ch.: Kindheit und Jugend, Göttingen 1967[4]. Friedeburg, L. v. (Hg.): Jugend in der modernen Gesellschaft, Köln 1965[2]. Havighurst, R. J.: Human development and education, New York Longmans, Green 1953. Hurlock, E. B.: Child development, New York: 1950. Mussen, P. H., Conger, J. J., Kagen, J.: Child development and personality, New York 1974[4].

Jugendamt, Organ der öffentlichen →Jugendhilfe (→Jugendhilferecht). Das J. ist nach den Bestimmungen des →JWG die unterste Stelle der Jugendwohlfahrtsbehörden (§§ 2, 4 ff.); auf höherer Ebene gibt es die Landes-J. (§§ 19 ff.; sie haben die gleichmäßige Erfüllung der den J. obliegenden Aufgaben zu sichern und sie bei ihrer Arbeit zu unterstützen) und die obersten Landesbehörden (§ 22; sie haben Aufgaben der Koordination, insbes. auch zwischen den Trägern der freien und öffentlichen Jugendhilfe, der Information sowie der Weiterentwicklung der Jugendhilfe). Die J. werden von den kreisfreien Städten und den Landkreisen getragen (§ 12 Abs. 2); die Überwachung nimmt die staatliche Kommunalaufsicht wahr, nicht das Landes-J. Das J. besteht aus dem Jugendwohlfahrtsausschuß (JWA) und der Verwaltung des J. (§ 13 Abs. 2). Dem JWA (§§ 14, 15) gehören Persönlichkeiten aus verschiedenen Bevölkerungskreisen an. Er soll sich anregend und fördernd mit den Aufgaben der Jugendwohlfahrt (Jugendpflege und Jugendfürsorge,

§ 2 Abs. 2) befassen und eng mit der Vertretungskörperschaft der Gemeinde oder des Landkreises zusammenarbeiten. Es ist mithin die Idee der →Demokratie, die der Schaffung einer Einrichtung wie des JWA zugrunde gelegen hat. In der Praxis liegt jedoch das Schwergewicht bei der Verwaltung des J. als dem Träger der laufenden Geschäfte (§ 16). Das J. hat vor allem eine Fülle von Aufgaben im Bereich des →Familienrechts durchzuführen. Es hat dabei eng mit dem →Vormundschaftsgericht zusammenzuarbeiten. Der Kreis der Aufgaben des J. (und des Landes-J.) ergibt sich also aus den familienrechtlichen Bestimmungen des BGB im Zusammenhang mit dem →JWG. Dabei handelt es sich im wesentlichen um den Schutz der →Pflegekinder, die Mitwirkung bei Angelegenheiten der →Vormundschaft und →Pflegschaft sowie bei der →Erziehungsbeistandschaft, →Freiwilligen Erziehungshilfe und →Fürsorgeerziehung, ferner um die Aufgaben der Jugendpflege, Erziehungs-, Freizeithilfe u. ä. im Rahmen der →Jugendhilfe insb. gem. §§ 4, 5 JWG und der →Jugendgerichtsbarkeit. Gegen die Maßnahmen des J. (und des Landes-J.), sofern sie Verwaltungsakte sind, ist der Rechtsweg der →Verwaltungsgerichtsbarkeit eröffnet. [W. Th.]

Text u. Lit.: →Jugendhilfe, →JWG. Rauball: Der Jugendwohlfahrtsausschuß, Neuwied 1975[4].

Jugendarbeit bezeichnet diejenigen von der Gesellschaft jungen Menschen und Heranwachsenden angebotenen Lern- und Sozialisationshilfen, die außerhalb von Schule und Beruf stattfinden, welche die Jugendlichen unmittelbar, also nicht auf dem Umweg über die Eltern, ansprechen und von ihnen freiwillig wahrgenommen werden (Giesekke). J. hat sich aufgrund eigenständiger Bildungsangebote zwischen Elternhaus, Schule und Betrieb im Rahmen des gesellschaftlichen Freizeit- und Konsumsystems etabliert. Als Freizeitinstitution gehört zu den Grundbedingungen der J.: 1. Freiwilligkeit der Teilnahme an den Angeboten; 2. Ausrichtung der Angebote nach den Bedürfnissen und Interessen der Jugendlichen; 3. Fehlen fester Lehrpläne, Entstehen der Inhalte im Kommunikationsprozeß; 4. Beteiligung der Jugendlichen an der Planung und Gestaltung der J.; 5. Beraterrolle der in der J. tätigen Erwachsenen.

Die allgemeinen Ziele der J. lassen sich umschreiben mit Regeneration, Kompensation, Kommunikation, Ideation und Emanzipation.

Es hat sich als nützlich erwiesen, die Vielfalt der Angebote der J. nach ihren Trägern in eine allgemeine und eine besondere J. aufzuteilen. Träger der allgemeinen J. sind u. a.: Jugendclubs, Jugendherbergen, Jugendbibliotheken, Jugendhöfe, Jugendtourismusunternehmen, Freizeitstätten, Jugendbildungsstätten. Träger der besonderen J. sind die Ju-

gendverbände. Das Selbstverständnis dieser Träger wurde vielfach wegen ihrer »negativen Pädagogik«, der es vor allem auf die Bewahrung vor negativen Einflüssen ankam, kritisiert. Nach z. T. deutlichen Reformen, betonten Hinweise auf die politische Relevanz ihrer Bildungs- und Erziehungsangebote, die Übernahme der Verantwortung, nähern sich diese den Leitvorstellungen einer emanzipatorischen J.
Die wissenschaftliche Diskussion über J. ist erst jüngeren Datums und erstreckt sich vor allem auf die Fragen nach dem politischen Standort und einer Theorie der J. Innerhalb der Theoriediskussionen lassen sich vier Hauptpositionen abgrenzen: 1. Sozial-integrative J.: Traditionelle Auffassung von J. war es, den Sozialisationsprozeß im Hinblick auf die Eingliederung in die Gesellschaft fördern zu können. 2. Progressive J.: In Auseinandersetzung mit der traditionellen J. wurde der progressive Ansatz entwickelt.
Orientierung an den Bedürfnissen und Interessen des Jugendlichen (als Individuum), die politische Kategorie der Beteiligung durch kritische Aufklärung wurden zu Bezugspunkten der progressiven J. (Baacke). 3. Antikapitalistische J.: Im Vordergrund der Überlegungen steht nicht die Emanzipation des einzelnen Jugendlichen, sondern eine kollektive Emanzipation seiner sozialen Klasse. J. ist nicht ein pädagogisch strukturiertes, individuelles und jugendspezifisches Lernfeld, sondern Teil einer allgemeinen gesellschaftsverändernden, antikapitalistischen Praxis, J. im herkömmlichen Sinn ist überholt und aufgelöst: sie wird zur Basisarbeit im Betrieb (Liebel). 4. Emanzipatorische J.: In diesem Ansatz werden die in der progressiven J. vorgestellten Intentionen mit auf gesellschaftspolitische Veränderung angelegten antikapitalistischen Perspektiven berücksichtigt. Emanzipation im kollektiven Sinn zielt auf eine zunehmende Demokratisierung der Gesellschaft, setzt aber in gleicher Weise individuelle Lernfelder voraus. Unter Emanzipation versteht Giesecke nicht allein den Prozeß der Ablösung aus der Abhängigkeit pädagogischer Zwänge, sondern aus allen gesellschaftlich verursachten Abhängigkeiten, sofern diese subjektiv als »Übel« erlebt werden bzw. erlebbar gemacht werden, und daraus Motivierungen für die pädagogische und politische Bearbeitung dieses Übels entstehen können (Giesecke). [J. Sch.]

Lit.: Müller, C. W. u. a.: Was ist Jugendarbeit?, München 1964. Mollenhauer, K. u. a.: Evangelische Jugendarbeit in Deutschland, München 1969. Zilien, E.: Jugendarbeit, Düsseldorf 1970. Giesecke, H.: Die Jugendarbeit, München 1971. Lüdtke, H.: Jugendliche in organisierter Freizeit, Weinheim 1972. Deppe-Wolfinger, H.: Arbeiterjugend – Bewußtsein und politische Bildung, Frankfurt 1972. Grauer, G.: Jugendfreizeitheime in der Krise, Weinheim 1973. Böhnisch, L.: Jugendarbeit in der Diskussion, München 1973. Lessing/Liebel, M.: Jugend in der Klassengesellschaft, München 1974. Damm, D.: Politische Jugendarbeit, München 1975.

Jugendarbeitsschutz. Während die Rechtsverhältnisse der in der Berufsausbildung stehenden Jugendlichen durch das →BBiG gesondert geregelt sind, finden sich die Regelungen über den →Arbeitsschutz zugunsten aller Jugendlichen (bis zum 18. Lebensjahr) im Jugendarbeitsschutzgesetz (JArbSchG) von 1960/1976. Darin wird die Kinderarbeit (für Jugendliche bis 15 Jahre) grundsätzlich verboten; nur einige Ausnahmen sind zugelassen: leichte Beschäftigungen Jugendlicher über 13 Jahre in der Landwirtschaft, beim Zeitungsaustragen oder beim Sport. Die Arbeitszeit ist auf 5 Tage und insgesamt 40 Stunden in der Woche begrenzt. Sie darf nur ausnahmsweise (Bäckereien, Gaststätten) zwischen 20 Uhr abends und 7 Uhr morgens liegen. Die Unterrichtszeit in der Berufsschule (→Berufsbildung, →Schulrecht) wird voll angerechnet. An Berufsschultagen mit 5 Unterrichtsstunden dürfen Jugendliche nicht beschäftigt werden; das gilt auch für Berufsschulwochen mit mindestens 25 Stunden Unterricht an mindestens 5 Tagen. Zur Schonung der Arbeitskraft des Jugendlichen sind längere Pausen während der Arbeit sowie ein längerer →Urlaub als nach dem BUrlG bestimmt. Jugendliche bis zum 16. Lebensjahr erhalten 30, im 17. Lebensjahr 27 und im 18. Lebensjahr 25 Werktage Urlaub im Jahr; Jugendliche, die im Bergbau unter Tage arbeiten, erhalten jeweils 3 Tage mehr. Die Beschäftigung des Jugendlichen mit Arbeiten, die seine körperlichen Kräfte übersteigen, insb. Akkord- und Fließbandarbeit, oder bei denen er sittlichen Gefahren ausgesetzt ist, ist verboten. Zum Schutze des Jugendlichen sind mehrere ärztliche Untersuchungen vorgesehen. Verstöße gegen das Gesetz können mit einer Strafe (→Strafrecht) bis zu 20000 DM belegt werden. Bei wiederholten Verstößen kann dem Arbeitgeber die Beschäftigung von Jugendlichen verboten werden. Die staatliche Aufsicht, deren Effektivität für die tatsächliche Beachtung des Gesetzes von ausschlaggebender Bedeutung ist, wird in den meisten Bundesländern von den Gewerbeaufsichtsämtern durchgeführt. [U.W.]

Text u. Lit.: →Arbeitsrecht, →Arbeitsschutz, →Jugendrecht. Eichler, Fr.: JArbSchG. 3bdg. Loseblatt-Kommentar, Percha. Gröninger, K., JArbSchG. Loseblatt-Kommentar (WK-Reihe. 53), Frankfurt, Neubearb. 1976. Herschel/Lorenz: Kommentar zum JArbSchG, Heidelberg 1976. Knopp, A./Kraegeloh: JArbSchG. Erläuterungsbuch, Köln 1976[3]. Molitor/Volmer/Germelmann: JArbSchG. Kommentar, München 1977. Schlüter, J.: JArbSchG, Stuttgart 1976. Seipp/Maurer (Hg.): Das gesamte Jugendarbeitsrecht. Ergänzbare Sammlung erl. bundes- und landesrechtlicher Vorschriften. 4 Bde, Neuwied. Zmarzlik, J.: JArbSchG. Kommentar, München 1976.

Jugendbericht. Mit J. ist (neben den gelegentlich von einzelnen Landesregierungen vorgelegten Jugendberichten) der »Jugendbericht der Bundesregierung« gemeint, zu dessen Vorlage an Bundestag und Bundesrat in jeder Legislaturperiode die Bundesregierung durch § 25 Abs. 2 des Jugendwohlfahrtsgesetzes (JWG) verpflichtet ist. Die ursprüngliche Formulierung des § 25 JWG sprach allgemein von einem »Bericht über die Lage der Jugend und die Bestrebungen auf dem Gebiet der Jugendhilfe«. Demgegenüber bringt das »Gesetz zur Änderung und Ergänzung des Gesetzes für Jugendwohlfahrt vom 22. Dezember 1967« eine Reihe von Änderungen, die sowohl die Zielsetzung der Berichte (»Bestrebungen und Leistungen der Jugendhilfe«) wie auch die Form ihrer Erarbeitung betreffen. Nach der Novellierung enthält nur noch jeder 3. Bericht einen Überblick über die gesamte Jugendhilfe, während die beiden dazwischenliegenden jeweils nur Teilgebiete bzw. Teilfragen der Jugendhilfe behandeln.

Dabei soll besonders auf Mängel hingewiesen, sollen Verbesserungsvorschläge entwickelt werden. Die Ausarbeitung der Berichte erfolgt nicht mehr durch das federführende Bundesministerium für Jugend, Familie und Gesundheit, sondern durch eine Kommission, der »bis zu 7 fachkundige Persönlichkeiten« angehören. Außerdem hat die Bundesregierung dem Bericht der Sachverständigenkommission »eine Stellungnahme mit den von ihr für notwendig gehaltenen Folgerungen« beizufügen. Mit diesen Neuregelungen sollten Komplikationen, die sich bei der Erarbeitung der ersten beiden Jugendberichte 1965 und 1968 herausgestellt hatten, überwunden werden. So hatte sich ein Gesamtbericht über »die Lage der Jugend und die Bestrebungen auf dem Gebiet der Jugendhilfe« als zu umfassend und deshalb kaum realisierbar gezeigt. Außerdem hatte sich die mangelnde Kompetenzabgrenzung, nach der das federführende Ministerium trotz umfangreicher Mitarbeit von Experten für den Inhalt in vollem Umfang verantwortlich zeichnete, als erschwerend herausgestellt, da sie andererseits die Mitwirkungsmöglichkeiten der Fachleute inhaltlich und konzeptionell beschränkte. Außerdem ist davon auszugehen, daß eine kritische Analyse der bestehenden Verhältnisse wohl besser von einer unabhängigen Kommission als einer selbst für diese Verhältnisse mitverantwortlichen Regierung erarbeitet werden kann.

Aber auch der nach dieser Änderung 1972 vorgelegte Dritte Jugendbericht mit dem Thema »Aufgaben und Wirksamkeit der Jugendämter in der BR«, von dem sich Käte Strobel die Verankerung des Jugendamtes »im Bewußtsein der Öffentlichkeit als diejenige Behörde, die mit ihren Diensten und Leistungen vor allem für die Jugend da ist« erwartete, und vor allem auch die mangelnde Diskussion in Bundestag und Bundesrat und die daraus folgende geringe Wirksamkeit in die Praxis hinein, ließ die meisten Hoffnungen und Erwartungen unerfüllt. Der Vierte Jugendbericht mit dem Thema »Sozialisationsprobleme der arbeitenden Jugend in der Bundesrepublik«, der im Januar 1979 im Bundestag diskutiert wurde, zeigt erneut auf, daß noch keine ideale Lösung für das hochgesteckte Ziel dieser Berichte erreicht wird. Er wurde mit mehrjähriger Verspätung vorgelegt, und da die 7 Sachverständigen sich über den Grundansatz nicht einigen konnten, besteht er aus 2 Teilen, einem Mehrheits- und einem Minderheitsbericht. Sowohl die Bundesregierung als auch die im Bundestag vertretenen Parteien brachten zum Ausdruck, daß damit der Anforderung, Grundlage einer politischen Zielplanung zu sein, nicht Rechnung getragen werden kann. [H. P.]

Lit.: »Gesetz zur Änderung und Ergänzung des Gesetzes für Jugendwohlfahrt vom 22. Dezember 1967« (BGBl. I, S. 1348), Bolte, K.: Vorwort zum Dritten Jugendbericht 1971. Hornstein, W.: Strukturbedingte Probleme innovativer Politikberatung in der Jugendpolitik, in: »Mehr Chancen für die Jugend. Zu Inhalt und Begriff einer offensiven Jugendhilfe«, Schriftenreihe des BMJFG Bd. 13, Bonn 1974. BMJFG (Hg.), Dritter Jugendbericht, Bonn 1972 Vierter Jugendbericht, Sozialisationsprobleme der arbeitenden Jugend in der Bundesrepublik Deutschland, Konsequenzen für Jugendhilfe und Jugendpolitik, Deutscher Bundestag 8. Wahlperiode, Drucksache 8/210.

Jugendgerichtsbarkeit/Jugendstrafrecht. Das Jugendstrafrecht ist ein Sonderstrafrecht in materieller und verfahrensmäßiger Hinsicht für junge Täter. Rechtsgrundlage ist das Jugendgerichtsgesetz (JGG) von 1953. Vom allgemeinen →Strafrecht für Erwachsene hebt es sich zum einen insoweit ab, als es ein »Täterstrafrecht« ist, d. h. die Sanktion wird nicht so sehr durch die Tat als durch die Persönlichkeit des Täters bestimmt. Es unterscheidet sich zum anderen dadurch, daß es ein »Erziehungsstrafrecht« ist, d. h. es geht nicht so sehr um die Strafe im Sinne von Sühne als vielmehr um die erzieherische Resozialisation des Täters. Anders als z. B. in Schweden gibt es in der BRD aber immer noch Strafen für Jugendliche. Die gesellschaftspolitisch umstrittene Frage, ob diese ganz und gar durch fürsorgerische und erzieherische Maßnahmen zu ersetzen sind, stellt sich im Augenblick im Zusammenhang mit der Neugestaltung des →Jugendhilferechts durch ein →JHG. Die besondere Behandlung der jugendlichen Täter kommt vor allem in folgendem zum Ausdruck: 1) Ein Kind unter 14 Jahren ist nicht strafrechtlich verantwortlich (strafmündig); ein Jugendlicher zwischen 14 und 18 Jahren ist nach dem Grad seiner sittlichen und geistigen Reife verantwortlich (§§ 1, 3); ein Heranwachsender zwischen 18 und 21 Jahren kann nach den Vorschriften des Jugendstrafrechts behandelt werden, wenn er zur Zeit der Tat nach seiner sittlichen und geistigen Entwicklung noch einem Jugendlichen gleichstand oder die Tat eine Jugendverfehlung ist (§§ 1, 105). 2) Als Folgen der Tat kommen in Betracht: Erziehungsmaßregeln (§§ 9–12; Erteilung von Weisungen, →Erziehungsbeistandschaft, →Fürsorgeerziehung); Zuchtmittel

(§§ 13–16; Verwarnung, Erteilung von Auflagen, Jugendarrest); Jugendstrafe (§§ 17–19; mindestens 6 Monate, höchstens 5, in einzelnen Fällen 10 Jahre). Läßt sich nicht mit Sicherheit beurteilen, ob eine Jugendstrafe erforderlich ist, kann der Richter zwar die Schuld feststellen, die Entscheidung über die Verhängung der Jugendstrafe aber für eine bestimmte Bewährungszeit aussetzen; der Jugendliche wird in dieser Zeit unter Bewährungsaufsicht gestellt (§§ 27–30, 23–25). 3) Über die jugendlichen Täter entscheiden die Jugendgerichte, und zwar der Amtsrichter als Jugendrichter, das Jugendschöffengericht und die Jugendkammer (§§ 33–42). Zum Verfahren selbst s. §§ 43–81; zur Vollstrekkung (→Strafvollzug) §§ 82–93. 4) Nach § 38 haben die Jugendämter im Zusammenwirken mit den Vereinigungen für Jugendhilfe (→Jugendhilferecht) die Jugendgerichtshilfe auszuüben. Diese soll das Gericht bei der Erforschung der Persönlichkeit, der Entwicklung und der Umwelt des Täters unterstützen und sich zu den zu ergreifenden Maßnahmen äußern. Zu den Schwierigkeiten richterlicher Tätigkeit →Vormundschaftsgericht. [U. W.]

Text: →Jugendhilferecht, →Jugendrecht, →Strafrecht.

Lit.: →Jugendhilferecht, →Kriminologie, →Strafvollzug. Ferner: Adam, H. J.: Jugendhilferecht II (Jugendstrafrecht und Jugendschutz) (FHS-Skript. B 6) Stuttgart 1974. Brunner, R.: JGG. Kommentar, Berlin 1975[4]. Dallinger, W./ Lackner: JGG. Kurz-Kommentar, München 1977[3]; Gipser, D.: Mädchenkriminalität. Soziale Bedingungen abweichenden Verhaltens, München 1975. Grieswelle, G.: Sozialarbeit, Pädagogik und Jugendstrafrecht. Eine vergleichende Analyse, Stuttgart 1972. Hellmer, J.: Jugendkriminalität, Neuwied 1975[3]. Kaiser, G.: Jugendrecht und Jugendkriminalität, Weinheim 1973. Kaufmann, H.: Jugendliche Straftäter und ihre Verfahren (Das Wiss. Taschenbuch. Abt. Rechts- u. Staatswiss. Goldmann), München 1975; Müller, F. K. W.: Jugendstrafrecht und Jugendgerichtsbarkeit, Regensburg 1975[3]. Pongratz, L. u. a.: Kinderdelinquenz, München 1975; Schaffstein, F.: Jugendstrafrecht. Eine systematische Darstellung, Stuttgart 1975[5]. Simonsohn, B., Simonsohn, B. (Hg.): Jugendkriminalität, Strafjustiz und Sozialpädagogik, Frankfurt/M. 1971[3].

Jugendgruppe, in modernen Gesellschaften ein wirksamer Sozialisationsfaktor, da die Sozialisationsagenturen, die früher den »Transport« (Tenbruck) der Jugendlichen in die Gesellschaft übernommen haben, diese Aufgabe in einer immer komplexer werdenden Gesellschaft nicht mehr alleinverantwortlich durchführen können. Es werden zwei Grundtypen von Jugendgruppen unterschieden: fremd-initiierte und frei-initiierte Gruppen (Schilling). Zu den fremd-initiierten Jugendgruppen zählen: Vereinsgruppen, Clubs und Gruppen innerhalb Einrichtungen der Jugendpflege oder kommerzieller Unternehmen. In solchen Gruppen sind heute etwa knapp die Hälfte der Jugendlichen organisiert. Die »Deutsche Sportjugend« hat dabei die größte Mitgliederzahl; dagegen verzeichnen die im Deutschen Jugendring vertretenen

Jugendverbände eine rückläufige Tendenz in der Mitgliederzahl. Daraus läßt sich jedoch nicht die These von einer organisationsmüden und bindungsscheuen Jugend ableiten; denn selten waren mehr als 40% der Jugendlichen Mitglieder in solchen Verbänden. Frei-initiierte Jugendgruppen werden als typische und adäquate Gesellschaftsformen junger Menschen in einer pluralistischen Gesellschaft angesehen. Sie können einen wesentlichen Beitrag zur Sozialisation leisten, da sie auf der einen Seite wichtige Elemente des Familienlebens enthalten, auf der anderen Seite jedoch bereits eine Nachbildung von Strukturen der Gesellschaft der Erwachsenen darstellen. Als soziale Funktionen der freiinitiierten Jugendgruppe können u. a. angenommen werden: Emanzipation und Autonomie, Status- und Verhaltenssicherheit, Angstminderung und emotionale Sicherheit, Anbietung eines Orientierungs- und Bezugssystems, Ich-Stützung und Gewinnung von Ich-Stärke, Identitätsfindung und Identifikation, Abbau von Frustrationen, dafür Stabilisierung, Selbstdarstellung und Selbstbewußtsein, Solidarität und Konformität, Gratifikation und Anerkennung. [J. Sch.]

Lit.: Tenbruck, F.: Jugend und Gesellschaft, Freiburg 1965. Blücher, V.: Die Generation der Unbefangenen, Düsseldorf 1966. Wurzbacher, G.: Gesellungsformen der Jugend, München 1966. Seidelmann, K.: Gruppe – Soziale Grundform der Jugend, Hannover 1970. Hornstein (Hrsg.): Lernen im Jugendalter, Stuttgart 1975. Schilling, J.: Freizeitverhalten Jugendlicher, Weinheim 1976.

Jugendhilfe (Geschichte). Hilfen für arme und verlassene, familien- u. sippenlose Kinder waren jahrhundertelang Teil der Armenpflege durch Almosen. Nach Straßburg, Eßlingen u. Nürnberg entstanden erste Findel- u. Waisenhäuser in Lübeck (1546), Münster i. W. (1592), Bremen (1602), Hamburg (1604). Im Zuge der folg. Reformation organisierten die Reichsstädte und die Landesherren Kranken-, Armen- und Waisenpflege. Es entstand ein vielgliedriges Fürsorgewesen der Handwerkszünfte und Kaufmannsgilden. Der fürstliche Absolutismus führte zu städtisch/staatlich straff gelenkter Zwangsarmenpflege: Zucht- und Armenhäuser, Bewahrung und Anhaltung zur Arbeit. Erst im 18. u. 19. Jahrhundert führte die Gründung caritativer Stiftungen durch einzelne Persönlichkeiten zur Verbreitung päd. u. fürsorg. Ideen in der Kinder- und Jugendfürsorge: August Hermann Francke (1663–1727), Johann Heinrich Pestalozzi (1746–1827), Johannes Falk (1768–1826), Friedrich Fröbel (1782–1852), Johann Hinrich Wichern (1808–1881), Adolf Kolping (1813–1865). Um die Jahrhundertwende setzte eine Bewegung zur Konzentration der bis dahin zersplitterten jgdfürs. Kräfte u. zur Befreiung von der Armenpflege ein. Die Folgen des Krieges 1914/18 mit ihrer soz. u. wirtschaftl. Not verstärkten die Bemühungen um den Ausbau d. Jugendwohlfahrt u. die Zusammenfassung ihrer Aufgaben im Jgd.amt. Grundlage wurde das Reichsgesetz f. Jugendwohlfahrt (RJWG) vom 1.4.1924. Die damalige Finanznot des Staates hat die Jugendwohlfahrt nicht zur vollen Auswirkung kommen lassen. Der NS-Staat ersetzte 1933–45 die Kollegialverfassung des Jugendamtes durch das »Führungsprinzip«: Maßstab für individuelle Förderung und Hilfe waren »Würdigkeit« des jungen Menschen nach rassischen und politischen Gesichtspunkten und dessen »Leistung für die Volksgemeinschaft«. Nach dem Wiederaufbau öffentl. u. freier JH nach 1945 – u.a. mit zahlreichen Änderungen im gesamten Jgd.- u. Familienrecht – führten jugendpolitische und sozialwissenschaftl. Anstöße zu einem veränderten Verständnis von JH, verbunden mit einer umfassenden Sichtweise von Sozialpädagogik: JH umgreift alle Leistungen eines umfassenden Hilfeauftrages: Verbesserung der Sozialisationsbedingungen für alle jg. Menschen u. Behebung oder Minderung individueller Notlagen u. Fehlentwicklungen. JH untersucht zugleich die Ursachen auftretender Mißstände in ihrem gesellschaftlichen Zusammenhang. Aus dieser Sicht wird in der BRD die Reform der JH in einem neuen, das alte JWG ablösenden JH-Ges. angestrebt. [W. Th.]

Lit.: Gernert, W.: Jugendhilfe. Kurze praxisbez. Einf. München/Basel 1973. Grundlegende Vorstellungen über Inhalt u. Begriff moderner Jugendhilfe. Bundesmin. f. Jgd., Fam. u. Ges., Bonn-Bad Godesberg (Bd. 13), Stuttgart 1974. Scherpner, H.: Geschichte der Jugendfürsorge, Göttingen 1966.

Jugendhilfe, kommunale, das von den Gemeinden und Kreisen zu leistende Aufgabenfeld der Jugendhilfe, Teil der →Öffentlichen Jugendhilfe, die über die kommunale Jugendhilfe hinaus die Aufgaben auf Landes- und Bundesebene umfaßt. Aufgaben und Organe der öffentlichen und damit auch der kommunalen Jugendhilfe sind im Gesetz für Jugendwohlfahrt (JWG) vom 6. Aug. 1970 geregelt: Organe der öffentlichen Jugendhilfe sind die Jugendwohlfahrtsbehörden, nämlich die Jugendämter, Landesjugendämter, und die obersten Landesbehörden (§ 2 JWG). Der kommunale Teil der öffentlichen Jugendhilfe ist also in den Jugendämtern der Städte und Landkreise organisiert, die sich aus der Verwaltung des Jugendamtes und dem Jugendwohlfahrtsausschuß zusammensetzen. Sie sind zuständig und verantwortlich für die Erfüllung der Aufgaben der kommunalen Jugendhilfe, die in § 4 und 5 JWG festgelegt sind. Die Aufgaben der Jugendhilfe insgesamt werden außer von kommunalen und anderen öffentlichen Trägern vor allem von freien Trägern der Jugendhilfe wahrgenommen; das sind vor allem sogenannte freie Vereinigungen der Jugendwohlfahrt, d.h. die großen Wohlfahrtsverbände und kleinere regional oder lokal organisierte Zusammenschlüsse zum Zwecke der Jugendhilfe, und die Jugendverbände und sonstigen Jugendgemeinschaften. Die Kommunen (Kreise und Gemeinden) tragen nach JWG und Urteil des Bundesverfassungsgerichtes die Gesamtverantwortung für die Erfüllung der Jugend- und Sozialhilfe und damit in besonderer Weise auch für die Koordinierung, Zusammenarbeit, Planung und Förderung der öffentlichen und freien Jugendhilfe. Da die Bundes- und Landesebene im wesentlichen nur Kompetenzen für Empfehlungen und Richtlinien, Anregung und Förderung, Berichterstattung und Öffentlichkeitsarbeit haben, liegt der Schwerpunkt und die umfassendste Verantwortung für die Aufgaben der Jugendhilfe und ihre praktische Durchführung im kommunalen Sektor. Die öffentliche (kommunale) Jugendhilfe soll die Erziehung in der Familie unterstützen und ergänzen, die von den Eltern oder anderen Personensorgeberechtigten bestimmte Grundrichtung der Erziehung beachten, Zusammenarbeit mit Eltern und anderen Personensorgeberechtigten bei allen Maßnahmen anstreben (§ 3 JWG), die freiwillige Tätigkeit zur Förderung der Jugendwohlfahrt unter Wahrung ihrer Selbständigkeit unterstützen, anregen und zur Mitarbeit heranziehen (§ 7 JWG) darauf hinwirken, daß die für die Wohlfahrt der Jugend erforderlichen Einrichtungen und Veranstaltungen ausreichend zur Verfügung stehen (§ 5 JWG). Die kommunale Jugendhilfe unterliegt in besonderer Weise dem Gebot der »Fachlichkeit«, etwa bei der Auswahl des Leiters der Verwaltung des Jugendamtes und anderer Fachkräfte nach den Kriterien von Ausbildung, Kenntnissen und einschlägiger Erfahrung. Diesen Forderungen nach Qualität und Umfang der von der kommunalen Jugendhilfe zur Verfügung gestellten sozialen Dienste genügen die geltenden gesetzlichen Regelungen noch nicht. Deshalb ist eine grundlegende und tiefgreifende Reform des Jugendhilferechts, die seit vielen Jahren in der Fachwelt diskutiert und zu Ansätzen in der Gesetzgebungsarbeit geführt hat, dringend erforderlich, verbunden mit einer Neuregelung der finanziellen Voraussetzungen und Bedingungen der Jugendhilfe. [H. P.]

Lit.: Gesetz für Jugendwohlfahrt (JWG) vom 6. Aug. 1970, Bundesgesetzblatt I, S. 1197. 3. Jugendbericht der Bundesregierung

Jugendhilfe (System). 1. Begriff und Aufgaben: JH (Jugendwohlfahrtspflege) umgreift alle gesellschaftlichen Bemühungen, die der Sicherung und Erfüllung des Rechts des jungen Menschen auf Erziehung und Bildung dienen. Sie sollen ihm ermöglichen, sich körperlich, geistig und seelisch seinen Anlagen und Neigungen gemäß zu entwickeln sowie seine Persönlichkeit zu entfalten. Die JH hat die Aufgabe, Konflikte und Probleme der jungen Generation in ihren gesellschaftlichen Zusammenhängen zu untersuchen, um von daher die Sozialisationsbedingungen für Kinder und Jugendliche verbessern zu helfen, individuelle Notlagen sowie Fehlentwicklungen zu beheben oder wenigstens zu mindern. Hierbei hat die JH die Aufgabe der partnerschaftlichen Zusammenarbeit mit den Erziehungsberechtigten und allen sonstigen Erziehungsträgern.

2. Grundlage für die Praxis der JH ist die Sozialpädagogik, die mit ihren wissenschaftlichen Erkenntnissen und Methoden den in der JH Tätigen Möglichkeiten für sozialpädagogisches Handeln vermitteln. Qualifizierte JH kann nur auf der Grundlage von wissenschaftlichen Erkenntnissen und anerkannten sozialpädagogischen Methoden im Zusammenwirken von Fachkräften geleistet werden.

3. Leistungen der JH: a) Die vorbeugenden Hilfen umfassen u. a. Jugend- und Eheberatung, Hilfen vor sowie nach der Geburt, Mütter- und Elternschulung, Hilfen für berufstätige oder in der Erziehung und Pflege behinderte Eltern und deren Kinder, Beratung in Fragen der Erziehung, Erziehungshilfen in Tageseinrichtungen (Elementarbereich), Kinder- und Jugenderholung. b) Die allgemeine Jugendförderung (Jugendpflege) umfaßt Veranstaltungen und Einrichtungen der offenen Jugendarbeit, Bildung der Kinder sowie Jugendlichen in Gruppen und Freizeitstätten auf freiwilliger Grundlage außerhalb von Familie, Schule und Ausbildung. c) Der Jugendschutz dient der Sicherung der Jugend vor Einflüssen, die geeignet sind, die leibliche, seelische oder sittliche Entwicklung zu stören oder zu schädigen. d) Die Jugendberufshilfen richten sich auf die soziale Eingliederung junger Menschen, soweit diese leiblich, geistig oder gesellschaftlich benachteiligt, noch nicht berufsreif und deshalb noch nicht vermittlungsfähig sind. e) Hilfen für schutzbedürftige Minderjährige gelten Kindern und Jugendlichen, deren Hilfsbedürftigkeit auf vorwiegend objektiven Ursachen beruht. Sie erfordern u. a.: Pflegekinderschutz, Adoptionshilfe, vormundschaftliche Hilfen, Sorgerechtsregelung, Unterbringung in Familien und Heimen. f) Besondere erzieherische Einzelhilfen gelten den in ihrer leiblichen, seelisch-geistigen und gesellschaftlichen Entwicklung gestörten, gefährdeten, geschädigten, erheblich verhaltensauffälligen oder delinquenten Minderjährigen (und Heranwachsenden), u. a. durch: Heilpädagogische Maßnahmen, Erziehungsbeistandschaft, Freiwillige Erziehungshilfe, Fürsorgeerziehung, Jugendgerichts- und Bewährungshilfe, Hilfen für jugendliche Straffällige und Strafentlassene.

4. Rechtsquellen der JH: Charta des Kindes der Vereinten Nationen; Grundgesetz für die BRD, Landesverfassungsrecht; Jugendwohlfahrtsgesetz und Ausführungsgesetze der Länder; Jugendgerichtsgesetz; Jugendschutzgesetze; das Bürgerliche Gesetzbuch, das Gesetz über die religiöse Kindererziehung, das Bundessozialhilfegesetz und zahlreiche andere Gesetze. [W. Th.]

Lit.: Diskussionsentwurf eines Jugendhilfegesetzes des Bundesministeriums für Jugend, Familie und Gesundheit, 1973. Gernert, W.: Jugendhilfe, München 1973. Harrer, F.: Jugendhilfe, Neuwied/Berlin 1974. Mehr Chancen für die Jugend – zu Inhalt und Begriff einer offensiven Jugendhilfe –, Bd. 13 der Schriftenreihe des Bundesministeriums für Jugend, Familie und Gesundheit, Stuttgart 1974.

Jugendhilfegesetz (JHG), Entwurf. Die Reform des →Jugendrechts, insbes. des →Jugendhilferechts (→JWG) und des →Jugendstrafrechts, gehört zu den vordringlichsten rechtspolitischen Aufgaben. Wenn insoweit auch Einigkeit besteht, so gehen die Meinungen über Ausgestaltung der Reform weit auseinander. Kennzeichnend dafür ist die Tatsache, daß die bisher vom Bundesministerium für Jugend, Familie und Gesundheit vorgelegten Entwürfe eines JHG, der Diskussionsentwurf 1973 (DE) und zwei Referentenentwürfe 1974 (RE), recht unterschiedliche Positionen einnehmen. Die schwierige Frage nach dem Verhältnis von Erziehung und Strafe, also von Jugendhilfe und Jugendstrafrecht, hat der DE dahingehend beantwortet, daß das Strafrecht im Jugendbereich fast vollständig zurückzudrängen sei und hauptsächlich Sozialisationsangebote und -leistungen im Wege der Jugendhilfe durch Sozialarbeit und Sozialpädagogik zu erbringen seien. Als eines der Hauptziele wurde dabei die Zurückdrängung stationärer Maßnahmen (→Fürsorgeerziehung) angesehen, da sich diese Erziehungsmittel mit Rückfallquoten bis zu 75% als erfolglos erwiesen haben. Nach einer heftigen öffentlichen Diskussion wurde mit den RE, vor allem dem 2. RE, eine Rückzugsstrategie eingeleitet. Denn dieser stellt im wesentlichen nichts anderes als eine systemimmanente Reform dar, die weiterhin von der bisher geltenden Zweispurigkeit von Jugendhilfe und Jugendstrafe ausgeht, ohne daß allerdings das Verhältnis von Strafsanktionen und Erziehungshilfen hinreichend durchdacht wäre. Eine Neuheit besteht insoweit, als der Jugendrichter lediglich auf einen Schuldspruch beschränkt bleiben und die Auswahl der Maßnahmen der Träger der Erziehungshilfe (nach dem RE auch der Jugendrichter, aber im vormundschaftsgerichtlichen Verfahren) leisten soll, wenn ausschließlich Erziehungshilfen angezeigt sind. Der Katalog dieser Erziehungshilfen ist im RE gegenüber dem →JWG und dem →Jugendstrafrecht beträchtlich erweitert und differenzierter (z. B. Erziehungskurse, Erziehung in anderer Familie, Wohngemeinschaften). Kinder und Eltern sollen Erziehungshilfen und Förderungsmaßnahmen in weitem Umfang in Anspruch nehmen können. Die öffentliche Jugendhilfe soll in ihrer rechtlichen Position sowohl gegenüber den Eltern als auch den Trägern der freien Jugendhilfe gestärkt werden. Die rechtliche Stellung der betroffenen Jugendlichen soll vor allem durch Rechte zur →Mitbestimmung (gerade auch in Heimen und Anstalten) verbessert werden. Die Durchführung der zahlreichen (neuen) Aufgaben in der Jugendhilfe und im Bereich des Jugendstrafrechts muß fachgerecht erfolgen, d. h. auf der Grundlage wissenschaftlicher Erkenntnisse und gesicherter Methoden durch das Zusammenwirken verschiedener Fachdisziplinen (Sozialarbeit, Sozialpädagogik, Psychologie, Soziologie, Rechtswissenschaft usw.). Dazu bedarf es zahlreicher Einrichtungen und Ausbildungsstätten sowie der entsprechenden personellen Ausstattung. Der RE begründet eine allgemeine Gewährleistungspflicht, nach welcher der Träger der Jugendhilfe die Jugendbehörden mit einer angemessenen Zahl qualifizierter Mitarbeiter auszustatten und mit bedarfsgerechten und ausreichenden Einrichtungen und Diensten zu versorgen hat. Als kostenverursachende und zudem ideologisch umstrittene Reform wird es der Entwurf, gleich in welcher Form, schwer haben, als JHG das JWG abzulösen. [U. W.]

Lit.: Diskussionsentwurf eines Jugendhilfegesetzes. Hg.: BuMin. f. Jugend, Fam. u. Gesundheit, Bonn. Denkschrift der Arbeiterwohlfahrt, Vorschläge für ein erweitertes Jugendhilferecht, Bonn 1970. Deutsches Jugendinstitut, Zur Reform der Jugendhilfe. Analysen und Alternativen, München 1973. Jordan E. (Hg.): Jugendhilfe. Beiträge u. Materialien zur Reform des Jugendhilferechts, Weinheim 1975. Neue Praxis, Sonderheft Nov. 1973, Kritik am DE eines neuen JHG. Vgl. ferner eine Reihe von Beiträgen in einzelnen Zeitschriften seit 1973, wie z. B. »Zentralblatt f. Jugendrecht u. Jugendwohlfahrt« (Eckert, Hellmer, Simonsohn, Walter, Ranschert), »Recht der Jugend und des Bildungswesens (Pohl, v. Schlotheim, Münder), »Kritische Justiz« (1974: Barabas und Sachße) und anderen Zeitschriften.

Jugendhilfeplanung, dient neben der Ermittlung von Bedürfnissen in Arbeitsfeldern der Jugendhilfe und gleichzeitiger Bestandsaufnahme dazu, gegenwärtige Probleme von öffentlicher und freier Jugendarbeit in zukünftige, kurz-, mittel- und langfristige Maßnahmen und Interventionen umzusetzen. Vielfach wird J. noch im kommunalen Bereich mit Haushaltsplanung zu Anteilquoten für Ausgaben in Bereichen der Jugendbildung, Jugendfreizeithilfen und der Jugendhilfe im engeren Sinne gleichgesetzt. J. läßt sich sowohl einer Jugendhilfeforschung als auch Instanzen von Sozialplanung zuordnen (→Soziale Planung). In Planungsfeldern zur Erfassung von kollektiven Bedürfnissen ist J. der Sozialplanung zuzuordnen. Diese wiederum erhebt Daten zu: a) Sozial- und Jugendhilfeeinrichtungen, b) Maßnahmenplanung in der Jugendhilfe, c) spezieller Bedürfnisplanung zu Teilbereichen der Jugendhilfe. Über sekundärstatistische Erhebungen lassen sich Ist-Zustands-Indikatoren zur ökonomischen, sozialen und kulturellen Versorgungslage (Freizeiteinrichtungen, Bildungsstätten etc.) ermitteln. Erhebungen zu speziellen Bedürfnissen und Situationslagen mit Verfahrensweisen der (empirischen) Sozialforschung können je nach Auswahl der Methode die Betroffenen an der Erstellung von J. beteiligen (→Aktionsforschung). [A. S.]

Lit.: Bauer, H. G., Berg, R., Kuhlen, V.: Forschung zu Problemen der Jugendhilfe, München 1976. Beneke, E., Müller, M. K., Siepe, A., Zander, H.: Planung in der Jugendhilfe, Kronberg 1975. Hirschauer, P.: Kommunale Jugendhilfepläne, in: Neue Praxis, 2/1972, S. 310–315.

Jugendhilfepolitik, Sammelbezeichnung für außerordentlich heterogene Sachverhalte im Bereich der Arbeit an und mit jungen Menschen, die von spezial-fürsorgerischen Veranstaltungen bis hin zu denen der politischen Bildung reichen. Der spezifische Beitrag der J. im Rahmen der Sozialisationssysteme besteht darin, die elementaren Erziehungsleistungen zu sichern und die spezifischen Interessen der Kinder und Jugendlichen im Konflikt zwischen der heranwachsenden Generation und der Gesellschaft zu wahren. Die heute noch weithin gebräuchliche Aufteilung der J. in Jugendpflege, Jugendfürsorge, Jugendschutz und Jugendsozialarbeit ermöglicht zwar eine grobe Klassifizierung, ist jedoch insgesamt recht problematisch und z. T. überholt (Dritter Jugendbericht).

Die generellen Aufgaben der J. sind in den §§ 4 und 5 des JWG niedergelegt: 1. Hilfen im Einzelfall (§ 4) und 2. Anregung, Förderung und Schaffung von Veranstaltungen und Einrichtungen für die allgemeine Wohlfahrt der Jugend (§ 5). Daß das derzeit gültige Jugendhilfegesetz veränderungs- und reformbedürftig ist, ist eine Einsicht, die so alt ist, wie dieses selber. Ein entscheidender Anstoß zur Reform des JWG erfolgte durch den Dritten Jugendbericht, der von einer unabhängigen Kommission im Auftrag des Bundesministeriums für Jugend, Familie und Gesundheit (1972) erarbeitet wurde. Die Kommission kritisiert in entscheidenden Punkten das bestehende JWG: Der Bereich der Jugendhilfe nimmt im Rahmen der leistungsorientierten Gesellschaft der BRD eine ungerechtfertigte »Randstellung« ein. Diese ist u. a. darin begründet, daß die gesetzlich kodifizierte Jugendhilfe weitgehend von den Erziehungs- und Fürsorgeauffassungen der Weimarer Zeit geprägt ist, und daß der gesetzliche Auftrag selbst in vielerlei Hinsicht lückenhaft und unscharf formuliert ist. In dem Ungleichgewicht zwischen dem genau geregelten § 4 und den nur vage angedeuteten Leistungen des § 5 des JWG liegt eine weitere Quelle für die bisherigen Probleme der J. Ein anderer wesentlicher Punkt der Kritik ist: Wenn die J. die Interessen und Bedürfnisse von Kindern und Jugendlichen hinsichtlich ihres Rechtsanspruches auf Erziehung vertreten soll, dann ergibt sich die Notwendigkeit, daß das JWG auch Hinweise über den Zugang zu denjenigen Institutionen und Bereichen enthält, in denen die Interessen der Kinder und Jugendlichen auf dem Spiel stehen.

In 77 Punkten nahm das Bundesministerium für Jugend, Familie und Gesundheit zu dem Bericht der Kommission Stellung und kündigte eine »große Reform« des JWG an, die das »Maßnahmegesetz« in ein modernes Erziehungsgesetz umwandeln sollte. Das neue Gesetz soll den gesetzlichen Rahmen für eine von Grund auf erneuerte J. abstekken, die Ansprüche der jungen Menschen und ihrer Eltern auf Förderung und Hilfen zur Erziehung beschreiben und die Pflichten der Träger der J. nennen. Das neue Jugendhilferecht soll den Erziehungsanspruch des jungen Menschen gegen den Staat bei Verlust oder erzieherischen Versagen so konkret wie möglich beschreiben. Die Bundesregierung erwägt, jedem jungen Menschen einen förmlich subjektiven und einklagbaren Rechtsanspruch auf Erziehung zu gewähren, der alle Hilfen einschließt, die der Entfaltung seiner Persönlichkeit dienen (Dritter Jugendbericht). Der neue Entwurf des Jugendhilfegesetzes sollte nach Meinung des Jugendministeriums noch in der VII. Legislaturperiode des Bundestages verabschiedet werden und Gesetzeskraft erlangen.

Der Entwurf löste eine rege Diskussion vor allem bei den freien Trägern, aber auch in Kreisen der Sozialwissenschaften aus. Das Deutsche Jugendinstitut nannte als zentrale These seiner Kritik: Der Entwurf reagiere zwar auf punktuelle und stellenweise auf neuere Entwicklungen, versuche jedoch insgesamt, die Entwicklungen und Anforderungen in den Rahmen der herkömmlichen institutionell-politischen Verfassung und Struktur der J. zu zwängen. Die massive Kritik am Diskussionsentwurf zum Jugendhilfegesetz konnte auch nicht durch den völlig neu überarbeiteten Referentenentwurf des Bundesministeriums für Jugend, Familie und Gesundheit (April 1974) entschärft werden. Aufgrund der vielen und umfangreichen kritischen Stellungnahmen zum Entwurf des JWG, insbesondere aber wegen der erheblichen finanziellen Mehraufwendung, die die Realisierung des neuen JWG notwendig machten, wurde die Reform eines neuen Jugendhilfegesetzes zunächst zurückgestellt und nicht ins Parlament eingebracht. [J. Sch.]

Lit.: Mollenhauer, K.: Jugendhilfe, Heidelberg 1968. Keil, A.: Jugendpolitik und Bundesjugendplan, München 1969. Hornstein, W.: Kindheit und Jugend in der Gesellschaft, München 1970. Giesecke, H.: Die Jugendarbeit, München 1971. Dritter Jugendbericht, Hrsg.: Bundesministerium für Jugend, Familie und Gesundheit, Bonn 1973. Deutsches Jugendinstitut (Hrsg.): Zur Reform der Jugendhilfe. Analysen und Alternativen, München 1973. Birke, P. u. a.: Jugendhilfeforschung, München 1975.

Jugendhilferecht. Da das vom Bundesministerium für Jugend, Familie und Gesundheit im Entwurf vorgelegte →Jugendhilfegesetz von den gesetzgebenden Organen noch nicht beschlossen worden ist, ist die wichtigste im Augenblick noch geltende Rechtsgrundlage das →JWG; daneben sind z. B. zu beachten das →Familienrecht des BGB, das FGG in bezug auf das →Vormundschaftsgericht, das →BSHG in bezug auf die dort gewährten Hilfen. Die Jugendhilfe (JH) umfaßt alle außerschulischen Maßnahmen zur Förderung der Jugendwohlfahrt, das sind Jugendpflege und Jugendfürsorge (§ 2 Abs. 2 JWG). Unter Jugendpflege begreift man alle Maßnahmen, die der Förderung der Persönlichkeit gewidmet sind, z. B. Hilfen zur Bildung oder Freizeitgestaltung. Jugendfürsorge ist die Hilfe für die gefährdete und geschädigte Jugend; als Maßnahmen kommen →Vormundschaft und die Erziehungshilfen nach dem JWG in Betracht. Es ist zwischen öffentlicher und freier JH zu unterscheiden. Organe der öffentlichen JH (§ 2 Abs. 1 JWG) sind vorbehaltlich der Zuständigkeit anderer öffentlicher Körperschaften oder Einrichtungen (→Schulwesen, →Jugendstrafrecht) die Jugendwohlfahrtsbehörden (→Jugendämter, Landesjugendämter, oberste Landesbehörden). Träger der freien JH (§ 5 Abs. 4 JWG) sind die Spitzenverbände der →freien Wohlfahrtspflege, Jugendverbände wie Pfadfinder, Gewerkschaftsjugend, Naturfreunde-Jugend sowie juristische Personen, deren Zweck es ist, die Jugendwohlfahrt zu fördern, wie z. B. der Allg. Fürsorgeerziehungstag oder das Deutsche Jugendherbergswerk. Das Verhältnis zwischen den Trägern der öffentlichen und der freien JH bestimmt sich nach den §§ 4 und 5 JWG. Während das Jugendamt die Pflichtaufgaben nach § 4 (insbes. Mitwirkung bei den Maßnahmen der Jugendfürsorge) auf jeden Fall durchzuführen hat, besteht bei der Erfüllung der Aufgaben nach § 5 (zumeist solche der Jugendpflege) ein Vorrang für die freie JH; hier gilt ähnlich wie im Verhältnis von öffentlicher Fürsorge und →freier Wohlfahrtspflege der Grundsatz der Subsidiarität (→Sozialethik). Im übrigen hat die öffentliche JH die freie JH zu unterstützen, anzuregen und sie zur Mitarbeit heranzuziehen (§ 7). Voraussetzung für eine Förderung der freien JH ist, daß die Träger der freien JH die Gewähr für eine den Zielen des →GG förderliche Arbeit und für eine sachgerechte und wirtschaftliche Verwendung der Mittel bieten und öffentlich anerkannt sind (§ 9). [U. W.]

Text: Jans/Happe: Handbuch für die Jugendhilfe. Vorschriftensammlung zur Jugend- und Sozialarbeit, Köln 1972³; Riedel, H. (Hg.): Jugendwohlfahrtsrecht. Textausgabe m. Erl. u. Sachregister (Beck'sche Textausgaben), München 1977⁸.
Lit.: →BSHG, →Elterliche Gewalt, →Familienrecht. Ferner: Abel, K.: Grundriß der Jugendhilfe, Köln 1972; Fluk, E.: Jugendamt und Jugendhilfe im Spiegel der Fachliteratur, Deutsches Jugendinstitut München 1972. Gernert, W.: Jugendhilfe. Eine kurze praxisbezogene Einführung (UTB 223), München 1975². Harrer, F.: Jugendhilfe. Ein Grundriß (Luchterhand Arbeitsmittel), Neuwied

1974[3]. Harrer, F.: Jugendwohlfahrtskunde. Ein Grundriß f. d. sozialpäd. Ausbildung u. Praxis, Neuwied 1973[6]. Ribbert, F.: Jugendrecht – Jugendhilfe. Teil 1: Lehrbuch. Teil 2: Gesetzestexte. Teil 3: Sammlung von Fällen, Paderborn 1976. Schleicher, H.: Jugend- und Familienrecht (Sozialpäd. Studienreihe), München 1973.

Jugendkriminalität, die strafrechtlich relevante Dimension abweichenden Verhaltens Jugendlicher im Alter von 14–17 Jahren. Ergebnisse jugendsoziologischer Untersuchungen lassen Bedenken aufkommen, den Begriff Kriminalität auf Straftaten Jugendlicher zu übertragen, da er allgemein die kriminelle Absicht und das Bewußtsein der kriminellen Handlung impliziert. Diese Momente müssen jedoch bei Jugendlichen nicht vorliegen. Straftaten Jugendlicher entspringen vielmehr aus ihrer besonderen Lebenslage, die sich als eine Zeit der Krise besonderer Qualität kennzeichnen läßt. Aus diesen Gründen wird die Verwendung des Begriffs »Jugenddelinquenz« empfohlen. Nach statistischen Untersuchungen ist die J. in den letzten 80 Jahren stark angestiegen. Sie nimmt einen immer größeren Anteil an der Gesamtkriminalität ein und hat sich überdies auf schwerere Delikte verlagert.

Die J. ist nicht der Wirksamkeit eines einzelnen Faktors zuzuschreiben, sondern erwächst aus einem komplexen und dynamischen Bedingungsgefüge, das deliquente Handlungen begünstigt, aber nicht kausal bedingt. Die Theorien »Anlage-Umwelt« wie die der »kriminellen Erbanlage« gelten allgemein als überholt. Ebenso wird die Theorie, die J. in einen direkten kausalen Zusammenhang zur Unterschicht bringt, heute in der Regel abgelehnt. In der J. überwiegt zwar der Anteil von Personen aus der Unterschicht. Er wird weniger durch die wirtschaftliche Mangelsituation ausgelöst, als durch die vom niederen sozialen Status bewirkten Frustrationen und Minderungen des Selbstwertgefühles. Ferner ist zu beachten, daß die vermutlich hohe Aufklärungsquote bei Mitgliedern der Unterschicht im Vergleich mit der bei Mitgliedern höherer Bevölkerungsschichten eine Verschiebung der offiziellen Statistik zu Ungunsten der Deliquentenquote der Unterschicht bedingt. Eine Erklärung der J. versuchen mehrere Theorieansätze, die teils mehr soziologisch, teils mehr psychologisch orientiert sind. Die soziologischen Ansätze gehen von der Rollenvielfalt, den Anpassungsschwierigkeiten Jugendlicher in modernen Gesellschaften aus, die zu Verhaltens- und Statusunsicherheit sowie zu Normenkonflikten führen können. Die Beschränkungen beruflicher Entfaltung in der Zeit intellektuellen und instrumentalen Trainings, Sexualverbote in der Zeit höchster Potenz und Mangel sozietärer Bedeutung dieser Versagung fördern die Ausbildung von Subkulturen und führen zu Verhaltensabweichungen Jugendlicher von den sozialen Verhaltensnormen Erwachsener. Die

Art der J. ist entsprechend schichtspezifischer Verhaltensmuster unterschiedlich: Banden-, Gewalt- und Körperverletzungskriminalität sind in den unteren Schichten, Betrug, Alkohol-Sexual-Delinquenz und Drogenmißbrauch in den höheren Schichten vorrangig. In jüngster Zeit finden in der kriminologischen Diskussion neue Theorieansätze starke Beachtung. Der »labeling approach« etwa wird als Verlaufsmodell auf die Entstehung delinquenter »Karrieren« angewandt. Die J. wird demnach als sozialer Prozeß verstanden, der aus den Reaktionen Anderer auf delinquentes Verhalten resultiert. Ein Jugendlicher wird »auffällig« nach Maßgabe des dominierenden Systems von Situationsdefinitionen und Verhaltensklassifikationen.

Psychologisch gesehen kann die J. zu einem großen Teil als Verhaltens- und soziale Orientierungsstörung im Jugendalter gedeutet werden, die ihre Wurzeln in mangelhaft verarbeiteten Triebkonflikten und Frustrationen der frühen Kindheit hat. Kriminelle Entwicklungsverläufe können bedingt sein durch Reifungsdissoziationen zwischen der somatischen und psychischen Entwicklung, durch endogene oder exogene Psychosen sowie durch neurotische Fehlentwicklungen. J. ist oft auch ein Ergebnis ungünstiger Wechselbeziehungen zwischen den psychosexuellen Phasen und den sozialen Modalitäten der Persönlichkeitsentwicklung, die sich später als psychische Konflikte und aggressives Verhalten entladen.

Es ist jedoch nicht zulässig, einen scheinbar unüberbrückbaren Gegensatz zwischen psychologischen und soziologischen Kriminalitätsfaktoren zu konstruieren. Eine interdisziplinäre Kooperation der einzelnen Wissenschaften zur Analyse der J. ist vonnöten. Einerseits ist es nicht zulässig, klinische und anthropologische Kriminalitätsforschung zu betreiben, ohne den notwendigen sozialen Bezug zu berücksichtigen, andererseits erscheint es nicht angebracht, die manifesten klinisch-psychologischen Merkmale bei einem sehr großen Prozentsatz von Deliquenten zu leugnen. Es ist daher notwendig, die soziologischen, psychologischen und psychoanalytischen Theorien und Forschungsergebnisse zur J. in sozialwissenschaftliche integrative Theorien einzubringen (Moser). [J. Sch.]

Lit.: Heintz, P./König, R.: Soziologie der Jugendkriminalität, Köln 1957. Cohen, A.: Kriminelle Jugend, Hamburg 1961. Glueck, E. u. S.: Jugendliche Rechtsbrecher, Stuttgart 1963. Sack, F./König, R.: Kriminalsoziologie, Köln 1968. Opp, K.-D.: Kriminalität und Gesellschaftsstruktur, Neuwied 1968. Iben, G.: Kinder am Rande der Gesellschaft, München 1968. Künzel, E.: Jugendkriminalität und Verwahrlosung, Göttingen 1968. Moser, T.: Jugendkriminalität und Gesellschaftsstruktur, Frankfurt 1972.

Jugendkrise entsteht aus einer Kulmination der Probleme physiologischer Reifungsvorgänge und sozialer Erwartungshaltungen der Gesellschaft gegenüber den Jugendlichen. Der physiologische Vorgang der körperlichen Geschlechtsreifung (Pubertätskrise) bedingt gegenüber der Latenzzeit ein intensiveres Triebleben. Durch die Zerstörung des psychischen Gleichgewichts und durch das Auftreten von Triebenergie kann das Ich die Bewältigung des Libidoschubes im Sinne einer Integration nur unter der Bedingung einer Charakterveränderung leisten, deren Ziel es ist, die neu aufgetretene, verstärkte Sexualität in die Person, das Ich zu integrieren (S. Freud). Da die Libidoentwicklung nicht einen allmählichen Ablösungsprozeß von der Satellitenbeziehung zur Herkunftsfamilie einleitet, sondern sehr plötzlich die libidinösen Beziehungen von den Eltern abzieht, ist sie für den Jugendlichen mit Angst besetzt (Ausubel) und löst eine Identitätskrise beim Jugendlichen aus (Erikson). Durch den verstärkten Antagonismus zwischen Familie und anderen Primärgruppen einerseits und den sekundären Systemen der komplexen Gesellschaft andererseits sowie durch unterschiedliche Rollendefinitionen der Jugendlichen in den einzelnen gesellschaftlichen Subsystemen entsteht für den Jugendlichen (Adoleszenzkrise) eine Situation der Rollendiffusität, Status- und Verhaltensunsicherheit (Erikson). Diese Statusunsicherheit manifestiert sich in Labilität und Gestaltlosigkeit. Entsprechend sucht der Jugendliche einen emotionalen Schutzraum, die »peer groups«. Diese sind ihm bei der Neubestimmung und Umformung der Rollenerwartungen behilflich, geben ihm emotionale Sicherheit und helfen ihm, die Aufgaben der Jugendkrise zu lösen. Werden die Probleme in der Jugendkrise nicht bewältigt, reagiert der Jugendliche mit Flucht und Resignation oder mit Ablehnung und Aggression. [J. Sch.]

Lit.: Röhrs, H. (Hg.): Die Jugendfrage – eine erzieherische Aufgabe, Frankfurt 1965. Undeutsch, U.: Die psychische Entwicklung der heutigen Jugend, München 1967. Ausubel, D.: Das Jugendalter, München 1968. Friedeburg, L. v. (Hg.): Jugend in der modernen Gesellschaft, Köln 1968. Neidhardt, F. (Hg.): Jugend im Spektrum der Wissenschaften, München 1970. Erikson, E.: Jugend und Krise, Stuttgart 1974.

Jugendpflege (Geschichte). Im Lauf der menschlichen Geschichte treten zu allen Zeiten in allen Gesellschaften und Kulturen sporadisch gehäuft Klagen über die Jugend, über die Gefährdung der Jugend oder die Gefährdung der Tradition und der unveränderten Reproduktion der Gesellschaft durch die Jugend ebenso auf wie bei der Jugend Protest aus »Unbehagen an der Kultur« oder an der »Gesellschaft«. Diese Dissonanzphänomene zwischen einer Gesellschaft und ihrer Jugend und die dadurch ausgelösten Aktivitäten werden in modernen Gesellschaften als Objekte der Jugendpflege u. des Jugendschutzes und als Aktivitäten von Jugendbewegung bezeichnet. Die moderne Jugendpflege läßt sich in Ursprung und Entstehungszusammenhängen zurückführen auf die industrielle Revolution, die damit ausgelösten Entwicklungstrends der Industrialisierung sowie Urbanisierung und gesellschaftliche Reaktionen auf diese Entwicklung. Frühe Vorläufer späterer Jugendpflegevereine nach Form und Inhalt waren katholische Vereine für Studenten, Handwerksgesellen und junge Arbeiter, die religiöse Erbauung, Erhaltung und Stärkung der kirchlichen Bindungen mit fachlicher und beruflicher Belehrung zu vorbeugender Fürsorge zu verbinden suchten. Beispielhaft dafür steht Adolf Kolping, selbst Schuhmachergeselle, bevor er Priester wurde (1846 Gründung eines kath. Gesellenvereins in Elberfeld und 1853 erstes Gesellenhospiz in Köln). Ebenso wird auf evangelischer Seite von der Gründung von »Erbauungsvereinen« (1768), von »Vereinen für Sonntagssäle« oder »Hilfsvereinen für Jünglinge« (1832) als einer neuen Art von Jugendvereinen aus christlichhumanitärem Geist berichtet, die die Form von Geselligkeit ausprägten, die für weite Teile der Jugendpflege grundlegend wurde.

Um diese Zeit (1826) findet sich bei Schleiermacher eine erste theoretische Begründung der Jugendpflege: »Soll nun alle pädagogische Tätigkeit aufhören, sobald sie die Schule verlassen haben . . .?« Erziehung sei mit der Schulentlassung nicht abgeschlossen, gerade dann beginne eine wichtige Erziehungsperiode. Er fordert eine Gemeinschaftserziehung im Jünglingsalter, um »das gemeinsame Leben in der Gesellschaft vorzubereiten«. Familie und Berufsausbildung bedürften (nach Abschluß der Schule) eines »Supplements, das wohl am besten in einem gemeinsamen Leben der Jugend selbst gegeben sein möchte«: Seine Überlegungen muten durchaus modern an und fanden ihr praktisches Gegenstück (wenn auch vielleicht nicht ihre Umsetzung und Erfüllung) in den erwähnten Jugendpflegevereinen.

Neben den konfessionellen Gruppierungen entstand seit 1810 ein dritter Zweig der Jugendpflege: die Turnbewegung (F. L. Jahn). Sie ist von zunehmender und bleibender Bedeutung bis heute, wenn man ihr als historischer Wurzel die Jugendarbeit der Wander- und Sportvereine hinzurechnet.

Auch in der Frauenbewegung entstanden (ab 1893) Gruppen für soziale und jugendpflegerische Aufgaben, die sich 1912 zum »Deutschen Verband der Jugendgruppen und Gruppen für soziale Hilfsarbeit« zusammenschlossen. Für die weitere Entwicklung bemerkenswert sind diese besonders, weil schon im Gründungsaufruf 1893 auf die Notwendigkeit einer theoretischen Ausbildung neben dem praktischen Einsatz hingewiesen und mit den danach eingerichteten Kursen (1899 einjährig, 1908 zweijährig) der Grundstein für die sozialpädagogisch/soziale

Berufsausbildung, einschließlich der Jugendpflege, in Deutschland gelegt wurde.
Ein weiterer Zweig der Jugendpflege, dessen Grundfrage nach dem Verhältnis von Schule und Jugendpflege bis heute aktuell geblieben ist, entstand ab 1894 als »Vereinigungen ehemaliger Schülerinnen« in Berlin, bald auch in anderen Orten: »Jugendpflege gehört naturgemäß zum Pflichten- und Aufgabenkreis der Lehrerin«, um »sich ihrer Schülerinnen auch nach der Schulentlassung anzunehmen, sie zu beraten, sittlich zu festigen, wirtschaftlich zu fördern«. Eine entsprechende Berücksichtigung der sozialen Aufgaben des Lehrers in der Ausbildung wurde schon 1896 gefordert. Freilich war diese Form der »halb-freien« Jugendpflege schon damals umstritten, und Gegner und Befürworter bedienten sich ähnlicher Argumente wie heute.
In der Arbeiterbewegung, die neben Erwachsenen auch vielfach Jugendliche organisierte, wurde die Jugendfrage lange thematisch und organisatorisch vernachlässigt. Erst scharfe Reaktionen auf Unterdrükkung und Ausbeutung proletarischer Jugendlicher führten 1904 zur spontanen Organisierung im »Verein der jugendlichen Arbeiter und Lehrlinge« in Berlin und der »Jungen Garde« in Mannheim. In der Auseinandersetzung mit den staatlichen Gegenmaßnahmen des Reichsvereinsgesetzes (1908) und der staatlichen Förderung aller nicht- und anti-sozialistischen Jugendpflege (1911), von der die Arbeiterjugend ausgeschlossen war, bildete sich eine zweite, stärker jugendpflegerische Phase der Arbeiterjugendbewegung, unterstützt durch Sozialdemokratie und Gewerkschaften. Die Jugendheime (1914) standen allen Jugendlichen kostenlos offen – eine Art »Offene Tür« mit dem Grundsatz der Koedukation.
Die freie Jugendpflege zeigte so von Anfang an die heute noch für sie charakteristische Vielfalt der Ansätze und Formen, vielfach auch schon die heute noch üblichen Formen und Inhalte, Probleme und Ideen. Getragen wurde die Arbeit fast ausschließlich von ehren- und nebenamtlichen, nur ganz vereinzelt auch schon von besoldeten Jugendleitern.
Später als die freie entstand die öffentliche (behördliche) Jugendpflege – durch die preußischen Jugendpflege-Erlasse vom 18.1.1911 und 30.4.1913. Sie waren auf die Gewinnung der Jugend für den Staat und den gesellschaftlichen Status quo und politisch gegen die Sozialdemokratie und ihre Jugendarbeit gerichtet. Die öffentliche Jugendpflege erstrebte von Beginn an vordringlich Zusammenarbeit, Aktivierung, Koordinierung sowie finanzielle Förderung der freien Jugendpflege. Dazu aber war die Bildung von Orts-, Kreis- und Bezirksausschüssen für Jugendpflege und die Einsetzung von Kreis- und Bezirksjugendpflegern notwendig. Erstaunlicherweise setzte sich der Aufwärtstrend

in der Anstellung hauptamtlicher Jugendpfleger und in der finanziellen Förderung über den Krieg hinweg in die Weimarer Republik hinein ungebrochen fort: In Preußen (für das das umfangreichste und zuverlässigste Zahlenmaterial vorliegt) betrug der staatliche Jugendpflege-Fonds 1911 1 Mill., 1914 3,5 Mill., 1921 10 Mill. und 1925–27 je 3 Mill. Mark, die Zahl der Bezirks- bzw. Kreisjugendpfleger 1919 5 bzw. 390, 1925 42 bzw. 930, 1929 54 bzw. 1200. Auch die Aus- und Fortbildung wurde zunehmend als notwendig erkannt und durch Lehrgänge und Tagungen gefördert. Verbunden mit der hauptamtlichen Anstellung entstand so die Jugendpflege als Beruf. Die Einführung des Achtstunden-Arbeitstages, die Freisetzung bis dahin im Obrigkeitsstaat gebundener und unterdrückter bürgerschaftlicher Kräfte und die Auseinandersetzung mit der Jugendbewegung belebten die Jugendpflege in der Weimarer Republik und trug zu ihrer Weiterentwicklung bei.

Diese Entwicklung wurde durch die Machtübernahme der Nationalsozialisten 1933 abgebrochen: An die Stelle staatlicher Förderung trat staatlicher Dirigismus, an die Stelle des Nebeneinander und der Zusammenarbeit vieler Verbände die Gleichschaltung, die Dominanz einer Partei- und später einer Staatsjugend. Die im »Reichsausschuß der Deutschen Jugendverbände« zusammengeschlossenen fast 120 Verbände und Bünde mit rd. 6 Mill. Mitgliedern wurden aufgelöst, verboten oder in die Hitlerjugend überführt und »gleichgeschaltet«.

Blieben auch manche Formen und Inhalte der Jugendbewegung und der bündischen Jugend erhalten, so wurde die gesamte Jugendarbeit doch völlig den Zielen von Partei und Staat und später auch der Remilitarisierung durch para-militärische Formen unterworfen. Die »Jugenddienstpflicht« beseitigte das Prinzip der Freiwilligkeit, das immer ein tragender Grundstein der Jugendpflege war (und ist), gleichzeitig entstand ein neuer Typ des hauptamtlichen »Jugendführers« (1940 rd. 8000!), der Funktionär des Regimes und nicht ein pädagogisch selbstverantwortlicher Jugendleiter war. Damit war das Prinzip der hauptamtlichen Jugendarbeit durchgesetzt und zugleich das Prinzip der Zusammenarbeit von freier und öffentlicher, von ehrenamtlicher und hauptamtlicher Jugendarbeit im »Führer-Prinzip« aufgehoben.

Nach einer Unterbrechung bei Kriegsende begann für die Jugendpflege (wie für andere Bereiche des wirtschaftlichen, gesellschaftlichen und politischen Lebens) eine Phase der Rekonstruktion und Restauration ab 1948, die an alte, traditionelle Formen und Inhalte anknüpfte und bald den alten Umfang wiedergewann: Der 1949 gegründete Bundesjugendring umfaßt Verbände mit rund 6 Mill. Mitgliedern (wie sein Vorgänger, allerdings in nur rd. 15 gegenüber 117 Mitgliedsverbänden der Weimarer Zeit). Organisatorische Konzentration und Zusammenarbeit auf allen Ebenen – vom Bundes- über Landes- zu Kreis- und Stadt-Jugendringen – waren das Ergebnis der von den Trägern der Jugendarbeit aus den Schwächen der Weimarer Zeit gezogenen Lehren. Verstärkt wiederaufgebaut wurde auch die finanzielle Förderung (Bundes- und Landesjugendpläne). Aus der Bemühung um die sog. »unorganisierte Jugend« entwickelte sich verstärkt die kommunale Jugendpflege mit der Zunahme der Häuser der Offenen Tür und Jugendfreizeitheime sowie der hauptamtlichen Jugendpfleger. Dadurch erhielt auch die Ausbildungsfrage immer mehr Gewicht und führte über Kurz-, Sonder- und Zusatzausbildungen zur Berufsausbildung an Fachhochschulen für Sozialwesen auch für den Teilbereich Jugendpflege (»außerschulische Jugendbildung«, Freizeithilfen etc.). Die Mitte der 60er Jahre lauter werdenden Forderungen nach mehr Partizipation und Demokratisierung gipfelten hier in der Jugendzentrumsbewegung (»selbstverwaltete Jugendzentren«). [H. P.]

Jugendpolitik, der Bereich von Regierungs- und Staatstätigkeit im Verhältnis zur Bildungs- und Sozialpolitik, der im Gesamt aller gesellschaftspolitischen Prozesse und Entscheidungen die Situation und die Interessen junger Menschen zu berücksichtigen hat. JP ist also zum einen Betrachtungsperspektive und damit kein eigenständiger politischer Bereich und zum anderen gerichtet auf die Zielgruppe »junge Menschen« im Alter von 0–25 Jahren. Politik als JP. hat zwei globale Aufgaben zu erfüllen: die Sicherung der Erziehung und Bildung von Kindern und Jugendlichen und die Optimierung gesellschaftlicher Sozialisationsbedingungen für die heranwachsende Generation (Hottelet). So beziehen sich die gesetzgeberischen Initiativen zur Bewältigung dieser Aufgaben u. a. auf die Gebiete: Beratungsdienste für Kinder, Jugendliche und Erziehungsberechtigte; vorschulische und schulergänzende Sozialfelder; offene Kinder- und Jugendarbeit, politische Bildung, Jugendfreizeitstätten; offene, halbstationäre und stationäre Erziehungsfelder. Dieses System relativ »zufälliger«, reaktiver und untereinander unverbundener Aktivitäten ist pragmatischen Charakters mit vorrangig ökonomischer Orientierung. Es entbehrt politisch übersetzbarer Konzeptionen über die gesellschaftlichen Bedingungen der Sozialisation im Kindes- und Jugendalter (Arbeitsgruppe JP. im DJI). Dementsprechend wird JP. traditionellerweise als Jugendhilfe im Sinne von »kompensatorischer Teilpolitik« in anderen gesellschaftlichen Subsystemen verstanden. Eine offensive JP. – orientiert an sozialisationspolitischen Leitkategorien (Mehr Chancen für die Jugend) – fordert zur Realisierung ihrer Ansprüche dagegen eigenständige j. p. Aktivitätsfelder, die Verwirklichung kinder- und jugendgemäßer Bedürfnisse in allen Bereichen politischer Planung, die Umverteilung öffentlicher Mittel zugunsten der Jugend, die Förderungspriorität für selbstorganisierte Jugendinitiativen, die Verwirklichung von Anhörungs-, Mitwirkungs- und Selbstorganisierungsrechten junger Menschen. Jedoch im Rahmen der Strukturbedingungen eines »vornehmlich leistungsorientierten sozio-ökonomischen Systems« (3. Jugendbericht), in dem JP. in erster Linie als »Investitionspolitik« betrachtet wird, haben offensive, an den Interessen von Kindern und Jugendlichen orientierte Maßnahmen nur geringe Durchsetzungschancen, da JP. innerhalb des politischen Gesamtsystems eine isolierte Randstellung einnimmt (Disparitätsthese). [D. Sch.]

Lit.: Arbeitsgruppe Jugendpolitik des Deutschen Jugendinstituts: Jugendpolitik ohne Perspektiven – am Beispiel des Bayerischen Jugendprogramms, in: deutsche jugend, H. 5/74. Böhnisch, L.: Über die gesellschaftliche Funktion von Jugendpolitik, in: Was ist Jugendpolitik, Gautinger Protokolle 3, Gauting 1974. Bundesministerium für Familie, Jugend und Gesundheit. Mehr Chancen für die Jugend. Zu Inhalt und Begriff einer offensiven Jugendhilfe. Stuttgart 1974. Bundesministerium für Jugend, Familie und Gesundheit, Dritter Jugendbericht. Bonn 1972. Bundesministerium für Jugend, Familie und Gesundheit. Perspektiven zum Bundesjugendplan, Diskussionsentwurf, 1975. Hottelet, H.: Überlegungen zu einem neuen jugendpolitischen Programm, in: Neue Gesellschaft, 2/1976, S. 142–145.

Jugendrecht. Teilgebiet des →Rechts, und zwar die Zusammenfassung der Teilsachgebiete des Rechts, die die Rechtsverhältnisse der Kinder und Jugendlichen regeln. Dabei handelt es sich im wesentlichen um Teile des →GG, →Verwaltungsrechts, →Schulrechts, →Bürgerlichen Rechts (→Geschäftsfähigkeit), →Arbeitsrechts (→Jugendarbeitsschutz), →Sozialrechts sowie das Jugendwohlfahrtsrecht (→JWG), das →Jugendschutzrecht und das →Jugendstrafrecht. Gemeinsamer Gegenstand dieser rechtlichen Regelungen ist die Sorge um die Jugend, deren Schutz, Erziehung und gesellschaftliche Integration. Deren Position ist dabei aber nicht objekthaft zu verstehen. Vielmehr ist J. gerade auch als subjektiver Anspruch auf Pflege und Förderung ihrer körperlichen, geistigen und seelischen Entwicklung im Sinne eines Rechts auf Selbstbestimmung und chancengleiche Entfaltung der eigenen Persönlichkeit zu begreifen. Diese aus dem →GG abzuleitenden Forderungen müssen daher bestimmend sein bei der Interpretation der Normen des J., die Privaten oder dem Staat Lenkungs- und Eingriffsbefugnisse gegenüber den Jugendlichen gewähren (→elterliche Gewalt, →Fürsorgeerziehung, →Schulrecht). Ein wesentlicher Bereich des J., das →Jugendhilferecht und damit zusammenhängend das Jugendstrafrecht, soll durch ein →Jugendhilfegesetz reformiert werden. [U. W.]

Text: Jugendrecht. Textsammlung m. e. Einf. v. A. Deisenhofer (Beck-Texte im dtv. 5008), München 1976[10]. Seipp (Hg.): Handbuch des gesamten Jugendrechts. 6 Bde. (Ergänzbare Sammlung aller wichtigen jugendrechtl. Vorschriften, teilweise m. erl. Darstellungen), Neuwied. Rechtsprechung: Seipp (Hg.): Sammlung jugendrechtlicher Entscheidungen. 3 Bde. (Loseblatt-Sammlung m. lfd. Erg.), Neuwied.
Lit.: unter den Stichworten, auf die in der Darstellung verwiesen ist. Speziell: Münch, v. E. M.: Kindergartenrecht (Goldmann Taschenbücher. 8307), München 1975. Schmitt-Wenkebach/Ulshoefer: Kindergartenrecht (Luchterhand Arbeitsmittel), Neuwied 1974.

Jugendschutz, eigenständiger Bereich im Rahmen von Maßnahmen der Jugendhilfe. J. ist aus dem Recht des Staates, Art. 6, Abs. 2 des GG abgeleitet, die den Eltern aufgelegten Erziehungsaufgaben zu überwachen. Zu unterscheiden ist zwischen: a) Jugendarbeitsschutz, b) strafrechtlichem JS., c) gesundheitlichem JS. sowie d) erzieherischem JS. Die Einhaltung der Bestimmungen zum JS. scheitern vielfach an der mangelhaften Kompetenz und Ausstattung der Kontrollinstanzen. Für den Sektor des gesundheitlichen und des erzieherischen JS. sind Maßnahmen schulischer Jugendbildung (Fach-Gesundheitslehre) sowie außerschulischer Einrichtungen (öffentliche und private Gesundheitserziehung) notwendig. Die Wirksamkeit von JS. ist weitgehend abhängig von Normen-, Wert- und Erziehungsvorstellungen der gesamten Öffentlichkeit einer Gesellschaft sowie der wirksamen institutionellen und rechtlichen Verankerung der Aufsichts- und Kontrollorgane für den JS. Über Einzelheiten informiert: Bundesarbeitsgemeinschaft Aktion Jugendschutz, 44 Münster, Salzstr. 8, Ruf 0251/5 40 27. (→Gesundheitserziehung, →Jugendschutzrecht, →Jugendarbeitsschutzrecht) [A. S.]

Jugendschutzrecht. 1. Als J. im weiteren Sinn kann man diejenigen Teile des →Jugendrechts bezeichnen, die den Schutz der Jugend in arbeitsrechtlicher (→Jugendarbeitsschutz), erzieherischer (→Jugendhilferecht, →JWG) und strafrechtlicher Hinsicht (→Jugendgerichtsbarkeit) zum Ziel haben.
2. Das J. im spezifisch juristischen (engeren) Sinn hat seine Grundlagen vor allem in dem Gesetz zum Schutz der Jugend in der Öffentlichkeit (JSchÖG) von 1951/1957 sowie dem Gesetz über die Verbreitung jugendgefährdender Schriften (GjS) von 1953/1961. Nach dem JSchÖG sind Kinder (unter 14 Jahre) und Jugendliche (unter 18 Jahre), die sich an Orten aufhalten, an denen ihnen eine sittliche Gefahr oder Verwahrlosung droht, durch die zuständigen Behörden (zumeist Polizei) dem →Jugendamt zu melden; dieses hat ggfls. die notwendigen erzieherischen Maßnahmen zum Schutz des Kindes oder Jugendlichen einzuleiten. Besondere Regelungen bestehen für den Aufenthalt in

Gaststätten, bei öffentlichen Tanzveranstaltungen sowie Kabarett-, Revue- und Filmveranstaltungen. Erwachsene, die gegen das Gesetz verstoßen, können wegen ordnungswidrigen Verhaltens mit einer Geldbuße belegt werden. Nach Maßgabe des GjS werden Schriften, die geeignet sind, Kinder oder Jugendliche sittlich zu gefährden, in eine Liste aufgenommen. Sie dürfen dann nicht Kindern oder Jugendlichen zugänglich gemacht, insb. nicht öffentlich ausgestellt werden; auch die Werbung dafür ist beschränkt. Verstöße dagegen werden mit Strafe belegt (→Strafrecht).

3. Während in der öffentlichen Diskussion Einigkeit darüber besteht, daß die Jugend vor der Verherrlichung von Krieg und Gewalt geschützt werden muß, sind die Auffassungen darüber, ab welchem Alter und in welchem Ausmaß Jugendliche mit dem sexuellen Bereich in Berührung kommen dürfen oder sogar sollen, recht unterschiedlich. Gerade in diesem Punkt haben sich die Ansichten und Einstellungen in den letzten Jahren erheblich gewandelt, wie die Reform des Sexualstrafrechts im Jahre 1973 gezeigt hat (→Strafrecht). Es ist beabsichtigt, ebenso wie das Recht der Jugendhilfe (→JHG) das Recht des J. neu zu gestalten. [U. W.]

Lit.: →Jugendhilferecht; →Strafrecht. Ferner: Adam, H. J.: Jugendhilferecht II (Jugendstrafrecht und Jugendschutz). Manuskript, Fachhochschule Stuttgart, B. G. 1974.

Jugendsoziologie. Eine Definition von Jugend als Sozialkategorie, als Lebensphase, als Kohorte (Jahrgang), als Kohortengruppe sowie als Forschungsobjekt von JS. stößt auf erhebliche Abgrenzungsschwierigkeiten. Jugend etwa als Phase in einem Lebenslauf läßt sich u. a. bestimmen: 1) Physiologisch-biologisch (Konstitution, Sinnesorgane, Drüsenfunktionen); 2) Entwicklungspsychologisch (Affekte – Emotionen); 3) Sozialpsychologisch (Kontakt-Distanzformen, Einstellungen, Verhaltensmuster, Meinungen); 4) Soziologisch (Jugend und sozio-kultureller Wandel, Jugend und Subkulturen, Jugend im System sozialer Schichtung, Ideologien und Jugendkulturen); 5) Demographisch (Altersjahrgänge, Verteilung statistischer Merkmale in Jahrgangsgruppen, Kohorten); 6) Nach juristischen Zuschreibungskriterien, wie Wahlrecht, Alter der Ehemündigkeit etc.; 7) Nach kultur-anthropologischen Gesichtspunkten (Verschiebungen, Verlagerungen, Gleichzeitigkeiten), Erscheinungsweisen der Jugendkultur zu verschiedenen Zeiten, in verschiedenen Regionen und Kulturbereichen. Wesentliche Erkenntnisziele der JS. berühren oder überschneiden andere spezielle Soziologien: 1) Funktionsverluste (Erziehungsdefizite) im Kindes- und Jugendalter untersucht u. a. die Familiensoziologie; 2) Kultursoziologische Analysen heben ab a) auf die Funktion von Jugend als Auslöser und Träger soziokulturellen Wandels, b) auf die Entstehung, Übernahme und Vermittlung von ideologischen Segmenten, Kulturmustern, Wertvorstellungen sowie Sinn- und Existenzdeutungen (Subkulturforschung); 3) Kriminalsoziologische Erhebungen untersuchen u. a. deliktspezifische Verteilungen von Jugenddelinquenz in sozialen Gruppierungen (Randgruppen) sowie auf Bereiche sozialer Schichtung; 4) Eine Soziologie der Freizeit bemüht sich in ersten Ansätzen um empirische Untersuchungen zum Freizeitverhalten sowie zu Freizeiterwartungen von Jugendlichen; 5) Beschränkt auf demoskopische Umfragen bleiben weitgehend Beschreibungen des Einflusses von Massenmedien auf unterschiedliche Gruppierungen der Sozialkategorie Jugend; 6) Weitgehend übernommen werden kann die von der Industriesoziologie der 50er Jahre gewonnene Feststellung, daß die Arbeiterschicht und somit auch die Arbeiterjugend ein dichotomes Gesellschaftsbild (Oben und Unten) übernimmt, während die Jugend der Mittelschicht weitgehend die Gesellschaft hierarchisch sieht und damit eine stärkere vertikale (auf sozialen Aufstieg gerichtete) Mobilität zeigt. Von Bedeutung für eine Methodenentwicklung von Jugendarbeit der SA/SP sind u. a. auch: 1) Identitätstheorien im Jugendalter (E. Erikson); 2) Schichtenspezifische Untersuchungen (F. Lazarsfeld-Arbeiterjugend); 3) Demographische Grundlagen zur Jugendsoziologie (Altersgruppen und ihre Merkmale, wie Schulbesuch, Paarbindungen, Heiratsalter, Berufswahl); 4) Interaktionsstrukturen in peer-groups; 5) Konsumwahl und Konsumverhalten; 6) Lebenspläne von Jugendlichen als Ansatzpunkte weiterführender pädagogischer Untersuchungen. Erkenntnisse der JS. gehen ein in die Methodenentwicklung der SA/SP, der Sozialplanung, Bildungsplanung, Freizeitplanung sowie in die schulpädagogische Methodik und Didaktik. Für Zielgruppenanalysen methodischer Jugendarbeit, Jugendgruppenarbeit empfehlen sich Analysen, Interpretationen und Systematisierungen sozialer Bedürfnisse der Jugend. [A. S.]

Lit.: Allerbeck, K. R. und Rosenmayr, L.: Einführung in die Jugendsoziologie, Heidelberg 1976. Bernsdorf, W. (Hg.): Wörterbuch der Soziologie, Frankfurt/M. 1972-Fischer-Tb. Bertlein, H.: Lebenspläne junger Arbeitnehmer, Frankfurt/M. 1971. Blücher, V. G.: Die Generation der Unbefangenen, Köln 1966. Erikson, E. H.: Kindheit und Gesellschaft, Zürich-Stuttgart 1957. Heintz, P. (Hg.): Soziologie der Schule, Kölner Ztschr. f. Soziologie und Sozialpsych., Sonderheft 4, Köln-Opladen 1959. Jaide, W.: Eine neue Generation?, München 1961. Jaide, W.: Leitbilder heutiger Jugend, Neuwied 1968. Kreutz, H.: Soziologie der Jugend, München 1974. Muchow, H. H.: Sexualreife und Sozialstruktur der Jugend, 1966. Rosenmayr, L.: Jugend, Bd. 6, in: Handbuch der empirischen Sozialforschung, König, R. (Hg.), Stuttgart 1976. Schiffer, J.: Zentrale Probleme der Jugendsoziologie, Bern 1972.

Jugendverbände. Während des Wiederaufbaues der Jugendarbeit im Nachkriegsdeutschland zeichneten sich früh jene Richtungen ab, die schon in der Jgdbewegung vor 1933 Bedeutung hatten. Die Hilfen der Besatzungsmächte wurden bereitwillig in Anspruch genommen. Das Aufbruchserlebnis der ersten Nachkriegsjahre war maßgebend für die weitere Entwicklung: gegen den Mißbrauch der Jugend für Krieg, gegen totalitäre Machtansprüche, für internationale Begegnung und Kontakte u. für demokratisches Zusammenleben der Jugendgemeinschaften untereinander. Letzteres fand Ausdruck in den Jahren ab 1949 in der Bildung von »Jugendringen« in den Städten und Landkreisen sowie in den Bundesländern als auch auf Bundesebene. Nach dem Stand von 1976 sind im Dt. Bundesjugendring (DBJR) zusammengeschlossen: (1) Arbeitsgemeinschaft d. Evang. Jgd. (2) Bund d. Dt. Kath. Jgd. (3) Bund Demokr. Jgd. (4) Bund d. Dt. Landjgd. (5) Dt. Beamtenbund-Jgd. (6) Dt. Jgd. in Europa (DJO) (7) Dt. Schreberjgd. (8) Dt. Jgdrotkreuz (9) Dt. Wanderjgd. (10) Gewerkschaftsjgd./DGB (11) Jgd. d. Dt. Alpenvereins (12) Jgd. d. Dt. Angestellten-Gewerkschaft (13) Naturfreundejgd. Dtschlds. (14) Ring dt. Pfadfinderverbände mit: Bund d. Pfadfinder, Dt. Pfadfinderschaft St. Georg u. Verband christl. Pfadfinderinnen u. Pfadfinder (15) Ring Dt. Pfadfinderinnenbünde mit: Bund Dt. Pfadfinderinnen, Pfadfinderinnenschaft St. Georg u. Verband christl. Pfadfinderinnen u. Pfadfinder (16) Solidaritätsjgd. Dtschlds. im RKB (17) Sozialist. Jgd. Dtschlds. Als sog. Anschlußverbände sind im »Arbeitskreis zentraler Jugendverbände« zusammengeschlossen: Arbeiter-Samariter-Jgd. Dtschlds. – Dt. Esperanto-Jgd. – Dt. Jgdfeuerwehr – Bund d. Dt. Kaufmannsjgd. im DHV – Dt. Philatelisten-Jgd. – Dt. Stenografen-Jgd. – Dt. Reform-Jgdwerk – Junge Gruppe d. Gewerkschaft d. Polizei – Luftsportjgd. d. Dt. Aero-Club – Verband Dt. Amateurfotografenvereine. Die Arbeit des DBJR ist bestimmt durch die Vertretung von jgdpolitischen Interessen gegenüber Parlament, Regierung u. Öffentlichkeit. Die unterschiedlichen inhaltlichen Schwerpunkte der Jgdverbandsarbeit sind im wesentlichen: Politische Bildung / Musisch-kulturelle Bildung / Internationale Begegnung / Spiel u. Sport / Wandern, Fahrt, Lager, Jgdreisen / Fortbildung von Jgdgruppenleitern. Schätzungen zufolge gehören etwa 25% der Bundesbürger zwischen 10 u. 25 Jahren einem J. an. Sitz des Deutschen Bundesjugendringes: 53 Bonn 1, Haager Weg 44. [W. Th.]

Lit.: Zilien, E.: Jugendarbeit. Formen, Ziele, Methoden, Düsseldorf 1970. Jahreskalender des Dt. Bundesjgdringes (1976).

Jugendwohlfahrtsgesetz (JWG). Wichtigste Rechtsgrundlage des →Jugendhilferechts. Im Jahre 1922 erlassen, wurde es seit 1961 mehrmals, z. T. tiefgreifend geändert. Es behandelt die Jugendwohlfahrtsbehörden und ihre Aufgaben (→Jugendamt) sowie deren Verhältnis zur freien →Jugendhilfe (§§ 2–26, 37–54 a), den Schutz der →Pflegekinder

(§§ 27–36), die fürsorgerischen Erziehungshilfen (§§ 55–77) sowie die →Heimaufsicht und den Schutz von Minderjährigen unter 16 Jahren in Heimen (§§ 78, 79). In § 1 ist grundsätzlich festgelegt, daß jedes Kind ein Recht auf Erziehung zur leiblichen, seelischen und gesellschaftlichen Tüchtigkeit hat; von der herrschenden Meinung in der Rechtslehre und Rechtsprechung wird dies nicht als klagbarer Anspruch, sondern lediglich als Programmsatz angesehen. Das Elternrecht zur Erziehung der Kinder ist vorrangig; ein Eingreifen des Staates darf nur in den gesetzlich vorgesehenen Fällen erfolgen (elterliche Gewalt). Die Jugendhilfe tritt erst dann ein, wenn die Familie bei der Erziehung versagt. Die Mittel, mit denen die staatlichen Behörden (→Jugendamt, →Vormundschaftsgericht) eingreifen können, ergeben sich sowohl aus den Vorschriften des BGB im →Familienrecht als auch dem JWG. Im BGB sind die Kontrolle und die Beschränkung bzw. der Entzug der Personen- und Vermögenssorge sowie der gesetzlichen Vertretung der Eltern behandelt (insb. in § 1666 →elterliche Gewalt, →Vormundschaftsgericht). Davon sind die im JWG aufgeführten fürsorgerischen Erziehungshilfen zu unterscheiden: →Erziehungsbeistandschaft, →Freiwillige Erziehungshilfe, →Fürsorgeerziehung. Die beiden ersten Maßnahmen sind zu ergreifen, wenn die leibliche, geistige oder seelische Entwicklung eines Minderjährigen gefährdet oder geschädigt ist (§§ 55, 62); dagegen dient die letztere Maßnahme dem Schutz vor Verwahrlosung oder deren Beseitigung (§ 64). Das Vormundschaftsgericht muß seine Anordnung nach dem Grundsatz der Verhältnismäßigkeit treffen. Dieser gilt zum einen bei der Wahl der drei Erziehungsmaßnahmen nach dem JWG; hier ist nach Möglichkeit die mildere Maßnahme, also Beistandschaft vor Erziehungshilfe vor Fürsorgeerziehung, anzuordnen. Er gilt aber auch bei der Wahl zwischen den Maßnahmen des BGB und des JWG; reicht z. B. eine mildere Maßnahme nach § 1666 Abs. 1 aus, so darf die Fürsorgeerziehung nicht angeordnet werden. [U. W.]

Text u. Lit.: →Jugendhilferecht, →Jugendrecht.
Ferner: Friedeberg/Polligkeit/Giese: Das Gesetz für Jugendwohlfahrt. Kommentar, Köln 1972[3]. Hill, F.: JWG. Kommentar m. Länderausführungsbestimmungen. Opladen 1975. Jans/Happe, K.-W.: JWG. Kommentar m. e. Einf. in Geschichte u. Wesen d. Gesetzes. Loseblattausgabe, Stuttgart ab 1971. Krug, H.: JWG. 2bdg. Loseblatt-Kommentar, München. Potrykus, G.: JWG. Kommentar, München 1972[2] mit Nachtrag 1974.

Kasuistik, Lehre von der Anwendung wissenschaftlicher Methoden bei der Analyse eines Einzelfalles. In den Sozialwissenschaften wird weitgehend der Begriff »Monographie« angewandt. In den Rechtswissenschaften gilt die K. als Methode der Rechtsfindung im Einzelfall. Im

Bereich medizinischer Forschung gilt K. als methodisches Verfahren zur systematischen Analyse von Ursachen, Ausprägungen und Verlaufsprozessen von Krankheiten. [A. S.]

Katamnese, zusammenfassender ärztlicher Bericht über Verlauf eines Krankheits- und Heilungsprozesses nach Beendigung der Behandlung unter Einschluß der Einschätzungen von Wirkungen vorausgegangener Behandlungen. K. vermitteln notwendige Informationen für anschließende Behandlungsprogramme, Therapien und Methodenanwendungen, etwa bei Suchtkranken oder Selbstmordgefährdeten. Somit ist die K. Teil einer Fallgeschichte. Zu unterscheiden ist zwischen Eigenkatamnese und Fremdkatamnese (Selbst- und Fremdeinschätzung). Im Gegensatz zur K. ist die →Anamnese als Vorgeschichte einer Krankheit zu sehen. [A. S.]

Kategorie, Grundbegriff, Urbegriff, umgangssprachlich Gattung, Sorte, Klasse, Zusammenfassung von Merkmalen, unter die sich Gegenstände oder Begriffe einordnen lassen. Verwendet als Bezeichnung für 1. Grundbegriffe eines Sachgebiets, mit denen die objektive Realität erfaßt werden soll (soziologische K.n sind u. a. Rolle, Wert, Norm, Sanktion, Herrschaft, Gruppe). 2. Soziale Kategorie: Bezeichnung für eine Menge von Personen, die ein oder mehrere sozial relevante Merkmale gemeinsam haben (wie etwa unverheiratete Frauen, über 60jährige männliche Wähler, jugendliche Arbeitslose der unteren Schichten etc.). [M. B.]

Lit.: König, R.: Grundlagen der soziologischen Forschungsmethoden. Modelle, Theorien, Kategorien, in: Festschrift f. G. Weisser, Köln 1963. Albert, H.: Probleme der Theorienbildung, in: Theorie und Realität, Tübingen 1964.

Kindergarten. I. Begriff: Als K. werden Einrichtungen für die gemeinsame Erziehung 3- bis 6jähriger Kinder verstanden. Der K. ist gesetzlich legitimiert durch § 5, Abs. 1, Nr. 3 in Verbindung mit § 3, Abs. 1 des Jugendwohlfahrtsgesetzes nach Bundesrecht und innerhalb eines Landes nach den jeweiligen Landesvorschriften. Die Bundes- und Landesvorschriften regeln im einzelnen u. a. 1. Anerkennung und Bewilligung der Einrichtung des K., 2. Regelung möglicher staatlicher Subventionen, 3. Regelung freier und öffentlicher Trägerschaft, 4. Regelung der Tätigkeit des Fachpersonals, 5. Erhebung allgemeiner Normen für in K. vermittelte erzieherische Inhalte. Mit Rücksicht auf 1. die jeweilige Trägerschaft, 2. die Freiwilligkeit des Besuchs und 3. der Unterschiedlichkeit im Bereich der politischen Meinungsträger konnten in der Bundesrepublik Deutschland bislang über Funktion, Inhalte und Ziele der Erziehung der Kinder im K. noch keine einheitlichen Grundlagen gefunden und verabschiedet werden. Die Diskussion über die Bestimmung von

Funktion, Inhalten und Zielen des K. schwankt zwischen einer primär individual familien-orientierten Erziehung im Sinne herkömmlicher Familienkonzepte mit dem Ziel der Vermittlung der als bewährt angesehenen Kultur bis zur primär gemeinsam partnerschaftlich-orientierten Erziehung im Sinne neu zu erprobender Konzepte des Gemeinschaftslebens. In der Skalenbreite dieser beiden extremen Richtungen finden sich verschiedene Konzepte der Kindererziehung, so eine stark funktionalistisch determinierte, nach der die Kinder früh mit spezischen Fähigkeiten und Techniken wie Lesen, Schreiben, Rechnen ausgestattet werden sollen oder jene Erziehungsvorstellung, nach der die K.erziehung die Kinder zu gemeinsamem Denken und Handeln befähigen soll, damit sie ihre Bedürfnisse gemeinsam vor allem gegen geltende politisch legitimierte Herrschaftsansprüche durchsetzen können. Zusammenfassend läßt sich formulieren, daß unterschiedliche Verfügungsansprüche über Funktion, Inhalte und Ziele in der Gegenwart eine Definition des K. erschweren.

II. Geschichte: Erste K. werden auf J. F. Oberlin (1740–1826) zurückgeführt. Die ersten Pläne für eine gemeinsame Kindererziehung sind von J. A. Comenius (1592–1670) und E. Weigel (1624–1699) bekannt. Als »Aufbewahrungsanstalt« wurde 1802 in Lippe-Detmold der erste K. eröffnet. Ziel dieser und in der Folge geschaffener Einrichtungen war das Bewahren der Kinder vor der Verwahrlosung, da die Mütter dieser Kinder sehr häufig als billige Arbeitskräfte Lohnarbeit verrichteten. Doch über die sozialpolitischen Ziele hinaus war es in diesen Einrichtungen über Jahrzehnte hinaus immer stärker das Bestreben, mehr Fähigkeiten und Fertigkeiten zu vermitteln, so daß K. auch für Kinder anderer Schichten attraktiv wurden. F. Fröbel (1782–1852) erkannte die Bedeutung der frühkindlichen Erziehung und Bildung. Von ihm stammt die Bezeichnung »K.«, die in zahlreiche andere Sprachen übernommen wurde. Fröbel entwickelte didaktische Materialien für das Spielen und das systematische Lernen. Durch Fröbel vermochte sich eine K.bewegung zu entwickeln, in deren Folge eine Eingliederung des K. in das Bildungswesen versucht wurde. Schließlich fand der K. auf dem Reichsschulkongreß 1920 eine Anerkennung als Wohlfahrtseinrichtung. Besondere Gewichtung kommt der K.arbeit von M. Montessori (1870–1952) zu. Von ihr gingen zahlreiche Impulse für eine reformierte K.erziehung aus. Grundlage der K.erziehung sollte danach nicht wie bei Fröbel das Spiel, sondern die systematische Übung von Aufmerksamkeit, Denken, Selbständigkeit sowie motorischer und kognitiver Fähigkeiten sein. Andere Ideen z. B. aus dem Bereich der Tiefenpsychologie (N. Wolffheim) ergänzten die reformerischen Konzepte. In der Zeit des Nationalsozialismus war das Ziel der Erziehung an der

Blut- und Bodentheorie ausgerichtet, nach der eine normale Erziehung der Kinder im Elternhaus von der Mutter geführt und Eliteerziehung für wenige Kinder in speziellen Einrichtungen erfolgen sollte. Nach 1945 entwickelte sich auf den Territorien des ehemaligen Deutschlands eine unterschiedliche K.erziehung. In der DDR hat sich der K. zu einer straff geführten Einrichtung des Bildungswesens entwickelt, in dem den Kindern vor allem kognitive Fähigkeiten und Fertigkeiten vermittelt werden sollen. In der Bundesrepublik Deutschland gibt es eine Vielfalt von K., die über die unterschiedlichsten Erziehungskonzepte verfügen. So ist nicht nur die Trägerschaft der K., sondern ebenso sind die Funktionen, Inhalte und Ziele der Erziehung in den K. völlig verschieden. In der Folge des sogenannten Sputnikschocks setzte in den 60er Jahren von den USA ausgehend und durch eine Reformbewegung an Universitäten Ende der sechziger Jahre verstärkt eine breite Bewegung ein, in deren Verlauf Politiker, Wissenschaftler und insbesondere auch viele Eltern sich um neue Formen der K.erziehung bemühten. Entwickelt und weitestgehend in die Praxis umgesetzt wurden alternative K.konzepte: Kinderläden, antiautoritäre K., Elterninitiativen, psychoanalytische K.

III. Aufgaben: In K. werden zwei große Aufgabenbereiche zu realisieren versucht: 1. die Erziehungsarbeit mit dem Kind in der K.einrichtung und 2. die Elternarbeit als Zusammenarbeit mit den Eltern und Information/Bildung der Eltern mit dem Ziel der veränderten bzw. erweiterten Erziehungseinwirkung der Eltern auf ihre Kinder.

Zu 1.: In den K. wird die systematische Erziehungseinwirkung von Erzieher/in und Leiter/in in der Planung und Verwirklichung von Jahres-, Monats-, Wochen- und Tagesplänen geregelt, in denen a) die Richt-, Grob- und Feinlernziele und b) die Mittel, mit denen gespielt, gelernt und gearbeitet werden soll, festgesetzt werden. Mit Rücksicht auf die alters-, geschlechts- und konfessions-gemischten Kindergruppen werden die Pläne und Ziele mehr oder weniger allgemein formuliert. Vielfach lassen die Träger (Kirchen; Elterninitiativen; Montessorigruppen u. a.) spezielle Ziele der K.erziehung erkennen, ohne daß diese für die einzelne K.einrichtung konkret formuliert wurden. Inhalt und Form der K.erziehung hängt jedoch generell von der erziehenden Bezugsperson ab.

Zu 2.: Zu einem wichtigen Bestandteil der K.arbeit zählt die Zusammenarbeit mit den Eltern, die verschiedentlich in eine Weiterbildung der Eltern in Erziehungsfragen mündet. Eltern entwickeln vielfach starke Interessen an zusätzlichen Informationen, die sie für die häusliche Erziehung ihrer Kinder umsetzen können. Ursachen hierfür sind u. a. Entwicklungs- oder Erziehungsprobleme. Zur Elterninformation und -ausbildung wurden zahlreiche Medien-, gruppendynamische und Trainings-

konzepte entwickelt, die den Eltern das anwendungsbereite Lernen neuer Erziehungsinformationen erleichtern.
K. erfüllen, sowohl auf das einzelne zu erziehende Kind als auch auf die Eltern bezogen in der Gegenwart zahlreiche Aufgaben: Ergänzung, Bereicherung, Entlastung oder Ersatz häuslicher Erziehung. Darüberhinaus haben Staat und Gesellschaft am K. Interesse, da hier, anders als in der Familie, gesellschaftliche, konfessionelle und/oder staatliche Interessen als Leitziele der Kindererziehung gesetzt werden können.
Bildungsökonomisch und bildungspolitisch gesehen stellt der K. inzwischen eine Größe dar, die immer mehr planungsperspektivisch erfaßt wird. Bislang wird es als die wichtigste Aufgabe für den Staat angesehen, dem K. im staatlichen Gebilde einen pluralen Freiraum zu schaffen und dafür eine rechtliche und finanzielle Gewährleistung zu geben. Mit Rücksicht auf die steigenden Anforderungen an die Individuen, mit der fachspezifischen Entwicklung des Leistungs- und Arbeitspotentials Schritt zu halten und demokratische Willens- und Handlungsentscheidungen in Staat und Gesellschaft mitzutragen, sind Bestrebungen unverkennbar, den K. dem Bildungssystem anzuschließen.
IV. Forschung: Gegen Ende der 60er Jahre setzte eine umfassende Forschung im K.bereich ein. Zahlreiche Untersuchungen, Modellversuche und Experimente vermochten neue Einsichten über Aufbau, Organisation, Aufgaben und Verwirklichung von Erziehung in K. zu vermitteln. Curricula wurden entwickelt und evaluiert. Bislang gelang es nicht, die Curricula in befriedigendem Umfang für die praktische Erziehung in den K. nutzbar zu machen.
V. Probleme: Ungelöste Probleme im K.bereich gibt es viele. Die wichtigsten: Ausländerkinder in K., zu wenig K. besonders in ländlich strukturierten Gebieten sowie in neuen Wohngebieten, Erzieherausbildung, Raum- und Flächenbedarf, zu wenig Elternarbeit im K., behinderte Kinder in K., Ganztagesk., K. in Anstalten wie z. B. in Krankenhäusern. Eine Lösung dieser Probleme hängt nicht nur von ausreichenden finanziellen Ressourcen, sondern insbesondere von der Aufgeschlossenheit der Gesellschaft für Fragen, die den K. betreffen, ab. [M. N.]

Lit.: Arbeitsgruppe Vorschulerziehung: Anregungen I: Zur päd. Arbeit im K., München 1977; Anregungen II: Ausstattung des K. München ^{4}1978; Anregungen III: Didaktische Einheiten im K., München ^{2}1977. Bargheer, F. W. (Hg.): Bildungspolitische Dokumentation zum Elementarbereich. Zum Stand der Arbeit in ev. Landeskirchen, Münster 1974. Büchin/Furian: Kindgemäßes Lernen im K., Fellbach-Oeffingen 1978. Colberg-Schrader/Krug: Arbeitsfeld K., München ^{2}1978. Dollase, R. (Hg.): Handbuch der Früh- und Vorschulpädagogik, 2 Bde., Düsseldorf 1978. Hederer, J. (Hg.): Handbuch für den vorschulischen Erziehungsbereich, München ^{3}1973. Heinsohn, G./Knieper, B.: Theorie des K. und der Spielpädagogik, Frankfurt a. M. 1975. Hielscher, H. (Hg.): Früherziehung in K., Vorklassen und Familien, Hannover 1978. Höltershinken, D.: Frühkindliche Erziehung und K.pädagogik, Freiburg 1977. Huppertz/Furian: Elternmitsprache im K., Freiburg 1977. Krecker, M. (Hg.): Quellen zur Geschichte der Vorschulerziehung, Berlin (-Ost) 1971. Kultusminister des Landes NRW: K., Modellversuch 1970–1975. Abschlußbericht, Düsseldorf 1977. Meiers, K.: Vorschulerziehung, Bad Heilbrunn 1973. Mörsberger, H. (Hg.): Lernen und Erziehen, München 1977. Niermann, J.: Bildungsökonomische Probleme im Bereich vorschulischer Erziehung, in: Ztschr. f. erz. wiss. Forschung, H. 1, 1977. ders.: Elternabende und Elternarbeit im K., in: Eltern Forum, H. 6, 1977. Niermann, M. M. (Hg.), Wörterbuch der Vorschulerziehung, Heidelberg 1979. Pfütze, R. (Hg.): Zur Arbeit mit dem Bildungs- und Erziehungsplan im K., Berlin (-Ost) 1973. Read, K. H.: Handbuch des K., Ravensburg ^{2}1975. Röhrs, H. K., Vorschule, Elternhaus in Kooperation, München 1976. Schmitt-Wenkebach, R./Ulshoefer, H.: K.recht, Neuwied/Berlin 1974. Trouillet, B.: Die Vorschulerziehung in neun europäischen Ländern, Weinheim u. Basel ^{4}1972. Zimmer, J. (Hg.): Curriculumentwicklung im Vorschulbereich, 2 Bde., München 1973.

Kindergeld. Nach dem Bundeskindergeldgesetz (BKGG) vom 14. April 1964, zuletzt geändert durch Gesetz vom 14. November 1978, hat einen Rechtsanspruch auf K. für seine Kinder, wer in der Bundesrepublik oder West-Berlin einen Wohnsitz oder seinen gewöhnlichen Aufenthalt hat (also auch Gastarbeiter →Ausländerrecht). Als Kinder im Sinne des BKGG gelten (→Familienrecht): eheliche, für ehelich erklärte, an Kindes Statt angenommene, nichteheliche, Stiefkinder, die der Berechtigte in seinem Haushalt aufgenommen hat, Pflegekinder sowie Enkel und Geschwister, die der Berechtigte in seinem Haushalt aufgenommen hat oder überwiegend unterhält.

Grundsätzlich wird das K. bis zum 18. Lebensjahr gewährt, in Ausnahmefällen bis zum 27. Lebensjahr, wenn die Kinder

- sich in Schul- oder Berufsausbildung befinden oder
- ein freiwilliges soziales Jahr leisten oder
- wegen körperlicher, geistiger oder seelischer Behinderung sich selbst nicht unterhalten können oder
- als einzige Hilfe des Haushaltsführenden ausschließlich in dem Haushalt des Berechtigten tätig sind, dem mindestens 4 weitere Kinder angehören, die bei dem Berechtigten berücksichtigt werden oder
- anstelle des länger als 90 Tage arbeitsunfähig erkrankten Haushaltsführenden den Haushalt des Berechtigten führt, dem mindestens ein weiteres Kind angehört.

Unter bestimmten Voraussetzungen (etwa nach Ableistung des Wehr- oder Zivildienstes) kann auch über das 27. Lebensjahr hinaus K. gezahlt werden. § 3 des BKGG geht von dem Grundsatz aus, daß für jedes Kind nur *einer* Person K. gewährt wird. Falls mehrere Personen die Anspruchsvoraussetzungen erfüllen, ist nach der in § 3 des BKGG bestimmten Rangfolge zu verfahren. Hervorzuheben ist, daß in allen Fällen, in denen Vater und Mutter die Anspruchsvoraussetzungen erfüllen,

das K. demjenigen gewährt wird, den sie zum Berechtigten bestimmen. Bei Fehlen einer solchen Bestimmung erhält das K., wer das Kind überwiegend unterhält. Das K. steht aber immer dann der Mutter zu, wenn ihr die alleinige Personensorge für das Kind übertragen ist.
Trotz Vorliegens der Anspruchsvoraussetzungen wird K. nicht gewährt, falls für das jeweilige Kind bereits Kinderzulagen aus der gesetzlichen Unfallversicherung (§ 583 RVO) (→Sozialversicherung) oder Kinderzuschüsse aus den gesetzlichen →Rentenversicherungen (§§ 1262 RVO, 39 AVG) gezahlt oder vergleichbare Leistungen nach anderen Vorschriften erbracht werden. Ist jedoch der Bruttobetrag der eben erwähnten Leistungen niedriger als das K., so wird ab 1. Januar 1979 K. in Höhe des Unterschiedsbetrags gezahlt. Für Rentner gibt es ab 1. Januar 1979 unter bestimmten Voraussetzungen den sog. Kindergeld-Ausgleichsbetrag (vgl. § 45 a BKGG).
Das K. wird nicht automatisch, sondern nur auf schriftlichen Antrag gewährt. Der Antrag muß bei dem Arbeitsamt eingereicht werden, in dessen Bezirk der Berechtigte seinen Wohnsitz oder, bei Fehlen eines solchen – seinen gewöhnlichen Aufenthalt hat. Das K. wird zweimonatlich gezahlt. Bei Rechtsstreitigkeiten ist der Rechtsweg der →Sozialgerichtsbarkeit gegeben. [M. F.]

Lit.: Büttner, J., Das Kindergeld, Stuttgart 1978; Das Kindergeld. Reihe: Bürger-Service Nr. 9, hrsg. vom Bundesminister für Jugend, Familie und Gesundheit, Postfach 200490, 5300 Bonn 2; Schieckel, Brandmüller, Kindergeldgesetze, Loseblattsammlung, Percha.

Kinderpsychiatrie/Jugendpsychiatrie, seit Ende des 19. Jahrhunderts aus Pädiatrie und Psychiatrie hervorgegangene medizinische Fachdisziplin (meist in enger Verbindung mit Heilpädagogik), die sich mit der Ätiopathogenese und Pathophysiologie sowie Feststellung und Prophylaxe, Behandlung und Nachbehandlung von psychischen Anomalien, Schwachsinn und Geisteskrankheiten des Jugendalters und insbesondere auch der Verhaltensstörungen von Jugendlichen befaßt. Anfang des 19. Jahrhunderts beobachtete Itard fünf Jahre lang ein Wildkind und führte ein genaues Protokoll über die Betreuung. Die ersten Arbeiten über die Psychopathologie des Kindes wurden von Emminghaus verfaßt. Erst Anfang des 20. Jahrhunderts entwickelte sich die Kinderpsychiatrie einerseits von tiefenpsychologischer Seite (Freud) andererseits als Entwicklungs- und Testpsychologie. Binet und Simon führten Intelligenzteste für Kinder ein. Collins arbeitete über die psychomotorische Entwicklung des Kindes.
Nosologie (Krankheitslehre): Durch die körperliche Entwicklung hat das Seelenleben des Kindes ein eigenes Gepräge. Entwicklungsvorgänge beeinflussen die somatische Verfassung und die psychische Reifung.

Während die körperliche Reifung gleichmäßig voranschreitet, macht die psychische Reifung Sprünge. Der Übertritt von einer psychischen Entwicklungsphase zur nächsten verläuft oft krisenhaft, so daß die Grenze zum Pathologischen nur schwer abzustecken ist. Hierbei spielen die Umwelt und ihre Reaktion auf die seelische Entwicklung eine große Rolle. Auch körperliche Leiden können wichtig sein. Bei körperlich zurückgebliebenen Kindern kann sich ein Dauerinfantilismus einstellen, bei beschleunigter körperlicher Reifung dagegen eine der psychischen Entwicklung nicht gemäße Akzeleration auftreten. Zur Diagnostik ist eine sorgfältige Milieuforschung erforderlich, außerdem ist die Kenntnis der hirnorganischen Folgezustände, Endokrinopathien des Schwachsinns, konstitutionelle Entwicklungsstörungen und grober Charakterabweichung wichtig. Selten treten kindliche Psychosen auf. Dies erfordert eine gründliche, somatische Untersuchung mit allen Hilfsmitteln der Medizin.
Wichtige Fachbegriffe in der Kinderpsychiatrie sind Retardierung: konstitutionelle mangelnde Umweltprägung. Zirkuläre Psychosen treten von der Frühpubertät an auf, schizophrene Psychosen werden bereits im Kindesalter beobachtet, unterschieden in infantile, präpuberale und jugendliche Schizophrenie. Der frühkindliche Autismus ist eine von Geburt an bestehende Kontaktstörung mit allgemeiner Sprachretardierung bei oft gut entwickelter intellektueller Einzelfunktion. Die Therapie besteht darin, schädliche Milieueinflüsse auszuschalten, und ist sowohl psychotherapeutisch wie auch heilpädagogisch und medikamentös ausgerichtet. Die Psychotherapie befaßt sich mit dem Spiel und der bivokalen Gruppentherapie nach Schindler, in der Gruppengespräche mit den Eltern der Kindertherapie parallel laufen. Heilpädagogisch wird versucht, übend mangelhafte Funktionen zu entfalten. [K. R.]

Lit.: Stutte, H.: Handbuch der Neurosenlehre und Psychotherapie, Bd. V, München 1961. Weitbrecht, H. J.: Psychiatrie im Grundriß, Bonn 1963.

Kinderpsychologie, ein Teilgebiet der →Entwicklungspsychologie, das sich mit dem Erleben und Verhalten des Kindes zwischen Geburt und →Jugendalter beschäftigt. Die Anfänge der K. bestanden in Dauerbeobachtungen von Kleinkindern, meistens der eigenen Kinder (Stern, Preyer). Dieser methodische Ansatz der Längsschnittuntersuchung (ein Individuum oder eine Gruppe von Individuen werden in zeitlichen Abständen regelmäßig untersucht, und die Ergebnisse der zu unterschiedlichen Zeitpunkten erhobenen Daten werden miteinander in Beziehung gesetzt) erwies sich als fruchtbar, wenn auch schwer durchführbar, kostspielig und langwierig. Wesentlich häufiger als die Untersuchungen des individuellen Verlaufs werden Querschnittsuntersuchungen (eine Gruppe Gleichaltriger wird untersucht und die Ergebnisse werden mit denen der zum gleichen Zeitpunkt untersuchten anderen Gruppen in Beziehung gesetzt) durchgeführt. Neben direkten, kontrollierten Beobachtungen kindlichen Verhaltens sowohl unter natürlichen als auch unter Laborbedingungen werden Tests und Fragebögen sowie therapeutische und experimentelle Methoden (Konditionierungstechniken) eingesetzt. [E. S.]

Lit.: Ausubel, D. P., Sullivan, E. V.: Das Kindesalter, München 1974. Ljublinskaja, A. A.: Kinderpsychologie, Köln 1975. Mussen, P. H. (Hg.): Handbook of Research methods in child development, New York 1960. Mussen, P. H., Conger, J. J., Kagan, J.: Child development and personality, New York 1974[4]. Oerter, R.: Moderne Entwicklungspsychologie, Donauwörth 1967. Spitz, R.: Vom Säugling zum Kleinkind, Stuttgart 1972[3]. Tanner, J. M., Taylor, G. R.: Wachstum, Reinbek 1970.

Kinderschutz, Bezeichnung für Maßnahmen zum Schutz von Kindern gegen körperliche Mißhandlungen durch Eltern und Erziehungsberechtigte mit Hilfe staatlicher Dienststellen (Polizei) sowie durch öffentliche und freie Träger der Sozial- und Jugendhilfe. Die Kriminalwissenschaften erfassen die Erscheinungen der Kindesmißhandlungen u. a. über eine »Victimologie«, d. h. Lehre vom Opfer krimineller Handlungen. Bei den Tattypen ist zu unterscheiden nach: 1. einmaliger schwerer Mißhandlung, Tat im Affekt oder Rauschzustand, 2. langzeitige, oft über Jahre andauernde Mißhandlung, 3. geschlechtlicher Mißbrauch, 4. körperliche und seelische, schwere andauernde Vernachlässigung.
Entziehung des Sorgerechts nach § 1666 BGB erfolgt erst nach einwandfrei erwiesener Schuld der Eltern oder Erziehungsberechtigten. In der Regel sind infolge der Schwere solcher Taten sowie der mangelnden Einsichtsfähigkeit der Täter (Debilität, chronischer Alkoholismus etc.) agogische Maßnahmen (Elternbildung, Elternberatung) von vorerst geringem Erfolg. Über Verhütungsmaßnahmen der SA/SP sind dennoch Aufklärungs- und Hilfemaßnahmen unter folgenden Voraussetzungen und Bedingungen möglich: 1. Information junger Menschen über Aufgaben und Verantwortung der Familienplanung, im Sozialkunde-Unterricht von Mittel-, Ober- und Berufsschulen, 2. allgemeine Information der Familien, vor allem junger Eltern in Erziehungsfragen, 3. Bekenntnis zu einer gewaltlosen Erziehung in Familie und Schule, 4. regelmäßige ärztliche Vorsorge-Untersuchungen für Kinder aller Bevölkerungsschichten, 5. kontinuierliche, sozialfürsorgerische Betreuung der für Kindesmißhandlungen disponierten Familien, 6. Beratungshilfen für Mütter schwerbeschädigter, geistig behinderter Kinder, 7. uneingeschränkte Hilfen für das mißhandelte Kind und seine Familie durch die zuständigen Sozialbehörden, 8. Verpflichtung des Arztes zur Aufklärung des Verdachtes einer Kindesmißhandlung in Praxis und Klinik, 9. Berücksichtigung der allgemeinen familiären Situation bei

gerichtlicher Aburteilung einer Kindesmißhandlung, 10. psychotherapeutische Hilfen für gefährdete Eltern und Kinder im Kindesmißhandlungsmilieu, insbesondere bei Straffälligkeit und Verurteilung der Eltern, 11. ständige Information der Öffentlichkeit über das Problem der Kindesmißhandlungen auf dem Wege über die Massenmedien, 12. Fachliche Informationen über das Problem der Kindesmißhandlungen im Unterricht der Fachschulen und Fachhochschulen für Sozialwesen, sowie an den Universitäten (Kriminologie). [A. S.]

Lit.: Mende, U. und Kirsch, H.: Beobachtungen zum Problem der Kindesmißhandlung, Deutsches Jugendinstitut Forschungsbericht München 01/1968. Ministerium für Soziales, Gesundheit und Sport, Rhld.-Pfalz (Hg.): Aufklärung und Verhütung von Kindesmißhandlungen, Mainz Januar 1974.

Kirchliche Arbeitsverhältnisse. Die Kirchen sind trotz ihrer nach Art. 140 →Grundgesetz (GG) i. V. mit Art. 137 Abs. III der Weimarer Reichsverfassung gesicherten Autonomie an das für alle geltende Arbeitsrecht gebunden, wenn sie Personen in abhängiger Stellung als Arbeitnehmer beschäftigen (dies gilt freilich nicht für Priester, Diakone etc., die keine Arbeitnehmer sind). Von diesem Grundsatz gibt es aber sowohl im kollektiven als auch im individuellen →Arbeitsrecht einige bedeutsame Ausnahmen.

Gemäß § 118 Abs. II des Betriebsverfassungsgesetzes (vgl. auch die gleichlautende Bestimmung des § 112 Bundespersonalvertretungsgesetz) findet das Betriebsverfassungs(Personalvertretungs-)recht keine Anwendung auf Religionsgemeinschaften und ihre karitativen und erzieherischen Einrichtungen. Einen gewissen Ersatz dafür stellen die von den Kirchen freiwillig erlassenen Mitarbeitervertretungsordnungen dar. Im individuellen Arbeitsrecht ist in den letzten Jahren eine lebhafte Diskussion über die Frage entbrannt, inwieweit Arbeitnehmern kirchlicher Organisationen allein deshalb gekündigt werden kann, weil sie gegen kirchliche Grundsätze verstoßen haben (Anlässe waren Austritt aus der Kirche, Unterhaltung außerehelicher Beziehungen mit Mitarbeitern etc.). Die Auseinandersetzung innerhalb der Rechtswissenschaft kann noch nicht als abgeschlossen bezeichnet werden. Das Bundesarbeitsgericht (BAG) hat aber am 25. 4. 1978 ein Urteil (abgedr. in Neue Juristische Wochenschrift (NJW) 1978, S. 2116 ff.) gefällt, das als richtungsweisend zu betrachten ist. In diesem Verfahren hat das BAG die ordentliche Kündigung der Leiterin eines katholischen Kindergartens, die standesamtlich einen geschiedenen Mann geheiratet hatte, für zulässig erklärt. Der wesentliche Leitsatz der BAG-Entscheidung lautet, daß die Kirchen in Wahrnehmung ihres Selbstbestimmungsrechts in ihren karitativen und erzieherischen Einrichtungen die von ihrem Verkündigungsauftrag her gebotenen Voraussetzungen für die Loyalitätspflichten der im kirchlichen Dienst tätigen Arbeitnehmer festlegen können, *jedenfalls soweit* diese irgendwie an der Verkündigung teilhaben. Verstößt jemand gegen die so normierten Verpflichtungen, so stellt dies einen personen- und betriebsbedingten Grund dar, der die Kündigung gemäß § 1 des Kündigungsschutzgesetzes (→Kündigungsschutz im Arbeitsrecht) sozial gerechtfertigt macht. [M. F.]

Lit.: Rüthers, B.: Kirchenautonomie und gesetzlicher Kündigungsschutz, in: NJW 1976, S. 1918. Scheffer, R. Th.: Das Mitarbeitervertretungsrecht der evangelischen Kirche und ihrer Diakonie, Stuttgart 1974. Ders.: Kommentar zu den Arbeitsvertragsrichtlinien, Stuttgart 3. Aufl. 1975. Struck, G.: Kirchenautonomie und gesetzlicher Kündigungsschutz, in: NJW 1977, S. 366.

Klient. Begriff der im Zuge der »Modernisierung« und Professionalisierung von Sozialarbeit/Sozialpädagogik, die die meisten Begriffe der Fachsprache terminologisch verändert hat, bedeutet u. a.: Hilfsbedürftige, Hilfe- und Ratsuchende, Personen, die Betreuung, Beratung und Hilfe von SA/SP in Anspruch nehmen. Daß der Terminus aus der englisch-amerikanischen Fachterminologie als einer der ersten nach dem 2. Weltkrieg übernommen und eingedeutscht wurde, liegt wohl an der etymologischen Gleichheit des Englischen und Deutschen (client – Klient). Vgl. z. B. die ersten Übersetzungen aus dem Amerikanischen: Hertha Kraus 1949 (die im gleichen Text case work noch unübersetzt läßt), Charlotte Towle, 1956 (die aber gleichzeitig daneben andere Bezeichnungen wie Antragsteller, Hilfebedürftige, u. ä. verwendet), Lattke 1955, Bang 1958 und andere.

Der Wortgebrauch ist entstanden im Bereich der individualisierenden Einzelhilfe und wirft Komplikationen auf bei anderen Methoden und Strategien, wie etwa bei der sozialen Gruppenarbeit und Gemeinwesenarbeit. Mit dem Eindringen systemtheoretischer Ansätze wird hier neuerdings meist von Klientsystem oder Klientensystem gesprochen (van Beugen, Bennis/Benne/Chin usw.). Damit allein ist aber das Problem nicht gelöst, insofern bei allen drei Methoden und vielen Strategien der Ausdruck »Klient« nicht unbedingt und präzise das eigentlich Gemeinte trifft. Vielfach ist deshalb auch, außer den schon genannten Bezeichnungen, von Betroffenen, Beteiligten, Adressaten, Zielgruppen usw. die Rede. Die Schwierigkeit geht vor allem auf die unterschiedlichen Auffassungen und Positionen zu Rolle und Funktion des »Objektes« sozialpädagogisch/sozialarbeiterischer Praxis zurück, die sich in vielerlei Adressaten-Definitionen niederschlägt, so in pathologischen und medizinischen, bürokratischen, (päd-)agogischen, sozial-ethischen, administrativ oder juristisch definierten (vgl. z. B. H. Peters, Etzioni, van Beugen, Plant usw.).

Der Begriff Klient berührt auch das zentrale Legitimationsproblem der

Sozialarbeit/Sozialpädagogik, insofern erst die Diagnose »hilfsbedürftig« die sozialpädagogische bzw. sozialarbeiterische Intervention legitimiert und konstituiert. Erst mit Beginn des Hilfeprozesses wird eine Person bestimmter Beschaffenheit und in bestimmter Lebenslage zum Klienten. Dieser Prozeß der »Klientifizierung« hängt engstens mit Begriff und Funktion der Sozialpädagogik/Sozialarbeit und den bezüglichen unterschiedlichen Positionen und Auffassungen zusammen. So etwa von der jeweiligen Auffassung, ob die Klienten-Situation vom technologischen Wandel oder von gesellschaftlicher Herrschaft primär produziert wird.

So impliziert der Begriff Klient u. a. auch die Bezeichnung des Verhältnisses Sozialarbeiter/Klient als eines professionellen bzw. die Betonung des professionellen Status der Beziehung und zugleich die Zuweisung einer durch einseitige Abhängigkeiten beschreibbaren Rolle. Bestimmt wird somit der Begriff Klient durch den komplementären Gegenbegriff: professionaler Berufsvertreter, Experte, Vertreter eines akademischen Berufes, der den Klienten als »Laien« zwangsläufig in einer defizitären Rolle erscheinen läßt. Damit wird die gesamte Problematik dieses Begriffes angeschnitten, die allerdings noch nicht in einer befriedigenden und sachlich-unumstrittenen Terminologie gelöst und aufgehoben werden könnte. [H. P.]

Lit.: Knieschewski, E., Das Klientifizierungsproblem in der Sozialarbeit. Eine empirische Untersuchung zur Sozialarbeiter-Klient-Beziehung, Dissertation Münster 1976. Kraus, H. Casework im Rahmen der amerikanischen Sozialarbeit, Frankfurt 1949. Towle, Ch.: Die emotionalen Grundbedürfnisse von Kindern und Erwachsenen in ihrer Bedeutung für die soziale Arbeit, Bonn 1956. Lattke, H.: Soziale Arbeit und Erziehung, Freiburg 1955. Bang, R., psychologische und methodische Grundlagen der Einzelfallhilfe, Wiesbaden 1958.

Klinische Psychologie, Disziplin der Angewandten Psychologie. Sie verwendet die Ergebnisse und Methoden der psychologischen Grundlagenfächer (u. a. Allgemeine Psychologie, Entwicklungspsychologie) zur Erkennung und Behebung von Problemen bei einzelnen Individuen aller Altersstufen, bei Gruppen von Individuen (wie etwa Ehepartnern, Familien) sowie bei Ökologien und stützt sich dabei auf Psychodiagnostik, Beratung und Psychotherapie (Duhm, 1969; Schraml, 1971).

Die Klinische Psychologie umfaßt ein weites Spektrum von Fragestellungen, das von Leistungsdiagnostik, sozialen Interaktionsanalysen, Beratung bei Erziehungsfragen bis zu Therapien des Stotterns, von Zwangssymptomen, Hirnverletzungen, Schizophrenien oder Alkoholsucht reicht (WHO, 1973). Aus dem angelsächsischen Sprachgebrauch abgeleitet, ist »klinisch« nicht auf medizinische Kliniken beschränkt, sondern schließt alle psychologischen Tätigkeitsfelder ein, die sich mit der Problematik einzelner Klienten und Klientengruppen befassen. Kli-

nische Psychologen üben ihre Tätigkeit u. a. in verschiedensten Beratungsstellen (Erziehungs-, Ehe-, Familien-, Studenten-, Drogenberatung), in Heimen, Privatpraxen sowie medizinischen Kliniken (Psychiatrie, Neurologie, Neurochirurgie, aber auch Innere Medizin, Gynäkologie) aus. Auch die Schulpsychologie kann der Klinischen Psychologie zugeordnet werden.
Voraussetzungen zur Berufsausübung des Klinischen Psychologen sind das Diplom in Psychologie und das anschließende Studium praktisch-psychologischer Tätigkeiten unter Supervision auf einem der o. g. Gebiete. Seit einigen Jahren wird bei entsprechendem Qualifikationsnachweis, der Diagnostik, Therapie und wissenschaftliche Leistungen umfaßt, vom Berufsverband Deutscher Psychologen das Prädikat »Fachpsychologe für Klinische Psychologie« erteilt.
Klinische Psychologen nehmen ihre Aufgaben selbständig wahr und verstehen sich nicht als Hilfskräfte von Ärzten oder anderen Berufsständen. In der Medizin ergeben sich von den Fragestellungen her die meisten Verbindungen zur Psychiatrie (Eysenck, 1972; Leonhardt, 1974). So stellen sich mit zunehmender Kooperation zahlreiche Forschungs- und Beratungsaufgaben für Klinische Psychologen. Selbst auf scheinbar »rein« medizinischen Gebieten wie der Chirurgie können Erkenntnisse der Klinischen Psychologie zur Vorbereitung auf Operationen (Angstreduktion) und bei der Betreuung von Operierten mit Erfolg angewandt werden.
Im klassischen Berufsbild des Klinischen Psychologen steht die Psychodiagnostik im Mittelpunkt der Tätigkeiten. Durch Anwendung von Explorationstechniken und Verhaltensbeobachtung (Schmidt & Kessler, 1975), standardisierten psychologischen Tests und gezielten Experimenten lassen sich Informationen über Individuen und ihre Interaktionen sammeln, die im diagnostischen Prozeß verarbeitet werden (Boesch, 1954; Duhm, 1969; Kaminski, 1970; Huber, 1973).
Die Handhabung des diagnostischen Instrumentariums darf nicht starr erfolgen, sondern muß den jeweiligen Problemstellungen entsprechend flexibel angepaßt werden. Dazu bedarf es einer Vielzahl von Kenntnissen über Erscheinungsweisen und Ursachen von psychischen und psychisch mitbedingten somatischen Störungen sowie über methodische Grundlagen zu ihrer Bearbeitung in der Einzelfall- oder Gruppendiagnostik. Statistische Grundlagen über die Konstruktion und Interpretation von psychologischen Tests (Lienert, 1969) sind dabei ebenso erforderlich wie die über die Kombination von Tests und anderen diagnostischen Verfahren. Die Psychodiagnostik soll Beratungsmaßnahmen und – falls erforderlich – Psychotherapie ermöglichen. In der Klinischen Psychologie haben in den letzten Jahren therapeutische Maß-

nahmen an Bedeutung gewonnen (WHO, 1973). Während tiefenpsychologisch ausgerichteten Therapiemethoden ein relativ geringes Gewicht zukommt, liegt der Schwerpunkt auf Methoden der Verhaltensmodifikation (Kraiker, 1974) und der Gesprächspsychotherapie. Verhaltenstherapien basieren auf Erkenntnissen der Lernpsychologie und gehen davon aus, daß auch die Störungen des Verhaltens erlernt sind. Im Gegensatz zu psychoanalytischen Methoden wird eine direkte Verhaltensänderung angestrebt. Mit speziellen Methoden der Verhaltensdiagnostik (Schulte, 1974) werden verursachende, auslösende und aufrechterhaltende Bedingungen von Verhaltensstörungen genau erfaßt und daraus Therapiepläne erarbeitet. Unter den vielfältigen Anwendungsmöglichkeiten bei seelischen Erkrankungen sind vor allem zu nennen: Ängste, Zwänge, Stottern, Enuresis, sexuelle Störungen, Leistungs- und Verhaltensstörungen in der Schule, bestimmte Symptome Schizophrener oder Minderbegabter. In der Gesprächspsychotherapie geht man klientenzentriert vor, d. h. die Problemverarbeitung wird weitgehend vom Klienten selbst geleistet, wobei der Therapeut in erster Linie die dazu erforderlichen Bedingungen schaffen muß. Zur Anwendung dieser Methoden sind Verbalisierungsfähigkeit und weitgehendes Problembewußtsein des Klienten erforderlich.
Das Fach hat auch in der Forschung über diagnostische und therapeutische Fragestellungen bedeutsame Erfolge erzielt und sowohl die psychologischen Grundlagenfächer wie deren Nachbardisziplinen nachhaltig beeinflußt. Im Hinblick auf eine nicht ausreichende Versorgung psychisch Kranker dürfte die Klinische Psychologie eine zunehmende Bedeutung im Gesundheitswesen erfahren. [L. Sch.]

Lit.: Boesch, E. E.: Über die klinische Methode in der psychologischen Diagnostik. Zeitschrift für diagnostische Psychologie und Persönlichkeitsforschung, 1954, 2, 275–292. Duhm, E.: Methodische Probleme in der Klinischen Psychologie. In: E. Duhm (Hg.) Praxis der Klinischen Psychologie, Band I, Göttingen 1969, S. 11–25. Eysenck, H. J.: Klinische Psychologie, In: D. Katz & R. Katz (Hg.): Kleines Handbuch der Psychologie, Basel 1972, S. 587–625. Huber, H. P.: Psychometrische Einzelfalldiagnostik, Weinheim 1973. Kaminski, G.: Verhaltenstheorie und Verhaltensmodifikation, Stuttgart 1970. Kraiker, C. (Hg.): Handbuch der Verhaltenstherapie, München 1974. Leonhardt, W.: Zum Verhältnis von Psychiatrie und Psychologie. Deutsches Ärzteblatt, 1974, 41, 99–100. Lienert, G. A.: Testaufbau und Testkonstruktion, Weinheim 1969. Schmidt, L. R. & Keßler, B. H.: Anamnese. Methodische Probleme und Erhebungsstrategien, 1975. Schraml, W. J.: Klinische Psychologie, In: W. Arnold, H. J. Eysenck & R. Meili (Hg.): Lexikon der Psychologie, Freiburg 1971, Spalte 279–284. Schulte, D. (Hg.): Diagnostik in der Verhaltenstherapie, München 1974. World Health Organization. The role of the psychologist in mental health services, Copenhagen: WHO, 1973.

Klinische Sozialarbeit, Arbeitsbereich der SA/SP in Ergänzung zur medizinischen stationären und ambulanten Versorgung. K.S. verstand sich bislang als »Sozialarbeit im Krankenhaus« mit Funktionen der Beratung (Einzelfallhilfen) sowie der Mitwirkung bei Rehabilitationsmaßnahmen während der stationären Behandlung und danach. Mit Strukturveränderungen zu Krankheitsbildern in der zweiten Hälfte des 20. Jahrhunderts (Psychosomatik, Suchtkrankheiten, Alterskrankheiten, psychische Erkrankungen) sowie einhergehend mit gewandelten Erkenntniszielen der Medizin, etwa im Sinne von Sozialmedizin, Sozialpsychiatrie und damit notwendig erweiterten Behandlungsprogrammen (H. Petzold, Therapieketten) ergeben sich für eine K.S. zusätzliche Aufgabenstellungen: 1) Vorklinische Beratung; 2) Strukturierte Erhebungen zu Sozialanamnesen; 3) Erstellung von Sozialdiagnosen; 4) Mitwirkung bei psychosozialen Diagnosen; 5) Mitwirkung im Rahmen komplexer, integrativer Diagnostik bei Patienten mit speziellen Syndromen; 6) Eigenständige und kooperierende Arbeiten zu Therapiekonzepten und Behandlungsprogrammen (Therapieketten). Arbeitsformen von K.S. sind dem Methodeninstrumentarium der →Sozialarbeit/Sozialpädagogik zuzuordnen. Weitere Aufgabenstellungen für eine K.S. ergeben sich aus der Notwendigkeit zu Planungen (Schwerpunktsetzungen) von bislang noch nicht erprobten Therapiemodellen. Im Zusammenhang mit einer verstärkten Professionalisierung und damit verbundenen Spezialisierung (Funktionsteilungen in der SA/SP) entwickeln sich Fragestellungen zu Problemen, Selbstverständnis, Wirkungsweisen und Zielsetzungen therapeutischer Tätigkeiten in der SA/SP. Vorläufig grenzen Erörterungen dazu an ungeklärte Definitionen und notwendige Abgrenzungen zum Begriff »Therapie«. Ob systematisierte Einzelfallhilfe über methodische Gesprächsführung sowie strukturierte soziale Gruppenarbeit etwa in der Psychiatrie den Therapien zuzuordnen sind, bleibt bis zum Vorliegen gesicherter empirischer Befunde über Wirkungsweisen unterschiedlicher medizinischer, sozialer, klinisch-psychologischer Behandlungsverfahren umstritten. Angesichts der verhältnismäßig starken Zunahme nichtorganischer Erkrankungen stellt sich im System der medizinischen Versorgung die Frage nach Notwendigkeiten zu sogenannten »kleinen Therapien«. Wesentliche Erkenntnisse zur Weiterentwicklung von K.S. vermitteln u. a.: →Medizinsoziologie, →Sozialpsychiatrie, Organisationslehre (→Organisation). K.S. erfordert eine mehrfunktionale →Supervision, medizinische, psychologische und Supervision zu den Methodenanwendungen der SA/SP. [A. S.]

Lit.: Bäuerle, W.: Sozialarbeit und Gesellschaft, Weinheim 1970. Fiedler, P. A.: Verhaltenstherapie und Sozialarbeit, in: Der Sozialarbeiter, Nr. 4, 1974, S. 6–10. Hoffmann, N. (Hg.): Therapeutische Methoden in der Sozial-Sozialarbeit, Salzburg 1976. Petzold, H.: Drogentherapie, Paderborn, 1974. Schwendtke, A.:

Medizinsoziologie und klinische Sozialhilfe, in: Journal für angewandte Sozialforschung, Wien, 2/1975; ders.: Curriculakonzeption zur klinischen Sozialarbeit, unv. Manuskript 1976. Tharp, R. G., Wetzel, R. J.: Verhaltensänderungen im gegebenen sozialen Feld, München 1975.

Kommunikation, soziale. Interaktionen zwischen zwei und mehr Menschen werden getragen durch Elemente und Prozesse sozialer Kommunikation. Kommunikationen sind ebenfalls möglich in biologischen und technischen Systemen. Im weiteren Sinn ist s.K. Informationsübermittlung (Signale, Symbole) von einer Informationsquelle (Sender – Kommunikator) zu einem Informationsempfänger (Empfänger, Rezipient, Kommunikand). K. ist Fähigkeit, Grundbedürfnis, Element jeder Form der Verhaltensweisen von Lebewesen und somit Träger biologischer Grundfunktionen. Für das Entstehen und den Ablauf sozialer Prozesse, etwa in der Persönlichkeitsentwicklung, Ausprägung von Intelligenz, bei der Strukturierung von Gruppen, Organisationen und Institutionen ist s.K. unabdingbare Voraussetzung. Typisierungen von s.K. sind möglich unter Beziehungsaspekten: 1) bilaterale und multilaterale K. (zwei oder mehr Partner); 2) personale (expressive) oder instrumentale, sachbezogene s.K. Auf der personalen Ebene erfolgt eine Verständigung über Affekte, Einstellungen, Bedürfnisse und Erwartungen, während auf der instrumentalen Ebene Informationen zu neutralen Objekten, Sachverhalten ausgetauscht werden; 3) s.K. kann direkt oder indirekt über personelle Zwischenträger oder technische Mittel (Brief, Tonband, Photo) erfolgen. S.K. etwa in sozialen Gruppen sind eingebettet in K.-felder mit wandelbaren oder zeitlich überdauernden Strukturen von K., die wiederum von spezifischen sozialen Situationen abhängig sind. Felder der s.K. sind als Systeme zu betrachten, die von unterrangigen und übergreifenden Systemen beeinflußt werden; 4) S.K. läßt sich weiterhin einteilen nach Formen der verbalen (sprachlichen) K. und der averbalen K. (Mimik, Gestik). Für Bereiche von Bildung und Erziehung (Enkulturation, Sozialisation) ist ästhetische K. als hochkomplexe, von Wahrnehmungen (individuell und sozial), Einstellungen und Wissenselementen abhängige Form der K. von Bedeutung. Im Zusammenhang mit Prozessen sozialer Differenzierung entwickeln sich Kommunikationsbarrieren, die wiederum in Bereichen der Erziehung und Bildung Kommunikationschancen beeinflussen. Wirksame soziale Gruppenarbeit etwa setzt die Analyse von Strukturen s.K. in Kleingruppen über soziometrische Erhebungen voraus. Auch bei der Anwendung von Gesprächs- und Beratungstechniken im Rahmen der Einzelfallhilfe sind Überlegungen zu Formen und Inhalten von s.K. maßgebliche Voraussetzungen für den Erfolg bzw. Mißerfolg dieser Methode. [A. S.]

Lit.: Cherry, E. C.: Kommunikationsforschung, eine neue Wissenschaft, Frankfurt/M. 1963. Fuchs, W., Klima, R., u. a.: Lexikon zur Soziologie, Opladen 1973. Loewenthal, L.: Der menschliche Dialog, Perspektiven zur Kommunikation, Kölner Ztschr. f. Soz. u. Sozialpsych. 21/1969. Hartfiel, G.: Wörterbuch der Soziologie, Stuttgart 1972. Watzlawick, Beavin, Jackson, Menschliche Kommunikation, Bern 1977.

Kompensatorische Erziehung zielt auf den Ausgleich sozialisationsbedingter Lern- und Verhaltensdefizite. Die in der BRD geführte Diskussion über kompensatorische Erziehung verlief bisher in drei Phasen: Die erste Phase bezog sich auf das 1964 in den USA begonnene Projekt »Head Start«, mit dessen Hilfe die Folgen sozio-kultureller Benachteiligung ausgeglichen werden sollten. Im Zusammenhang mit der auch in der Bundesrepublik aufgekommenen Diskussion um die Chancengleichheit aller Schichten der Bevölkerung versuchte man auch hier – insbesondere durch vorschulische Erziehung – kognitive Defizite durch gezieltes Lernen auszugleichen. Anknüpfend an Bernsteins Sprachuntersuchungen, richteten sich die kompensatorischen Bemühungen vor allem auf die Verbesserung der Sprache. Zielgruppe waren in dieser ersten Phase vor allem Arbeiterkinder.
Die zweite Phase wurde deutlich von der 1968 beginnenden Studentenbewegung beeinflußt. K.E. ohne Veränderung der gesellschaftlichen Verhältnisse, durch die laufend die beklagten Defizite hervorgebracht würden, erschien nur noch als Mittel zur Aufrechterhaltung eines ungerechten Systems. Indem nämlich den Benachteiligten dieser Gesellschaft vorgegaukelt würde, sie könnten durch eine bessere Erziehung ihrer Kinder deren Lage verändern, hinderte man sie daran, ihre unterprivilegierte Situation zu erkennen. K.E. wurde als eine Möglichkeit des »kollektiven Aufstiegs« gesehen; sie richtete sich dementsprechend insbesondere auf die soziale und politische Qualifizierung der Kinder.
Die dritte Phase – in der sich die Bildungspolitik gegenwärtig noch befindet – gilt der Reflexion, Integration und Synthese. Gegenstand der Reflexion ist das Verhältnis von gesellschaftlicher Entwicklung und individueller Sozialisation. Überlegungen zur Integration dienen der Verzahnung von sozialer und kognitiver Kompensation. Die Bemühungen um eine Synthese der vorliegenden widersprüchlichen Ergebnisse kompensatorischer Programme schließlich deuten zunehmend darauf hin, daß eine optimale K.E. unter Einbeziehung von Kindern und Eltern darauf zielen muß, die jeweils konkrete Umwelt »lernfreundlicher« zu machen. Konkrete Umweltbedingungen sind u. a. die Arbeitsplätze der Eltern, Einkommensverhältnisse, Berufstätigkeit der Mutter, Größe der Wohnungen, Spielplätze, Spielzeug . . . Bronfenbrenner, dem diese erste konstruktive Bilanz der bisherigen Bemühungen um

kompensatorische Erziehung zu verdanken ist, bezeichnet diese Maßnahme als »ökologisches Eingreifen«. [H. H.]

Lit.: Bronfenbrenner, U.: Wie wirksam ist kompensatorische Erziehung? Stuttgart 1974. Hielscher, H.: Probleme und Möglichkeiten einer kompensatorischen vorschulischen Sprachförderung, in: Nickel, H./Langhorst, E. (Hg.): Brennpunkte der pädagogischen Psychologie, Bern 1973. Iben, G.: Kompensatorische Erziehung, München 1971. Schwerdt, D.: Vorschulerziehung, Paderborn 1975. Sprey, T.: Zum Problem der kompensatorischen Erziehung, in: Die Deutsche Schule, Heft 1/1972, S. 2–17, Heft 3/1972, S. 149–159.

Kompetenz, berufliche (professionelle). Berufliche Kompetenz des SA/SP erfordert die Vermittlung, Einübung und Anwendung von ausgewählten Wissensinhalten (Erklärungs- und Entscheidungwissen) um Strukturen und Situationen sozialer Probleme im sozialen Feld soweit zu analysieren, daß damit wirksame Umsetzungen in Methoden und Konzepte agogischer Interventionen ermöglicht werden.
Der Begriff »Kompetenz« wird aus der Linguistik abgeleitet, wo er als sprachtheoretische Konstruktion eine ideale Sprecher-Hörer-Beziehung charakterisiert. In der Soziologie tritt der Begriff von beruflicher Kompetenz in Zusammenhängen mit Kategorien wie: Kommunikative K., Handlungskompetenz und Verhaltenskompetenz auf. Für die Praxis von SA/SP ergibt sich die Notwendigkeit ständiger Reflexionen zu angemessenen Formen der Interaktionen mit dem Klientel, bzw. Adressatenkreis agogischer Interventionen. Das gilt vor allem für Methoden und Sozialtechniken von Beratung und Bildung in der Unterschicht, die ein anderes Erwartungs- und Anspruchsniveau an SA/SP reproduziert als Angehörige der Mittelschicht. Rahmenbezüge zu Einübungen in berufliche Kompetenzen ergeben sich vor allem aus der Analyse von Einstellungen (Attitüden) des Klientels gegenüber Institutionen von SA/SP (Behördenängste). Eine wesentliche Schlußfolgerung zu Einübungen in »kompetentes, professionelles Handeln« bildet die Forderung nach ständiger Mobilität und Flexibilität von Verfahrensweisen (Methoden und soziale Techniken) sozialer Hilfen. Vor allem Angehörige der Unterschicht interpretieren soziale Situationen der Beratung und des Hilfsangebots vor ihrem lebens- und sozialgeschichtlichen Erfahrungshintergrund. Persönliche Ängste, Ohnmachtsgefühle sowie sprachliche Barrieren beeinflussen sehr oft das Verhalten von Klienten gegenüber den SA/SP, deren eigene, professionelles Deutungs- sowie Interpretationsmuster weitgehend mittelschichtorientiert sind oder erscheinen (Problematik der Beratung in sozialen Brennpunkten). [A. S.]

Lit.: Bienwald, E., u. a.: Offene Jugendarbeit im Arbeiterviertel, Bensheim 1978. Hollstein, W., Probleme und Ansätze der Unterschichtberatung in: Neue Praxis, Nr. 4, 1978. Krauslach, J. u. a.: Aggressive Jugendliche. Jugendarbeit zwischen

Kneipe und Knast, München 1976. Lewandowski, Th., Linguistisches Wörterbuch, Bd. 1, Heidelberg, 1973, siehe dort: Kompetenz, S. 336. Vinnai, G., Sozialpsychologie der Arbeiterklasse, Reinbek b. Hamburg, 1973.

Konflikt, die Auseinandersetzung zwischen gegensätzlichen oder gleichartigen, aber konkurrierenden Tendenzen. Man unterscheidet äußere (soziale) und innere (Motiv-) K. Ein innerer K. ist im Erleben gekennzeichnet durch Hin- und Herschwanken mit meist als unangenehm empfundener Spannung, Unklarheit von Wert-, Ziel- oder Mittelvorstellungen, verbunden mit dem Wunsch nach Klärung. Im Verhalten ist eine verlängerte Entscheidungszeit, Informationssuche oder Meidung der konflikttragenden Situation zu beobachten (Feger 1965). Nach Lewin (Pongratz 1961) lassen sich vier K.-Typen unterscheiden: 1. Annäherungs-Annäherungs-K. bei zwei sich ausschließenden Zielobjekten mit positiver Wertigkeit, 2. Meidungs-Meidungs-K. bei zwei sich ausschließenden Zielobjekten mit negativer Wertigkeit, 3. Annäherungs-Meidungs-K. bei einem ambivalenten Zielobjekt, 4. Doppelter Annäherungs-Meidungs-K. bei zwei ambivalenten Zielobjekten. Das resultierende Verhalten wird durch die Situation und die K.-Stärke bestimmt. K. mittlerer Stärke führen meist zu verstärkter Zielzuwendung und intensiviertem Zielverhalten. Zu den konfliktbedingten Verhaltensweisen zählen aber auch Aggressivität, Meidung, Übersprungsverhalten und der Einsatz von Abwehrmechanismen (→Psychoanalyse). Pawlow hat als erster die Entstehung von neurotischen Reaktionen durch K. experimentell belegt (Feger 1965). Soziale K. stellen sich als interpersonelle oder Intergruppen-K. dar. Die experimentelle Erforschung sozialer K. zwischen Personen oder Gruppen bedient sich zunehmend der K.-Spiele, denen sich auch konfliktdiagnostische Hinweise entnehmen lassen (Deutsch 1976; Ulich 1970). Versuche, interpersonelle K. zu beeinflussen, finden wir in der Verhaltenstherapie und Kommunikationstherapie (Mandel u. a. 1971). [E. S.]

Lit.: Deutsch, M.: Konfliktregelung, München 1976. Feger, H.: Beiträge zur experimentellen Analyse des Konflikts, in: Thomae, H. (Hg.): Handbuch der Psychologie, Bd. 2, Göttingen 1965, S. 332–412. Lehr, U.: Erscheinungsweisen des Konflikts, in: Thomae, H. (Hg.): Handbuch der Psychologie, Bd. 2, Göttingen 1965, S. 306–331. Mandel, A., Mandel, K. H., Stadter, E., Zimmer, D.: Einübung in Partnerschaft durch Kommunikationstherapie und Verhaltenstherapie, München 1971. Pongratz, L. J.: Psychologie menschlicher Konflikte – Phänomenologie und Theorie, Göttingen 1961. Ulich, D.: Konflikt und Persönlichkeit, München 1970.

Konstrukt, theoretischer Begriff, der sich auf nicht direkt beobachtbare Größen bezieht und seine Bedeutung durch Relationen zu anderen Konstrukten sowie durch die ihm zugeordneten Operationalisierungen (Meßoperationen) erhält. [G. S.]

Konvergenztheorie. Zur umstrittenen Frage des Verhältnisses von Sozialpädagogik und Sozialarbeit versucht die Konvergenztheorie einen neuen Lösungsansatz zu entwickeln, da die Frage nach dem Verhältnis beider von verschiedenen Autoren bisher sehr unterschiedlich, vielfach kontrovers und im Gesamtergebnis beinahe chaotisch beantwortet wurde. So wurden die beiden Wörter und Begriffe bisher a) im Verhältnis der Gleichordnung (im Sinne der Nebenordnung und Abgrenzung bzw. Zweiteilung des Gesamtfeldes in Sozialpädagogik und Sozialarbeit, z. T. unter Einräumung von mehr oder weniger großen Überschneidungs- bzw. Überlappungsgebieten) b) im Verhältnis der Über- und Unterordnung (wobei jedes der beiden Wörter wahlweise einmal als Ober- und ein anderes Mal als Unterbegriff definiert wird), c) im Verhältnis der grundsätzlichen oder absoluten Identität beider Bereiche.
Da von keiner dieser drei bzw. vier Auffassungen eine sachlich zwingende Abgrenzung in Zweiteilung bzw. eine logisch konsistente und sachlich vertretbare Zuordnung als Ober- und Unterbegriff bis heute überzeugend geleistet werden konnte, wurde als Ausweg aus diesem Dilemma das sog. Konvergenztheorem entwickelt: Der sozialpädagogischen und der sozialen Arbeit sind danach zwar bestimmte topologische Schwerpunkte, d. h. Teilbereichsfelder des Gesamtfeldes zuzuordnen (so kann z. B. die Vorschulerziehung als traditionelle Domäne der Sozialpädagogik, die Familienfürsorge, die Erziehungsfürsorge des Jugendamtes usw. als charakteristisches Einsatzfeld der Sozialarbeit gelten), aber das nur aufgrund historischer und zeitweiliger Schwerpunkte, die keinerlei schlüssige und sachlich-logisch konsistente Abgrenzung ermöglichen. Nach Aufgabenverständnis, Methoden und Funktion bewegen sich auch selbst diese deutlicher profilierten Teilbereiche in neuzeitlicher Weiterentwicklung immer stärker aufeinander zu und werden dadurch zunehmend deckungsgleich. Deshalb empfiehlt sich die Auffassung der Sozialpädagogik/Sozialarbeit als einheitliches Gesamtfeld von zunehmender Homogenität, dessen Untergliederung nach anderen Kriterien als denen einer historischen, aber inhaltlich überholten Zweiteilung erfolgen muß. [H. P.]

Lit.: Pfaffenberger, H.: Das Theorie- und Methodenproblem der sozialpädagogischen und sozialen Arbeit, in: Röhrs (Hg.), Die Sozialpädagogik und ihre Theorie, Frankfurt, 1968. Pfaffenberger, H.: Sozialpädagogik/Sozialarbeitswissenschaft, in: Timmermann (Hg), Sozialwissenschaften. Eine multidisziplinäre Einführung, Konstanz, 1978. Tuggener, H.: Social Work, Weinheim 1971. Böttcher, H.: Sozialpädagogik im Überblick, Freiburg, 1975. Holtstiege, H.: Sozialpädagogik. Zur Geschichte eines Theorie-Dilemmas, Saarbrücken 1976.

Konzepte (der Sozialpädagogik/Sozialarbeit), in der Rezeption amerikanischer Fachliteratur nach dem 2. Weltkrieg entlehnter Begriff der englisch-amerikanischen Fachsprache (concept, vergl. etymologisch

Konzeption, Konzeptualisierung usw.), der strukturierende bzw. organisierende »Schlüsselbegriffe« (Tuggener) oder »Grundbegriffe« (Pfaffenberger) eines Fachgebietes oder einer wissenschaftlichen Disziplin meint. Entsprechend dem Stand der Entwicklung und Forschung der Sozialpädagogik/Sozialarbeitswissenschaft (→Theorie der Sozialarbeit/Sozialpädagogik), werden diese Konzepte meist einzelwissenschaftlichen (grundwissenschaftlichen) Terminologien entnommen und sind durchweg sozialwissenschaftlicher oder sozialethischer, sozialphilosophischer Provenienz. So wurden in den letzten Jahrzehnten nacheinander tiefenpsychologisch-psychoanalytische, soziologische und lerntheoretische, verhaltenstherapeutische Konzepte rezipiert und in den wissenschaftlichen Bezugsrahmen der Sozialpädagogik/Sozialarbeit übernommen, so z. B.: soziale →Rolle, Anpassungsmodus, Ich-Stärke, Ich-Schwäche, →Abwehrmechanismen (Henry S. Maas), Es-Ich-Über-Ich, Ego-Funktionen; sozialer Wandel, soziale Desorganisation, Kulturkonflikt (→Konflikt), soziale Devianz, soziale Pathologie →Rolle, →Status, soziale Marginalität (Blum), soziale Schicht, Klasse usw.; →Lernen, Lernprozeß, Lernmilieu (Wanner), Verstärker, Bekräftigung, →Sanktion, Konditionieren, Verhaltensmodifikation (→Verhaltenstherapie).
Mit der Rezeption polit-ökonomischer und marxistischer Theorieansätze in der Sozialpädagogik/Sozialarbeit Ende der 60er Jahre wurden auch aus diesem Bereich Konzepte in die Fachterminologie übernommen, z. B. soziale Ungleichheit, Deklassierung, Entfremdung, Verelendung, Klassenlage usw.
Aber auch die Entwicklung und Verwendung eigenständiger, d. h. nicht den Einzelwissenschaften entnommener Konzepte wurde immer wieder mit wechselndem Erfolg versucht: z. B. Konzepte wie Ziel, Änderungsprozeß, Fähigmachen, freiwillige Mitarbeit, Änderungsbereitschaft, kumulative Sequenz, Repräsentativität und Interessenvertretung, Bedürfnis usw. (G. W. Carter).
Weiterentwicklung und Forschungsstand der Sozialpädagogik/Sozialarbeitswissenschaften werden u. a. an den Kriterien Ausgewogenheit, Praxisrelevanz und Eigenständigkeit der Fachterminologie gemessen und abgelesen werden können. [H. P.]

Lit.: Blum, R., Soziologische Konzepte der Sozialarbeit, Luzern, 1964.Carter, G. W.: Soziale Gemeinwesenarbeit, in: Friedländer/Pfaffenberger (Hg.), Grundbegriffe und Methoden der Sozialarbeit, Neuwied 1966. Maas, H. S.: Soziale Einzelhilfe, in: Friedländer/Pfaffenberger a. a. O. Pfaffenberger, H.: Das Theorie-Methodenproblem in der sozialen und sozialpädagogischen Arbeit, in: Friedländer/Pfaffenberger (Hg.), a. a. O., Neuwied 1966. Wanner, P.: Lernen und soziale Integration. Ein Beitrag zur Theoriebildung in der Sozialarbeit, Solothurn 1972. Geißler, K./Hege, Konzepte sozialpädagogischen Handelns, München 1978.

Korrelation, der Zusammenhang zwischen Merkmalen. Im statistischen Sinn (→Statistik) bezeichnet der Korrelationskoeffizient eine Größe, die das Ausmaß des Zusammenhangs zwischen zwei oder mehr Variablen quantitativ angibt. Der Wertebereich der K.koeffizienten variiert im Intervall [−1, +1]. Dabei bezeichnet −1 einen vollständig negativen Zusammenhang, 0 das völlige Fehlen eines Zusammenhangs, +1 einen vollständig positiven Zusammenhang. [E. S.]

Krankenversicherung. Als Teil der →Sozialversicherung hauptsächlich im II. Buch der RVO von 1911 geregelt. Sie baut auf dem Grundsatz des Versicherungszwangs für geringer verdienende Arbeitnehmer auf und greift bei Krankheit und vorübergehender Arbeitsunfähigkeit infolge von Krankheiten und Unfällen (nicht aber bei allgemeiner Pflegebedürftigkeit, →Heimgesetz) ein. Es sind alle Arbeiter beitragspflichtig, befreit sind dagegen alle Beamten; besser verdienende Angestellte sind entweder von vornherein versicherungsfrei oder können sich befreien lassen. Im Falle der Versicherungsfreiheit können sie unter gewissen Voraussetzungen ebenso beitreten wie andere Bevölkerungsgruppen, z. B. geringer verdienende Gewerbetreibende. Studenten und Praktikanten sind an sich versicherungspflichtig, können sich aber befreien lassen, wenn sie anderswo gleichwertig versichert sind; andere in Ausbildung befindliche Personen (außer Schülern) haben ein Beitrittsrecht. Rentner sind zwar pflichtversichert; ihre Beiträge zahlt aber die →Rentenversicherung. Die Zahl und die Arten der Träger der K. sind groß und vielfältig.
Das damit angestrebte Ziel einer größtmöglichen Wahlfreiheit für den Versicherten verhindert allerdings eine kostensparende, rationelle und effektive Organisation des gesamten Bereichs (vgl. →Sozialversicherung). Die Leistungen der K. sind: Maßnahmen der Früherkennung (§ 181 RVO); bei Krankheit Krankenhilfe, bestehend aus Krankenpflege (ärztl. Behandlung, Arznei-, Heilmittel), ggfls. (nach pflichtgemäßem Ermessen) Krankenhauspflege und Krankengeld (§§ 182ff. RVO); Mutterschaftshilfe einschl. Mutterschaftsgeld (§§ 195 RVO) (→Mutterschutz); Sterbegeld (§§ 201ff.RVO). Bei der Kranken(haus)pflege gibt es keine Aussteuerung mehr, d. h. sie wird ohne zeitliche Begrenzung gewährt. Beim Krankengeld gibt es jedoch eine Begrenzung auf jeweils 78 Wochen innerhalb von 3 Jahren wegen derselben Krankheit; ist aber eine Berufs- oder eine Erwerbsunfähigkeit eingetreten, so besteht ein Anspruch aus der →Rentenversicherung. Bei der Krankenhilfe haben Kinder und der Ehepartner des Versicherten Anspruch auf Familienhilfe (§ 205 RVO). Die ärztliche Behandlung erfolgt durch besonders zugelassene Kassenärzte, die über ihre kassen-

ärztliche Vereinigungen zu den Krankenkassen in Vertragsbeziehungen treten und von diesen über die Vereinigungen nach einem bestimmten Verteilungssystem honoriert (§§ 368 ff. RVO) werden. Ein großes Problem der K. liegt in der Finanzierung. Durch die ständige Erhöhung der Arzt-, Krankenhaus- und Arzneimittelkosten sowie durch andere Faktoren (z. B. steigende Inanspruchnahme des medizinischen Versorgungssystems durch die Versicherten der K.) ist eine »Kostenexplosion« hervorgerufen worden. Der Gesetzgeber hat versucht, durch ein »Kostendämpfungsgesetz« 1977 regulierend einzugreifen. [U. W.]

Text und Lit.: →Sozialversicherung. Ferner: Krauskopf, D./Schroeder-Printzen: Soziale Krankenversicherung. Loseblatt-Kommentar, München 1978². Liebold, R.: Handbuch des Kassenarzt- und Kassenzahnarztrechts und der angrenzenden Rechtsgebiete, St. Augustin 1977. Pelikan, W./Zachmann: Sozialversicherung in Frage und Antwort. Bd. 1: Krankenversicherung, München 1979⁴. Peters, H.: Handbuch der Krankenversicherung. Loseblatt-Kommentar in 6 Ordnern, Stuttgart ab 1950. Speziell: Eichholz/Bernhardt: Krankenpflegegesetz mit Ausbildungs- und Prüfungsordnungen. Kommentar, Köln 1975⁴. Elsholz, K.: Krankenhausfinanzierungsgesetz/Bundespflegesatzverordnung mit Kommentar, Baden-Baden 1974. Nolte, J.: Krankenversicherung der Studierenden, Bonn-Bad Godesberg 1975. Ders.: Krankenversicherung der Rentner, Bonn-Bad Godesberg 1978². Rauschenbach/Laufer: Der Rentner und seine Krankenversicherung, Berlin 1976⁶. Weimar, W.: Arzt (Krankenhaus) und Patient (Beck-Rechtsinf. im dtv. 5091), München 1976².

Kreativität, ein Begriff, dem von unterschiedlichen wissenschaftlichen Positionen aus verschiedene Schwerpunkte gesetzt werden. Allgemein wird anerkannt, daß es sich um eine Fähigkeit handelt, nach der »Ideen produziert werden, die von einem sozialen System als kreativ akzeptiert werden, wenn sie in einer bestimmten Situation neu sind oder neuartige Elemente enthalten und wenn ein sinnvoller Beitrag zu einer Problemlösung gesehen wird« (Preiser). Seit 1920 hat sich die Psychologie, insbesondere die Denkpsychologie (Duncker) und die Gestaltpsychologie (Wertheimer) mit dem Phänomen K. beschäftigt, damals unter Kategorien wie »schöpferisches Denken«, »Imagination« oder »produktives Denken«. Aus Gründen der unzureichenden Operationalisierbarkeit des Phänomens mit exakt-wissenschaftlichen Methoden wurde es lange Zeit nur beschreibend erfaßt. Erst seit 1950 wurde K. durch Guilford wieder in die wissenschaftliche Diskussion eingebracht. Das geschah anfangs noch stark unter der Fragestellung des Zusammenhangs von Intelligenz und Kreativität.

In den USA hat der Schock des Vorsprungs russischer Forschung auf dem Gebiet der Raumfahrt (»Sputnikschock«) eine intensive Beschäftigung mit der Förderung von K. ausgelöst, etwa in der Vorschulerziehung, in Sprachförderungsprogrammen und in Kreativitätstrainings. In

Deutschland setzte diese Welle etwa 10 Jahre später ein und brachte uns ebenfalls Trainings der o. g. Art (Lückert, Correll u. a.).
Die wissenschaftliche Beschäftigung mit dem Forschungsgegenstand K. setzte an vier Schwerpunkten/Aspekten an: 1. kreatives Produkt, 2. kreativer Prozeß, 3. kreative Person, 4. Umweltbedingungen. Diese vier Aspekte sind in die zitierte Definition von Preiser eingegangen.
Für das kreative Produkt gilt, daß es neu sein muß in einer bestimmten Situation und in einem sozialen System. Darüber hinaus muß es dem Kriterium der Sinnhaftigkeit entsprechen, sowie Angemessenheit oder auch Realitätsangepaßtheit enthalten. Dabei wird heute als Inhalt nicht nur die »Idee« zur Lösung eines sachlichen Problems angesehen, sondern auch so etwas wie »soziale Kreativität« oder auch »soziale Phantasie«, d. h. die kreative Lösung sozialer Fragen. Für den kreativen Prozeß gibt es verschiedene theoretische Beschreibungen, eine der bekanntesten ist die von Torrance, der folgende Schritte annimmt: Bemerken von Problemen, Identifizierung mit dem Problem, Informationssammlung, Problemdefinition, Hypothesenformulierung, Überprüfung der Hypothesen, Ausarbeitung und Kommunikation der Ergebnisse. Guilford hat in seinem Persönlichkeitsmodell eine Reihe von Faktoren der K. aufgezählt, wie: Problemsensitivität, Flexibilität, Originalität, Umstrukturierung. Darüber hinaus gibt es eine Anzahl von Persönlichkeitsmerkmalen, die K. anzeigen: Psychische Gesundheit und Ichstärke; Energiepotentiale; Neugier; Konflikt- und Frustrationstoleranz, sowie Komplexivität.
Zum Thema der kreativen Persönlichkeit hat neuerdings die Humanistische Psychologie um Bühler, Rogers und Maslow wichtige, ergänzende Aussagen gemacht. So unterscheidet Maslow zwischen der »K. als eines besonderen Talents« und der »K. der Selbstverwirklichung«. Letztere wird als allen Menschen mögliche Form angesehen, wenn die Umwelt sie zuläßt und fördert. Jede Tätigkeit kann kreativ oder unkreativ ausgeführt werden. K. wird als ein Kennzeichen des »gesunden Menschen« betrachtet, eines Menschen, der sich selbst verwirklicht und der in seiner Persönlichkeit zu einer integrierten Ganzheit geworden ist. Auch hier spielt wieder der Umweltfaktor eine entscheidende Rolle. Der Gesichtspunkt der Ichstärke wird von Matussek besonders betont, indem er die These vertritt, daß K. ihren Ursprung in einem starken Ich habe. Seit Freud's These, daß die Kunst aus den gleichen Triebkräften entspringe wie die Neurose, ist diese Frage kontrovers geblieben. Die Spannweite reicht von Kretschmers »Genie und Wahnsinn« bis zu Maslows »Kreativität der Selbstverwirklichung als allgemeinmenschliches Phänomen«. Letztere These vertritt auch Winnicott, indem er K. als etwas Allgemeines ansieht, das einfach zum Lebendigsein gehöre, zur Grundeinstellung

des Individuums gegenüber der äußeren Realität. Sie ist für ihn eine Tönung der gesamten Haltung gegenüber dieser Realität, die auch durch Fehlerziehung nie ganz zerstört werden kann. Damit vermittelt er einen Ansatz für die Förderung der K. auch bei Jugendlichen und Erwachsenen. Zur Analyse und Diagnose von K. wurden von Guilford und anderen Verfahren entwickelt, die jedoch bislang alle keine befriedigenden Ergebnisse erbrachten. Pädagogische Zielsetzungen zur Entdeckung und Förderung von K. fanden inzwischen ihren Eingang in Curricula aller Bildungs- und Erziehungsbereiche. Aus entwicklungspsychologischer Sicht sollen dabei Spiel- und Unterrichtsformen im Vorschulalter entwickelt werden, die die bei jedem Kind unterschiedlichen Persönlichkeitsstrukturen erkennen lassen (traits of personality, Guilford) um sie unter Mitwirkung der Eltern mit integrierten kognitiven, affektiv-emotionalen und verhaltensorientierten Erziehungsformen kindgerecht zur Entfaltung zu bringen. Kreativitätsförderung findet ihre Anwendung auch in der Erwachsenenbildung, in der Altenhilfe sowie in sozialtherapeutischen Programmen des Strafvollzugs, weiterhin bei der stationären sowie ambulanten Behandlung von Suchtkranken. Weitere Methodenansätze zur Kreativitätsentfaltung ergeben sich gegenwärtig über Zielsetzungen von pädagogischen und therapeutischen Jugendtheatergruppen. Kreativitätsprogramme bieten in der Gruppenpraxis von Heil- und Sonderpädagogik Verfahrensweisen und soziale Techniken zu Minderung von Lern- und Verhaltensstörungen. [I. B.]

Lit.: Guilford, J., Persönlichkeit, Weinheim 1964. Landau, E., Psychologie der Kreativität, München 1969. Maslow, A., Psychologie des Seins, München 1973. Matussek, P., Kreativität als Chance, München 1974. Preiser, S., Kreativitätsforschung, Darmstadt 1976. Ulmann, G., Kreativität, Weinheim 1970. Winnicott, D., Vom Spiel zur Kreativität, Stuttgart 1975.

Kriminalsoziologie. 1. Spezielles Forschungsgebiet der Soziologie; 2. Forschungsbereich zur Theorienentwicklung der allgemeinen Soziologie; 3. Teilbereich der Kriminologie im interdisziplinären und intradisziplinären Verbund zu Kriminalpsychologie, Kriminalbiologie, Kriminalpsychiatrie u. a. Teildisziplinen der Kriminologie, untersucht Entwicklungen, Ursachen und Strukturkomplexe krimineller (devianter) Verhaltensmuster. Theoretische kriminologische Grundrichtungen in der BRD sind u. a.: a) Methodologie eines »kritischen Rationalismus«, nach K.D. Opp; b) interaktionistischer Ansatz →labeling-approach nach F. Sack; c) psychoanalytische Rahmenkonzeption nach T. Moser. Ks untersucht somit, von unterschiedlichen theoretischen Positionen ausgehend, Entwicklungen, Ursachen und Strukturkomplexe kriminellen, d.h. abweichenden Verhaltens. *Abweichendes Verhalten* (A.V.)

wird allgemein definiert als Verhalten, das den herrschenden Normen und daraus abgeleiteten Erwartungen nicht entspricht. Im engeren Sinne wird A.V. als delinquentes Verhalten im Sinne einer Verletzung der Strafgesetze verstanden. Die gesellschaftlichen Reaktionen auf das A.V. reichen von individueller »Aggression« oder »Nichtbeachtung« über »Isolation« in einer gesellschaftlichen Gruppe bis hin zur juristischen Sanktion durch gesetzliche Strafverfolgungsinstanzen.

Nach E. Durkheim tritt A.V. immer da auf, wo soziales Verhalten als geregeltes Verhalten verstanden wird, wobei die Definition und Häufigkeit des Auftretens von A.V. je nach Zeitpunkt und Gesellschaftsform differieren wird. Damit wandte Durkheim sich schon Ende des vergangenen Jahrhunderts gegen die Vorstellung A.V. sei eine angeborene Eigenschaft des Individuums (vergl. hierzu soz. Pathologie u. Ätiologie).

Mit dem gesellschaftlichen Phänomen Kriminalität haben sich verschiedene soziologische und interdisziplinäre Theorieansätze beschäftigt.

Lerntheoretische Ansätze gehen davon aus, daß »die Prozesse, durch welche man verbrecherisches Verhalten und Handeln im Kontakt mit verbrecherischen Lebensformen erlernt, formell durch die gleichen Mechanismen gekennzeichnet sind, durch welche alles Lernen und Erlernen erfolgt« (E.H. Sutherland). Das A.V. wird danach in Kleingruppen erlernt. Der Lernprozeß erstreckt sich sowohl auf das konkrete Verhalten als auch auf die spezielle Ausrichtung und Formung von Motiven, Impulsen, Rationalisierungen, Ideologien und Attitüden. Hier wird von M. Breland eine Möglichkeit zur Prävention gesehen, indem dissoziale Motivation nicht bekämpft werden soll, sondern prosoziale, normgerechte Motivation konditioniert werden kann. K. Merton geht in seiner Anomietheorie von einer widersprüchlichen Sozialordnung aus, in der einerseits kulturell definierte Ziele und Werte (etwa Reichtum) gegeben sind, andererseits aber die sozial erlaubten Mittel zur Erreichung dieser Ziele sehr begrenzt sind. Diese Situation verleitet, nach K. Merton, zu A.V. A. Cloward ergänzt diese Theorie, indem er feststellt, daß für die Entstehung von A.V. darüber hinaus sozial strukturierte illegitime Möglichkeiten zur Verfolgung der Ziele vorhanden sein müssen. A.K. Cohen versucht mit Hilfe der Anomietheorie die Entstehung von Subkulturen und Bandenbildung vor allem unter Jugendlichen zu erklären. So führt die Unmöglichkeit, die zunächst verinnerlichten Mittelstandsnormen zu erfüllen, die Unterschichtsangehörigen dazu, dem Konflikt in »Gangs« auszuweichen, in denen die Mitglieder anderen Normen, oft gegenteiligen (s. Drogensubkultur), Gültigkeit verleihen.

D. Matza und G.M. Sykes sehen die Ursache für jugendliche Delin-

quenz weniger in der Ablehnung gültiger Normen als vielmehr im Erlernen von Neutralisationstechniken, mittels derer die personalen Kontrollinstanzen, die durch die Internalisierung gesellschaftlich gültiger Normen und Werte aufgebaut wurden, vorübergehend außer Kraft gesetzt werden. Auf diese Weise kann der Delinquent sein Verhalten vor und/oder nach realisiertem A.V. durch Rechtfertigung legitimieren und sich so subjektiv von moralischer Schuld freisetzen.
Während die bisher genannten Theorieansätze A.V. von den Reaktionen des Einzelnen auf sozialstrukturelle Vorgaben her beschreiben und erklären, soll der Definitionsansatz A.V. von den Reaktionen der Gesellschaft her begreifen. Dieser interaktionistische Ansatz, auch »labeling approach« genannt, deren führender Vertreter in der BRD F. Sack ist, unterscheidet A.V. von anerkanntem sozialen Verhalten durch die gesellschaftliche Etikettierung »kriminell«, d.h. manche Verhaltensweisen werden kriminell genannt und sind es deshalb auch. Dieser Prozeß vollzieht sich auf den Ebenen der gesellschaftlichen Normsetzung, der Interaktion zwischen Betroffenen und Umwelt sowie den juristischen Instanzen. Danach ist das Verhalten einer Person nicht von vorneherein deviant, sondern wird es erst durch die Konsequenz der Anwendung von Regeln und Sanktionen auf sie. Sowohl die Definiton von A.V. als auch der Grad der Sanktion hängt davon ab, »wer die Tat begeht und wer sich davon betroffen fühlt« (H.S. Becker). Die Stigmatisierung betrifft vor allem die Unterschicht mit erheblichen Folgen für die Selbst- und Fremdtypisierung und Veränderungen der sozialen Wirklichkeit. Deshalb spricht F. Sack in diesem Zusammenhang von Klassenjustiz.
Eine Verbindung von soziologischen, psychologischen und psychoanalytischen Kriminalitätstheorien hat T. Moser versucht. Nach seiner Betrachtung wird sich ein delinquenter oder psychopathischer Charakter dann entwickeln, wenn es Eltern oder Erziehungspersonen während der Sozialisation des Kindes nicht gelingt, die Frustrationen der Triebeinschränkungen in erträglichen Grenzen zu halten bzw. durch Angebote der Kompensation und Verhaltensalternativen konstruktiv zu verwenden. Die Kompensationsprozesse sind aber gerade Kernstücke der »inneren Mechanik« der Mittelstandserziehung. Dies erklärt, so T. Moser, warum es Unterschichtsfamilien weniger leicht gelingt, ihren Kindern eine ausgeglichene Sozialisation zu gewähren. T. Moser bezieht sich in seiner Analyse u.a. auf den Mehrfaktorenansatz von E. u. S. Glueck, der weitgehend »theoriefrei« entstanden ist. Hier liegt der Interessenschwerpunkt auf dem breiten statistischen Nachweis signifikanter Korrelationen zwischen Delinquenz und einer großen Breite familiärer Konstellationen sowie zwischen bestimmten Persönlichkeitszü-

gen und den Kategorien der Familienanalyse, bezogen auf deviantes Verhalten. Daraus ergab sich, daß Familienfaktoren »wohl den mächtigsten Einfluß in dem ganzen komplexen Feld der Antriebe zu dissozialem Verhalten« zukommt, und zwar in direktem Einfluß, im Einfluß auf die Ausbildung kriminogener Charakterzüge und durch Modifikation oder Verstärkung an sich neutraler Züge. K. D. Opp's methodologisches Vorgehen setzt sich u. a. zum Ziel die kritische Analyse bereits vorliegender Erklärungsversuche, um diese zu überprüfen, zu vergleichen und zu präzisieren. Dabei wendet er vor allem zwei Methoden an. Mit dem interpretativen Verfahren versucht er eine Präzisierung der Theorie mittels der Analyse der Absichten des jeweiligen Theoretikers, während es beim Verfahren der Explikation darum geht, nach dem Kriterium der Brauchbarkeit die entsprechende Theorie präzise in Thesen zu fassen. (→Abweichendes Verhalten) [A. R.]

Lit.: Arbeitskreis junger Kriminologen: Kritische Kriminologie, München 1974. Breland, M.: Lernen und Verhalten von Kriminalität, Opladen 1975. Heintz, P. u. König, R. (Hg.): Soziologie der Jugendkriminalität, Kölner Ztschr. f. Soziologie u. Sozialpsychologie, Sonderheft 2, Opladen 1971[5]. Hubner, B., u. a.: Erkenntnistheoretische Problematisierung zur Kategorie der Delinquenz, in: Archiv für angewandte Sozialpädagogik, Nr. 4/1976. Kriminologisches Journal, München Nr. 1/1972. Kunzel, E.: Jugendkriminalität und Verwahrlosung, Göttingen 1965. Kurzeja, D.: Jugendkriminalität und Verwahrlosung, Gießen 1973. Matza, D.: Abweichendes Verhalten, Heidelberg 1974. Moser, T.: Jugendkriminalität und Gesellschaftsstruktur, Frankfurt/Main 1972. Opp, K. D.: Kriminalität und Gesellschaftsstruktur, Neuwied 1968. Sack, F., König, R. (Hg.): Kriminalsoziologie, Frankfurt/Main 1968.

Kriminologie, Bezeichnung für ein Wissensgebiet, das über spezielle Bezugsdisziplinen wie Kriminalsoziologie, Kriminalpsychologie, Kriminalbiologie, Kriminalpsychiatrie u. a. die Ursachen von Handlungen und Verhaltensweisen untersucht, die nach geltenden sozialen Regeln als Verbrechen bezeichnet werden. Kriminologische Erkenntnisse leisten Beiträge zu kriminalpolitischen Entscheidungen und finden ihren Eingang in die Strafrechtswissenschaft als spezielle Disziplin von Rechtswissenschaft. Von ihrem Selbstverständnis her betrachtet sich K. sowohl als Norm-, als auch als Tatsachenwissenschaft vom Verbrechen. Neben die Erfassung des Gesamtinventars zu Realitäten von Verbrechen treten nach neuerer Auffassung von K. Aufgaben der erweiterten Kriminalpolitik mit speziellen Aufgabenstellungen der Prävention und Rehabilitationsförderung von Delinquenten sowie Methoden einer Kriminalpädagogik (Kriminalagogik) im Strafvollzug. In ihrer historischen Entwicklung wurzelt K. in reformerischen Bestrebungen zur Strafrechtsreform, Sozialhygiene und Gerichtsmedizin. Als wesentliche Forschungsbereiche zur Erklärung von Verbrechen gelten u. a.: 1. anthropologisch-bio-

logische Forschungsrichtungen, 2. psychoanalytische Erklärungen, 3. soziologische und sozialökologische Theorien, 4. theorielose Mehrfaktorenansätze, 5. marxistische Theorien zur Kriminalität (politisch-ökonomisch), 6. psychologische Theorien (Lerntheorien).
In Verbindung mit Sichtweisen von »sozialer Kontrolle« werden gegenwärtig Träger und Agenten sozialer Kontrolle (Familie, Justiz, Polizei, Schule, Jugend- und Sozialämter) daraufhin untersucht, ob und inwieweit sie an Etikettierungen von Kriminalität, vor allem im Kindes- und Jugendalter beteiligt sind →Labeling approach. Grundsatzerörterungen zum Verhältnis von K. und Strafrechtsnormen, etwa unter der Fragestellung »Strafe« oder »Heilung« berühren Themenstellungen von Ethik und philosophischer Anthropologie. [A. S.]

Lit.: Bericht der Bundesregierung und Materialien zur Lage der Nation, 1972, Strafrecht und Kriminalität, Deutscher Bundestag, 6. Wahlperiode, Drucksache VI/3080. Eisenberg U., Einführung in die Probleme der Kriminologie, München 1973. Kaiser, G., Sack F. (Hg.), Kleines kriminologisches Wörterbuch, Freiburg, Br., 1974. Kaiser, G., Kriminologie. Karlsruhe 1971. Mergen, A., Die Kriminologie, Berlin, Frankfurt/M. 1967.

Kultur, Gesamtheit aller Lebensformen, die der »homo sapiens« als Gattung in seiner Geschichte entwickelt hat, sowie zeitgeschichtliche Formen des Welterlebens und Weltgestaltens von Einzelpersonen, sozialen Gruppen und Gesellschaften. Gegenwärtig entwickelt sich K. von »Nationalkulturen zu einer Weltkultur«. Technische Naturbeherrschung als »Zivilisation« wird vielfach als »materielle K.« bezeichnet. Eine Typisierung nach a. persönlich-sozialer Kultur, b. überpersönlich-objektiv-geistiger K. und c. nach unpersönlich-materiell-dinglicher K. hat sich historisch entwickelt (E. Meyer). J. Kant entwickelte in der »Kritik der Urteilskraft« die Idee einer Kultur vom Menschen, nach der aus individuellem Wollen, Streben, das sich nach ethischen Prinzipien aus der Rücksichtnahme auf das Gemeinsame entwickelt, Kultur des Menschen entsteht. Hegel versteht K. als objektiv-geistig, während K. Marx aus ontologischer sowie soziologischer Sicht K. als Formen materieller Besitzgüter betrachtet, deren Tausch- und Warenwert in einer zukünftigen Gesellschaftsform aufzuheben sei. Damit reduziert Marx K. auf ein lediglich materielles Objekt. Diese Denkweise unterschlägt eine Anthropologie zukünftigen Menschseins, sowie historisch gewachsene Ideen von Menschsein durch Aufhebung des Widerspruchs von Herrschaft und Recht, der über historisch begrenzte Widersprüche von Arbeit und Kapital hinausweist.
K. läßt sich als ein stets wachsendes System von Werten mit wechselnden Dominanzen bestimmter Leitwerte, Oberwerte bezeichnen, die

Einstellungen, Deutungen und Handlungsziele von Individuen in einer Epoche unter Bezugnahme auf soziale Rahmenbedingungen beeinflussen. K. ist Erkenntnis- und Forschungsobjekt von Kulturanthropologie und Kultursoziologie. Im Bereich agogischer Interventionen sind Teilsysteme von K., als →Subkultur (Kinderkultur, Jugendkultur, kriminelle K., ethnische K. Gegenstand vorbereitender Analysen für Methodenanwendungen der SA/SP, insbesondere soziokulturelle Stadtteilarbeit, Gemeinwesenarbeit, soziale Aktion. K. wird empirisch u. a. über erfaßbare soziale Normen, geltende Werte sowie Standards von Einstellungen und Formen sozialen Handelns erfaßt. [A. S.]

Lit.: Greverus, M.: Kulturbegriffe und ihre Implikationen, in: Kölner Ztschr. f. Soz. u. Sozialpsych., 23 (1971). Hartfiel, G.: Wörterbuch der Soziologie, Stuttgart 1972. Meyer, E.: Schriften zur Philosophie und Psychologie, Bd. I, Meisenheim am Glan, 1978. Mühlmann, W. E.: Homo creator, Bibliographie, Wiesbaden 1962. Sorokin, P. A.: Culture and Personality, New York 1947.

Kulturelle Animation. Animation (frz.): Belebung, Anfeuerung, kennzeichnet in der französischen Pädagogik und Erwachsenenbildung ein methodisches Vorgehen, mit dessen Hilfe schöpferische Impulse und Beweggründe zur sinnvollen Gestaltung von Freizeit geweckt und zielgerichtet gefördert werden. Weiterhin dient kulturelle Animation, K. A., der Bildung und Ausbildung im musischen Bereich.

Eine Grundidee von K. A. setzt voraus, daß bei allen Menschen schöpferische Begabungen, Neigungen und Fähigkeiten vorhanden sind, die es über unterschiedliche Sozialtechniken zu beleben gilt. In den Arbeitsfeldern von Jugendpflege, Freizeitpädagogik, Musikpädagogik, in der Erwachsenenbildung sowie im Strafvollzug und in therapeutischen Einrichtungen soll K. A. u. a. folgenden Zwecken dienen: 1. Förderung individueller, manueller oder intellektueller Begabungen, 2. Abbau von emotionalen Barrieren, Hemmungen, 3. Herstellung und Förderung kooperativen Sozialverhaltens durch Ablösen von einengenden sozialen Rollen und Verhaltensmustern.

Im Rahmen von Gemeinwesenarbeit und soziokultureller Stadtteilarbeit gewinnen Verfahren von K. A. an Bedeutung. Für Industriegesellschaften mit zunehmenden Freizeiten erfährt K. A. als Methode zur Selbstverwirklichung von Individuen zunehmende Aufmerksamkeit. Angemessen und wirksam erweist sich K. A. als kompensatorische Lebensform im Strafvollzug sowie in Suchtkrankentherapien. Die Methoden von K. A. und die mit ihr verbundenen vielfältigen Sozialtechniken sind hochvariabel und flexibel auf jeweilige Situationen und Bedürfnisse von Menschen einstellbar. Die Ausbildung zur K. A. erfordert ein eigenes Lehrkonzept für Methoden und Sozialtechniken, die zahlreiche Elemente aus dem künstlerischen Sektor übernehmen, wie etwa Kenntnisse von dramaturgischer Gestaltung, Leitung in Verbindung mit Techniken improvisierter Gesprächsführung. Eine grundlegende Theorie zur K. A. besteht bislang nicht. In der Psychologie vermitteln Aussagen zur Theorie des sozialen Lernens ausbaufähige Anhaltspunkte. [A. S.]

Kündigungsschutz im Arbeitsrecht. Schwere konjunkturelle Krisen und stagnierendes Wirtschaftswachstum haben in allen Industrienationen zu einer ständigen Bedrohung von Arbeitsplätzen geführt. Wirtschaftliche Krisen werden von den Unternehmen mit großangelegten Rationalisierungsstrategien (vor allem mittels Datenverarbeitung) beantwortet, die in hohem Maße den Einsatz menschlicher Arbeitskraft überflüssig machen. In dieser Situation kommt dem K. eine erhebliche Bedeutung zu, da er zumindest willkürliche Kündigungen vermeiden helfen kann. Die Vorteile des Kündigungsschutzgesetzes (KSchG) genießen alle Arbeitnehmer, deren Arbeitsverhältnis in demselben Betrieb oder Unternehmen ohne Unterbrechung länger als 6 Monate bestanden hat. Nach dem KSchG sind alle ordentlichen (d. h. fristgemäßen) Kündigungen unwirksam, wenn sie nicht *sozial gerechtfertigt* sind. Sozial ungerechtfertigt ist die Kündigung, wenn sie nicht durch Gründe, die in der Person oder dem Verhalten des Arbeitsnehmers (z. B. ungenügende Arbeitsleistung) oder durch dringende betriebliche Erfordernisse bedingt sind (§ 1 KSchG). Im letzteren Fall ist die Kündigung gleichwohl sozial ungerechtfertigt, wenn der Arbeitgeber bei der Auswahl des Arbeitnehmers soziale Gesichtspunkte nicht ausreichend berücksichtigt. Will sich der Arbeitnehmer gegen eine ordentliche oder außerordentliche (fristlose) Kündigung wehren, so muß er *innerhalb von 3 Wochen* nach Zugang der Kündigung Klage beim Arbeitsgericht (→Arbeitsgerichtsbarkeit) erheben. Tut er dies nicht, so gilt die Kündigung als von Anfang an rechtswirksam.

Besonderheiten bestehen in Betrieben, die einen Betriebsrat gebildet haben. Der Betriebsrat ist vor jeder Kündigung zu hören. Eine ohne Anhörung des Betriebsrats ausgesprochene Kündigung ist unwirksam. Widerspricht der Betriebsrat einer ordentlichen Kündigung und erhebt der Arbeitnehmer nach dem KSchG Feststellungsklage, so muß der Arbeitgeber auf Verlangen des Arbeitnehmers diesen bis zum *rechtskräftigen* Abschluß des Rechtsstreits weiterbeschäftigen (§ 102 BetrVG). Der Arbeitnehmer kann binnen einer Woche nach Ausspruch der Kündigung Einspruch beim Betriebsrat einlegen, damit dieser eine Verständigung mit dem Arbeitgeber herbeiführt (§ 3 KSchG). Zu den Möglichkeiten eines Rechtsbeistandes bei Kündigungen →Arbeitsgerichtsbarkeit. Angesichts der jüngsten Wirtschaftskrisen und den damit häufig

verbundenen Fällen von Massenentlassungen kommt den Vorschriften des KSchG über Massenentlassungen wachsende Bedeutung zu. Will dder Arbeitgeber innerhalb von vier Wochen einer größeren (je nach Betriebsgröße unterschiedlichen) Anzahl von Arbeitnehmern kündigen, so muß er vorher unter Beifügung der Stellungnahme des Betriebsrats dem Arbeitsamt schriftlich Anzeige erstatten. Das Landesarbeitsamt kann einerseits den Arbeitgeber zunächst zur Einführung von Kurzarbeit (→Arbeitslosenversicherung) ermächtigen, andererseits aber das Wirksamwerden der Kündigungen bis zu zwei Monaten nach Eingang der Anzeige beim Arbeitsamt hinausschieben.
Spezielle Regelungen, d. h. erschwerte Möglichkeiten der Kündigung, gibt es für bestimmte, besonders schützenswerte Arbeitnehmer, z. B. für Mitglieder von Organen der Betriebsverfassung und Personalvertretung (§ 15 KSchG), für schwangere Frauen, →Mutterschutz, →Schwerbehinderte, →Schwerbehindertengesetz, Auszubildende, § 15 des →Berufsbildungsgesetzes. [M. F.]

Lit.: Bleistein, F.: Kündigung und Kündigungsschutz im Arbeitsverhältnis, 2. Aufl. 1978. Stahlhacke, E.: Kündigung und Kündigungsschutz im Arbeitsverhältnis, München 3. Aufl. 1977.

Labeling Approach. In gegenwärtigen kriminologischen und kriminalsoziologischen Untersuchungen zu Definitionen des Verbrechensbegriffs wird die Anschauungsweise eines »Labeling-approach« diskutiert (Label = Etikett, Aufschrift, Zeichen) (approach = Anschauungsweise). Ausgehend von sprachanalytischen Untersuchungen (H. L. A. Hart) über den Unterschied zwischen Zuschreibungen und Beschreibungen (askriptive, deskriptive Begriffe), folgern die Vertreter des L.A., daß Aussagen darüber, was als Verbrechen (abweichendes Verhalten) definiert wird, abhängig sind von Personen (Richter, Polizeibeamte, Sozialarbeiter) sowie von Institutionen (Forschungsinstitute, Gerichte, Sozial- und Jugendämter), deren gesellschaftlich anerkannte Funktion darin besteht, zu entscheiden, ob eine Handlung als Verbrechen oder nicht als Verbrechen (Verstoß, Vergehen) zu bezeichnen ist. Der L.A. richtet sich gegen die traditionelle Kriminalsoziologie. Eine theoretische Bezugnahme des L.A. führt nach F. Sack tendenziell zur marxistisch-interaktionistischen Theorie der Kriminalität. Weiterführend ließen sich, vom Standpunkt einer Theorie des symbolischen Interaktionismus aus, alle Formen des →abweichenden Verhaltens über den L. A. definieren. Im Gegensatz zum L. A. machen Vertreter eines sogenannten »Factor Approach« (K. D. Opp) die Feststellung, daß jedes Verbrechen einen materiellen Akt, d. h. einen Handlungsvollzug enthält. Ob und inwieweit die Frage nach den Ursachen des kriminellen sowie im erweiterten Sinne abweichenden Verhaltens wissenschaftslogisch sinnvoll gestellt werden kann, bleibt nach wie vor ungeklärt. Für die Praxis der SA/SP vermittelt dieser Ansatz Einsichten in Ursachen, Verlaufsstrukturen sowie Folgen krimineller Akte, ohne jedoch damit allein den gesamten Wirklichkeitsbereich der Kriminalität abzudecken. [A. S.]

Lit.: Hart, H. L. A.: The Ascription of Responsibility and Rights, in: Antony Flew (Hg.), Essays on Logic and Language, First series, Oxford 1951. Kriminologisches Journal, München, Nr. 1, 1972, siehe dort Kontroverse zwischen F. Sack und K. D. Opp. Opp, K. D.: Abweichendes Verhalten und Gesellschaftsstruktur, Darmstadt-Neuwied 1974.

Leiden (gesellschaftliches). In Ansätzen zu Theorien von sozialen Pathologien über Soziogenesen von Verhaltensstörungen wird der Versuch unternommen, die Kategorie g.L. von bereits vorhandenen Typen, Syndromen und Beschreibungen individuellen Leidens abzuheben. Schlüsselkategorien der Soziologie wie Anomie, soziale Rolle und Entfremdung gehen dabei ein in Theoriekonstrukte zu Studien eines g.L., u. a. über Pathologien des Rollenverhaltens. [A. S.]

Lit.: Dreitzel, H. P.: Die gesellschaftlichen Leiden und das Leiden an der Gesellschaft, Stuttgart 1972. Mitscherlich, A., Brocher, T. u. a. (Hg.): Der Kranke in der modernen Gesellschaft, Köln 1972.

Lernen, meist als relativ überdauernde, durch Erfahrung bedingte Änderung von Verhaltensdispositionen definiert, die nicht auf Vorgänge wie Ermüdung, Pharmakawirkung, Verletzungen, Reifung oder Altern zurückgeführt werden kann (Hilgard u. Bower 1970). Die Lernforschung unterscheidet paradigmatische Lernanordnungen mit spezifischen Lernergebnissen (Gagne 1969): Klassisches (respondentes) Konditionieren mit bedingten Reflexen als Lernergebnis; instrumentelles (operantes) Konditionieren mit bedingten Reaktionen; assoziatives Verketten mit sensomotorischen Reaktionsketten; Diskriminationslernen mit der Unterscheidung perzeptiver Strukturen; begriffliches Klassifizieren mit generalisierbaren kognitiven und sprachlichen Strukturen; Verknüpfen von Begriffen zu Aussagen mit dem Resultat des Zusammenhangwissens; heuristisches Problemlösen (→Denken) mit einsichtigem Finden und Anwenden von Strategien. Diese Reihung der Lernformen drückt eine hierarchische Ordnung aus, so daß elementare Lernformen genetische Voraussetzungen und aktuell integrierende Bestandteile der übergeordneten Lernformen darstellen. Die einfachste Lernform stellt das respondente Konditionieren nach Pawlow dar; infolge wiederholten zeitlichen Zusammenauftretens von neutralen Reizen und unkonditionierten reflexauslösenden Reizen lernt der Organismus, auf die neutralen Reize ähnlich wie auf die unkonditionierten zu reagieren (Signallernen). Beim operanten Konditionieren wird die Beziehung von Verhaltensweisen (Reaktionen) zu ihren Konsequenzen (Erfolg und Mißerfolg) untersucht. Alle Konsequenzen, welche die Auftretenswahrscheinlichkeit der vorausgehenden Verhaltensweisen ändern, werden als Verstärker bezeichnet. Nach der Art des Lernmaterials wird unterschieden: Wahrnehmungs-L. (Diskriminieren, Differenzieren); Motorisches L. (Aufbau von Fertigkeiten); Verbales L. (Buchstaben, Wörter, Sätze, Texte, Sprachen); Soziales L. (Sozialisation, Einstellungs-L.); Emotionales L. (→Gefühle), L. von Verhaltensnormen (→Gewissen). Nach der Art der Übung unterscheidet man beiläufiges (inzidentelles) und zielgerichtetes L., einzelheitliches und ganzheitliches L., massiertes (ohne Pausen) und verteiltes L. Die Lernforschung und die Entwicklung von Lerntheorien waren seit Beginn der Psychologie eine ihrer Hauptaufgaben (Hilgard u. Bower 1970 u. 1972). Den theoretischen Ausgangspunkt bildet die Assoziationspsychologie. Aufgrund der Untersuchungen von Thorndike wurde die Verstärkungstheorie (Hull) formuliert, die die steuernde Funktion des Erfolgs und der Bedürfnisse beim L. betonte. Hull hat damit die erste axiomatisierte und weitgehend mathematisierte Theorie in der Psychologie entwickelt. Die Gegenposition zu den Verstärkungstheorien bilden die kognitiven Lerntheorien (Tolman; Koffka), die davon ausgehen, daß nicht Reiz-Reaktionsfolgen, sondern kognitive Strukturen gelernt werden. Gegenwärtig wird vor allem an mathematischen Lernmodellen für spezifische Lernsituation und an neurophysiologischen Prozessen des L. gearbeitet (Hilgard u. Bower 1972). Eine umfassende Theorie des L. liegt nicht vor und zeichnet sich gegenwärtig auch noch nicht ab. Aus der Fülle der Befunde zum menschlichen L. lassen sich praktische Regeln ableiten (Ausubel 1973): 1. Orientierung: dem Lernenden sollen Weg und Schriftfolge zum Lernziel sowie Bedeutung und Begründung des Handlungsablaufs klar sein; 2. Aktivität: die Möglichkeit zum selbständigen Handeln begünstigt den Lernerfolg; 3. Einstellung: positive Lerneinstellung und Schaffung von Lernmotivation begünstigen den Lernerfolg; 4. Information: der Lernende soll über den Erfolg oder Mißerfolg jeder Lernhandlung Rückmeldung haben; 5. Bekräftigung: positive Lernresultate sollen durch Belohnung und Lob bekräftigt werden; 6. Zeitliche Gestaltung: Information und Bekräftigung sollen zu Beginn eines Lernprozesses möglichst unmittelbar gegeben werden; 7. Bestrafung: löst Angst aus und verhindert effektives Lernen, bewirkt nur eine kurzfristige Unterdrückung unerwünschten Verhaltens. [G. S.]

Lit.: Ausubel, D. P.: Psychologie des Unterrichts, Weinheim 1973. Bandura, A.: Lernen am Modell, Stuttgart 1976. Bergius, R. (Hg.): Handbuch der Psychologie, Bd. 1/2, Göttingen 1964. Bergius, R.: Psychologie des Lernens, Stuttgart 1971. Foppa, K.: Lernen, Gedächtnis und Verhalten, Köln 1966[2]. Gagne, R. M.: Die Bedingungen des menschlichen Lernens, Berlin 1969. Hilgard, E. R., Bower, G. H.: Theorien des Lernens, 2 Bde., Stuttgart 1970 u. 1972. Klix, F.: Information und Verhalten, Bern 1972. Meltan, A. W. (Hg.): Categories of human learning, New York 1964. Restle, F.: Learning, New York 1975. Skinner, B. F.: Die Funktion der Verstärkung in den Verhaltenswissenschaften, München 1974.

Lerngemeinschaft (Therapiegemeinschaft), im herkömmlichen Sinne jede Gruppe oder Sozialkategorie, die innerhalb eines angebbaren organisatorischen und/oder institutionellen Rahmens an Lernprozessen teilnimmt. Im erweiterten Sinn eine »therapeutische Lerngemeinschaft« (Therapiegemeinschaft), eine Gruppe von Personen in einem Behandlungsprogramm im außerklinischen, vorklinischen, klinischen oder nachklinischen Funktionsbereich von SA/SP, spezieller in Psycho- und Sozialtherapien sowie in medizinischer ambulanter und stationärer Behandlung. L. erfahren Entwicklungen und Strukturierungen durch Lernprogramme (Lern-Therapieziele). Über Informationsvermittlung und Beratung hinaus bilden sich L. (Therapiegemeinschaften) bei der Behandlung von Suchtkranken, Selbstmordgefährdeten und psychisch Kranken (Day-top, Phoenix u. a.). [A. S.]

Lit.: Petzold, H.: Drogentherapie, Paderborn 1974.

Lernziele. Nach dem Strukturplan des Deutschen Bildungsrates, Bonn, 1970, lassen sich über Lernkategorien folgende Bildungsziele definieren: 1. Nicht-fachliche allgemeine Lernziele: Lernen lernen, Transferleistung, Sachlich-logisches Denken, Systematische Assoziation, Systematische Umstrukturierung, Methodische Analyse und Argumentation, Begründete Entscheidung, Selbständiges Denken und Handeln, Problemlösendes Denken, Kritisches Denken, soziale Orientierungsfähigkeit, Erkennen von politischen, ökonomischen, sozialen Zusammenhängen, Intellektuelle Beweglichkeit/Flexibilität, Kulturelle Aufgeschlossenheit.

2. Allgemeine Lernziele zur Verstärkung der Lernmotivation: Initiative, Kontinuität, Produktivität, Leistungsfreude/-motivierung, Selbstmotivierung, Kreativität.

3. Allgemeine Lernziele zur Entwicklung sozialer Kompetenz/sozialen Lernens: Kooperationsfähigkeit, Erlernen arbeitsteiligen Lernens, Ausübung sozialer Rollen, Aufstellen von Regeln des Zusammenarbeitens und -lebens, Austragung von Konflikten, Sachliche Diskussion, Fähigkeit auch zu kritisch abweichendem Verhalten, Artikulation der eigenen Gruppeninteressen, Soziale Sensibilität, Verantwortungsbewußtsein, Selbstverantwortung.

4. Fachlich-prozessuale Lernziele: Beachten, Beschreiben, Benennen, Zusammenfassen, Unterscheiden, Vergleichen, Analysieren, Messen, Experimentieren, Interpolieren, Interpretieren, Informationen reproduzieren, Lesen. [A. S.]

Lit.: Strukturplan des Deutschen Bildungsrates, Bonn, 1970. Händle, F. und Jensen, S. (Hg.): Systemtheorie und Systemtechnik, München 1974, S. 318.

Maßnahmen. Für agogische Interventionen und Methodenanwendungen in Handlungs- und Objektbereichen der SA/SP lassen sich M. u. a. nach folgenden Gesichtspunkten einteilen: Realmaßnahmen im Gegensatz zu geplanten M., herkömmliche M., Modellm. mit Wirkungskontrolle und wissenschaftlicher Begleitung, präventive M., situative M., Nachfolgem., M. öffentlicher Träger, M. freier Träger, agogische M., pädagogische M., sozialpolitische M. und M. auf den Ebenen Bund, Länder, Gemeinden, zielgruppenorientierte M., gesetzlich fundierte M., M. unterschiedlicher zeitlicher, räumlicher Reichweite, Einzelm. (methodisch), kombinierte M. innerhalb der Methoden von SA/SP, M. hinsichtlich unterschiedlicher Integrationsziele (Typologie von Integration), Eigenm. der Klienten oder Träger, Fremdm., Reintegrationsm., Rehabilitationsm., simulierte M. (Simulation im Modell), partielle M. (nur Strukturteile erfassend), komplexe M., objektspezifische M. etwa nur für Obdachlose, Einzelträgerm., M. freier Träger, kombinierte M. freier Träger, Einzelm. öffentlicher Träger, kombinierte M. öffentlicher Träger, Abfolgem., d. h. sequentielle M., linear ablaufende M., M. im Komplex strukturierten Ablaufs, zeitlich sowie funktional integrierte M. (Netzwerkmodell). [A. S.]

Medienpädagogik, im weiten Sinne die theoretische Auseinandersetzung und praktische Arbeit mit den einfachen Anschauungsmitteln (Landkarte, Hafttafel) und deren Weiterentwicklungen (Audiovisuelle Medien). Medienpädagogik beinhaltet die kritische Reflexion der inhaltlichen Komponenten eines zu vermittelnden Mediums (etwa eines Films), die Diskussion um die Zielproblematik und Fragen des methodischen und technischen Einsatzes. Im Gegensatz zu dem für die Medienpädagogik konstituierenden Prinzip der Anschaulichkeit (Comenius, Pestalozzi) hat die eigentliche Medienpädagogik erst eine kurze Geschichte. Ihren Ausgangspunkt nahm sie um 1900 im Rahmen der Auseinandersetzung mit jugendgefährdenden Medien (Schmutz- und Schundliteratur, Kino etc.). Während die überlieferte Medienpädagogik bis in die jüngste Gegenwart die Auseinandersetzung primär unter dem kulturpessimistischen Aspekt einer negativen Pädagogik des Abschirmens und Behütens führte, versuchen neuere Ansätze den Akzent auf eine aktive Auseinandersetzung mit den Erzeugnissen der Massenkommunikationsmittel zu legen. Gesellschaftliche Begründungszusammenhänge werden dabei ebenso betont wie die Erziehung zu einer emanzipierten Einschätzungsfähigkeit der Medien. Medienpädagogik ist nicht an ein bestimmtes Schulfach gebunden, sondern kann als ein Prinzip verstanden werden, das in der schulischen und außerschulischen Erziehung zunehmend an Bedeutung gewonnen hat. [F. K.]

Lit.: Dallmann, G. und Preibusch, W.: Unterrichtsmedien, In: Ingenkamp, K.: (Hg.): Handbuch der Unterrichtsforschung, Teil 2, Weinheim 1970. Scheffer, W.: Unterrichtstechnologie in didaktischer Sicht, In: Die Deutsche Schule 10/1971. Prokop, D. (Hg.): Massenkommunikationsforschung. 2 Bände, Frankfurt/M. 1972 und 1973. Maletzke, G.: Psychologie der Massenkommunikation, Hamburg 1972^2.

Medizin. I. 1. *Medizin ist die Lehre von den Ursachen, Wirkungen und der Behandlung von Krankheiten.* Ihre Basis sind die Natur- und Sozialwissenschaften. Ihr Orientierungspunkt ist in der Humanmedizin der Mensch, in der Veterinärmedizin das Tier.

2. *Medizin ist eine praktische Disziplin.* Nach dieser Definition ist sie nicht nur eine Natur- oder eine Sozialwissenschaft, sondern auch etwas grundsätzlich anderes, nämlich ein bewußtes Eingreifen in die Wirklichkeit, um sie nach Maßgabe des Möglichen zu verändern.

II. 1. *Zur Einteilung der Medizin in Spezialbereiche:* Seit dem ausgehenden Mittelalter bewährte sich die Einteilung der M. in Physiologie, anatomische Pathologie und Therapie. Die Therapie ließ sich unterteilen in Diätetik, Medizin und Chirurgie. Seit dem 19. Jahrhundert fand eine Auffächerung statt, die inzwischen zu 80 medizinischen Unterdisziplinen geführt hat.

2. *Die Ausbildung zum Mediziner (Arzt)* wird z. Zt. noch unterteilt in einen theoretischen u. einen praktischen Teil. Zum theoretischen Teil gehört die vorklinische u. die klinische Ausbildung. Zum vorklinischen Bereich gehören die Fächer: Physik, Chemie, Biologie, Physiologie, Anatomie, Embryologie, Histologie, med. Psychologie, Soziologie u. med. Terminologie.

Zum klinisch-theoretischen Bereich gehören die Fächer: Pathologie u. Pathophysiologie, Mikrobiologie u. Serologie, Pharmakologie u. Oekologie, klinische Chemie u. Biomathematik. *Im klinisch-praktischen* Bereich ist zwischen a) nicht operativen und b) operativen Fächern zu unterscheiden. Zu den nicht operativen Fächern gehören z. B. die Innere Medizin mit ihren Unterdisziplinen, die Kinderheilkunde (Pädiatrie), die Lehre von den Haut- u. Geschlechtskrankheiten (Dermatologie u. Venerologie), die Nervenheilkunde (Neurologie u. Psychiatrie, Psychosomatik u. Psychotherapie). Zu den operativen Fächern gehören z. B. die Chirurgie, Urologie u. die Frauenheilkunde (Gynäkologie).

III. Gegenüber dem klinischen Bereich steht die *praktische Medizin,* die außerhalb des Krankenhauses unmittelbar am Menschen unter Alltagsbedingungen eigenverantwortlich vom Allgemeinpraktiker oder niedergelassenen Facharzt ausgeübt wird. Ziel dieser medizinischen Arbeit ist nicht die Aufstellung von Theorien, sondern ein vernünftiges Handeln in konkreten, individuellen Situationen, z. B. mit Hilfe von Diagnosen.

Diagnosen sind Aussagen, in denen zum Zwecke des Handelns der gegenwärtige Zustand eines Patienten dadurch beschrieben wird, daß man ihm den Begriff einer Krankheitseinheit zuordnet.

Krankheitseinheiten bestimmen gesetzmäßige Kombinationen von pathologischen Abläufen u. Erscheinungen. Nicht ganz so weitreichend steht daneben der klinische Syndrombegriff. Hierbei handelt es sich um ein bestimmtes Befundmuster, das bei einer nicht mehr zufallsbedingten Koinzidenz von Einzelbefunden auftritt. Die Frage nach der spezifischen Ätiologie (Krankheitsentstehung) u. Pathogenese (Krankheitsentwicklung) ist bei den Syndromen nicht so eindeutig geklärt wie bei den definitiven Diagnosen.

IV. *Vorbeugende oder Praeventiv-Medizin:* Vorkehrung zur Verhinderung von Krankheiten, Unfällen etc. einschließlich individuell veranlaßter ärztlicher Maßnahmen, die der Überwachung u. Erhaltung der Gesundheit dienen. 1. Primäre Praevention: Ausschalten als schädlich erkannter Faktoren vor deren Wirksamwerden. 2. Sekundäre Praevention: Aufdecken und Therapieren von Krankheiten in einem möglichst frühen Stadium, um den Patienten vor weiteren Schäden zu schützen. 3. Tertiäre Praevention: Versuch in der Sozialpsychiatrie oder Inneren Medizin, die Folgen einer psychischen oder somatischen Krankheit auszugleichen oder in Grenzen zu halten, d. h. den Kranken durch Ausnutzen seiner Restfähigkeit eine möglichst weitgehende Lebensbefriedigung zu verschaffen. In der Zielsetzung entspricht die tertiäre Praevention etwa der Rehabilitation.

V. *Psychosomatische Medizin:* Die Richtung der Heilkunde, die den Einfluß des Seelischen auf körperliche Erkrankung des Menschen verfolgt. 1. Im engeren Sinne des Wortes sind psychosomatische Krankheiten eine nosologisch begrenzte Gruppe von Störungen mit Symptomen, deren Verständnis u. Behandlung durch Einbeziehung des Seelischen bestimmt werden. Symptome in dieser Fassung sind z. B. ein Magengeschwür, ein Hautekzem, bestimmte Formen von erhöhtem Blutdruck. 2. Eine weitere Fassung von Psychosomatik zieht auch körperliche Beschwerdebilder ohne krankhaften organischen Befund mit ein. In diesem Fall spricht man von vegetativen Störungen oder funktionellen Krankheiten. Psychosomatik heißt Simultandiagnose u. Simultantherapie (simultanes Erfassen von Befunden u. auch simultane Behandlung). Was ist neu in der Psychosomatischen Medizin? Es kommt die Art u. Weise, in der wir uns in der Welt erleben u. gegenüber Dingen, Personen, Situationen verhalten, zur Sprache. Seelisches bedeutet für den Menschen »In einer Situation sein«. Dieser Weltbezug ist psychologisch, anthropologisch und auch soziologisch zu interpretieren. Psychosomatische Medizin ist somit auch soziosomatische Medizin. [E. P.]

Lit.: 1. Eulner, H.: Die Entwicklung der medizinischen Lehrfächer an den Universitäten des deutschen Sprachgebietes, Stuttgart 1970. 2. Schipperges, H.: Medizinische Dienste im Wandel – Analysen, Strukturen, Tendenzen der Berufe im Gesundheitswesen, Baden Baden 1975. 3. Wieland, W.: Diagnose, Überlegungen zur Medizintheorie, Berlin, New York 1975. 4. Bräutigam, W., Christian, P.: Psychosomatische Medizin, Stuttgart 1973. 5. Reallexikon der Medizin, Bd. 5, München 1973.

Medizinsoziologie, beschäftigt sich mit den Beziehungen zwischen Gesellschaft, Gesundheitswesen und Krankheit. Aufgrund der gesundheitspolitischen Diskussion der letzten 10 Jahre ist sie zu einem zentralen Thema rivalisierender politischer Interessengruppen geworden. Der Wandel von Krankheitsbildern – neben Infektionskrankheiten treten immer häufiger z. B. psychische, psychosomatische und Suchtkrankheiten in den Vordergrund, die Differenzierung medizinischer Institutionen, Spezialisierung und Professionalisierung in den Heilberufen, Fragen der Prävention und Rehabilitation, gesundheitsschädigende Arbeitsbedingungen und auch die Notwendigkeit der Patienteninformation, haben seit Mitte der sechziger Jahre verstärkt die Anwendung soziologischer Begriffe und Methoden im medizinischen Bereich notwendig gemacht. In der Approbationsordnung für Ärzte von 1970 ist Medizinsoziologie als vorklinisches Fach für Studenten vorgesehen. Zu einer notwendigen interdisziplinären Zusammenarbeit von Medizinern und Soziologen ergeben sich allerdings eine Reihe von Schwierigkeiten, die zum einen daraus resultieren, daß Medizinsoziologie als neues Teilgebiet der empirischen Soziologie Legitimierungs- und Anerkennungsprobleme gegenüber der Medizin stellt, zum anderen aus den Erkenntniszielen einer emanzipatorischen Krisenwissenschaft, die notwendigerweise auch Macht, Rollen und monopolisierte Wissensformen der Mediziner hinterfragt.

Es hat sich eingebürgert, die Medizinsoziologie nach einem Vorschlag von Robert Straus begrifflich zu trennen in »Soziologie der Medizin« und »Soziologie in der Medizin«. Die Aufgabe der »Soziologie der Medizin« ist es demnach, »Organisationsstrukturen, Rollenbeziehungen, Wertsysteme, Bräuche und Funktionsweisen der Medizin als eines Verhaltenssystems« zu untersuchen. Zum Problemfeld gehören zunächst die primären Subinstitutionen der Medizin, die Arztpraxis und das Krankenhaus. Ihre Organisationsstruktur ist in Abhängigkeit von der sozialen und ökonomischen Struktur der Gesellschaft zu untersuchen. Hier sind von Bedeutung Fragen der Hierarchie, Statuspositionen und Kooperationsweisen der verschiedenen Funktionsträger wie Arzt/ Schwester und Pflegepersonal/Verwaltung. Dazu gehört u. a. auch das Arzt-Patient-Verhältnis. Die Rolle des Arztes ist zu analysieren aus dem Kontext seiner Sozialisation sowie der sich daraus entwickelnden verhaltenssteuernden Werte und Einstellungen einerseits, andererseits aus dem Kontext seines gesellschaftlichen Auftrags, der institutionellen Zwänge, denen der Arzt unterliegt, und den konkreten Erwartungen des Patienten. Die Rolle des Patienten ist zu analysieren aus seiner Position in einem schichtspezifischen »Laiensystem«, das ihm eine ganz bestimmte Vorstellung von Gesundheit und Krankheit vermittelt, wobei mit beiden Zuständen ganz konkrete Verhaltensmuster und Erwartungen verbunden sind. Ein zweiter und dritter Aspekt sind die Stellung des Patienten im betrieblich-organisatorischen Gefüge des Krankenhauses, sowie seine psychosoziale Lage als Kranker. Ziele solcher Analysen sind u. a., die gesellschaftlichen Einflüsse auf das Krankheitsverständnis herauszuarbeiten, um von einem Subjekt-Objekt-Verhältnis zwischen Arzt und Patient zu einer eher partnerschaftlichen Beziehung zu gelangen. Zum Aufgabenbereich der »Soziologie in der Medizin« gehört es, »in Zusammenarbeit mit dem Arzt einen Krankheitsprozeß oder Faktoren, welche die Reaktion des Patienten auf Erkrankungen beeinflussen, zu untersuchen« (Robert Straus). Die relative Abhängigkeit von soziokulturellen Variablen konnte schon bei einer ganzen Reihe von Krankheiten nachgewiesen werden, wie etwa Herzinfarkten, Arteriosklerose, Zuckerkrankheit, Magen- und Darmerkrankungen, Krebs etc. Für den praktischen Arzt ist in diesem Zusammenhang die Sozialanamnese von Bedeutung, die Verschiebung des Schwerpunktes von der Krankheitsgeschichte auf die Krankengeschichte. Auch der Wandel von Krankheiten läßt sich mit Hilfe soziologischer Theorien erklären, wie über Erklärungssätze zur sozialen Isolation und der Anomietheorie. In der →Epidemiologie steht allerdings die Soziologie zur Medizin bis heute eher in einem additiven als in einem interdisziplinären Verhältnis. Die Erkenntnisse der »Soziologie in der Medizin« können gleichermaßen bedeutsam sein für Bereiche der →Prävention, Therapie und →Rehabilitation.

Die Straussche Unterteilung der Medizinsoziologie fand allerdings nicht nur Anerkennung. Kritiker, vor allem aus der Psychiatrie, haben darauf hingewiesen, daß u. a. auch Diagnostik und Therapie und damit auch die Ausrichtung von Arztpraxis und Krankenhaus von gesellschaftlichen Werten und Normen beeinflußt sind. [A. R.]

Lit.: Blohmke, M., Kisher, K., Ferber, C. v., Schaefer, H. (Hg.): Handbuch der Sozialmedizin, Stuttgart 1975. Deppe, H. U.: Industriearbeit und Medizin. Zur Soziologie medizinischer Institutionen, Frankfurt/M. 1973. Deppe, H. U. u. Regus, M. (Hg.): Seminar: Medizin, Gesellschaft, Geschichte, Beiträge zur Entwicklungsgeschichte der Medizinsoziologie, Frankfurt 1975. Geissler, B. u. Thoma, P.: Medizinsoziologie, Frankfurt/M. 1975. Kaupen-Haas, H.: Stabilität und Wandel ärztlicher Autorität, Stuttgart 1969. König, R. u. Tönnesmann, M. (Hg.): Probleme der Medizinsoziologie, Kölner Ztschr. f. Soziologie u. Sozialpsychologie, Sonderheft 5, Opladen 1958. Siegrist, J.: Lehrbuch der medizinischen Soziologie, München 1975^2. Straus, R.: The Nature and Status of Medical Sociology, in: American Sociological Review, XXII, 1957.

Methode. Art und Weise von Erkenntnis und systematischer Analyse sowie Gestaltung objektiver Wirklichkeit. Aus wissenschaftstheoretischer Sicht gilt M. als eine Menge von semantischen und syntaktischen Regeln (Spielregeln) innerhalb eines Sprachsystems (Sprachspiel), das sich für die Darstellung und Analyse eines Objektbereiches eignet. Eine Methode kann nur wirksam sein, wenn ihr hinreichende Einsichten und Erkenntnisse über empirisch zu erfassende Gesetzmäßigkeiten zugrunde liegen. Die Einheit von Theorie und Methode ist in jeder Wissenschaft unabdingbar. Das gilt auch für die angewandten Sozialwissenschaften (Sozialarbeit, Sozialpädagogik, Sozialpolitik), die über einen eigenen Typus von →Praxistheorie ihre methodenbestimmenden und methodeneuernden Erkenntnisse aus den empirischen Wissenschaften, Medizin, Psychologie, Soziologie, ableiten.
Die primären und sekundären →Methoden der SA/SP müssen als »allgemeine Methoden« jeweils auf den Objektbereich →agogischer Intervention hin neu ausgerichtet, vervollkommnet werden, etwa durch Methodenkombinationen oder Übernahme »psychosozialer Techniken« (Gesprächstechniken, Medienkommunikations- und Organisationstechniken). [A. S.]

Lit.: van Beugen, M.: Agogische Intervention, Planung und Strategie, Freiburg/Br. 1972. Friedländer, Pfaffenberger (Hg.): Grundbegriffe und Methoden der Sozialarbeit, Neuwied, 1966. Lay, R.: Grundzüge einer komplexen Wissenschaftstheorie, Bd. 2 Wissenschaftsmethodik und spezielle Wissenschaftstheorie, Frankfurt/M. 1973.

Methodeninnovation. Unter Methodeninnovation wird verstanden: die geplante und gezielte Veränderung sozialpädagogisch/sozialer Praxis im methodischen Bereich durch: a) Entwicklung neuer Techniken und Methoden, b) Veränderung der Praxis, c) Rezeption, Transfer und Adaptation von Methoden aus benachbarten Disziplinen.
Als Beispiele solcher innovatorischen Aktivitäten und Entwicklungen

können gelten: a) Die systematische Entwicklung und Ausformung von sozialpädagogischen Arbeitsformen, wie z. B. →Gemeinwesenarbeit, Stadtteilarbeit u. a. gemeinwesenorientierte Arbeitsformen, →Straßensozialarbeit (street work), →mobile Jugendarbeit u. a. b) Umorganisation und Umstrukturierung sozialer Dienste, die ein methodisch anderes Arbeiten ermöglichen, das durch Fortbildung und Supervision abgestützt wird, c) die Einführung und Anwendung z. B. der gesprächstherapeutischen Methode, der Gestalttherapie, der themenzentrierten Interaktion, der Curriculumentwicklung für die Vorschulerziehung usw.
Methodeninnovation erfordert wissenschaftliche Forschungs- und Entwicklungsarbeit, praxisverändernde Interventionen, Fortbildung und Praxisberatung (Supervision) der Fachkräfte. Als wissenschaftliches Instrument praxisverändernder Innovation muß besonders auch die Handlungsforschung (-Aktionsforschung) und die Methodologie wissenschaftlicher Begleituntersuchungen von Praxismodellen genannt werden. [H. P.]

Lit.: Schweitzer/Mühlenbrink/Späth: Über die Schwierigkeit, soziale Institutionen zu verändern. Entwicklungsarbeit im sozialpädagogischen Feld Bd. 1 und 2, Frankfurt 1976. Haag/Krüger/Schwärzel/Wildt (Hsg.), Aktionsforschung, München 1972. Dümpelmann/Graf/Müller-Egloff/Terhorst, Sozialpädagogisches Projektstudium, Weinheim 1977. Pfaffenberger, H.: Das Theorie- und Methodenproblem in der Sozialpädagogik/Sozialarbeit, in: Friedländer/Pfaffenberger (Hg.), Neuwied 1966.

Methoden der Sozialarbeit/Sozialpädagogik umfassen Arbeitsformen und Verfahrensweisen der sozialpädagogisch/sozialen Praxis, also Praxis- oder Interventionsmethoden (nicht Forschungsmethoden, die nicht spezifisch für die Sozialpädagogik/Sozialarbeitswissenschaft, sondern auch in diesem Bereich allgemein sozialwissenschaftlicher Art sind). Es wird unterschieden zwischen primären (soziale →Einzelhilfe, soziale →Gruppenarbeit, soziale →Gemeinwesenarbeit) und sekundären (Administration und Organisation, Forschung, →Praxisberatung, Supervision) Methoden der Sozialarbeit.
Obwohl Ansätze zur Entwicklung der Methodik von sozialpädagogisch/sozialer Arbeit schon in den 20er Jahren auch in Deutschland zu finden sind, geht die eigentliche Entwicklung der Methoden bei uns doch auf die Rezeption vor allem U.S.-amerikanischer Methodenkonzeptionen nach dem 2. Weltkrieg und indirekt auch auf die Vermittlung solcher Rezeptionen in anderen Ländern wie den Niederlanden, Israel und der Schweiz zurück. Insgesamt muß diese Entwicklung im Gesamtrahmen der Entwicklung der Praxis und des Berufes der Sozialarbeit/Sozialpädagogik gesehen werden. Erst mit der Berufswerdung und Professionalisierung treten auch Verwissenschaftlichung und Theo-

retisierung auf, als deren Teilkomponente die Entwicklung der Methoden (Methodisierung) gesehen werden muß. Da die Methodik damit lehr- und lernbar wird, wird sie zu einem Kernbereich professionalisierter Arbeit. Freilich müßte diese Genese differenziert werden nach der Geschichte jeder der drei Methoden, die keineswegs als Einheit oder auf einheitlicher Basis zum gleichen Zeitpunkt entstanden, sondern aus verschiedenen Quellen und Ursprüngen und zu verschiedenen Zeitpunkten ausgeprägt, entfaltet und in einem längeren historischen Prozeß zu einer Einheit für den Praxisbereich sozialpädagogisch/sozialer Arbeit zusammengewachsen sind (sog. Konvergenz-Theorem: *Pfaffenberger, Tuggener*). Im methodischen Arbeitsprozeß aller drei Arbeitsformen sind die folgenden Komponenten aufeinander bezogen und in diesem wechselseitigen Bezug zueinander zu reflektieren: 1. Das grundlegende Wertsystem, etwa demokratische und egalitäre Ziel- und Wertvorstellungen, wie Freiheit, Menschenwürde, Gleichheit, Solidarität etc.; 2. Die Prinzipien sozialer Arbeit, die die Grundwerte in den Arbeitsprozeß und die realen Arbeitssituationen umsetzen und konkretisieren, wie Selbstbestimmung des Klienten, Vertraulichkeit und Schweigepflicht, Individualisierung, Aktivierung und Mobilisierung der Klienten etc.; 3. Die berufliche Haltung in der helfenden Beziehung und ihre Kriterien, etwa akzeptierende, nicht-verurteilende Haltung, Wahrnehmung der Interessen der Klienten etc.; 4. Verfahrensschritte und Phasen des Arbeitsprozesses: Befundsammlung, diagnostische Zusammenfassung, Behandlungsplan und Prognose, Ausführung bzw. Veränderungshandeln, Auswertung des Arbeitsprozesses und seiner Ergebnisse. 5. Einzelwissenschaftliche Grundlagen und Ergebnisse, die weithin allen drei Arbeitsformen gemeinsam, teilweise aber auch methodenspezifisch differenziert sowie akzentuiert sind.

Im gleichen Maße, wie sich aus der Heterogenität einer großen Zahl verschiedener Arbeitsfelder für eine historisch-theoretische Sicht ein einheitlicher Kern von Beruf und Berufsauftrag der sozialpädagogisch/sozialen Arbeit herausschält (Konvergenz-Theorem), wofür die Überwindung der traditionellen Zweiteilung von Sozialarbeit und Sozialpädagogik nur eine Teilmanifestation ist, wird auch das System der Methoden und Arbeitsformen und ihrer Komponenten ausgeweitet, ausdifferenziert und zugleich vereinheitlicht, etwa durch Einbeziehung didaktischer und curricularer Konzepte und ihre Transformation für Zwecke sozialpädagogisch/sozialer Arbeit. In diesem Zusammenhang muß auch die Interdependenz der Methodik mit institutionell-administrativen Rahmenbedingungen reflektiert werden. Ihren umfassendsten Ausdruck findet diese Entwicklung in der Konzeption einer agogischen Wissenschaft (Agologie) und einer agogischen Praxis (Agogik) *(Gould-*

ner, Bennis, ten Have, van Beugen). Nur wird hier manchmal die Grundkategorie der »geplanten Veränderung« (planned change) zu umfassend und damit unscharf und informationsarm verstanden. [H. P.]

Lit.: Friedländer/Pfaffenberger (Hg.): Grundbegriffe und Methoden der Sozialarbeit, Neuwied 1966. Pfaffenberger, H.: Das Theorie- und Methodenproblem in der sozialen und sozialpädagogischen Arbeit, in: Friedländer/Pfaffenberger (Hg.): a. a. O. van Beugen, M.: Agogische Intervention. Planung und Strategie. Freiburg, Br. 1972. Tuggener, H.: Social work, Weinheim 1972. Hoffmann, E.: Über die sozialpädagogischen Methoden, in: H. Röhrs (Hg.): Die Sozialpädagogik und ihre Theorie, Frankfurt 1968. Bartlett, H.: Grundlagen beruflicher Sozialarbeit, Freiburg 1976. Bennis/Benne/Chin: Änderung des Sozialverhaltens, Stuttgart 1975.

Mitarbeiterfortbildung (Methoden). In der Berufspraxis von SA/SP ergibt sich die Notwendigkeit, ehrenamtliche und hauptamtliche Mitarbeiter ständig fortzubilden, um ihnen neueste wissenschaftliche Erkenntnisse und erprobte sowie bewährte Praxistechniken zu vermitteln. Zu unterscheiden ist zwischen: a) indirekter Mitarbeiterfortbildung (MFB) über Publikationen; b) direkte MFB über Veranstaltungen verschiedener Art, wie Kolloquien, Seminare, Trainingsveranstaltungen, Gruppen- und Einzelsupervision sowie Praxisberatung. Es ergeben sich Notwendigkeiten systematischer Planung und Methodenauswahl in SA/SP. I. Vorbereitung. Fragestellung erörtern u. a.: 1. Zielgruppe und Struktur; 2. Situationen und Rahmenbedingungen; 3. Teilziele, Fernziele, allgemein; 4. Analyse zu Bedürfnissen, Erwartungen und Einstellungen. II. Werbung: 1. Medienauswahl; 2. Formulierung der Ansprachen; 3. Organisation (Termine, Örtlichkeiten, Personal, Vorinformationen). III. Spezielle Zielsetzungen zum Verfahren: 1. Informieren; 2. Vermittlung stützender Kontakte; 3. Training von Verhaltens- und Reaktionsweisen; 4. Auswahl der Methoden, Unterricht, Vortrag, Einzelgespräche, Gruppenarbeit; 5. Kostenplanung.

Als erfolgversprechendste Methode empfiehlt sich die Gruppenarbeit. Hier stehen im Mittelpunkt Formen und Techniken der Gesprächsführung unter Berücksichtigung von Aspekten wie: a) Was fördert Gespräche (Gefühle zeigen, Vertrauen wecken, das Gefühl von Solidarität vermitteln, Aussprache über Hemmungen, Ängste, Erwartungen; b) Behinderungen von Gesprächen. Unterschiedliche Interessenlagen, zu hohe Erwartungen, Vorurteile, Konkurrenzdenken, Unsicherheit, Angst; c) Elemente zu Gesprächsstörungen, Verständnislosigkeit, Generationenkonflikte, unterschiedliches Wissen und damit einhergehende Sprachbarrieren etc. IV. Methodisches Vorgehen: 1. Kennenlernen über Gesprächsforen und Spiele (Rollenspiel, Psycho-Spiel, Szenendarstellung); 2. Förderung optimaler sozialer Kommunikation, kontrollierte

Dialoge V. Konkrete Zielsetzungen: 1. Abbau von Ängsten; 2. Schaffen von Sympathiebeziehungen; 3. Motivationsbildung; 4. Förderung sachbezogener Kritikfähigkeit; 5. Hilfen zur Selbstreflexion.
Methoden der Mitarbeiterfortbildung sind noch im Detail mit der Möglichkeit verschiedener Kombinationen über ein Konzept von sekundärer Methode in SA/SP in Anlehnung von Verfahren der Managementschulung und unterschiedlicher psychosozialer Techniken zu entwickeln. Ohne MFB muß SA/SP Stückwerk bleiben, da sich einmal die Erkenntnisse sozialtechnologischer Verfahren vor dem Hintergrund des sozialen Strukturwandels ständig verändern und andererseits die Gefahr besteht, daß ehrenamtliche und hauptamtliche Mitarbeiter sich in Routinereaktionen flüchten. Vorausplanungen zur MFB stehen dabei im Mittelpunkt ebenso wie Entwürfe zu Organisationsweisen, verbunden mit genauer Bedürfnisanalyse. [A. S.]

Mieterschutz. Die Wohnung als Mittelpunkt der menschlichen Existenz bedarf eines besonderen Bestandschutzes. In der BRD besitzt die Mehrzahl der Haushalte ihre Wohnung nicht als Eigentümer, sondern als Mieter. Sie wären von der Willkür des Vermieters völlig abhängig, wenn dieser ihnen die Bedingungen, insbesondere die Höhe des Mietzinses, diktieren oder ihnen nach Belieben kündigen könnte. In einem →Sozialstaat kann in Anbetracht der Bedeutung der Wohnung für den Einzelnen und die Familie der Mietvertrag aber nicht der vollen Vertragsfreiheit des →Bürgerlichen Rechts unterliegen. Mit dem Abbau der noch vom Kriege her bestehenden Wohnungszwangswirtschaft ist daher seit 1960 nach und nach ein soziales Mietrecht geschaffen worden, das teilweise in den §§ 535–585 a BGB, teilweise in Sondergesetzen, teilweise in der Zivilprozeßordnung (→Zivilgerichtsbarkeit) verankert ist. 1. Danach besteht ein Kündigungsschutz für Mieter und Untermieter (bei möblierten Zimmern allerdings nur, wenn Mieter oder Untermieter eine Familie ist) insofern, als der Vermieter das (Unter-) Mietverhältnis ordentlich, d. h. unter Einhaltung der Kündigungsfrist, nur (schriftlich, unter Angabe der Kündigungsgründe) kündigen darf, wenn er ein berechtigtes Interesse an der Aufhebung des Vertrages hat (z. B. Eigenbedarf; Verhinderung einer angemessenen wirtschaftlichen Verwertung und dadurch drohende erhebliche wirtschaftliche Nachteile für den Vermieter; dauernde nicht unerhebliche Verletzung der Vertragspflichten durch den Mieter); allerdings bleibt ihm das Recht zur außerordentlichen Kündigung, d. h. ohne Einhaltung einer Frist, (etwa bei erheblichem Zahlungsverzug bezügl. des Mietzinses, vgl. § 554 BGB; bei unerträglicher Störung des Hausfriedens durch den Mieter) erhalten. Eine sog. Änderungskündigung mit dem Ziel, den Mietzins zu erhöhen, ist unzulässig; der Vermieter kann nur eine Erhöhung der Miete nach dem Maßstab der ortsüblichen Vergleichsmiete verlangen. Der Anspruch des Vermieters auf Zustimmung zur Mieterhöhung muß schriftlich unter Hinweis auf einen örtlichen Mietspiegel oder auf Mieten vergleichbarer Wohnungen geltend gemacht werden. Erteilt der Mieter seine Zustimmung innerhalb einer Überlegungsfrist von 2 Monaten nicht, so muß der Vermieter ihn vor dem Amtsgericht (→Zivilgerichtsbarkeit) verklagen.

2. Ist eine Kündigung wirksam, so kann sich der (Unter-)Mieter bei Vorliegen von Härtegründen (z. B. hohes Alter; Invalidität; fortgeschrittene Schwangerschaft; Kinder; schwere Erkrankung) auf die Sozialklausel des § 556 a BGB berufen und innerhalb von 2 Monaten vor Ablauf der Kündigungsfrist schriftlich die Fortsetzung des Mietverhältnisses verlangen. Die Räumung der Wohnung erreicht der Vermieter immer nur durch eine Klage beim zuständigen Amtsgericht. Gegenüber einem Räumungsurteil kann der Mieter Vollstreckungsschutz beantragen.

3. Noch stärkere Schutzvorschriften bestehen für Mieter von →Sozialwohnungen. Der wirtschaftliche Bestand der Wohnung wird durch das staatliche →Wohngeld gesichert. [U. W.]

Text: Mietgesetze. Beck-Texte im dtv. München 16. Aufl. 1978.
Lit.: →BGB. Ferner: Bormann/Schade/Schubart: Soziales Miet- und Wohnrecht. Kommentar m. lfd. Erg. (WK-Reihe 116), Frankfurt/M.; Das gesamte Miet- und Wohnungsrecht. Auskunftswerk f. die Wohnraumlenkung, die Wohnwirtschaft sowie für alle Haus- und Grundbesitzer bzw. Mieter. 5bdg. Loseblatt-Sammlung und Kommentar, Neuwied; Schmidt-Futterer, W./H. Blank: Wohnraumschutzgesetze, München 3. Aufl. 1978; dies.: Mietrecht (Beck-Rechtslexika im dtv 5044), München 7. Aufl. 1977.

Mobile Jugendarbeit, eine relativ neue innovative Konzeption bzw. ein Praxismodell von Jugendarbeit, das gegenüber der tratidionellen stationären, d. h. auf relativ große, gut ausgestattete und deshalb zwangsläufig stark zentralisierte Einrichtungen sich stützende Jugendarbeit als ambulant, d. h. nicht an feste Einrichtungen gebundene Sozialpädagogik/Sozialarbeit verstanden werden kann.

Die kennzeichnenden Merkmale dieser neuen Auffassung von Jugendarbeit werden (außer als mobile) auch als offene, nachgehende, aufsuchende oder aggressive Sozialarbeit beschrieben. Konzeption wie eine Reihe von Beispielen und Versuchen sind aus dem anglo-amerikanischen Raum, teilweise über die Niederlande vermittelt, zu uns gekommen (»detached youth work«), die die Verkrustung und Traditionalität herkömmlicher Jugendarbeit aufbrechen und die bisher Unerreichbaren (Unorganisierte und Unorganisierbare: unreachable, unclubale) erreichen und damit ihre Interessen wahrnehmen und vertreten lassen und ihnen Beteiligungschancen eröffnen soll.

Entsprechende Ziele und Begründungen werden in der Entwicklung dieser neuen Konzeption genannt: a) der Überbetonung von oft geradezu luxuriösen Freizeitbauten mit entsprechender Ausstattung, der Erstellung von Palästen und Denkmälern der Jugendarbeit wird die Notwendigkeit und Fruchtbarkeit des personalen Kontaktes, eines inhaltlich und personal qualifizierten Angebotes, dem sterilen Aufwand die Intensität und Qualifikation der Arbeit gegenübergestellt. b) Durch neue informelle Kontakt- und Umgangsformen sollen die Schwellenangst der Angesprochenen, die Zugangsbarrieren für Randgruppen, die Probleme der Unterschicht-Arbeit mit Mehrfach-Problem-Familien und -Gruppen angegangen und gelöst werden, damit auch diese sonst schwer erreichbaren, durch die Sozialpädagogik/Sozialarbeit oft zusätzlich diskriminierten Gruppen Chancengleichheit und soziale und kulturelle Teilnahme und Teilhabe erreichen können. »Anfangen, wo der Klient (Individuum, Gruppe, Gemeinwesen) steht«: Dieses Prinzip der Sozialpädagogik/Sozialarbeit ist hier besonders wichtig und muß im besonderen Maße ernstgenommen werden (s. Prinzipien der Sozialpädagogik/Sozialarbeit). c) »Bürgernähe« soll durch Dezentralisierung erreicht werden, dadurch daß ein Netz von Jugendtreffs das Gebiet überzieht und vielerlei informelle Kontaktmöglichkeiten schafft. d) An die Stelle von Dominanz der Sozialbürokratie und oft auch von Verbandsbürokratie soll mehr Selbstverwaltung und Partizipation treten. Ziel der Arbeit ist nicht ein perfekter Service von Konsumangeboten, sondern die Anregung und Befähigung zu Eigeninitiative, Beteiligung und Emanzipation.

Diese Ziele und Aufgaben werden durch verschiedene Formen praktikabel und erreichbar gemacht: a) Club, Disco, Einfachheit und Leichtzugänglichkeit der Lokale, die eher als Fabrik, Laden, Schuppen oder Keller denn als Palast sich darstellen (vgl. z. B. Hamburger ›Fabrik‹). b) Teestuben, Cafébars, Jugendbars usw., Jugend- und Kinder-›Läden‹. c) Fahrbare Jugendtreffs, wie Spielbus, Caféstand, Bücherei-Bus usw. d) Straßen-Sozial- und Jugendarbeit (s. d., street work).

In dieser Aufzählung wird die zunehmende Ablösung (»detached«) von festen Jugendeinrichtungen, Häusern und Heimen deutlich.

Die in dieser Konzeption sichtbar werdenden Tendenzen sind auf dem Hintergrund verschiedener »Bewegungen« (wie APO, Studenten-, Sozialarbeiter-, Jugendzentrums- und Kinderladenbewegung, der Arbeitskreise kritischer Sozialarbeiter usw.) zu sehen und betonen die *kritische, rationale, emanzipatorische* Funktion der Jugendarbeit. [H. P.]

Lit.: Bolz, R./J. Boulet: Jugendarbeit als »kategoriale« Gemeinwesenarbeit, in: Böhnisch, L., Jugendarbeit in der Diskussion, München 1973. Erl, W.: Drei

Beispiele für eine mobile Jugendarbeit, in: Deutsche Jugend 3/66, S. 118–126. Erl, W.: Modelleinrichtungen von Freizeitstätten in der Bundesrepublik Deutschland, München 1968. Krisam, R./H. Tegethoff: Jugendfreizeit-Zentrum und soziales Umfeld. Ein Lehrforschungsprojekt zur stadtteilorientierten Jugendarbeit, Neuwied 1977. Lüdtke, H.: Jugendarbeit als außerschulische Freizeiterziehung, in: Böhnisch, Jugendarbeit in der Diskussion, München 1973. Opaschowski, H. (Hsg.), Freizeitpädagogik in der Leistungsgesellschaft, Bad Heilbrunn 1973. Rössner, L Offene Jugendbildung. Ein Modell, München 1967. Rüdiger, H.: Angebotener Freizeitraum, München 1970. Pfaffenberger, H.: »Jugendpflege«, Blätter zur Berufskunde Bd. 2/IV A 32, Bielefeld 1975 (4. Aufl.). Schilling, J.: Freizeitverhalten Jugendlicher, Weinheim 1977. Mayrhofer, H./W. Zacharias: Aktion Spielbus, Weinheim 1973.

Mobilität (soziale), Bewegung, Wechsel sozialer Positionen von einzelnen oder mehreren Personen in einer Gesellschaft. M. hängt ab von den objektiv vorhandenen gesellschaftl. M.-strukturen, die es ermöglichen, den Beruf zu wechseln, in einem Beruf auf- oder abzusteigen (berufl. Karrierestrukturen), den Arbeitsplatz, den Wohnort, die Konfession, die Parteizugehörigkeit usw. zu wechseln, ferner von gesellschaftl. Wandel und techn. Innovation und von der individuellen M.-bereitschaft, die wiederum von Schichtzugehörigkeit, Erziehung und kulturellen Wertvorstellungen beeinflußt wird. In Abhängigkeit von der Bewegungsrichtung werden horizontale und vertikale M. unterschieden. Vertikale M. liegt vor, wenn sich Individuen entlang einer Hierarchie unterschiedlich bewerteter Positionen aufwärts (sozialer Aufstieg) oder abwärts (sozialer Abstieg) bewegen. Horizontale M. beinhaltet einen Wechsel in der soz. Lage ohne gleichzeitige Rang- oder Statusänderung, wie etwa beim Wechsel des Arbeitgebers unter Beibehaltung der Tätigkeit und bei gleichem Verdienst oder bei einer Ortsveränderung in Form von Ein- und Auswanderung oder Binnenwanderung (regionale M.). Unabhängig von der Bewertung als vertikal oder horizontal werden M.-Prozesse danach unterschieden, ob sie sich während des Lebens der Gesellschaftsmitglieder vollziehen (Intra-Generations-M.) oder in der Generationsfolge, etwa im Vergleich zwischen Vater und Sohn (Inter-Generationen-M.). Gesellschaftssysteme werden nach ihrer Offenheit oder Geschlossenheit für individ. M. beurteilt. Eine mittelalterl. Ständegesellschaft bot dem einzelnen z. B. geringere Chancen des Aufstiegs als eine Leistungsgesellschaft, in der im Sinne einer Chancengleichheit soz. M.-barrieren beseitigt werden sollen und die Gesamt-M. unbeschränkt sein soll. →Soziokultureller Wandel. [M. B.]

Lit.: Bolte, K. M.: Vertikale Mobilität (Handb. d. emp. Sozialforsch., Bd. II, 1969). Lipset, S. M., Bendix, R.: Social Mobility in Industrial Society, Berkeley 1967; Tumin, M. M.: Schichtung und Mobilität, 1968.

Modernitätsrückstand. In den fachlichen Darstellungen, Theorieversuchen und historischen Einschätzungen der Sozialpädagogik/Sozialarbeit ist häufig vom Modernitätsrückstand (Dahrendorf), Traditionalismus (Pfaffenberger) die Rede. Gemeint ist damit auch die »bereichsspezifische (als besondere Form der horizontalen) Disparität« (Pfaffenberger), die den Zustand und die reale Situation der Sozialpädagogik/Sozialarbeit weithin charakterisiert. Der Terminus verweist auf den gesellschaftlichen Bezug, die gesellschaftlich-historische Determination von Entwicklung und Situation der Sozialpädagogik/Sozialarbeit und bedient sich dabei meist soziologischer Konzepte im Bezugsrahmen des sozialen Wandels. Das ist deshalb besonders relevant, da die Sozialarbeit/Sozialpädagogik vielfach ausdrücklich selbst durch den Bezug auf den sozialen Wandel definiert wird, wie z. B. in der folgenden Definition von Lothmar: »Die Sozialarbeit leistet als notwendige soziale Institution einen Beitrag zur Milderung von Spannungen, die zwischen dem beschleunigten sozialen Wandel und den Kräften der Beharrung in einzelnen oder Gruppen entstehen können«. Wie aber will eine »notwendige soziale Institution« einen solchen Beitrag leisten, wenn für sie selbst gegenüber dem übrigen Gesellschaftssystem ein derartiger »Modernitätsrückstand« konstatiert wird? Diese Argumentationskette führt dann auch zum Aufweis der großen inneren Widersprüche, der Ambivalenz, die für Sozialpädagogik/Sozialarbeit in der Bewegung zwischen konservativen und progressiven Komponenten charakteristisch ist. Deshalb kann der Modernitätsrückstand in doppelter Weise als sozialarbeitsspezifische Konfliktquelle betrachtet werden: als empirisches Faktum der Situation von Sozialarbeit/Sozialpädagogik in der Gesellschaft und als von einer bestimmten wissenschaftlichen und wissenschaftstheoretischen Position her konstituierter Begriff. So findet sich dieser Begriff natürlich im Kontext von Theoremen, die ausschließlich die Entfaltung der Produktivkräfte (»Industriegesellschaft«) zum Bezugspunkt nehmen und die Produktionsverhältnisse und ihre Veränderung (kapitalistisches Gesellschafts- und Wirtschaftssystem) vernachlässigen. Aber innerhalb dieser Position wiederum transportiert er explizit und dezidiert gesellschafts- und kulturkritische Aspekte und Komponenten. [H. P.]

Lit.: Dahrendorf, R.: Bildung ist Bürgerrecht, Plädoyer für eine aktive Bildungspolitik, Hamburg 1965. Pfaffenberger, H.: Bildungspolitische Aspekte der sozialpädagogisch/sozialen Berufsbildung, in: Aurin (Hsg.), bildungspolitische Probleme in psychologischer Sicht, Frankfurt 1969. Bäuerle, W.: Sozialarbeit und Gesellschaft, Weinheim 1967. Blum, R.: Soziologische Konzepte der Sozialarbeit, Luzern 1964. Tuggener H.: Social Work. Versuch einer Darstellung und Deutung im Hinblick auf das Verhältnis von Sozialarbeit und Sozialpädagogik, Weinheim 1971 (bes. Kap. II). Wilensky H./Lebeaux: Industrial Society and Social Welfare. The impact of industrialization on the supply and organization of social welfare services, New York/London 1965.

Motivation, intervenierende Variable, die neben der Wirkung des Reizes das Verhalten determiniert, indem sie den Organismus aktiviert und dessen Verhalten allgemein steuert, so daß es sich auf ein Ziel hin orientiert. Ausgelöst wird M. durch eine Beeinträchtigung des energetischen oder homöostatischen Gleichgewichts. Es werden primäre Bedürfnisse oder Motive, wie etwa Hunger, Durst, Schlafbedürfnis, von sekundären, d. h. gelernten Bedürfnissen unterschieden. Murray unterscheidet 10 viszerogene und ca. 40 psychische Bedürfnisse, wie z. B. die Motive Leistung, Gesellung, Macht, Abhängigkeit, Pflege und Unterwerfung, von denen das Leistungs- und das Gesellungsbedürfnis bisher gründlicher untersucht wurden. Das Leistungsbedürfnis wird von Heckhausen z. B. noch in die beiden miteinander im Wettstreit und bei einzelnen Individuen unterschiedlich ausgeprägten Motive »Furcht vor Mißerfolg« und »Hoffnung auf Erfolg« unterteilt. In letzter Zeit wurde das hauptsächlich bei Frauen zu erschließende Motiv »Furcht vor Erfolg« sowie die motivationale Struktur der →Aggression untersucht. [E. S.]

Lit.: Atkinson, J. W.: An introduction to motivation, Princeton 1964. Bolles, R. C.: Theory of motivation, New York 1967. Cofer, Ch. N.: Motivation und Emotion, München 1975. Cofer, Ch. N., Appley, M. H.: Motivation: theory and research, New York 1964. Graumann, C. F.: Motivation, Frankfurt 1969. Heckhausen, H.: Hoffnung und Furcht in der Leistungsmotivation, Meisenheim 1963. Madsen, K. B.: Theories of motivation, Kopenhagen 1968[4]. Thomae, H. (Hg.): Die Motivation menschlichen Handelns, Köln 1965. Thomae, H. (Hg.): Handbuch der Psychologie, Bd. 2, Göttingen 1965. Weiner, B.: Theories of motivation, Chicago 1972.

Motorik, die an räumliche und zeitliche Bedingungen angepaßten Bewegungsabläufe und Haltungen der Körperteile und des Gesamtkörpers. M. ist durch willkürliche Einsetzbarkeit der Ausführungsweisen von Bewegungen und Haltungen gekennzeichnet, die verbale und kognitive Steuerungsanteile einschließt. Mit zunehmender Übung lassen sich auch komplexe motorische Abläufe automatisieren. Die zugrundeliegenden Lernvorgänge folgen dem Prinzip des operanten Konditionierens (→Lernen). Guilford (1964) hat eine Matrix der psychomotorischen Faktoren vorgeschlagen, in der neben dem Gesamtkörper die Teile Rumpf, Glieder, Hände, Finger und als Fähigkeiten Stärke, Stoßkraft, Schnelligkeit, Koordination, Gelenkigkeit und Genauigkeit unterschieden werden. Psychomotorische Abläufe hängen von der Persönlichkeit, der Konstitution und dem Geschlecht ab und bringen diese in Mimik, Gestik, Sprechweise, Gang und Schreibbewegungen (Graphologie) zum Ausdruck. [E. S.]

Lit.: Guilford, J. P.: Persönlichkeit, Weinheim 1964. Pawlik, K.: Dimensionen der Intelligenz, Bern 1968.

Musiktherapie, seit Menschengedenken, meist in Verbindung mit Medizin und Kult praktiziert, ist M. heute in einem relativ umfangreichen, internationalen Schrifttum dokumentiert. Sie zeigt sich dort in vielfältigen und differenzierten, unterschiedlichen Ansätzen, vor allem als eine diagnosenspezifische, nonverbale, psychologische Therapieform, die die medizinischen, heil- und sozialpädagogischen Maßnahmen ergänzen und unterstützen kann. So hat Musiktherapie in der Psychotherapie, Psychiatrie, Psychosomatik, Rehabilitation, Neuropädiatrie etc. – immer innerhalb eines komplexen, multifaktoriellen, medizinischen Gesamtbehandlungsplanes – wesentliche sozial-kommunikative, emotional-belebende, ausdrucksfördernde, psychosomatisch stimulierende und regulierende Funktionen und schließlich zur Selbsterfahrung hinführende, spezifisch therapeutische Aufgaben. Bei der *Rezeptiven Musiktherapie* ist neben der speziell ausgewählten Musik zunächst die grundsätzliche Hörbereitschaft und im weiteren Verlauf eine bestimmte Aufmerksamkeitszuwendung von Bedeutung. So wird die vom Therapeuten oder durch akustische Medien dem Patienten angebotene Musik je nach Verfahren bzw. therapeutischer Zielsetzung wach oder hypnoid, naiv-hörend oder mit einer bestimmten Einstellung aufgenommen; die Aufmerksamkeit kann sich dabei auf körperliche Sensationen (Entspannung, Atem, Puls etc.), auf einzelne Faktoren der Musik (Struktur, Programm etc.) richten. So werden auch die aufsteigenden Emotionen (Aggressionen etc.) und Imaginationen sowie dabei die ausgelösten, konfliktbesetzten Assoziationen und Projektionen als mögliches Aufarbeitungsmaterial für die verbale, ärztliche Psychotherapie registriert. Bei der *Aktiven Musiktherapie* wird, grundsätzlich unabhängig von der musikalischen Vorbildung des Patienten mittels einfacher Instrumente oder verschiedener vokaler Einsatzmöglichkeiten, auch in Verbindung mit anderen Gestaltungsbereichen (Bewegung, Tanz etc.) gearbeitet. Nach situativer, verbaler, relaxierender und konzentrativer Vorbereitung wird durch behutsames Anregen ein offenes, keinesfalls durch schulmeisterliche Erwartung eingeengtes, musikalisch-psychologisches Übungsfeld angeboten. Hier soll beim Patienten vor allem durch entsprechende Motivation zum spontanen, kreativen Reagieren im freien improvisatorischen Spielraum (Einzel-, Partner- und Gruppenspiel) – mit eingeschalteten Pausen zur Reflexion – das Erleben der diversen, individuellen Ausdrucksformen sowie unterschiedlichen Kommunikationsvarianten (Führen, Folgen, gemeinsames Gesttalten etc.) zur therapeutisch relevanten Selbsterfahrung anregen und den damit beginnenden Prozeß der Selbständerung einleiten helfen. *Rezeptive* und *Aktive Musiktherapie* werden, – altersspezifisch ausgerichtet – auch zur Förderung unterschiedlicher Sozialisationsprozesse innerhalb des großen sozialpädagogischen Aufgabenbereiches und zur therapeutischen Unterstützung für geistige, emotionale und körperliche Behinderungsarten in der Heilpädagogik gezielt eingesetzt. [A. Schm.]

Lit.: Harrer, G. (Hg.): Grundlagen der Musiktherapie und Musikpsychologie; Stuttgart 1975. Rett, A., Wesecky A.: Musiktherapie bei hirngeschädigten und entwicklungsgestörten Kindern; in Harrer (Hg.) Grundlagen der Musiktherapie und Musikpsychologie, Stuttg. 1975. Schmölz, A.: Methodisch-psychologische Probleme der Musiktherapie, Vergleiche zur Pädagogik; in: Forschung an Österreichs Musikhochschulen, Universal Edition, Wien 1973. Schwabe, C.: Methodik der Musiktherapie und deren theoretischen Grundlagen; Leipzig 1978. Wolfgart, H. (Hg.): Orff-Schulwerk und Therapie; Berlin 1975.

Mutterschutz. Gesundheit und Leben der berufstätigen werdenden Mutter müssen sowohl in ihrem eigenen Interesse als auch dem des Ungeborenen, darüber hinaus aber auch – nach weitverbreiteter Ansicht – aus bevölkerungspolitischen Gründen besonders geschützt werden. Rechtsgrundlage dafür ist hauptsächlich das Mutterschutzgesetz (MuSchG) von 1952/1965, daneben die RVO (→Sozialversicherung). Der Schutz besteht zum einen in Beschäftigungsverboten, zum anderen in einem umfassenden →Kündigungsschutz und einer →sozialen Sicherung. Eine Schwangere darf, ohne daß es auf eine konkrete Gefahr ankommt, in den letzten 6 Wochen vor der Entbindung nicht mehr beschäftigt werden (Arbeitsrecht). Das Gesetz gestattet ihr aber – und das ist rechtspolitisch umstritten –, daß sie sich ausdrücklich für eine Weiterbeschäftigung ausspricht; der Arbeitgeber braucht das jedoch nicht zu akzeptieren. Ist die Gesundheit der Mutter oder des Kindes gefährdet oder arbeitet die Frau mit gefährlichen Stoffen, so kann die Weiterbeschäftigung schon vorher verboten sein. Nach der Entbindung besteht ein generelles Beschäftigungsverbot von 8, bei Früh- oder Mehrlingsgeburten von 12 Wochen. Wirtschaftlich ist die Mutter dadurch gesichert, daß sie in der Zeit der Beschäftigungspause vollen Lohnausgleich erhält. Für die Zeit von 6 Wochen vor der Entbindung und von 8 bzw. 12 Wochen danach bekommt sie ein Mutterschaftsgeld von der gesetzlichen →Krankenversicherung; in den übrigen Fällen hat sie einen entsprechenden Anspruch gegen den Arbeitgeber. Ab 1. Juli 1979 kann die Mutter im Anschluß an die 8-(12-)wöchige Freistellung Mutterschaftsurlaub verlangen, bis das Kind 6 Monate alt ist. Während dieses Mutterschaftsurlaubes erhält sie ein Urlaubsgeld, d. h. ihr bisheriger Lohn wird bis zu einer gewissen Höhe aus Bundesmitteln weitergezahlt. Die Mutter bleibt in dieser Zeit in der →Kranken-, →Renten- und →Arbeitslosenversicherung versichert. [M. F.]

Lit.: Bulla/Buchner: Mutterschutzgesetz. Kommentar, München 4. Aufl. 1976. Köbl, U.: Die Frau im Arbeitsrecht (Beck-Rechtsinformation im dtv 5204),

München. Meisel, P. G./W. Hiersemann: Mutterschutz und Mutterschaftshilfe. Handkommentar, München 2. Aufl. 1978.

Nachschulische Pädagogik. In allen Industrieländern tritt das Problem der Teil- und Halbanalphabeten unter Schulabgängern auf. Soweit zurückliegende Bildungs- und Erziehungsdefizite nicht auf angeborenen oder erworbenen Mängeln von Lernvermögen und Lernfähigkeit (geistige Behinderung) beruhen, bemühen sich SA/SP um Maßnahmen und Methoden, die Jugendlichen und Erwachsenen die Möglichkeit bieten sollen, einen während der Schulzeit nicht erworbenen Grund- oder Hauptschulabschluß nachträglich zu erwerben. Unter dem Begriff »Nachbeschulung« sind bislang alle Maßnahmen zusammengefaßt worden, die über schulbegleitende Heimerziehung, spezielle Kurse im Strafvollzug oder im Rahmen von Aufbaukursen in der Erwachsenenbildung zu nachträglichen Schulabschlüssen führen. Die Migrationen, d. h. Wanderbewegungen von ausländischen Industriearbeitern verstärken den Trend zum Teil – und Halbanalphabetentum von Kindern und Jugendlichen dieser Gruppe von Arbeitern mit allen drohenden Belastungen sozialer Folgekosten durch eine Vielzahl sozialer Konflikte (Jugendkriminalität, Suchtverhalten, Erziehungsunfähigkeit bei der Übernahme von Elternpflichten etc.). Nachschulische Pädagogik ergibt sich auch aus dem Erziehungsauftrag der Gesellschaft für Kinder aus gestörten, desintegrierten, erziehungsunfähigen Familien. Eine Strategie der Beseitigung oder Minderung von schulischen Defiziten geht aus von Hypothesen zur Verursachung von Lernbehinderung und Lernschwächen, die laufend empirisch überprüft werden müssen. Eine Dimensionsanalyse erfaßt nachfolgend aufgeführte Faktorengruppen: 1. Somatische Faktoren, 2. psychische Faktoren, 3. psychosomatische Faktoren, 4. Faktoren familialer Sozialisationsbedingungen (Erziehungsschwäche oder Erziehungsunfähigkeit der Familie, u. a.), 5. Schulstruktur, 6. Faktoren des ummittelbaren sozialen Umfeldes, Milieu, Wohngebiet, 7. soziale und politische Rahmenbedingungen (juristischer Status, etwa bei Kindern ausländischer Arbeitnehmer, Arbeitslosigkeit, konjunkturelle oder strukturelle).

SA/SP und Schule erstellen zusammen mit dem Betroffenen einen »Ausbildungsplan«, wobei über Methoden von SA/SP sowie mit Hilfe ausgewählter Psycho- und →Soziotherapien →Deprivationen und →Depravationen abgebaut, bzw. gemildert werden sollen. Methodische und didaktische Konzepte von NP sind noch zu entwickeln. [A. S.]

Lit.: Furth, P., Nachbeschulung im Jugendheim Beiserhaus, 3581 Knüllwald-Rengshausen, Beiserhaus. Nissen, G., Specht, F., Psychische Gesundheit und Schule, Darmstadt, 1976. Außer- und nachschulische Erziehungs- und Bildungsprogramme. Projektberichte, dipa-Verlag, Weberstr. 69/71, D-6 Frankfurt/M.

Neurosen, psychische Störungen ohne nachweisbare organische Grundlage, in denen der Patient beträchtliche Einsicht und ungestörte Realitätswahrnehmung haben kann und in der Regel seine Erfahrungen und Phantasien nicht mit der äußeren Realität verwechselt. Das Verhalten kann stark beeinträchtigt sein. Es werden folgende N.formen unterschieden: Angstneurose, Hysterische N., Phobie, Zwangsneurose, Depressive N., Neurasthenie, Neurotisches Depersonalisationssyndrom, Hypochondrische N. (Degkwitz u. a. 1975).
Nach psychoanalytischer Auffassung (→Psychoanalyse) ist die N. das Ergebnis einer unvollständigen Verdrängung von Es-Impulsen. Die neurotischen Symptome werden zur Abwehr im Sinne einer Ersatzbefriedigung der Es-Impulse ausgebildet. In der analytischen Psychologie von Jung (→Tiefenpsychologie) entsteht eine N., wenn Einstellungen und Lebensziele einer Person nicht im Bereich ihrer Möglichkeiten liegen. Nach Auffassung der Individualpsychologie Adlers (→Tiefenpsychologie) resultiert die N. aus den widerstreitenden Minderwertigkeits- und Überwertigkeitsgefühlen. Nach verhaltenstherapeutischer Auffassung (→Verhaltenstherapie) stellen N. gelernte Fehlverhaltensweisen dar. Belege für die letztgenannte Auffassung stellen Experimente von Pawlow und Wolpe dar, die N.-Äquivalente bei Versuchstieren in Lernexperimenten erzeugen und abbauen konnten (Eysenck u. Rachman 1967). Individuelle Unterschiede sind nach Eysenck auf einen Neurotizismus-Faktor zurückzuführen, dessen physiologisches Korrelat ein labiles autonomes Nervensystem darstellt. Die Art der N. ist nach Eysenck von einem zweiten Faktor (Extraversion – Introversion) abhängig, der mit physiologischen Erregungs- und Hemmungsprozessen zusammenhängt. Introvertierte Personen neigen eher zu Phobien oder Zwangsn., wohingegen extravertierte Personen mit hohem Neurotizismuswert eher Psychopathien oder Hysterische N. ausbilden (Eysenck u. Rachman 1967). [G. S.]

Lit.: Brun, R.: Allgemeine Neurosenlehre, Basel 1954³. Degkwitz, R., Helmchen, H., Kockott, G., Mambour, W.: Diagnoseschlüssel und Glossar psychiatrischer Krankheiten, Berlin 1975. Eysenck, H.-J., Rachman, S.: Neurosen – Ursachen und Heilmethoden, Berlin 1967. Richter, H. E., Beckmann, D.: Herzneurose, Stuttgart 1969. Riemann, F.: Grundformen der Angst, München 1975. Schultz, J. H.: Grundfragen der Neurosenlehre, Stuttgart 1955. Szasz, Th.: Geisteskrankheit – Ein moderner Mythos? Olten 1972. Ullman, L. R., Krasner, L.: A psychological approach to abnormal behavior, Englewood Cliffs 1969. Wiesenhütter, E. (Hg.): Einführung in die Neurosenlehre, Stuttgart 1969.

Nichteheliche Kinder. Erst im Jahre 1969 wurde der Verfassungsauftrag des Art. 6 Abs. 5 GG (→Grundrechte) verwirklicht, nach welchem den n.K. (früher uneheliche Kinder genannt) durch die Gesetzgebung die gleichen Bedingungen für ihre leibliche und seelische Entwicklung und ihre Stellung in der Gesellschaft zu schaffen sind wie den ehelichen Kindern (e.K.). Durch das Gesetz über die rechtliche Stellung der n.K. wurde der bisherige Rechtszustand beseitigt, nach welchem das n.K. nur im Verhältnis zur Mutter und deren Verwandten als ehelich galt, jedoch als nicht verwandt mit dem Vater, gegen diesen vielmehr nur einen Unterhaltsanspruch besaß. Nunmehr besteht ein Verwandtschaftsverhältnis auch zum Vater, und das →Unterhaltsrecht entspricht weitgehend dem des e.K. Einige Besonderheiten sind allerdings in den §§ 1615 a ff. BGB geregelt. Sofern das n.K. bei der Mutter lebt, erfüllt diese ihre Unterhaltspflicht durch ihre Pflege und Erziehung. Der Vater hat, ohne daß es auf die Bedürftigkeit des n.K. ankommt, seinen Beitrag durch Zahlung des »Regelunterhalts« (auch für die Vergangenheit) zu leisten. Der Regelbedarf wird durch eine »Regelunterhalt-Verordnung« festgesetzt. Die Rechtsansprüche des n.K. können mit Hilfe einer Klage vor dem Amtsgericht (→Zivilgerichtsbarkeit), aber auch dadurch durchgesetzt werden, daß der Erzeuger seine Pflicht in einer entsprechenden Urkunde anerkennt. Die Mutter hat gegen den Vater Ansprüche wegen der Entbindungskosten und für einige Zeit Unterhaltsansprüche. Die Feststellung der nichtehelichen Abstammung erfolgt entweder durch die Vaterschaftsanerkennung des Erzeugers oder durch gerichtliche Vaterschaftsfeststellung (§§ 1600 a ff. BGB, 640 ff. ZPO; →Zivilgerichtsbarkeit). Die →elterliche Sorge über das n.K. steht grundsätzlich der Mutter zu (§§ 1705 ff. BGB). Die frühere gesetzliche Amtsvormundschaft des →Jugendamtes über das n.K. (→Vormundschaft) ist abgelöst durch eine Amtspflegschaft (→Pflegschaft) für die Feststellung der Vaterschaft und zur Regelung von Unterhalts- und Erbansprüchen. Auf Antrag der Mutter kann das →Vormundschaftsgericht die Pflegschaft aufheben, wenn dies dem Wohl des n.K. nicht widerspricht. Dem n.K. steht gegenüber dem Vater und dessen Angehörigen ein Erbrecht zu, neben e.K. des Vaters oder neben dessen überlebender Ehefrau nur ein Erbersatzanspruch in Geld in Höhe des Wertes des gesetzlichen Erbteils, der ihm im Falle der Ehelichkeit zustehen würde (§ 1934 a BGB). N.K. können durch Legitimation die Rechtstellung e.K. erlangen, und zwar entweder durch spätere Heirat der Eltern oder durch staatliche Ehelicherklärung (→Vormundschaftsgericht) auf Antrag des Vaters (mit der Zustimmung seiner Ehefrau) oder auf Antrag des Kindes (sofern die Eltern verlobt waren und das Verlöbnis durch den Tod eines Elternteils aufgelöst worden ist), vgl. §§ 1719 ff. BGB. Der Vater oder die Mutter eines n.K. kann dieses auch durch →Adoption zu einem e.K. machen (§ 1742 a). [U. W.]

Text und Lit.: →BGB, →Familienrecht. Ferner: Odersky, F.: Nichtehelichengesetz. Kommentar, Bielefeld 1978[4]. Roth-Stielow, K.: Der Abstammungsprozeß, München 1978[2]. Zeller, H.: Das Recht des unehelichen Kindes, Stuttgart 1976. Rechtspolitisch: Stöcker: Abschaffung der Nichtehelichkeit – notwendige Revision einer Reform, in: Zeitschrift für Rechtspolitik 1975, S. 32–38.

Norm (soziale), verbindliche, relativ konkrete, durch Sanktionen abgesicherte Regel (Standard, Richtschnur) für soziales Handeln (Rechtsnormen wie etwa Straßenverkehrsordnung, Tischsitten, Grammatik; Regeln, wie man sich als Vater, Schüler, Fabrikarbeiter etc. verhalten soll). Soziale Normen bilden Erwartungen, wie der oder die Handelnden handeln sollen, legen das Handeln jedoch meist nicht völlig fest, sondern lassen einen Handlungsspielraum. Innerhalb dieses Handlungsspielraumes normativ zulässiger Handlungsalternativen muß sich der Handelnde meist selbst für bestimmte Handlungen entscheiden. Normen sind also nicht identisch mit konkretem soz. Handeln. Indem sich Handelnde an Normen orientieren, bilden s.N. aber eine wesentliche Grundlage für relative Übereinstimmung und Regelmäßigkeit soz. Handelns.
In Abhängigkeit vom Handlungsspielraum lassen sich Normen unterschiedlicher Verbindlichkeit (wie Muß-, Kann-, Sollerwartungen) unterscheiden. Unabhängig vom Handlungsspielraum können N. mit hohen bis geringen positiven oder negativen Sanktionen verbunden sein. Handlungsspielraum, die Schärfe der angedrohten Sanktionen, die Tatsache, ob Sanktionen ausgeführt werden, der Grad der Verinnerlichung der N., ihre Legitimität, Eindeutigkeit und Kompatibilität mit anderen N. beeinflussen das Ausmaß normkonformen Verhaltens.
Teils haben N. rollenspezifische Gültigkeit, beziehen sich also nur auf das Handeln bestimmter Positionsträger, teils gelten sie nur in bestimmten Situationen; andererseits jedoch finden sie sich allgemein in allen Interaktionsprozessen. Ihre Verbindlichkeit kann sich auf die gesamte Gesellschaft erstrecken (institutionalisierte N.), oft ist sie aber auf Kategorien, Kulturen, Gruppen beschränkt. (→Sanktionen, →Wert, →Rolle, →soziales Handeln) [H.B.]
Lit.: Popitz, H.: Soziale Normen, in: Euroäisches Archiv für Soziologie, Vol. 2, 1961. Gibbs, I.P.: Norms. The Problem of Definition and Classification, in: American Journal of Soc., Chicago 1965. Luhmann, N.: Normen in soziologischer Perspektive, in: Soziale Welt 20, 1969. Lautmann, R.: Wert und Norm, Opladen 1969.

Norm (statistische), die statistisch am häufigsten auftretende Ausprägung eines Merkmales, etwa die am häufigsten auftretende Form eines bestimmten Verhaltens. Die st.N. kann, muß aber nicht auch eine soziale Norm darstellen (→Norm soziale). [H. B.]

Obdachlosigkeit Umschreibung für die soziale Lage einer Bevölkerungsgruppe (Sozialkategorie), deren Mitglieder aus unterschiedlichen Gründen gezwungen sind, in Notquartieren öffentlicher Träger zu wohnen. Im englischen Sprachraum wird O. als »discriminated housing«, d. h. »diskriminierendes Wohnen« bezeichnet, von dem dort vor allem ethnische Minoritäten betroffen sind. Ursachen der O. werden in Westeuropa gegenwärtig unter folgenden Aspekten thematisiert: 1. Sozioökonomische Aspekte, konstitutive Rahmenbedingungen des Wohnungsmarktes, 2. Individuelle Karrieren der sozialen, sozioökonomischen, psychischen, sozialpathologischen, psychopathologischen und physiologischen →Deprivation →Depravation, 3. Neue Formen »relativer Armut (Stigmatisierung und Segregation) (L. Vaskovics), 4. »Psychosoziales Neurosensyndrom« (H. E. Richter).
Allen Untersuchungsansätzen gemeinsam ist das Ausklammern zusammenhängender sozialer Wirklichkeitsbereiche. Der auf dem symbolischen Interaktionismus und Aussagen der Sozialökologie fußende Ansatz von L. Vaskovics vermag nicht die intergenerative zeitliche Abfolge sowie die parallel verlaufenden Formen »psychosozialer« →Deprivation zu erfassen. Er postuliert ein »Entstigmatisierungskonzept« durch Umsetzungen in normale Wohnbereiche. Soziale Probleme von O. unterliegen damit dem »empirischen Kurzschluß« rein gegenwartsbezogener Analyse. Als weitreichendster Ansatz ist demnach die »sozialepidemiologische« Sichtweise von H. E. Richter anzusehen. Eine adäquate Theoriekonstruktion zur Erklärung und Prognose sozialer Prozesse (Elias) steht in den Sozialwissenschaften noch aus, weil der notwendige logische Status einer solchen Theorie noch nicht gefunden wurde. Marxistische Ansätze sind mit den historischen Vorurteilen eines Begriffs von »Lumpenproletariat« belastet.
Die Verknüpfung soziologischer mit sozialmedizinischen Sichtweisen scheitert aus wissenschaftslogischen Gründen (unterschiedliche Strukturen der Theorien- und Beobachtungssprachen). Der logische Status einer intergenerativen, die Rahmenbedingungen von O. analysierenden umfassenden soziologischen Theorie wäre im prozeßorientierten Ansatz von N. Elias zu suchen. Unfruchtbar erscheint auch eine Thematisierung von O. unter dem hochkomplexen und vieldeutigen Begriff von Subkultur. Deskriptiv-statistische Erfassungen von Obdachlosenquartieren ermöglichen vorerst nur die Auswahl sozialer Zustandsindikatoren, über die für Methoden sowie Strategien →agogischer Intervention, Zielindikatoren zur schrittweisen Verbesserung der sozialen Lage von Obdachlosen entwickelt werden können. Eine realistische Konzeption von Methoden und Maßnahmen muß deshalb auf Zeiträume von Generationen ausgerichtet sein. [A. S.]

Lit.: Abels, H. u. Keller, B.: Obdachlose, Düsseldorf 1974. Albrecht, G.: Obdachlose in Köln, München 1973. Christiansen, U.: Obdachlos weil arm – Gesellschaftliche Reaktion auf die Armut, Gießen 1975. Elias, N.: Zur Grundlegung einer Theorie sozialer Prozesse, in: Ztschr. f. Soziologie, Jg. 6, Nr. 2, April 1977, S. 127–149. Haag, F.: Wohnungslose Familien in Notunterkünften, München 1971. Höhmann, P.: Wie Obdachlosigkeit gemacht wird. Neuwied – Darmstadt 1976. Iben, G. (Hg.): Randgruppen der Gesellschaft, München, 1971 1974. Richter, H. E.: Die Gruppe, Reinbek b. Hamburg 1972. Vaskovics, L.: Segregierte Armut, Frankfurt/M. 1976. Ders. u. a.: Stand der Forschung über Obdachlose und Hilfen für Obdachlose, Schriftenreihe des Bundesministers für Jugend, Familie und Gesundheit, Bonn, Bd. 62, 1979.

Operationalisierung, die Übertragung theoretischer (abstrakter) Begriffe in direkt erhebbare (»beobachtbare«) Phänomene durch Zuordnung von Dimensionen und deren Merkmalen (Indikatoren) und Auswahl des Meßinstruments und der Erhebungsmethode. Ziel der Operationalisierung ist, 1. größere Präzision der Begriffe zu erreichen und 2. die intersubjektive Überprüfbarkeit durch die Offenlegung der Zuordnung der Merkmale zu garantieren. Dahinter steht die Forderung, gültige und zuverlässige Daten zu erheben. Die einem Begriff zugeordneten Dimensionen und Merkmale müssen tatsächliche Inhalte des Begriffs messen (Gültigkeit, Validität), in den Ergebnissen müssen sich »wahre« Unterschiede zwischen den Untersuchungseinheiten widerspiegeln, sie dürfen kein Ergebnis des Meßinstruments sein (Zuverlässigkeit, Reliabilität). – Die Merkmale werden aus der Theorie über das zu untersuchende Phänomen abgeleitet. Sie müssen, um ihre direkte Erhebbarkeit zu garantieren, allgemein in derselben Weise verstanden werden, d. h., daß auch Bedingungen der ausgewählten Methode – wie etwa das sprachliche Verhalten des zu untersuchenden Personenkreises – berücksichtigt werden müssen. [D. W.]

Lit.: Selltiz, C. u. a.: Untersuchungsmethoden der Sozialforschung, Neuwied 1972. Albert, H.: Probleme der Wissenschaftslehre der Sozialforschung, in: König, R. (Hg.), Handbuch der emp. Soz.forschung I, Stuttgart 1967. Topitsch, E. (Hg.): Logik der Sozialwissenschaften, Köln 1965. Hempel, C. G.: Fundamentals in Concept Formation in Empirical Science, Chicago 1952.

Organisation, funktionszusammenhängendes, arbeitsteiliges, hierarchisches, ziel- und zweckgebundenes System von Personen, sozialen Gruppen und Handlungen mit gesetzten Regeln und sozialtechnischer Infrastruktur. Eine Typologie von O. unterscheidet nach formalen, informalen, offenen, geschlossenen, freiwilligen O. sowie unfreiwilligen O., d. h. durch Recht, Satzung gegebene Mitgliedschaft in O., normative O. (A. Etzioni), deren Mitglieder mit Strafen und Belohnungen zu rechnen haben (Parteien, politische Zweckverbände) sowie funktionale O. (Mitglieder eines technisch-organisatorischen Teams). O. lassen sich weiterhin unterscheiden nach instrumentalen Aspekten (Zwecke und Ziele von Handlungen, Maßnahmen) und institutional als soziale Einheit. O. lassen sich ebenso kennzeichnen nach Ausprägungsgraden bürokratischer, ideologisch-normensetzender sowie sozial-segregierender Herrschaftsformen und Handlungsanweisungen. O. als Forschungsobjekte werden analysiert unter Aspekten von Komplexität, Binnenstruktur, Umfang, Zielsetzung, Führung, Kommunikation, Normen, u. a. von Betriebswissenschaften, Organisationssoziologie, Bereichen der Systemforschung (Sozialkybernetik) sowie der Verwaltungswissenschaften. Wissenschaftsgeschichtlich wurden O. im 19. und 20. Jahrh. untersucht unter den Aspekten 1. a) der Arbeitsorganisation und Arbeiterorganisationen (Frühsozialismus), b) der politischen Massen und ihrer Massenorganisationen, Marx, Lenin, Trotzki, Rizzi; 2. der industriell-bürokratischen O. (Taylor-Arbeitsorg.-Mayo-Human-relations); 3. O. als technokratisches – funktionales Gebilde (Systemforschung), A. Etzioni. Innerhalb von O. gelten Gruppen als wesentliche, tragende Elemente von O. Ihre Formen, Ausprägungen, Strukturen und Wandlungen zu a) Kohäsion (Zusammenhalt), b) Differenzierung (Auseinanderstreben, Teilung, Fraktionierung), c) Abweichung von Normen (Kollektiven, gruppenspezifischen), d) Kommunikationen und Interaktionen (formell, informell), e) Entscheidungsfindung, Entscheidungsprozessen, f) Einstellungen, g) Grad der Lokomotion (Bewegung, Dynamik) von Normen, Verhaltensweisen ihrer Mitglieder sind Gegenstand spezieller Organisationsstudien. O. als Untersuchungsgegenstände in SA/SP lassen sich im Rahmen einer noch zu entwickelnden Organisations- und Funktionslehre analysieren. [A. S.]

Lit.: Djilas, M.: Die neue Klasse, München 1964. Etzioni, A.: Soziologie der Organisationen, München 1971. Hill, W., Fehlbaum, R., Ulrich, P.: Organisationslehre, Bd. 1 u. 2, Bern und Stuttgart 1974. Lapassade, G.: Gruppen, Organisationen, Institutionen, Stuttgart 1972. Lukacs, G.: Geschichte und Klassenbewußtsein, Neuwied, Berlin 1970. Mayo, E.: Probleme industrieller Arbeitsbedingungen, Frankfurt/M. 1950. Rosenkranz, H.: Soziale Betriebsorganisation, München und Basel 1973. Rosenstil, L. v., Molt, W., Rüttinger, B.: Organisationspsychologie, Stuttgart, Berlin, Köln u. Mainz 1975². Scharmann, Th.: Teamarbeit in der Unternehmung, Basel u. Stuttgart 1972. Taylor, F. W.: Die Grundsetzung wissenschaftlicher Betriebsführung, München, Berlin 1913. Weber, M.: Wirtschaft und Gesellschaft, Tübingen 1947.

Organisations- und Funktionslehre, (OFL) wird im Zusammenhang mit einer →Systematik von SA/SP definiert. Ihre Entstehung führt auf die didaktische Notwendigkeit zurück, das erforderliche und sinnvolle Zusammenwirken von öffentlichen sowie freien Trägern der SA/SP im Rahmen gesetzlicher Rahmenbedingungen, institutioneller sowie organisatorischer Ansprüche und Zielvorstellungen darzustellen. Das komplexe und umfassende System sozialer Hilfen und →sozialer Sicherung setzt jeweils eine vorausgehende Bezugsnahme auf vorhandene Organisations- und Funktionsstrukturen bei der Anwendung von Methoden und Durchführung →agogischer Interventionen voraus. Als Organisationen werden dabei gesehen: Träger öffentlicher und privater Formen von SA/SP. Als Funktionen gelten vor allem gesetzliche Regelungen sowie Maßstäbe und Zielvorstellungen professionellen Handelns. Hinzu tritt ein Strukturaspekt als Oberbegriff zu den Objektbereichen Organisationen und Funktionen. Über diesen wird die Verankerung und Vernetzung von Organisation und Funktion der SA/SP im Sozialsystem von jeweiliger Gesellschaft erklärt und soweit wie möglich prognostiziert. [A. S.]

Ökologie. In der Folge der Entdeckungen von Charles Darwin entwikkelte der deutsche Naturforscher Ernst Haeckel in der zweiten Hälfte des 19. Jahrhunderts Begriff und System einer Ökologie, vorerst noch als Tier- und Pflanzenökologie. Über →Demographie, Kultur-, Siedlungs- und Sozialgeographie entstand zu Beginn des 20. Jahrhunderts in den USA die Sozialökologie als Wissenschaft von den Beziehungen zwischen Mensch und sozioökonomischer Umwelt. Über spezielle Untersuchungsbereiche der Sozialökologie etablierten sich weitere Teildisziplinen wie Kriminalökologie, Medizinökologie u. a. Nicht zuletzt unter dem Eindruck weltweiter Umweltkrisen setzte sich eine Sichtweise (approach) von Humanökologie durch, als interdisziplinärer Wissenschaftsverband, der alle möglichen und erkennbaren Beziehungen zwischen der Gattung »homo sapiens« und Umwelten untersucht. Eine Systematik von Ö. unterscheidet zwischen a) Autökologie, Ö. des einzelnen Individuums, Lebewesens; b) Demökologie, Ö. einer einzigen Art von Individuen, Lebewesen in einer Population; c) Synökologie, Ö. heterotypische, aus Individuen und lebenden Organismen verschiedener Arten und Gattungen bestehenden »Organismuskollektive«.
Humanökologie als weitreichendster Begriff umfaßt alle Natur-, Ingenieur-, Sozial- und Kulturwissenschaften, soweit sie sich mit den Beziehungen zwischen Mensch und Umwelt befassen (Friedrichs). Im Erkenntniszusammenhang von Naturwissenschaften sowie empirischen und angewandten Sozialwissenschaften etablierten sich neben politischer Ökologie als Krisen- und Planungswissenschaft u. a.: Praenatale Ökologie, Ökologie des Kindes- und Jugendalters, Gerontökologie (Ökologie alter Menschen), Kriminalökologie, Medizinökologie, Architekturökologie. Für Methodenanwendungen und Methodenentwicklungen in der SA/SP gewinnen ökologische Bezüge und Orientierungen zunehmend an Bedeutung.

Zu der Analyse sozialer Gruppen vermitteln Erscheinungen von Streß und negativen Einstellungen, persönliche und kollektive Attraktionen (Anziehungs-, Sympathiewirkungen) Reaktionsmuster auf räumliche Besetzungen und Verteilungen (Invasionen) unter Bezugnahme einer humanökologischen Sichtweise vertiefende Einsichten in gruppendynamische Ablaufprozesse. Eine wissenschaftslogische Erkenntnisbegründung für eine Vielzahl humanökologischer Gruppenprozesse mit hoher Komplexität steht noch aus. Soziologie und Psychologie gehen in der Forschung noch weitgehend nach linear-kausalen Modellen isolierter, unabhängiger Variablen vor. [A. S.]

Lit.: Enzensberger, H. M.: Ökologie und Politik, Kursbuch 33. Friedrichs, J.: Stadtanalyse, Reinbek b. Hamburg 1977. Knötig, H.: Bemerkungen zum Begriff Humanökologie, Wien, Technische Universität 1972. Komarov, B.: Die Vernichtung der Natur, Frankfurt/M., 1978 (russisch). Kühnelt, W.: Grundriß der Ökologie, Jena 1970. Odum, E. P.: Fundamentals of Ecology, Philadelphia, London 1971. Tischler, W.: Ökologie (Wörterbuch), Stuttgart 1975.

Pädagogik. Der Begriff Pädagogik wird aus dem Griechischen (»Knabenführung«) abgeleitet und als die Wissenschaft von der Erziehungskunst und Erziehungslehre verstanden. Die Bezeichnung P. für Erziehung, Bildung, Unterricht soll einerseits den pädagogischen Gedankengang auf die Antike zurückführen, zum anderen den Charakter der P. als einer aus der Philosophie abgeleiteten Disziplin verdeutlichen. Die geschichtliche Entwicklung der Disziplin P. und die in ihr erkennbare Gedankenführung ist von Platon über Comenius und Kant bis hin zu Schleiermacher zu entdecken. Solche primär philosophisch ausgerichtete Wissenschaft versteht sich im Gegensatz zur erfahrungswissenschaftlich ausgerichteten P. bzw. Erziehungswissenschaft als geisteswissenschaftliche P. (W. Dilthey, H. Nohl, W. Flittner, E. Weniger). Von Dilthey ausgehend erweiterten die Vertreter der geisteswissenschaftlichen P. das pädagogische Problemfeld auf die Erkenntnis und Feststellbarkeit der »Erziehungswirklichkeit« hin. Mit dem Bezug zur Erziehungswirklichkeit sollte von der geisteswissenschaftlichen P. die erziehungs-, bildungs- und unterrichtsrelevante Wirklichkeit erfaßt werden. Diese aus der Philosophie abgeleitete, geisteswissenschaftlich betriebene P. war bestrebt, ihr Verständnis von der wissenschaftlichen Eigenverantwortlichkeit in Autonomiediskussionen zu begründen. Autonom wurde geisteswissenschaftliche P. dergestalt betrieben, daß geschichtlich relevante Erziehungs-, Bildungs- und Unterrichtstexte auf ihren situativen Aussagecharakter hin diskutiert und interpretiert wurden. Ein bedeutendes Implikat war die Forderung nach absoluter Autonomie und Zweckfreiheit. Die Realität von Erziehung, Bildung und Unterricht vollzog sich jedoch fern des zweck-mittelfreien Bezie-

hungsdenkens der geisteswissenschaftlichen P. in gesellschaftlichen, politischen und ökonomischen Orientierungen. Erst infolge gesellschaftlich, politisch und ökonomisch bedingter Forderungen an die Wissenschaft von Erziehung, Bildung und Unterricht, ihre Inhalte auf die Bedürfnisse der Praxis hin konzeptiv zu entwickeln, erfuhr der geisteswissenschaftliche Ansatz eine Ergänzung durch einen erfahrungswissenschaftlich verstandenen Ansatz. Die Einbeziehung erfahrungswissenschaftlicher Methoden und Lehrsätze in die P. vollzog sich durch eine stärkere Beteiligung vor allem der Disziplinen Soziologie und Psychologie an der konkreten Bewältigung pädagogischer Probleme in der Praxis. Vom Verständnis her, daß eine sich als wissenschaftlich begreifende P. nicht als Praxis verstanden werden kann, versucht P. daher immer mehr – auch zum Teil noch auf geisteswissenschaftlichem Hintergrund – sich als kooperierende Disziplin zu betrachten, in der die Teilhabe anderer wissenschaftlicher Disziplinen an der Regelung von praktischen pädagogischen Problemen bis hin zur Setzung metatheoretischer Strukturen diskutiert, systematisiert und geordnet wird.
In Lehre und Forschung wird P. häufig mit anderen Begriffen in Verbindung gebracht, so z. B. mit der Schule als Schulp., mit dem Sozialen als Sozialp., mit dem Beruf als Berufsp. Diese Begriffszusammensetzungen machen auch heute noch deutlich, daß sich diese Teildisziplinen einer Allgemeinen P. bzw. der P. schlechthin mehr auf die Reflexion allgemeiner bzw. spezifischer Ziele hin orientieren, als daß sie im Sinne des Zweck-Mittel-Denkens konkrete Handlungsanweisungen geben, praxiskonkret evaluieren und die Ergebnisse für Reflexionen über mögliche Korrekturen an die Theorie der P. weiterleiten. Erst in den letzten zehn Jahren haben sich diese Teildisziplinen der P. wie Schulp., Sozialp. u. a. durch die Anwendung erfahrungswissenschaftlicher Methoden mehr der Erziehungs-, Bildungs- und Unterrichtspraxis zugewandt. Mit der Unterordnung spezifischer Praxisfelder unter Teildisziplinen der P. wie Schulp., Sonderp., Sozialp. und Vorschulp. verstärkte sich der Einfluß dieser Disziplinen auf die Theoriebildung der P. Will man den komplexen Begriff P. erschließen, so scheint es sinnvoll, ihn horizontal und vertikal aufzugliedern. Vertikal könnten die Methoden den Begriff strukturieren, so daß sich P. auch vom Selbstverständnis her repräsentativ erfassen läßt durch: 1. Hermeneutik, 2. Phänomenologie, 3. Empirie, 4. Methoden wie a) hermeneutisch-dialektische, b) hermeneutisch-phänomenologische, c) empirisch-phänomenologische, d) empirisch-dialektische. Horizontal wäre P. vom praxisbezogenen Aufgabenfeld her zu kategorisieren in: 1. Schulp., 2. Sozialp., 3. Sonderp., 4. Erwachsenenp., 5. Vorschulp., 6. Berufsp., 7. Geschichte der P., 8. Systematik der P., 9. Vergleichende P. Diese auf die praktische

Problemkonfrontierung gerichtete sinnerschließende Aufteilung der P. macht einerseits den Zusammenhang pädagogisch relevanter Probleme, Theorien und Methoden, zum anderen aber auch die für die Berufstätigkeit notwendig zu ermittelnden Kenntnisse innerhalb des berufsspezifischen Bereiches deutlich. [J. N.]

Lit.: Bokelmann, H. P.: Erziehung, Erziehungswissenschaft, in: Speck, J./Wehle, G. (Hg.): Handbuch pädagogischer Grundbegriffe, 2 Bde., Bd. II, 178–267. Brezinka, W.: Von der P. zur Erziehungswissenschaft, Weinheim 1972². Flitner, A. u. a. (Hg.): Brennpunkte gegenwärtiger P., München 1970. Giesecke, H.: Einführung in die P., München 1975⁷. Lassahn, R.: Einführung in die P., Heidelberg 1974. Röhrs, H. (Hg.): Erziehungswissenschaft und Erziehungswirklichkeit, Frankfurt/M. 1964.

Pädagogisches Kinder- und Jugendtheater. Aus der Erkenntnis des beschleunigten sozio-kulturellen Wandels in modernen Industriegesellschaften und der damit verbundenen Einwirkungen auf die Lebenswelt von Kindern und Jugendlichen entstand für die empirische pädagogische Forschung die Schwierigkeit, Wandlungen von Einstellungen, Meinungen, Bedürfnissen und Verhaltensmustern im Kindes- und Jugendalter zeitlich parallel zu erfassen. Neu entstehende soziale Probleme, wie etwa Drogenkonsum, Jugendarbeitslosigkeit oder Strukturveränderungen im Wohnverhalten und Medienkonsum können mit den herkömmlichen Methoden und Techniken der →Sozialforschung nur mit erheblichen zeitlichen Verzögerungen erfaßt werden. Besonders deutlich werden sozio-kulturelle Wandlungen von Kinder- und Jugendwelt im sprachlichen Bereich. Um bei auftretenden Notständen von Kindern und Jugendlichen unverzüglich reagieren zu können, entstanden aus schlußfolgernden Überlegungen von →Aktionsforschung, Handlungsforschung, Konzepte zu Formen von pädagogischen Kinder- und Jugendtheater, die sich von herkömmlichen Theaterformen für Kinder und Jugendliche dadurch unterscheiden, daß zusammen mit Kindern und Jugendlichen für Kinder und Jugendliche unter Anleitung von Schul- und Sozialpädagogen Spielvorlagen mit Reflexionen und Lösungsvorschlägen zu Erscheinungsformen von Suchtverhalten, Verwahrlosung, Berufsnot oder Isolation erarbeitet werden. Der Vorteil dieses methodischen Ansatzes liegt im unmittelbaren kommunikativen Zugang (Sprache, Mimik, Symbolik, Technik) zu ausgewählten Problemfeldern und Zielgruppen pädagogischer und sozialpädagogischer Arbeit. [A. S.]

Lit.: Scheuerl, H.: Theorien des Spiels, Weinheim-Basel 1975. Schwendtke, A.: Pädagogische Scenarios, Fortlaufende Sammlung über: Arbeitsgemeinschaft für Sozialwissenschaften und interdisziplinare Forschung (ASIF) A. G. Methodeninnovation- Kinder- und Jugendarbeit. D-6238 Hofheim/Lorsbach, Auf dem Röckerkopf 26.

Pädagogische Psychologie, Teilgebiet der →Psychologie, das solche Sachverhalte unter psychologischer Fragestellung erforscht, die für das Erziehungs- und Bildungswesen relevant sind. P.P. beschäftigt sich mit dem Lernen als zentralem Thema unter den Gesichtspunkten der →Allgemeinen P., →Persönlichkeits-P., →Entwicklungs.-P., →Sozial-P. und →Klinischen P. (Mietzel 1975[2]). Neben den oben genannten Forschungsschwerpunkten treten in neuerer Zeit Fragen der Interaktion von Lehrern und Schülern (Unterrichtsstil), Eltern und Kindern (→Erziehungsstil) sowie der Taxonomie von Erziehungs- und Unterrichtszielen hinzu (Tausch u. Tausch, Bloom). Die P.P. liefert für die pädagogisch-psychologische Begleitforschung im Rahmen der Curriculumforschung und bei Innovationen in den verschiedenen Institutionen (z. B. Kindergarten, Vorschule, Gesamtschule) das notwendige methodische Rüstzeug wie →Tests, Strategien der Versuchplanung (→Experiment) und der Datenauswertung (→Statistik). Entscheidend für den Fortschritt der P.P. wird sein, daß ihr Verhältnis zur psychologischen Grundlagenforschung (→Allgemeine P.) überprüft wird. Die (umstrittene) Anwendbarkeit allgemeinpsychologischer Gesetze und Prinzipien wie die der Lernpsychologie (→Lernen) auf den Bereich der Erziehung ist nicht allein durch einengende Extrapolation pädagogischer Probleme von der »Grundwissenschaft« her zu verbessern, sondern durch Forschung auf dem angewandten Niveau selbst (Feldforschung), d. h. auf der Ebene der Komplexität und Spezifizierung, die das Problem in der Erziehungspraxis besitzt, wodurch Fragen der Relevanz und Extrapolation gegenstandslos werden (Ausubel). [E. S.]

Lit.: Ausubel, D. P.: Psychologie des Unterrichts, 2 Bde., Weinheim 1974. Bruder, K., Grubitzsch, S., Heinsohn, G.: Kritik der Pädagogischen Psychologie, Reinbek 1976. Cronbach, L. J.: Einführung in die pädagogische Psychologie, Weinheim 1971. Hetzer, H. (Hg.): Handbuch der Psychologie, Bd. 10, Göttingen 1969. Klausmeier, H. J., Goodwin, W.: Learning and human abilities, New York 1966. Mietzel, G.: Pädagogische Psychologie, Göttingen 1975[2]. Tausch, R., Tausch, A.-M.: Erziehungspsychologie, Göttingen 1970[5]. Weinert, F. E.: Pädagogische Psychologie, Köln 1967. Weinert, F. E., Graumann, C. F., Heckhausen, H., Hofer, M. (Hg.): Pädagogische Psychologie, Bd. 1–6, Weinheim 1976.

Pädagogische Soziologie. Spezielle Soziologie mit Zielsetzungen von Erkenntniszielen über: 1. Nutzbarmachung von Daten sozialwissenschaftlicher Forschung für pädagogische Fragestellungen; 2. Interpretation und Integration sozialwissenschaftlicher Forschungsergebnisse zu komplexen Untersuchungsobjekten (Sozialisation) in ergänzenden Aussagen benachbarter Disziplinen der Sozial- und Verhaltenswissenschaften (Ökonomie, Psychologie, Anthropologie); 3. Erkenntnissetzungen zu komplexen Phänomenen in pädagogischen Handlungsbereichen

(Abweichendes Verhalten im Kindes- und Jugendalter) im Kontext zu übergreifenden Rahmentheorien; 4. Forschungen über Institutionen, Handlungssysteme und soziale Gruppierungen in Arbeits- und Berufsfeldern der allgemeinen Pädagogik und ihrer speziellen Bereiche; 5. Erklärung und Deutung sozialer Tatbestände (Bedürfnisse, Einstellungen, Konflikte, Normsetzungen, Werthaltungen) in der Gesellschaft als bedingende Voraussetzungen für pädagogische Maßnahmen; 6. Wirkungsuntersuchungen zu pädagogischen Maßnahmen; 7. Modellkonzeptionen für erfolgreiches pädagogisches Handeln nach Interpretationen vorausgegangener empirischer Untersuchungen.
Über den Bereich der Pädagogik hinaus untersucht die PS. als Krisenwissenschaft Bedürfniskomplexe, Konflikttypen sowie individuelle und kollektive Defizite (Deprivationen) für unterschiedliche Objektbereiche und Interventionsfelder der Sozialarbeit und Sozialpädagogik. Wesentliche Fragestellungen der PS. heben weiterhin ab auf: 1. Darstellung und Präzisierung soziologischer Grundbegriffe, wie Rolle, Schicht, Gruppe, Kommunikation, Interaktion, Individuum, Einstellung, u. a.; 2. Klärung und Interpretation komplexer Kategorien wie u. a. Sozialisation, Subkultur, Gesellschaft, intra- und interdisziplinär; 3. Analyse von Instanzen der Sozialisation (Familie, Schule, Medien); 4. Untersuchungen über Peer-groups sowie Generationenkulturen und ihren Einfluß auf die pädagogische Praxis; 5. Soziologie und Sozialökologie der Pädagogik (Gemeinden, Nachbarschaften, Milieus); 6. Untersuchungen im eigentlichen pädagogischen Feld, a) Lehrer-Schülerbeziehungen, Selbst- und Fremdverständnisse von Erziehern, Schülern und Eltern, b) Institutionen- und Gruppenanalysen; 7. Analysen zu globalgesellschaftlichen Werthaltungen, Sinndeutungen sowie Zielvorstellungen in Phasenabläufen sozio-kultureller Wandels. [A. S.]

Lit.: Bernsdorf, W. (Hg.): in: ders., Wörterbuch der Soziologie, Stuttgart 1969^2, S. 765 ff. Kob, J.: Soziologische Theorie der Erziehung, Stuttgart-Berlin-Köln-Mainz, 1976, Kurzreiter, J.: Pädagogische Soziologie, Wien 1971. Lempert, W.: Pädagogik und Soziologie, in: Kölner Ztschr. f. Soziologie und Sozialpsych. 1963, Heft 2. Stieglitz, H.: Soziologie und Erziehungswissenschaft, Stuttgart 1970. Teutsch, M. (Hg.): Soziologie der pädagogischen Umwelt, Stuttgart 1965.

Person. Der Begriff der sozialkulturellen Persönlichkeit zielt auf das Verhältnis von Individuum, Gesellschaft und Kultur. Gemeint ist der im Rahmen einer Kultur, der er angehört, sinnhaft handlungsfähige Mensch. Diese Handlungsfähigkeit ist nicht naturhaft vorgegeben. Weder sind dem Menschen seine Handlungsziele durch Triebe auferlegt, noch ist sein Handeln durch Instinkte festgestellt, noch ist er sachlich und zeitlich an eine bestimmte Umwelt gebunden. So gesehen ist der Mensch ein »weltoffenes« Wesen und damit auch handlungsfähig. Erst in dem Maße, wie sich dem Menschen im Rahmen von Sozialisationsprozessen eine sachlich und zeitlich strukturierte, sinnhaft erschließbare Wirklichkeit aufbaut, an die Stelle der konstitutionellen Weltoffenheit also eine kulturell erzeugte relative Weltgeschlossenheit tritt, wird Handlungsfähigkeit erworben, vollzieht sich der Aufbau der Person. Obschon der Mensch prinzipiell offen ist für jede denkbare Kultur, übernehmen wir im Rahmen rollenhaft fixierter sozialer Beziehungen notwendig die Kultur der Gruppe, in die wir hineingeboren werden (Enkulturation). Entscheidend ist, daß das Kind sein Selbst erst dadurch erwirbt, daß es Werte, Normen, Einstellungen, Gefühle, insgesamt kulturelle Sinn- und Bedeutungsgehalte, zumindest bis zu einem gewissen Grad als seine eigenen übernimmt, diese also internalisiert. Sie werden zu Bestandteilen der personalen Motivations- und Bedürfnisstruktur. Damit konstituiert sich die Person als selbststeuerndes Handlungssystem; sie entwickelt die Fähigkeit, soziale Regeln nicht einfach nur zu reproduzieren, sondern dabei auch auszulegen, da konkrete Handlungssituationen in ihren sozialen Typisierungen nie völlig aufgehen. Das personale Handlungssystem ist nicht bloßer Reflex sozialer Regelungen und Einstellungen. Wie vor allem die Psychoanalyse gezeigt hat, ist der Aufbau der Person ein spannungsgeladener Prozeß. Abweichungen sind prinzipiell immer möglich. Für den Sozialisationserfolg spielen die Sozialisationsbedingungen eine entscheidende Rolle, dies umso mehr, als eine einmal entfaltete Persönlichkeitsstruktur später, wenn überhaupt, nur schwer verändert werden kann. Die Hafttiefe der Internalisierung ist auch vom Grad der Differenzierung einer Gesellschaft abhängig. Gerade in hochdifferenzierten und also auch kulturell heterogenen Gesellschaften können sich Belastungen der Persönlichkeitstruktur auch daraus ergeben, daß die in der primären Sozialisation aufgebauten Handlungsorientierungen nicht mit den Anforderungen übereinstimmen, die an das Individuum in seinem weiteren Lebenslauf gestellt werden [H. L.]

Lit.: Gerth, H., Mills, C. W.: Person und Gesellschaft, Frankfurt 1970. Wurzbacher, G. (Hg.): Der Mensch als soziales und personales Wesen, Stuttgart 1968². Berger, P. L., Luckmann, Th.: Die gesellschaftliche Konstruktion der Wirklichkeit, Frankfurt 1971².

Persönlichkeitspsychologie, synonym für Differentielle Psychologie oder Charakterkunde, analysiert die Bedingungen und Wirkungen individueller Besonderheiten im menschlichen Verhalten und Erleben. Herrmann (1972) kennzeichnet P. als einen Konstruktbegriff, der sich inhaltlich auf ein jedem Menschen eigentümliches, relativ stabiles und den Zeitablauf überdauerndes Verhaltenskorrelat bezieht. Die Forschungsmethoden der P. sind →Beobachtung, →Test und →Experiment (Wiggins 1973). Theoretisch hat sich in der P. lange ein Dualismus von nomothetischer (auf allgemeine Gesetzesaussagen ausgerichteter) und idiographischer (auf die Einzelfallanalyse ausgerichteter) Zugangsweisen gehalten. Den idiographischen Ansatz stellt Allport (1970) dar. Unter den nomothetischen waren bisher die faktorenanalytischen Ansätze am produktivsten (Cattell 1973; Eysenck 1960; Guilford 1964; Pawlik 1968). Danach sind folgende Grunddimensionen der Persönlichkeit gesichert: 1. Extraversion vs. Introversion 2. Angst vs. emotionale Anpassung 3. Gefühlsbestimmtheit 4. Unabhängigkeit der Meinungsbildung 5. Kooperationsbereitschaft 6. Willenskontrolle. Die Vielfalt der gegenwärtig vorliegenden Persönlichkeitstheorien läßt sich nach Hintergrundtheorien (→Psychoanalyse, →Feldtheorie, →Lernpsychologie usw.) und wesentlich vorkommenden Konstrukten (Faktor, Einstellung, Trieb usw.) ordnen (Maddi 1968; Roth 1969). Zur Zeit findet nach der Kritik an den Faktorentheorien der P. (Mischel 1973) die soziale Lerntheorie in der P. starke Beachtung (Bandura u. Walters 1967; Mischel 1973). [G. S.]

Lit.: Allport, G. W.: Gestalt und Wachstum in der Persönlichkeit, Meisenheim 1970. Bandura, A., Walters, H. W.: Social learning and personality development, New York 1967. Cattell, R. B.: Die empirische Erforschung der Persönlichkeit, Weinheim 1973. Eysenck, H. J.: The structure of human personality, London 1960². Lersch, P. H., Thomae, H. (Hg.): Handbuch der Psychologie, Bd. 4, Göttingen 1960. Maddi, S. R.: Personality theories: a comparative analysis, Homewood 1968. Mischel, W.: Introduction to personality, New York 1973. Pawlik, K.: Dimensionen des Verhaltens, Bern 1968. Roth, E.: Persönlichkeitspsychologie, Stuttgart 1969. Wiggins, J. S.: Personality and prediction, Reading 1973. Guilford, J. P.: Persönlichkeit, Weinheim 1964. Herrmann, T.: Lehrbuch der empirischen Persönlichkeitsforschung, Göttingen 1972.

Pflegekinder. Das P.-Wesen bildet neben der Heimerziehung eine der traditionellen Formen der Fremderziehung eines Kindes außerhalb seines Elternhauses (→elterliche Sorge, →Adoption). Es gibt in der Praxis höchst unterschiedliche Formen und Typen von Pflegestellen. Gesetzlich geregelt ist im Augenblick lediglich der Schutz der P. durch das →Jugendamt in den §§ 27–36 →JWG. Nach § 27 Abs. 1 sind P. Minderjährige (Mj.) unter 16 Jahren, die sich dauernd oder für einen Teil des Tages, jedoch regelmäßig, außerhalb des Elternhauses in Familienpflege befinden. Keine P. sind Kinder, die in einem Heim untergebracht sind; sie unterliegen der →Heimaufsicht durch das Landesjugendamt. Ferner sind keine P. die in § 27 Abs. 2 genannten Kinder; ein Schutz dieser Personen ist entweder als entbehrlich oder als anderweitig gesichert anzusehen, wie z. B. bei Mj., die sich bei näheren Verwandten oder in →Fürsorgeerziehung befinden. Der Schutz wird einmal dadurch bewirkt, daß die Aufnahme des P. durch die Pflegeperson der Erlaubnis des Jugendamtes bedarf (§ 28); diese darf nur erteilt werden, wenn in der Pflegestelle das leibliche, geistige und seelische Wohl des P. gewährleistet ist (§ 29). Zum anderen unterstehen die P. der Aufsicht des Jugendamts; die Pflegeperson wird durch dieses beraten und unterstützt (§ 31). Rechtsgrundlage für das Pflegeverhältnis ist ein bürgerlich-rechtlicher Pflegevertrag zwischen dem (den) Personensorgeberechtigten (→Adoption, →elterliche Sorge, →nichteheliche Kinder, →Vormundschaft) und der Pflegeperson, der auch mündlich abgeschlossen sein kann. Durch ihn werden Verbleib des Kindes, seine Versorgung, Entgelt und dgl. geregelt; die →elterliche Sorge wird dadurch (anders als bei der →Pflegschaft) nicht berührt. Feste zivilrechtliche Regelungen des Pflegschaftsverhältnisses gibt es noch nicht. Reformbestrebungen sind bisher gescheitert, obwohl zwingende Mindestregelungen eingeführt werden müßten, um das Pflegekind nicht unter dem Dreiecksverhältnis Eltern – Pflegeeltern – Kind leiden zu lassen (wie es bisher oft der Fall ist). Im Rahmen der Reform der →elterlichen Sorge ist ab 1980 eine Regelung dahin erfolgt, daß eine psychologische Bindung des Kindes an die Pflegeeltern beim Herausgabeverlangen der »biologischen« Eltern Berücksichtigung finden soll. [U. W.]

Text u. Lit.: →Adoption, →Familienrecht, →Fürsorgeerziehung, →Heimaufsicht, →Jugendhilferecht, →JWG. Ferner: Bonhoeffer, M./Widemann (Hg.): Kinder in Ersatzfamilien, Stuttgart 1974.

Pflegschaft, steht in einer gewissen Verwandtschaft zur →Vormundschaft. Der Pfleger hat aber im Unterschied zum Vormund nicht für alle Angelegenheiten des Pfleglings, sondern nur für einen genau begrenzten Kreis von Angelegenheiten einer Person oder für ein Vermögen (Sach-P.) zu sorgen; dieser wird durch den Akt der Bestellung umschrieben. P. sind nicht nur im →Familienrecht (§§ 1909–1921 BGB) vorgesehen, sondern auch im Erbrecht (z. B. Nachlaßpfleger § 1960) und auch außerhalb des →BGB, z. B. im Zivilprozeß. Die familienrechtlichen P. werden durch das →Vormundschaftsgericht angeordnet (§§ 1915, 1774). Es kommen u. a. in Betracht: die Ergänzungs-P. (§ 1909), wenn der Inhaber der →elterlichen Gewalt oder der →Vormundschaft einzelne Angelegenheiten des Kindes oder Mündels nicht besorgen kann (z. B. bei Interessenkollision); P. für eine Leibesfrucht (§ 1912; für das →nichteheliche Kind besteht eine Amtspflegschaft des →Jugendamtes, §§ 1706 BGB, 40 →JWG); Gebrechlichkeits-P. für einen nicht unter Vormundschaft stehenden Volljährigen (§ 1910), insb. bei Blindheit, Taubheit, Stummheit, wenn er einen Teil seiner Angelegenheiten nicht besorgen kann. Soweit der Aufgabenkreis des Pflegers reicht, ist er Vertreter des Pfleglings; ist dieser voll geschäftsfähig, kann er neben dem Pfleger voll wirksam handeln, so daß widersprechende Geschäfte möglich sind. Bei der Ergänzungs-P. braucht das Vormundschaftsgericht bei der Auswahl des Pflegers im Hinblick auf den Interessenwiderstreit nicht den Verwandtenkreis zu berücksichtigen (§§ 1916, 1779). Als Pfleger kommen auch Vereine (§ 53 JWG) und das →Jugendamt (§ 45 JWG) in Betracht. [U. W.]

Text u. Lit.: →Familienrecht, →Jugendhilferecht. Ferner: Boschan, S.: Die Pflegschaft (Handbuch f. d. Vormund. 1 b), Köln 1956. Haegele, K.: Vormundschaft und Pflegschaft (Recht im Alltag. 1), Bonn o. J. (nach 1970[5]).

Phasen der sozialpädagogischen sozialen Arbeit. Die Auffassung des Geschehens in der sozialpädagogisch/sozialen Arbeit als Prozeß legt nahe, Phasen dieses Prozesses zu unterscheiden. Dabei wird dieser Prozeß als Veränderungs- und Entwicklungsprozeß und/oder als Arbeitsprozeß verstanden. Je nachdem liegt der Akzent mehr auf der Perspektive des Klienten oder des Sozialarbeiters, und entsprechend treten kleinere Unterschiede in der Einteilung des Phasenablaufes ein. Außerdem wird eine unterschiedliche Zahl von Phasen angegeben, je nachdem ob der Prozeß stärker differenziert oder zu größeren Einheiten zusammengefaßt wird. Im allgemeinen geht man von vier großen »Verfahrensschritten« (Pfaffenberger) in der sozialpädagogisch/sozialen Arbeit aus: Anamnese, Feststellung der Fakten, Fallaufnahme und Fallerhebung etc., 2. Interpretation und Zusammenfassung der Daten, Diagnose usw., 3. Behandlungs- bzw. Erziehungsplan, 4. Einleitung und Durchführung der Behandlung bzw. Intervention sowie Erziehungs- und Betreuungsarbeit.

Der Prozeß der Veränderung (aus der Sicht des Klienten) kann eingeteilt werden in die Phasen: 1. Erfahrung des Konfliktes, 2. Innovation, 3. Stabilisierung und Integration (Hege). Van Beugen entwickelt demgegenüber ein noch umfassenderes und differenzierteres Phasenschema: 1. Abklären bzw. entwickeln des Bedürfnisses nach Veränderung, 2. Zielsetzung und Erstellung einer Diagnose, 3. Bestimmen der Strategie, 4. Einführen der gewünschten Veränderung, 5. Generalisierung und Stabilisierung, 6. Auswertung.

Es muß darauf hingewiesen werden, daß die Phasen (ganz gleich nach welchem Schema) nicht eine strikte und einmalige Reihenfolge darstellen, sondern sich, vor allem vom Arbeitsprozeß her gesehen, gegenseitig überlappen, auch wiederholt neu aufgegriffen werden müssen und insgesamt mehr Aspekte des Sozialarbeitsprozesses darstellen als klar abgegrenzte Ausschnitte eines Verlaufes. Mit dieser Einschränkung stellen sie aber ein wichtiges begriffliches und instrumentelles Hilfsmittel der Sozialpädagogik/Sozialarbeit dar. [H. P.]

Lit.: van Beugen, M.: Agogische Intervention. Planung und Strategie, Freiburg 1972. Hege, M.: Engagierter Dialog. Ein Beitrag zur sozialen Einzelhilfe, München 1974. Carter, G. W.: Soziale Gemeinwesenarbeit und G. Konopka: Soziale

Gruppenarbeit, in: Friedländer/Pfaffenberger (Hg.), Grundbegriffe und Methoden der Sozialarbeit Neuwied, 1966.

Planung. Zunehmende Komplexität sozialer, ökologischer, technischer und politischer Systeme auf globaler und sektoraler Ebene weisen Methoden und Techniken von Planung zunehmende Bedeutung zu. P. dient der Entwicklung (Modell), Beschreibung und flexiblen Setzung von Handlungszielen, Entscheidungsregelungen, Prozeßsteuerungen mit unterschiedlichen Reichweiten. Eine analytische Grundlagenmethodologie (Wissenschaftstheorie) von P. wurde bislang nur im Ansatz erörtert (H. Lenk). Im Verhältnis von P. zu Prognosen, basierend auf Aussagen der Wirtschafts-, Sozial- und Politikwissenschaften, ergeben sich weiterführende wissenschaftstheoretische und wissenschaftslogische Überlegungen. Vielfach werden statistisch ausgewiesene Trends mit Gesetzmäßigkeiten gleichgesetzt. Gehören Erklärungen und Prognosen auch zu den obersten Erkenntniszielen jeder Wissenschaft, so stellt sich doch die Frage nach ihren Reichweiten. K. R. Popper hält deshalb sozialtechnische Planung in begrenzten Systemen nur im beschränkten Rahmen und über kürzere Zeiträume für möglich. Grenzen der Planung (F. H. Tenbruck) ergeben sich nicht zuletzt aus der Unverbindlichkeit von operationalen Definitionen zu Begriffen wie: Bedürfnis, Ziele, Glück, Lebensqualität u. a. In allen gesellschaftlichen Dimensionen von P. werden objektbezogene Techniken entwickelt. Planungstechniken lassen sich über eine Methodik von P. und Steuerung auf jedes reale soziale System anwenden. Prozesse von P. werden im Grundkonzept für SA/SP nach folgendem Schema erfaßt: 1. Problembeschreibung (Ist-Zustand), 2. Strukturanalyse (Ist-Zustand), 3. Zeitanalyse, 4. Kostenanalyse, 5. Kapazitätenanalyse, 6. Zielsetzung, allgemein, 7. Systementwürfe (Alternativmodelle), 8. Steuerung des Planungsprojekts (Simulation), 9. Öffnung des optimalsten Systems für weiterführende Planungsschritte, 10. Bilanzierung und Wirkungsanalyse. Weitere wesentliche Elemente für Planung sind u. a. a) Planungstyp (Grob-Teil-Feinplanung), b) Planungsstufen, c) Planungsebenen, d) Bereiche der Technik und Organisation von P. P. sind weitgehend abhängig von den externen und internen Bedingungsgrößen eines Systems (Grad der Offenheit, Komplexität, Variablen, Untersysteme, Systemverschränkungen etc.). Planungen mit politischen, wirtschaftlichen und sozialen Folgewirkungen bedürfen einer demokratischen Legitimation (Claus Offe). [A. S.]

Lit.: Lenk, H.: Erklärung, Prognose, Planung, Freiburg 1972. Offe, C.: Demokratische Legitimation der Planung, in: B. Schäfers (Hg.), Gesellschaftliche Planung, Stuttgart 1973. Refa, Methodenlehre der Planung und Steuerung, Bd. 1–3, München 1974. Tenbruck, F. H.: Grenzen der Planung, in: B. Schäfers, a. a. O.

Planungstechnik, System formaler, logischer Regelungen zur Problemlösung in Arbeits- sowie Forschungsprojekten mit Zielsetzungen der 1.) Koordinierung, 2.) Reihen- und Zeitabfolgeplanung und 3.) Effizienzkontrolle. Netzplantechniken mit den Verfahren der Beschreibung, Planung, Steuerung und Überwachung bieten der Projektplanung, Projektarbeit und Projektforschung in den empirischen und angewandten Sozialwissenschaften, Sozialarbeit/Sozialpädagogik, über Strukturierungen der Parameter: Zeit, Personal, Kosten sowie weitere zu untersuchende Einflußgrößen optimale Möglichkeiten der Vorplanung, Mitwirkung und Kontrolle von individuellen und kollektiven Handlungsabläufen. (→Soziale Planung). [A. S.]

Politologie, integrierte Sozialwissenschaft mit Aussagesystemen der Erkenntnis aus benachbarten Wissenschaften wie: Geschichte, Rechtswissenschaften, Philosophie, Soziologie, Psychologie (Politische Psychologie). Im Vordergrund der Forschung und Lehre in der P. stehen Untersuchungen sowie Darstellungen politischer Systeme (institutional, ideologisch) sowie Prozesse politischer Willensbildung und Entscheidungen. Eine Unterteilung ist möglich nach den Sektoren Innenpolitik, Außenpolitik, Internationale Politik und Theorien zur Politik. Neben klassischen ideengeschichtlichen Untersuchungen rücken systemtheoretische Konzeptionen in den Vordergrund der Erkenntnisinteressen von P. P. analysiert einerseits Herrschaftsverhältnisse (Programmatik und Realität von politischen Satzungen und Verfassungen) und vermittelt andererseits Forschungsergebnisse der P. und ihrer Nachbarwissenschaften für die politische Praxis (politische Analysen, Verwaltungs- und Regierungslehre, politische Ökonomie). Für Politik als Forschungsobjekt von P. lassen sich schwer empirische Bestätigungen finden, da Begriffe und Begriffssysteme der P. abhängig sind von gesellschaftlichen und geschichtlichen Erfahrungen, Interpretationen und deren Umsetzungen in Analysen (Probleme der Operationalisierung). Zentrale Begriffe zur Beschreibung und Interpretation politischer Prozeßabläufe können bezogen auf politisches Handeln sein: System (bürokratisches, formales), Kommunikation, Gruppe, Organisation, Verhalten, Handeln, Einstellungen, Normen, Werte sowie Konflikttypen u. a. Für die Arbeits- und Berufsfelder von SA/SP sind Typen und Ausprägungsgrade der →Deprivation und der →Armut im Rahmen interdisziplinärer politologischer Studien von erheblicher Bedeutung (Partizipationschancen, Bildungs-, Berufs-, Einkommens-, Informations-, Willensbildungs- sowie Aufstiegschancen im Rahmen von Bedürfnisanalysen über →soziale Indikatoren und Bedürfnisfestsetzungen. [A. S.]

Lit.: Berg-Schlosser, D., Maier, H., Stammen, Th.: Einführung in die Politikwissenschaft, München 1974. Görlitz, A. (Hg.): Handlexikon zur Politikwissenschaft, Bd. 1–2, Reinbek b. Hamburg 1973. Kress, G. u. Senkghaas, D. (Hg.): Politikwissenschaft, Frankfurt/M. 1969–1975.

Politische Bildung, Teilbereich im gesamtgesellschaftlichen System von Erziehung und Bildung. I. Zu unterscheiden ist nach institutionellen Kriterien: a) schulische politische Bildung, b) außerschulische politische Bildung. II. nach Zielgruppen. a) politische Jugendbildung, b) politische Erwachsenenbildung. III. nach programmatischen Gesichtspunkten. a) politische, klassische Bildung, bezogen auf Themenstellungen wie: Demokratieverständnis, Verfassungsstaat, Menschenrechte, Ideologiekritik, politische Idee- und Theoriengeschichte, Herrschafts- und Rechtsverhältnisse, Ideologien. b) politische integrative Bildung mit Rahmenkonzepten zur Vermittlung von Wissensinhalten der Natur- und Verhaltenswissenschaften (Ökologie und Politik, Medizin und Arbeitswelt). c) politische kompensatorische Bildung als Form der Wissensvermittlung zur Ergänzung bereits vorhandener, schulisch erworbener Kenntnisse, etwa über Aufbaukurse in der Erwachsenenbildung.
Da politische Bildung über zentrale Themenstellungen wie: Konflikt, Gesellschaft, Herrschaft, Recht, Ideologie, allein nicht mehr die Komplexität und Verflochtenheit des Politischen erfassen kann, stellt sich die Frage nach einer wirksamen Didaktik von politischer Bildung (PB) stets von neuem. Das gilt ebenso für die Methoden. Theorie von PB geht aus von der Analyse zu Bedürfnissen und Einstellungen jeweiliger Adressatengruppen (Jugendliche, Arbeiter, Hausfrauen, alte Menschen).
Der Begriff von Politik hat sich seit Aristoteles historisch gewandelt und wird in gegenwärtigen Massengesellschaften in seiner allumfassenden und tiefgreifenden Totalität analysiert. (Dolf Sternberger) Zentrale Theorien zum Verständnis von Vermittlungen der Unterrichts- und Lehrinhalte einer PB müssen darüber hinaus Erkenntnisse zu allen bekannten Formen →sozialer Kommunikation hinreichend berücksichtigen. Erklärtes Ziel von PB besteht darin, Maßnahmen zu fördern, um jedem Staatsbürger die Chance zur optimalen Teilhabe und Mitentscheidung an der politischen Willensbildung einer demokratischen Gesellschaft zu bieten. Mündigkeit, Kooperationsbereitschaft, Solidarität und Kritikfähigkeit bilden dazu zentrale Lernziele. [A. S.]

Lit.: Giesecke, H.: Didaktik der politischen Bildung, 7. Aufl. München 1972. Giesecke, H.: Politische Aktion und politisches Lernen, München 1970. Gottschalch, W.: Zur Soziologie der politischen Bildung, Frankfurt/M. 1970. Negt, O.: Soziologische Phantasie und exemplarisches Lernen, Zur Theorie der Arbeiterbildung, Frankfurt/M. 1971. Schörken, R. (Hg.): Curriculum Politik, Opladen 1974. Sternberger, D.: Drei Wurzeln der Politik, Frankfurt/M. 1978. Wulf, C. (Hg.): Wörterbuch der Erziehung, München, 2. Aufl. 1976.

Position, soziale, Platz in einem sozialen Beziehungsgefüge, verbunden mit bestimmten Bündeln von Verhaltenserwartungen und ausgestattet mit einem bestimmten Ausmaß an Wertschätzung, Prestige, Einfluß →(Status) (wie im Beziehungsgefüge der Schule: Positionen: Schüler, Eltern, Lehrer, Direktor). Ähnlich wie Rollen existieren Positionen unabhängig von konkreten Positionsträgern. Position wird auch synonym mit →Status verwendet. →Rolle. →Status. [H. B.]

Lit.: Linton, R.: Rolle und Status, in: Hartmann, H. (Hg.): Moderne amerikanische Soziologie, Stuttgart 1967. Popitz, H.: Der Begriff der soz. Rolle als Element der soziolog. Theorie, Tübingen 1968².

Praxisberatung (Supervision), eine der sekundären (subsidiären) Methoden bzw. Arbeitsformen der Sozialarbeit/Sozialpädagogik, die in Ausbildung, Fortbildung und Praxis eingesetzt wird. Sie wirkt indirekt auf soziale Dienstleistungen im Sinne ihrer Optimierung durch Reflexion des Praxisgeschehens und berufliche Höherqualifizierung sowie Weiterentwicklung der Sozialarbeiter/Sozialpädagogen ein. »Supervision verfolgt das Ziel, methodisches Arbeiten im sozialen Felde zu entwickeln und zu erweitern, d. h. agogische Prozesse zielgerichtet und kontrollierbar zu gestalten.« »Praktische berufliche Tätigkeit mit kontinuierlicher theoretischer Reflexion zu vermitteln, ist die fruchtbarste Art des Kompetenzerwerbs im Bereich der sozialen Arbeit« (*Strömbach* u. a.). Für die Supervision werden drei Lernzielbereiche genannt: »1. Integration von Wissen und dessen Umsetzen in praktisches Tun, 2. Entwicklung des beruflichen, insbesondere methodischen Könnens, 3. Entwicklung einer beruflichen Persönlichkeit, d. h. Entwicklung von beruflichen Haltungen und Einstellungen, Korrektur unreflektierter Verhaltensweisen, Förderung von Selbstwahrnehmung und Selbstkontrolle.« (von *Caemmerer*).

Formen der Praxisberatung sind: Einzelberatung, Gruppenberatung, Praxisberatung in der und durch die Kollegengruppe. Die Praxisberatung muß im Zusammenhang mit der Entwicklung des Sozialarbeiterberufes und sozialer Dienstleistungen gesehen werden: Sie tritt auf, nachdem die Reflexion auf Methodik, berufsspezifisches Wissen und Können sowie berufliche Haltung einsetzt, also mit den Entwicklungstendenzen zur Methodisierung, Theoretisierung und Verwissenschaftlichung (*Pfaffenberger*). Mit der Professionalisierung der sozialpädagogisch/sozialen Arbeit steht die Praxisberatung insofern in Verbindung, als sie bürokratische Hierarchie tendenziell durch professionelle Selbstkontrolle ersetzen kann. Hier setzen allerdings auch schon eine Reihe von Problemen und offenen Fragen ein: Wie weit kann der Praxisberater zugleich Vorgesetzter und Teil der Verwaltungshierarchie sein? Wie weit ist partnerschaftliche Beziehung der Praxisberatung überhaupt in der Verwaltung und in einer bürokratischen Hierarchie möglich? Die Kritik wirft der Praxisberatung darüber hinaus vor, sie betreibe Anpassung an traditionelle berufliche Verhaltensmuster und wirke daher eher konservativ als innovativ; sie individualisiere und personalisiere und trage dadurch zur Verschleierung gesellschaftlicher Probleme und Bedingungen bei; dadurch wirke sie affirmativ und stabilisiere den status quo, statt verändernd zu wirken. Diese Kritik richtet sich nicht gegen die Arbeitsform als solche, sondern nur gegen traditionelle Verfahrensweisen und Inhalte und gegen nicht hinterfragte Ideologien. Wird sie kritisch reflektiert und verändert, kann sie auch emanzipatorische Ziele und Interessen verfolgen, wie eine Reihe von Neuansätzen und Modellen zeigt. [H. P.]

Lit.: Pfaffenberger, H.: Das Theorie- und Methodenproblem in der sozialen und sozialpädagogischen Arbeit, in: Friedländer/Pfaffenberger (Hg.), Grundbegriffe und Methoden der Sozialarbeit, Neuwied 1966. von Caemmerer, D. (Hg.): Praxisberatung (Supervision). Ein Quellenband, Freiburg 1970. Huppertz, N.: Supervision. Analyse eines problematischen Kapitels der Sozialarbeit, Freiburg 1975. Melzer, G.: Praxisanleitung und Praxisberatung in der Sozialarbeit. Schriften des deutschen Vereins für öffentliche und private Fürsorge, Nr. 40, Frankfurt 1970. Siegers, F.: Praxisberatung in der Diskussion, Freiburg 1974. Strömbach/Fricke/Koch: Supervision. Protokolle eines Lernprozesses, Gelnhausen 1975. Kersting, H.: Kommunikationssystem Gruppensupervision. Aspekte eines Lern-Lehrverfahrens, Freiburg 1975.

Praxistheorie. Wissenschaftliche Aussagesysteme basieren a) auf der Existenz von Kategorien, Definitionen, Theorieentwürfen und Theorien, b) auf Zielsetzungen im System von Erkenntnissen (Erkenntniszusammenhängen), c) bedingt auf normativen Voraussetzungen unter Einbeziehung von Wertprämissen. Eine P. von SA/SP ist wesentlich ausgerichtet auf ziel- und zweckorientierte Programmatik. Handlungsorientierungen, Werte, Normen, Systemansprüche spielen in der P. eine ähnliche Rolle wie in den klassischen Theorien der Sozial- und Verhaltenswissenschaften, wobei normative Voraussetzungen und Wertprämissen überwiegen. Der möglichen Theorie von SA/SP ermangelt es jedoch als Handlungswissenschaft einer Systematik von Grundbegriffen, die empirischen Meßverfahren zugänglich sind. Somit läßt sich eine P. von SA/SP einem Theorienbezugsrahmen der Erziehungswissenschaften einerseits und der Sozial- und Verhaltenswissenschaften andererseits vorläufig zuordnen. Dennoch ist P. der SA/SP weder partielle Erziehungswissenschaft noch partielle Soziologie. P. von SA/SP etabliert sich im System wissenschaftlicher Erkenntnis als eigenes Modell von angewandter Sozialwissenschaft vor dem Hintergrund bestimmter Problem- oder Objektbereiche. Systematik, Methodologie sowie Untersuchungsziele mit methodischen Zielsetzungen einer P. ergeben damit einen eigenen Typus von Theorie. Axiome (Grundsätze) sowie daraus ableitbare Theoreme (abgeleitete Sätze) sind beliebig anwendbar auf Lösungen von Problemen, ohne strenge Bindungen an eine Systematik wissenschaftlicher Erkenntnisvoraussetzungen oder gar ethischer Festsetzungen. Eine P. von SA/SP läßt sich somit klassifizieren als eine Theorie zu Handlungs- und Strategiezielen, die trotz Berücksichtigung empirischer Erkenntnisse weitgehend normativ orientiert sind. Da der Begriff von Praxis und somit von P. mehrfache Deutungen zuläßt, sollten im Zusammenhang von P. auch Begriffe von »Handlungstheorie, Aktionstheorie, agogischer Theorie, Interventionstheorie« auf ihre terminologische sowie etymologische und wissenschaftsgeschichtliche Bedeutung und Anwendung überprüft werden. Zentralen Aussagewert für eine Definition von P. behält eine systematisierte, historisch-interpretierte, reflektierte, problem- und objektbezogene Interpretation von Praxis, etwa unter sozialphilosophischen, politisch-programmatischen technokratisch-funktionalen Gesichtspunkten oder bezogen auf ein System von Handlungen, Verfahren, Analysen, Methoden und Techniken der SA/SP. [A. S.]

Lit.: Rössner, L.: Theorie der Sozialarbeit, München 1973. Smalley, R. E.: Praxisorientierte Theorie der Sozialarbeit, Weinheim 1974.

Prinzipien der Sozialpädagogik/Sozialarbeit. Bei der erwiesenen Unmöglichkeit, Lern- und Arbeitsziele der Sozialpädagogik/Sozialarbeit (wie aller Erziehung und Bildung) im Einzelfall wie generell linear zu benennen und didaktisch-methodisch anzugehen, wird in sogenannten Prinzipien (auch Leitsätze, Grundsätze oder praktische Regeln genannt) der Sozialpädagogik/Sozialarbeit der Versuch unternommen, nach den Bedingungen der Möglichkeit der in und durch Sozialpädagogik/Sozialarbeit angestrebten Veränderungen zu fragen und diese in generelle Handlungsanweisungen transformiert zu formulieren (vgl. Derbolav »Prinzipien- und Strukturwissenschaft«, »Prinzipientheoretische Grundlegung«). Möglich ist auch die Formulierung als Wenn-Dann-Sätze, die durch den expliziten Ausschluß von normativen Aussagen und Urteilen den wissenschaftstheoretischen Normen des Kritischen Rationalismus entgegenkommt.

Es lassen sich generelle und differentielle Prinzipien unterscheiden, wobei letztere abhängig von den diagnostischen Einsichten des Einzelfalles eingesetzt werden (Maas). Die oft anzutreffenden Unterschiede in den drei Methoden (besser: Arbeitsformen) der Sozialpädagogik/Sozialarbeit dagegen lassen sich als ungeklärte Residuen unzureichender Theoriebildung und Methodenentwicklung erklären und überwinden (Pfaffenberger).

Die Spezifität und Handlungsbezogenheit der Prinzipien unterscheidet sie von den sog. Grundwerten der Sozialpädagogik/Sozialarbeit (Friedländer), wie etwa Würde des Menschen, Selbstbestimmung, Chancengleichheit, soziale Verantwortung und Solidarität, Demokratie als Lebensform), die in einem Minimalkonsens ausgehandelt und festgelegt werden müssen.

Als Prinzipien im Sinne von praktischen Verhaltensregeln des Helfers werden u. a. genannt: 1. Anfangen, wo der Klient (Individuum, Gruppe, Gemeinwesen) steht, 2. den Arbeitsprozeß in einem dem Klienten und seiner Entwicklung gemäßen Tempo weiterführen, 3. Individualisieren, 4. mit den Stärken des Klienten arbeiten, 5. aktivieren und zur Selbständigkeit und Selbstverantwortung führen, 6. Ko-operation statt Konkurrenz fördern und entfalten helfen (Pfaffenberger), 7. erzieherisch wichtige Grenzen setzen bzw. konstruktive Anwendung von Grenzen, 8. durch Programmgestaltung helfen bzw. abstellen des Programms auf die Bedürfnisse, 9. Entscheidungen treffen helfen (Schiller, Konopka).

Ein anderer Katalog (Maas) enthält folgende Prinzipien: Akzeptieren, kommunizieren, individualisieren, aktiv beteiligen, Vertraulichkeit, Selbstkontrolle des Sozialarbeiters. Faßt man den Sozialarbeitsprozeß als Lernprozeß auf, so lassen sich auch die Prinzipien des Lernens, wie z. B. die von Ausubel aus den Befunden der Lerntheorie abgeleiteten »praktischen Regeln« anwenden (1. Orientierung, 2. Aktivität, 3. Einstellung, 4. Information, 5. Bekräftigung, 6. zeitl. Gestaltung, 7. Bestrafung, Ausubel 1973). Beispiele für die Formulierung von Prinzipien als Wenn-Dann-Sätze finden sich bei Bennis u. a.: a) Will die SA/SP ein Sub-System oder einen Teil von ihm ändern, dann muß sie relevante Aspekte ihres Umfeldes ebenfalls ändern. b) Wer die Möglichkeit für Innovationen in einer gegebenen Institution prüft, der muß immer den Grad von Streß und Anspannung an jenen Stellen, an denen Veränderungen gesucht werden, bestimmen. Im allgemeinen sollte vermieden werden, mit Änderungen an der Stelle der stärksten Belastung anzufangen. c) Wenn in einer hierarchischen Struktur tiefgreifende Veränderungen gewünscht werden oder erforderlich sind, dann sollte die Änderung gewöhnlich bei dem Entscheidungsgremium ansetzen. d) Wenn bei Innovationen die Laboratoriumsmethode eingesetzt wird, dann dürfen die Normen des Zielsystems nicht wesentlich von denen des Laboratoriumtrainings abweichen.

Zu dieser Umformulierung ist allerdings zu sagen, daß sie im einzelnen genau daraufhin überprüft werden muß, wieweit sie tatsächlich empirisch-analytische oder vielmehr pseudo-empirische oder pseudo-normative Aussagen darstellt. [H. P.]

Lit.: Ausubel, D. P.: Psychologie des Unterrichts, Weinheim 1973. Bennis, W. G./Benne, K. D./Chin, R.: (Hg.) Änderung des Sozialverhaltens, Stuttgart 1975. Brezinka, W.: Von der Pädagogik zur Erziehungswissenschaft, Weinheim 1971. Derbolav, J.: Frage und Anspruch. Pädagogische Studien und Analysen, Wuppertal 1970. Konopka, G.: Soziale Gruppenarbeit, und Maas, Soziale Einzelhilfe in: Friedländer/Pfaffenberger (Hg.): Grundbegriffe und Methoden der Sozialarbeit, Neuwied 1966. Pfaffenberger, H.: Musisches Tun in der sozialen Gruppenarbeit, Wiesbaden 1956. Pfaffenberger, H.: Das Theorie- und Methodenproblem in der sozialen und sozialpädagogischen Arbeit, in: Friedländer/Pfaffenberger, Neuwied 1966. Schiller, H.: Gruppenpädagogik als Methode der Sozialarbeit. Darstellung und Analyse ihrer Theorie und Praxis. Wiesbaden 1963.

Professionalisierung. Als Begriff (Profession – lat. franz. – Beruf, professionell – lat. franz. – berufsmäßig) erläutert P. unterschiedliche Entwicklungen im Sozialwesen: 1. P. als Bezeichnung für den Übergang von ehrenamtlicher Sozialhilfe zur hauptberuflichen Tätigkeit. 2. P. und professionelle Modelle, a) im Sinne von Praxistheorie der SA/SP, b) bezogen auf Organisation und Beruf in der Praxis, c) im Zusammenhang mit weiterführenden Praxismodellen (Handlungsentwürfen), die theoretische Entwicklungen im internen und externen System von SA/SP integrieren, fördern und vertiefen sollen, d) Strukturuntersuchungen zu Normen-, Wert- und Zielvorstellungen im System von SA/SP sowie darüber hinaus (SA/SP und Politik). 3. P. als Notwendigkeit für die Vermittlung und Praxisanwendung wissenschaftlicher Erkenntnisse, 4. P. als Trend im System von anwachsender sozialer Hilfe, Beratung und Versorgung infolge sozio-ökonomischen Strukturwandels im 20. Jahrhundert. 5. P. als eigendynamischer Prozeß im Sozialwesen mit Zunahme von a) Komplexität und Zentralisierung, b) gleichzeitiger struktureller und funktionsbezogener Differenzierung und Spezialisierung von sozialen Diensten und damit verbundener angestrebter Steigerung der Wirksamkeit sozialer Hilfen. Qualitative wie quantitative Entwicklungen zur P. in SA/SP und darüber hinaus (Gesundheitsvorsorge, Sozialtherapien) gehen einher mit a) Trends zu interdisziplinären Forschungen und gleichzeitigen intradisziplinären Spezialisierungen in den Einzelwissenschaften, b) Arbeits- und Funktionsteilungen im gesamten Berufswesen, c) Zuordnungen weiterer Aufgaben der Erziehung, Bildung, Beratung und Therapie an Institutionen professionellen Sozialwesens. [A. S.]

Lit.: Bartlett, H. M.: Grundlagen beruflicher Sozialarbeit, Freiburg/Br. 1976. Bäuerle, W.: Sozialarbeit und Gesellschaft, Weinheim 1970. Maor, H.: Soziologie der Sozialarbeit, Stuttgart 1975.

Programmiertes Lernen. Im Verlauf agogischer (pädagogischer) Prozeßabläufe stehen Ziele, Inhalte, Methoden sowie Organisationsformen und technische Instrumente in wechselseitigen Beziehungen zueinander. Programmierung dient im Rahmen des PL. der Strukturierung von Zielen und Inhalten einzelner Lernphasen (Lern- und Lehrschritte) nach dem Gesichtspunkt höchstmöglicher Wirksamkeit. Wesentliche Grundlagen des PL. bilden die Erkenntnisse lernpsychologischer Forschung (Wahrnehmung, Denken, Lernen). Zu unterscheiden ist zwischen a) Theorien des PL. (Grundlagentheorien); b) Technischer Funktionslehre unter Einschluß von Planungstechniken und Systemanalysen; c) Praxis der Lernprogrammierung, Festsetzung der Ziele und Inhalte; d) Entwicklung technischer Mittel (Bücher, Lerngeräte); e) Begleitenden wissenschaftlichen Kontrolluntersuchungen, Wirkungsanalysen. Unter PL. kann im erweiterten Sinne jede Detailplanung agogischer (pädagogischer) Prozeßabläufe im Bereich des Lernens und Lehrens mit dem Ziel strukturierter Entwürfe zu einem curricularen sowie didaktischen Konzept gesehen werden. PL. kann irrtümlichen Schlußfolgerungen bei verkürztem Theorienhintergrund unterliegen (Technizismus). Lernprozesse sind multidimensional gegliedert. PL. läßt sich sowohl linear über einen vorgegebenen Phasenablauf vermitteln (Skinner) als auch komplex-verzweigt. PL. findet in der schulischen und außerschulischen Bildung (berufliche Bildung), in der Erwachsenenbildung sowie bei der Entwicklung von Hochschulstudiengängen in zunehmendem Maße Anwendung. [A. S.]

Lit. Clauß, G. (Hg.): Wörterbuch der Psychologie, Köln 1976.

Projektstudium. Arbeits- und Berufsfelder der SA/SP erfordern für das Studium dieser Disziplinen neben fachwissenschaftlichen und disziplin-übergreifenden auch berufspraktische Kenntnisse. Projektstudium soll somit der Integration von Analysen, Methoden, Techniken sowie handlungsbezogenen Aussagen empirischer Sozial- und Verhaltenswissenschaften dienen. Eine Theorie des Projektstudiums orientiert sich in ihrer Entwicklung u. a. an 1. Rahmenbedingungen der Bildungsorganisation; 2. vorgegebenen Zielsetzungen in Lehre und Analyse; 3. begleitender Wirkungskontrolle; 4. an Zielen, Inhalten und Ergebnissen individuellen, kooperativen und kollektiven Lernens im Einüben von Fertigkeiten und Sozialtechniken vor d. Hintergrund arbeitsfeldorientierter und berufspraktischer Aufgabenstellungen; 5. Analysen zu Strukturdimensionen von Individuen und sozialen Gruppierungen im Vermittlungsverhältnis von Aussagen empirischer Wissenschaften zu gesellschaftspolitischen und berufsfeldbezogenen Praxisbezügen; 6. Analysen umgreifender ökonomischer sowie soziokultureller Rahmenbedingungen; 7. Auswahl begleitender Methoden und Techniken der Sozialforschung zwecks Methodenkontrolle; 8. Berücksichtigung gruppendynamischer Phasen, Prozesse, Strukturen und Sachzwänge der Gruppenorganisation; 9. Mitbestimmung bei Zielsetzungen von Planungsvorhaben und Entscheidungsprozessen; 10. Anwendung von Grundkenntnissen der Planungs- und Organisationswissenschaften im Rahmen integrierter Modellentwicklungen für Arbeitsgänge, Lernziele und Lehrinhalte des Projektstudiums; 11. Vermittlung beruflicher Qualifikationen für ausgewählte Handlungsbereiche der Sozialarbeit/Sozialpädagogik unter Berücksichtigung individueller Interessen, Fähigkeiten und Fertigkeiten. Eine formale Gliederung und Strukturierung zum Ablauf von Projektstudiengängen enthält u. a. folgende wesentliche Planungsmarkierungen: I. Zielbeschreibungen: a) allgemein; b) speziell, phasenbezogen vor dem Hintergrund von Problembeschreibungen und Situationsanalysen. II. Phasensetzung. III. Strukturbeschreibungen einzelner Phasen und Integrationsbestimmungen. IV. Brain-storming. Auswahl von wesentlichen Teilaspekten, Ausfilterung von Ideen, Modellentwürfe, Arbeitspläne. V. Auswahl von Methoden und Techniken der Sozialarbeit/Sozialpädagogik. VI. Bestimmung begleitender Kontrolltechniken und Forschungsmethoden. VII. Erprobungen, phasenspezifisch in Praxisfeldern der Sozialarbeit/Sozialpädagogik. VIII. Auswertungen nach jeder Prozeßphase und Neuorientierung an allgemeiner Zielsetzung sowie Korrekturen vollzogener Maßnahmen. IX. Gesamtauswertung, Reflexion. X. Standortbeschreibung, Setzungen zu neuen Zielbeschreibungen, Analysen, Forschungsvorhaben und Wirkungskontrollen. [A. S.]

Lit.: Brauner, Th. (u. a.): Zur Theorie und Praxis des Projektstudiums, Modellversuch »Soziale Studiengänge an der GhK, Kassel 1976. Berndt, E.-B. (u. a.): Erziehung der Erzieher, Reinbek 1972. Schwendtke, A.: Modellkonzepte zur Projektgruppenarbeit, in: Theorie und Praxis der Sozialen Arbeit, Nr. 12/1975.

Projektunterricht (Projektarbeit), Form eines Lehr- und Lernverfahrens mit bestimmten Zielsetzungen: 1. Mitbestimmung bei Problemstellungen, Gestaltungen und Themensetzungen durch die Lernenden im Unterricht; 2. Erlernen von Methoden zur Analyse gesellschaftlicher, politischer und wirtschaftlicher Realitäten sowie Rahmenbedingungen einer ausgewählten Thematik (Praxisbezüge, allgemein, speziell); 3. Kooperative Einübung von Techniken geistiger Arbeit und Organisation der Informationsbeschaffung; 4. Fächerübergreifende Interpretationen; 5. Anwendungsbezogene Übungen.
P. setzt in der Lehr- und Unterrichtspraxis u. a. folgende Verfahrensschritte voraus: I. Umschreibung und Festlegung der Unterrichtsziele. II. Themenauswahl. III. Themenstrukturierung. IV. Methodenfestsetzung. V. Konstruktion eines Zeitablaufmodells. VI. Zwischenzeitliche Ergebniskontrollen und Modifikationen der Lerninhalte und Lernziele. VII. Zusammenfassung, Auswertung, Beurteilung. [A. S.]

Psychiatrie, Lehre von den seelischen Störungen kranker oder abnormer Individuen. P. erforscht die Ursachen (Ätiologie) und die Entstehung (Pathogenese), beschreibt und interpretiert die Erscheinungen

(Phänomenologie), ordnet nosologischen Klassifizierungen zu (Diagnostik), versucht zu heilen (Therapie) und vorzubeugen und erstrebt in der Psychopathologie allgemeine Begriffe und Regeln. Gegenstand der Psychiatrie ist der kranke oder abnorme Mensch als Ganzes. Daher kommt es zu Überschneidungen mit anderen, die körperliche, seelische und geistige Seite betreffenden, Wissenschaften. Für die Psychiatrie sind derartige Grenzgebiete Innere Medizin, Neurologie, Pharmakologie, Jurisprudenz, Pädagogik, Philosophie, Historie und Soziologie.
Als wissenschaftliche Psychiatrie seit Beginn des 19. Jahrhunderts (1811 erster Lehrstuhl mit Heinroth in Leipzig, erstes psychiatrisches Krankenhaus in Schloß Sonnenstein bei Dresden), seit Griesinger (1845) und mit Einbruch des Positivismus von neuropathologischen Gesichtspunkten bestimmt. Seit Kraepelin und anderen (1883) mit nosologischem System, seit Jaspers (1913) mit psychopathologischer Methodenlehre. Beginn der therapeutischen Ära mit Wagner – Jaureggs Malariakur (1933), Cardiazolschock (1934), Elektrokrampf (1938) und Psychopharmako-Therapie (seit 1953) sowie der ab 1900 nur zögernd Eingang findenden Psychoanalyse.
Die Psychiatrie untersucht auf dem Hintergrund der Persönlichkeit und deren Beziehung zur Umwelt Erlebnisse, Äußerungen und Handlungen und versucht sie in diesem Bezug in ihrem Verhalten zu klassifizieren. Hier beginnen bereits die Schwierigkeiten, da der individuelle Patient in ein starres Schema gepreßt wird. Die seelische Krankheit wird allgemein verstanden als eine Störung der psychischen Funktionen, die eine innere und äußere Verwirklichung der Persönlichkeit unmöglich macht. Zur Untersuchung der seelischen Krankheit sind in der Psychiatrie folgende Methoden aufgegliedert: I. *Zur Gewinnung von Einzelbefunden:* Befragen, beobachten, beschreiben. II. *Zur Auswertung des Gesamtbefundes:* Erklären (von kausalen Zusammenhängen, z. B. Alkoholvergiftung als Ursache eines Delirs), Verstehen (von einfühlbaren, nacherlebbaren Motivations- und Sinnzusammenhängen, etwa Entwicklung einer Querulanz) und Deuten (von Zeichen als Ausdruck eines Sinngehaltes, wie Traumbild als Symbol eines Konflikts).
Der Untersuchungsgang vollzieht sich folgendermaßen: 1. Feststellung der Phänomene; 2. Aus den Phänomenen wird das Symptom ausgegliedert (als Anzeichen für etwas, durch das das Symptom bewirkt wird); 3. Erkennen einer gesetzmäßigen Verbindung von Anzeichen als Symptomkomplex oder Syndrom; 4. Ein oder mehrere Syndrome bilden das Gesamtzustandsbild, das mit der Beurteilung des Verlaufs zur 5. Diagnose der Krankheit oder Abnormität führt. Mit diesen Methoden wird das angeborene und soziale Verhalten der Patienten ergründet und in Relation gesetzt zum statistisch normalen Verhalten. Es

werden die Kommunikation in Form von Ausdruck in Mimik und Körperhaltung, die Sprache in der Sprechqualität und den Sprachgebilden sowie das Lernverhalten beobachtet.
Die psychischen Funktionen werden gegliedert in 1. Aufbau des Erlebens: a) Vitale Schicht (Antrieb, Triebe); b) Emotionale Schicht (Affektivität); c) Personal-noetische Schicht (Ich und Denken) und in 2. Wechselbeziehung zwischen Ich – als Zentrum des Erlebens – und Außenwelt: a) Rezeptive Funktionen (in put): Wahrnehmung, Auffassung, Orientierung, Gedächtnis; b) Expressive Funktionen (out-put): trieb-, affekt- und willensbedingte Äußerungen und Handlungen. Die allgemeine Psychiatrie wird somit gegliedert nach den psychischen Bereichen, in denen die Abnormität oder Krankheit in Erscheinung tritt; Störungen im Bereich der Wahrnehmung, des Gedächtnisses, der Orientierung, des Trieblebens, der Affektivität, der Intelligenz, des Denkens, des Ichs und der Persönlichkeit. Als Ursachen formen sowohl die Anlage als auch die Umwelt den seelischen Organismus. Es wird infolgedessen zwischen ererbten und erworbenen (fetal oder frühkindlich) seelischen Störungen unterschieden. Als exogen werden solche Störungen bezeichnet, die durch körperliche Gifte hervorgerufen werden und deren Ursache außerhalb des Seelischen liegt (Vergiftungen, Körper- und Gehirnkrankheiten). Die Untergruppe der symptomatischen Psychosen geht auf Körpererkrankungen zurück, während mit hirnorganisch die direkt das Hirn schädigenden Gifte gemeint sind. Endogen sind auf ererbter Grundlage entstehende seelische Störungen, deren Ursache ungeklärt ist. Als psychogen werden die erlebnisbedingten Störungen gekennzeichnet (seelische Reaktionen und Neurosen). Von reaktiv spricht man, falls ein psychotraumatisches Erlebnis eine direkte, akute und kurzdauernde Reaktion bewirkt. Folglich werden die seelischen Störungen so eingeteilt: Endogene Psychosen (Schizophrenie, manisch-depressive Psychose), Epilepsien, exogene Psychosen, psychogene Reaktionen und Entwicklungen (Neurosen), psychopathische Persönlichkeiten, Oligophrenien. [K. R.]

Lit.: Weitbrecht, H. J.: Psychiatrie im Grundriß, Bonn 1963. Wyrsch u. Mattussek: Psychiatrie der Gegenwart, Band I/2, Berlin 1968. Dörner, K.: Die Hochschulpsychiatrie, Stuttgart 1967. Spoerri, P. H.: Kompendium der Psychiatrie, Bern 1969. Reallexikon der Medizin, München 1966.

Psychiatrische Sozialarbeit, Arbeitsfeld für SA/SP in ambulanten und stationären Einrichtungen der Psychiatrie. Mit der Methode der sozialen Gruppenarbeit und ergänzend sowie beteiligt an Gruppentherapien versteht sich P.S. als psychotherapeutische SA/SP, die darüber hinaus prophylaktisch und rehabilitierend wirksam werden kann. Erforderlich ist eine klare methodische Trennung zwischen Methoden der SA/SP und klinischen Therapien. Die P.A. gehört zum Berufsfeld SA/SP im Krankenhaus (Krankenhaussozialdienst, Sozialarbeit im Krankenhaus, Gesundheitserziehung). [A. S.]

Lit.: Konopka, G.: Soziale Gruppenarbeit, ein helfender Prozeß, Weinheim 1968.

Psychoanalyse, psychologische Theorie über Aufbau und Entwicklung der →Persönlichkeit, über die Genese der →Neurosen und schließlich eine psychotherapeutische Methode. Im Aufbau der Persönlichkeit unterscheidet Freud das Es als Sphäre des Unbewußten, der Wünsche und Triebe, das Ich als Träger des bewußten Erlebens und das Über-Ich als Träger des Ich-Ideals und des →Gewissens. Das Verhältnis dieser drei Strukturteile zueinander wird unter dynamischen, genetischen und ökonomischen Gesichtspunkten beschrieben (Rapaport). Für die Persönlichkeitsentwicklung ist die Triebentwicklung (frühkindliche Sexualität) maßgebend. Dabei kommt der Libido (sexuelle Triebenergie) über ihre Entwicklungsstufen (orale, anale, phallische, genitale Phase) auf der phallischen Phase im Zusammenhang mit dem Ödipuskomplex besondere Bedeutung zu. Die Auseinandersetzung mit dem Ödipuskomplex ist für die Persönlichkeitsentwicklung von entscheidender Bedeutung. Bei Störungen der Triebentwicklung kommt es zu Fixierungen auf bestimmten Entwicklungsstadien, denen Neuroseformen zugeordnet werden, die als Regressionen auf diese Fixierungen aufgefaßt werden können. Die neurotischen Symptome sind Abfuhrmöglichkeiten für die aufgestaute libidinöse Energie. Grundlage der Neurose ist stets ein unbewußter frühkindlicher Konflikt, der im aktuellen Konflikt wiederbelebt wird. Der Konflikt besteht zwischen den Triebwünschen und den Abwehrkräften des Ich. In der psychoanalytischen Behandlung werden auf freien Einfällen (u. a. Traummaterial) des Patienten die krankheitsbildenden Ursachen rekonstruiert und bewußt gemacht. Das Ziel der Therapie ist die bewußte Verarbeitung des Verdrängten. Die P. wird heute in den Sozialwissenschaften angewendet: Pädagogik (Freud 1971), Sozialarbeit (Leber u. Reiser 1972), Sozialpsychologie (Richter 1972) und Familientherapie (Richter 1970). Die eher metaphorisch formulierten Teilmodelle der P. werden gegenwärtig präzisiert (Moser 1974). Die Achillesferse der P. stellt die noch unzureichende Sicherung ihrer weitreichenden Behauptungen dar (Beckmann u. a. 1974). [G. S.]

Lit.: Bally, G.: Einführung in die Psychoanalyse Sigmund Freuds, Reinbek 1961. Beckmann, D., Müller-Braunschweig, H., Plaum, F. G.: Forschung in der Psychoanalyse, in: Schraml, W. J., Baumann, U. (Hg.): Klinische Psychologie II, Bern 1974. Brenner, Ch.: Grundzüge der Psychoanalyse, Frankfurt 1955. Freud, A.: Das Ich und die Abwehrmechanismen, München 1964. Freud, A.: Psychoanalyse für Pädagogen, Bern 1971[5]. Freud, S.: Gesammelte Werke, 18

Bde, Frankfurt 1948 ff. Greenson, R.: Technik und Praxis der Psychoanalyse, Stuttgart 1973. Horney, K.: Neue Wege in der Psychoanalyse, Stuttgart 1951. Leber, A., Reiser, H. (Hg.): Sozialpädagogik, Psychoanalyse und Sozialkritik, Neuwied 1972. Loch, W.: Zur Theorie, Technik und Therapie der Psychoanalyse, Frankfurt 1972. Moser, U.: Modellbildung in der Klinischen Psychologie, in: Schraml, W. J., Baumann, U. (Hg.): Klinische Psychologie II, Bern 1974. Rapaport, D.: Die Struktur der psychoanlytischen Theorie, Stuttgart o. J. Richter, H. H.: Eltern, Kind und Neurose, Reinbek 1969. Richter, H. E.: Patient Familie, Reinbek 1970. Richter, H. E.: Die Gruppe, Reinbek 1972.

Psychodrama, von J. L. Moreno entwickelte spezielle Form der Gruppenpsychotherapie, die der Aktivierung von Individuen mit Hilfe darstellender Spiele (Rollenspiele) in Gruppenprozessen dienen soll. Mit dieser Methode werden Klienten mit verschiedenen Leidenssymptomen behandelt, wie Neurotiker und psychosomatisch Erkrankte. Außerhalb des speziellen therapeutischen Bereichs findet das P. u. a. seine Anwendung bei der Behandlung von Partnerproblemen in Eheberatung, Elternarbeit, Familientherapie. [A. S.]

Lit.: Leutz, G.: Psychodrama, Berlin-Heidelberg-New York 1974. Moreno, J. L.: Gruppenpsychotherapie und Psychodrama, Stuttgart 1959.

Psychodynamik, Anschauungsweise zu I. Intrapersonellen Bewegungsgesetzlichkeiten, Wirkungsweisen und Interdependenzen, ausgehend von den Schichten- und Instanzenlehren einer Persönlichkeitspsychologie; II. Verhältnissen wechselseitiger Veränderungen in Gruppenprozessen, etwa in Arbeits-, Lern- und Spielgruppen, mehr oder weniger abhängig von den sie umgebenden sozialen Institutionen, Organisationen, sozialen Aggregaten. So entsteht eine Eigendynamik, etwa im Sinne aufeinander wirkender »Kraftfelder« mit a) persönlichen Merkmalen der Gruppenmitglieder, ihren Einstellungen, Meinungen, Verhaltensmustern sowie Handlungsperspektiven; b) inhaltlichen, programmatischen Zielsetzungen; c) Einwirkungen des Gruppenleiters, seinen Ziel- und Wertvorstellungen sowie Persönlichkeitszügen, Führungsstilen, Arbeitstechniken; d) der Eigendynamik der Arbeits- und Lerngruppe sowie ihrer Untergruppen; e) den Wirkungen vorausgegangener Phasen des Gruppengeschehens; f) übergreifenden Einwirkungskomplexen im näheren und weiteren sozialen Umfeld der Gruppe.

Die Anschauungsweise einer P. erleichtert Dimensionsanalysen zu komplexen Strukturen von Gruppenprozessen. Sie fördert außerdem die Herausarbeitung situationsspezifischer Variablen und Variablenkomplexe. Sichtweisen von P. heben weitgehend ab auf die Konzeption einer Feldtheorie von K. Lewin. →Gruppendynamik. [A. S.]

Lit.: Lewin, K.: Feldtheorie in den Sozialwissenschaften, Bern 1963. Secord, P. u. Backmann, C.: Social Psychology, New York 1964.

Psychohygiene, von C. W. Beers und A. Meyer angeregte interdisziplinäre Forschung und Praxis auf dem Gebiet der Prävention und →Rehabilitation psychischer Störungen, die im deutschen Sprachraum in den 20er und 30er Jahren von H. Meng gepflegt wurde und in der Mental-Health-Bewegung in den USA neu auflebte. Das von Beers und Meyer schon 1908 aufgestellte Programm hat teilweise noch heute Gültigkeit. Zu seiner Durchführung wurden Beratungsstellen, die interdisziplinär arbeiten, für verschiedene Problemkreise und Personengruppen eingerichtet: Ehe-, Familien- u. Lebens-, Erziehungs-, Drogen- und Suchtberatungsstellen, Sorge für die Erhaltung der geistigen Gesundheit, Verhütung der Geistes- und Nervenkrankheiten und der Defektzustände, Vervollkommnung der Behandlung und Pflege der Geisteskranken, Überwachung der Schwachsinnigen und Epileptiker und ihre Einschaltung ins Berufsleben, Bereitstellung und Verbreitung zuverlässiger Aufklärung über alle einschlägigen Fragen, besonders über die Bedeutung der psychischen Anomalien für die Probleme der Erziehung, des Wirtschaftslebens, der Kriminalität und überhaupt der menschlichen Verhaltensweisen. →Beratung. [E. S.]

Lit.: Brezina, E., Stransky, E. (Hg.): Psychische Hygiene, Wien 1955. Meng, H.: Psychohygienische Vorlesungen, Basel 1960. Pfister-Ammende, M. (Hg.): Die Psychohygiene, Bern 1949. Tramer, M.: Allgemeine Psychohygiene, Basel 1960.

Psychologie, Wissenschaft, welche die Zustände und Vorgänge des Erlebens und Verhaltens in ihren Bedingungen und Wirkungen untersucht (Rohracher 1971). Sie konstituiert sich in Theorien, Fragestellungen und Methoden. Als Fachwissenschaft gliedert sich die P. von den Grundlagen her in: Allgemeine P. (Wahrnehmung, Lernen, Denken, Sprache, Motivation, Gefühle, Handeln), Entwicklungs-P., Persönlichkeits-P., Psychophysiologie, Sozial-P.; von der Anwendung her in: Arbeits- und Betriebs-P., Diagnostik, Forensische P., Klinische P., Markt- und Werbe-P., Medizinische P., Pädagogische P., Pharmako-P., Sport-P., Verkehrs-P., Wehr-P. Zu den Methoden der Datengewinnung in der P. gehören Beobachtung, Experiment, Feldforschung, Interview und Test. Die Methodik der Datenanalyse und Modellbildung umfaßt die Versuchsplanung, Statistik, Testtheorie und Mathematische P. Die Aufgabe der Theorien in der P. ist die Erklärung menschlichen Verhaltens und Erlebens durch Ableitung von Einzelereignissen aus allgemeinen Gesetzmäßigkeiten. Theoretische Ansätze in der P. stellen dar: →Assoziations-P., →Behaviorismus, Dynamische P. (→Psychoanalyse und →Tiefenpsychologie), →Gestalt-P., →Humanistische P., Topologische P. (→Feldtheorie). Daneben haben sich in den Grundlagen- und Anwendungsbereichen der P. zahlreiche Teiltheorien begrenzter Reichweite entwickelt. Eine weitgehende Integration divergierender Theorien der Allgemeinen P. hat Klix (1972) vom Konzept der Informationsverarbeitung her vorgenommen. [G. S.]

Lit.: Klix, F.: Information und Verhalten, Bern 1972. Krech, D., Crutchfield, R. S.: Grundlagen der Psychologie, 2 Bde., Weinheim 1968 u. 1969. Rogge, K. E. (Hg.): Steckbrief der Psychologie, Heidelberg 1974[2]. Rohracher, H.: Einführung in die Psychologie, München 1971[10].

Psychopathologie, abgeleitet aus dem Griechischen (von Psyche = Seele, pathos = Leid, logos = Wort), die Lehre von der Krankheit der Seele, von Störring (1900) begründete, von Freud und Jaspers (1913) weiterentwickelte Wissenschaft von den krankhaften Vorgängen der Seele und dem seelischen Ausdruck der Geisteskrankheiten. In der Psychopathologie wird das abnorme Verhalten bzw. die abnorme Persönlichkeit untersucht. Sie erstrebt allgemeine Begriffe und Regeln.

Ende des 18. Jahrhunderts wurden die Geisteskrankheiten erstmals wissenschaftlich untersucht von Esquirol, Charcot, Bernheim und anderen. Janet unterschied (1895–1947) die zwei Haupttypen der Psychasthenie und Hysterie. Kraepelin (1856–1926) beobachtete die Tendenz bestimmter Symptome, gemeinsam aufzutreten. Er beschrieb eingehend die Dementia praecox, die später von E. Bleuler Schizophrenie genannt wurde, und das manisch-depressive Irresein. Mit diesem Beitrag war ein wesentlicher Schritt auf dem Weg zur Psychopathologie getan. K. Schneider beschrieb Charakteranomalien, außerdem wurden Untersuchungen an Kriminellen durchgeführt. In neuester Zeit werden mathematisch-statistische Methoden zu Hilfe genommen. Definitionen und Beschreibungen in der Psychopathologie sind stark abhängig von der theoretischen Position des Forschers und, wie Karl Jaspers betont, »von der Spannweite der Wirklichkeiten«. Nach Jaspers verfolgt der Psychopathologe seelische Vorgänge bis an die Grenzen des Bewußtseins, kann aber an diesen Grenzen keine unmittelbar zugeordneten körperlichen Vorgänge finden. Oft erweisen sich Hirnkrankheiten als Ursache, aber es lassen sich keine bestimmten Phänomene einer Krankheit zuordnen. Zur Erforschung psychopathologischer Vorgänge gibt es verschiedene wissenschaftliche Ansätze.

1. *Biologische Ansätze:* Familien- und Zwillingsforschung bei Psychosen, Neurosen und Soziopathien. Kretschmer untersuchte aus konstitutions-psychologischer Sicht Körperbautypen, die mit psychotischen Störungen korrelieren. 2. *Experimentelle Ansätze:* Studien über Aggression, Fixierung und schlecht angepaßte Verhaltensweisen bei Tieren. Frühe Erfahrungen der Mutter-Kind Beziehungen wurden ebenfalls an Tieren untersucht. Daraus wurden Labortechniken für psychiatrische Patienten entwickelt und finden in der Klinik Verwendung,

etwa bei Verhaltenstherapien, zur Untersuchung von Drogeneinflüssen, bei neurologischen, neurophysiologischen Untersuchungen (EEG) sowie biochemischen Studien. 3. *Psychodynamische Ansätze:* Die Theorien von Freud, Jung und Adler haben hier großen Einfluß und sind besonders für die Kinderpsychiatrie wichtig. Es werden Lern- und andere Theorien mit psychodynamischen Konzepten zusammengefaßt. 4. *Ontologische Ansätze:* Jaspers entwickelte in diesem Zusammenhang die verstehende Methode. Er sieht den Patienten im Zusammenhang mit seiner subjektiven Welt und ihre Bedeutung. Hierher gehört Logotherapie, Yoga, Gestalttheorie.

Die Psychopathologie bedient sich dementsprechend folgender Methoden zur Erfassung der Phänomene und ihrer Zuordnung: 1. *Technische Methoden:* a) Kasuistik: Genaue Fallbetrachtung durch Eigen- und Fremdschilderung des Patienten, behördliche Akten. Zur Beurteilung gelten hier einzelne Fälle als Erfahrungsgrundlagen. b) Statistik: Heranziehen statistischer Methoden. Anwendung in der Kriminalstatistik bei Selbstmorden, in der Vererbungsforschung, Charakterologie. In der speziellen Psychiatrie bei der Dauer der Erkrankung, dem Alter des Ausbruchs der Erkrankung usw. c) Experimente: Diese werden vom psychologisch geschulten Psychopathologen ausgeführt und bewertet. Hierzu dienen technische Untersuchungsmethoden, wie Intelligenztests, Persönlichkeitstests, Scenotest, TAT (Thematic Apperception Test), Wunschtest, u. a. als Hilfsmittel.

Die technischen Methoden werden durch Beschreiben bestimmter Erscheinungen (Phänomenologie), Erforschung der Zusammenhänge und durch die Suche nach dem Ganzen vom Psychopathologen zu einer Einheit zusammengefügt.

Schließlich ist der Psychopathologe abhängig von anderen Wissenschaften, wie Medizin, Geisteswissenschaften, Biologie, Morphologie, Statistik und Mathematik, da ein Wissen auf diesen Gebieten die Forschung und Behandlung erst möglich macht (Jaspers). Heute werden, hervorgehend aus den Erkenntnissen der vergangenen Jahre von der American Psychiatric Association zwei Erkrankungsklassen unterschieden:

1. Störungen im Zusammenhang mit Hirnläsionen;
2. Psychogene oder nicht hirnphysiologisch erklärbare Störungen.

Letztere schließen ein psychotische Störungen, psychophysiologische Störungen und solche des autonomen sowie des viszeralen Nervensystems, psychoneurotische Störungen, Persönlichkeitsveränderungen. Fachausdrücke sind hier Psychose, Psychoneurose, Geisteskrankheit, Psychopathie, Sucht. [K. R.]

Lit.: Jaspers, K.: Allgemeine Psychopathologie, Berlin 1965. Kranz, H.: Psychopathologie heute, Stuttgart 1962. Schneider, K.: Klinische Psychopathologie,

Stuttgart 1966. Weitbrecht, H.-J.: Psychiatrie im Grundriß, Bonn 1963. Wyrsch u. Mattussek: Psychiatrie der Gegenwart, Band 1/2, Berlin 1963.

Psychose, Begriff für krankhafte Zustände, in denen die Beeinträchtigung der psychischen Funktionen ein solches Ausmaß erlangt hat, daß dadurch die Einsicht und die Fähigkeit, einigen der üblichen Lebensanforderungen zu entsprechen, oder der Realitätsbezug erheblich gestört sind (Degkwitz u. a. 1974). Zu den P. zählen: Demenzzustände bei Hirnerkrankungen, Alkohol-P., P. bei intrakraniellen Infektionen, bei organischen Hirnstörungen und bei körperlichen Störungen, Schizophrenie, affektive P., und das paranoide Syndrom. [G. S.]

Lit.: Degkwitz, R., Helmchen, H., Kockott, G., Mombour, W.: Diagnoseschlüssel und Glossar psychiatrischer Krankheiten, Berlin 1975. Schulte, W., Tölle, R.: Psychiatrie, Berlin 1973[2].

Psychosoziale Selbsthilfegruppen. Selbsthilfearbeit dient der Mobilisierung von Klienten der SA/SP bei auftretenden psychischen, sozialen und psychosozialen Notständen. Nach dem Organisationsprinzip der Anonymen Alkoholiker (AA) haben sich weitere Gruppen von Hilfsbedürftigen in westlichen Industrieländern als psychosoziale Selbsthilfegruppen etabliert, wie u. a.: 1. Emotional Anonym (EA), eine Vereinigung von Erwachsenen mit psychischen Störungen (Depressionen). 2. Frauen- und Männergruppen. 3. Arbeits- und Wohnkommunen. Angestrebt werden soziale Beziehungen von Gleichen zu Gleichen. Zu den psychosozialen Selbsthilfegruppen werden auch die Telefon-, Brief- und Besuchsketten für Behinderte und alte Menschen gezählt. SA/SP entwikkeln für diese Arbeitsfelder aus der Methode der sozialen Gruppenarbeit klientengerechte und bedürfnisorientierte spezielle Methoden und Techniken der Gruppenberatung. [A. S.]

Lit.: Moeller, M. L., Selbsthilfegruppe, Reinbek b. Hamburg 1978.

Psychosoziale Versorgungsdienste. Zur Versorgung (Nahrung, Pflege, medizinische Behandlung, Beratung) von Kranken, Behinderten und alten Menschen arbeiten ehrenamtliche und hauptamtliche Mitarbeiter der SA/SP in psychosozialen Versorgungsdiensten (PVD), auch psychosoziale Dienste genannt.

Im Umfeld psychosomatischer, psychotherapeutischer, psychiatrischer und rehabilitativer Einrichtungen finden sich Organisationsformen wie: 1. Ambulante Dienste an Krankenhauseinrichtungen und Pflegestationen für Behinderte. 2. Mobile PVD im Wohnbereich von psychisch Kranken, Behinderten und alten Menschen. 3. Halbstationäre PVD in Tages- und Nachtkliniken. 4. Stationäre Dienste in Krankenhäusern und Rehabilitationszentren. 5. Stationär begleitende PVD in Wohngruppen, Übergangsheimen, Wohnheimen für besondere Patienten und Klientengruppen. 6. Spezielle Dienste für Behinderte. Vorrangiges Ziel der PVD besteht darin, den Patienten/Klienten so weit und so lange wie möglich in seiner natürlichen sozialen Umgebung zu belassen oder ihn in die Lage zu versetzen, sich in seine ursprüngliche Lebensumwelt zu integrieren. Vermeidung von Hospitalismus, psychische und/oder soziale Isolation mit Folgen von →Stigmatisierung →Depravation →Deprivation. [A. S.]

Psychotherapeutische Modelle. Psychotherapie umfaßt im weitesten Sinne alle therapeutischen Aktivitäten, die vorwiegend auf innerpsychische Störungen und deren Beseitigung, aber auch auf Verhalten und dessen Änderung gerichtet sind. Der Versuch einer Einteilung der psychotherapeutischen Modelle und Ansätze heute ist, wenn man sie nicht einfach aufzählen und den Schulen zuordnen will, schwierig, denn in der Praxis der Psychotherapie werden in der Regel Mischformen unterschiedlicher Herkunft angewandt. Ein möglicher Versuch soll hier unternommen werden, und zwar eine Einteilung unter verschiedenen Kategorien, wobei dann allerdings einige Vertreter unter verschiedenen Gruppen mehrmals auftauchen können.

Aus der Psychoanalyse von Sigmund Freud haben sich im Laufe dieses Jahrhunderts eine große Zahl von Schulen und Richtungen entwickelt, die auch unterschiedliche Ansätze und Modelle der Psychotherapie vertreten. Es sind zwei große Gruppen mit jeweils zwei Untergruppen zu unterscheiden: die orthodoxen, klassischen »treuen« Nachfolger einerseits und die sogenannten freien Analytiker andererseits. Die orthodoxen Analytiker lassen sich unterteilen in diejenigen, die die Libido- und Es-Theorie Freuds weiterentwickelten und an ihr festhielten, und in diejenigen, die ihre Theorie mehr aus der Charakter- und Ich-Lehre Freuds entnahmen und diese fortführten.

Die freien Analytiker sind einerseits die Anhänger der Neo-Psychoanalyse andererseits solche, die mehr philosophisch-geisteswissenschaftlich ausgerichtet sind. Es sollen an dieser Stelle nur einige Vertreter der verschiedenen Richtungen genannt werden. Viele Analytiker sind nicht eindeutig zuordnungsbar oder vertreten Theorien, in denen Gedankengut verschiedener Richtungen zusammenkommt. Die Liste soll daher nur weiterführende Hinweise vermitteln: Libido-Es-Theoretiker: Abraham, Ferenczi, Londoner Gruppe um Anna Freud und Melanie Klein; Charakter-Ich-Theoretiker: Hartmann, Federn, Alexander, Spitz, Erikson, hauptsächlich die amerikanische Gruppe; Neo-Psychoanalyse: Horney, Fromm, Schultz-Henke, Sullivan; Philosophisch-geisteswiss. Analytiker: Jung, Binswanger, Frankl, Maslow, Matussek, von Weizsäcker, Görres.

Eine andere Basis der Psychotherapie stellt die Lernpsychologie und die Verhaltenstheorie von Watson dar. Die Lernpsychologie wurde insbesondere in Amerika von Thorndike, Hull, Skinner u. a. entwickelt. Sie beschränkt sich auf das äußerlich beobachtbare Verhalten und hat eine Reihe von Techniken entwickelt, auffälliges Verhalten zu verändern. Verhaltenstherapie und Analytische Therapie standen lange Zeit im Gegensatz zueinander. Es hat sich jedoch gezeigt, daß sie in der Praxis durchaus zusammen angewandt werden können und sich sogar gut ergänzen. Vertreter dieser Therapieform sind Eysenck, Wolpe, Blöschl und für die Anwendung bei Kinder, Kuhlen. Es wird nun versucht, eine Einteilung nach den Kategorien individuumsbezogene Therapie gegen gruppenbezogene Therapie vorzunehmen. Bei dem Modell der individuumsbezogenen Therapie wird davon ausgegangen, daß das Einzelindividuum erkrankt ist und es allein der Therapie bedarf. Dabei wird nicht ausgeschlossen, daß die Umwelt an der Entstehung der Störung beteiligt ist, aber dieser Faktor wird vernachlässigt. Diese Vorstellung korrespondiert mit einem Menschenbild, das nach Freuds Vorbild naturwissenschaftlich ausgerichtet ist und daher auch meist von Ärzten vertreten wird. Vertreter dieser Richtung sind u. a. Analytiker der klassischen Psychoanalyse wie Mitscherlich, Wiesenhütter, Affemann und Wyss. Hinzu kommen Vertreter anderer Richtungen wie Frankl (Logotherapie), Glasser (Realitätstherapie), Rogers (Gesprächspsychotherapie), Winnicott (Spieltherapie), Berne (Transaktionsanalyse) und die Verhaltenstherapeuten sowie Vertreter der komplexen Psychologie Jungs und die Psychosomatiker.

Diesen Therapeuten steht eine andere Gruppe gegenüber, die von der Erkenntnis ausgeht, daß die individuelle Krankheit ein Symptom für die Krankheit eines sozialen Systems, in dem der Patient lebt, ist. Anregungen zu dieser Auffassung sind insbesondere aus der Systemtheorie (Rosnay) und aus der Kommunikationstheorie von Bateson und Jackson (u. a.) gekommen, ebenso aus der modernen Schizophrenietheorie von Lidz, Laing u. a. Sie hat erkannt, daß die Familie des sogenannten »identifizierten Patienten« für das therapeutische Handeln entscheidend ist. Außerdem hat die Feldtheorie Lewins und die daraus entwickelte Gruppendynamik zu einer Überwindung der Einzeltherapie zugunsten der Gruppentherapie beigetragen. Vertreter der Gruppentherapie sind und stehen jeweils auch für Gruppen: Moreno (Psychodrama), Laing, Redl (Milieu- und Sozialtherapie), Watzlawick, Wynne, (Kommunikationstherapie), Bion, Slavson, Rattner (Gruppentherapie), Axline, Ginott, Zulliger (Spieltherapie) und die Gruppendynamiker. Eine andere mögliche Kategorisierung ist die Zusammenfassung von Therapeuten, die einer umschriebenen Richtung der Psychologie angehören. Dies ist

bei der humanistischen Psychologie der Fall. Sie hat ein ganzheitliches Menschenbild und sieht sowohl das Individuum als auch das soziale System unter dem Aspekt des Wachstums. Ausgehend von Maslows »Psychologie des Seins«, in der er die theoretischen Grundlagen erarbeitet hat, wird Therapie in diesem Konzept vorwiegend als Hilfe zur Selbstverwirklichung in Kreativität und Selbstentfaltung und zur Kompensation von Entwicklungsrückständen verstanden. Viele Gruppendynamiker sind hier zu nennen, wie etwa Sbandi, Slater, Battegay, u. a. Außerdem gehören zu diesem Kreis Perls (Gestalttherapie), Rogers (Encounterbewegung), Cohn (Themenzentrierte Interaktion), Bach (Streittraining). Es sind hier auch meditative Methoden zu nennen, die das Ziel haben, den Menschen zu einer integrierten Persönlichkeit und zur Selbstverwirklichung zu führen, etwa Dürckheim (Initiatische Therapie) oder Stähelin (Psychosomatische Basistherapie).
Das führt zu einer weiteren möglichen Zusammenfassung, nämlich unter der Kategorie »Körper- und Bewegungstherapien«. Die Gruppe dieser Therapeuten erhält in letzter Zeit immer mehr an Bedeutung und Methoden dieser Art werden von Therapeuten verschiedenster Richtungen mit in ihr therapeutisches Handeln einbezogen. Die Einbeziehung des Körpers in das therapeutische Geschehen ist nicht neu. Es entspricht uralten Praktiken von Schamanen und Medizinmännern und hat auch in der Psychoanalyse von Anfang an eine Rolle gespielt, etwa in Freuds »Studien zur Hysterie« und später in der Praxis von Reich und Groddek. Heute spielt dieser Gesichtspunkt eine große Rolle in der Psychosomatik, aber auch in einer Reihe von therapeutischen Modellen außerhalb der Medizin. Petzold gibt einen guten Überblick über die vorhandenen Theorien und Praktiken, neuerdings auch Grunert. Hier ist auch eine Verbindung zur humanistischen Psychologie zu sehen, die auch die Therapie des ganzen Menschen unter Einbeziehung des Körpers vertritt.
Vertreter der Körper- und Bewegungstherapie sind u. a.: Lowen (Bioenergetik), I. H. Schultz (Autogenes Training), Gerda Alexander (Eutonie), Elsa Gindler (Konzentrative Bewegungstherapie) und Downing (Körperpsychotherapie) sowie Petzold (Integrative Bewegungstherapie).
Über die Kategorisierung hinaus ist allen Psychotherapeuten gemeinsam, daß sie sich mit Interaktionen zwischen Menschen befassen, seien es nun nur zwei oder mehrere. Dieser Charakter der Psychotherapie als Interaktion oder »als soziales Handeln in einer intensiven Beziehung«, wie Schmidbauer es nennt, läßt sie weder meßbar noch wägbar mit den gängigen wissenschaftlichen Methoden sein. Darin liegen auch die Schwierigkeiten der Einteilung begründet. [J. B.]

Lit.: Bach/Molter: Psychoboom, Köln 1976; Grunert J.: Körperbild und Selbstverständnis, München 1978; Petzold, H.: Psychotherapie und Körperdynamik, Paderborn 1974; Schmidbauer, W.: Psychotherapie, München 1971; Wyss, D.: Die tiefenpsychologischen Schulen, Göttingen 1972.

Pubertät ist ein Entwicklungsabschnitt zwischen Präpubertät (Alter: 8–11 Jahre/bei Knaben: Vergrößerung der Geschlechtsdrüsen/bei Mädchen: erste Mamma [Brust]-Entwicklung) und Adoleszenz (nach Sporri im Alter zwischen 17–19 Jahren: psychische Stabilisierung und größere Aufgeschlossenheit gegenüber der Umwelt), der einen Zeitraum von 3–5 Jahren umfaßt und im biologisch-somatischen Bereich durch das Auftreten der sekundären Geschlechtsmerkmale (lat. pubescere = behaart werden) und die Fähigkeit zur Empfängnis und Zeugung („Reproduktion") definiert ist. In Abgrenzung von älteren Phasen- oder Stufenlehren (Kroh) neigt man in der neueren entwicklungspsychologischen Forschung dazu, wegen der großen zeitlichen Variabilität und Komplexität der Entwicklung den Zeitraum von der Geburt bis zum Erwachsenenalter als Adoleszenz (= Zeit des Heranwachsens) zu bezeichnen und sonst keine weiteren Entwicklungsabschnitte zu unterscheiden.

Trotz der nicht zu übersehenden Gefahren einer strengen Lebensaltersgebundenheit der Entwicklung bleibt der Zeitraum der Pubertät mit seinen klar definierbaren Reifungsprozessen und seinen – teilweise kausal damit verknüpften – psychischen und sozialen Auffälligkeiten ein deutlich umgrenzbarer Entwicklungsabschnitt mit eigener Ausprägung, was die spezifische Ausgestaltung der erzieherischen Begleitung durch die Erwachsenen notwendig macht.

Besondere Aufmerksamkeit im biologisch-somatischen Bereich ist in der Pubertät auf den überproportionalen Anstieg des Körpergewichts, auf den puberalen Wachstumsschub (Gestaltwandel) sowie – im säkularen Trend – auf das progressiv verfrühte Menarche-Alter und die →Akzeleration zu richten. Krankhafte Fehlentwicklungen zeigen sich in den verschiedenen Formen der Pubertätsfettsucht, der pathologischen Frühreife (Pubertas praecox), der Entwicklungsverzögerung (Pubertas tarda) und der immer häufiger zu beobachtenden Pubertätsmagersucht (Anorexia nervosa).

Auf der intellektuellen Ebene kommt es während der Pubertätszeit zur Herausbildung formal-abstrakter Denkleistungen unter entsprechender Veränderung bzw. Erweiterung des Wortschatzes. Es entwickelt sich ein Verständnis für Symbole und Begriffe (etwa Ehrlichkeit, Gerechtigkeit). Eng verknüpft damit ist die für diese Altersstufe typische Bildung von Werten und Einstellungen (etwa Todesstrafe, Ehe, Wehrdienst usw.). Daneben prägt sich die individuelle Persönlichkeit durch Orientierung an persönlichen Vor- und Leitbildern aus. Literarisch vermittelte Vor-

und Leitbilder scheinen allerdings an Bedeutung zu verlieren. Verläuft die Persönlichkeitsentwicklung krisenhaft, d. h. gelingt die Suche nach Identität in diesem Bezugsfeld nicht (Sinnkrise), zeigt sich die Symptomatik der Pubertätsdepression (Pubertätskrise), die von Gefühlen der Einsamkeit bis hin zu teilweise realisierten Selbstmordgedanken begleitet ist. Letzteres ist erst möglich durch das Entdecken der zeitlichen Dimension in dieser Altersstufe (Woher komm ich? Wohin geh ich?). Vergangenheit und Zukunftsorientierung werden wichtig und – damit einhergehend – Fragen nach Tod und eigener Sterblichkeit.
Krisenhafte Zuspitzungen dieser Altersstufe resultieren vor allem aber auch aus sozialpsychologischen Bezügen. Der Jugendliche während der Pubertät orientiert sich nicht nur nach innen (Wertbildung), sondern sucht vor allem auch emotionale Bindungen in Freundschaften, zunehmend mit dem andern Geschlecht. Daneben wird die Gruppe der Gleichaltrigen (peer group) wichtig, die dem Jugendlichen Rang und →sozialen Status vermittelt. Gleichzeitig beginnt die Loslösung von der Familien-Gruppe, soweit diese nicht partnerschaftlich organisiert ist. Das Vorbild Eltern existiert nicht mehr auf der Grundlage eines festen Rollensystems in der Familie, sondern nur noch als emotionale Bindung auf parterschaftlicher Basis. Deshalb ist die Ausbildung eines alle Beteiligten in gleicher Weise bindendes Regelsystem innerhalb der Familie (Schule, Jugendheim usw.) in dieser Altersstufe besonders wichtig.
Wegen der vielen Schlüsselerlebnisse kommt der Entwicklungsphase der Pubertät eine zentrale Bedeutung zu. Fehlt es in dieser Zeit an differenzierter erzieherischer Begleitung, können echte Gefährdungen in dieser Altersstufe ihren Anfang nehmen (Jugendalkoholismus, Drogen, Jugendsekten, →Jugendkriminalität und Selbstmordversuche). [R. H.]

Lit.: Heidemann, R.: Erziehung in der Zeit der Pubertät, Heidelberg 1979. Nickel, H.: Entwicklungspsychologie des Kindes- und Jugendalters, 2 Bde., Bern 1975^3 (Bd. 1) und 1976^2 (Bd. 2). Baacke, D.: Die 13- bis 18jährigen, München 1976

Randgruppe, Gruppe, Aggregat oder Kategorie von Personen, die nicht bzw. gering in die Gesellschaft integriert sind (etwa Obdachlose, geistig oder körperlich Behinderte, Kriminelle, Gastarbeiter, alte Menschen). Mangelnde Integration drückt sich dabei aus in dem weitgehenden Ausschluß aus den als normal definierten Lebensvollzügen des Alltags und aus Interaktionsbeziehungen mit als vollwertig anerkannten Gesellschaftsmitgliedern, oft auch in einer Tendenz der übrigen Gesellschaftsmitglieder, Randgruppen zu stigmatisieren. Ursache der Randständigkeit (Marginalität) von Randgruppen ist abweichendes Verhalten, sonstige nicht normgemäße Merkmale (wie im Äußeren: Entstellungen; in der Herkunft: Jude) oder auch nur die Zuschreibung solchen

Verhaltens oder solcher Merkmale, sowie die Zuschreibung eines geringen sozialen Status. →Stigmatisierung →Diskriminierung →Vorurteil →Abweichendes Verhalten →Subkultur. [H. B.]

Lit.: Blalock, H.: Toward a Theory of Minority Group Relations, New York 1967. Fürstenberg, F.: Randgruppen in der modernen Gesellschaft, in: Soziale Welt, 16, 1965.

Recht. 1. R. im objektiven Sinn: die Gesamtheit der Vorschriften, die in bindender Weise das Gemeinschaftsleben regeln (Rechtsnormen); im subjektiven Sinn: die sich daraus im Einzelfall für eine Person ergebende Berechtigung. Von Brauch und Sitte unterscheidet sich das R. vor allem dadurch, daß es – heute im wesentlichen allein in der Gestalt von Gesetzesrecht – in einem verfassungsrechtlich geordneten Verfahren erzeugt und mit bestimmten normativen Wirkungen ausgestattet wird. Im deutschen R. unterscheidet man dabei zwischen öffentlichem R. (→Verwaltungsgerichtsbarkeit) und Privatrecht oder →Bürgerlichem Recht, ferner zwischen materiellem R., das Entstehung, Veränderung oder Untergang von Rechten regelt, und formellem R., welches das Verfahren zur Durchsetzung des materiellen R. zum Inhalt hat (→Arbeitsgerichtsbarkeit, →Rechtsstaat, →Sozialgerichtsbarkeit, →Verwaltungsgerichtsbarkeit, →Zivilgerichtsbarkeit).

2. Die Frage, in welchem Verhältnis das R. zur Sittlichkeit (Moral) und insb. zur Idee der Gerechtigkeit steht, ist letztlich die Frage nach dem Legitimitätsgrund des R. Die Antwort ist einfach für den Rechtspositivismus: Das Recht leitet seine Geltung allein aus dem Willen des Souveräns her, in der →Demokratie aus dem Willen des Parlaments als des Repräsentanten des Volkes; das Recht gilt, ohne daß es auf seinen Gerechtigkeitsgehalt hinterfragt werden darf. Demgegenüber sind die Anhänger eines Naturrechts der Auffassung, es gebe eine Art »Über-Recht«, das als vorstaatliches ideales Recht dem positiven Recht gegenüberstehe und an dem dieses gemessen werden müsse. Seine Grundlagen hat dieses Konzept in antiken und christlich-mittelalterlichen (scholastischen) Vorstellungen (→Sozialethik); einen Höhepunkt erlebte das naturrechtliche Denken in der Gestalt des »Vernunftrechts« des 17./18. Jh., durch welches die aufsteigende bürgerliche Gesellschaft (→BGB, →Rechtsstaat) ihre Legitimitätsvorstellungen gegenüber den feudalen und absolutistischen Herrschaftsformen ausdrückte und schließlich auch durchgesetzt hat.

3. Das →GG versucht den Konflikt zwischen Recht und Gerechtigkeit dadurch zu überwinden, daß es die staatliche Gewalt an die unveräußerlichen →Grundrechte bindet und dem Staat mit der Formel des sozialen →Rechtsstaats die Aufgabe stellt, soziale Gerechtigkeit herbeizuführen (→Sozialstaat). Das R. insgesamt ist ein wesentliches (politi-

sches) Instrument zur Durchsetzung dieses Zieles, insb. im Bereich der Wirtschaft (→Arbeitsrecht) und des Bildungswesens (→AFG, →Berufsbildung, →BBiG). [U. W.]

Text: Kölble, J. (Hg.): Das deutsche Bundesrecht. Systematische Sammlung der Gesetze und Verordnungen mit Erläuterungen (1976 etwa 30 Ordner), Baden-Baden. Kühnel, R./Randzio (Hg.): Recht der sozialen Arbeit (Sammlung wichtiger Gesetzestexte), Weinheim/Basel 1979. Schlegelberger/Friedrich: Das Recht der Gegenwart. Ein Führer durch das in der BRD und im Land Berlin geltende Recht. Loseblattausgabe, München 1978[9].

Lit.: Baur, F.: Einführung in das Recht der BRD (Grundrisse des Rechts), München 1978[2]. Creifelds, C. (Hg.): Rechtswörterbuch, München 1978[5]. Deimling, G.: Recht und Moral. Gedanken zur Rechtserziehung, Neuwied 1972. Fieseler, G.: Rechtsgrundlagen sozialer Arbeit, Stuttgart 1977. Friedrich, W. J.: Allgemeine Rechtskunde (dtv 5206), München 1976[2]. Gastinger, S.: Funktion des Rechts in Sozialarbeit/Sozialpädagogik (FHS-Skript), Stuttgart 1974. Haase, R./Keller: Grundlagen und Grundformen des Rechts. Eine Einführung, Stuttgart 1976[3]. Heckel, H.: Grundinformation Recht. Funktion – Wirklichkeit – Gesellschaftspolitische Zusammenhänge, Opladen 1974. Keller, W./Schreiber: Rechtsgeschäfte des täglichen Lebens (Beck-Rechtslexika), München 1974[3]. Köbler, G.: Juristisches Wörterbuch für Studium und Ausbildung, München 1979. Model/Creifelds: Staatsbürger-Taschenbuch. Alles Wissenwerte über Staat, Verwaltung, Recht und Wirtschaft m. zahlr. Schaubildern, München 1978[17]. Schnitzerling, M.: Rechtskunde 1–3, 3./4. Aufl. 1976/77. Weber-Fas, R. (Hg.): Jurisprudenz. Die Rechtsdisziplinen in Einzeldarstellungen, Stuttgart 1978. Wiethölter, R.: Rechtswissenschaft (Fischer Bücherei 920. Funk-Kolleg 4), Frankfurt/M. 1968.

Rechtshilfe für Sozialschwache. Für die wirtschaftlich und sozial schwachen Bevölkerungsschichten stellt sich die Frage, wie sie das ihnen (wie allen Bürgern gleichermaßen) zustehende →Recht auch tatsächlich verwirklichen können (→Sozialstaat), in zweifacher Hinsicht: (1) Sie müssen über ihre Rechte durch Rechtsberatung informiert werden, (2) sie müssen finanziell imstande sein, ggfls. einen Prozeß durchführen zu können (Verfahrenshilfe, bisher immer noch »Armenrecht« genannt). Zu 1: Das Problem der außergerichtlichen Rechtsberatung von Sozialschwachen wird in Deutschland erst seit einigen Jahren diskutiert. Schon immer haben zwar private Verbände, z. B. solche der →Freien Wohlfahrtspflege oder die Gewerkschaften (→Arbeitsrecht), derartige Aufgaben übernommen; überdies haben Behörden im Rahmen ihrer Zuständigkeiten Auskunft und auch Beratung zu geben (so neuerdings die Sozialbehörden und die sozialen Leistungsträger nach §§ 14, 15 →SGB). Diese Art der Beratung ist aber immer begrenzt durch das jeweilige Tätigkeitsfeld des Ratgebenden. Es ist bekannt, daß es den Sozialschwachen in der Regel an Rechtskenntnissen überhaupt fehlt, und daß sie – schon allein wegen der Kosten, überdies aber insbesondere wegen der »Schwellenangst« vor dem Rechtsapparat – oft nicht den Weg zu einer Behörde, geschweige denn zu einem Rechtsanwalt finden. Das Ziel muß es daher sein, ihnen (kostenlose) Rechtsberatung in allen sie betreffenden Fragen zu geben. Für diese oder die nächste Legislaturperiode ist die Verabschiedung eines Rechtshilfe-Gesetzes geplant. Danach soll für Sozialschwache die Möglichkeit bestehen, sich kostenlos durch einen Rechtsanwalt beraten und vertreten zu lassen. Zu 2: Gerichtsprozesse sind, auch wenn es um kleinere Streitwerte geht, teuer; Ausnahmen bestehen nur in der →Arbeitsgerichtsbarkeit und in der →Sozialgerichtsbarkeit. Gem. § 114 ZPO (→Zivilgerichtsbarkeit) ist zwar einer Partei das Armenrecht zu gewähren, wenn sie außerstande ist, ohne Beeinträchtigung des für sie und ihre Familie notwendigen Unterhalts die Kosten des Prozesses zu bestreiten. Doch hat sich diese überkommene Regelung des Armenrechts als unzulänglich erwiesen. Denn die arme Partei erhält zwar eine einstweilige (!) Befreiung von den Gerichtskosten und ggfls. einen Rechtsanwalt beigeordnet, hat aber im Falle des Verlustes des Prozesses dem obsiegenden Gegner sämtliche Kosten zu zahlen. Ein solches Kostenrecht wird für Sozialschwache oft eine Barriere sein, sich zu einem Prozeß zu entschließen. Die Bundesregierung hat 1979 den Entwurf eines Prozeßkostenhilfegesetzes vorgelegt. Durch dieses Gesetz soll der Begriff des Armenrechts abgeschafft und durch Prozeßkostenhilfe ersetzt werden. Bürger unter einer bestimmten Einkommensgrenze sollen danach nichts mehr für den Prozeß zahlen, andere einkommensschwache Bürger sollen die Möglichkeit der Ratenzahlung erhalten; die Wahl des Rechtsanwalts soll frei sein. [U. W.]

Lit.: Baumgärtel, G.: Freier Zugang für alle – ein Grundproblem des Rechtsschutzes, Köln 1976. Bergerfurth, B.: Das Armenrecht, München 1971. Rasehorn, Th. (Hg.): Rechtsberatung als Lebenshilfe, Neuwied 1979. Röper, E.: Rechtsschutz für sozial Schwache, Köln 1976. Schoreit, A.: Rechtsberatung unentgeltlich, Karlsruhe 1976². Wassermann, R.: Justiz im sozialen Rechtsstaat, Neuwied 1974. Grunsky u. Trocker: Zwei Gutachten zum 51. Deutschen Juristentag in Stuttgart 1976, Bd. I, Abt. Rechtspflege und Kostenlast, München 1976.

Rechtsstaat, ebenso wie →Demokratie und →Sozialstaat ein elementarer Verfassungsgrundsatz des →Grundgesetzes (GG). 1. Der Begriff geht zurück auf das Verständnis des bürgerlichen Verfassungsstaates des 18./19. Jh. Im Kampf des liberalen Bürgertums gegen den obrigkeitlichen Fürstenstaat ging es vor allem um die Eingrenzung staatlicher Macht und die Sicherung einer staatsfreien Individualsphäre (→BGB, →Grundrechte). Unter diesem Gesichtspunkt gehören zum Prinzip des R. u. a.: die Gewaltentrennung (Aufteilung der staatlichen Macht in die Funktionsbereiche Gesetzgebung, vollziehende Gewalt und Rechtsprechung, Art. 20 Abs. 2, →Demokratie, →Verwaltungsgerichtsbarkeit); Gewähr von →Grundrechten, insb. auch die Rechts-

gleichheit der Bürger, Bindung des Gesetzgebers an die Verfassung sowie der vollziehenden Gewalt und der Justiz an Verfassung und formelle (d. h. verfassungsmäßig zustandegekommene, →Demokratie) Gesetze; Meßbarkeit und Vorausberechenbarkeit staatlichen Handelns (Rechtssicherheit); Rechtsschutz durch unabhängige Richter (→Arbeitsgerichtsbarkeit, →Sozialgerichtsbarkeit, →Strafrecht, →Verwaltungsgerichtsbarkeit, →Zivilgerichtsbarkeit). Eine besondere Rolle kommt in diesem Zusammenhang dem Bundesverfassungsgericht als »Hüter der Verfassung« zu. Dieses kann nicht nur von jedermann, der sich in seinen Grundrechten durch die öffentliche Gewalt verletzt sieht, mittels der »Verfassungsbeschwerde« angerufen werden. Es entscheidet darüber hinaus auch bei verfassungsrechtlichen Streitigkeiten zwischen Organen des Bundes und/oder der Länder; zudem kann es sogar (im Wege des »Normenkontrollverfahrens«) Gesetze einer verfassungsmäßigen Überprüfung unterziehen. Diese weitgehende Kompetenz ist nicht unproblematisch, weil die Grenzen zwischen Politik und Recht fließend sind und damit die Gefahr besteht, daß das Gericht unter dem Etikett »Rechtsprechung« den politischen Handlungsraum des Parlaments nach seinen eigenen, nicht kontrollierbaren Maßstäben allzu sehr einengt. 2. Das GG versteht jedoch den Begriff des R. nicht nur in dem formellen, aus dem früheren Verfassungsverständnis überkommenen Sinn als bloßen »Gesetzesstaat«. Vielmehr spricht man heute allgemein nur dort von einem R., in dem es um die Verwirklichung der materiellen Gerechtigkeit geht. Wenn auch die konkrete Inhaltsbestimmung nicht eindeutig ist, so kann man doch als eines der wesentlichen Ziele ansehen, daß der Staat jedem Bürger die gleichen Chancen möglichst frei von fremden Abhängigkeiten, insb. auch von gesellschaftlichen Mächten, zu gewährleisten hat (→BBiG). Im GG kommt dies besonders durch die innige Verbindung des R. mit den Prinzipien →Demokratie und →Sozialstaat in der Formel vom demokratischen und sozialen R. (→Grundrechte) zum Ausdruck (Art. 20, 28). [U. W.]
Lit.: →GG; →Sozialstaat.

Rechtsstellung im sozialen Beruf. Die Rechtsstellung der Sozialarbeiter, Sozialpädagogen sowie aller anderen in sozialen Berufen Tätigen hängt davon ab, welchen Arbeitgeber sie haben. Sind sie bei Trägern der →Freien Wohlfahrtspflege oder sind sie als Arbeiter oder Angestellte im öffentlichen Dienst beschäftigt, so gelten für sie die Regeln des →Arbeitsrechts (→kirchliche Arbeitsverhältnisse). Nur wenn sie kraft öffentlich-rechtlichen Dienstverhältnisses bei einer staatlichen oder kommunalen Stelle als Beamte tätig sind, gelten für sie besondere öffenntlichrechtliche Bestimmungen (→Verwaltungsrecht). Zur Rechtsstellung im →Strafprozeß und →Strafrecht: →Schweigepflicht, →Zeugnisverweigerungsrecht. [M. F.]

Texte u. Lit.: →Arbeitsrecht, →Verwaltungsrecht. Ferner: Ebert, K.: Das gesamte öffentliche Dienstrecht für Beamte, Angestellte und Arbeiter bei Bund, Ländern und Kommunen. Ergänzbares Handbuch, Berlin 2. Aufl. Kühnel/Randzio: Recht der sozialen Arbeit, Weinheim u. Basel 1979.

Rehabilitation, ursprünglich in der Umfallmedizin verwendet; heute versteht man unter R. ein System medizinischer, psychologischer und sozialer Maßnahmen, das einen Geschädigten, Behinderten oder Kranken wieder zu einer optimalen Funktionsfähigkeit, d. h. meistens zur Arbeitsfähigkeit, zurückführt (Strotzka 1975^3). Während man bei organischen Krankheiten, Psychosen, Neurosen und psychosomatischen Krankheiten von R. spricht, nennt man entsprechende Maßnahmen bei Charakterstörungen (wie bei Delinquenten und antisozialen Psychopathen) Resozialisation. Es bestehen starke Überschneidungen zwischen präventiven Maßnahmen, kurativer Medizin, Sozialarbeit und R. sowie Resozialisation. In der psychiatrischen Therapie von Psychosen beginnt die R. mit Gruppenarbeit wie etwa Beschäftigungstherapie, Kunstbehandlung und Gymnastik; dann erfolgt im günstigen Fall der Übergang zu Teilzeiteinrichtungen wie Tages- und Nachtkliniken oder Einrichtungen des geschützten Wohnens in Zusammenarbeit mit R.werkstätten, die Auftragsarbeit durchführen. Hier erfolgt unter ärztlicher und psychologischer Leitung eine langsame Anpassung an optimale Leistung bezüglich Tempo, Ausdauer, Genauigkeit und Produktivität der Arbeit. Bei der R. von Alkoholkranken (→Alkoholismus) zeigten sich Gruppenbehandlungsmethoden und die Betreuung ehemaliger Alkoholkranker in Selbstverwaltung (Anonyme Alkoholiker) als effektiv. Die R. von Epileptikern wurde durch die Einführung neuer Medikamente, die in 80% der Fälle die Anfälle unterdrücken können, erleichtert. Epileptische Kinder können bei entsprechender Aufklärung der Umwelt (Lehrer, Kameraden) in normalen Ausbildungseinrichtungen betreut werden. Die R. körperlicher Erkrankungen bedarf neben der physikalischen Therapie häufig einer sozialtherapeutischen Betreuung des Behinderten und oft auch der Angehörigen. [E. S.]

Lit.: Freeman, H. E., Simmons, O. G.: The mental patient comes home, New York 1963. Gastager, H.: Die Rehabilitation des Schizophrenen, Wien 1965. Harlfinger, H.: Arbeit als Mittel psychiatrischer Therapie, Stuttgart 1968. Jentschura, G.: Beschäftigungstherapie, Stuttgart 1959. Rother, H.: Die Rehabilitation Alkoholkranker, Neuwied 1967. Schulte, W.: Epilepsie und ihre Randgebiete, München 1964. Strotzka, H.: Einführung in die Sozialpsychiatrie, Hamburg 1965. Strotzka, H.: Prävention und Rehabilitation psychischer Krankheiten, in: W. J. Schraml, U. Baumann (Hg.): Klinische Psychologie I, Bern 1975^3. S. 79–102.

Rehabilitation (Recht), medizinische, berufsfördernde und ergänzende Maßnahmen und Leistungen, die darauf gerichtet sind, körperlich, geistig und seelisch Behinderte möglichst auf Dauer in Arbeit, Berufung und Gesellschaft einzugliedern. Eine tiefgreifende Neuregelung des gesamten Gebiets der R. ist durch das Gesetz über die Angleichung der Leistungen zur R. (R.-Gesetz) im Jahre 1974 erfolgt. Dieses Gesetz hat im 1. Teil allgemeine Grundsätze zur Behandlung der R. aufgestellt und sodann einzelne Gesetze neugestaltet, in denen bisher nur teilweise Regelungen über die R. enthalten waren. Die wichtigsten sind: RVO und AVG (→Sozialversicherung) insb. in bezug auf die →Kranken-, →Renten- und Unfallversicherung, das →AFG sowie das →BSHG im Hinblick auf die Eingliederungshilfe für Behinderte. Die arbeitsrechtliche Sicherung der Behinderten ist bereits zuvor durch das →Schwerbehindertengesetz von 1974 erfolgt. Im Jahre 1975 ist ein Gesetz über die Sozialversicherung Behinderter in geschützten Einrichtungen ergangen, durch das Behinderte, die in Werkstätten für Behinderte oder Blindenwerkstätten oder für derartige Werkstätten als Heimarbeiter (→Arbeitsschutz) beschäftigt sind, in der gesetzlichen Kranken- und Rentenversicherung versichert sind. In einem gewissen Umfang genießen Behinderte in Einrichtungen der beruflichen R. den Schutz des →Heimgesetzes von 1974. Diese umfassende Neugestaltung des gesamten Bereichs der R. ist für die etwa 4 Mill. Behinderten in der BRD als ein bedeutender sozialer Fortschritt (→Sozialstaat) anzusehen. Das R.-Gesetz sorgt für eine vernünftige Koordination der verschiedenen R.-Träger. An sich sind diese je nach den geltenden Vorschriften zuständig. Ist aber die Zuständigkeit ungeklärt, so soll verhindert werden, daß sie sich gegenseitig die Verantwortung zuschieben und der Rehabilitand in der Zwischenzeit keine Behandlung oder Förderung erhält. Deshalb ist vorgesehen, daß in Fällen der medizinischen R. der Rentenversicherungsträger, bei dem der Behinderte versichert ist, oder die Landesversicherungsanstalt des Wohnortes und für den Bereich der beruflichen R. (→Berufsförderung) die Bundesanstalt für Arbeit (→AFG) vorläufig Leistungen zu erbringen haben, und daß der letztlich zuständige R.-Träger die Kosten zu erstatten hat. Das R.-Gesetz hat ferner eine einheitliche Regelung der Hilfsmaßnahmen gebracht. Danach erhalten die Behinderten Heil- und Hilfsmittel, Behandlung in Kureinrichtungen, Übergangs- und Krankengeld (auch für Ehegatten und Kinder) sowie berufsfördernde Leistungen in der Form von Hilfen zur Erhaltung oder Erlangung eines Arbeitsplatzes, zur beruflichen Anpassung, →beruflichen Fortbildung, →beruflichen Umschulung und →Ausbildungsförderung. [U. W.]

Text: Jung, K./Preuß: Rechtsgrundlagen der Rehabilitation. (Loseblatt-)Sammlung des gesamten R.-Rechts, Percha ab 1975.
Lit.: unter den Stichworten, auf die oben verwiesen ist. Ferner: Elsner, W./ Elsner-Pelikan: SGB, Bd. 2: Besonderer Teil. Kommentar zum Rehabilitationsangleichungsgesetz, Köln 1977. Jung, K./Preuß: Rehabilitation. Die Angleichung der Leistungen. Kommentar zum R.-Angleichungsgesetz, Bonn-Bad Godesberg 1975[2], Luber, F.: Körperbehindertenhilfe im Rahmen der BSHG, Loseblatt-Kommentar m. lfd. Erg., Percha. Mrozynski, P.: Rehabilitationsrecht, München 1979.

Rentenversicherung, als Teil der →Sozialversicherung für (alle) Arbeiter im IV. Buch der RVO von 1911, für (alle) Angestellte(n) im AVG von 1911 sowie für Bergleute im Reichsknappschaftsgesetz von 1926 geregelt. Die Gesetze sind im Laufe der Jahre mehrfach geändert worden; die bedeutendste Änderung fand 1957 mit der Einführung der dynamischen Rente statt: Rente bzw. Ruhegeld sollen eine echte Existenzgrundlage sein; sie werden deshalb dem jeweiligen Lohn- und Preisniveau angepaßt. Eine weitere bedeutende Änderung wurde 1972 vorgenommen: Es wurde die flexible Altersgrenze eingeführt, d. h. der Versicherte kann unter gewissen Voraussetzungen (§§ 1248 RVO, 25 AVG) bereits zwei Jahre vor der normalen Altersgrenze von 65 Jahren Ruhegeld beantragen; die Möglichkeit der Höherversicherung wurde geschaffen; ein weiterer Schritt in Richtung »Volksversicherung« (→Sozialversicherung) wurde gemacht, indem (einkommensschwachen) Selbständigen das Recht zum freiwilligen Beitritt eingeräumt wurde.
Die Leistungen der R. bestehen in 1. Maßnahmen zur Erhaltung, Besserung und Wiederherstellung der Erwerbsfähigkeit, insbes. auch Heilbehandlungen (Kuren), §§ 1236–1244 RVO, §§ 13–21 AVG (→Berufsförderung, →Rehabilitation): solche Leistungen werden aus der R. nach pflichtgemäßem Ermessen des Versicherungsträgers nur gewährt, wenn die Erwerbsfähigkeit günstig beeinflußt werden kann, Ausnahme Tuberkulosehilfe; 2. Renten wegen Berufs- oder Erwerbsunfähigkeit; 3. Altersruhegeld; 4. Hinterbliebenenrenten (für Witwen, Witwer, Waisen und frühere Ehegatten); vgl. §§ 1245 ff. RVO, §§ 22 ff. AVG. *Das größte Problem* der R. besteht in der *Aufbringung* der Mittel in der Zukunft. Die Finanzierung erfolgt durch die im Arbeitsprozeß stehenden Arbeitnehmer, die die Mittel für die jeweils leistungsberechtigten Rehabilitanden, die Berufs- und Erwerbsunfähigen sowie die Ruhegehaltsberechtigten zahlen müssen. Sie erbringen damit eine Leistung bereits vor ihrem eigenen Versicherungsfall und erwarten von der nachwachsenden Generation eine gleichermaßen existenzsichernde dynamisierte Versorgung. Das wichtigste wirtschaftspolitische Ziel für die Zukunft muß daher die Wiederherstellung und Sicherung der Vollbeschäf-

tigung sein. Selbst wenn der Geburtenrückgang der letzten Jahre anhalten würde, erscheinen die Probleme des veränderten Altersaufbaus nicht unlösbar: zum einen kann durch die Technologie die Arbeitsproduktivität gesteigert werden, zum anderen sind mit der sinkenden Zahl von Jugendlichen Entlastungen und damit reelle Einkommenssteigerungen zu erwarten. Ein anderes schwieriges Problem ist das der *»Hausfrauenrente«*. Die Tätigkeit der Hausfrau gilt nicht als versicherungspflichtige Erwerbstätigkeit. Damit ist die Frau, die ihr Leben als Ehefrau und Mutter verbracht hat, in ihrer Existenzgrundlage von der Erwerbstätigkeit des Ehemannes abhängig. Im Falle des Todes des Ehemannes erhält sie zwar eine Hinterbliebenenrente; erhebliche Schwierigkeiten bestehen aber im Falle der Scheidung der Ehe (→Eherecht). [U. W.]

Text u. Lit.: →Sozialversicherung. Ferner: Hoernigk/Jorks: Der Rentenberater, Heidelberg 1978[6]. Pelikan, D./Zachmann: Sozialversicherung in Frage und Antwort, Bd. 3: Rentenversicherung, München 1978[4]. Ströer, H.: Die soziale Rentenversicherung (Beck-Rechtsinformation im dtv. 5085), München 1976[4].

Residuale und institutionale SA/SP. Bei der Gegenüberstellung von residualer und institutionaler Sozialpädagogik/Sozialarbeit handelt es sich um zwei verschiedene grundsätzliche Auffassungen oder Konzepte von Rolle und Funktion der Sozialpädagogik/Sozialarbeit in der Gesellschaft. Die residuale Position besagt, daß Institutionen der Sozialpädagogik/Sozialarbeit, der sozialen Wohlfahrt und der sozialen Sicherung *einspringen* (sollen), wenn »normale« Institutionen und Strukturen der Bedürfnisbefriedigung, wofür als Beispiele vor allem zwei, nämlich Familie und Markt (-Wirtschaft) genannt werden, *versagen* (Zusammenbruch, Desintegration). Dementsprechend wird das Eintreten von Sozialpädagogik/Sozialarbeit hier als temporär und substitutiv gesehen.
Nach der institutionalen Auffassung von Sozialpädagogik/Sozialarbeit werden soziale Dienstleistungssysteme als »normale« Funktionen einer modernen Industriegesellschaft gesehen. Eine vage Definition der institutionalen Ansicht (Wilensky) gibt Friedländer: »Soziale Wohlfahrt (Social Welfare) ist das organisierte System der sozialen Dienste und Institutionen, die dazu bestimmt sind, Individuen und Gruppen bei der Erreichung zufriedenstellender Lebens- und Gesundheitsstandards zu helfen. Es erstrebt persönliche und soziale Beziehungen, die dem Individuum die vollste Entfaltung seiner Fähigkeiten und die Förderung von Lebensqualität in Übereinstimmung mit den Bedürfnissen der Gemeinschaft erlauben.« Die Vagheit und Allgemeinheit solcher Definitionen kommt (nach Wilensky und Lebeaux) daher, daß die kulturellen Werte bezüglich der sozialen Verantwortlichkeiten von Staat, Regierung, Wirtschaft und Individuum stark in Fluß geraten sind gegenüber den rigiden älteren Doktrinen des Individualismus, des Privateigentums und des

freien Marktes. Die neueren Werte der sozialen Demokratie (Sozialstaat, Wohlfahrtsstaat) sind dagegen: Sicherheit, Gleichheit und humanitäre Werte. In dieser Weise von der herrschenden Sozialethik abhängig ist auch die jeweilige Tendenz zu einem Mehr oder Weniger an sozialen Dienstleistungen (»Abbau des Sozialstaates«, »Schwächung des Netzes sozialer Sicherheit«).
Die beiden Auffassungen erscheinen kontrovers und antithetisch, tatsächlich findet sich in der Realität heute aber eine Kombination beider Auffassungen, die die Praxis einen Mittelweg einschlagen läßt.
Beide Auffassungen sind mit stärker konservativen oder stärker progressiven Ideologien verbunden und in ihrer Stärke bestimmt von der weiteren gesellschaftlichen Entwicklung, vor allem der Produktivkräfte auf dem Weg zur modernen Industriegesellschaft (Wilensky/Lebeaux). Nach Meinung dieser Autoren ist damit zugleich ausgesagt, daß die residuale Auffassung fortlaufend schwächer, die institutionale in zunehmendem Maße herrschend wird: »In der zunehmenden Industrialisierung werden alle Institutionen auf Ziele der sozialen Wohlfahrt bzw. der Lebensqualität ausgerichtet werden und an ihnen gemessen werden. Der »Wohlfahrtsstaat« wird zur »Wohlfahrtsgesellschaft«, in der soziale Dienstleistungssysteme zu normalen Bestandteilen des normalen Alltagslebens werden.
Auf einer anderen Ebene ist die Gegenüberstellung auch auf die Rolle des Staates (Sozial-, Wohlfahrts-Staat) bezogen und mit dem Wandel von der Ordnungs- und Eingriffsverwaltung zur Leistungsverwaltung verbunden. [H. P.]

Lit.: Wilensky/Lebeaux: Industrial Society and Social Welfare. The Impact of Industrialization on the Supply and Organization of Social Welfare Services, New York/London, 1965. Friedländer, W.: Introduction to Social Welfare, New York, 1955. Maor, H.: Soziologie der Sozialarbeit, Stuttgart, 1975.

Rolle, Bündel von Erwartungen, die an Inhaber sozialer Positionen gerichtet sind (etwa an die soziale Position des Vaters, des Freundes, des Verkehrsteilnehmers, des Gastgebers, des Nachbarn etc.). Solche Erwartungen können von bestimmten Gruppen, Subkulturen, Kategorien oder von der Gesamtgesellschaft ausgehen, entsprechend der Schärfe der mit ihnen verbundenen Sanktionen unterschiedliche Verbindlichkeit besitzen, unterschiedliche Handlungsspielräume gewähren und den Rollenträgern ein unterschiedliches Maß an Identifikation abfordern. Die Internalisierung von Rollen im Rahmen der Sozialisation ist ein wesentlicher Bestandteil des Aufbaus der soziokulturellen Person, der Ausbildung einer sozialen Identität. Erst diese soziale Überformung von undifferenzierten Trieben zu sozial-typisierten Bedürfnissen, die Internalisierung typisierter, zu Rollen gebündelter Handlungsalternativen macht das Individuum fähig, sich von eben diesen Rollen zu distanzieren, sein Handeln durch Wahl der geeigneten Rollen, durch Abstimmung auf aktuelle Bedürfnislagen, durch Auswahl bestimmter Handlungsalternativen innerhalb normativ gegebener Handlungsspielräume, durch Konkretisierung von Erwartungen und eigenen Handlungsdispositionen für bestimmte Situationen und Interaktionspartner selbst zu gestalten, d. h. sich an der Rolle zu engagieren. Rolle als typisiertes Bündel von Erwartungen und Rollenhandeln der Individuen sind also sinnvollerweise getrennte Analyseeinheiten. Nicht nur, weil Rolle Handlungsspielräume gewährt, auch weil sie unter Umständen auf Bedürfnisstrukturen unzureichend abgestimmt ist, widersprüchliche Erwartungen enthält (Rollenkonflikt), weil sie für bestimmte Situationen oder Interaktionspartner überhaupt keine Erwartungen vorgibt, weil sie innerhalb der Sozialisation unzureichend internalisiert wurde, kann Rollenhandeln von Rollenerwartungen abweichen. Diese Abweichung kann Sanktionen auslösen, kann aber auch zur Modifizierung der Rollenerwartungen führen.

Da soziale Systeme häufig als strukturell und funktional differenzierte und hierarchisch gegliederte Positionen bzw. Rollen aufgefaßt werden, stellt die soziale Rolle einen der wichtigsten Begriffe der Soziologie dar. Um die Definition von Rolle, insbesondere um die Frage des Handlungsspielraumes, den Rollen gewähren, und um das Auseinanderklaffen von Rollenhandeln und Rolle gab es ausführliche theoretische Diskussionen, in denen etwa der Zwangscharakter der Rolle betont und die Rolle als eine den Menschen entfremdende, ärgerliche Tatsache aufgefaßt wird (Dahrendorf). Doch hat sich die oben dargestellte Auffassung von sozialer Rolle auch im deutschen Sprachraum weitgehend durchgesetzt. →Position, →Status. →abweichendes Verhalten, →Konflikt, →Sozialisation. [H. B.]

Lit.: Popitz, H.: Der Begriff der sozialen Rolle als Element der soziologischen Theorie, Tübingen 1968[2]. Biddle, J., Thomas, E. J. (Hg.): Role Theory, New York 1966. Goffman, E.: Wir alle spielen Theater, München 1969. Dahrendorf, R.: Homo sociologicus, Opladen 1971. Tenbruck, F. H.: Zur deutschen Rezeption der Rollentheorie, in: Kölner Zeitschrift f. Soziologie u. Sozialpsych., 1961. Claessens, D.: Rolle und Macht, München 1968. Dreitzel, H. P.: Die gesellschaftlichen Leiden und das Leiden an der Gesellschaft, Stuttgart 1968. Gerhardt, U.: Rollenanalyse als kritische Soziologie, Neuwied 1971.

Sanktion, (positive bzw. negative), Zeichen der Billigung, Mißbilligung, Belohnung oder Bestrafung für erwartungskonforme bzw. von Erwartungen abweichende Verhaltensweisen oder Eigenschaften (durch Gewährung oder Entzug materieller Güter, wie Geld, Sachleistungen oder immaterieller Güter wie Einfluß, Macht, Anerkennung, Zuwendung, Aufmerksamkeit, Freiheit etc.), in der Regel mit den Normen eines sozialen Systems verknüpft, um normkonformes Verhalten zu verstärken, abweichendes Verhalten zu unterbinden. Die Sanktionserwartung wird im Rahmen der Sozialisation gemeinsam mit den Normen internalisiert, was »äußere« soziale Kontrolle durch den tatsächlichen Einsatz der Sanktionen häufig erübrigt. Die Wirksamkeit von Sanktionen (damit auch die Durchsetzbarkeit von Normen) ist außer von der Schärfe der Sanktion auch davon abhängig, inwieweit die Erwartung von Sanktionen internalisiert ist, zu erwartende Sanktionen auch tatsächlich eingesetzt werden und ob ein Individium die Handlung, durch die es negativ sanktioniert werden soll, überhaupt als negative Sanktion interpretiert. (→Norm, →abweichendes Verhalten, →Sozialisation, →soz. Handeln). [H. B.]

Lit.: Spittler, G.: Norm und Sanktion, Olten und Freiburg 1967. Schumann K. F.: Zeichen der Unfreiheit. Zur Theorie und Messung sozialer Sanktionen, Freiburg 1968. Cohen A.: Abweichung und Kontrolle, München 1968.

Schicht, soziale (Schichtung), zentraler Begriff zur Beschreibung sozialer Struktur in einer Gesellschaft. Zu einer s. Sch. gehört eine Sozialkategorie (Bevölkerungsgruppe mit bestimmbaren, gemeinsamen oder ähnlichen Merkmalen). S. Sch. wird teilweise gleichbedeutend verwandt mit sozialer Klasse, Stand, Kaste oder Gruppierung. Der Begriff der s. Sch. dient der Darstellung von Makrostrukturen relativ geschlossener Gesellschaften. In der politischen Soziologie löst er weitgehend den Klassenbegriff (Karl Marx) ab. So ist der ursprüngliche Klassenbegriff einem eigenen Typus von Theorie der Geschichte zuzuordnen, während die Kategorie »soziale Schicht« über entsprechende Operationalisierungen einer empirischen Soziologie, analytische Erkenntnisse zu realen, sozialen Distanzen, Privilegien, Herrschaftsverhältnissen, Selbst- und Fremdverständnissen u. a. vermittelt. Determinanten, d. h. Merkmale von s. Sch. lassen sich objektiv u. a. bestimmen nach Beruf, Einkommen, Bildung, sozialer Herkunft, Wohnlage, Bezugsgruppenzugehörigkeit, Fremdeinschätzung sowie nach subjektiven Selbsteinschätzungen. Die Zugehörigkeit zu einer bestimmten Schichtlage bestimmt je nach Grad der Offenheit sowie nach dem Ausmaß von Mobilitätschancen einer Gesellschaft die Lebenslagen und Lebenschancen der Schichtangehörigen. Damit zusammen hängen Formen und Typen der Schichtungsstruktur, Schichtgrenzen, Schichtbewußtsein, Schichtenrekrutierung, Schichtübergänge. Persönlichkeitsspezifische unterschiedliche Schichtmerkmale lassen sich u. a. empirisch feststellen im kognitiven, sprachlichen, emotional-affektiven sowie handlungsbezogenen Bereich. So dominieren etwa in Unterschichten Phänomene sozialen Leidens, Suchtkrankheiten, soziale Apathie, sozialneurotische Syndrome überrepräsentativ. Dazu zeichnet sich gleichzeitig in Industrieländern ein dichotomes Gesellschaftsverständnis ab (wir unten – die oben), während Angehörige der Mittelschicht ein stärker hierarchisches Gesellschaftsbild übernehmen und ihr Verhalten eher auf vertikale Mobilität (Aufstieg) richten. Das Vorherrschen schichtspezifischer Sprachstrukturen (restringierter Code der Unterschicht und elaborierter Code der Mittelschicht) wurde durch B. Bernstein u. a. empirisch belegt. Schichtbewußtsein etwa von Kindern und Jugendlichen wirkt sich in Bildungs- und Erziehungsbereichen auf Lernmotivationen, Handlungsstrategien, Einstellungen und Lebenspläne aus. Gleichermaßen bestimmt Schichtzugehörigkeit auch Verhaltensstrukturen und Einstellungen von Erwachsenen und alten Menschen. [A. S.]

Lit.: Bolte, K. M., Kappe, D., Neidhardt, F.: Soziale Schichtung, Opladen 1966. Fuchs, W. u. a. (Hg.): Lexikon zur Soziologie, Opladen 1973. Grieswelle, D.: Allgemeine Soziologie, Stuttgart 1974. Hartfiel, G.: Wörterbuch der Soziologie, Stuttgart 1972.

Schulische Sozialarbeit. Funktionsverluste der Familie, die Verhaltensstörungen, psychische, psychosomatische und organische Schädigungen im Kindes- und Jugendalter hervorrufen, erfordern Angebote sozialer Dienste im Bereich der Schulpädagogik. Integriert in das System Schule oder kooperierend mit schulischen Einrichtungen entwickelt sich das Arbeitsfeld »soziale Dienste« in und für Schulen aus dem System SA/SP über ein ausgewähltes Methodenkonzept (Einzelfallhilfe, Beratung, soziale Gruppenarbeit, Freizeitpädagogik). Dazu ergänzend vermittelt SA/SP Intervention zur Elternarbeit (Elternberatung, Elternbildung, Elterntraining). Die Maßnahmen, Behandlungsprogramme, Therapien und Methoden dieser sozialen Dienste erstrecken sich auf unterschiedliche Funktionsbereiche (Schule, Elternarbeit, Freizeitpädagogik, Erziehungsberatung etc.). [A. S.]

Lit.: Arbeitskreis methodische Sozialarbeit, Wiesbaden. Kooperation zwischen Schulpädagogik und Sozialarbeit, in: Der Sozialarbeiter, Nr. 1/1975. Bäuerle, W.: Theorie der Elternbildung, Weinheim 1972. Tillmann, K. J. (Hg.): Sozialpädagogik in der Schule, München 1976.

Schweigepflicht. Im Rahmen ihrer Tätigkeit, insbesondere wenn sie Vertrauensstellungen innehaben, werden Sozialarbeitern und Sozialpädagogen sowie Ehe-, Erziehungs-, Jugendberatern und Beratern für Suchtfragen in öffentlichen Beratungsstellen zahlreiche Tatsachen anvertraut, an deren Geheimhaltung der Betreute oder Beratene ein Interesse hat. Die Pflicht zur Geheimhaltung bzw. ein Verbot zur Offenbarung solcher Tatsachen ergibt sich bereits aus der arbeits- bzw. dienstrechtlichen Stellung des genannten Personenkreises (→Rechtsstellung im sozialen Beruf), insb. ihrer Fürsorgepflicht gegenüber den

von ihnen Betreuten. Überdies ist das Privatgeheimnis unter den besonderen Schutz des →Strafrechts gestellt. Gemäß § 203 StGB wird der genannte Personenkreis (ebenso wie Ärzte, Rechtsanwälte usw.) mit Freiheitsstrafe bis zu einem Jahr oder mit Geldstrafe bestraft, wenn er ein ihm anvertrautes, insb. zum persönlichen Lebenskreis gehörendes Geheimnis offenbart. Allerdings reicht die Geheimhaltungspflicht nicht soweit, daß ihm im →Strafprozeß ein →Zeugnisverweigerungsrecht zusteht. [U. W.]
Text und Lit.: →Strafrecht.

Schwerbehindertengesetz (SchwbG). Während die Probleme der medizinischen und beruflichen →Rehabilitation von Behinderten durch das Rehabilitationsgesetz von 1974 rechtlich erfaßt sind, trifft das 1974 neugestaltete S. besondere arbeitsrechtliche Vorschriften zum Schutz von Schwerbehinderten (Schwb). Schwb. sind ohne Rücksicht auf die Art der Behinderung Personen, die körperlich, geistig oder seelisch behindert und infolge der Behinderung nicht nur vorübergehend um wenigstens 50% behindert sind; ihnen können auf ihren Antrag (!) vom Arbeitsamt Personen gleichgestellt werden, die weniger als 50%, aber mindestens 30% erwerbsgemindert sind. Zum Rechtsweg bei daraus entstandenen Streitigkeiten →Sozialgerichtsbarkeit. Durch das S. werden drei Hauptziele verfolgt: 1. Eingliederung des Schwb. in das Arbeitsleben, indem ihm überhaupt ein Arbeitsplatz beschafft wird, 2. besonderer Schutz im Arbeitsverhältnis selbst, 3. Schutz gegen ungerechtfertigten Verlust des Arbeisplatzes.
Zu 1.: Alle privaten und öffentlichen Arbeitgeber, die über mindestens 16 Arbeitsplätze verfügen, haben auf mindestens 6% der Arbeitsplätze Schwb. zu beschäftigen. Genügen sie ihrer Beschäftigungspflicht nicht, so haben sie unabhängig davon, ob sie zur Einstellung Schwb. nicht in der Lage oder willig sind, eine Ausgleichsabgabe zu zahlen. Ein Teil dieses Geldes wird an einen Ausgleichsfonds abgeführt, durch den Einrichtungen und Maßnahmen zur beruflichen Rehabilitation gefördert werden. Die Ausgleichsabgabeordnung der Bundesregierung vom 8. Aug. 1978 sieht eine Vielzahl finanzieller Hilfen für Arbeitgeber zur Schaffung von Arbeitsplätzen für Schwb. sowie Zuschüsse an Schwb. zur Erhaltung ihrer Arbeitskraft vor (Einzelheiten s. Bundesgesetzblatt I 1978, S. 1228).
Zu 2.: Der Schwb. hat einen klagbaren Anspruch gegen den Arbeitgeber, daß er tatsächlich entsprechend seinen Fähigkeiten und Kenntnissen beschäftigt wird; es ist unzulässig, ihn nur mit minderwertigen Aufgaben zu betrauen. Seile Arbeit ist grundsätzlich ebenso zu entlohnen, wie die eines gesunden Arbeitnehmers. Der Schwb. erhält einen zusätz-

lichen Urlaub von 6 Tagen. In Betrieben oder Dienststellen mit mindestens 5 Schwb. ist ein Vertrauensmann zu wählen.
Zu 3.: Schwb. haben einen besonderen →Kündigungsschutz. Er besteht darin, daß zu jeder (ordentlichen oder außerordentlichen) Kündigung die Hauptfürsorgestelle zustimmen muß. Sie entscheidet aufgrund eines Anhörungsverfahrens nach pflichtgemäßem Ermessen. Gegen ihre Zustimmung kann der Schwb. binnen Monatsfrist Widerspruch und daran anschließend Anfechtungsklage bei den Gerichten der →Verwaltungsgerichtsbarkeit erheben. Hat der Arbeitgeber die Zustimmung nicht eingeholt, so kann der Schwb. beim Arbeitsgericht (→Arbeitsgerichtsbarkeit) Klage auf Feststellung der Unwirksamkeit oder die Kündigungsschutzklage (→Kündigungsschutz im Arbeitsrecht) erheben. [M. F.]

Text: →Arbeitsrecht, →Arbeitsschutz. Ferner: Seifert, H. (Hg.): SchwbG. Handbuch m. Gesetzestext, amtl. Begr. u. erg. Rechtsvorschr., Köln 1974.
Lit.: →Arbeitsrecht. Ferner: Gröninger, K.: SchwbG. Kommentar (WK-Reihe 54), Frankfurt/M. 1976. Ritzer, K.: Das SchwbG. Kommentar, München 1974. Weber, R.: SchwbG. Kommentar. Loseblattausgabe, 2 Bde, Köln. Wilrodt/Neumann, SchwbG. Kommentar. 4. Aufl. München 1976.

Sexualerziehung, das pädagogische Handeln, das sich auf die – im weitesten Sinne – sexuelle Entwicklung der beiden Geschlechter bezieht (Geschlechtserziehung). Als funktionale oder intentionale Anpassung des Kindes und des Jugendlichen an gesellschaftlich gewünschte Normen spielt sie in jeder Gesellschaft eine wichtige Rolle. Im abendländischen Kulturkreis fand sexuelle Unterweisung bis in die jüngste Vergangenheit überwiegend in der Form hygienischer Aufklärung oder ausschließlich als Charaktererziehung statt. Psychoanalyse und Erziehungswissenschaft haben jedoch belegt, daß die Tabuierung von Sexualität zu neurotischen Störungen führen kann. Positive Sexualerziehung versteht sich als kontinuierlicher Prozeß, der sich um Aufklärung und Hinführung zur Partnerschaft müht. Schon dem Verlauf der frühkindlichen Lebensphasen des Säuglings und des Kleinkindes kommt entscheidende Bedeutung für die spätere Einstellung des Erwachsenen zur Sexualität zu. Als wichtig in diesen frühen Phasen werden ein intensiver Hautkontakt, emotionale Wärme und der Verzicht auf eine rigide Reinlichkeitserziehung angesehen. Fragen nach dem Unterschied der Geschlechter, nach Schwangerschaft, Zeugung und Geburt sollen aufgegriffen und altersgemäß beantwortet werden. Die Erziehung in den Reifejahren baut auf diesen Informationen auf. Grundlegend für die schulische Unterweisung sind die »Empfehlungen« der Kultusminister vom 3. 10. 1968, an denen sich die Richtlinien der Bundesländer weitgehend orientieren. Diesem Konzept zufolge soll Sexualerziehung wissenschaftlich fundiert und methodisch durchdacht sein. In der Praxis der Schule und in der Jugendarbeit werden sexuelle Probleme oft nur zögernd in Angriff genommen, ein Umstand, der nicht zuletzt in der Geschichte der Sexualität im abendländischen Kulturkreis und in der zur Zeit noch unzureichenden personellen Ausstattung der Universitäten und Hochschulen für diesen Bereich zu sehen ist. Um die Grundlagenforschung zur Sexualerziehung bemüht sich die *Sexualpädagogik,* die sich namentlich in den letzten Jahren weiterentwickelt hat. Wichtige Bereiche sind das Verhältnis der sexuellen Unterweisung zur politischen Erziehung, sprachliche Probleme des Sexualunterrichts, Normenfragen, Aspekte des Rechts oder die Rolle der Massenmedien im Rahmen der sexuellen Sozialisation. [F. K.]

Lit.: Kentler, H.: Sexualerziehung, Reinbek 1970. Koch, F.: Negative und positive Sexualerziehung, Heidelberg 1971. Koch, F.: Sexualpädagogik und politische Erziehung, München 1975. Müller, R.: Sexualität-Kommunikation-Gesellschaft, In: Fischer, W. u. a. (Hg.): Inhaltsprobleme in der Sexualpädagogik, Heidelberg 1973. Verch, K.: Lehrmappe Sexualerziehung, St. Augustin, 1975[3]. Scarbath, H.: Geschlechtserziehung, Heidelberg 1969[2]. Scarbath, H.: Jugendgefährdung durch »St. Pauli-Presse«, In: Fischer u. a. a.a.O. Zitelmann, A. und Therese, C.: Didaktik der Sexualerziehung, Weinheim 1970[1].

Sonderpädagogik umfaßt die Praxis und Theorie der Erziehung von Behinderten. Ihr Gegenstand ist die institutionalisierte pädagogische Förderung von behinderten, gestörten und entwicklungsbeeinträchtigten Kindern, Jugendlichen und Erwachsenen. Die Institutionen der Sonderpädagogik lassen sich Lebensabschnitten zuordnen: Frühbereich 0–3 (etwa frühe Haus-Sprach-Erziehung bei Hörgeschädigten) – Elementarbereich 3–6 (z. B. Sonderkindergärten für Sprachbehinderte) – Sonderschulen und integrierte Fördereinrichtungen für Behinderte im Regelschulbereich 6–15 – Berufsbildung für Behinderte 15–18/21 – Erwachsenenbildung (z. B. Volkshochschulkurse für Blinde).

Behinderte haben, wie die Geschichte der Erziehung belegt, über Jahrtausende hinweg nur vereinzelt karitative Zuwendung und pädagogische Hilfe erfahren. Erst mit der Entstehung des Volksbildungsgedankens und der allgemeinen Schulpflicht wurden sie in die öffentliche Erziehung einbezogen. Die erste Taubstummenschule wurde 1770 in Paris, die erste Blindenschule ebenfalls dort 1784 gegründet. Nachhilfeklassen für Schwachsinnige entstanden neben dem Anstaltswesen aus den Armenfreischulen zu Beginn des 19. Jahrhunderts. In der Bundesrepublik hat sich ähnlich den westlichen und östlichen Industriestaaten ein differenziertes Sonderschulwesen entwickelt. In den amtlichen Schätzzahlen (KMK 1972 und Bildungsrat 1973) wird mit ca. 5–7% sonderschulbedürftig Behinderten im allgemeinbildenden Schulpflichtalter gerechnet. In der integrativen Konzeption einer Ausweitung sonderpädagogischer

Fördermaßnahmen im Regelschulbereich kommen nach den Meßzahlen des Bildungsrats noch weitere ca. 10% Schüler hinzu, die von Behinderung bedroht sind (Tabelle 1).

Tabelle 1: Anteil der sondererziehungsbedürftigen Schüler im allgemeinbildenden Schulpflichtalter (6–15) in Prozenten (Kultusministerkonferenz [KMK] 1972, Deutscher Bildungsrat, 1973)

Behindertengruppen	KMK	Bildungsrat Behinderte	von Behinderung bedrohte
Blinde	0,015	0,012	
Gehörlose	0,05	0,05	
Geistigbehinderte	0,60	0,60	
Körperbehinderte	0,20	0,30	
Lernbehinderte	4,00	2,50	3,00–4,00
Schwerhörige	0,18	0,30	
Sehbehinderte	0,10	0,30	
Sprachbehinderte	0,50	0,70	2,50
Verhaltensgestörte	1,00	1,00	3,00–4,00
Sa.	6,645	5,962	

In der Theoriegeschichte der Erziehung von Behinderten fand der Gedanke einer heilenden Erziehung von Kinderfehlern frühzeitig Verbreitung. Die Anstaltsleiter *Georgens* und *Deinhardt* führten 1861 den Begriff *Heilpädagogik* in den wissenschaftlichen Sprachgebrauch ein. Der mit diesem Namen verbundene postulatorische Optimismus – Behinderungen können durch pädagogische Aktivitäten nicht »geheilt« werden – wurde von den 20er Jahren dieses Jahrhunderts an zunehmend durch die Bezeichnung *Sonderpädagogik* ersetzt. Gemeint ist damit einmal die Spezialisierung zu besonderen pädagogischen Maßnahmen dort, wo die allgemeine Erziehung und Unterrichtung nicht hinreicht. Des weiteren wird mit dem Begriff Sonderpädagogik eine anthropologische Sinndeutung geliefert: Aufgrund seiner besonderen Stellung in der Welt, seiner besonderen Seinsweise, bedarf der Behinderte einer »besonderen« Erziehung. Nicht nur durch den Gedanken der *Rehabilitation* des Behinderten für die Gesellschaft, als vielmehr auch durch die Zurückholung erziehungswissenschaftlicher Betrachtungsweisen erfährt diese Separierung der Sonderpädagogik heute eine zunehmende Problematisierung. Sieht man im neueren Verständnis Sonderpädagogik als *Pädagogik der Behinderten* an, so ist Behinderung unter pädagogischem Aspekt zu definieren. Als behindert im pädagogischen Sinn gelten Kinder, Jugendliche und Erwachsene, deren Lernen und deren soziale Eingliederung soweit erschwert ist, daß sie spezieller Förderung bedürfen. Eine solche Begriffsfestlegung zeigt, daß nicht die medizinisch belangbare Schädigung und ihre Heilung im Zentrum der Betrachtung stehen, sondern die aus der Behinderung resultierenden Erschwerungen des Lernens und der sozialen Eingliederung, denen mit erzieherischen, unterrichtlichen und unterstützenden therapeutischen Mitteln zu begegnen ist. Die Definition deutet ferner zweierlei an. Einmal sind die Aussagen darüber, wann Behinderung im pädagogischen Verstande vorliegt, relativ. Sie sind abhängig von gesellschaftlichen Toleranzschwellen und Erwartungshaltungen, was als Normalität bzw. abweichendes Verhalten angesehen wird. Zum anderen liegt damit die institutionelle Form der pädagogischen Förderung Behinderter prinzipiell nicht fest. Sie kann, wie historische Beispiele und der internationale Vergleich zeigen, in einem segregierten, hochdifferenzierten Sonderschulwesen erfolgen und bei Schaffung entsprechender aufwendiger Voraussetzungen in schulorganisatorischer, didaktischer und gesellschaftspolitischer Hinsicht zum Teil dem allgemeinen Schulwesen überantwortet werden. Ob Sonderpädagogik einen eigenen erziehungstheoretischen Überbau, eine separate Schulform Sonderschule und eine besondere Lehrerbildung als schulisches und gesellschaftliches Systemerzeugnis fordert, hängt letztlich von der Bereiitschaft der Nichtbehinderten ab, ihre Randgruppen zu integrieren.

Sowohl in Einrichtungen integrierter »Beschulung« als auch in eigenen Sonderschulen (die es zumal bei schwer Behinderten immer geben wird und die auch heute noch nicht genügend ausgebaut sind) kommt es darauf an, die doppelte Bezugsgruppe des Behinderten zu beachten. Er lebt in der Welt der Behinderten und zugleich in der Welt der Nichtbehinderten. Insofern hat die Erziehung Behinderter trotz aller Gemeinsamkeit mit allgemeinen pädagogischen Veranstaltungen didaaktische Besonderheiten, die sie spezifisch machen: Der Unterricht bei Blinden läuft angesichts der Lichtlosigkeit über haptische Stützfunktionnen (Braille-Schrift) und sprachliche Substrate. Zentrales Problem der Gehörlosigkeit (Taubstummheit) ist die Vermittlung eines kommunikationsstiftenden und das Denken befruchtenden künstlichen Sprachaufbaus mittels Mundablesen und Tastvibrationssinn. Bei Sehbehinderten und Schwerhörigen treten zu den üblichen unterrichtlichen Vermittlungen Seherziehung und Hörerziehung hinzu. Geistigbehinderte werden vorwiegend motorisch-praktisch trainiert, während die leichter intelligenzgeschädigten Lernbehinderten die Formen intellektuellen Transfers selbst lernen müssen. Der Unterricht bei der disparaten Gruppe von Sprachbehinderten (Stottern, Dysarthrien, Dysgrammatismus) wird wechselseitig mit therapeutischen Prozessen durchdrungen. In gleichem

Maße stellen sich analytische Psychotherapie und Verhaltenstherapie in den Dienst der Verhaltensgestörtenpädagogik. Körperbehindertenschulen erteilen neben dem allfälligen Unterricht Krankengymnastik und Beschäftigungstherapie. [U. B.]

Lit.: Bach, H./Bleidick, U./Kanter, G. O./Klauer, K. J./Kröhnert, O./Reinartz, A. (Hg.): Handbuch der Sonderpädagogik in 11 Bänden. Berlin 1977 ff. Bleidick, U.: Pädagogik der Behinderten. Grundzüge einer Theorie der Erziehung behinderter Kinder und Jugendlicher. Berlin 3. Aufl. 1978. Bleidick, U./Ellger-Rüttgardt, S. (Hg.): Lehrer für Behinderte. Monographie zum Sonderschullehrer. Stuttgart, 1978. Deutscher Bildungsrat, Empfehlungen der Bildungskommission: Zur pädagogischen Förderung behinderter und von Behinderung bedrohter Kinder und Jugendlicher. Bonn (Bundesdruckerei) 1973. Deutscher Bildungsrat, Gutachten und Studien der Bildungskommission: Sonderpädagogik 1–7. Stuttgart, 1973–75. Heese, G./Wegener, H. (Hg.): Enzyklopädisches Handbuch der Sonderpädagogik und ihrer Grenzgebiete, 3 Bände. Berlin 3. Aufl. 1969. Ständige Konferenz der Kultusminister der Länder in der Bundesrepublik Deutschland: Empfehlung zur Ordnung des Sonderschulwesens. Nienburg, 1972.

Soziagogik. Unter Soziagogik (SAG) lassen sich die Begriffe Sozialarbeit und Sozialpädagogik im engeren Sinne zusammenfassen. Im erweiterten Sinne (H. Böttcher) könnte die Bezeichnung »Soziagogik« reserviert werden für die Wissenschaft und Lehre von den helfenden und führenden (= verbesserten) Aktionen in sozialen Gebilden. Umstrukturierungen in Handlungs- und Objektbereichen von SA/SP ermöglichen unter Einbeziehung von Elementen sozialpolitischer Forschung und Lehre den Systementwurf einer interventionsbezogenen SAG sowie einer empirischen SAG, letztere im Integrationsverbund mit einer Soziologie der SA/SP und/oder SAG. Ein Begriff von SAG könnte weiterhin abheben auf ein noch zu entwickelndes Wissenschaftssystem von Sozialagologie (SAGOL) (im Gegensatz zur Agologie) als Lehre vom planvollen und gezielten Handeln auch außerhalb der klassischen Bereiche von SA/SP sowie Sozial- und Gesellschaftspolitik, etwa im Sinne einer erweiterten Wissenschaftssystematik von Sozialagologie unter theoretischen, methodologischen, empirisch-methodischen sowie praxis-theoriebezogenen Aspekten im Sinne einer Soziagogik (im Gegensatz zur Agogik). Mögliche Bezeichnungen wie »Sozialagologie« und »Soziagogik« beschränken sich damit auf ausgewählte Bereiche, Systeme und Objekte agogischer Interventionen. [A. S.]

Lit.: Böttcher, H.: Sozialpädagogik im Überblick, Freiburg/Br. 1975. Beugen, M. v.: Agogische Intervention, Freiburg/Br. 1972.

Sozialarbeit/Sozialpädagogik. Die traditionelle Zweiteilung Sozialarbeit – Sozialpädagogik, die vor allem durch die getrennten Ausbildungswege (→Geschichte der Sozialarbeit/Sozialpädagogik) lange verfestigt und aufrecht erhalten wurde, ist historisch geworden und natur-

wüchsig aus heute vielfach überholten und nicht mehr gegebenen Bedingungen hervorgegangen. Im Lauf der Entwicklung haben sich im Praxisfeld immer mehr Überschneidungen und Übereinstimmungen ergeben. Mit der Entwicklung ihrer wissenschaftlichen Grundlagen und Theorien, aber auch ihres Berufsauftrages und ihrer gesellschaftlichen Funktion hat sich die tatsächliche Einheit des Gesamtfeldes sozialpädagogischer, sozialer Arbeit immer klarer herausgeschält (Konvergenz-Theorem: Tuggener, Pfaffenberger). Dieses Zusammenwachsen der beiden Teilbereiche (Konvergenz) zu einem Gesamtbereich wurde nach der letzten Ausbildungsreform (1971) auch äußerlich dokumentiert durch den Terminus »Sozialwesen« als Bezeichnung der Fachhochschulen und Fachbereiche. Vielfach werden aber auch noch beide Bezeichnungen SA und SP nebeneinander bzw. der eine als Oberbegriff für beide Teilbereiche verwendet. Diese problematische und unklare, uneinheitliche Terminologie ist vielfach charakteristisch für die Naturwüchsigkeit, aber auch für den Entwicklungsstand dieses Bereiches. Tatsächlich muß heute die soziale und die sozialpädagogische Arbeit als einheitliches Funktionssystem gesellschaftlicher Hilfen gesehen und aufgefaßt werden. Jede Zerreißung in die historisch gewordene, aber auch historisch überholte Zweiteilung würde künstliche Grenzen ziehen, Zusammenarbeit und Weiterentwicklung erschweren und die Theoriebildung und Methodenentwicklung anti-heuristisch behindern.
Berufsauftrag und gesellschaftliche Funktion dieses Gesamtbereiches betreffen Funktionen der Daseinsvorsorge und Reproduktion, des Erziehungs- und Bildungs-, des Sozial- und Gesundheitswesens, soweit sie von der Familie und anderen »natürlichen« Gruppen und Gemeinschaften und von der gesellschaftlichen Sozialisations- und Qualifikationsagentur Schule nicht, nicht mehr oder noch nicht geleistet werden.
Sozialpädagogische, soziale Arbeit ist organisierte und institutionalisierte gesellschaftliche Praxis, die auf Veränderung, d. h. auf Beseitigung oder Abbau von negativen sozialen Lebenslagen (die als Not, Bedürftigkeit oder Abhängigkeit definiert werden) abzielt. Dazu muß sie die diese negativen Lebenslagen bedingenden Faktoren beeinflussen und verändern oder auf sie als veränderungsbedürftig aufmerksam machen (»Signalfunktion«). Für diese Zielsetzung – Hilfe zur besseren Lebensbewältigung und positive Veränderung von Lebenslagen – setzt sie psycho-soziale (Interaktions-) Methoden und gesellschaftlich-politische (Interventions-) Strategien ein.
Bei der Wahl ihrer Ansatzpunkte, Mittel und Strategien muß die sozialpädagogische, soziale Arbeit immer von einer genauen, gründlichen und konkreten (»individualisierenden«) Analyse der vorgefundenen Problemsituationen und Lebenslagen ausgehen und sich an Zielvorstel-

lungen gesellschaftlichen Fortschritts einer jeweils konkreten historischen Situation orientieren. Solche Zielvorstellungen, aus denen bestimmbare und operationalisierbare Kriterien zur Einschätzung der realen Situation und zur Richtungsangabe für Veränderungen abzuleiten sind, orientieren sich heute am Leitbild

- eines von natürlichen und gesellschaftlichen Zwängen und Nöten möglichst befreiten, mündigen, emanzipierten Menschen,
- einer auf den Grundwerten Freiheit, Gleichheit, soziale Gerechtigkeit, Solidarität und Abbau überflüssiger Herrschaft begründeten Gesellschaft und
- eines demokratischen und sozialen Rechtsstaates.

Diese allgemeine Aufgaben- und Zielbestimmung sozialpädagogischer, sozialer Arbeit wird weiter veranschaulicht durch eine Übersicht ihrer wichtigsten Tätigkeitsfelder und Aufgabenbereiche: Das Gesamtfeld wird herkömmlich in die drei Felder Jugendhilfe, Sozialhilfe und Gesundheitshilfe gegliedert. Die Sozialhilfe (Hauptträger: Sozialämter der Städte und Landkreise) leistet wirtschaftliche Hilfe, die durch »persönliche Hilfe« wie Beratung etc. ergänzt wird, Rehabilitationshilfe für Behinderte und Kranke, Altenhilfe, Hilfe für sozial schwache und gefährdete Erwachsene, soziale Gerichtshilfe und Bewährungshilfe für Straffällige etc.

Die Gesundheitshilfe trägt durch Mitarbeit in allen Bereichen des Gesundheitswesens den sozialen und sozialpädagogischen Belangen der Behandelten bzw. Betreuten, Behinderten und Kranken aller Lebensalter, Rechnung (Soziale Dienste im Krankenhaus, sozialpädagogische Betreuung in Kinderkliniken und -sanatorien). Die Jugendhilfe – wichtigster und umfangreichster der Teilbereiche – gliedert sich in folgende Arbeitsfelder (nach einem Katalog der Bundesarbeitsgemeinschaft der Landesjugendämter 1972):

1. Bezirklich organisierte Sozialarbeit (Familienfürsorge) mit den Aufgabengebieten: allgemeine Jugendhilfe, Beratung in Fragen der Erziehung (funktionale Erziehungsberatung), Heim- und Familienerziehung und -pflege, öffentliche Erziehung (Freiwillige Erziehungshilfe FEH und Fürsorgeerziehung FE), Jugendgerichtshilfe, Vormundschaftsgerichtshilfe etc.
2. Besondere, überbezirklich organisierte Arbeitsbereiche: Adoptions- und Pflegekinderwesen, Erziehungsbeistandschaft, Vormundschafts- und Pflegschaftswesen, Bewährungshilfe für Jugendliche und Heranwachsende, Beratung und Bildung in der Kinder- und Familienhilfe, z. B. Erziehungs- und Jugendberatungs-, Ehe- und Familienberatungsstellen, Familienbildungsstätten wie Mütter- und Elternschulen, Jugendpflege und Jugendschutz, Praxisberatung, Öffentlichkeitsarbeit etc.

3. Sozialpädagogische Einrichtungen der Jugendhilfe: Tageseinrichtungen für Kinder wie Krippe, Kindergarten, Hort, einschl. Sondereinrichtungen, Jugendfreizeitstätten und Jugendbildungsstätten wie Häuser der Jugend, Häuser der Offenen Tür, Jugendzentren, Erziehungsheime für Kinder und Jugendliche, Jugendwohnheime, Sonder- und Heilpädagogische Heime, Erholungs- und Kurheime. In allen diesen Dienststellen und Einrichtungen und sonstigen Aktivitäten der sozialpädagogischen/sozialen Arbeit sind (durch eine sozialberufliche Ausbildung, →Sozialberufl. Bildungswesen) qualifizierte Fachkräfte und sonstige Mitarbeiter wie auch ehrenamtliche Helfer und Funktionäre tätig. Bei der Trägerschaft unterscheidet man öffentliche (Gemeinden, Kreise, Länder und Bund) und freie (kirchliche, Verbände und Vereine usw.). [H. P.]

Lit.: Böhnisch, L. (Hg.): Jugendarbeit in der Diskussion, München 1973. Bäuerle, W., Sozialarbeit und Gesellschaft, Weinheim 1970[2]. Friedländer/Pfaffenberger (Hg.): Grundbegriffe und Methoden der Sozialarbeit, Neuwied 1966, 1969[2]. Fooken, E.: Grundprobleme der Sozialpädagogik, Heidelberg 1973. Gernert, W.: Jugendhilfe, München 1973.
Mollenhauer, K.: Einführung in die Sozialpädagogik, Weinheim 1964. Otto/Schneider (Hg.): Gesellschaftliche Perspektiven der Sozialarbeit Bd. 1, 2, Neuwied 1973. Otto/Utermann (Hg.): Sozialarbeit als Beruf, München 1971. Röhrs, H. (Hg.): Die Sozialpädagogik und ihre Theorie, Frankfurt 1968. Rössner, L.: Theorie der Sozialarbeit, München 1973. Lingesleben: Die Berufssituation der Sozialarbeiter, Köln 1968. Skiba, E. G.: Der Sozialarbeiter in der gegenwärtigen Gesellschaft, Weinheim 1969. Tuggener, H.: Social Work, Weinheim 1972. Vahsen, F.: Einführung in die Sozialpädagogik, Stuttgart 1975. Meinhold/Hollstein: Erziehung und Veränderung. Entwurf einer handlungsbezogenen Sozialisationstheorie, Neuwied 1975.

Sozialarbeit, katalytische, strebt methodisch die Schaffung eines Situations- und Problembewußtseins in Klientengruppen, Objektbereichen, agogischen Interventionen sowie deren sozialen Umfeldern an. Randgruppen etwa sollen durch Aktivierungen, Mobilisierungen von Hilfen zu Selbsthilfen erfahren. Weiterhin können über eine k. S. Solidarisierungen von Klienten ermöglicht werden (Bürgerinitiativen). →Gemeinwesenarbeit. →Soziale Aktion. [A. S.]

Sozialarbeiter/Sozialpädagoge, Bezeichnung für ein Berufsbild, das Fachkräften nach einem abgeschlossenen Hochschulstudium, Fachhochschulabschluß, Sozialarbeiter (grad.), Sozialpädagoge (grad.) oder nach dem erfolgreichen Abschluß eines Studiums an einer Wissenschaftlichen Hochschule, Gesamthochschule, Pädagogischen Hochschule, Universität eine qualifizierte Tätigkeit in unterschiedlichen Arbeitsfeldern der Sozialarbeit/Sozialpädagogik ermöglicht. Arbeitsfelder der Sozialarbeit/Sozialpädagogik sind u. a.: 1. Bildung und Erziehung: a)

Kindergarten, Vorschule, Sonderschule, Schulische SA.; b) Jugendbildung, Jugendarbeit, Heimerziehung; c) Erwachsenenbildung, Altenbildung. 2. Beratung und soziale Behandlung von Kindern, Jugendlichen, Familien, Behinderten und Kranken. 3. Beratung für Angehörige sozialer Randgruppen wie: Obdachlose, Straffällige, Strafentlassene, Suchtkranke, Ausländergruppen. 4. Mitarbeit in medizinischen und sozialen Rehabilitationseinrichtungen. 5. Berufs- und Bildungsberatung. 6. Mitarbeit als Organisations- und Gruppenleiter in Verbänden. 7. Tätigkeiten in Sozial-, Jugend- und Gesundheitsämtern. 8. Lehrtätigkeit an Fachschulen, Fachhochschulen. 9. Mitarbeit in öffentlichen und privaten Verwaltungsgremien (Planungsaufgaben). 10. Beratung von Gruppen, Institutionen, Behörden oder Verbänden.
Zu den Methoden der SA/SP zählen: I. Soziale Einzelfallhilfe (Casework). II. Soziale Gruppenarbeit (Group-work). III. Gemeinwesenarbeit (Community work). IV. Soziale Planung. V. Soziale Administration. VI. Soziale Aktion. VII. Methodik und Didaktik der Erziehung. VIII. Methodik und Didaktik der Bildungsarbeit. IX. Kooperative Exploration, Diagnose und Therapieergänzung in ausgewählten Therapiebereichen. X. Komplexe Behandlungsverfahren unter Einschluß von Methoden der SA/SP und spezieller therapeutischer Techniken (Suchtkranke). →Behandlungsprogramm [A. S.].

Lit.: Böttcher, H.: Sozialpädagogik im Überblick, Freiburg, Br. 1975. Rössner, L.: Theorie der Sozialarbeit, München 1973.

Sozialberufliches Bildungswesen. In einer Reihe von Reformen seit 1959 hat das sozialberufliche Bildungswesen, das für berufliche Aufgaben im Gesamtbereich von Sozialpädagogik/Sozialarbeit vorbereitet und ausbildet, wesentlich an Umfang, Ausbildungskapazität und Niveau gewonnen. Gegenwärtig gibt es sozialpädagogische Zweige und Studiengänge in verschiedenen Ebenen und Institutionen: im tertiären Bereich bilden Fachhochschulen für Sozialwesen graduierte Sozialpädagogen/Sozialarbeiter aus, die zahlenmäßig den Großteil aller sozialberuflichen Tätigen ausmachen, während Universitäten und Pädagogische Hochschulen diplomierte Sozialpädagogen/Sozialarbeiter (Abschluß und Berufsbezeichnung: Diplom-Pädagoge Schwerpunkt Sozialpädagogik/Sozialarbeit) ausbilden. Im Sekundarbereich führen Fachschulen und Fachakademien für Sozialpädagogik zu einem berufsqualifizierenden Abschluß (»Erzieher«) und Fachoberschulen und Fachgymnasien sozialpädagogischer Richtung zu studienbezogenen Abschlüssen (Fachhochschulreife, fachgebundene und allgemeine Hochschulreife) sozialpädagogischer Ausrichtung. Trotz stark ausgeweiteter Kapazitäten übersteigt die Bewerberzahl wegen der durch die Reformen vermehr-

ten Attraktivität dieser Ausbildungen in allen Zweigen und Richtungen die Zahl der vorhandenen Plätze, so daß durchweg ein strenger Numerus Clausus den Zugang beschränkt.
Entwicklung und Reform dieser Ausbildungsrichtungen dürften als unabgeschlossen und weitergehend gelten, vor allem in bezug auf die innere, qualitative Ausfüllung der organisatorischen status- und niveaumäßigen Neuregelungen (Umwandlung von Höheren Fachschulen in

Fachhochschulen und Gesamthochschulen mit Fachbereich/Studienrichtung Sozialwesen

Bundesland	A	B	C	Trägerschaft				Gesamt-HS
				ö	k	ev		
Baden-Württemberg	6	6	5	2	1	2	1	–
Bayern	10	11	9	7	3	1	–	2
Berlin	2	2	1	1	–	1	–	–
Bremen	1	1	1	1	–	–	–	–
Hamburg	2	2	1	1	–	1	–	–
Hessen	6	6	5	5	–	1	–	1
Niedersachsen	6	7	7	4	2	1	–	–
Nordrhein-Westfalen	12	16	13	10	4	2	–	3
Rheinland-Pfalz	3	3	3	1	1	1	–	–
Saarland	1	1	1	–	1	–	–	–
Schleswig-Holstein	1	1	1	1	–	–	–	–
Bundesrepublik	50	56	47	33	12	10	1	6

Erläuterungen:
A: Zahl der FHS und GSH mit Fachrichtung Sozialwesen
B: Zahl der Ausbildungseinheiten einschl. Abteilungen der in A aufgeführten Fachhochschulen
C: Zahl der Hochschulorte
D: Trägerschaft der Fach- und Gesamthochschulen (einschl. Abteilungen):
ö = öffentlich, staatlich
k = katholisch
ev = evangelisch
x = sonstige (Stiftung)
E: Zahl der Gesamthochschulen mit Fachrichtung Sozialwesen.

Fachhochschulen, Errichtung universitärer Studiengänge für Sozialpädagogik/Sozialarbeit) und ihre wissenschaftliche Fundierung und Weiterentwicklung. [H. P.]

Lit.: Blätter zur Berufskunde: 2-IV A 30 »Sozialarbeiter/Sozialpädagoge (grad.)«, 3-III E 05 »Diplompädagoge«, 2-IV A 20 »Erzieher(in)«, 2-IV A 21 »Heimerzieher«, Gütersloh.

Sozialdienste, kooperative. Gewandelte Organisationsformen der SA/SP, zusammenhängende Bedürfnisse von Klientengruppen sowie Sachzwänge interner Verwaltungsstrukturen erfordern die Einrichtung funktioneller Gesamtheiten für integrierte Aufgaben der Jugendhilfe, Sozialhilfe und der Gesundheitshilfe bei Leistungen dür deprivierte, soziale Randgruppen (Obdachlose, Suchtkranke etc.). Bürgernähe, ressortübergreifende Kooperation und Entscheidungen über Umfang, Form und Dauer sozialer Hilfen ermöglichen eine gesteigerte Wirksamkeit sozialer, psycho-sozialer sowie therapeutischer Einrichtungen. [A. S.]

Lit.: Brustat, E.: Die Sozialstation als Möglichkeit bürgernaher Verwaltung, in: Der Sozialarbeiter, Nr. 1, 1972. Iben, G.: Die Rolle der Sozialarbeit in Stadtplanung und Stadtentwicklung, in: Theorie und Praxis der sozialen Arbeit, 1971, S. 82 ff.

Soziale Administration. Im Zusammenhang mit sozialer Planung oder eigenständig gilt Soziale Administration (SAD) als Methode der SA/SP. Zunehmende Komplexität der Handlungsfelder von Bildung, Erziehung, Beratung und Behandlung in Arbeitsbereichen des privaten und öffentlichen Sozialwesens bedingen Funktionsbereiche spezieller Organisations-, Planungs- und Verwaltungstechniken. Wesentliche Aufgabenstellungen von SAD sind u. a.: Budgetplanung und Budgetverwaltung, Büro- und Verwaltungsmanagement, Personal- und Organisationsplanung. Zu Erkenntniszielen im Methodenzusammenhang von sozialer Planung und sozialer Administration gehören auch Vorplanung sowie Kosten- und Wirkungskontrolle von Interventionen und Methodenanwendungen in SA/SP. SAD trägt bei zu Prozessen der Entscheidungsfindung im Sozialwesen, unter Berücksichtigung von organisatorischen, finanziellen sowie juristischen Rahmenbedingungen. Planungsmethoden, Planungs- und Verwaltungstechniken gehören vorrangig zum Instrumentarium von SAD. Kooperierende Disziplinen sind u. a.: Betriebswirtschaftslehre, Finanz- und Verwaltungskunde mit Theorien sowie Modellen zur Planung, Organisation und Auswertung (Wirkungskontrolle) aller Aktivitäten im Bereich des öffentlichen und privaten Sozialwesens mit den Phasen von Analyse, Entscheidung und Durchführung (W. H. Staehle) →Planung, soziale. [A. S.]

Lit.: Savri, R. C.: Administration in Social Welfare, in: Encyclopedia of Social Work, 16th issue, Vol. 1., Washington, D. C. 1971, Seiten 39ff. Staehle, W. H.: Organisation und Führung soziotechnischer Systeme, Stuttgart 1973.

Soziale Aktion, Methode der Sozialarbeit, die planvolle, organisierte Aktivitäten von Personen oder sozialen Gruppen im Hinblick auf ausgewählte agogische und/oder gesellschaftliche Zielsetzungen fördert. Reichweiten und Zielkataloge weisen über den Objektbereich von Gemeinwesenarbeit hinaus. Im engeren Sinne strebt »Soziale Aktion« die

Veränderung der Einstellungen, Meinungen und Verhaltensweisen gegenüber Klientengruppen der SA/SP an (Behinderte, Obdachlose, Strafentlassene, Drogenabhängige). Im weiteren Sinn schließt die Methode der »Sozialen Aktion« die politische Aktivierung von Bevölkerungsgruppen ein, um im gesellschaftspolitischen Bereich unmittelbar auf Entscheidungsprozesse (Gesetzesgebung) und Entscheidungsträger (Abgeordnete) einzuwirken (Bürgerinitiativen, Wählerinitiativen, Aktionsgruppen). Von der politischen Aktion unterscheidet sich die soziale Aktion durch Setzung von Verbindlichkeiten für Sozialstrategien, Handlungsziele, Planungen, Prozeßabläufe im Zusammenhang mit bestimmbaren Methoden und Interventionstechniken der SA/SP. (→Katalytische SA). [A. S.]

Lit.: Reckman, P.: Soziale Aktion. Baarn, Niederlande, 1971. Thursz, D.: Social Action, Encyclopedia of Social Work, 17th Issue, Volume II. New York 1973.

Soziale Anamnese. Interventionen und Methodenanwendungen sowie Vorbereitungen, Begleitungen und Ergänzungen von Therapien über →Einzelhilfen (Case work) setzen Erhebungen von Daten und Datengruppen über Klienten voraus. Sie sollen entweder eigenständige →soziale Diagnosen ermöglichen oder in medizinische, psychologische sowie psychiatrische Anamnesen, Diagnosen und Behandlungsprogramme integriert werden.

Das jeweilige Problem, Anliegen oder Bedürfnis des oder der Klienten führt weitgehend zu unterschiedlichen subjektiven Schwerpunktsetzungen von Datensammlungen in der sozialen Anamnese (→Erhebungsbogen). Im Bereich psychosozialer Anamnese und Diagnostik entstehen logische Fehler dadurch, daß Daten und Datengruppen, die auf einer soziokulturellen Analyseebene gewonnen werden, als ätiologisch bedingte Kausalfaktoren für mannigfaltige Formen psychischer Erkrankungen sowie Typen abweichenden Verhaltens gedeutet werden (Keupp). Das Dilemma einer logischen Analyse von Daten sozialer Rahmenbedingungen (Gesellschaft) und psychischer sowie sozialer Abweichung oder Erkrankung ist nach wie vor ungelöst. Dem Sozialarbeiter und Sozialpädagogen bleibt es vorbehalten, statistisch-methodisch oder vor dem Hintergrund seines jeweiligen theoretischen Bezugsrahmens gesammelte Daten zu interpretieren. Zentrale Technik jeder Form der Anamnese bilden jeweilige Typen und Formen der Gesprächsführung mit Vorbereitungen, Einleitungen und Förderungen von Aussagebereitschaften der Klienten. Zur Technik einer solchen Gesprächsführung gehören u. a. folgende Formen von Fragen: a) offene F.; b) geschlossene F.; c) direkte F.; d) indirekte F.; e) suggestive F.; f) personenzentrierte und/oder sachneutrale F. Weitere Hinweise

auf Techniken der Datenerhebung vermitteln Einführungen in die Methodik des Interviews im Rahmen von →Empirischer Sozialforschung, →Interview.
Zu beachten im Hinblick auf Typen, Formen und Strukturen der Gesprächsführung sind Möglichkeiten des Grades von Mitbeteiligung der Klienten bei der Vorauswahl von Fragen. Als Störfaktoren bei der sozialen Anamnese sind weiterhin zu berücksichtigen: 1. Eigene Problemdefinition (verbalisiert, teilverbalisiert, nichtverbalisiert) des oder der Befragten. 2. Stigmatisierungen mittels willkürlicher Zusammensetzungen von Anamnesedaten durch Sozialarbeiter und Sozialpädagogen. Qualitative Merkmale, d. h. artmäßige Merkmale (Beruf, Geschlecht) sowie quantitative Merkmale (Körpergewicht, Einkommen, Alter) lassen sich leichter erfassen als Aggregate von Daten zu Erscheinungsformen von Krankheit, Delikt oder psychosozialem Konflikt. Bei derartigen Datengruppierungen ist vor dem Modell lebensgeschichtlicher Entwicklung vorerst zu unterscheiden zwischen Aktualfaktoren (zeitliche Nähe) und Residualfaktoren (zeitlich weiter zurückliegende Ereignisse, Einwirkungen etc.). Soziale Anamnesen können einzeln oder integriert erstellt werden nach Formen der 1) Personena.; 2) Familiena.; 3) Kindheitsa.; 4) Jugendaltera. 5) der Anamnese des human- und sozialökologischen Umfeldes (Wohnviertel, Nachbarschaft, außer-familiäre stationäre oder flukturierende Bezugsgruppen). Eine Ergänzung unvollständiger Angaben des Klienten empfiehlt sich von Fall zu Fall durch ausgewählte Formen der Fremdanamnese. [A. S.]

Lit.: Bratt, N.: Gespräch und Behandlung in der sozialen Arbeit, Weinheim, 1971. Claus, G. u. a. (Hg.): Wörterbuch der Psychologie, Leipzig, 1976. Keupp, H.: Psychische Störungen als abweichendes Verhalten, München, 1972.

Soziale Diagnose. Teils identisch mit der →Fallstudie, Fallanalyse, teils eigenständig beim Vorliegen spezifischer individueller Konflikte und Bedürfnisse, bildet die S. D. in Anlehnung an ähnliche Funktionen medizinischer Diagnosen die Voraussetzung für jede Form von Interventionen und Methodenanwendung in SA/SP. Sie dient weiterhin einer methodisch überprüfbaren Vorgehensweise bei Anwendung spezieller sozialer Techniken in eigenständiger Zielsetzung oder verbunden mit Diagnosen anderen Disziplinen (Psychologie, Medizin, Psychotherapie). Das Dilemma einer abgrenzbaren Systematik von SD liegt in der stark umstrittenen Dimensionszuordnung und Verursachung von Wirkungskomplexen in Arbeits- und Berufsfeldern der SA/SP. Unabdingbare Voraussetzung für eine SD ist die →soziale Anamnese. [A. S.]

Lit.: Alisch, L.M., Haisch, F., Rössner, L.: Entwurf einer Theorie des Diagnostizierens, in: Archiv f. Wissenschaft und Praxis der sozialen Arbeit. 2/1975, S. 93ff.

Soziale Einzelhilfe (Case-work), eine der drei primären Methoden der sozialpädagogischen/sozialen Arbeit (die anderen beiden sind: soziale →Gruppenarbeit und soziale →Gemeinwesenarbeit). Sie wird auch Einzelfallhilfe, soziale Fallarbeit oder case-work genannt. Eine klassische Definition lautet: S. E. ist eine berufliche Praxis, »in der Kenntnisse der Wissenschaften vom Menschen und Können in der Handhabung von Beziehungen dazu benutzt werden, Fähigkeiten des Einzelnen und Hilfsquellen der Gemeinschaft zu mobilisieren, um eine bessere Anpassung des Klienten an seine Umwelt oder Teile derselben herbeizuführen« (Swithun Bowers 1950).
S. E. basiert, wie alle sozialpädagogische/soziale Arbeit, auf Grundwerten der jeweiligen Gesellschaft: wie Wert, Integrität und Würde des Individuums, Selbstbestimmung, Chancengleichheit, soziale Verantwortung und Solidarität etc.. Solche Grundwerte sind Basis und Richtschnur, auf die Ziele, Wege und Mittel jeweils im einzelnen zu beziehen sind. Sie sind aber nicht statisch, sondern dynamisch aus Widersprüchen, Konflikten und Fortschrittsbewegungen einer Gesellschaft heraus zu interpretieren. Daraus abzuleiten sind allgemeine Ziele der Arbeit, die dann im Einzelfall aus Lebenslage und individuell-biographischer Situation des Klienten zu konkretisieren sind. Die Ausführung unterliegt dann bestimmten Prinzipien, die Verhalten und berufliches Handeln des Sozialarbeiters von den Grundwerten und Zielen her im Interesse des Klienten bestimmen, wie etwa dem Grundsatz des Akzeptierens, der Kommunikation, der Individualisierung, der aktiven Beteiligung des Klienten an seiner Behandlung, der Vertraulichkeit, der Selbstkontrolle des Sozialarbeiters (Maas). In der Geschichte der Entfaltung und Ausprägung der S. E. als Methodiksystem der Sozialarbeit in den USA haben verschiedene Richtungen und Schulen unterschiedliche Modelle und Ansätze entwickelt, wie das diagnostische, das funktionale, das psycho-soziale und das problemlösende Modell. Neuerdings wurden verschiedene Formen psychologischer und psychotherapeutischer Behandlung zur Anwendung in Sozialarbeitsituationen modifiziert, so die nichtdirektive oder klientenzentrierte Therapie, die Verhaltensmodifikation, die Familientherapie, Krisenintervention und Kurzbehandlung (Roberts/Nee). Arbeitssituation und Arbeitsprozeß der sozialen Einzelhilfe werden nach Komponenten, Phasen und mit Hilfe von Konzepten strukturiert und analysiert:

a) Komponenten des Sozialarbeitsprozesses: Person des Hilfebedürftigen, Problem, Position, d. h. Dienststelle, Institution, Prozeß des Hilfeablaufes: 4 Phasenkomponenten (Perlman).
b) Verfahrensschritte: Datensammlung und -zusammenstellung, Dia-

gnose und Behandlungsplan, Beratung und Behandlung, Auswertung (Evaluation).
c) Die Konzepte, mit denen ein Teil analysiert und strukturiert wird, sind je nach theoretischer Orientierung (s. o. Richtungen und Schulen) verschieden, wie etwa soziale Rolle, Anpassungsmodus, Ich-Funktion, soziales Funktionieren etc. (Maas).

Abgesehen vom unzulänglichen Entwicklungsstand und der unzureichenden wissenschaftlichen Fundierung wird die S. E. (wie die Sozialarbeit überhaupt) neuerdings grundsätzlicher kritisiert: sie sei an individualistische Konzepte gebunden und vernachlässige gesellschaftliche Bedingungsfaktoren; sie betreibe nur Anpassung des Klienten an bestehende Sozialstrukturen und damit Harmonisierung des gesellschaftlichen Zusammenlebens, damit bewirke sie die Aufrechterhaltung des bestehenden repressiven Gesellschaftssystems und kaschiere die Mängel unserer Gesellschaftsordnung etc. (Hege, Karberg). Auch diese Kritik trifft aber nicht Methode und Arbeitsform der S. E. als solche, sondern nur eine jeweilige Ausprägung, bestimmte Konzepte, Auffassungen und Modelle, und ist somit eine gezielte und provozierende Aufforderung zur Weiterentwicklung und zur Neukonzipierung der sozialpädagogischen/sozialen Arbeit. Das methodischem Arbeiten in der Sozialarbeit zugrunde liegende Postulat rationalen, gezielten und reflektierten Vorgehens begünstigt die Aufnahme neuer und umfassenderer Konzepte in das Instrumentarium der sozialen Arbeit und ihre Umsetzung aus sozialwissenschaftlichen und gesellschaftstheoretischen Ableitungen in praktische Arbeitsvollzüge. →Methoden der SA/SP. [H. P.]

Lit.: Kamphuis, M.: Die persönliche Hilfe in der Sozialarbeit unserer Zeit, Stuttgart 1963. Friedländer, W., Pfaffenberger, H. (Hg.): Grundbegriffe und Methoden der Sozialarbeit, Neuwied-Berlin 1966. Biestek, F.: Wesen und Grundsätze der helfenden Beziehung in der sozialen Einzelhilfe, Freiburg 1968. van Beugen, M.: Agogische Intervention. Planung und Strategie, Freiburg/Br. 1972. Perlman, H.: Soziale Einzelhilfe als problemlösender Prozeß, Freiburg, Br. 1970. Maas, H.: Soziale Einzelhilfe, in: Friedländer/Pfaffenberger, Grundbegriffe und Methoden der Sozialarbeit. Neuwied-Berlin, 1958–1969; Karberg, W.: Soziale Einzelhilfe – Methode als Beeinflußungsinstrument, in: H. Otto/S. Schneider (Hg.): Gesellschaftliche Perspektiven der Sozialarbeit, Neuwied 1973, Band 2.

Soziale Indikatoren, Kennziffern für die Analyse und Bewertung von Entwicklungen, Maßnahmen sowie gegenwärtigen und zukünftigen Zuständen im Mikro- und Makrobereich sozialer Systeme und Institutionen (Haushalte, Bevölkerungsgruppen), ermöglichen sie rechtzeitige und wirksame staatliche Maßnahmen und agogische Interventionen. Statistische Ämter registrieren über Indikatorengruppen u. a. Zustände der Wohlfahrt, der Lebensqualität, der Verelendung sowie der Gefährdung sozialer Gruppierungen. Im System der S. I. lassen sich für die Handlungsfelder von Sozialarbeit/Sozialpädagogik unterscheiden:

1. Zustandsindikatoren: Kennziffern (Maßzahlen) für Ist-Lage (Gesundheitszustände von Randgruppenmitgliedern wie Obdachlose, Suchtkranke);
2. Bedarfsindikatoren: Kennziffern für zu erstrebende Zustände (Bedarf an medizinischer und sozialer Versorgung von Obdachlosen, psychisch Kranken, Heimplätze);
3. Zielindikatoren: Kennziffern für Planungsziele, die sich nach Phasen unterteilen lassen (Aufwand von Sach- und Personalkosten für kurz-, mittel- und langfristige Versorgungen);
4. Effizienz- oder Wirkungsindikatoren: Kennziffern für die Wirksamkeit staatlicher und/oder agogischer Maßnahmen;
5. Retrospektivindikatoren: Kennziffern für bereits abgelaufene Entwicklungen, Zustände, die mit ihren »Sachzwängen«, sowie Wirkungen bestehende und zukünftige Zustände sozialer Systeme beeinflussen (A. Schwendtke). [A. S.]

Lit.: Ballerstedt, E. u. Glatzer, W.: Soziologischer Almanach, Frankfurt/M. 1975. Werner, R.: Soziale Indikatoren und politische Planung, Reinbek bei Hamburg 1975. Zapf, W.: Soziale Indikatoren, Bd. I–III, Frankfurt/M. und Freiburg, Br., 1971. Schwendtke, A.: Retrospektive Indikatoren, Manuskript, Trier 1976.

Soziale Integration. Ausgehend von der Grundvoraussetzung, daß in allen bekannten Gesellschaften abweichendes Verhalten, soziale Differenzierung sowie Segregation mit oder ohne Bestrafungen (Sanktionen) und Belohnungen (Gratifikationen) zu verzeichnen sind, ergibt sich für eine Praxistheorie von SA/SP die Fragestellung a) nach einer theoretischen und empirischen Definition des Begriffs S. I. unter dem Gesichtspunkt sozialer Beziehungen, Interaktionsdichte, Interaktionshäufigkeit etc.; b) nach Typen sozialer Integration im Zusammenhang mit Handlungszielen der SA/SP, nach Gradmerkmalen wie totale, überwiegende oder partielle I., zeitlich, auf Ebenen der Persönlichkeit beschränkt, wie Einstellungen, Sprache, Verhaltensformen, Interaktionsmuster, Normensetzungen, Meinungen. Formal läßt sich das Ausmaß von S. I. etwa in sozialen Gruppierungen mit den Begriffen »Kohäsion«, d. h. struktureller, innerer Zusammenhalt, oder »Diffusion«, d. h. Verschmelzung, Vermischung, umschreiben. Entgegengesetzt ist eine Analyse von fehlender S. I. über Kategorien wie »soziale Differenzierung«, »Distanzierung«, »Desintegration« oder »Segregation«, d. h. Ausscheidung, Trennung, Abspaltung, möglich, (Obdachlose, alte Menschen, Behinderte). Somit umfassen Vorüberlegungen zu Methodenanwendungen von SA/SP Untersuchungen zu angestrebten Formen und Zuständen von S. I. etwa als Anpassung, Assimilation mit gegenseitigen Änderungen von Einstellungen, Meinungen und Verhaltensweisen sowie Typen- und Hypothesenentwicklungen zur S. I. Für methodische Zielsetzungen erweisen sich Entwicklungen formaler Modelle zu erstrebten Zuständen von S. I. als notwendige Erkenntnis- und Handlungsvoraussetzungen. [A. S.]

Lit.: Seibel, H. D.: Abweichendes Verhalten und soziale Integration, in: Kölner Ztschr. f. Soz. u. Sozialpsychologie, Nr. 1/1974.

Soziale Planung richtet sich, im Unterschied z. B. zu einer →Soziologie der Alternativen, aus an von Planungsträgern außerhalb des Wissenschaftsbereichs vorgegebenen Zielen und allgemeinen Ordnungsvorstellungen und spezifiziert zweckrationale Mittel zur Verwirklichung dieser Ziele, die signifikante Veränderungen im Bereich sozialer Beziehungen beinhalten. I. e. S. ist das Ziel s. P. die Mobilisierung von Kräften, um als soziale Probleme definierte Situationen einer Lösung zuzuführen (R. Warren). Die Effektivität technischer Systeme ist oft hauptsächlich durch materielle Faktoren bedingt, wohingegen z. B. P. im Ausbildungsbereich, um effektiv zu sein, der aktiven Teilnahme der Lernenden bedarf (M. Broady). Außerdem verändern sich die Bedingungen s. P. oft während der Plandurchführung durch unvorhergesehene/unvorhersehbare Reaktionen der Planadressaten und ihre Interaktionen mit nicht direkt betroffenen Personen oder Organisationen. Träger der P. können Personen, Gruppen und Gebietskörperschaften sein. Dies können politisch-administrative, wirtschaftliche, berufsständische usw. Einheiten sein. S. P. hat vor allem die Wünsche und Handlungen der Planadressaten zu berücksichtigen, was angemessen nur bei deren Beteiligung an der Zielspezifizierung und der Mittelauswahl möglich ist. Dies kann Planungswiderstände reduzieren oder Fehlplanungen vermeiden helfen. Unterschieden werden kann z. B. zwischen einmaligen und wiederkehrenden P., nach deren Zeitdauer und nach Anwendungsbereichen. Als Rahmenbedingungen der Sozialarbeit sind z. B. wichtig Raum- und Stadtplanung und Planungskonzeptionen zur Jugendarbeit (Bundes-, Landes-, kommunale Jugendpläne), Altenhilfe- oder Obdachlosenfürsorgepläne. Nach einer Kapazitäten- (Ressourcen-) analyse und der Spezifizierung des Ziels der s.P. (Vergleich: Ist-Soll), erfolgt die Detailplanung der einzelnen Planungsabschnitte. Die wichtigsten zu berücksichtigenden Faktoren sind hierbei: Personal- und Sachmittelbedarf, Zeitbudget, möglicherweise notwendig zu realisierende Zwischenziele und Risiken bei der Planungsdurchführung. P. im Bereich der Sozialarbeit geht meist von den gesetzlich vorgegebenen

Zielen aus, die weniger anstreben können als nach den Normen der entsprechenden Gesellschaft als »notwendig« oder von den Planadressaten als »erwünscht« angesehen wird. Es ist zu beachten, daß Planungsaufwand und -ziele in einem wirtschaftlich angemessenen Verhältnis zueinander stehen. [P. L.]

Lit.: Habermehl, P.: System und Grundlagen der Planung, Bonn o. J.; Heywood, P.: Planning and Human Need, Newton Abbot 1974. Naschold, F. und Väth, W. (Hg.): Politische Planungssysteme, Opladen 1973.

Soziale Probleme, Situationen einer Menge von Personen (Population, Gruppe, Schicht, Klasse, Sozialkategorie), die nach Meinung einer oder mehrerer Personen in einer Gesellschaft durch →Maßnahmen (politische), →Interventionen (agogische), →Behandlungsprogramme, Therapien und/oder Eigeninitiativen verändert werden sollen. Für den Arbeitsbereich von SA/SP stellen sich soz. P. als Zustände individueller und kollektiver Mängel, Defizite (→Depravation, →Deprivation) dar, die mit Hilfe geeigneter Methoden (Interventionen) behoben werden sollen. Weitreichende soz. P. der gegenwärtigen Industriegesellschaften stellen sich dar in Erscheinungsweisen von Suchtkrankheiten, relativer Armut, diskriminierenden Wohnens (Obdachlosigkeit), körperlicher Behinderung, psychischer Erkrankung, defizitärer Bildung und Erziehung, sozialer Isolation sowie Segregation (alte Menschen, ausländische Arbeiter). Bei Lösungen soz. P. werden je nach Verursachung, Struktur, Größe und Intensität (Grad der →Deprivation) Überlegungen zur Auswahl, Kombination und Abfolge von Methoden (Interventionen) der SA/SP vorausgesetzt, die der Ergänzung oder Ablösung durch →Maßnahmen öffentlicher Träger bedürfen (Gesundheits-, Sozial-, Bildungs-, Jugendpolitik). [A. S.]

Lit.: Bellebaum, A., Braun, H. (Hg.): Reader soziale Probleme, Frankfurt/M., 1974.

Soziale Sicherheit, Soziale Sicherung. 1. Wesentlicher Teilbereich der Sozialpolitik, zu der der Staat durch das →Grundgesetz verpflichtet ist (→Sozialstaat). Als Recht auf »social security« in der Menschenrechtserklärung der UNO 1948 gewährleistet, stellt die S. den Inbegriff aller staatlichen Maßnahmen dar, die zum Ziel haben, einzelne oder Gruppen vor einer Verschlechterung ihrer Existenzgrundlage zu bewahren, die sie nicht aus eigener Kraft verhindern können (→Sozialethik). In der BRD vollzieht sich die S. in 3 Formen: a) Versicherung, b) Versorgung, c) Hilfe.

Zu a) Die Solidargemeinschaft der (einkommensschwachen) Arbeitnehmer wird gesetzlich gezwungen, nach Maßgabe ihres Leistungsvermögens, einen Teil ihres Arbeitseinkommens als Beitrag an einen gemeinsamen Vermögensfonds abzuführen, um damit diejenigen Lebensrisiken abzudecken, die absehbar sind, vom einzelnen aber wegen seiner schwachen sozialen Lage allein kaum bewältigt werden können: Krankheit, Alter, Unfall, Arbeitslosigkeit. Es handelt sich hierbei um den gesamten Bereich der →Sozialversicherung.

Zu b) Sofern der einzelne Dienstleistungen oder Opfer im Interesse der Allgemeinheit aufgrund nicht vorhersehbarer Lebensrisiken (Krieg; Verhaftung; Impfung) erbracht hat, so erhält er aufgrund einer öffentlich-rechtlichen Risikohaftung eine Entschädigung; solche sozialen Versorgungsansprüche ergeben sich z. B. aus dem Bundesversorgungsgesetz (für Kriegsopfer), dem Lastenausgleichsgesetz (für kriegsbeschädigte Heimatvertriebene) oder dem Bundesseuchengesetz (für Impfgeschädigte).

Zu c) Ist jemand bedürftig geworden und droht die Gefahr, daß sein Einkommen unter das Existenzminimum absinkt, so erhält er, ohne daß er eine Vorleistung erbracht hätte und unabhängig von der Ursache der Notlage, eine Hilfe (früher Fürsorge genannt), allerdings nur subsidiär, d. h. wenn er andere nicht in Anspruch nehmen kann (→BSHG, →Jugendhilferecht, →JWG).

2. Eine Zusammenfassung aller rechtlichen Regelungen der S. soll in einem →Sozialgesetzbuch vorgenommen werden. In der Rechtsprechung und der Rechtswissenschaft beschäftigt man sich heute in besonderem Maß mit der Frage, ob den vom Einzelnen aufgrund seiner Arbeit aus der Sozialversicherung und der Versorgung (also 1 a und b) erworbenen Ansprüchen der gleiche verfassungsmäßige Schutz nach Art. 14 GG (→Grundrechte) zukommen soll wie dem Sacheigentum, da sie für den Durchschnittsbürger heute den gleichen Wert der Existenzsicherung haben wie in der Zeit des bürgerlichen (liberalen) →Rechtsstaats (→BGB) das Sacheigentum für das Bürgertum, oder ob man in das Grundgesetz zur Sicherung dieser Rechte besondere soziale →Grundrechte einfügen soll, oder ob die Verankerung im verfassungsrechtlichen Prinzip des →Sozialstaats bereits als hinreichende dauerhafte Verbürgung anzusehen ist. Daß eine verfassungsrechtliche Absicherung der substantiellen, die Lebensgrundlage erhaltenden Rechte erforderlich ist, zeigt gerade die in wirtschaftlichen Krisenzeiten oft erhobene Forderung nach einem Abbau der sozialen Rechte. Eine einschneidende »soziale Demontage« würde den sozialen →Rechtsstaat in Frage stellen. [U. W.]

Text: Luber, F. (Hg.): Deutsche Sozialgesetze. Sammlung des gesamten Arbeits- und Sozialrechts. 2 Bände in 6 Ordnern, Percha 1979^3.
Lit.: Agnelli, G./A. Berenstein u. a.: Die Europäische Sozialcharta. Weg zu einer europäischen Sozialordnung? Baden-Baden 1978. Bethusy-Huc, V. v.: Das So-

zialleistungssystem der BRD, Tübingen 1976[2]. Brück, G. W.: Allgemeine Sozialpolitik. Grundlagen – Zusammenhänge – Leistungen, Köln 1976. Brück, G. W./ Eichner: Perspektiven der Sozialpolitik. Synopse sozialpolitischer Vorstellungen, Göttingen 1974. Christmann/Hesselbach u. a. (Hg.): Sozialpolitik. Ziele und Wege, Köln 1974. Kaufmann, F.-X.: Sicherheit als soziologisches und sozialpolitisches Problem, Stuttgart 1973[2]. Molitor, B.: Sozialpolitik auf dem Prüfstand, Hamburg 1976. Richter, Arnt: Grundlagen des Rechts der sozialen Sicherheit, Stuttgart 1979. Schlüter, U.: Rechtsgrundlagen der Sozialen Sicherung (FHS-Skript), Stuttgart 1974. Türk, H. J. (Hg.): Wandlungen sozialer Hilfe. Zu einer gemeinsamen Theorie von Sozialarbeit und Sozialpädagogik, Düsseldorf 1976. Weber, E./W. Bitzer: Arbeitsrechts- und Sozialfibel, Köln 1977[14].

Soziale Sicherung (SoS), Begriff zur volkswirtschaftlichen sowie gesellschafts- und sozialpolitischen Analyse aller Leistungen öffentlicher und privater Institutionen für die Gewährung von direkten und indirekten materiellen und immateriellen (Beratung, Aufklärung) Hilfen an Einzelpersonen und soziale Gruppen in besonderen Lebenslagen.
Eine Systematik von sozialer Sicherung (SoS) erfaßt in Teilbereichen: Gruppe A.: 1. Allgemeine Systeme, 2. Sondersysteme, 3. beamtenrechtliche S., 4. Ergänzungssysteme. Gruppe B.: 1. Arbeitgeberleistungen, 2. Entschädigungen, 3. Soziale Hilfen und Dienste, 4. Indirekte Leistungen. Wesentlich im System sozialer Sicherung für die Praxis der SA/SP sind die sozialen Hilfen und Dienste ohne Vermögensbildung mit den Sektoren: I. Sozialhilfe →Bundessozialhilfegesetz (BSHG), II. Jugendhilfe, III. Ausbildungsförderung, IV. Wohngeld, V. Öffentlicher Gesundheitsdienst.
In der volkswirtschaftlichen Gesamtrechnung jedes Staates werden die Leistungen zur SoS im Sozialbudget über die Sozialleistungsquote in Prozenten v. H. des Bruttosozialproduktes (Summe aller produzierten Güter und erbrachten Dienstleistungen einer Volkswirtschaft) erfaßt. Die Sozialleistungsquoten haben im Lauf der letzten Jahrzehnte erheblich zugenommen. Zwischenzeitliche Veränderungen richten sich nach wirtschaftlichen Konjunkturabläufen.
SoS im Rahmen öffentlicher Sozialleistungen bietet über die Sozialversicherung die wichtigste Grundlage gegen drohende materielle Überbelastungen und Verarmung bei Krankheit, Arbeitsunfällen, Berufs- und Erwerbsunfähigkeit, Arbeitslosigkeit und anderen Lebensumständen. Über die Gewährung von Steuervorteilen ermöglicht der Staat die Gewährung von betrieblichen Sozialleistungen der privaten Arbeitgeber.
Zum Gesamtsystem der SoS gehören weiterhin Förderungen der freiwilligen Tätigkeit von Trägern freier Wohlfahrtspflege sowie staatliche Maßnahmen zur Vermögensbildung. Weiterhin werden öffentliche Jugendförderungsmaßnahmen (Ausbildungsförderung, Kindergeld, Schulspeisungen, Schulgesundheitspflege, Maßnahmen der Gesundheitsauf-

klärung und Gesundheitserziehung) zur SoS gerechnet, ebenso wie der kostenlose Schul- und Hochschulbesuch, die Finanzierung von Bundes- und Landesjugendplänen sowie die kommunalen Sach- und Personalausgaben für Jugend-, Sozial- und Gesundheitsämter.
Die westeuropäischen Staaten nehmen hinsichtlich des Ausgabenvolumens für das Gesamtsystem von SoS in der Welt eine Spitzenstellung ein. Rechtsgrundlagen und Rechtsquellen zur SoS werden gegenwärtig schrittweise im →Sozialgesetzbuch zusammengefaßt. [A. S.]

Lit.: Braun, H.: Soziale Sicherung. System und Funktion, Stuttgart 1972. Kaufmann, F. X.: Sicherheit als soziologisches und sozialpolitisches Problem, Stuttgart 1973². Schewe, D., Schenke, K. u. a. (Hg.): Übersicht über die soziale Sicherung. Der Bundesminister für Arbeit und Sozialordnung, Bonn 1977. Türk, H. J. (Hg.): Wandlungen sozialer Hilfe. Zu einer gemeinsamen Theorie von Sozialarbeit und Sozialpädagogik, Düsseldorf 1976.

Soziale Wahrnehmung, Beeinflussung der Wahrnehmung durch Persönlichkeitsvariablen und soziale Variablen wie Einstellungen, Motive, Gruppenzugehörigkeit. Unter s. W. fallen Phänomene der Akzentuierung von Zielgegenständen der Bedürfnisse. So ließ sich z. B. sichern, daß Kinder armer Eltern die Größe von Geldmünzen eher überschätzen als Kinder reicher Eltern. Eine weitere Form der s. W. stellt die Wahrnehmungsabwehr dar, derzufolge negative soziale Bewertung von Wahrnehmungsgegenständen (z. B. Tabuwörter) deren Erkennungsschwelle heraufsetzt. [G. S.]

Lit.: McDavid, J. W., Harari, H.: Social psychology, New York 1968. Tajfel, H.: Social and cultural factors in perception, in: Lindzey, G., Aronson, E. (Hg.): Handbook of social psychology, Bd. 3, Reading 1969.

Sozialer Brennpunkt, Wohnbereich oder Begegnungszentrum mit überdurchschnittlichem Anteil von hilfsbedürftigen Personen oder sozial benachteiligten Gruppen. Klienten von SA/SP in sozialen Brennpunkten sind gekennzeichnet durch ein bestimmbares Maß von →Depravation, →Deprivation. Methodische sowie therapeutische Zielsetzungen, ergänzt durch Maßnahmen öffentlich-rechtlicher Träger (Bund, Länder, Kommunen), streben entweder Integration von Randgruppenmitgliedern zu Gruppierungen umgebender Wohn- und Siedlungsbereiche an oder bieten Chancen eigenbestimmter Daseinsverwirklichung. Bewohner oder Interaktionspartner von s. B. unterliegen Stigmatisierungs- und Segregationseinwirkungen mit daraus resultierenden Folgesyndromen sogenannter »Sozialneurosen« (H. Richter). Die Aufgabe von SA/SP liegt darin, über ein zielgruppengerechtes, entfaltetes Methodeninstrumentarium (Spielstuben, Jugendarbeit, Sozialberatung, Familienhilfen, Erwachsenenbildung) stufenweise und phasenorientiert sach- und problemgerechte Integrationshilfen zu vermitteln. Die Typenvielfalt sozialer →Deprivation und →Depravation erfordert methodische und interventionstechnische Entwicklungen zu objekt- und situationsgerechten Modellen der Arbeit von SA/SP in sozialen Brennpunkten. [A. S.]

Sozialerziehung. Sozialerziehung zielt auf den Erwerb von Fähigkeiten, die jungen Menschen eine möglichst kompetente Handhabung ihrer Außenbeziehungen ermöglichen. Unter »Außenbeziehungen« werden alle Interaktionen mit Menschen oder Menschengruppen verstanden, die für das Leben der zu Erziehenden bedeutsam sind. Die Außenbeziehungen werden dann »kompetent« gehandhabt, wenn die jungen Menschen nach Abwägung verschiedener Verhaltensmöglichkeiten selbständig eine Handlungsentscheidung treffen und sie situationsangemessen verwirklichen können.

Nicht zu trennen von der Sozialerziehung ist die Individualerziehung. Ihr Ziel ist es, jungen Menschen bei der Identitätsfindung zu helfen und zum Aufbau eines stabilen Persönlichkeitsbildes beizutragen. Nur dann, wenn Kinder und Jugendliche ihr Selbst als Wert erfahren, und wenn es gelingt, ihr Denken, Fühlen und Wollen zu integrieren, wird die doppelte Zielsetzung der Sozialerziehung erreichbar sein: das flexible Einordnen in vorgegebene Ordnungsformen und die Ermöglichung der Veränderung dieser Formen. Grundlage dieser doppelten Zielsetzung ist die Überlegung, daß Sozialerziehung nicht nur als ein Anpassungsprozeß des einzelnen an die Erfordernisse bestehender Gruppen angesehen werden darf, sondern daß der einzelne auch die Möglichkeit erhalten muß, Gruppen und Gruppierungen im Sinne individueller oder allgemeiner Bedürfnisse zu verändern.

Zur Verwirklichung dieser doppelten Zielsetzung ist es die Aufgabe der Sozialerziehung, dem jungen Menschen zu helfen, seine Abhängigkeit von Bezugspersonen zu mindern, seine Angst abzubauen, sich selbst als einzigartige Person zu erfahren, den Umgang mit seinen Gefühlen zu erlernen, zwischenmenschliche Konflikte auszuhalten und – wenn möglich – »niederlagelos« zu lösen, kooperativ zu handeln, Regeln anzuerkennen, die Veränderbarkeit von Regeln zu erfahren, Vorurteile als solche zu erkennen und abzubauen, zu lernen, sich in andere einzufühlen und ihnen zu helfen, rücksichtsvolles Verhalten als eine Möglichkeit der Erweiterung der Freiräume aller schätzen und praktizieren zu lernen.

Sozialerziehung, die sich auf die Anbahnung dieser Ziele richtet, muß in öffentlichen Bildungseinrichtungen sowohl durchgehendes Lernprinzip als auch Gegenstand curricularer Planungen sein. Sozialerziehung als Prinzip macht es erforderlich, daß das Lernen in der Gruppe so arrangiert wird, daß der Erwerb erwünschter sozialer Verhaltensweisen bei allen Aktivitäten unabhängig vom Inhalt »nebenbei« erfolgt. Sozialerziehung als Gegenstand curricularer Planung schließt ein, daß ihre Ziele mit Hilfe geeigneter Inhalte, Methoden und Medien ausdrücklich und systematisch angestrebt werden und daß – wenn möglich – überprüft wird, ob und inwieweit die Ziele erreicht worden sind. [H. H.]

Lit.: Hielscher, H. (Hg.): Materialien zur sozialen Erziehung im Kindesalter, Heidelberg 1976[2]. Hielscher, H. (Hg.): Sozialerziehung konkret. Materialien zur systematischen Sozialerziehung im Kindergarten, in der Schuleingangsstufe und im Elternhaus, Hannover 1977. Hundertmarck, G.: Soziale Erziehung im Kindergarten, Stuttgart 1971. Schmitt, R. u. a.: Soziale Erziehung in der Grundschule, Frankfurt (M) 1976. Stange, W. und Tiemann, D.: Materialien zur sozialen Erziehung im Kindesalter 2, Heidelberg 1977.

Soziales Handeln. Handeln soll nach einer Definition von M. Weber »ein menschliches Verhalten (äußeres oder innerliches Tun, Unterlassen oder Dulden) heißen, wenn und insofern als der oder die Handelnden mit ihm einen subjektiven Sinn verbinden.« Mit einem Sinn verbunden ist Handeln etwa dann, wenn der Handelnde rational ihm nützlich erscheinende Ziele verfolgt (zweckrationales H.), sich von bestimmten Werten oder von eingelebten Traditionen leiten läßt (wertrationales bzw. traditionales H.), oder sein H. durch aktuelle Affekte und Gefühlslagen bedingt ist. Bloße psychophysische Reaktionen, rein reaktives, reflexartiges Verhalten, bloße Nachahmung sind also nicht H. in diesem Sinne. S. H. soll nach M. Weber »das H. heißen, welches seinem, von dem oder den Handelnden gemeinten subjektiven Sinn nach auf das Verhalten anderer bezogen und daran in seinem Ablauf orientiert ist.« Die im soz. H. beobachtbaren Regelmäßigkeiten sowie die Prozesse wechselseitiger Orientierung sind zentrale Probleme der Soziologie. Der Analyse von H. prozessen wird dabei meist folgendes Modell zugrunde gelegt: A beobachtet B's Handeln und versucht darin B's Ziele und Motive festzustellen und diese mit seinen Zielen und H.sabsichten zu koordinieren. Im Zuge fortgesetzter Interaktion erkennt A in B's H. wiederkehrende typische Muster. Dabei merkt A, welche H.abschnitte, Objekte, sprachlichen Handlungen von B Anzeichen (Symbol) für diese Typen von Handlungen bilden. Die Orientierung an diesen Symbolen ermöglicht eine fortgesetzte Typisierung des H. und die Antizipation des H.ablaufs. Die Richtigkeit von Symbolinterpretation, Typisierung und Antizipation des H.ablaufs kann A daran überprüfen, ob B erwartungsgemäß handelt und A's eigene Ziele und H. mit denen von B kompatibel sind, von B also nicht negativ sanktioniert werden. Gegebenenfalls muß A Symbolinterpretation, Typisierung des H.ablaufs oder eigene H.planung ändern. Dieselben Prozesse laufen bei B. ab. – Die Interaktionspartner handeln in der Regel jedoch nur einen Teil der Interpretationen und H.muster im Zuge ihres Interaktionsprozesses selbständig aus. Vielmehr bringen sie durch ihr in der Sozialisation erworbenes Alltagswissen ein Repertoire an Typisierungen eigener Bedürfnisse, Handlungsziele, Symbole und Handlungen in den Interaktionsprozeß ein. Diese Typisierungen sind großenteils für die Gesamtgesellschaft sowie ihre Subsysteme verbindliche (d. h. als Normen, Werte institutionalisierte, durch Sanktionen und soz. Kontrolle abgesicherte), mit bestimmten Positionen verbundene, zu Rollen gebündelte H.muster. Sie existieren also auch unabhängig von Handelnden. Relative Übereinstimmung und Regelmäßigkeit im soz. H. ist also wesentlich durch die Existenz dieser verbindlichen H.muster, ihre Internalisierung während der Sozialisation und ihre soz. Kontrolle bedingt. Bei konkreten Interaktionsprozessen werden diese H.mustern angewandt, konkretisiert, modifiziert und auch neu entwikkelt.

Begriff und Modell soz. H. bilden einen Ausgangspunkt insbes. für mikrosoziologische Problemstellungen. Gemäß dem jeweiligen theoretischen Standpunkt des Forschers werden bestimmte Aspekte und Rahmenbedingungen d. Modells stärker betont. So gilt das Hauptinteresse symbolischer Interaktionisten dem konkreten H., dem Prozeß der Symbolorientierung, der Handlungsplanung, der retrospektiven Deutung und Kontrolle d. H., während strukturell-funktionale Analysen, hauptsächlich orientiert an funktionalen Problemen stabiler Systeme, sich schwerpunktmäßig mit Sozialisation und soz. Kontrolle als Grundlagen für Regelmäßigkeit und Übereinstimmung soz. H. beschäftigen. Zentrale Fragestellungen einer allgemeinen H.theorie erörtern zur Zeit, ob sich Soziologie auf eine allgemeine H.theorie reduzieren ließe, wie dabei makrosoziologische Prozesse auf mikrosoziologische zurückgeführt werden können und welches Gewicht der Spontanität des Handelnden, und dem konkreten Interaktionsprozeß im Vergleich zu den gesamtgesellschaftlichen Determinanten des H. (Normen, ihrer Internalisierung in d. Sozialisation, der soz. Kontrolle) zukommen soll. (→Verhalten, Interaktion, →Rolle). [H. B.]

Lit.: Weber, M.: Wirtschaft und Gesellschaft, Köln, Berlin, 1964 Parsons, T.: The Structure of Social Action, Glencoe 1961². Wiehn, E. R.: Soziales und Verhalten, Tübingen 1971. Haferkamp, H.: Soziologie als Handlungstheorie, Düsseldorf 1972. Girndt, H.: Das soziale Handeln als Grundkategorie erfahrungswissenschaftlicher Soziologie, Tübingen 1967. Hummell, H. J.: Psychologische Ansätze zu einer Theorie sozialen Verhaltens, in: König R. (Hg.) Hdb. d. emp. Sozialforschung II, 1969. Schütz, A.: Der sinnhafte Aufbau der sozialen Welt,

Wien, 1960². Mead, G. H.: Geist, Identität und Gesellschaft, Frankfurt am Main 1968².

Soziales Lernen gilt als ein zentrales Thema der Sozialisationsforschung und -theorie. Es geht dabei um die Vermittlung sozialer Normen und Werte an neue Mitglieder eines sozialen Systems, (Familie, Kindergarten, Schule, Arbeitsplatz oder Freizeitbereich). Der Begriff SL gilt für eine Lerntheorie, die, gleich klassischen Lerntheorien, zu erklären versucht, wie neue Verhaltensweisen erworben werden können und wie Verhaltensweisen sich ändern können. »Soziale Lernprozesse sind daher im Sozialisationsprozeß verantwortlich für alle Verhaltensweisen, die Kinder offensichtlich durch Beobachtung und Nachahmung von den Eltern erlernen, angefangen vom Sprechenlernen bis zu den komplexen Verhaltensformen sozialer Interaktion. S. L. bezeichnet also zunächst einmal die Technik, nämlich Beobachtung und Imitation, durch die gelernt wird« (Lohmann). Beobachtungslernen und S. L. scheinen daher den gleichen Sachverhalt zu bezeichnen.
S. L. im weiteren Sinne wird gekennzeichnet durch Nachahmung von Verhaltensweisen, die an einem Modell beobachtet werden und durch Motive zur Imitation gekennzeichnet werden, die verstärkend wirken. Diese Beschreibung wird sowohl von Freud als auch von Skinner, Miller und Dollard sowie von Bandura und Walters gegeben. Letztere führen eine Differenzierung als S. L. im »engeren Sinne« ein. Sie unterscheiden im Lernvorgang zwei Phasen. Die eine betrifft das, was die Autoren »Modellieren« nennen. Dabei wird ein Verhalten durch bloße Beachtung erlernt, es braucht jedoch nicht in Erscheinung zu treten wegen negativer Verstärkung oder durch das Fehlen von positiven Anreizen. Die zweite Phase tritt ein, wenn das beobachtete Verhalten durch Verstärkungsmechanismen als auslösende Variablen positiv begünstigt oder hervorgerufen wird. Verstärkung, eine der wichtigsten Variablen des Lernprozesses, gilt daher auch beim S. L. Hinzu kommen weitere Variablen, etwa wenn ein Modell einen höheren sozialen Status besitzt, wenn es eine Machtposition einnimmt, oder wenn es mit seinem Verhalten Erfolg hat. Diese Variablen wurden von Bandura und Walters in Experimenten mit Kindern herausgefunden.
Schwäbisch und Siems haben für den Bereich des S. L. für Erwachsene folgende Problembereiche beschrieben: Lernen durch Erfahrung; Soziale Angst, Ausdruck von Gefühlen, Feed-back, Selbstkommunikation, Partner-zentriertes Gespräch, Konfliktgespräch, Verhaltensänderung. Für jeden Bereich geben sie inhaltliche Informationen und dazu Anweisungen für Übungen. Es fällt auf, daß sowohl der Bereich der Selbsterfahrung und Selbstexploration bearbeitet wird als auch der Umgang mit dem Anderen. Diese beiden Aspekte sind in fast allen Theorien des S. L.

enthalten. Das Ich wird ebenso mit in den Blick genommen wie das Du und das Wir. Explizit findet sich diese Auffassung in der »Themenzentrierten Interaktion« von Ruth Cohn und geht zurück auf grundsätzliche Prinzipien wie etwa »liebe deinen Nächsten, denn er ist wie du« (Cohn).
Die Ziele des S. L. werden unterschiedlich differenziert dargestellt. So sprechen Schwäbisch und Siems von Verhaltensaufbau bei Kindern und Verhaltensänderung bei Jugendlichen und Erwachsenen. Das Erkennen von Bedürfnissen und die Gestaltung von Beziehungen stehen im Vordergrund des S. L.
Krappmann spricht im Kontext der Interaktions- und Rollentheorie von folgenden Grundfähigkeiten der sozialen Kompetenz: Empathie (Einfühlungsfähigkeit); kommunikative Kompetenz; Rollendistanz; Ambiguitäts- und Frustrationstoleranz (A. = Zweideutigkeit, Mehrdeutigkeit) und Entscheidungsfähigkeit.
Kösel stellt einen Kanon von Lernzielbereichen auf, die er jeweils in Lern- und Handlungsziele differenziert. Dabei wird deutlich, daß das Vorhaben, S. L. in Ziele zu operationalisieren, nicht gelingen kann aus den oben genannten Gründen, so daß nämlich S. L. ein Lernen in der Begegnung, also nicht planbar, und mithin also nicht kontrollierbar ist. Die von Kösel im Wissen um diese Schwierigkeiten definierten Zielbereiche sind:
1. Fähigkeit zur Integration von »sachkundigem« und »sozialeinsichtigem« Verhalten, z. B. Kooperationsfähigkeit.
2. Soziale Kompetenz, d. h. die Fähigkeit eines Menschen, sich in sozialen Situationen richtig zu verhalten. Im Sinne von Krappmann soll abgewogen werden, wieviel an Übernahme von Normen nötig ist und inwieweit eigene Interpretationsmöglichkeiten realisiert werden können.
3. Kommunikative Kompetenz. Gemeint ist eine in der Sprache angelegte Verfügung über den Sinn und die Interpretation von Aussagen.
4. Fähigkeit zum emotionalen Wachstum, wie etwa: Trauer ausdrücken; über sich selbst lachen können; Aggression als ein Mittel der eigenen Entwicklung sehen; Angst ertragen und aufarbeiten; Vertrauen ausstrahlen und gewähren; Liebeszuwendung mit anderen teilen.
5. Kompetenz zur Selbst- und Ichsteuerung (Identitätsförderung), im einzelnen: Fähigkeit, seine eigene Entwicklung zu übersehen; Fähigkeit zur Distanzierung vom eigenen Ich; Fähigkeit zur Prüfung von eigenen und fremden Wertungen, u. a.
6. Therapeutische Fähigkeiten wie Fähigkeit zur Überwindung von Angst; Wille und Bereitschaft zum Aufbau von Zweierbeziehungen; Bewältigung von Ambivalenzsituationen, u. a.
7. Politische Handlungsfähigkeit, wozu gehören: Fähigkeit, Macht zu übernehmen; Fähigkeit, Sanktionen zu ertragen; politische Strukturen

analysieren können, u. a. An all diesen Beispielen wird deutlich, daß eine Operationalisierung fast nicht möglich ist. Wichtig ist auch, daß sich das S. L. nicht nur auf den privaten oder beruflichen Bereich bezieht, sondern durchaus auch auf den öffentlichen und gesellschaftlichen.
Für das methodische Vorgehen beim S. L. schlagen Schwäbisch-Siems einen Fünferschritt vor, der plausibel erscheint: 1. Absichten, etwas zu tun, Vornahme, 2. Ausschicken von Verhalten, um diese Absicht zu erreichen, 3. Feed-back vom Partner oder der Gruppe über die Auswirkungen des Verhaltens, wie die Mitteilung angekommen ist, 4. Feedback verarbeiten und evtl. neue Verhaltensziele entwickeln, 5. Durch Verhaltensübung die neue Verhaltensweise befestigen. [I. B.]

Lit.: Lohmann C.: Schule als soziale Organisation, Bad Heilbrunn 1978. Kösel, E.: Soziale Lernziele in der Schule, Ravensburg 1975. Krappmann, L.: Soziologische Dimension der Identität, Stuttgart 1971. Schwäbisch-Siems: Anleitung zum sozialen Lernen für Paare, Gruppen und Erzieher, Hamburg 1974.

Sozialethik, Soziallehre. Die Sozialethik gehört sowohl zur Philosophie als auch zu den Sozialwissenschaften (→Soziologie); im Unterschied zu den rein empirischen Sozialwissenschaften ist die SE aber normativ, da sie Handlungsanweisungen für die Bewältigung der sich aus dem Zusammenleben der Menschen ergebenden Probleme geben will. Gegenstände der SE sind das Verhalten des Menschen in und zu den Sozialgebilden, Institutionen, Ordnungen, Strukturen (z. B. Familie, Wirtschaft, Staat) sowie das Verhalten dieser Gebilde zueinander und zu ihren Gliedern. Insoweit unterscheidet sich die SE von der Individualethik, deren Objekt die sittlichen Pflichten des Menschen gegenüber dem einzelnen Mitmenschen als solchem sind. Im europäischen Kulturkreis haben sich im Laufe der Geschichte im Zusammenhang mit den unterschiedlichen theologischen, philosophischen und politischen Strömungen und Lehren verschiedene Auffassungen über SE entwickelt.
1. *Die katholische Soziallehre* gewinnt ihre Erkenntnisse auf sozial-philosophischem Weg, was sie »Naturrecht« nennt (→Recht). Sie glaubt, so eine allen geschichtlichen Gesellschaftsformen vorausliegende, in der (allen Menschen gemeinsamen) Schöpfungsordnung gründende Wesensgestalt des Menschen und der gesellschaftlichen Ordnung gefunden zu haben. Der Inhalt der kath. SL läßt sich in drei Sozialprinzipien zusammenfassen: Personprinzip (der Mensch ist Grund und Ziel der Gesellschaft), Solidaritätsprinzip (der Mensch ist als soziales Wesen auf die Gesellschaft hingeordnet, er trägt Verantwortung für das gesellschaftliche Ganze, »Gemeinwohl«), Subsidiaritätsprinzip (der einzelne soll jede Aufgabe selbst erfüllen, soweit er dazu fähig ist; die Gesellschaft muß »subsidiär« eingreifen, sie muß Hilfe zur Selbsthilfe leisten).

2. *Die evangelische S.*, auch evang. SL genannt, versucht ihre Erkenntnisse im Unterschied zur kath. SL in stärkerem Maße aus rein biblisch-theologischen Ansätzen (biblische Schöpfungsordnung, Nächstenliebe) zu gewinnen. Sie arbeitet aber gleichzeitig in viel größerem Umfang Erkenntnisse der empirischen Sozialwissenschaften ein und trägt daher in sich gesellschaftskritische Elemente. Methode und Aufgabe der evang. SE sind im einzelnen allerdings kontrovers.
3. *Politische Leitbilder,* wie sie z. B. dem Liberalismus oder dem demokratischen Sozialismus zugrunde liegen, stellen zwar in Ermangelung einer einheitlichen philosophischen oder theologischen Basis keine SE im eigentlichen Sinn dar. Da sie aber in Anspruch nehmen, die Gesellschaft in ihrem Sinn zu verändern, haben sie durchaus normativen Charakter und kommen daher einer SE nahe. Auch das →GG enthält sozialethische Elemente. Sie sind z. B. in Art. 1 und 2 (Würde des Menschen) oder in Art. 20 (→Sozialstaat) zu finden. Sie decken sich allerdings nicht mit allen von den Kirchen entwickelten Sozialprinzipien. So hat zwar z. B. das Subsidiaritätsprinzip in einigen Gesetzen seinen Niederschlag gefunden (→BSHG, →Freie Wohlfahrtspflege, →Jugendhilferecht), es hat jedoch keinen Verfassungsrang. [U. W.]

Lit.: Gestalten und Probleme katholischer Rechts- und Soziallehre. Beiträge C. Bauer, A. Hollerbach, A. Laufs. Paderborn 1977. Lexikon zur Arbeits- und Soziallehre. Hg. von R. A. Roth, H. M. Selzer, Donauwörth 1976. Nell-Breuning, O.v.: Soziallehre der Kirche (Soziale Brennpunkte 5), Wien 1977. Rudolph, F.: Evangelische Sozialethik, in: Corman, G. (Hg.): Menschenwürdige Gesellschaft Bd. 1 (Geschichte und Staat. 124/125), München 1968. Schrey, H.-H.: Einführung in die Evang. Soziallehre, Darmstadt 1973. Wallraff, H.-J.: Kath. Soziallehre – Leitideen der Entwicklung? Köln 1975.

Sozialforschung (Empirische Sozialforschung), allgemein jede Form der Datengewinnung auf sinnvolle Fragestellungen in sozialen Systemen, im engeren Sinn empirische Sozialforschung (ESF). R. Dahrendorf unterscheidet zwischen zwei Typen sozialwissenschaftlicher Forschung: a) soziographische Forschung (Erfassung und Darstellung von beobachtbaren Sachverhalten); b) soziologische Forschung, die in einer Wechselbeziehung zwischen erklärender Theorie und empirischen Verfahren (Methoden, Tests, Techniken) steht. Der Begriff der Methode wird in der ESF unterschiedlich interpretiert: I. Verfahren zum Erschließen der Wirklichkeit (H. Berger). II. Verfahren zur Entwicklung von Begriffen und Hypothesen, Durchführung von Messungen sowie Konstruktionen von soziologischen Modellen und Theorien. Zu den Methoden des ESF zählen: 1. Interview, 2. Tiefen- oder Intensivinterview, 3. Befragung, 4. Soziometrie, 5. Gruppendiskussion, 6. Beobachtung (direkte, d. h. teilnehmende Beobachtung oder indirekte

B.), 7. Inhaltsanalyse, 8. Experiment, 9. Sekundäranalyse, 10. Nonreaktive Verfahren (J. Friedrichs). Für Untersuchungen in Arbeitsfeldern der SA/SP (Randgruppen, Subkulturen) wird oft ein Forschungskonzept der →Aktionsforschung angewandt. Diese steht in einem Erkenntniszusammenhang mit der Methode der →sozialen Aktion in der SA/SP. Angestrebt werden Veränderungen im Objektbereich von Aktionsforschung durch Analysen und rückkoppelnde Informationsübertragungen mit ausgewählten Handlungskonsequenzen für Forscher und Forschungsobjekte. Für den Arbeitsbereich von SA/SP erweist sich die Einzelfallstudie (→Fallstudie) als wirksame Ermittlungsmethode. Objekte solcher Fallstudien können Personen, Familien oder Gemeinden sein. Jede dieser Einheiten wird als Ganzes gesehen (W. Mangold). Da die Ergebnisse von ESF oft dann erst vorliegen, wenn sich die Struktur des Objekts infolge raschen sozialen Wandels völlig verändert hat, bleibt für eine vorläufige Datenerfassung oft nur die Ermittlungsmethode der Einzelfallstudie, die nicht den Methoden der ESF zugerechnet wird. [A. S.]

Lit.: Berger, H.: Methoden industriesoziologischer Untersuchungen, Berlin 1965. Dahrendorf, R.: Das Mitbestimmungsproblem in der deutschen Sozialforschung, München 1963. Friedrichs, J.: Methoden empirischer Sozialforschung, Reinbek b. Hamburg 1973. Hartmann, H.: Empirische Sozialforschung, München 1970. Mangold, W.: Empirische Sozialforschung, Heidelberg 1972. Mayntz, R., u. a.: Einführung in die Methoden der empirischen Sozialforschung, Opladen 1969.

Sozialgeographie, in einigen Ländern auch als Menschengeographie bezeichnet, dient der Erfassung und Beschreibung personaler und kollektiver Lebensweisen in Arealen, Räumen, Gebieten, Zonen. Als Siedlungsgeographie weist die S. Verteilungen, Verdichtungen und Streuungen von Bevölkerungsgruppen in einer geographischen Umwelt aus. Im weiteren Sinn erfaßt S. auch die ökonomischen und technischen Aspekte von Siedlungsstrukturen. Neben Gruppierungen, Ballungen, Wanderungen von Menschen erfaßt S. aber auch Daten über Formen sozialer und räumlicher Integration oder Segregation im Erkenntniszusammenhang mit speziellen Soziologien (Soziologie der Obdachlosigkeit, Gemeinde-, Siedlungs-, Stadt-, Kriminalsoziologie). Nach einem Vorschlag von R. König soll S. zusammen mit →Sozialökologie und →Demographie in eine soziale Morphologie integriert werden. Mittlerweile hat sich nach raschem Anwachsen großer Städte und dicht zusammenhängender Siedlungszonen in der zweiten Hälfte des 20. Jahrhunderts als umfassende Disziplin die Humanökologie etabliert, der die S. als Hilfswissenschaft zuzuordnen ist. S. wird als Sozialraumanalyse auch für Wirtschafts- und Sozialplanungen angewandt. [A. S.]

Lit.: Wagner, Ph. L.: Sozialgeographie, in: Bernsdorf, W. (Hg.): Wörterbuch der Soziologie, Stuttgart 1969.

Sozialgerichtsbarkeit, eine besondere Gerichtsbarkeit zur Entscheidung von öffentlich-rechtlichen Streitigkeiten hauptsächlich in folgenden Bereichen: →Sozialversicherung (im wesentlichen RVO); Tätigkeitsfeld der Bundesanstalt für Arbeit, insbesondere im Zusammenhang mit dem →AFG; Häftlingshilfegesetz (→Strafvollzug); Bundesseuchengesetz (→Soziale Sicherheit); →Schwerbehindertengesetz, soweit es die Aufgaben der Bundesanstalt für Arbeit betrifft und es um die Feststellung der Behinderung und die Ausstellung oder Entziehung entsprechender Bescheinigungen geht; hinzu kommen eine Reihe weiterer Zuweisungen durch einzelne Gesetze. Rechtsgrundlage ist das Sozialgerichtsgesetz (SGG) von 1953/1958. Die S. wird durch die Sozialgerichte, Landessozialgerichte und das Bundessozialgericht (BSG) in Kassel ausgeübt. In allen Instanzen wirken neben Berufsrichtern ehrenamtliche Beisitzer mit. Der Beginn eines Verfahrens in der S. kann von der erfolglosen Durchführung eines Vorverfahrens abhängig sein. Dieses wird durch die Erhebung eines Widerspruchs gegen den ergangenen Verwaltungsakt, z. B. des Versicherungsträgers oder der Bundesanstalt für Arbeit, bei der Behörde, die die Entscheidung getroffen hat, eingeleitet (vgl. § 78). Die Klage ist binnen Monatsfrist nach Zustellung des Verwaltungsakts oder des Widerspruchsbescheides (sofern ein Vorverfahren durchgeführt wurde) einzulegen. Der Kläger kann sich vor Gericht durch einen Rechtsanwalt oder einen Bevollmächtigten (z. B. Gewerkschaftsfunktionär) vertreten lassen. Das Verfahren vor den Gerichten der S. ist grundsätzlich kostenfrei. (→Rechtshilfe für Sozialschwache). [U. W.]

Text u. Lit.: Baumgartner, W./Wilm: Sozialgerichtsfibel. Ein Leitfaden für Rechtssuchende, Regensburg 1976. Bley, H.: Grundzüge der Sozialgerichtsbarkeit, Berlin 1976. Meyer-Ladewig, J.: SGG. Kommentar, München 1977. Rohwer-Kahlmann, H.: Aufbau und Verfahren der Sozialgerichtsbarkeit. Loseblatt-Kommentar, Bonn-Bad Godesberg 1974[4]. Zeihe, P.-A.: Das SGG und seine Anwendung. Loseblattausgabe, Essen.

Sozialgesetzbuch (SGB), Sozialrecht (SozR). Als SozR. kann man die Zusammenfassung derjenigen Teile des Rechts bezeichnen, deren Regelungen die →soziale Sicherung der Bürger betreffen. Das System der sozialen Sicherung hat sich in Deutschland nicht als ein einheitliches System entwickelt, vielmehr ist es zu verschiedenen Zeiten und unter recht unterschiedlichen Herrschaftssystemen geschaffen worden (→AFG, →Arbeitsrecht, →BSHG, →JWG, →Sozialversicherung). Die dadurch entstandene Vielfalt der Einzelregelungen kann sich vor allem für den Bürger nachteilig auswirken, denn er verliert möglicherweise den Überblick, kennt sich nicht mehr aus und nimmt daher oft Rechte nicht wahr, die ihm zustehen. Die Forderung, das gesamte SozR. im Interesse der Bürger zu harmonisieren und in einer einzigen überschaubaren Kodifikation zusammenzufassen, ist schon bald nach der Gründung der BRD erhoben worden. Seit Beginn des Jahres 1976 ist der Allgemeine Teil (AT) eines SGB in Kraft getreten. Dieser stellt das 1. Buch des SGB dar, der Besondere Teil (BT) soll 9 weitere Bücher ausmachen und die wichtigsten Bereiche des SozR. erfassen, also Bereiche, die jetzt z. B. im →AFG, BAFöG (→Ausbildungsförderung), →BSHG, in der RVO (→Sozialversicherung) oder im →JWG geregelt sind. Der AT nennt die dem Bürger zustehenden sozialen Rechte (z. B. →Ausbildungsförderung, →Berufsförderung, →Jugendhilferecht), enthält Einweisungsvorschriften (sie sollen dem Bürger den Zugang zu den Sozialleistungen und den Leistungsträgern erleichtern) sowie allgemeine Regelungen, die einheitlich für alle Bereiche des SozR gelten sollen. So kann jeder, der einen Anspruch auf Geldleistungen hat, Vorschüsse verlangen, wenn die Feststellung der Höhe voraussichtlich längere Zeit dauert; ab 1. 1. 1978 sind Ansprüche auf Geldleistungen mit 4% zu verzinsen. Die Sozialgesetze, die später in das SGB eingegliedert werden, sollen in ihrer jetzigen Form vorerst als BT gelten. Zur Frage der verfassungsmäßigen Gewährleistung der sozialen Rechte: →Grundrechte, →Soziale Sicherung, →Sozialstaat. [U. W.]

Text und Lit.: Bley, H.: Sozialrecht, Frankfurt/M. 1977^2. Bochumer Kommentar zum SGB. Großkommentar, hg. v. W. Wertenbruch, Berlin 1978. Brandenburg, W./G. Hahn: Grundzüge des Sozialrechts. Die ersten 4 Bücher des SGB, München 1978. Burdenski, W./v. Maydell/Schellhorn: Kommentar zum SGB-AT, Neuwied 1976. Handbuch zum Sozialrecht (HzS), hg. v. W. Doetsch (Gesetzessammlung m. erl. Darstellungen in 4 Ordnern), Neuwied 1955 ff. Giese, D.: SGB-AT u. bes. Berücksichtigung der Auswirkung auf die Jugendhilfe und die Sozialhilfe, Düsseldorf 1976. Hauck, K./Haines: SGB-AT. Ergänzbarer Kommentar, Berlin 1976. Henke, N.: Grundzüge des Sozialrechts. Erl. durch praktische Fälle. Berlin 1977. Jahn, K./Figge u. a.: SGB für die Praxis. Ergänzbarer Kommentar, Freiburg 1976. Kommentar zum gesamten Recht des SGB. Loseblattwerk, hg. v. G. Wannagat, Köln/Heidelberg 1977 ff. Richter, A./Frei: Grundzüge des Sozialrechts. Mit e. geschichtl. Einf., München 1976. Rüfner, W.: Einführung in das Sozialrecht, München 1977. Schmeling, G. (Hg.): Sozialgesetzbuch. Allg. Teil (SGB-I). Textausgabe, Neuwied 1978. Storr, P. (Hg.): Gesetzessammlung für das Sozialwesen. Loseblattwerk in 3 Ordnern, Regensburg. Zacher, H. F.: Internationales und europäisches Sozialrecht. Eine Sammlung weltweiter u. europ., völkerrechtl. u. supranat. Quellen u. Dokumente, Percha 1975.

Sozialisation läßt sich trotz vielfältiger Definitionsversuche im wesentlichen unter folgenden vier Aspekten definieren: 1. Dem Prozeß der S. geht die biologische Evolution voraus, in deren Verlauf die spezifische Entwicklung des Menschen erfolgt. Zur Begründung dieses Aspektes werden häufig anthropologische Kriterien herangezogen. Der Erwerb von bestimmten Verhaltensdispositionen wird dabei auf die Unausgerichtetheit des menschlichen Wesens und auf die Lernmöglichkeit und Lernnotwendigkeit zurückgeführt (M. Scheler, H. Plessner, A. Gehlen, A. Portmann, K. Lorenz). Hierzu läßt sich der marxistische Ansatz von Erziehung und S. einordnen, wonach Arbeit ein Grundbedürfnis des Menschen ist und ihn in die Lage versetzt, durch das Beherrschen der Kulturtechniken sein physisches und psychisches Dasein zu verwirklichen (Marx). 2. Die soziale Determination des Individuums zeigt sich darin, daß eine S. nur in der Wechselbeziehung von Individuum und Gesellschaft möglich ist. Das Individuum ist in seiner Entwicklung im sozialen Beziehungsgeflecht zugleich Objekt und Produkt der sozialen Faktoren und Beziehungen. Als Objekt und Produkt der sozialen Faktoren und Beziehungen seiner Umwelt entwickelt das Individuum drei bedeutsame Funktionen, nämlich a) das Wahrnehmen, b) das Denken und c) seine begabungsspezifischen Dispositionen. Durch diese drei Funktionen erfaßt das Individuum die gegenständliche Welt. Durch die Entwicklung und Ausbildung der Wahrnehmung (a) erfährt das Individuum die sinnlich-praktische Teilhabe an der Umwelt. Der Grad der Differenzierung in der Wahrnehmung der dinglichen Umwelt bestimmt das Ausmaß der Teilhabe und Teilnahme des Individuums an seiner Umwelt im Verlauf seines S.prozesses. Das Denken (b) und der Rahmen der Erkenntnis des Individuums bilden sich im Umgang mit den Objekten und Produkten der sozialen Faktoren und ihren Beziehungen. Der Umgang mit den Objekten und Beziehungen verläuft zunächst, erkenntnistheoretisch betrachtet, in praktisch-gegenständlicher Form und mündet im Sinne der Internalisierung durch eine Umsetzung der äußerlich wahrnehmbaren Handlungsdispositionen und Funktionen in Denk- und Erkenntnisprozessen (Piaget).

Im Mittelpunkt der Umsetzung äußerer Handlungsregulationen in Denk- und Erkenntnisprozesse steht die Sprache. Sie stellt das bedeutendste Medium der Internalisierung dar. Durch die Sprache vermag das sozialisierte Wesen sowohl vom Konkreten zum Abstrakten als auch vom Abstrakten zum Konkreten zu schließen. Diese Umsetzung ermöglicht dem Individuum grundsätzlich die Entwicklung der Fähigkeit, sich Gegenständliches anzueignen, d. h. zu lernen. Im Prozeß der Aneignung von Objekten und Beziehungen entwickelt das Individuum Dispositionen (c) für bestimmte Fähigkeiten, Fertigkeiten, Haltungen, Eigenschaften und Handlungs- bzw. Verhaltensweisen. 3. Ohne aktive Teilnahme des Individuums ist seine S. nicht denkbar. Selbst im Prozeß der Verinnerlichung der sozialen Erfahrungen und Normen ist das Individuum ein primär aktives Subjekt. Im Konzept der soziologischen

Rollentheorie bildet die S. den Rahmen, in dem das Individuum in erster Linie spezifische, seine Umwelt prägende Funktionen, d. h. Rollen erlernt. In einer kritisch geführten Diskussion wird auf die starke Position des adaptiven Moments in der Rollentheorie hingewiesen, durch die die Teilnahme des Individuums am S.prozeß über Gebühr eingeschränkt wird. Korrigiert wurde dieser Aspekt einer sozialen Determination des Individuums durch die Interaktionstheorie, in der dargelegt wird, daß die S. als ein Prozeß zu verstehen ist, der zwar das Individuum vergesellschaftet, aber auch das substantiell Individuelle gelten läßt und entwickelt (K. Mollenhauer). 4. S. wird begriffen als eigenständig fortschreitender Prozeß, als Bewegung, Veränderung und Erneuerung des Individuums. Danach umfaßt S. a) die lebenslange Entwicklung des Individuums (O. G. Brim, S. Wheeler) und verläuft b) als ein permanenter Prozeß sozialen Lernens. Dabei ist zu beachten, daß Lernen sich vornehmlich unter zwei Aspekten vollzieht: 1. unter dem der positiven Verstärkung (Erfolg) und 2. unter dem der negatien Verstärkung (Mißerfolg). Hinzu kommt das Lernen am Modell, das auch als Imitationslernen verstanden wird. Gerade in der Begegnung mit der sozialen Wirklichkeit erfährt das Individuum immer wieder neue Modelle von Beziehungen und Objekten, aus denen es sich häufig Eigenschaften oder Merkmale nachahmend aneignet und für sich verwertet. Der Prozeß der S. wird vollzogen durch die Einwirkung und das Wirksamwerden von Nachahmung, Identifikation, Belehrung, Unterweisung, Lernen, Suggestion, Adaption, Beispiel, Entlehnung, Überzeugung, Vorbild usw. Bei diesen Faktoren handelt es sich primär um Formen und Methoden, die zur Individuierung und Vergesellschaftung des Individuums führen. Einige Interpreten der S.theorie bezeichnen diese Faktoren als soziale Mechanismen (H. Hiebsch/M. Vorweg). Mit dieser Bezeichnung wollen sie verdeutlichen, daß es sich bei den Faktoren um ständige, funktionale Interdependenzen handelt, die zumeist unabhängig von individuellen Bedürfnissen, Interessen oder Erscheinungsweisen wirksam werden. Der Prozeß der S. vollzieht sich im Rahmen der Ansprüche spezifischer Einrichtungen wie Familie, Vorschuleinrichtungen, Schule, Lerngruppen, Spielgruppen, Betrieb etc. In diesem Sinne läßt sich der S.prozeß grundsätzlich in verschiedene Phasen einteilen: 1. primäre S., die im Kindesalter erfolgt, 2. marginale S., die das Jugendalter umfaßt und 3. stabile S., die über das Jugendalter hinausgeht. Je nach Einbeziehung der Erkenntnisse anderer wissenschaftlicher Disziplinen in die S.theorie findet die Zuordnung von zeitlichen Räumen der S. zu bestimmten Phasen nach entwicklungspsychologischen Kriterien oder institutionell-pädagogischen Kriterien (Familie, Kindergarten, Schule usw.) statt.

Eine Differenzierung des Begriffes S. ergibt sich aus verschiedenen theoretischen Bezugsrahmen der einschlägigen Forschungsarbeiten. H. Fend unterscheidet für die S.theorie vier relevante Konzepte: 1. Behavioristische Psychologie, 2. Psychoanalyse, 3. Soziologie, und zwar im Hinblick auf Normen, Werte und Voraussetzungen des menschlichen Zusammenlebens, und 4. Sozialpsychologie (Fend). Cooley schreibt den Primärgruppen (Spiel-, Arbeits- und Freundschaftsgruppen) eine ähnlich große Bedeutung wie der Familie zu. Nach Cooley vollzieht sich die S. des Individuums nicht in der Form eines Kampfes, sondern eher in einem Spiel, das durch den Begriff des »Spiegelbild-Ich« gekennzeichnet ist. Der werdende Mensch hat keine andere Möglichkeit, als sich in den Reaktionen anderer auf sein Verhalten zu sehen. G. H. Mead, ein Vertreter des sozialpsychologischen Ansatzes, verfolgt diesen Gedanken noch konsequenter. Für ihn haben nahezu ausschließlich die rationalen Aspekte der Persönlichkeit und ihre Entwicklung durch die Einwirkung anderer Menschen eine Bedeutung. In jüngster Zeit versuchten G. Nunner-Winkler und H. G. Rolff aus diesen Ansätzen eine Metatheorie zu formulieren. Nunner-Winkler und Rolff haben drei Kategorien des S.prozesses herausgearbeitet: a) die motivational-kognitive Dimension (Entfaltung von Intelligenz, Motivation und Kreativität), b) den Aspekt der kommunikativen Interaktion (die durch Sprache zu vermittelnde Handlung in sozialen Zusammenhängen) und c) das Kriterium des moralischen Verhaltens (Nunner-Winkler/Rolff). Die S.forschung der letzten Jahre versucht, spezifische Aspekte der S. z. B. schichtenspezifischer Art, wie die Sprachentwicklung oder zum Teil interessengeleitete Formen wie Mündigkeit, Solidarität oder auch Emanzipation bzw. Kompensation zu analysieren und an diesen Begriffen die sozialisationsrelevante Wirklichkeit zu analysieren. Darüber hinausgehend versucht ein weiterer Forschungsansatz, im Sinne der Handlungsforschung die Theoriebildung als empirisch-analytische Bestandsaufnahme mit normativ-zielstrebigem Handeln zu verbinden und Handeln durch Theorie zu revidieren (bei Rehabilitationsvorhaben). [M. N.]

Lit.: Brandt, G. u. a. (Autorenkollektiv): Berufliche S. und gesellschaftliches Bewußtsein jugendlicher Erwerbstätiger, Frankfurt 1973. Brim, O. G./Wheeler, St.: Erwachsenen-S., Stuttgart 1974. Danziger, K.: Sozialisation, Düsseldorf 1974. Fend, H.: Sozialisierung und Erziehung, Weinheim 1969. Ders.: Konformität und Selbstbestimmung, Weinheim 1971. Goslin, D. A. (Hg.): Handbook of S., Theory and Research, Chicago 1969. Gottschalch, W. u. a.: S.forschung, Frankfurt a. M. 1971. Graumann, C. F. (Hg.): Sozialpsychologie, 2. Halbbd.: Forschungsbereiche, Göttingen 1972 (→7. Bd. des Hb. der Psychologie). Hurrelmann, K. (Hg.): Gesellschaftsstruktur und S., Reinbek 1976. Ders.: Erziehungssystem und Gesellschaft, Reinbek 1975. Kohlberg, L.: Zur kognitiven Entwicklung des Kindes, Frankfurt 1974. Krappmann, L.: Soziologische Dimensionen der Identität, Stuttgart 1969. Milhoffer, P.: Familie und Klasse, Frankfurt 1973. Nunner-Winkler, G./Rolff, H. G.: Theorie der S., in: Ellwein, Th. u. a. (Hg.): Erziehungswissenschaftliches Handbuch, Berlin 1969 ff., Bd. 3, Teil 2. Ronneberger, F. (Hg.): S. und Massenkommunikation, Stuttgart 1971. Walter, H. (Hg.): S.forschung, 3 Bde., Stuttgart 1973. Wurzbacher, G. (Hg.): Der Mensch als soziales und personales Wesen, Stuttgart 1968².

Sozialmedizin, Teilgebiet der Medizin, das sich mit den gesellschaftlichen Bedingungen von Krankheitsentstehung-(Epidemiologie), -bekämpfung (kurative Medizin) und -verhütung (Prävention), aber auch von Krankheitsfolgen (Rehabilitation) befaßt. Dem entsprechen seine Nachbardisziplinen, die ökologischen Fächer, unter denen in der neuen Approbationsordnung für Ärzte von 1970 die Fächer: Medizinische Soziologie und Sozialpathologie, Arbeitsmedizin und Hygiene verstanden werden. Das zweite große, benachbarte Gebiet der Sozialmedizin ist der anthropologische Bereich mit den Fächern: Medizinische Psychologie, Psychosomatik, Psychotherapie und -analyse und Psychiatrie. Industriegesellschaft als psychosoziale Umwelt führte infolge soziokulturellen Wandels zu neuen Sichtweisen von Gesundheit und Krankheit. Einen sichtbaren Wandel der Krankheitsstruktur weist die vergleichende Medizinalstatistik aus. So zeichnet sich neben einem Rückgang der Säuglingssterblichkeit eine zunehmende Lebenserwartung der Gesamtbevölkerung ab mit daraus notwendig zunehmenden Alterskrankheiten. Wesentliche Aufgaben erwachsen einer S. im Therapiebereich von Suchtkrankenbehandlung (Alkoholiker, Drogenabhängige). Die unumstrittene Bedeutung sozialer Faktoren ließ therapieergänzende →Maßnahmen, Behandlungsprogramme und Methodenanwendungen durch Sozialarbeiter, Sozialpädagogen sowie Psycho- und Sozialtherapeuten entstehen. [E. P.]

Lit.: Geissler, B., Thoma, P. (Hg.): Medizinsoziologie, Frankfurt/M. 1973. Mitscherlich, A. u. a. (Hg.): Der Kranke in der modernen Gesellschaft, Köln 1972. Radebold, H. et al.: Psychosoziale Arbeit mit älteren Menschen, Freiburg 1973. Roberts, R. W. u. Nee, R. H.: Konzepte der sozialen Einzelhilfe, Freiburg 1974. Schäfer, H. u. Blohmke, M.: Handbuch der Sozialmedizin, Stuttgart 1976. Schipperges, H.: Die Medizin in der Welt von Morgen, Düsseldorf-Wien 1976. Wagner, A. et al.: Sozialarbeit im Krankenhaus, Deutsches Ärzteblatt 1976.

Sozialökologie, Humanökologie (social-human ecology), allgemein gefaßt ist die Analyse der Beziehungen Mensch – Umwelt unter sozialwissenschaftlichen Aspekten, spezieller: 1. der räumlichen und zeitlichen Verteilung von Personengruppen unter wechselnden, zu spezifizierenden Bedingungen und der Faktoren, die mit dem Wechsel dieser Verteilungsmuster verbunden sind; 2. der Auswirkungen der Produktion, Distribution, Konsumtion und der friedlichen oder aggressiven Interaktion von Menschen auf die Umwelt; 3. der Rückwirkungen der so veränderten Umwelt auf den kurz-, mittel- und langfristigen Handlungsspielraum der Menschen. S. befaßt sich also mit evolutionär sich verändernden Prozessen. Geprägt wurde der Begriff Ökologie 1866 von E. Haeckel in einer Untersuchung über die Anpassung von Pflanzen an äußere Lebensbedingungen. S. Studien wurden 1921 von R. E. Park und E. Burgess vor allem zur Analyse räumlicher Aspekte sozialer (vor allem großstädtischer) Strukturen initiiert. Forschungsgebiete der S. lassen sich z. B. nach den Grenzen des Untersuchungsbereichs gliedern in eine S. a) der Wohnumwelt oder der Umwelt anderer Subsysteme, b) einer Gesamtgesellschaft und c) bestimmter Gesellschaftstypen. Vor allem für Bereich a) gilt, daß die einzelnen Akteure in ihren Handlungen direkt die Randbedingungen der sozialen und natürlichen Umwelt, gemäß einem nach subjektiven Relevanzkriterien strukturierten Interpretationsschema, erfahren und diese Randbedingungen in gewissen Grenzen ändern können. Dieser Bereich ist auch für die Sozialarbeit am wichtigsten, z. B. im Hinblick auf Randgruppen mit Beziehungsdefiziten, bedingt durch räumliche und soziale Distanzen, oder auf die Auswirkungen gesamtgesellschaftlicher S. Prozesse auf Bevölkerungsgruppen, die sich gegen negative Auswirkungen politisch schlecht wehren oder mit finanziellen Mitteln (z. B. Wegzug aus besonders betroffenen Gebieten) schützen können. Ursachen und Lösungen mikroökologischer Prozesse können also räumlich, zeitlich und sozial (sehr) weit von dem Gebiet, in dem die Wirkungen (zuerst) erfahren werden, entfernt sein. Phänomene aus Bereich b) werden makrosoziologisch untersucht und liegen praktisch im Aufgabenbereich überregionaler →sozialer Planung. Für Gebiet c) ließen sich z. B. Grundmuster einer S. von Agrar- und Industriegesellschaften oder von kapitalistischen und sozialistischen Gesellschaftstypen beschreiben und erklären. [P. L.]

Lit.: Bahrdt, H. P.: Umwelterfahrung, Soziologische Betrachtungen über den Beitrag des Subjekts zur Konstitution von Umwelt, München 1974. Hawley, A. H.: Human Ecology, A Theory of Community Structure, New York 1950. Malz, F.: Taschenwörterbuch der Umweltplanung, Begriffe aus Raumforschung und Raumordnung, München 1974. Weisberg, B.: Beyond Repair, The Ecology of Capitalism, Boston 1972.

Sozialpädagogische Dienste, Bezeichnung u. a. für mögliche Organisationsformen im Rahmen öffentlicher Jugendhilfe (Jugendamt). Zur Förderung wirksamerer Erziehungs- und Bildungshilfen im Hinblick auf weiterführende Zielsetzungen öffentlicher Jugendhilfe sollen SD pädagogische Maßnahmen zusammen mit Versorgungsleistungen für die individuellen und sozialen Bedürfnissen des Klientels entwickeln. S. D. können kooperativ und übergreifend auch mit psychosozialen sowie therapeutischen Diensten zusammenwirken. [A. S.]

Sozialplanung, (Struktur). Sozialplanung repräsentiert in der SA/SP wesentliche Grundlagenaspekte für Methoden der Gemeinwesenarbeit, der sozialen Administration sowie der sozialen Aktion. In einem Vermittlungsbezug zur Sozial-, Gesundheits- und Bildungspolitik bietet Sozialplanung handlungsorientierende Entscheidungshilfen an. (Jugendpläne, Altenpläne, Obdachlosenpläne, Behindertenpläne u. a.) Für Forschungsziele der Soziologie, der Psychiatrie (Sozialpsychiatrie) sowie der Gesellschaftspolitik bieten Methoden und Meßverfahren der Sozialplanung wesentliche erkenntnis- und entscheidungsfördernde Daten und Datenkomplexe. Sozialplanung korrespondiert in Lehre und Forschung von SA/SP sowie Gesellschafts- und Kommunalpolitik mit Hilfswissenschaften und Teildisziplinen wie Statistik, Epidemiologie, Biometrie, Spieltheorie, Sozialkybernetik, Logistik, Demographie, Simulationsforschung, angewandter und theoretischer Systemforschung, Planungssoziologie und Organisationssoziologie sowie Ökonomie und Politologie. Ein curriculares Konzept zur Sozialplanung kann folgende wesentliche Programmpunkte im Prozeßablauf enthalten: 1. Problemanalyse; 2. Situationsbeschreibung (phänomenologisch-sozial-geschichtlich, sozialgeographisch, statistisch-deskriptiv); 3. Planung allgemein; 4. Rahmenbedingungen und Notwendigkeiten von Planungen; 5. Sozialpläne (Jugendpläne, Altenpläne, Obdachlosenpläne); 6. Zielbeschreibungen; 7. Methodenbestimmung; 8. Datenerhebung, Datenstrukturierung; 9. Interpretation und Prognostik von Datensätzen (Datenaggregaten); 10. Bedürfnisanalyse, soziale; 11. Festsetzung neuer Planungsziele; 12. Verflechtungszusammenhänge (politisch, ökonomisch, technisch) von Sozialplanung. Arten von Plänen: Zielpläne, Programmpläne, Durchführungspläne. [A. S.]

Lit.: Hondrich, K. O.: Menschliche Bedürfnisse und soziale Steuerung, Reinbek 1975. Lenk, H.: Erklärung, Prognose, Planung, Freiburg 1972. Prüss, K. P., Tschoepe, A.: Sozialplanung – Eine Einführung in ihre Begriffe und Probleme, in: »Theorie und Praxis der sozialen Arbeit«, Nr. 5/1972.

Sozialpolitik, Gesamtheit aller Maßnahmen, die darauf zielen, die materielle und/oder immaterielle Lebenslage bestimmter Teilmengen von Gesellschaftsmitgliedern, die so ungünstig ist, daß sich ihre Besserung aus eigener Initiative allein nicht ergeben wird, zu verbessern (Weisser). Entstanden mit dem Aufkommen der »sozialen Frage« und dem Verlust des Glaubens an eine »prästabilierte Harmonie« war ihr Zweck u. a. die Überwindung gesellschaftlicher Antagonismen, der Klassengegensätze und die Integration der wegen dieser Gegensätze auseinanderstrebenden gesellschaftlichen Klassen zur Sicherung der fortdauernden Erreichung der Gesellschaftszwecke (O. v. Zwiedeneck-Südenhorst). Sie war damit als Teil evolutionärer Gesellschaftsgestaltung un-

mittelbare Antwort auf die revolutionäre Arbeiterbewegung. Als Befriedungspolitik sollte sie ein Minimum an sozialer Stabilität sichern als Voraussetzung für den reibungslosen Ablauf des Kapitalverwertungsprozesses.
Der Spielraum soz.pol. Maßnahmen in spätkapitalistischen Wirtschaftsordnungen ist bestimmt durch die Erhaltung des »sozialen Friedens« (neben der Erhaltung der »Arbeits- und Leistungsfähigkeit, Berufserziehung u. Mobilität«) als untere und der »Preisstabilität« und »Investitionsbereitschaft der Unternehmer« als obere Grenze (Sozialenquete, 1966). Ausgefüllt wird dieser Spielraum durch die 3 Arten soz.pol. Maßnahmen: *staatliche SP:* sie unterscheidet zwischen redistributiven (Umverteilungsinstitute) und nichtfinanziellen Maßnahmen. Zu den Redistributions-Maßnahmen gehören die unterschiedlichen Prinzipien Versicherung, Versorgung, Fürsorge; nichtfinanzielle Maßnahmen sind berufsorientierte, arbeitsplatzbezogene und beschäftigungspolitische Leistungen u. Vorschriften. *soziale Selbsthilfe:* wird von Interessenverbänden betrieben zur Verbesserung von Arbeitsbedingungen und Nominaleinkommen. *betriebliche SP:* direkte Maßnahmen der Eigentümer und Verwaltungskräfte in Betrieben für die Belegschaften.
SP als Verteilungspolitik ist von den Gesetzmäßigkeiten und Grenzen des Kapitalverwertungsprozesses abhängig. SP kann ihre Aufgabe, die Erfüllung des Sicherungs- und Versorgungsbedürfnisses der Bevölkerung, nur soweit erfüllen, als sie sich mit den Zielen der Wirtschaftspolitik identifiziert und sich ihnen unterordnet. [D. Sch.]

Lit.: Sozialenquete. Soziale Sicherung in der Bundesrepublik Deutschland: Stuttgart/Berlin/Köln/Mainz o. J. Preller, L.: Praxis und Probleme der Sozialpolitik. Bd. 1 und 2, Tübingen 1970. Achinger, H.: Sozialpolitik als Gesellschaftspolitik: Reinbek b. Hamburg 1958. Gillman, J.M.: Prosperität in der Krise: Frankfurt/M. 1968. Barabas, F., Blanke, Th., Sachße, Chr., Stascheit, M.: Jahrbuch der Sozialarbeit 1976, Reinbek b. Hamburg 1975, bes. S. 379–409.

Sozialpsychologie, eine interdisziplinäre Wissenschaft, welche die Dreieckbeziehung Person – Gesellschaft – Kultur mit den allgemeinen Methoden empirischer Sozialforschung untersucht. Seit Beginn dieses Jahrhunderts in Frankreich und den USA – erst sehr spät in Deutschland – ein eigenständiger Forschungs- und Lehrbereich, wurden zunächst ältere völker- und massenpsychologische Ansätze sowie Instinktlehren des Verhaltens überwunden. Die S. untersucht heute z. B. – vergleichend – die Selbstverständlichkeiten bestimmter kultureller Systeme, die, sachlich, zeitlich und sozial begrenzt, gleichförmige Verhaltensweisen von Angehörigen einer Kultur mitbedingen. Sozialisation und Struktur sozialer Kleingruppen sind weitere Untersuchungsbereiche, die vor allem unter dem Aspekt der oben genannten Dreieckbeziehung untersucht werden, also z. B. unter dem Aspekt des Lernens, der Erziehung und der Propaganda, der Leitung und des Geleitetwerdens oder der Abhängigkeit individueller Leistungen von Größe, Zusammensetzung und Organisation der Gruppe, innerhalb derer die Leistungen erbracht werden. Diese Betonung der Wechselbeziehung unterscheidet den Untersuchungsbereich der S. von dem der Psychologie (Individuum) und der Soziologie (Gesellschaft). Psychoanalytische Ansätze erschließen zudem soziologisch nicht erfaßbare Tiefendimensionen der gesellschaftlich geformten Person, die in Einstellungen und sozialen Handlungen der Individuen individuell und gesellschaftlich relevant werden. In den Methoden der S. läßt sich eine Verlagerung von Laborexperimenten zu Feldstudien feststellen. Die Ergebnisse dieser Untersuchungen werden als probabilistische Regelmäßigkeiten formuliert. Forschungsethisch scheinen die Probleme der S. noch größer zu sein als die z. B. von Psychologie oder Soziologie. Die teilweise Irreführung der Untersuchungsobjekte (vgl. zum Unterschied →Aktionsforschung) oder die Tatsache, daß letztere im Experiment oft unangenehmen Situationen ausgesetzt werden, wird im Interesse eines Erkenntnisgewinns, der z. B. zur Verminderung von Aggressionen beitragen kann, gerechtfertigt. Prinzipiell sind die Erkenntnisse der S., wie die aller Wissenschaften, zur Unterdrückung und zur Emanzipation verwendbar. Die konkreten Macht- und Herrschaftsverhältnisse einer bestimmten Gesellschaft, die reale Verfügung über Produktionsmittel, Zwangsapparate und Informationen setzen die Randbedingungen für die Art der Anwendung. [P. L.]

Lit.: Freedman, J. L., Carlsmith, J. M. und Sears, D. O.: Social Psychology, Englewood Cliffs 1974². Hofstätter, P. R.: Einführung in die Sozialpsychologie, Stuttgart 1973⁵.

Sozialpsychiatrie, Richtung innerhalb der Psychiatrie, die den Einfluß sozialer Faktoren auf die seelische Gesundheit untersucht. Zur Erforschung der verschiedenen Faktoren und Einflüsse haben sich diverse Forschungsrichtungen entwickelt.

1. *Epidemiologie:* Sie befaßt sich mit der Häufigkeit bestimmter seelischer Erkrankungen in einer bestimmten Bevölkerungsschicht. Sie gibt Hinweise auf die krankmachenden Einflüsse bestimmter sozialer Strukturen, wie z. B. Broken Home Syndrom, Gefängnisaufenthalte, Spitalaufenthalte bei chronisch Kranken.

2. *Kulturanthropologische Forschung:* Benedikt, Erikson und Mead versuchten an überblickbar organisierten Primitivkulturen unter Bemühung ethnologischer und tiefenpsychologischer Gesichtspunkte gemeinsame Merkmale herauszuarbeiten. Sie betrachteten die untersuchte Kultur als sozialpsychiatrisches Experiment, um nachzuprüfen, ob sich

die atypischen Wertfixierungen und Traditionen auf Ausprägung und Verbiegung der Persönlichkeit auswirken. Sie stellten einen transkulturellen Vergleich auch bezügl. des Ablaufs gleicher Krankheiten an.
3. *Gruppendynamische Forschung:* Das Individuum wird untersucht im sozialen Feld in der Einbettung zu Bezugsgruppen über Rollenakzentuierung und Fixierung von Rangpositionen als Ausgangspunkt von pathologischen Entwicklungen.
Die Sozialpsychiatrie bemüht sich um die Gruppenarbeit und um psychotherapeutische Entwicklung der psychiatrischen Fürsorge. Es sollen Tages- und Nachtkliniken eröffnet werden, beschützende Werkstätten für psychisch Kranke und ambulant sozialpsychiatrische Dienste, von denen uns auch die Familien durch Psychiater und Sozialarbeiter betreut und besucht werden. Therapiemöglichkeiten sind dann durch die o. g. Einrichtungen in Form von Fürsorge und Rehabilitation, Gruppenpsychotherapie und Gruppenarbeit, also im Sinne von community care gegeben, was besagt, daß der Patient nicht vollständig aus seinem Lebensraum herausgerissen wird, sondern in einer Nacht- bzw. Tagesklinik lebt und ein aufgeklärtes Umfeld vorfindet. Außerdem wird Familientherapie angestrebt. Soziologisch betrachtet werden das gesamte Umfeld in dem wir leben und die schädigenden Einflüsse untersucht. Enge Verbindungen bestehen zur Medizin, Soziologie, Psychiatrie, Sozialpsychologie und Biostatistik. [K. R.]

Lit.: Battegay R. u. andere: Aspekte der Sozialpsychiatrie und Psychohygiene, Bern 1975. Strotzka, H.: Einführung in die Sozialpsychiatrie, Hamburg 1965. Weitbrecht, H. J.: Psychiatrie im Grundriß, Bonn 1963.

Sozialstaat. Ebenso wie →Demokratie und →Rechtsstaat ein elementarer Verfassungsgrundsatz des →Grundgesetzes. Die mit diesem Rechtsbegriff zusammenhängende Problematik hat ihre Wurzeln in der industriellen Revolution und der kapitalistischen Wirtschaftsform des 19. Jh. Die hierdurch erwachsenen Probleme (Bevölkerungsvermehrung, Verstädterung, Wohnungsnot, Verelendung der Arbeiterschaft, zusammengefaßt unter dem Begriff »Soziale Frage«) wurden erst nach und nach vom Gesetzgeber als regelungsbedürftig erkannt (→AFG, →Arbeitsrecht, →BSHG, →JWG, →Sozialversicherung). Ansätze zu einer verfassungsrechtlichen Gewährleistung der Grundbedingungen einer menschenwürdigen Existenz gab es bereits in der Weimarer Reichsverfassung (WRV) von 1919. Die Verfasser des GG sind nicht, wie die der WRV, den Weg konkreter Programmsätze für die Gestaltung einzelner Sozialbereiche oder der Verbürgung einzelner sozialer →Grundrechte gegangen. Vielmehr haben sie in einer Grundentscheidung die BRD zu einem demokratischen und sozialen Rechtsstaat erklärt (Art. 20, 28). Die S.-Klausel ist somit ein ausfüllungsbedürftiger, aber auch ausfüllbarer Rechtsbegriff, der in besonderem Maß politischer Natur ist. Denn von seiner Inhaltsbestimmung und seiner Zuordnung zu den Prinzipien Demokratie und Rechtsstaat hängen entscheidend das Verständnis und die Möglichkeiten politischer Gestaltung von Staat und Gesellschaft der BRD ab. Die Auffassungen in Rechtswissenschaft und öffentlicher Meinung sind recht unterschiedlich. Teilweise legt man das Schwergewicht auf das Rechtsstaatsprinzip und wertet damit die S.-Klausel zu einer allenfalls vom Gesetzgeber ausfüllbaren Staatszielbestimmung (ohne konkreten Inhalt) ab; andere Interpreten betonen besonders den Zusammenhang von Demokratieprinzip und S.-Klausel und sehen hierin die Chance zu einer umfassenden Umgestaltung des gegenwärtigen staatlichen und gesellschaftlichen, insb. ökonomischen Systems. Das Bundesverfassungsgericht (→Rechtsstaat) hat in einer Entscheidung im Jahre 1956 den Versuch einer Harmonisierung der drei Prinzipien in der Weise vorgenommen, daß es als »Ideal der sozialen Demokratie in den Formen des Rechtsstaates« eine annähernd gleichmäßige Förderung des Wohles aller Bürger und annähernd gleichmäßige Verteilung der Lasten« angesehen hat. Der darin liegende Auftrag zur Verwirklichung sozialer Gerechtigkeit ist ein Auftrag an die staatliche Gewalt zur Gestaltung des ökonomischen und sozialen Lebens durch Planung, Lenkung, Umverteilung und Zuteilung, um so für jeden einzelnen die materielle Basis zu schaffen, die ihm eine volle Entfaltung seiner Freiheit erst eröffnet (→AFG, →Berufsbildung, →BBiG, →Berufsförderung, →Familienrecht, →JHG (Entwurf), →Mieterschutz, →Rehabilitation, →SchwbG, →Soziale Sicherung, →Sozialwohnungen, →Wohngeld). [U. W.]

Lit.: →GG. Forsthoff, E. (Hg.): Rechtsstaatlichkeit und Sozialstaatlichkeit, Darmstadt 1968. Hartwich, H.-H.: Sozialstaatspostulat und gesellschaftlicher status quo, Köln 1970. Kempen, O. E. (Hg.): Sozialstaatsprinzip und Wirtschaftsordnung, Frankfurt/M. 1976.

Sozialtechniken. Therapien und Methoden in den Arbeitsfeldern von SA/SP enthalten eine Reihe von Sozialtechniken (ST):

1. Soziale Kommunikationstechniken (soziale Gruppenarbeit) mit Zielsetzungen: a) Leitung und Koordination von Gruppen, b) Informationsvermittlung, c) interne und externe soziale Gruppenkommunikation, d) Ausdrucksdarstellungen, Symbolisierungen, Selbst- und Fremddarstellungen von sozialen Situationen, etwa in der Form von Rollenspielen, Planspielen, freien Interviews, u. a.
2. Gefühlstechniken, wie Soziodrama, Provokationsspiele, Stegreifspiele, projektive Geschichten sollen dazu beitragen, emotionale Barrieren in Gruppen abzubauen.

3. Leitungstechniken sollen der Anwendung unterschiedlicher Sozialformen von Interaktion mit anderen Menschen dienen, um demokratische Führungsstile einzuüben.
4. Organisationstechniken ermöglichen über Verfahren von →Planungstechnik den möglichst reibungslosen Ablauf von Therapie-, Erziehungs- und Bildungsprogrammen, Jahresplanungen für Kindergärten, Ablaufplanungen für Therapien und Therapieketten etwa ermöglichen sinnvolle und kostensparende Einsätze von Personal- und Sachkosten. Sie bieten ebenfalls die Möglichkeiten, notwendige Rücklaufmeldungen etwa in der Jugendarbeit oder Gemeinwesenarbeit zur Veränderung von Methoden und Techniken zu erhalten, um den zeit- und strukturabhängigen Bedürfnissen der Klienten von SA/SP gerecht zu werden. Simulationsspiele etwa geben die Gewähr, daß Ziel, Zweck und Mittel jeder agogischen Intervention in einem harmonischen und vertretbaren Verhältnis zueinander stehen. [A. S.]

Lit.: Kösel, E.: Soziales Lernen in der Schule, Ravensburg, 1975. Shaftel, Shaftel: Rollenspiele als soziales Entscheidungstraining, München, 1973.

Sozialversicherung, wichtigster Teil der →Sozialen Sicherung. Die Grundlagen der sozialstaatlichen Einrichtungen Deutschlands reichen in die Zeit Bismarcks zurück. Sie wurden unter seiner Regierung nach dem Sozialistengesetz von 1878 entwickelt. Das Ziel war dabei die Bewältigung der »Sozialen Frage« (→Sozialstaat) und – politisch gesehen – die Überwindung der erstarkenden Sozialdemokratie (→Arbeitsrecht) durch ein System sozialer Reformen von oben. Es wurden eingeführt: z. B. die →Krankenversicherung 1883, die Unfallversicherung 1884, die Alters- und Invaliditätsversicherung (→Rentenversicherung) 1889. Eine Zusammenfassung dieser Regelungen erfolgte durch die Reichsversicherungsordnung (RVO) von 1911. Sie ist auch heute noch die wichtigste Grundlage der S. Die bis dahin einheitliche Behandlung der Arbeitnehmerschaft wurde aber insoweit durchbrochen, als für die Altersversicherung der Angestellten eine selbständige Regelung in Form des Angestelltenversicherungsgesetzes (AVG) getroffen wurde. Dieser Schicht, die sich neu entwickelt und ein eigenes Bewußtsein entfaltet hatte, wurden höhere Renten als den Lohnarbeitern gewährt; sie wurde dadurch dem Mittelstand angenähert. Erst in der Weimarer Republik wurde die →Arbeitslosenversicherung eingeführt (→AFG). Zum Rechtsweg →Sozialgerichtsbarkeit.
Zwei Fragen werden heute im Zusammenhang mit der S. diskutiert:
1. Das System der Sozialversicherung (mit Ausnahme der Arbeitslosenversicherung) ist vielgestaltig. Während die Rentenversicherung mit der heute mehr denn je als problematisch anzusehenden (→Arbeitsrecht)

Aufteilung in Angestelltenversicherung und 18 Landesversicherungsanstalten für Arbeiter relativ übersichtlich gestaltet ist, sind die Verhältnisse bei der Krankenversicherung mit etwa 340 Orts-, 170 Innungskrankenkassen, 15 Ersatzkassen und über 20 anderen Kassen sowie bei der Unfallversicherung stark zersplittert. Die Frage nach einer sinnvollen, insb. kostensparenden und politisch effektiven Organisation wird häufiger gestellt; es gibt allerdings auch Befürworter dieser Vielfalt, weil dadurch die Wahlfreiheit des Versicherten gewährleistet sei.
2. Die S. ist bei Arbeitslosen-, Kranken- und Rentenversicherung im wesentlichen als Solidargemeinschaft der (bei der Krankenversicherung: einkommensschwachen) Arbeitnehmer konzipiert. In manchen Ländern (Schweden, England) hat man bereits Volksversicherungen bzw. durch Steuern finanzierte Vorsorgesysteme für jedermann eingeführt. Auch in Deutschland wird der Kreis der Beitrittspflichtigen und -berechtigten ständig erweitert. Trotzdem hat man den Schritt, auch einkommensstarke selbständige Bevölkerungskreise und andere nicht versicherungspflichtige Gruppen, wie z. B. die Beamten, in den Kreis der Pflichtigen einzubeziehen, bisher nicht gewagt. Ob in Anbetracht der knapper werdenden Mittel diese Konsequenz nicht doch gezogen werden muß, ist noch offen. [U. W.]

Text: →AFG, →Krankenversicherung, →Rentenversicherung, →SGB, →Soziale Sicherheit (Recht). RVO-Reichsversicherungsordnung. Einführung H. Ströer (dtv 5024), München 3. Aufl. 1977.
Lit.: →AFG, →Krankenversicherung, →Rentenversicherung, →Soziale Sicherheit, →SGB. Ferner: Aye/Göbelsmann u. a.: RVO-Gesamtkommentar. Loseblatt-Sammlung, Wiesbaden ab 1960. Brackmann, K.: Handbuch der Sozialversicherung. Loseblattausgabe, Bonn-Bad Godesberg 1978[9]. Hauck, K./H. Haines u. a.: SGB IV. 1: Gemeinsame Vorschriften über die Sozialversicherung. Erg. Kommentar, Berlin 1977. Jäger, H.: Sozialversicherungsrecht. Leitfaden für Praxis und Ausbildung, Berlin 1977[8]. Schimanski, W.: Kranken-, Unfall- und Rentenversicherung (Sozialrecht. Lehrbuch f. FHS-Studenten), Berlin 1975. Zur sozialwiss. Vertiefung: Starnberger Studien 2. Sozialpolitik als soziale Kontrolle (ed. suhrkamp 963), Frankfurt/M. 1978.

Sozialwohnungen, öffentlich geförderte Wohnungen, für die öffentliche Mittel als Darlehen oder Zuschuß zur Deckung der Baukosten, der laufenden Aufwendungen oder der Finanzmittel (Zins und Tilgung) eingesetzt und die nach dem 20. 6. 1948 bezugsfertig wurden oder werden. Sie unterliegen auch nach der Aufhebung der Wohnungszwangswirtschaft (→Mieterschutz) der Belegungsbindung und der Mietpreisbindung nach dem Wohnungsbindungsgesetz in der Fassung von 1973. S. erhalten nur Wohnberechtigte, deren Einkommen eine bestimmte Einkommensgrenze nicht übersteigt. Sie können auf Antrag von der zuständigen staatlichen oder gemeindlichen Stelle eine Bescheinigung

über die Wohnberechtigung erwerben. Der Vermieter der öffentlich geförderten Wohnung kann sich seinen Mieter aus diesem Personenkreis auswählen; hat er eine S. an einen Nichtberechtigten überlassen, kann die zuständige Behörde von ihm oder dem Mieter Räumung verlangen. Für die Sozialwohnung darf der Vermieter höchstens die Kostenmiete verlangen, und zwar so lange die öffentliche Bindung besteht. Die Sozialwohnung darf zu keinem höheren Entgelt vermietet werden, als es zur Deckung der laufenden Aufwendungen erforderlich ist. Die Kostenmiete ist aufgrund einer Wirtschaftlichkeitsberechnung zu ermitteln, die nach den Vorschriften der 2. Berechnungsverordnung zu erstellen ist. Daneben darf der Vermieter Umlagen und Zuschläge (z. B. Wassergeld, Heizkosten, Fahrstuhl) verlangen, sofern diese noch nicht in der Kostenmiete enthalten sind. Der Mieter hat einen Anspruch auf Auskunft, wie sich die Kostenmiete zusammensetzt.
Erhöhen sich im Laufe der Zeit die Wertansätze, die der Wirtschaftlichkeitsberechnung zugrunde lagen und für die Deckung der laufenden Kosten erforderlich waren, kann der Vermieter durch einseitige schriftliche Erhöhungserklärung, die den Rechtsgrund und die Berechnungsgrundlage erkennen lassen, den Mietzins erhöhen. Anders als bei der Gewährung von →Wohngeld findet eine Kontrolle der Vermögensverhältnisse nach der Übernahme einer S. nicht mehr statt; das führt dazu, daß ein früher einmal Berechtigter selbst dann in der S. bleiben kann, wenn sich seine finanzielle Situation erheblich verbessert hat – ein in der Praxis nicht seltener Fall. [U. W.]
Lit.: →Mieterschutz

Soziokultureller Wandel. Moderne Gesellschaften unterliegen ständig sozialen, ökonomischen und kulturellen Veränderungen. Die Untersuchungen hierzu gehören zu einer Soziologie des sozio-kulturellen Wandels. Im Laufe der Geschichte wurden zahlreiche Theorien zur Aufklärung des sozio-kulturellen Wandels erstellt. Dennoch steht die Sozialwissenschaft infolge zunehmender Komplexität moderner Gesellschaftssysteme erst am Anfang ihrer Analysen. Die Vielzahl relevanter Variablen läßt sich nach dem gegenwärtigen Stand der sozial- und kulturwissenschaftlichen Forschung nicht erfassen. SW bedeutet die Gesamtheit von Veränderungen eines sozialen Systems im Hinblick auf: seine Struktur, sozialen Um-Felder, die Gefüge von Status und Positionen sowie das Beziehungs- und das Interaktionsgeflecht ihrer Mitglieder (Mobilität, Aufstieg, Abstieg). Kultureller Wandel bezeichnet die Veränderungen innerhalb der von den Menschen selbst geschaffenen ›sekundären‹ Umwelt, bestehend aus geistig-seelischen und materiellen Gütern in Form von Wertsystemen, Normen, Institutionen, Konventionen, sozialen Gebilden, Werkzeugen und Mitteln der Bedürfnisbefriedigung, die über das rein Animalische hinausgehen und in irgendeiner Art übertragbar sind. S. W. bezeichnet nicht nur rein soziale, sondern auch alle soziologisch bedeutsamen und erfaßbaren kulturellen, ökonomischen und politischen Veränderungen. S. W. erstreckt sich über angebbare Zeiträume. Eine nur vorübergehende, wenn auch vielleicht auffällige Neuerung in der Mode oder im Verhalten einer Teilgruppe der Bevölkerung kann nur bedingt als Wandel bezeichnet werden. SW. vollzieht sich schon allein dadurch, daß jeder Mensch im Verlauf seiner Lebensgeschichte Strukturteile seiner Persönlichkeit Umständen und Zwängen ökonomischer und sozialer Umwelt anzupassen versucht. Jede Gruppe, Person, Institution und jedes System unterliegen somit Prozessen der quantitativ und qualitativ meßbaren Umwandlung. Beim einzelnen Menschen wandeln sich im Laufe der Zeit →Einstellungen, (Einstellungscluster), die von ihm akzeptierten Normen der Gesellschaft sowie ihm wichtig erscheinende Werte und damit Teile seines Verhaltensmusters etwa über gewandelte soziale Rollen (Mutterrolle, Großmutterrolle, Rolle als Arbeiter, Rolle als Angestellter). Wandlungen erfolgen ebenfalls im Gefüge sozialer Schichtung (vertikale Mobilität, Aufstieg, Abstieg). Darüber hinaus können juristische oder technische Veränderungen SW. bewirken. Ändern können sich auch die Verhältnisse zwischen den einzelnen Gruppen, Generationen und Schichten der Gesellschaft. SW. wirft die Frage nach dem Ablauf, Strukturzusammenhang und der Abfolge der sich verändernden Wirklichkeitsbereiche auf. Wandlungen verlaufen entweder kontinuierlich, in einer geradezu konsistenten Abfolge systemintern, so daß jedes Resultat einer Wandlung zur Ursache für eine andere Wandlung wird (Industrialisierung bewirkt starkes Ansteigen der Stadtbevölkerung, Wohnungsprobleme), oder durch Veränderungen über exogene Einflüsse (Faktoren) mit vielfältigen Prozeßbereichen, Entwicklungsstufen und rapiden Veränderungen (sprunghafte Übergänge). Die Wandlungsursachen lassen sich einteilen in endogene und exogene Ursachen: Endogene Faktoren sind Kräfte innerhalb eines Systems, die durch das System selbst hervorgerufen werden und Wandlungen bewirken, wie etwa Entdeckung und technische Erfindung, Verlagerung von Besitz und politischer Einfluß. Exogene Faktoren. Sie werden von außen in ein System hineingetragen (Krieg, weltweite Wirtschaftskrisen etc.). Die ersten Untersuchungen, die sich mit dem sozialen Wandel beschäftigten, führten Veränderungen in der Gesellschaft vorwiegend auf nur eine Ursache zurück. Sie gelten als »klassische Ein-Faktor-Theorien« oder »monokausale Theorien« (histor. Theorien). Marx etwa sah im sozialen Wandel das Ergebnis von Konflikten, die der Natur des Kapitalismus zugrunde liegen. Die Konflikte zwischen den einzelnen Klassen und die Dialektik von Produktivkräften und Produktionsverhältnissen bewirken nach Marx radikale Umwälzungen in der Gesellschaft. Ogburn konzipierte 1922 die »Cultural-lag-Theorie«. »Cultural lag« bedeutet kulturelle Phasenverschiebung, Kulturverspätung, kultureller Rückstand oder Nichtschritthalten der immateriellen (Werte, Normen) mit der materiellen (Erfindungen, Technik) Kultur. Er behauptet, daß vor allem die Technik sich rascher wandle als alle anderen soziokulturellen Bereiche. Pareto sieht Veränderungen in der Gesellschaft durch »Zirkulationen der Eliten« begründet. Monokausale Erklärungsversuche gelten heute als unzutreffend, da sie nur unzureichend die komplexe Wirklichkeit zutreffend analysieren können. Dementsprechend können für den soziokulturellen Wandel nur mehrere Ursachen in Frage kommen. Die Geschwindigkeit SW. erschwert weitreichende empirische Untersuchungen. Daten zum SW. werden u. a. durch Erhebungen der Bevölkerungs-, Bildungs-, Kultur- und Wirtschaftsstatistik erfaßt. [A. S.]

Lit.: Bellebaum, A.: Soziologische Grundbegriffe, Stuttgart, Berlin, Köln, Mainz 1972. Bernsdorf, W. (Hg.): Wörterbuch der Soziologie, Stuttgart 1969. Hartfiel, G.: Wörterbuch der Soziologie, Stuttgart 1972. Wallner, E. M.: Soziologie – Einführung in Grundbegriffe und Probleme, Heidelberg 1976[5].

Soziologie, eine Wissenschaft, die subjektiv sinnvolles, auf das Verhalten anderer bezogenes »Handeln deutend verstehen und dadurch in seinem Ablauf und seinen Wirkungen ursächlich erklären will« (M. Weber). Sie untersucht ebenfalls alle Glaubensvorstellungen und durch die Gesellschaft festgesetzten Verhaltensweisen (»Institutionen«), deren Entstehung und Wirkungsart, und sucht die Erklärung dem Individualbewußtsein gegenüber externen allgemeinen »soziologischen Tatbestände« wiederum in soziologischen Tatbeständen und nicht z. B. in biologischen oder psychologischen Faktoren (E. Durkheim). Historisch-materialistische Ansätze innerhalb der S. betonen die Beziehungen zwischen Arbeitsteilung, Stand der Produktivkräfte, Organisation der Produktionsverhältnisse und anderen gesellschaftlichen Phänomenen im Konsum-, Wohn-, allg. Freizeitbereich, der Herausbildung und Vertretung von Interessen und Normen usw. Sie betonen außerdem die Dynamik konfliktreicher Strukturprobleme aller bisherigen Gesellschaften, deren Ursachen hauptsächlich im ökonomischen Bereich gesehen werden. Die »kritische Theorie« (Hauptvertreter: Horkheimer, Adorno, Habermas, Marcuse u. a.) betont demgegenüber eher die Bedeutung nicht-ökonomischer »Überbauphänomene« in den modernen Industriegesellschaften und sieht (auch) andere als proletarische soziale Gruppierungen (Studenten, Befreiungsbewegungen in der 3. Welt) als emanzipatorische Kräfte, wobei psychoanalytische Erkenntnisse verwertet werden und neue Manipulationsformen überwunden werden müßten. Die an Bedeutung gewinnende Ethnomethodologie, beeinflußt von A. Schütz' Phänomenologie, die wiederum hauptsächlich aus einer Auseinandersetzung mit M. Weber und E. Husserl hervorging, versucht, die allgemeinen, meist unbewußt verinnerlichten Verhaltensregeln und Sinngebungen, die zur Typisierung von Handlungen, Verhaltensweisen und Produkten anderer Menschen dienen, zu verstehen. T. Parsons' Versuch, einen gemeinsamen theoretischen Bezugsrahmen für die Wissenschaften vom Menschen zu schaffen, führte zu einer Theorie sozialer Systeme, die folgende Funktionen erfüllen: 1) Anpassung an den laufenden strukturellen Wandel im System und im Verhältnis zu anderen Systemen; 2) Zielverwirklichung; 3) Integration der systembildenden Einheiten; 4) (Latente) Aufrechterhaltung des Grundmusters der Systemstruktur und »Management« der auftretenden Spannungen. Diese Funktionen müssen, nach Parsons, von den verschiedensten Systemen, von einfachen Interaktionssystemen bis zu komplexen Gesellschaften, erfüllt werden. N. Luhmann betont die Evolution sozialer Systeme und die Ausdifferenzierung bestimmter Funktionsbereiche, als deren wichtigste er Wirtschaft, Wissenschaft, Politik und Familie mit den entsprechenden Kommunikationsmedien Eigentum/Geld, Wahrheit, Macht, Liebe sieht. Im Unterschied zum Verständnis der S. als reiner Handlungswissenschaft betont er die Bedeutung der Systemtheorie, die es ermöglicht, »die Grenzen des Erlebnishorizontes des Handelnden zu sprengen und mehr Komplexität zu erfassen«. Auf mikrosoziologische Aspekte konzentrieren sich z. B. verhaltenstheoretische S. und symbolischer Interaktionismus. So versucht G. C. Homans in der Theorie der elementaren Verhaltensformen – aufbauend auf Ergebnissen der Kleingruppenforschung – allgemeine Prinzipien für jegliches Verhalten unter weitgehender Vernachlässigung rollenspezifischer Rahmenbedingungen des Verhaltens abzuleiten. Die verhaltenstheoretische S. (z. B. Opp, Hummell) sieht S. als weitgehend reduzierbar auf Psychologie an und versucht, Verhalten z. B. mit lerntheoretischen Gesetzmäßigkeiten, der Theorie kognitiver Dissonanz oder ähnlichen, psychologisch orientierten Theorien zu erklären.

Je nach Erkenntnisinteresse des Forschers beschränkt sich soziologische Analyse auf die Beschreibung und Erklärung sozialer Tatbestände oder zeigt Änderungsmöglichkeiten und -notwendigkeiten auf. Hierbei ergänzen sich, mit jeweils verschiedenem Schwergewicht, Theorie und empirische Sozialforschung.

Neben den allg. theoretischen Ansätzen bieten die speziellen S. weitere wichtige Differenzierungen. Untersuchungsbereiche spezieller S. sind

z. B. bestimmte soziale Institutionen (Familie, Schule, Recht usw.), grundlegende soziale Phänomene und Prozesse (Sozialisation, abweichendes Verhalten, soziale Kontrolle usw.), bestimmte Kategorien bzw. Typen von Aggregaten (z. B. Jugend, Alter; Minoritäten) und andere soziale Gebilde (Gruppe, Organisation; Verbände, politische Parteien, Kirchen) oder bestimmte Handlungs- und Einstellungsbereiche (Beruf; Freizeit; Religion). – Zur genaueren Analyse arbeitet die S. insbesondere mit der Psychologie, →Sozialpsychologie, Psychoanalyse, Rechts-, Wirtschafts- und Politikwissenschaft und der Sozialgeschichte zusammen. [P. L.]

Lit.: Berger, P. L.: Einladung zur Soziologie, Freiburg 1969. Kiss, G.: Steckbrief der Soziologie, Heidelberg 1976. Luhmann, N.: Soziologische Aufklärung, Opladen 1970. Parsons, T.: Soziologische Theorie, Darmstadt und Neuwied 1964. Simmel, G.: Grundfragen der Soziologie, Berlin 1970. Institut für Sozialforschung, Soziologische Exkurse, Frankfurt am Main 1956. Rüegg, W.: Soziologie, Frankfurt am Main und Hamburg 1969. Wallner, E. M.: Soziologie, Heidelberg, 1976[5]. Weber, M.: Wirtschaft und Gesellschaft, Tübingen 1921/22.

Soziologie der Alternativen, die sich in der neueren amerikanischen und deutschen Soziologie abzeichnende Untersuchung von, gemäß zu explizierender Kriterien, wünschenswerten, logisch konsistenten und realisierbaren sozialen Strukturen, Prozessen oder Handlungen im Unterschied von den real vorherrschenden. Eine S.d.A. geht aus von einer Kontingenz real möglicher Strukturen, Prozesse und Handlungen und sucht die real möglichen Typen dieser Einheiten gemäß dem Kriterium des »Wünschenswerten« (»Erstrebenswerten«) zu entwickeln. Dieses Kriterium läßt sich durch eine Analyse des »Wünschenswerten« (seiner gemeinsamen Merkmale) zunächst in den Hauptwerken der bedeutendsten Sozialwissenschaftler mit verschiedenen wissenschaftstheoretischen Grundpositionen jeweils für spezifische Subsysteme (z. B. Gemeinde, Schule, Familie) und für spezifische Problemfelder innerhalb der verschiedenen Zweigsoziologien (z. B. die Analyse alternativer Gemeindemachtstrukturen in der →Gemeindesoziologie) konkretisieren. Ähnlich wie in der →Gemeinwesenarbeit können auch die expliziten Wünsche der Mitglieder des untersuchten (Sub-) Systems zum Ausgangspunkt einer Konsistenz- und Realisierbarkeitsanalyse gemacht werden. Aber die Soziologie als Sozialwissenschaft spezifiziert bei Anwendung des Konzepts der A. Typen von A. aufgrund einer Analyse des im sozialwissenschaftlichen Wissensfundus theoretisch erörterten A.arsenals. Dieses wird durch die Analyse »sekundärer A.« (nicht vorherrschende, »deviante« soziale Strukturprinzipien, Prozesse oder Handlungen) in demselben System (A. Etzioni) oder »funktionaler A.« (R. K. Merton) aus anderen Systemen erweitert. Eine Analyse der logischen Konsistenz der neuen Kombination von Strukturmerkmalen, Prozeßabschnitten oder Handlungseinheiten und ihrer Vereinbarkeit mit den biologischen und psychologischen Bedürfnissen der Mitglieder des untersuchten Systems, dem Stand der Technik und den funktionalen Voraussetzungen jedes Systems dieses Typs in der gegebenen Umwelt, vor allem hinsichtlich des Knappheitsprinzips. Sie reduziert die Menge der erfaßten wünschenswerten, realen Möglichkeiten auf die für das untersuchte System gemäß soziologischer Analyse spezifizierbaren Typen von A. Eine solche Analyse wird immer einen mehr oder weniger großen Ungewißheitsspielraum lassen, so daß die Auswahl zwischen den A., ihre weitere Konkretisierung und ihre Überprüfung Teil der gesellschaftlichen Praxis sind. Eine S.d.A. bereitet somit die bewußte Auswahl zwischen A. und deren soziologisch spezifizierten Implikationen (Kosten und Nutzen) vor und hat »aufklärenden« Charakter. [P. L.]

Lit.: Downs, A.: Alternative Futures for the American Ghetto. In: Daedalus, Bd. 97, Nr. 4 (Fall 1968), S. 1331–1378. Eckert, R. und Hahn, A.: Sozialismus ohne Dogma – Einige aktuelle Probleme. In: E. Arndt, W. Michalski und B. Molitor (Hg.): Wirtschaft und Gesellschaft, Ordnung ohne Dogma, Tübingen 1975, S. 25–56. Schütz, A.: Choosing Among Projects of Action. In: Schütz: Collected Papers, I, The Problem of Social Reality, herausgegeben und eingeleitet von Maurice Natanson, Den Haag 1971, S. 67–96. Warren, R.: Towards a Non-Utopian Normative Model of the Community. In: American Sociological Review 35 (April 1970), S. 219–228.

Soziologie der Kindheit. Kindheit umfaßt die Zeit von der Geburt bis etwa zum 13. Lebensjahr und wird soziologisch in erster Linie als diejenige Lebensphase gesehen, in der Sozialisation als Prägung durch Gesellschaft stattfindet. Unter Sozialisation versteht man den Prozeß, in dessen Verlauf der Mensch sich Kenntnisse, Fähigkeiten und Neigungen aneignet, die ihn erst zu einem richtigen Mitglied der Gesellschaft werden lassen. Die Sozialisationsforschung hat sich bisher fast ausschließlich auf die familiale Sozialisation konzentriert und festgestellt, daß Familie in ihrer gegenwärtigen Form als optimale Sozialisationsinstanz im Vergleich zu anderen die Familie ersetzenden oder ergänzenden Institutionen gelten kann. So liegt beispielsweise der Mangel der Heimerziehung gegenüber der Möglichkeit optimaler Sozialisation in der Familie nicht, wie bisher angenommen wurde, in einem Fehlen liebevoller mütterlicher Zuneigung, sondern ebenso im Fehlen sensorischer Stimulation. Die Sozialisationstechniken und -inhalte richten sich nach den in einer Gesellschaft vorherrschenden Werten (z. B. Leistung). Dem hat auch die Sozialisationsforschung selbst entsprochen, indem sie sich bisher einseitig auf die Untersuchung der Bestimmungsgründe von Leistungsmotivation und Intelligenz konzentrierte.

Die Betonung von Kindheit als Sozialisationsphase hat dazu geführt, daß Fragen nach Möglichkeiten von Selbstbestimmung im Kindesalter bisher in der Soziologie keine Beachtung fanden. Auch die der Sozialisation entgegengesetzte Fragestellung, nämlich diejenige nach der Art und Weise, in der Kinder unsere Gesellschaft prägen, wurde vernachlässigt. Die Überbetonung des Sozialisationsgedankens in der Soziologie entspricht insofern der juristischen Betrachtungsweise, die dem Kind aufgrund des Fehlens gesellschaftlicher Grundwerte eine Objektstellung zuweist.
In jüngster Zeit werden in den Sozialwissenschaften auch solche Themen aktualisiert, die das Verhältnis von Kind und Gesellschaft nicht ausschließlich auf Sozialisation zurückführen, wenngleich dieser Gesichtspunkt dennoch leitend bleibt. Man beschäftigt sich mit Kindern sozialer Randgruppen (Gastarbeiter, Prostituierte), mit Kinderdelinquenz und Kindesmißhandlungen. Der Geburtenrückgang, die hohe Zahl an Unfallopfern im Kindesalter und die Gewalt gegen Kinder dokumentieren, daß wir in einer »kinderfeindlichen« Gesellschaft leben. Die Behauptung der Kinderfeindlichkeit der Erwachsenengesellschaft ist dabei nicht nur im Vergleich mit anderen industrialisierten Gesellschaften zu prüfen, sondern man muß diese These auch historisch untersuchen. Kindheit ist nicht eine konstant über alle Gesellschaften und alle Zeiten gleich lange Altersphase. Im Mittelalter war die Dauer der Kindheit beispielsweise auf die ersten Lebensjahre beschränkt. Die Vorstellungen von Kindheit waren nur schwach entwickelt, und Sozialisation fand nicht in erster Linie in der Familie und in altershomogenen Gruppen statt. Auch lag keine emotionelle Bindung zwischen Eltern und Kindern vor. Sie wurde auch nicht gefordert. Kindesmißhandlungen werden heute in stärkerem Maße gesellschaftlich sanktioniert als früher. Vor diesem Hintergrund wäre daher eher die gegenteilige These zu überprüfen: Unsere Gesellschaft wird in dem Maße kinderfreundlich, in dem Gewalt gegen Kinder immer mehr den Charakter sozialer Abweichung annimmt. [E. H.]

Lit.: Arièş, Philippe: Geschichte der Kindheit, München, Wien 1975, Originalausgabe: L'enfant et la vie familiale sous l'ancien régime, Paris 1960. Bast, H. u. a.: gewalt gegen kinder, kindesmißhandlungen und ihre ursachen, Reinbek bei Hamburg 1975. Bundesminister für Jugend, Familie und Gesundheit: Zweiter Familienbericht, Bonn-Bad Godesberg 1975; dazu: Besprechungsforum: Zweiter Familienbericht in: Zeitschrift für Soziologie, Jg. 5, Heft 3 1976, S. 285 ff. Deutscher Bundestag, 7. Wahlperiode: Drucksache 7/3340 vom 10. 3. 1975, betrifft Situation der Kinder in Deutschland. Ostermeyer, H.: Das Kind im Recht, in: v. Braunmühl, E., H. Ostermeyer und H. Kupffer: Die Gleichberechtigung des Kindes, Frankfurt a. M. 1976.

Soziologie der Sozialarbeit/Sozialpädagogik. Ausweitungen der Funktionsbereiche von SA/SP. →Professionalisierung sowie nicht zuletzt eine zahlenmäßige Zunahme sozialer Dienste und sozialer Berufe ließen neben bereits bestehenden speziellen Soziologien, wie u. a. Medizin-, Kriminal- und Alterssoziologie, eine Soziologie der Sozialarbeit entstehen, die das System der Sozialpädagogik im deutschsprachigen Raum mit einbezieht. In Anlehnung an eine Klassifikation von Medizinsoziologie (R. Straus) soll unterschieden werden zwischen a) Soziologie in der SA/SP, bezogen auf Analysen zu Strukturen und Funktionen im internen System von SA/SP mit Erkenntniszielen zu: 1. Geschichtliche Entwicklung der SA/SP; 2. Theorie von SA/SP; 3. Funktionsstrukturen der SA/SP im Sinne einer Binnensystematik; 4. Strukturtypen der SA/SP etwa im Verhältnis von Sozialarbeitern, Sozialpädagogen zu den Klienten; 5. Methoden, Handlungssysteme und soziale Techniken der SA/SP; 6. Soziale Situationen und institutionalisierte Tätigkeiten professioneller Mitarbeiter in der SA/SP; 7. System- und Funktionsverbund von SA/SP zu ergänzenden Behandlungs- und Therapiebereichen; 8. Soziologie der Institutionen, Organisationen von SA/SP (interne Organisations- und Funktionslehre); b) Soziologie von der SA/SP. Erkenntnisziele zu übergreifenden Systemen von SA/SP: 1. Interdependenzen zwischen Theorie der SA/SP sowie grundlegenden, ergänzenden und übergreifenden Theoriesystemen; 2. SA/SP im System der Wissenschaften (empirische und angewandte Sozial- und Verhaltenswissenschaften; 3. SA/SP im Funktions- und Organisationsverbund mit systemübergreifenden Institutionen (Verwaltungen, Großorganisationen wie Gewerkschaften, Parteien, Industrieverbände, Kirchen, Hochschulen etc.) Im Zusammenhang mit externer Organisations- und Funktionslehre; 4. Analysen zu Schnittpunktbereichen zwischen SA/SP und Funktionsbereichen anderer Disziplinen: Erziehungswissenschaft, Sozialmedizin, Sozialpsychiatrie; 5. Geschichte von SA/SP im Rahmen einer Geschichte der angewandten Sozialwissenschaften. Eine Soziologie der SA/SP steht im Erkenntniszusammenhang zu Strukturwandlungen der Gesellschaft, die Konflikten, Bedürfnissen, Krankheiten, Situationen des Klientels jeweilige Ausprägungsmerkmale zuweisen. SA/SP im internen System sowie im externen Systemverbund steht weiterhin im Blickfeld von Kultur-, Sozial- und Ideengeschichte mit ethischen, moralischen und politischen Ziel- und Normensetzungen sowie Einwirkungsverhältnissen zwischen Produktionsstruktur (Agrarges., Industrieges.) und unterschiedlichen Problembereichen, Fragestellungen und Arbeitsweisen. [A. S.]

Lit.: Bäuerle, W.: Sozialarbeit und Gesellschaft, Weinheim 1970. Böttcher, H.: Sozialpädagogik im Überblick, Freiburg/Br. 1975. Fooken, E.: Grundprobleme der Sozialpädagogik, Heidelberg 1973. Maor, H.: Soziologie der Sozialarbeit, Stuttgart 1975. Rössner, L.: Theorie der Sozialarbeit, München 1973. Straus, R.: The Nature and Status of Medical Sociology, in: American sociological Review, XXII, 1957.

Soziologie des Alterns, untersucht als spezielle Soziologie sowie als Teildisziplin der Gerontologie soziale Strukturen, Rahmenerscheinungen sowie institutionelle Komplexe zu unterschiedlichen Dimensionsbereichen sozialer Lebensbedingungen alternder Menschen. Makrosoziologisch kennzeichnen demographisch-statistische Merkmale →soziale Indikatoren, die Daseinssituation alternder Menschen im Erkenntniszusammenhang mit Phänomenen des soziokulturellen Wandels, der kultur- und generationsspezifischen Stereotypen des Alterns sowie der damit verbundenen Funktionswandlungen im Alter. Im Kontext zu einer →sozialen Gerontologie analysiert eine S.d.A. sozialpsychologische und darüber hinaus sozialpathologische Dimensionen des Alterns. Subjektive und objektive Einstellungen (Attitüden) zum Alter sowie Erfahrungen des Alterns sind dabei von zentraler Bedeutung. Über Erscheinungsweisen räumlicher und sozialer Isolation alternder Menschen →Entfremdung, →Leiden, gesellschaftliches, erwachsen darüber hinaus Fragestellungen einer Soziologie des abweichenden Verhaltens im Alter. →Abweichendes Verhalten, →Gerontologie, →Leiden, gesellschaftliches →Soziale Integration. [A. S.]

Lit.: Pieper, K. J.: Die Situation älterer Menschen in der BRD, in: Kölner Ztschr. f. Soz. u. Sozialpsychologie, Nr. 2/1976. Tews, H. P.: Soziologie des Alterns, Heidelberg 1979[3].

Soziologie der Vorschulerziehung. Mit der Einrichtung von Schulen für alle Kinder in aufstrebenden Industriegesellschaften des 19. Jahrhunderts wandte sich auch die Aufmerksamkeit der Soziologie den Prozessen und Institutionen von Erziehung zu. (E. Durkheim). Aus der Tradition einer Kindergartenbewegung sowie verstärkt durch Bildungsreformen in den fünfziger, sechziger Jahren dieses Jahrhunderts entwickelte sich aus einer Soziologie der Erziehung eine Sichtweise von Soziologie der Vorschulerziehung (SdV).

Strukturwandlungen moderner Gesellschaften lenken die Aufmerksamkeit empirischer Erziehungswissenschaften auf Institutionen (Familie, Vorschulen, Kindergärten, Medien) sowie auf Prozesse (Sozialisation) frühkindlicher Erziehung, wobei für den Bereich einer SdV die Einwirkungen von gesellschaftlichen Institutionen und Prozessen auf die Altersgruppe von Kindern zwischen dem 3. und 6. Lebensjahr untersucht werden, um die jeweils gewonnenen Erkenntnisse für Maßnahmen der Elternbildung, Erziehungsberatung, Psycho- und Sozialhygiene sowie für sachgerechte Änderungen von Curricula in der Ausbildung von

Schul- und Sozialpädagogen umzusetzen. Ausgangsbasis einer mehr prozeßorientierten Sichtweise von Vorschulerziehung bilden die Rahmentheorien zur Sozialisation, (H. Fend), insbesonders die verschiedenen Lerntheorien. Die Entwicklungspsychologie geht davon aus, daß zwischen dem 3. und 6. Lebensjahr entscheidende Lern- und Prägungsprozesse stattfinden. Inhalte, Erziehungsstile, Erziehungsziele sowie insbesonders Formen des Erzieherinnen- und Erzieherverhaltens, (autoritärer, permissiver, d. h. stets gewährender oder kooperativer partnerschaftlicher Erziehungsstil) sind Gegenstand soziologischer und sozialpsychologischer Forschung. Weiterhin untersucht eine Mediensoziologie Formen und Wirkungen verschiedener Medien, wie Buch, Hörfunk, Fernsehen und Spiel auf Prägungen von Sprache, Vorstellungen und Verhalten im Vorschulalter. Angesichts einer ständigen Zunahme von Verhaltensauffälligkeiten und Verhaltensstörungen bei Kindern in allen Industrieländern, erwachsen einer SdV neben speziellen psychologischen Richtungen im Rahmen von Sozialisationsforschung Aufgaben zu, die einer kindgemäßen »Erziehungskultur« dienen sollen.

In Anlehnung an einen Begriff von »Jugendkultur« erörtern Pädagogen seit der Mitte der sechziger Jahre des 20. Jahrhunderts intensiver eine Problematik von »Kinderkultur«, der sich insbesonders eine »Soziologie der Kindheit« zuwendet. Kinderwelt und Kunderkultur sind niemals losgelöst von der Welt und Kultur der Erwachsenen zu betrachten. Das gilt auch für eine Soziologie der Erziehung und Vorschulerziehung ebenso wie für die Vorschulpädagogik. Forschungsergebnisse einer SdV dienen auch der Gestaltung von Unterrichtsformen, methodischen, didaktischen sowie curricularen Konzeptionen im Kindergarten. Eigene Verfahrensweisen entwickelt eine sozialpädagogische Institution von »Kinderarbeit in sozialen Randgruppen (Obdachlose, ethnische Minoritäten, ausländische Arbeitnehmer zum Teil) über Maßnahmen von »Spielstuben« im Vorfeld von herkömmlicher Vorschulerziehung, mit dem Ziel, über die »pädagogisch betreuten« Kinder Einfluß auf die Lebenswelt der Eltern zu gewinnen. Eine soziologische Sichtweise zu Institutionen und Prozessen von Vorschulerziehung in sozialen Randgruppen bedarf jedoch noch einer systematischen Entwicklung. Das gilt ebenso für eine verstärkte Zuwendung zu Erziehungsdefiziten und Erziehungsbedürfnissen von Kindern aus der Unterschicht einer jeweiligen Gesellschaft. →Kompensatorische Erziehung. [A. S.]

Lit.: Banks, O.: Soziologie der Erziehung, Düsseldorf, 1975. Durkheim, E.: Erziehung und Soziologie, Düsseldorf, 1972. Fend, H.: Sozialisierung und Erziehung, Weinheim, 1969. Hess, R. D. u. Handel, G.: Familienwelten, Düsseldorf, 1975. Hielscher, H. (Hg.): Materialien zur Sozialen Erziehung im Kindesalter, Heidelberg, 1976^{2}. Schneewind, K. u. Lukesch, H. (Hg.): Familiale Sozialisation, Stuttgart, 1978.

Soziotherapie, eigenständige wissenschaftliche Disziplin, die sich aus den traditionellen Wissenschaften wie Medizin, Psychologie, Psychotherapie, Soziologie (Soziometrie) und der Methode von sozialer Einzelfallhilfe (case-work) entwickelt hat.
Soziotherapie (ST) wendet spezielle Techniken (Gesprächstechniken) zur Prophylaxe und Korrektur sozial auffälligen und/oder abweichenden Verhaltens an. (Straffällige, Drogenabhängige).
ST läßt sich definieren als: a) Therapieform, in der spezifische Verfahrensweisen angewandt werden, die neben psychotherapeutischen und medizinischen Verfahren als eigenständig gelten, b) Therapieform, die nur bei bestimmten Krankheits- und Abweichungserscheinungen Anwendung findet, c) Therapieform im Verbund mit medizinischen, psychotherapeutischen Verfahren und Methoden der Sozialarbeit (Therapieketten bei Suchtkranken). Gegenwärtig ergeben sich in der Theoriendiskussion um ST wissenschaftslogische Probleme der Zuordnung und Integration unterschiedlicher Terminologien und grundlegenden Sichtweisen in der Psychologie. Während eine Richtung, Eysenck u. a., ST als behavioristische Disziplin auf der Grundlage von Lerntheorien betrachten, heben andere dagegen auf ein Konzept kognitiver Faktoren ab. ST als Verhaltenstherapie bezieht sich auf mehrere Erkenntnis- und Aktivitätsbereiche: 1. verhaltenstherapeutische Grundlagenforschung, 2. sozialwissenschaftliche Forschung, 3. verhaltenstherapeutisch-technologische Forschung. ST als angewandte Wissenschaft muß sich stets die Frage nach therapievorbereitenden, begleitenden und folgenden Maßnahmen stellen, für die Sozialarbeit, Sozial- und Gesundheitspolitik jeweils den Bedürfnissen der Klienten gerechtwerdende Maßnahmen und Methoden zu entwickeln haben. [A. S.]

Lit.: Clark, D. H.: Soziotherapie in der Psychiatrie, Freiburg i. Br. 1977. Jehu, D.: Verhaltensmodifikationen in der Sozialarbeit/Sozialpädagogik, Freiburg i. Br. 1977. Redlin, W.: Verhaltenstherapie, Berlin-Stuttgart 1977. Süllwold, L.: (Hg.) Verhaltenstherapie in Klinik, Beratung und Pädagogik, Darmstadt 1977. Westmeyer, H. u. Hoffmann: (Hg.) Verhaltenstherapie. Grundlegende Texte, Hamburg 1977.

Soziometrie, von Moreno entwickelte Technik zur Analyse von Kleingruppen hinsichtlich ihrer Interaktionsstruktur, des Grades der Integration ihrer Mitglieder und der Position des einzelnen Mitglieds in der Gruppe. Gruppenbeziehungen werden als Bevorzugung, Gleichgültigkeit, Ablehnung der Mitglieder untereinander – jeweils bezogen auf einen inhaltlichen Schwerpunkt (z. B. gemeinsame Arbeit, gemeinsame Freizeitgestaltung) – operationalisiert. Die Methode der Soziometrie umfaßt: 1. Erhebungsverfahren. Sie stellen eine Sonderform des persönlichen Interviews und der schriftlichen Befragung dar. Die Fragen werden in Form eines Fragebogens von den Befragten (meist in Gruppensituation) unter Anwesenheit des Interviewers selbständig ausgefüllt. 2. Auswertungsverfahren. Dies sind einerseits graphische bzw. tabellarische Darstellungen der gegenseitigen positiven und negativen Wahlen (Soziogramm, Soziomatrix), andererseits Indizes, welche die relative Stellung des Einzelnen gegenüber dem Rest der Gruppe beinhalten. (Soziometrischer Status). [D. W.]

Lit.: Bastin, G.: Die soziometrischen Methoden, Bern, Stuttgart 1967. Friedrichs, J.: Methoden der empirischen Sozialforschung, Reinbek 1973. Mayntz, R., Holm, K., Hübner, P.: Einführung in die Methoden der empirischen Soziologie, Opladen 1971. Moreno, J. L.: Die Grundlagen der S., Köln/Opladen 1967. Nehnevasja, J., S.: in König R. (Hg.): Handbuch der emp. Sozialforschung, Bd. I, Köln 1967.

Spielpädagogik, spezielle pädagogische Disziplin, die über Theorien von Spielbedürfnissen im Zusammenhang mit Entwicklungs- und Lernprozessen von Kindern und Jugendlichen Handlungsmuster (Spielarten), Handlungssituationen (Spielsituationen) sowie Handlungsobjekte (Spielgegenstände) entwickelt, um diese altersgruppengerecht und zielgruppenorientiert (Behinderte) methodisch-didaktisch in unterschiedlichen Bereichen von Bildung und Erziehung (Vorschule, Schule) sowie organisierten Freizeitveranstaltungen umzusetzen. Spiele lassen sich vom Inhalt her einteilen u. a. in: 1. Funktionsspiele, die vor allem der Einübung körperlicher Fähigkeiten dienen sollen. 2. Lernspiele zur Einübung in Wahrnehmungen von Objekten der Wirklichkeit. 3. Fiktions- oder Phantasiespiele (Abenteuerspiele) zur Entwicklung sowie Förderung von Phantasie und Kreativität. 4. Therapeutische oder therapiebezogene Spiele mit dem Ziel von Spannungsentladung, Angstreduktion und Aggressionsbewältigung etwa über Rollenspiele. 5. Imitationsspiele zum rollengerechten Verhalten und sozialen Lernen. 6. Kooperationsspiele, die auf allgemeine Ziele der Sozialerziehung im Kindesalter abheben. 7. Aktionsspiele. 8. Rollenspiele. 9. Gruppenspiele (Paarspiele). Spieltypen und Spielbedürfnisse sind jeweils abhängig vom Entwicklungsalter oder vom Entwicklungsstand der Kinder und Jugendlichen. Zu berücksichtigen sind u. a. 1. Spielfähigkeit (körperlich, psychisch), 2. Spielbedürfnis (Spielhemmungen), 3. Möglichkeiten und Grenzen von spielerischer Kreativität, 4. Vorstellungen, Lernziele in spielerischen Tätigkeiten. Formübergreifende Zielsetzungen von S. bestehen sowohl in der Entwicklung von Spielen zur ästhetischen Erziehung als auch zu Vorbereitungen und Einsichten in die Welt der Erwachsenen. Für den Spielpädagogen ergeben sich weiterhin Fragestellungen nach a) Spielorten, b) der Organisation von Spielen unter Berücksichtigung von Plänen, Materialien und Medien. Eine methodisch-didaktische Ausbildung in der S. setzt u. a. voraus: I. Kenntnisse von kindlichen und jugendlichen Bedürfnissen (Entwicklungs- und Motivationspsychologie), II. Kenntnisse zu sozialen Umfeldern von Kindern und Jugendlichen (Sozialökologie, Soziologie und Sozialpsychologie des Kindes- und Jugendalters), III. Fähigkeiten der Beobachtung (Protokollierung) und Auswertung (Interpretation), IV. Einübung in Muster von realitätsgerechten Reaktionen, V. Techniken der Beeinflussung von Spielen vor und nach Beginn des Spiels, VI. Erstellen von Lernzielkatalogen. Fließend in der Methodik sind noch die Übergänge zwischen S. und Spieltherapie, wie sie beim Vorliegen nervöser Störungen angewandt wird. Spiele von Kindern dienen auch der Exploration und Anamnese bei Verhaltensstörungen. [A. S.]

Lit.: Bühler, C.: Kindheit und Jugend, Göttingen 1967. Figge, P. A. W.: Lernen durch Spielen. Praktische Dramapädagogik und Dramatherapie, Heidelberg 1975. Flitner, A.: Spiel – Kinderspiel, in: Ch. Wulf (Hg.): Wörterbuch der Erziehung, München 1974. Rüssel, A.: Spiel und Arbeit in der menschlichen Entwicklung, in: H. Thomae (Hg.): Handbuch der Psychologie, Bd. 3, Göttingen 1959, S. 502 ff.

Statistik, bezeichnet eine Klasse von mathematischen Verfahren zur quantitativen Erfassung und Analyse von Merkmalen. Man unterscheidet beschreibende (deskriptive) und schließende (inferentielle) S.. Mit Hilfe der beschreibenden S. gewinnt man folgende Merkmalskennwerte aus univariaten (in nur einem Merkmal variierenden) Verteilungen: Häufigkeitsverteilung, Mittelwert, Streuungsmaß. Zur Deskription multivariater Verteilungen werden zusätzlich Korrelations- und Regressionsmethoden benutzt. Mit den Verfahren der inferentiellen S. läßt sich die Wahrscheinlichkeit abschätzen, mit der Abweichungen der Stichprobenergebnisse von den Kennwerten der Grundgesamtheit vorliegen, und die Entscheidung über Akzeptierung oder Verwerfung der Nullhypothese (→Experiment) treffen. Zur Beurteilung der Überzufälligkeit von Daten aus Experimenten und Beobachtungen liegen statistische Tests vor. Die Faktorenanalyse umfaßt eine Gruppe von Methoden der multivariaten S., mit der sich die Vielfalt der korrelativen Beziehungen zwischen Variablen auf eine kleinere Zahl von Faktoren reduzieren läßt. [G. S.]

Lit.: Hofstätter, P. R., Wendt, D.: Quantitative Methoden der Psychologie, Berlin 1975.

Statistik (schließende), auf der Wahrscheinlichkeits- sowie Stichprobentheorie aufbauende Verfahren der Datenreduktion. Statistik dient 1. der Beschreibung von Beziehungen zwischen Merkmalen. Dafür werden Maßzahlen entwickelt (Assoziations-, Korrelationsmaße), die

Aussagen über die Größe eines Zusammenhangs zwischen zwei oder mehreren Merkmalen zulassen. Ihre Anwendbarkeit hängt von der Stichprobengröße, der Anzahl der Merkmalsausprägungen und dem Skalenniveau (nominal, ordinal, intervall/rational) der Merkmale ab. 2. können mit Hilfe sog. Signifikanztests (z. B. Chi-Quadrat Test) Aussagen darüber gemacht werden, inwieweit in der Stichprobe festgestellte (statistische) Zusammenhänge auch für die Grundgesamtheit wahrscheinlich (signifikant) sind. [D. W.]

Lit.: Sahner, H.: Schließende St., Stuttgart 1971. Blalock, H. M.: Social Statistics, New York 1960. Mayntz, R., Holm, K., Hübner, P.: Einführung in dic Methoden der empirischen Soziologie, Opladen 1971.

Statistik (beschreibende), Hilfswissenschaft für empirische Wissenschaften. Die Verfahren der St. dienen dazu: 1. Informationen des Datenmaterials zu reduzieren. Dafür wurden Maßzahlen entwickelt, die 2. die Untersuchungseinheiten, immer bezogen auf die Verteilung einzelner Merkmale (Einkommen, Geschlecht u. a.) beschreiben und somit auch die Vergleichbarkeit der Merkmale erleichtern. Die am häufigsten angewandten Maßzahlen sind Mittelwert, Median (dieser Wert gibt den Punkt einer Verteilung an, der diese in zwei gleich große Hälften teilt), Modus (bezeichnet die Merkmalsausprägung, die für die meisten Untersuchungseinheiten zutrifft) sowie Streuungsmaße; sie geben den Bereich zwischen den höchsten und geringsten Merkmalsausprägungen eines Merkmals an. [D. W.]

Lit.: Benninghaus, H.: Deskriptive Statistik, Stuttgart 1974. Galtung, J.: Theory and Methods of Social Research, London 1970. Harder, Th.: Werkzeug der Sozialforschung, Köln 1969. Neurath, P.: St. für Sozialwissenschaftler, Stuttgart 1966.

Status, sozialer, Bewertung einer Person bzw. Position, basierend auf sozialem Prestige, Wertschätzung, Privilegien oder Einfluß, die mit der Rolle dieser Person (Position) verbunden sind. Daraus ergibt sich die Rangstellung der Person (Position) innerhalb eines hierarchisch gegliederten sozialen Systems (Bewertung, sozialer Rang eines Universitätsprofessors, einer Hausfrau, eines Müllmannes etc.). Statuskriterien leiten sich aus der für das jeweilige Rollengefüge gültigen Werthierarchie ab, sie haben rollenspezifische Gültigkeit. Während etwa bei Berufsrollen Leistung und Ausbildung zentrale Kriterien für den Status darstellen, können für den Status in informellen Freundesgruppen etwa Sportlichkeit, Unterhaltsamkeit u. ä. ausschlaggebend sein. Häufig ist der soziale Status an bestimmten Zeichen (Symbolen) erkennbar.
Ähnlich wie eine Rolle kann auch ein Status in globaler Form gesamtgesellschaftlich festgelegt sein (so basiert eine in Industriegesellschaften

gesamtgesellschaftlich weitgehend gültige Statusfestlegung für die meisten Berufsrollen auf Einkommen, Ausbildung und Leistung). Dieser gesamtgesellschaftlich festgelegte Status kann in Subkulturen, Kategorien, Organisationen oder Gruppen entsprechend der jeweils gültigen Werthierarchie eine Konkretisierung oder eine Veränderung erfahren. Zum Teil wird der Status überhaupt erst in den konkreten Interaktionsbeziehungen dieser sozialen Gebilde ausgehandelt und hat nur für diese sozialen Gebilde Gültigkeit. Einer Person kommen entsprechend ihrer Rollen und Positionen verschiedene, teils gesamtgesellschaftlich, teils gruppenspezifisch gültige Status zu. Diese bilden den (konsistenten bzw. inkonsistenten) Gesamtstatus einer Person. – Besondere Schwierigkeiten bei der empirischen Feststellung dieses Status bildet die Frage, welche Statuskriterien mit welcher Gewichtung in den Gesamtstatus eingehen sollen und wieweit nicht die subjektive Selbsteinschätzung des Status durch die Person selbst den Status gültiger wiedergibt als die objektiven Statuskriterien. →Rolle, →Position, →Schicht, →Mobilität. [H. B.]

Lit.: Bolte, M., Kappe, D., Neidhardt, F.: Soziale Ungleichheit, Opladen 1974[3]. Kluth, H.: Sozialprestige und sozialer Status, Stuttgart 1957. Scheuch, E. K., Daheim, H.: Sozialprestige und soziale Schichtung, in: Glass, D. V., König, R. (Hg.): Soziale Schichtung und soziale Mobilität, Opladen 1961.

Stigmatisierung, an bestimmten, negativ bewerteten, diskreditierenden Attributen (Stigma) orientierte Zuordnung von Individuen zu einer Randgruppe oder negativ bewerteten Kategorie (wie etwa Vorbestrafte, Geisteskranke, Krüppel, Homosexuelle). Diese Zuordnung löst meist die Erwartung abweichenden (d. h. anormalen) Verhaltens und – als Reaktion des Stigmatisierenden – Interaktionsvermeidung und Diskriminierung aus. Attribute und abweichendes Verhalten werden den Stigmatisierten häufig nur zugeschrieben, basieren also nur begrenzt auf ihrem tatsächlichen Verhalten, sondern eher auf den Vorurteilen der Umwelt. Langfristig wird allerdings durch diese Zuschreibung bei stigmatisierten Personen dann oft tatsächlich abweichendes Verhalten ausgelöst (self-fulfilling prophecy). Eine Beeinflussung von Vorurteilen sowie die Beseitigung der Symbole, an denen stigmatisierte Personen identifizierbar sind, trägt daher häufig mehr zur Integration von Stigmatisierten bei als eine Verhaltensbeeinflussung der stigmatisierten Personen selbst. →Diskriminierung, →Randgruppe, →Vorurteil, →abweichendes Verhalten. [H. B.]

Lit.: Goffman, E.: Stigma, Frankfurt 1967. Brusten, M., Hohmeier, J. (Hg.): Stigmatisierung, Neuwied 1975. Shoham, S.: The Mark of Cain, Jerusalem 1970. Vaskovics, L. u. Mitarb. v. Buba, H. P.: Segregierte Armut, Frankfurt/M. 1976.

Strafprozeß, ein gesetzlich geordnetes Verfahren, in dem durch einen (oder mehrere) Richter über eine Straftat entschieden wird. Der S. dient der Durchsetzung der materiellen Vorschriften des →Strafrechts. Die Strafgerichtsbarkeit wird ausgeübt von den Amtsgerichten, Landgerichten, Oberlandesgerichten und dem Bundesgerichtshof (BGH) in Karlsruhe. Das Verfahren gliedert sich in Erkenntnis- und Vollstrekkungsverfahren. Das erstere besteht aus Vor-, Zwischen- und Hauptverfahren; die Rechtsgrundlage ist die Strafprozeßordnung (StPO) von 1877/1975. Das letztere ist nunmehr durch das Strafvollzugsgesetz von 1976 (→Strafvollzug) geregelt. Eine besondere Regelung besteht für die →Jugendgerichtsbarkeit. Der S. unterscheidet sich erheblich von dem Verfahren der →Zivilgerichtsbarkeit. Da es um die Durchsetzung des staatlichen Interesses an der Aufrechterhaltung eines geordneten Zusammenlebens geht, liegen Einleitung und Durchführung des Verfahrens bei den meisten Delikten in der Hand der staatlichen Gewalt (Offizial- und Anklageprinzip sowie Ermittlungsgrundsatz).
Zur Rechtsstellung von Sozialarbeitern und Sozialpädagogen sowie (Erziehungs-, Jugend-)Beratern im Strafrecht: →Schweigepflicht, →Zeugnisverweigerungsrecht. [U. W.]

Text und Lit.: Kleinknecht, Th.: StPO. Kurzkommentar, München 1977[3]. Krause, D./G. Nehring: Strafverfahrensrecht in der Polizeipraxis, Köln 1978. Roxin, C.: Strafverfahrensrecht. Ein Studienbuch, München 1979[15].

Strafrecht. 1. Als Teilgebiet des (öffentlichen) Rechts ist das S. die Summe der Rechtsnormen, die für eine bestimmte Tat eine bestimmte Strafe oder Maßnahme als Rechtsfolge anordnen (bezüglich der zivilrechtlichen Folgen →BGB). Dabei hat man zu unterscheiden zwischen dem materiellen S., das sich mit der Frage befaßt, wann der staatliche Strafanspruch entsteht, und das hauptsächlich im Strafgesetzbuch (StGB) geregelt ist, und dem Strafverfahrensrecht, das die Durchsetzung dieses Strafanspruchs zum Inhalt hat und in der Strafprozeßordnung (StPO) von 1877 geregelt ist. Für das →Jugendstrafrecht besteht eine besondere Regelung. 2. Das jetzt geltende StGB stammt aus dem Jahre 1871. Es ist seitdem sehr häufig geändert worden. Das ist in Anbetracht der einschneidenden Bedeutung des S. für das gesellschaftliche Leben und seiner Abhängigkeit von den ökonomischen, geistesgeschichtlichen und politischen Strömungen durchaus verständlich. Eine Rolle haben dabei insbesondere die zunehmenden Erkenntnisse auf dem Gebiet der →Kriminologie gespielt. Eine tiefgreifende Veränderung hat das StGB vor allem seit 1969 erfahren. Geändert worden ist der gesamte »Allgemeine Teil«, der die allgemeinen Lehren des S. enthält. Es wurde die bisherige Unterscheidung von Zuchthaus- und

Gefängnisstrafe aufgegeben und die sog. Einheitsstrafe eingeführt. Wegen der schädlichen Wirkung hat man die kurzzeitige Freiheitsstrafe (allerdings nicht vollständig) beseitigt und die Möglichkeiten zur Verhängung von Geldstrafen (nach dem Tagessatzsystem) erweitert. Aus dem »Besonderen Teil« (er enthält die einzelnen Strafnormen) hat man unbedeutendere Delikte herausgenommen und zu sog. Ordnungswidrigkeiten (die keine Straftaten sind) gemacht; überdies ist der gesamte Bereich der Sexualdelikte reformiert und liberalisiert worden. Der Versuch, die Abtreibung in den ersten drei Monaten straffrei zu lassen, ist durch eine Entscheidung des Bundesverfassungsgerichts (→Rechtsstaat) gescheitert. 3. Welche Funktion dem S. zukommen soll, darüber hat aber auch der reformfreudige Gesetzgeber (→Demokratie) der letzten Jahre keine eindeutige Aussage gemacht. In § 46 StGB heißt es: »Die Schuld des Täters ist Grundlage für die Zumessung der Strafe. Die Wirkungen, die von der Strafe für das künftige Leben des Täters in der Gesellschaft zu erwarten sind, sind zu berücksichtigen«. Ob damit die vor allem von der Rechtsprechung vertretene Auffassung, Strafe sei hauptsächlich Sühne für persönliche Schuld, aufrecht erhalten werden soll, ist unklar. In einer pluralistischen Demokratie kann die Schuld nicht als der wesentliche Strafgrund angesehen werden, da es die Aufgabe des S. ist, das menschliche Zusammenleben durch einen besonderen Schutz der wichtigsten Rechtsgüter zu ordnen, nicht jedoch ein sittliches Minimum zu garantieren. Die Schuld kann immer nur als obere Grenze der Strafzumessung von Bedeutung sein. Wichtigste Aufgaben des S. sind daher zum einen, überhaupt die Begehung von Straftaten zu verhindern (Generalprävention) und auf den Täter mit der Strafe nicht nur abschreckend, sondern auch bessernd einzuwirken (Spezialprävention). Dieser (zuletzt genannte) Gedanke der Resozialisierung findet vernünftigerweise in § 46 ebenfalls seinen Ausdruck; er ist für den →Strafvollzug von allein entscheidender Bedeutung. [U. W.]

Text und Lit.: Baumann, J.: Strafrecht im Umbruch, Neuwied 1977. Dreher, E./ H. Tröndle: StGB und Nebengesetze. Kurzkommentar, München 1978[38]. Lackner, K.: Strafgesetzbuch mit Erläuterungen, München 1978[12]. Naucke, W.: Strafrecht. Eine Einführung, Frankfurt/M. 1977[2]. Schönke/Schröder: Strafgesetzbuch. Kommentar, München 1978[19].

Strafvollzug. Der Vollzug der Freiheitsstrafe und der freiheitsentziehenden Maßregeln der Besserung und Sicherung (→Strafrecht) erfolgt aufgrund des 1976 beschlossenen Strafvollzugsgesetzes (StVollzG). Es regelt die Rechte und Pflichten des Gefangenen und Untergebrachten sowie die Leistungspflichten und Eingriffsbefugnisse der Vollzugsbehörden. Vollzugsziel soll die Fähigkeit des Gefangenen sein, künftig in sozialer Verpflichtung ein Leben ohne Straftaten zu führen (Resozialisierung, →Strafrecht); der Vollzug soll aber auch dem Schutz der Allgemeinheit vor weiteren Straftaten dienen. Die Gestaltung des Vollzuges soll den allgemeinen Lebensverhältnissen soweit wie möglich angeglichen werden; der Gefangene soll bei der Gestaltung seiner Behandlung und an der Erreichung des Behandlungsziels mitwirken. Die Behandlung erfolgt aufgrund eines von Anfang an aufgestellten Vollzugsplans, der Angaben über die Art der Unterbringung (geschlossener oder offener Vollzug), über Arbeitseinsatz und Maßnahmen der →Berufsbildung u. a. m. enthalten muß. Zur Arbeit ist der Gefangene verpflichtet; Maßnahmen der Berufsbildung bedürfen seiner Zustimmung. Für seine Tätigkeit erhält er ein Arbeitsentgelt. Dieses beträgt ab 1977 5% des durchschnittlichen Arbeitsentgelts aller Versicherten der →Rentenversicherung der Arbeiter und Angestellten; es soll im Laufe der Jahre gesteigert werden. Damit verbunden ist eine Aufnahme in die →Arbeitslosenversicherung. Ab 1980 sollen die Gefangenen Mitglieder der gesetzlichen →Krankenversicherung, ab 1985 der →Rentenversicherung werden. [U. W.]

Text: →Recht, →Strafrecht. Ferner: Strafvollstreckung – Strafvollzug – Strafregister, München 1976^{6}; Strafvollzugsgesetz. Textausg. m. Einf. v. G. Kaiser, München 1976.

Lit.: Bendel, E./K. Meyer: StVollzG. Kommentar, Stuttgart 1976. Callies, R.-P.: Strafvollzugsrecht (rororo studium Rechtswissenschaften 111), Reinbek 1978. Callies, R.-P./Müller-Dietz: Strafvollzugsgesetz. Kommentar, München 1979^{2}. Deimling/Lenzen (Hg.): Straffälligenpädagogik und Delinquenzprophylaxe, Neuwied 1974. Hauser, R.: Mitsprache und Mitverantwortung der Insassen im Strafvollzug, Stuttgart 1975. Hoffmann/Herz/Pönitz: Jugend im Gefängnis. Reform im Jugendstrafvollzug, München 1975. Kaiser, G./Stöch/Kerner: Strafvollzug. Eine Einf. in die Grundlagen (UTB 706), Stuttgart 1977^{2}. Müller-Dietz, H.: Strafvollzugsrecht (Sammlung Göschen 2803), Berlin 1978^{2}. Opp, K.-D.: Strafvollzug und Resozialisierung, München 1978. Rusche, G./Kirchheimer: Sozialstruktur und Strafvollzug, Frankfurt/M. 1974. Schneider, H. J.: Strafvollzug. Einf. in die kriminologischen Grundlagen, Tübingen 1975. Schwind, H.-D./Blau (Hg.): Strafvollzug in der Praxis. Eine Einf. in die Probleme u. Realitäten des Strafvollzugs u. d. Erwachsenenhilfe, Berlin 1976.

Straßensozialarbeit (Street-work). Die Untersuchungen von W. F. Whyte, (The street-corner-society) 1943, über Strukturen eines italienischen Einwandererviertels in den USA führten in der Sozialarbeit zu einem methodischen Ansatz mobiler Jugendarbeit, dessen Ziel darin besteht, von teilnehmenden Beobachtungen und begleitenden agogischen Interventionen ausgehend in vorwiegend dichtbesiedelten Wohngegenden, gefährdete Kinder und Jugendliche über Clubarbeit, soziale Gruppenarbeit sowie Stadtteilarbeit und Gemeinwesenarbeit von kriminellen Verhaltensweisen sowie anderen Formen abweichenden Verhaltens, wie Drogenabhängigkeit, Prostitution fernzuhalten und die Betroffenen zu sozial anerkannten Verhaltensformen zu führen. Die Interventionen von SA/SP beginnen dort, wo die Adressaten der Straßensozialarbeit die Mittelpunkte ihrer natürlich gewählten Interaktionen und sozialen Kommunikationen finden, wie in Parkanlagen, an Straßenecken, Bahnhöfen oder in Vergnügungsvierteln der Großstädte. Spezielle methodische Zielsetzungen orientieren sich an a) Öffentlichkeitsarbeit, b) Kontaktvermittlungen zu Bezugsgruppen, wie Betriebe, Schulen, Vereine, Organisationen, c) Hinführungen zu einem gesellschaftspolitischen Selbstverständnis der eigenen Situation, d) Motivationsstiftungen zur Selbstorganisation und Selbsthilfe bei der Lösung individueller und kollektiver Probleme. [A. S.]

Lit.: Specht, W., Jugendkriminalität und mobile Jugendarbeit, Neuwied, 1979.

Struktur. 1. Begriff für abstraktes Gefüge von Elementenmengen mit verknüpfenden Relationen in statischen und dynamischen Systemen, bedeutsam für Analysen der allgemeinen und speziellen →Systemtheorie. 2. Anschauungsweise zur Untersuchung relativ stabiler Gesetzmäßigkeiten in den empirischen Sozial- und Verhaltenswissenschaften. 3. Struktur synonym für Ordnung, Gliederungsgefüge. S. bezieht sich auf Zusammenhänge von variablen Elementen, die theoretische Ausschnitte der Wirklichkeit repräsentieren. In der Soziologie dient der Begriff S. zur Analyse von Phänomenen, Gruppierungen und Institutionen über theoretische Zusammenfassungen (Aussagen) zu Einstellungen, Normen, Rollen, Gruppen, Prozessen etc. in zusammenhängenden Komplexen von Hypothesen. [A. S.]

Lit.: Hartfiel, G.: Wörterbuch der Soziologie, Stuttgart 1972.

Subkultur, in der Soziologie und Kulturanthropologie mehrdeutig verwandter komplexer Begriff. Metaphorisch oder synonym u. a. für:
1. soziale Schicht (S. M. Miller); 2. sozio-ökonomische Strukturen defizitären Typus, Subkultur der Armut (G. Albrecht); 3. Organisations- oder Ideenzusammenhang politischer Gruppierungen (R. Schwendter); 4. Sozialkategorien. 5. Randgruppen. Weiterhin gleichbedeutend u. a. mit sozio-ökologischer Region, Gegenkultur, Teilkultur, ethnischer Gruppierung.
Grenzen der Beschreibung ergeben sich hinsichtlich der Auswahl, Prägnanz und logischen Strukturierung von Variablen a) der analytischen Ebene; b) der raum-zeitlichen Invarianz; c) gradueller Differenzierungen: Übergänge, Verschränkungen analytischer Kategorien und ausgewählter Objektbereiche.

Für die Soziologie stellt sich weiterhin die Frage, ob Phänomene mit der Komplexität von Subkultur überhaupt empirischen Untersuchungen zugänglich sind. Ausgehend von der Erkenntnis, daß im Verlauf sozio-kulturellen Wandels relativ konsistente soziale Einheiten, Organisationen, Gruppierungen sowie Strukturtypen von Einstellungen, Werthaltungen und Verhaltensmustern zu beobachten sind, die mit der Bezeichnung Subkultur beschreibend zu erfassen und je nach Typus mehr oder weniger empirischen Untersuchungen zugänglich sind, ermöglicht die Anwendung des Begriffs S. einstweilen nur eine beschreibende Erfassung komplexer sozialer Phänomene, Gebilde, (Subkultur des Drogenkonsums, Subkultur des Gefängnisses, ethnische Subkulturen, Subkulturen politischer Aktionsgruppen). [A. S.]

Lit.: Albrecht, G.: Die Subkultur der Armut und die Entwicklungsproblematik, in: René König (Hg.): Aspekte der Entwicklungssoziologie, Kölner Zeitschrift f. Soz. u. Sozialpsych., Sonderheft 13, 1969, S. 430–471. Arnold, D. O.: The Sociology of Subcultures, Berkeley, Calif. 1970. Kroeber, A. L., and Kluckhohn, C.: »Culture, a critical review of concepts and definitions, New York 1963. Sack, F.: Die Idee der Subkultur, Kölner Ztschr. für Soz. u. Sozialpsych., 23, 1971. Schwendter, R.: Theorie der Subkultur, Köln-Berlin 1971.

Sucht, im engeren Sinne ein zwanghaft gewordener Mißbrauch von Suchtstoffen (→Drogen) zur Erzeugung erwünschter psychischer Sonderzustände oder zur Beseitigung unerträglicher seelischer oder körperlicher Belastungen. Alle Suchtstoffe führen nach einer Eingewöhnungsphase zum zwanghaften Verlangen nach der Fortdauer des Gebrauchs, meist zu einer Steigerung der Dosis und oft zum Übergang auf sogenannte härtere Drogen. Die Weltgesundheitsorganisation hat 1964 die bisher übliche Unterscheidung zwischen Drogenmißbrauch und Drogengewöhnung wegen des fließenden Übergangs der beiden Begriffe aufgegeben und durch den Begriff Drogenabhängigkeit (drug dependence) ersetzt. Die WHO unterscheidet verschiedene Typen der Drogenabhängigkeit je nach Suchtstoff: Morphin-, Cocain-, Cannabis-, Amphetamin-, Barbiturat-, Alkohol-, Halluzinogen-, Khat- und Opiat-Antagonisten-Abhängigkeit. Die Abhängigkeit kann sowohl rein psychisch als auch körperlich und psychisch sein. Die Auswirkungen auf das Individuum sind aber nicht nur eine Funktion des Suchtstoffes, sondern auch von der Menge, der Häufigkeit des Gebrauchs, der Art der Anwendung abhängig, weiter von der Persönlichkeitsstruktur der Person, seinen früheren Erfahrungen mit dem Suchtstoff, seinem gegenwärtigen psychischen und körperlichen Zustand und von seinem sozialen Umfeld, in dem er den Suchtstoff zu sich nimmt. Es scheint weder eine einzigartige »Sucht-Persönlichkeit« zu geben, noch ganz bestimmte soziale Verhältnisse, die zur Drogenabhängigkeit hinführen.

Bis heute fehlt darüberhinaus eine integrative psychologische Theorie der S. [E.S.]

Lit.: Hobi, V.: Zur Psychodiagnostik der Depression und der Sucht, in: Schraml, W. J., Baumann U. (Hg.): Klinische Psychologie I, Bern: 1975³, S. 123–145. Tart, C., Schwendtke, A. und Krapp, F.: Drogen, Gesellschaft, Pädagogik, Frankfurt/M. 1972.

Symptom, Bezeichnung für erkennbare Merkmale organischer oder psychischer Art, die auf einen veränderten Funktionszustand hinweisen. Es werden alle diejenigen Merkmale als Symptome bezeichnet, mit deren Hilfe eine klinisch-psychologische oder psychiatrische Diagnose erstellt wird. Symptome, vor allem in der Psychiatrie (K. Schneider), können verschiedene Ränge einnehmen, etwa bei der Diagnose von Schizophrenie. In der klinischen Psychologie sowie in der Kinder- und Jugendpsychiatrie gewinnen Analysen zu sogenannten Sekundärsymptomen an Bedeutung. Behinderte und erkrankte Kinder können infolge Mißachtung, Stigmatisierung durch die Umwelt Sekundärsymptome im Bereich der Verhaltensstörungen entwickeln (Aggression, Apathie). Symptome im Komplex ergeben ein →Syndrom. [A. S.]

Syndrom, Strukturkomplex aller eine Krankheit umfassenden Symptome, die funktional oder kausal in regelmäßiger Verbindung miteinander auftreten. Syndrome unterliegen dem Syndromwandel (syndromshift) – Übergehen einer Krankheitsform in eine andere. Die Psychiatrie unterscheidet u. a.: Somatopsychischer Syndromwandel – Übergang von einer körperlichen Krankheitsform zu einer psychischen, (Wandel von einem Magengeschwür zu einer Depression oder Hysterie); Psychosomatischer Wandel – Übergang von einer psychischen Krankheitsform zu einer körperlichen; Wechsel von einem psychopathologischen Feld auf ein anderes, Wechsel von neurotischen zu psychotischen Krankheitsphasen; Wechsel von einer psychosomatischen Krankheitsform zu einer anderen, etwa vom Asthma zum Magengeschwür. Weiterhin ist zu unterscheiden zwischen: Syndromverschränkung (Syndromüberlappung), Syndrom mit Kernsymptomatik, Syndrom und Randsymptomatik. Für die Anamnese und Diagnose hochkomplexer S. sind auch Syndromsequenzen, zeitliche Abfolgen, von Bedeutung. [A. S.]

System. 1. formales S. als strukturierte Menge von Elementen mit Mengen von Relationen in ein- oder mehrdimensionalen Hierarchien mehr oder weniger komplexer Gefüge von Systemgruppen oder Systemklassen. 2.. Schlüsselkategorie der Soziologie zur Beschreibung und Analyse von Wechselwirkungen aufeinander bezogener Einheiten oder Komplexe sozialen Handelns und/oder sozialen Verhaltens mehrere Individuen, sozialer Gruppen, Organisationen, sozialer Aggregate.

3. Handlungssysteme in Sozialarbeit/Sozialpädagogik. Sie lassen sich u. a. definieren nach zielgerichteten Gesamtfunktionen und zielgerichteten Teilfunktionen unter Berücksichtigung von Dimensionen der Reichweiten, Wirkungskomplexe und Zielvorstellungen. →Systemtheorie →Systemtechnik →Struktur →Funktion [A. S.]

Lit.: Eichhorn, W. u. a. (Hg.): Wörberbuch der marxistisch-leninistischen Soziologie, Köln-Opladen 1969. Harney, K.: Sozialarbeit als System, in: Ztsch. f. Soziologie, Jg. 4, Heft 2, S. 103–114.

Systematik der Sozialarbeit/Sozialpädagogik. Vorrangiges Ziel einer Systematik von SA/SP besteht in der Entwicklung von Theorien (Praxistheorien) zu Handlungsfeldern (Berufs- und Arbeitsfelder) und Handlungszielen →agogischer Interventionen →Methoden →Sozialtechniken. Eine S. von SA/SP entwickelte sich im deutschen Sprachraum aus einer →Organisations- und Funktionslehre von SA/SP, die das Zusammenwirken von Institutionen (Behörden, Wohlfahrtsverbände) im Rahmen gesetzgeberischer Maßnahmen und gesellschaftspolitischer Zielsetzungen beschreibend (deskriptiv) erfaßte und für den Bereich primärer und sekundärer Methoden, wie Einzelfallhilfe, soziale Planung, soziale Gruppenarbeit und Gemeinwesenarbeit interpretierte. In der gegenwärtigen Theoriediskussionen ergab sich daraus der gemeinsamste kleinste Nenner zu einer Definition: Sozialarbeit und Sozialpädagogik sind von ihrem Anspruch her als Lehre von den Methoden zu bezeichnen. Diese Minimalinterpretation indes reicht nicht aus, um nur die vielfältigen verflochtenen Systeme von SA/SP empirisch zu erfassen, etwa über eine →Soziologie der Sozialarbeit. SA/SP als Wissenschaft aber ließe sich definieren als »Gegenstand von Formen und Produkten menschlichen Handelns, denen nach explizierten Regeln und Kriterien von Wissenschaft das Prädikat »wissenschaftlich« zuerkannt werden kann. (Schneewind) Dafür gelten aber strenge Bedingungen, die sich vor allem in den Sozialwissenschaften an der Logik deduktiver Aussagen orientieren müssen (Wohlgenannt). Strukturelle Beschreibungen von Grundproblemen (Focken) oder Definitionskataloge von Begriffen (Rössner) erfüllen nicht die notwendigen Voraussetzungen eines wissenschaftlichen Systems im herkömmlichen Sinn. Deshalb kann sich SA/SP sinnvoller Weise einstweilen an dem Konzept von →Agologie (Lehre vom strategischen sozialen und politischen Handeln) →Agogik (Lehre von der Anwendung spezieller Methoden und sozialer Techniken) in einem Struktur- und Funktionszusammenhang von →agogischer Intervention orientieren. Das schließt die Bildung von speziellen Theorien im klassischen Sinn für ausgewählte Objektbereiche nicht aus. Dabei kann selbst eine solche spezielle Theorie nur gültige Aussagen über zeitlich und räumlich begrenzte Ausschnitte und daraus resultierende Teilschritte von Interventionen hinreichend erklären und prognostizieren. Die übergreifenden Rahmenbedingungen von Gesellschaft sind mit den bislang bekannten wissenschaftslogischen Aussagesystemen (Wissenschaftssprachen) nicht zu erfassen. Systematik von SA/SP die Zusammenhänge beschreibend und interpretierend erfassen will, kann sich an nachfolgend aufgeführten Teilsystemen orientieren: 1. System von Problem- und Wissenschaftsgeschichte der SA/SP. 2. Institutionssystematik (Organisationen, Behörden und die ihnen zugeordneten Funktionsregelungen, wie Gesetze, Verordnungen, Programme, Weltanschauungen, u. a. 3. Funktionssystematik (Beschreibung vom Zusammenwirken, Konkurrieren und Beeinflussen der Institutionen unter Aspekten einer dynamischen Systemanalyse). 4. Objektsystematik (Analyse und Strukturbeschreibung von sozialen Problemen (Mangelsituationen, Krankheiten, Formen des abweichenden Verhaltens). 5. Aussagesystematik. Dabei ist zu unterscheiden zwischen a) vor- und außerwissenschaftlichen Aussagen und Aussagesystemen, die den anerkannten Kriterien von Wissenschaftlichkeit im Sinne wissenschaftstheoretischer Setzungen genügen, (Wohlgenannt). Gelten muß das Prinzip, daß Wissenschaftsanalyse ohne Wissenschaftsgeschichte (Problemgeschichte der SA/SP) sinnleer ist. Soziale Probleme und soziale Konflikte sind in einem historischen Erklärungszusammenhang bis in ihre feinsten Verästelungen zu sehen, etwa unter dem erkenntnisleitenden Oberbegriff von »Industriegesellschaft« oder etwa einer anthropologischen Kategorie von »Bedürfnis«. [A. S.]

Lit.: Fooken, E.: Grundprobleme der Sozialpädagogik, Heidelberg, 1973. Rössner, L.: Theorie der Sozialarbeit, München, 1973. Schneewind, K. A.: (Hg.) Wissenschaftstheoretische Grundlagen der Psychologie, München, 1977. Wohlgenannt, R.: Was ist Wissenschaft? Braunschweig, 1969.

Systemtheorie. 1. Synonym für angelsächsischen Begriff »General Systems Theory« (Bertalanffy, L. v.) 2. soziologischer Forschungsansatz (Luhmann, N.) zur Weiterentwicklung der strukturell-funktionalen Theorie (Parsons, T.).

Somit ist zu unterscheiden zwischen generellen und sozialwissenschaftlicher S. Innerhalb der generellen S. grenzen sich zwei Untersuchungsbereiche voneinander ab: a) allgemeine Systemtheorie zur Klärung wissenschaftstheoretischer, erkenntnistheoretischer und methodologischer Probleme; b) spezielle Systemtheorien, angewandt u. a. auf Psychologie, Ökonomie, Biologie, Soziologie, Kybernetik sowie der Organisations- und Planungswissenschaften. Im Rahmen soziologischer Untersuchungen läßt sich Sozialarbeit/Sozialpädagogik als System im Hinblick auf Funktionsbestimmungen und Zielstrukturen definieren. Daraus abzuleitende Handlungssysteme schließen Faktoren wie Motive, Werte, Normen, Einstellungen und Verhaltensweisen ein. Sozialarbeit/

Sozialpädagogik in einem sozialwissenschaftlichen systemtheoretischen Bezugsrahmen ist u. a. zu definieren über I. sozialtechnische, II. sozialintegrative, III. dialektisch-kritische, IV. dialektisch-revolutionäre Typen von Zielvorstellungen, Selbstverständnissen, Ideologien und darauf abhebenden Funktionswesen sowie Methoden in mehr oder weniger geschlossenen, übergreifenden oder partiellen Handlungssystemen (Organisationen). →System →Struktur. [A. S.]

Lit.: Händle, F., Jensen, S. (Hg.): Systemtheorie und Systemtechnik, München 1974. Parsons, T.: The Social System, Glencoe, USA 1951 dtsch.: Systematische Theorie in der Soziologie, in: Rüschemeyer, D. (Hg.): Beiträge zur soziolog. Theorie, 1963. Luhmann, N.: Soziologische Aufklärung, Aufsätze zur Theorie sozialer Systeme, Opladen 1970. Harney, K.: Sozialarbeit als System, in: Ztsch. f. Soziologie, Jg. 4, Heft 2, S. 103–114. Habermas, J., Luhmann, N.: Theorie der Gesellschaft oder Sozialtechnologie, Frankfurt 1971

Techniken der agogischen Intervention. Das Verhältnis von Methoden, Techniken, Prinzipien usw. in der Sozialpädagogik/Sozialarbeit ist terminologisch und sachlich-inhaltlich weithin ungeklärt. Eigentlich sollte in der Fachterminologie der Begriff Technik auf bestimmte Handlungsvollzüge innerhalb des methodischen Arbeitens in der Sozialpädagogik/Sozialarbeit begrenzt werden, wie z. B. Gesprächsführung, Aktenführung, Teambesprechung usw. Dagegen handeln Redl und Wineman als Interventionstechniken Handlungsmöglichkeiten oder praktische Verhaltensregeln ab, die sonst in der Literatur meist als →Prinzipien behandelt werden: 1. bewußtes Ignorieren, 2. Eingriff durch Signale, 3. Kontrolle durch körperliche Nähe und Berührung, 4. Engagement in einer »Interessengemeinschaft«, 5. Affektive Zuwendung, . . . 8. Deutung als Eingriff, . . . 10. Umstrukturierung, 11. Direkter Appell, 12. Einschränkung der räumlichen Bewegungsfreiheit und der Verfügbarkeit von Gegenständen usw. Redl/Wineman weisen darauf hin, daß die einzelnen Techniken nicht scharf abgegrenzt sind, sondern ineinander übergehen, daß einige davon auch für »langfristige Behandlungsgrundsätze« verwendet werden, und daß sie als Techniken immer nur den »Eingriff in symptomatische Verhaltensweisen« meinen. Insofern geben sie doch eine Abgrenzung zwischen ihren »Interventionstechniken« und den →»Prinzipien« der SA/SP.

Noch häufiger findet der Ausdruck Technik Verwendung im Kontext der Verhaltenstherapie und Verhaltensmodifikation und hierfür werden etwa folgende Beispiele genannt: 1. Verstärkung inkompatibler Verhaltensweisen, 2. differenzielle Verstärkung anderer Verhaltensweisen, 3. Verstärkerentzug, 4. stellvertretende Verstärkung, Löschung usw. [H. P.]

Lit.: Redl/Wineman, Steuerung des aggressiven Verhaltens beim Kind, München 1976. Wandel, F.: Erziehung im Unterricht, Schulpädagogische Anwendungen der Transaktionsanalyse, Stuttgart, 1977. Kern, H.: Lehrer- und Schülerverhalten. Eine Anleitung zur Verhaltensmodifikation, München, 1976. van Beugen, M.: Agogische Intervention, Freiburg, 1972.

Terminologie der Sozialpädagogik/Sozialarbeit. Die Entwicklung einer eigenen und teilweise eigenständigen Fachterminologie der Sozialpädagogik/Sozialarbeit ist Voraussetzung und Folge zugleich einer eigenständigen Entwicklung der Sozialpädagogik/Sozialarbeit als Praxisfeld, Beruf (Profession) und Wissenschaft. Nachdem die Fachterminologie über lange Zeit traditionell und d. h. wenig variabel mit »einheimischen« Begriffen arbeitete, kam die Entwicklung durch zwei Einflüsse in Bewegung: einmal die Abhängigkeit von dem wachsenden Einfluß einzelwissenschaftlicher, meist erfahrungswissenschaftlicher Terminologien und deren Rezeption und Diffusion in die Sozialarbeit, und zum zweiten die Ablösung der traditionellen durch eine »moderne« Terminologie im Zeichen der Amerikanisierungswelle im Zuge der Re-Education durch die Besatzungsmächte nach dem zweiten Weltkrieg. Dabei standen längere Zeit ursprünglich traditionelle deutsche und sog. »moderne« amerikanische Termini nebeneinander, wobei letztere zunächst noch nicht eingedeutscht wurden (z. B. case work, supervision, community organization und community development usw.), um den spezifischen Charakter zu erhalten und zu verdeutlichen. Dann wurden zunächst die besonders als Lehnwörter geeigneten Termini lateinischen Wortstammes eingedeutscht bzw. wie deutsche Lehnwörter behandelt (z. B. Supervision/Klient u. ä.). Dann erst setzte sich der Gedanke durch, daß zu einer vollen Rezeption bestimmter wissenschaftlicher Grundlagen, um eine bloße formale Übernahme und einen unspezifischen Verfremdungseffekt zu vermeiden, die konsequente Eindeutschung der Fachterminologie Voraussetzung sei für die Weiterentwicklung der wissenschaftlichen Grundlagen der Sozialpädagogik/Sozialarbeit (vgl. Pfaffenberger H., 1966, S. XXIff.).

Im übrigen spiegelt sich in der Fachterminologie der abwechselnde und unterschiedliche Einfluß von als Grundlagenwissenschaften betrachteter Einzelwissenschaften auf die Sozialpädagogik/Sozialarbeit, z. B. der Soziologie, der Psychoanalyse und neuerdings politikwissenschaftlicher, neo-marxistischer und systemtheoretischer und organisationstheoretischer Rezeptionen. In marxistisch orientierten Theorien zur Sozialarbeit tauchen Begriffe wie: Klassenlage, Deklassierung, Entfremdung, Verelendung, Armut, soziale Ungleichheit usw. (s. Hollstein, Meinhold, Zander, Bauer, Khella usw.) auf. Organisations- und systemtheoretische Einflüsse liefen vor allem über die Rezeption amerikanischer Untersuchungen in den Niederlanden und brachten neue Begriffe und Termini wie Agogik, Agologie, agogische Aktion, Dienstleistungssystem, Klientensystem usw. (Gouldner, Bennis, ten Have, van Beugen). Mit dem Auftreten neo-positivistischer, erfahrungswissenschaftlicher und technologischer Positionen sind auch von daher neue wissenschaftliche und wissenschaftstheoretische Termini in die Fachterminologie der Sozialpädagogik/Sozialarbeit rezipiert worden (Brezinka, Rössner u. a.).

Daß die Verwendung wissenschaftlicher Terminologie dabei nicht immer nur und ausschließlich den Notwendigkeiten des Faches folgt, sondern u. U. auch dem »Nimbus und Status von Wissenschaftlichkeit« durch einen »quasi-wissenschaftlichen Sprachduktus« (Knieschewski) verhaftet ist, blieb nicht unbemerkt. In jedem Falle spiegelt die Fachterminologie der Sozialarbeit/Sozialpädagogik auch hierin ihre historisch-gesellschaftliche Determination wie ihre traditionelle Abhängigkeit und wachsende Eigenständigkeit gegenüber den einzelwissenschaftlichen Grundlagen wieder. [H. P.]

Lit.: van Beugen, M. Agogische Intervention, Freiburg 1972. Hollstein/Meinhold (Hg.): Sozialarbeit unter kapitalistischen Produktionsbedingungen, Frankfurt 1973. Rössner, L.: Theorie der Sozialarbeit, München 1973. Brezinka, W.: Von der Pädagogik zur Erziehungswissenschaft, Weinheim 1971. Bennis, W./Benne, K./Chin R. (Hg.): Änderung des Sozialverhaltens, Stuttgart 1974. Pfaffenberger, H.: Das Theorie- und Methodenproblem in der sozialen und sozialpädagogischen Praxis, in: Friedländer W./Pfaffenberger, H. (Hg.): Grundbegriffe und Methoden der Sozialarbeit, Neuwied 1966. Knieschewski, E.: Sozialarbeiter und Klient, Weinheim 1978. Khella, K.: Theorie und Praxis der Sozialarbeit und Sozialpädagogik, Gießen/Lollar 1974.

Test, ein wissenschaftliches Routineverfahren zur Untersuchung eines oder mehrerer empirisch abgrenzbarer Persönlichkeitsmerkmale mit dem Ziel einer möglichst quantitativen Aussage über den relativen Grad der individuellen Merkmalsausprägung (Lienert 1969). T. lassen sich nach mehreren Gesichtspunkten klassifizieren. Geht man von dem erfaßten Merkmal aus, so lassen sich Persönlichkeits-T. und Leistungs-T. unterscheiden. Zu den Leistungs-T. zählen: Schulleistungs-T., Berufsleistungs-T., Intelligenz-T., Fähigkeits-T., Konzentrations-T., Kreativitäts-T., Psychomotorische T.. Zu den Persönlichkeits-T. rechnen wir: Interessen-T., Zeichen-T., Erzähl-T., Motivations-T., Projektive T., Situations-T., Fragebögen. Die T.-Auswahl wird durch die diagnostische Fragestellung bestimmt (→Diagnostik). In der Regel sind für eine Fragestellung mehrere T. erforderlich (T.-Batterie). Eine Übersicht über die gegenwärtig verfügbaren Tests geben Buros (1965) für den angloamerikanischen und Brickenkamp (1975), Schmidtchen (1975) und Ingenkamp (1976) für den deutschsprachigen Raum.

Akzeptable T. müssen mehrere Anforderungen erfüllen (Vukovich 1964; Lienert 1969): 1. Standardisierung: T.material, T.anleitung und die T.situation sollen so weit vereinheitlicht sein, daß alle Personen unter den gleichen Bedingungen arbeiten, so daß die T.antworten ausschließlich auf Eigenschaften der untersuchten Personen zurückgeführt werden können und nicht von Material-, Anleitungs- oder Situationsunterschieden abhängen. 2. Normierung: Um die Merkmalsausprägung einer Person quantitativ bestimmen zu können, müssen ihre Daten mit denen anderer Personen verglichen werden, so daß ihre relative Position auf der Merkmalsskala bestimmt werden kann. 3. Objektivität: erfordert im Sinne der Übereinstimmung der T.-Auswerter eindeutige Auswertungsanweisungen. 4. Zuverlässigkeit (Reliabilität): ein T. ist zuverlässig, wenn er u. a. bei wiederholter Anwendung auf dieselbe Person das gleiche Maßresultat liefert, vorausgesetzt, das zugrundeliegende Merkmal hat sich in der Zwischenzeit nicht gändert. Eine Form der Reliabilitätsbestimmung ergibt sich aus der →Korrelation der Meßwerte bei zwei T.-Durchführungen. Reliabilitätskoeffizienten dienen zur Berechnung des Standardmeßfehlers eines T.-Werts und der Schätzung des Intervalls, in dem der wahre Merkmalswert liegt. 5. Gültigkeit (Validität): Unter der Validität eines T. versteht man den Grad an Genauigkeit, mit dem ein T. das mißt, was er messen soll. Es gibt mehrere Validierungsformen für einen Test. Die quantitative Bestimmung der T.-Validität läuft auf die Korrelation zwischen den T.-Resultaten und den Werten derjenigen Variablen hinaus, die der T. voraussagen oder anzeigen soll. Tests, die diese Anforderungen nicht erfüllen, gelten wissenschaftlich als unzureichend und sollten in der Praxis nicht verwendet werden. Die Konstruktionsbasis für psychologische T. stellt die T.-Theorie dar, in der die mathematisch-statistischen Grundlagen der T.-Konstruktion ausgearbeitet sind (→Statistik). Die Grundzüge der sog. klassischen T.-Theorie stellen Vukovich (1964) und Lienert (1969) dar. Gegen diesen klassischen Modellansatz hat es mehrere Einwände gegeben, die zur Entwicklung der sog. probabilistischen T.-Theorie geführt haben (Fischer 1968). [E. S.]

Lit.: Brickenkamp, R.: Handbuch psychologischer und pädagogischer Tests, Göttingen 1975. Fischer, G. H.: Psychologische Testtheorie, Bern 1968. Hörmann, H.: Aussagemöglichkeiten psychologischer Diagnostik, Göttingen 1964. Ingenkamp, K.: Möglichkeiten und Grenzen der Testanwendung in der Schule, Weinheim 1976³. Ingenkamp, K. (Hg.): Testinformationen. Hinweise zur Auswahl von Tests, Weinheim 1976. Lienert, G. A.: Testaufbau und Testanalyse, Weinheim 1969³. Schmidtchen, S.: Tests für Kinder und Jugendliche, Göttingen 1975. Vukovich, A. F.: Die Konstruktion psychologischer Tests, in: Heiss, R. (Hg.): Handbuch der Psychologie, Bd. 6, Göttingen 1964, S. 113–144.

Themenzentrierte Interaktion (TZI) ein von Ruth Cohn und Mitarbeitern seit 1964 entwickeltes System für »Lebendiges Lernen«, in das gruppentherapeutische und psychoanalytische Erfahrungen und Theorien eingegangen sind. R. C. flüchtete 1933 zuerst in die Schweiz, wo sie

ihre psychoanalytische Ausbildung erhielt, und dann nach USA, wo sie eine Exponentin der Erlebnistherapie wurde, aus der heraus sie dann TZI entwickelte. TZI versucht, das Lehren von Sachverhalten mit der Förderung der Persönlichkeit erzieherisch zu verbinden. Dies ist möglich in Schulen, in sozialen und kommerziellen Institutionen und Betrieben, wo Arbeitsnotwendigkeiten mit Achtung vor der Person verbunden werden können, in Kommissionen von Organisationen im Sinne einer lebendigen Kommunikation.
1966 gründete R. C. mit Mitarbeitern in New York ein »Workshop-Institut of Living Learning (WILL)«, dem weitere in den USA folgten. 1974 wurde in der Schweiz, wo R. C. seitdem lebt, ein WILL-Institut für Europa gegründet.
Der Begriff »Living Learning« will ein Lernen charakterisieren, das vom Lernenden als anregender und engagierter Prozeß erlebt wird, in dem der ganze Mensch, speziell auch sein Körper- und Gefühlserleben bewußt mit einbezogen werden. TZI ermöglicht, sich selbst und andere so zu leiten, daß wachstumsfreundliche Tendenzen angeregt werden. Der Interaktionsmodell von TZI stellt das Thema (Es) in den Mittelpunkt des Prozesses, zu dem der Einzelne (Ich) und die Gruppe (Wir) in einer dynamischen Balance stehen, so daß alle drei Faktoren in der interaktionellen Arbeitsgruppe gleichgewichtig zum Zuge kommen. Diese sind eingebettet in den »Globus«, d. h. in das soziale und im weiteren Sinne »kosmische« Umfeld. Die Interaktionseinheit (Arbeits-/Lerngruppe) ist nach R. C. ein lebendiges System, das auf verschiedenen Ebenen interagiert. Assoziationen zur Feldtheorie Lewins und Gestalttherapie Perls bieten sich hier an. Philosophischer Hintergrund sind Humanistische Psychologie mit ihrem Wachstumsmodell und Existentialismus. Achtung vor dem Nächsten, »denn er ist wie du« leitet R. C. aus der jüdisch-christlichen Tradition ab.
Diese Grundhaltung formuliert TZI als explizite Axiome, denen Postulate und Hilfsregeln zugeordnet sind. Das ganze System wird unter dem Begriff von »Sinnmagnetfeld« verstanden, wo ein Faktor auf die anderen bezogen ist und keiner allein stehen kann, insbesondere nicht die Hilfsregeln, die die Funktion haben, die Postulate in der Praxis verwirklichen zu helfen; d. h. es geht hier nicht um Verhaltensregeln, sondern um Haltungen und Einstellungen. Axiomatische Aussagen sind: der Mensch ist eine psychobiologische Einheit und Teil des Globus als sachliche und soziale Umwelt. Er ist autonom und interdependent. Ehrfurcht gebührt allem Lebendigen. Freie Entscheidung geschieht innerhalb bedingender innerer und äußerer Grenzen. Autonomie wächst durch das Bewußtmachen der Interdependenzen. Postulate aufgrund der Axiome sind: 1. Sei der Chairman (Vorsitzende) deiner selbst, werde dir dessen

bewußt und setze diese Funktion unter Kenntnis deiner inneren und der äußeren Wirklichkeit ein; 2. Hindernisse und Störungen erschweren den Lernprozeß, deshalb sind sie dort, wo sie auftreten, mit Vorrang zu bearbeiten. Lenken und Leiten von Gruppen ist das primäre Anliegen von TZI. »TZI dient Pädagogen, Sozialarbeitern, Beratern und Therapeuten dazu, sich selbst und ihre Gruppen so zu leiten, daß sie dabei von festgefahrenen bewußten und unbewußten Starrheiten frei werden. Der erste Schritt in der Ausbildung von Gruppenleitern ist Bewußtwerdung des Sich-Selbst-Leitens.«
WILL-Europa bietet Interessenten die Möglichkeit zur Ausbildung in TZI für Lehrende, Beratende, Therapierende und für Jedermann. Die Ausbildung umfaßt Basis- und Aufbaukurse und führt über Co-Leitung und Peergruppe zu Fähigkeitsausweis und Lehrbefähigung. Sie dauert in der Regel 3–4 Jahre neben der Berufstätigkeit.
Adresse: WILL-Zentralsekretariat, Zürich, Postfach 231 [I. B.]

Lit.: Cohn, R.: Von der Psychoanalyse zur Themenzentrierten Interaktion, Stuttgart 1975. Canziani, W.: Die Ausbildung zum Elterngruppenleiter nach TZI, Zürich 1976. Dantscher, R.: Arbeitsmaterial für Gruppenarbeit, Gelnhausen 1975. WILL-Europa Seminarverzeichnis 1979.

Theorie. Geordnete Menge von wissenschaftlichen Aussagen, die in bestimmten Zusammenhängen sowie mit bestimmbaren (raumzeitlichen) Grenzen in einer formal-logisch-mathematischen Struktur ihre Darstellungen durch eine Klasse von Sätzen von a) Erklärungen und b) Aussagen zum Objekt der Theorienbildung erfahren. Eine Theorie muß folgenden Ansprüchen genügen: Sie muß a) informativ sein, d. h. ihre Aussagen müssen sich an der Wirklichkeit überprüfen lassen; b) frei sein von Widersprüchen (logische Konsistenz); c) Korrespondenzregeln angeben für Operationalisierungen, d. h. ihre Begriffe, Aussagen und Grundannahmen, Meßoperationen (Experiment, Befragung, Beobachtung) zugänglich machen; d) durch systematischen Zusammenhang eine formale, abgrenzbare Einheit bilden. Wesentliche Elemente einer Th. bilden Aussagen vom Typus »Immer – wenn – dann«. Diese Aussagen vermitteln wesentliche Einsichten zu Objektbereichen der Theorie. In den Sozialwissenschaften sollen Th. der Erklärung und möglichen Prognose sozialen Geschehens dienen. Gegenwärtig stellt sich in der Soziologie die Frage, ob eine Theorienbildung mit dem Ziel von Erklärung und Prognose über den Bereich von Kleingruppen hinaus überhaupt möglich ist (Habermas). Sozialwissenschaftliche Theorien sowie Theorienfragmente finden vielfach Anwendung als Instrumente der »sozialen Technologie« im Bereich der Planungs-, Verwaltungs- und Organisationswissenschaften sowie in ideologischen Programmen. SA/SP operieren mit einem Theorietypus eigener Art, der

→Praxistheorie. Sie übernimmt und übersetzt wesentliche Erkenntnisse der Sozial-, Kultur-, Verhaltens- und Gesellschaftswissenschaften für Handlungs- und Objektbereiche agogischer Interventionen/Methoden der SA/SP. [A. S.]

Lit.: Hartfield, G.: Wörterbuch der Soziologie, Stuttgart 1972.

Theorie der Jugendarbeit. Wissenschaft und Theorie der Jugendarbeit bilden eine Teildisziplin der Sozialpädagogik/Sozialarbeitswissenschaft, die als Handlungswissenschaft, als Praxistheorie bzw. als »interdisziplinäre Disziplin« eines Teilfeldes gesellschaftlicher Praxis (hier: Jugendarbeit) zu definieren und zu konzipieren ist (→Theorie der Sozialarbeit/Sozialpädagogik).

Für eine so verstandene Wissenschaft bzw. Theorie sind nicht wissenschafts- und theorieimmanente (einzelwissenschaftliche) Probleme, sondern die Probleme der gesellschaftlichen Praxis des betreffenden Teilbereiches, also Problemorientierung und Praxisbezug, konstitutiv. In diesem Verständnis des Theorie-Praxis-Verhältnisses sind emanzipatorische Interessen erkenntnis- und handlungsleitend zugleich. Deshalb sind Theorie und Empirie zentral auf die Bedürfnisse, Interessen und Lebenslagen (die »Lebenswelt«) von Jugendlichen gerichtet, wie umgekehrt diese Ausgangspunkt und Kriterium für die als »Jugendarbeit« bezeichnete gesellschaftliche Praxis darstellen. Durch entsprechende theoretische Ansätze und Methodenwahl sind die Interdependenzen und Interaktionen von Lebens-, Interessen- und Problemlagen Jugendlicher und des darauf reagierenden und gerichteten Teilfeldes gesellschaftlicher Praxis (»Jugendarbeit«) in dieser lebensweltlichen Verbundenheit untersuchbar und theoriefähig zu machen.

Die so konzipierte Identität von Untersuchungseinheit (des Forschers) und konkretem Handlungsraum (des Akteurs gesellschaftlicher Praxis) wie von empirischen Forschungsmethoden und -instrumenten einerseits und praxisorientierenden handlungsleitenden Analyseverfahren andererseits lassen eine personal- berufliche Identität »Forscher – Akteur« in den Blick kommen, die – als Entwicklungsziel verstanden – für professionalisierte Berufe charakteristisch werden könnte.

In diesem Zusammenhang ergeben sich dann etwa folgende Problem- und Fragestellungen einer Theorie der Jugendarbeit, die zugleich Ansatzpunkte für empirische Untersuchungen und handlungsleitende und handlungsrelevante Schlußfolgerungen eröffnet: 1. Adressaten der Jugendarbeit: Lebenslagen, Bedürfnisse und Interessen Jugendlicher als Ausgangs- und Zielpunkt von emanzipatorischer und bedürfnisorientierter Jugendarbeit. 2. Arbeitsformen, Interventionen und Strategien der Jugendarbeit: Strategieentwicklung, Interventionsstrukturen, Me-

thoden und Techniken als Gegenstand wissenschaftlicher Untersuchung und Entwicklungsarbeit (developmental research). 3. Träger und Veranstalter von Jugendarbeit: gesellschaftlich-politische Zusammenhänge und Hintergründe und organisatorische und administrative Strukturen des organisierten Angebotes an Jugendarbeit; unterschiedliche Trägerformen und -typen – wie kommunale, kommerzielle, betriebliche und betriebsbezogene Jugendarbeit, Jugendarbeit von und in Verbänden und Vereinen, alternative und selbstorganisierte Jugendarbeit. 4. Untersuchungs- und Analysemethoden: Entwicklung einer dem Gegenstand angemessenen Methodologie, die ein breites Ensemble besonders kommunikationsoffener und kommunikationsintensiver Methoden, wie Gruppendiskussion, teilnehmende Beobachtung, experimentielle Praxis, Entwicklungsforschung usw. entwickelt und benützt.
Nur in dieser engen Verbindung von neu zu entwickelnder Theorie und Empirie kann sich Jugendarbeit ihrer wissenschaftlichen Fundierung versichern. [H. P.]

Lit.: Pfaffenberger, H.: Sozialpädagogik/Sozialarbeitswissenschaft, in: M. Timmermann (Hg.), Sozialwissenschaften. Eine multidisziplinäre Einführung, Konstanz 1978. Neidhardt, F. et al.: Jugend im Spektrum der Wissenschaft, München 1970. Müller, C. W. et al.: Was ist Jugendarbeit? München 1977 (1969. Bierhoff B.: Theorie der Jugendarbeit, Giessen/Lollar 1974. Böhnisch L.: Jugendarbeit in der Diskussion, München 1973. Schilling, J.: Freizeitverhalten Jugendlicher, Weinheim 1977. (darin auch: H. Pfaffenberger, Vorwort).

Theorie der Sozialarbeit/Sozialpädagogik. Theorie der Sozialarbeit/Sozialpädagogik meint Theorie einer Praxis, eines Sektors gesellschaftlicher Praxis, die als →Sozialarbeit/Sozialpädagogik definiert und bezeichnet wird. Ist »Theorie die wissenschaftliche Artikulation dieser Praxis« (Schäfer 1973), so besteht »ihre Aufgabe darin, die vorwissenschaftlich und umgangssprachlich vermittelte Theorie der Praxis in wissenschaftlich abgesicherte und wissenschaftstheoretisch reflektierte sowie legitimierte Systemzusammenhänge von Sätzen zu verwandeln« (Schäfer), sie wird »als systematische Fortführung der in der Praxis immer schon steckenden Theorieansätze verstanden, als Aufklärung der Praxis über sich selbst« (Klafki 1971).
Ziel einer Theorie der Sozialarbeit/Sozialpädagogik, die in einem Theorie-Praxis-Verhältnis ständiger Wechselwirkung und Rückkoppelung gesehen wird, ist es demnach, die Naturwüchsigkeit sozialpädagogischer sozialer Arbeit, ihrer Arbeitsprozesse und Institutionsstrukturen aufzuklären, durch Reflexion in bewußtere und rationalere Formen und Verfahrensweisen zu überführen und ein emanzipatorisches Erkenntnisinteresse geltend und wirksam zu machen. Diesem Paradigma ist eine bestimmte Methodologie (»aktivierende Sozialforschung«,

Handlungsforschung, »experimentelle bzw. alternative Praxis« und Begleituntersuchung) am ehesten zuzuordnen. Jeweilige wissenschaftstheoretische Positionen (→Wissenschaftstheorie): 1. geisteswissenschaftliche, hermeneutische; 2. ontologisch-essentialistische; 3. normative; 4. empirisch-analytische, neo-positivistische; 5. kritische, historisch-materialistische, (neo-)marxistische (Lassahn 1974, Vahsen 1975) vertreten hierzu freilich unterschiedliche Auffassungen, die jeweils dem technischen, praktischen oder emanzipatorischen Erkenntnisinteresse (Habermas) zugeordnet werden können (Schäfer, Schaller, 1973).

So versteht die empirisch-analytische Position auch (sozial-)pädagogisches Handeln als technisches, d. h. als Anwendung allgemeingültiger Gesetze in technologischer Transformation (Brezinka, Rössner). »Eine theoretische Wissenschaft von der Erziehung muß sich auf einen relativ begrenzten Objektbereich und darin auf jene Probleme beschränken, die mit empirischen Methoden bearbeitet werden können. Sie ist nicht für alle Fragen zuständig, die die Menschen sich im Zusammenhang mit der Erziehung stellen« (Brezinka). Daraus ergibt sich aber auch der Eindruck (und entsprechende Schlußfolgerungen für das Theorie-Praxis-Verhältnis und -Verständnis): »Wir fühlen, daß selbst dann, wenn alle möglichen wissenschaftlichen Fragen beantwortet sind, unsere Lebensprobleme noch gar nicht berührt sind« (Wittgenstein).

Spricht man von *der* oder auch *einer* Theorie der Sozialarbeit/Sozialpädagogik, so gilt eine Pluralität (oder im Idealfall: ein System) von Theorien der Sachverhalte, Bedingungen und Zusammenhänge, mit denen die Sozialarbeit/Sozialpädagogik (als Praxis) zu tun hat: Individuum, Gruppen und andere Sozialgebilde, Gemeinde, Staat, Gesellschaft (Sozialstaat, Demokratie) und die an und in ihnen ablaufenden Prozesse (Entwicklung, sozialer Wandel, geplanter und gezielter Wandel, Reform usw.). Eine Theorie *der* Sozialarbeit/Sozialpädagogik i. e. S. müßte vor allem die gesellschaftliche Funktion, Aufgabe und Zielsetzung, den gesellschaftlichen »Auftrag«, die zugehörigen Ziel-Mittel-Relationen und Arbeitsprozesse zum Gegenstand haben, also eine Theorie (beruflichen, professionellen) sozialpädagogischen Handelns sein. Eine solche Theorie ist kaum konzipiert, geschweige denn ausgeführt (was aber ebenso für eine Theorie pädagogischen Handelns allgemein gilt, vgl. Brezinka, Lassahn usw.).

Zu einer solchen Theorie und »der kritisch-historischen Aufklärung über die jeweilige geschichtlich vermittelte Gegenwartssituation«, die sie der Praxis vermitteln könnte, »gehört heute zentral die Untersuchung der ökonomischen, gesellschaftlichen und politischen (neben den historischen) Voraussetzungen, Grenzen, Abhängigkeiten und Ver-

flechtungen« (Klafki) der Praxis, die den Gegenstandsbereich der Theorie ausmacht, d. h. sie müßte eine »interdisziplinäre Disziplin vom Typ einer Handlungswissenschaft« (Pfaffenberger) sein.
Sozialpädagogik (als Wissenschaft) bzw. Sozialarbeitswissenschaft befindet sich in einem Entwicklungsstadium vor- und frühwissenschaftlichen Typs auf dem Wege von Verwissenschaftlichung, der eng mit dem Prozeß der Professionalisierung der Sozialarbeit/Sozialpädagogik (als Beruf) verknüpft ist. →Geschichte der Sozialarbeit/Sozialpädagogik. [H. P.]

Lit.: Berg, C. u. a.: Einführung in die Erziehungswissenschaft, Köln 1976. Brezinka, W.: Von der Pädagogik zur Erziehungswissenschaft, Weinheim 1972. Klafki, W., u. a.: Funk-Kolleg Erziehungswissenschaft 3 (bes. 10. Kap.) 1971. Klafki, W.: Erziehungswissenschaft als kritisch-konstruktive Theorie, Weinheim 1976. Rössner, L.: Theorie der Sozialarbeit, München 1973. Pfaffenberger, H.: Das Theorie- und Methodenproblem der sozialen und sozialpädagogischen Arbeit, in: H. Röhrs (Hg.): Die Sozialpädagogik und ihre Theorie, Frankfurt 1968. Lassahn, R.: Einführung in die Pädagogik, Heidelberg 1976². Schäfer, K., Schaller, K.: Kritische Erziehungswissenschaft und kommunikative Didaktik, Heidelberg 1976³.

Theorie elementarer Verhaltensformen (Homans). Basierend auf behavioristischen Lerntheorien und Vorstellungen der Wirtschaftstheorie wird in dieser Theorie Interaktion als Tausch interpretiert, bei der das Verhalten des einen Interaktionspartners für den anderen einen Reiz darstellt, den er als Belohnung oder Bestrafung auffaßt und der dementsprechend die Neigung zur Wiederholung bisherigen eigenen Verhaltens verstärkt oder verringert, und zwar umso stärker, je häufiger der Interaktions-Partner mit diesem Verhalten reagiert und je wertvoller dieses Verhalten dem jeweilig anderen erscheint. Von diesen Grundthesen leitet Homans weiter Hypothesen ab, die eine Ordnung und Erklärung zahlreicher Ergebnisse der Kleingruppenforschung ermöglichen. Die so entdeckten Gesetzmäßigkeiten sollen elementare Verhaltensformen darstellen, die nicht nur Verhalten in Kleingruppen, sondern auch strukturelle Gesetzmäßigkeiten komplexer sozialer Systeme bedingen und ausreichend erklären sollen. Daß auf diese Weise Soziologie auf eine Theorie allgemeinen Verhaltens reduzierbar wäre, wird vielfach bezweifelt, da Interaktionsprozesse (und darin enthaltene Bewertungen von Verhalten als Belohnung oder Bestrafung) von gesellschaftlich geprägten Normen, Werten, Interpretationsschemata beeinflußt sind und diese daher zur Erklärung herangezogen werden müssen. Prozesse in komplexen sozialen Systemen laufen zudem in anderen Kommunikationsformen und nach anderer Gesetzmäßigkeit ab als Interaktionsprozesse in Kleingruppen. →Handeln, →Verhalten, →Norm, →Wert. [H. B.]

Lit.: Homans, G. C.: Elementarformen sozialen Verhaltens, Köln/Opladen 1968.

Theorien der Erziehung. Vielfältig wie die Definitionen zum Begriff Erziehung sind auch die Theorien, die E. zum Mittelpunkt ihrer Darstellung nehmen. Während der E.begriff in der Regel die Intentionen, Merkmale, Vorgehensweisen und jene Handlungsformen beinhaltet, die das Gefüge der individuellen Disposition einzelner Menschen verändern, stellen E.theorien die Voraussetzungen, Hintergründe, Bedingungen, Möglichkeiten und Notwendigkeiten der E. auf mehr oder weniger breiter wissenschaftstheoretischer Grundlage dar. Durch die E.theorien wird sowohl die Möglichkeit bzw. die Notwendigkeit von E. überhaupt dargelegt und begründet als auch das Phänomen E. im Gesamtkontext wissenschaftlicher Aussagen eingeordnet, die sich auf eine wissenschaftstheoretische Grundstellung beziehen, so z. B. auf den Neopositivismus bzw. den kritischen Rationalismus, den Empirismus, die kritische Theorie oder andere Theoriengefüge. Die Darstellungen jener Grundlagen, die zur Notwendigkeit oder Möglichkeit von E. führen, werden auch als Metatheorien bezeichnet.
Im deutschen Sprachraum werden gegenwärtig besonders folgende Theorien zur E. bzw. Metatheorien der E. diskutiert: Der Versuch W. Brezinkas, E. erfahrungswissenschaftlich zu begründen und zu definieren. Brezinka versteht unter E. soziale Handlungen, »durch die Menschen versuchen, das Gefüge der psychischen Dispositionen anderer Menschen mit psychischen und (oder) sozialkulturellen Mitteln in irgendeiner Hinsicht dauerhaft zu verbessern oder seine als wertvoll beurteilten Komponenten zu erhalten« (Brezinka 1971, S. 613). Brezinka begründet die für die E. relevanten Setzungen aus dem Kontext der jeweils situativen Stellung des Forschers zur sozialen Wirklichkeit und zur erziehungsrelevanten sozialen Wirklichkeit. Als Folge dieser theoretischen Bestimmung sieht er eine Dualität der Beziehung zwischen Erzieher und zu Erziehendem, in der die Intentionen stets vom Erzieher gesetzt werden.
Ein weiterer Ansatz zur Theorie einer E. basiert auf der hermeneutischen Methode und geht von historisch gewachsenen Werten, Einsichten und Darstellungen aus. Es handelt sich hierbei um eine Theorie, in der E. als eine Einwirkung von mündigen erwachsenen Subjekten auf unmündige zu erziehende Individuen gesehen wird. Im Sinne dieser Vertreter z. B. des Neukantianismus geht es darum, Normen etwa der Ethik und der Theologie als unverrückbare Normen zu übernehmen, anzuerkennen und zu verwirklichen (A. Petzelt, J. Derbolav, M. Heitger, Cl. Menze).

Eine weitere Gruppe von Vertretern der geisteswissenschaftlich orientierten Pädagogen sucht die Theorie der E. aus der E.geschichte und den darin erkannten E.forderungen abzuleiten. Zentrale methodische Begriffe einer derart begründeten E.theorie sind Verstehen und Erleben. Verstehen und Erleben setzen das rechte Verständnis, die Analyse und die Verwirklichung der entsprechenden E.normen in der E.praxis voraus (H. Nohl, E. Spranger, Th. Litt, W. Flitner, E. Weniger, O.F. Bollnow.). Eine weitere E.theorie, die ihre Prinzipien aus dem amerikanischen Sprachraum herleitet, verwendet den Begriff Interaktion statt E. Danach bildet der E.prozeß eine Beziehung zwischen Subjekt und Subjekt, wobei normierte Vorgaben, z. B. unterschiedliche Herrschafts- und Situationsverhältnisse, wie sie im Erzieher-Zögling-Verhältnis vorzufinden sind, im Bezugsrahmen der Interaktion keinen Bezugspunkt haben. Die Interaktion ist wie die E. an Form und Inhalt gebunden. Die Form ist das Agieren und das Interagieren zwischen den Individuen, und der Inhalt besteht aus den mitzuteilenden und empfangenden Wertbezügen. Die Folgerung aus dieser E.theorie besteht darin, daß nicht nur der Erwachsene auf das Kind bzw. den Jugendlichen einwirkt, sondern daß ebensosehr Kinder und Jugendliche auf Erwachsene einwirken. Dergestalt findet E. prinzipiell in allen Situationen statt, in denen sich Personen begegnen und die sinnliche Wahrnehmung aktiviert wird. Im wesentlichen unterliegt das E.geschehen den nachgenannten Merkmalen: 1. Im E.prozeß werden Beziehungen aufgenommen und deren spezifische Bedingungen erkannt, 2. Sachverhalte (Informationen, Problemstellungen) und Objekte (Spielsachen, Werkzeuge), die aufgrund ihrer kulturellen Wertigkeit für die Entwicklung der Individuen von Bedeutung sind, werden mit einbezogen, 3. der E.prozeß vollzieht sich in einem zeitlichen Gefüge unter Beachtung der Relevanz zeitlicher Dimensionen von Vergangenheit, Gegenwart und Zukunft (K. Mollenhauer, M. Brumlik, R.D. Laing, G.H. Mead).
Zu den E.theorien, die von einer bestimmten Methode bzw. von einer bestimmten wissenschaftlichen Disziplin abhängig sind, zählt u. a. die Theorie der psychoanalytisch begründbaren E. Die Theorie der psychoanalytischen E. besagt, daß der Mensch vom Ursprung her ein Wesen ist, das nach Befriedigung seiner Triebe verlangt und nach dem Lustprinzip leben will. Wenn der Mensch ein Mitglied der Gesellschaft werden soll, muß er sein Ich entwickeln und lernen, die Triebe und damit die Welt des Es zu beherrschen. In diesem Sinne versteht sich E. als Mittel zur Überwindung der triebhaften menschlichen Eigenarten (A. Freud, R. A. Spitz, H. Zulliger, M. Klein, A. O. Balint, E. H. Erikson). Mit wenigen, zum Teil institutionalisierten Ausnahmen, wie psy-

choanalytische Kindergärten, wird die psychoanalytisch begründete E. in der Regel als eine Form zur Heilung von psychisch erkrankten Kindern angewandt.
Vertreter einer Theorie der antiautoritären E., die Entwicklung und Entfaltung des Kindes von den natürlichen und gesellschaftlichen Bedingungen aus erklären, halten eine E. unter starker Eingrenzung allgemein gesellschaftsrelevanter Einwirkungen für nicht angemessen. Das Postulat Freiheit gilt als Leitmaxime natur-, individual- sowie gemeinschaftsbezogener E. (A.S. Neill, L. von Werder, S. Bernfeld.). Das Verständnis von antiautoritärer E. ist nicht einheitlich. So findet sich sowohl der Versuch, antiautoritäre E. als eine politische E. mit dem Ziel der Veränderung gesellschaftlicher Verhältnisse zu begreifen, als auch die Tendenz, antiautoritäre E. als Form einer psychoanalytisch begründeten Einwirkung auf Individuen anzuerkennen.
Neben den genannten E.theorien verzeichnet der deutsche Sprachraum noch weitere Ansätze. So etablierte sich eine sozialistisch und eine marxistisch begründete Erziehungstheorie. Grundlage beider Theorien ist der Gedanke, daß E. in erster Linie auf ökonomisch begründbaren Prozessen beruht und diese ökonomischen Bedingungen durch politische und zum Teil durch erzieherische Maßnahmen verändert bzw. umgewälzt werden müssen. (H.-J. Gramm, E. Koneffke, H.-J. Heydorn).
Theorien der E. lassen sich aus vielfältiger Sicht darstellen, sie sind auf zahlreiche Aspekte und Teiltheorien zurückzuführen, enthalten allgemeine Sätze oder auch konkrete Anweisungen für die Methode oder den Inhalt der E.praxis und stellen grundsätzlich ein Medium zur Reflexion der Bedingungen von Theorie und Praxis dar. In diesem allgemeinen Kontext betrachtet, lassen sich E.theorien wie folgt einteilen: 1. Nach den individuellen Bedingungen der Individuen, etwa den Altersstufen: Kleinkinder, Kinder im Kindergartenalter, Schulkinder, Jugendliche, Erwachsene, 2. nach den Institutionen Familie, Heim, Krippe und Kindergarten, Schule, Beruf, 3. nach der Reduktion auf spezifische Wissenschaftsdisziplinen: Philosophie, Soziologie, Psychoanalyse, Politik, Kybernetik, Psychologie, Ökonomie, 4. nach der wissenschaftstheoretischen Position: geistesgeschichtlich-hermeneutisch traditionelle, neopositivistische, kritische Theorie, Existentialismus, Marxismus. [M. N.]

Lit.: Beck, J. u. a.: E. in der Klassengesellschaft, München 1968. Bernfeld, S.: Sisyphos oder die Grenzen der E., Frankfurt a. M. 1967. Brezinka, W.: Von der Pädagogik zur E.wissenschaft, Weinheim 1975[3]. ders.: E.ziele – E.mittel – E.erfolg, München 1976. Bunk, G. P.: E. und Industriearbeit, Weinheim 1972. Götz, B.: Erfahrung und E., Freiburg i. Br. 1973. Herrmann, Th. (Hg.): Psychologie der Erziehungsstile, Göttingen 1966. Mollenhauer, K.: Theorien zum E.prozeß, München 1972. Robinson, S. B.: E. als Wissenschaft, Stuttgart 1973.

Scheffler, I.: Die Sprache der E., Düsseldorf 1971. Stapf, K. H. u. a. (Hg.): Psychologie des elterlichen E.stils, Stuttgart 1972. Suchodolski, B.: Einführung in die marxistische E.theorie, Köln 1970. Tausch, R./Tausch, A. M.: E.psychologie, 6. Aufl., Göttingen. Weber, E.: E.stile. Lehrbuch für Studierende der Pädagogik, Donauwörth 1970.

Theorien zum Jugendalter. Ausgehend von Begriffsbildungen zum Erkenntnisbereich Jugendalter als Sozialkategorie und als bestimmte Phase im Lebenslauf finden vor allem Untersuchungen von Kulturanthropologen, Sozialpsychologen und Soziologen ihren Eingang in Theorienbildungen und Theorienentwicklungen von Erziehungs- und angewandten Sozialwissenschaften, SA, SP. Im Mittelpunkt derartiger Forschungsziele stehen Fragestellungen wie: a) Welchen Anteil haben welche Gruppierungen von Jugendlichen am sozialkulturellen Wandel? b) Welche Einflüsse von Einstellungskomplexen, Werthaltungen und sozialen Normen werden von den jeweiligen Erwachsenengenerationen auf die nachfolgenden Jugendaltergenerationen übertragen, nicht übertragen oder modifiziert übernommen? Für einen gesicherten Erklärungs- und Begründungszusammenhang von Sozialisationsforschung sind gerade derartige generationsübergreifenden Sichtweisen von Bedeutung. Erörtert werden gegenwärtig in allen Industrieländern Fragen nach der lebenszeitlichen Verschiebung der Übernahme und Ablösung von kulturellen, sozialen und kommunikativen Rollen des Jugendalters, etwa durch Thematisierungen zu Theorieentwürfen über »jugendliche Erwachsene«. Als wesentliche sozialwissenschaftliche Theorien zum Jugendalter können gelten, nach Griese, H. M.: 1. Der feldtheoretische Ansatz: Kurt Lewin, 2. Der kulturanthropologische Ansatz: Magret Mead, 3. Der psychoanalytische Ansatz: Erik E. Erikson, 4. Der generationstheoretische Ansatz: Karl Mannheim, 5. Die Erweiterung des generationstheoretischen Ansatzes: Buchhofer, Friedrichs, Lüdtke, 6. Die phänomenologische Gegenwartsanalyse der Jugend: Helmut Schelsky, 7. Der funktionalistische Ansatz: Shmuel N. Eisenstadt, 8. Der handlungstheoretische Ansatz: Friedrich H. Tenbruck, 9. Der konflikttheoretische Ansatz: Leopold Rosenmayr, 10. Der interaktionistisch-ethnomethodologische Ansatz: Ralf Bohnsack.

Zu einem Begriff von »Sozialcharakter« entstehen aus kulturanthropologischer (Riesman) sowie aus psychoanalytischer Sicht (Fromm u. a.) Theorien zu einem Sozialisationstypus von »Narziß« im Jugendalter. Bestimmte Persönlichkeitsmerkmale dieses Typus sollen demnach sein: Konsumverhalten, Ambivalenz zwischen Aggressivität und Gleichgültigkeit sowie zwischen egoistischem Aktivismus und resignierendem Egoismus. Empirische Belege zu diesen Aussagen, denen ein Maß an theoretischer Überinterpretation zuzuschreiben ist, fehlen bislang. [A. S.]

Lit.: Adler, N.: The Antinomian Personality: The Hippie Charakter Type, in: Silverstein, H.: The sociology of youth, New York 1973. Fromm, E.: Analytische Sozialpsychologie und Gesellschaftstheorie, Frankfurt/M. 1971. Griese, H. M.: Sozialwissenschaftliche Jugendtheorien, Weinheim-Basel 1977. Kreutz, H.: Soziologie der Jugend, München, 1974. Orban, P.: Subjektivität, Wiesbaden 1976. Riesman, D.: Die einsame Masse, Reinbek b. Hamburg 1958. Rosenmayr, L.: Jugend, Bd. 6 König, R. (Hg.) Handbuch der empirischen Sozialforschung, Stuttgart 1969. Schiffer, J.: Zentrale Probleme der Jugendsoziologie, Bern-Stuttgart 1972.

Tiefenpsychologie, umfaßt die von der →Psychoanalyse S. Freuds ausgehenden psychoanalytischen und psychotherapeutischen Schulen, die mehr oder weniger weit von der ursprünglichen Freudschen Tradition abweichen, wie etwa die von C. G. Jung, A. Adler, K. Horney, M. Klein, O. Rank, E. Fromm, L. Binswanger und anderen (Wyss 1961). Nach Hofstätter (1968) sind folgende Merkmale für die tiefenpsychologischen Persönlichkeitsmodelle kennzeichnend: 1. Es handelt sich um Modelle, die als Hilfskonstruktion für psychotherapeutische Zwecke entstanden sind; sie gehen über die reine Deskription hinaus und enthalten Elemente einer normativen Anthropologie; 2. Sie basieren auf einer dynamischen Konzeption, d. h., daß die psychischen Phänomene als Resultat von Konflikten und Kräfteverbindungen betrachtet werden, denen ein dranghafter Charakter zugeschrieben wird und die letztlich von einem Trieb abgeleitet werden (Freud: Sexualtrieb = Libido; Adler: Geltungstrieb; Jung: Lebensenergie, Libido); 3. Die tiefenpsychologischen Persönlichkeitsmodelle beruhen auf einem hierarchischen Schichtenmodell (Schichttheorie), bei Adler und Jung etwa wird eine der rationalen Lenkung nicht direkt zugängliche Tiefenschicht angenommen. In der T. wurde von der Forschungsmethode des therapeutischen →Interviews ausgegangen, in dem einzelne Verhaltensweisen des Patienten wie auch seine verbalen Äußerungen über persönliche Probleme durch den Therapeuten interpretiert werden. Hinzu kam die Verwendung projektiver Verfahren, wie das Rohrschachsche Formdeuteverfahren, der Murraysche (TAT) Thematische Apperzeptions-Test und der Kinder – Apperzeptions-Test von Bellak (→Tests). Weiter wurde versucht, tiefenpsychologische Erkenntnisse aus der klinischen Praxis auf Situationen des täglichen Lebens zu übertragen, indem systematische Verhaltensbeobachtungen mit Hilfe von Tonbandaufzeichnungen bei Kleinkindern durchgeführt wurden, um das Vorhandensein der »tieferen Ursprünge von Liebe und Haß« nachzuweisen. [E. S.]

Lit.: Adler, A.: Menschenkenntnis, München 1927. Adler, A.: Die Technik der Individualpsychologie, München 1928. Dreikurs, R.: Grundbegriffe der Individualpsychologie, Stuttgart 1975[3]. Elhardt, S.: Tiefenpsychologie, Stuttgart 1976[5]. Fordham, F.: Eine Einführung in die Psychologie C. G. Jungs, Zürich 1959. Freud, S.: Gesammelte Werke, 18 Bde., Frankfurt 1948 ff. Heiss, R.: Allgemeine Tiefenpsychologie, Bern, 1956. Hofstätter, P.: Tiefenpsychologische Persönlichkeitstheorien, in: P. Lersch, H. Thomae (Hg.): Handbuch der Psychologie, Bd. 4, Göttingen 1968[2]. Jacobi, J.: Psychologische Betrachtungen. Eine Auslese aus den Schriften von C. G. Jung, Zürich 1949[2]. Jacobi, J.: Die Psychologie von C. G. Jung, Zürich 1949[3]. Jones, E.: The life and work of Sigmund Freud, 3 Bde., New York 1953–1957. Jung, C. G.: Praxis der Psychotherapie, Zürich 1958. Schraml, W. J.: Einführung in die Tiefenpsychologie, Stuttgart 1968. Wyss, D.: Die tiefenpsychologischen Schulen von den Anfängen bis zur Gegenwart, Göttingen 1961.

Typologie. Der Begriff Typus bezieht sich auf die zweckgerichtete, geplante Selektion, Abstraktion und Kombination von Merkmalen auf der individuellen Ebene, wobei sich »individuelle Ebene« auf das einem Phänomen zugrundeliegende Element – also auch auf eine Mehrzahl menschlicher Individuen – bezieht. Damit unterscheidet er sich vom Begriff der →sozialen Klasse, die alle für bestimmte Individuen gemeinsamen Merkmale enthält. Typologien sollen vielmehr der Forderung Rechnung tragen, im Hinblick auf spezifische Problemstellungen charakteristische Merkmalskombinationen zu abstrahieren. Als Modell der Typenbildung liegt die Annahme eines zwei- bis mehrdimensionalen Merkmalsraumes zugrunde. Er enthält alle mathematisch möglichen Merkmalskombinationen und muß im Hinblick auf das zu untersuchende Phänomen auf relevante Typen reduziert werden. Typologien haben somit die Funktion, theoretisches und empirisches Wissen problemspezifisch zu ordnen und zu akzentuieren. Aus der bisherigen Praxis der Typenkonstruktion lassen sich folgende Dimensionen, die jedoch keineswegs voneinander unabhängig sind, ableiten: 1. Dem Grad der Beobachtbarkeit nach läßt sich der Idealtyp als der repräsentativste vom extrahierten Typ als dem empirisch am häufigsten Nachweisbare unterscheiden; 2. Die Höhe des Abstraktionsgrades unterscheidet den generellen vom spezifischen Typ; 3. Das Ziel der Erklärung bestimmt, ob es sich um einen wissenschaftlichen Typ zur Erklärung allgemeiner, wiederkehrender Ereignisse oder einen historischen Typ zur Erklärung aktueller, einzigartiger Ereignisse handelt. [D. W.]

Lit.: McKinney, J. C.: Constructive Typology and Social Theory, New York 1966. Lazarsfeld P. F., Rosenberg M.: The Language of Social Research, New York 1955. Weber M.: Methodologische Schriften, Frankfurt/M. 1968.

Umweltpsychologie, neues Teilgebiet der Psychologie, das in der Fortsetzung von gestalttheoretischen, feldtheoretischen und phänomenologischen Sichtweisen weiterführende Orientierungen vor dem politisch-wissenschaftlichen Hintergrund ökologischer Aktualitäten erfährt.

Der aus der Biologie abgeleitete Begriff von System wird zum zentralen Paradigma (Schlüsselbegriff) empirischer umweltpsychologischer Forschung, wobei vor allem Aussagen der Psychophysiologie über die Beziehungen zwischen Außenwelt und Körperinneren eines Menschen (praenatale Psychologie und Ätiologie, praenatal und residual orientierte Psychopathologie) sich als besonders prägnant erweisen. Zu unterscheiden ist zwischen objektiver räumlicher und subjektiv wahrnehmungsbezogener Umwelt. Erfolgreich für die Sozialisationsforschung kann in Zukunft auch die stärkere Erschließung der zeitlichen Dimensionsbereiche (Generationsfolgen, Lebensläufe, Erlebnis- und Situationsketten) sein.

Typisiert nach Bereichen und Zonen, unterscheidet die U. Anschauungs-, Aktions-, Perspektiv-, Vorstellungs-, Bewegungs- und Erlebnisräume, wobei zu einem erlebten Raum Stimmungs-, Wahrnehmungs- und Handlungsaspekte in den Mittelpunkt von Dimensionsanalysen gestellt werden. Für die Sozialpsychologie erschließt ein paradigmatischer Begriff von »Soziotop« als Verdichtungsbereich von Interaktionen und Kommunikationen (street-corner group) Möglichkeiten empirischer Analysen für Methoden der Gemeinwesenarbeit, street-work u. a.

Über die Kategorie von Intentionalität wird die spezifische Person-Umweltbeziehung aus phänomenologischer Sicht charakterisiert (Graumann, 1965). In der Weiterführung der Arbeiten von K. Lewin führen Forschungsansätze nicht-linear und nicht-additiv integrierter unabhängiger Variablen unter Gesichtspunkten eines funktional-wechselseitig verbundenen Systemaggregats zur Abkehr von der Methode, einzelne Variable gesondert in ihrer unabhängigen Wirkung zu erfassen [A. S.]

Lit.: Bronfenbrenner, U.: Ökologische Sozialisationsforschung, Stuttgart, 1976. Graumann, C. F. u. Métraux, A.: Die phänomenologische Orientierung in der Psychologie, in: Schneewind, K. A. (Hg.): Wissenschaftstheoretische Grundlagen der Psychologie, München, 1977. Kruse, L.: Räumliche Umwelt, Berlin, 1974.

Unterbringung. Die U. von Geisteskranken, von Geistesschwachen, Rauschgift-, Drogen- und Alkoholsüchtigen in einer (Heil-, Entziehungs-)Anstalt darf, da sie eine Freiheitsentziehung darstellt, nach Art. 104 →*GG* nur aufgrund eines Gesetzes und einer richterlichen Entscheidung erfolgen. Steht der Betroffene unter →*elterlicher Gewalt* oder →*Vormundschaft,* so ist eine U. nur mit Genehmigung des →*Vormundschaftsgerichts* zulässig (§ 1800 Abs. 2 →*BGB,* vgl. auch §§ 1693, 1846). Sind Eltern bzw. Vormund mit einer U. nicht einverstanden oder ist der Betroffene (noch) nicht entmündigt (→*Entmündigung*) und lehnt er eine U. ab, so ist diese Maßgabe des jeweils zutreffenden U-Gesetzes, das ein jedes Bundesland in Ausführung des Art. 104 GG aufgrund seiner Gesetzgebungshoheit erlassen hat (→*Demokratie*), anzuordnen. Voraussetzung ist, daß der Betroffene aufgrund seiner Krankheit eine Gefährdung für sich selbst oder anderer Personen bzw. eine Störung oder Gefährdung der öffentlichen Ordnung oder Sicherheit darstellt. Zuständig für die Anordnung ist nach den meisten U.-Gesetzen der Amtsrichter im Rahmen der freiwilligen Gerichtsbarkeit (→ *Vormundschaftsgericht*). [U. W.]

Text u. Lit.: Kullmann: Entziehung der Freiheit von Geisteskranken und Suchtkranken, München 1971. Saage/Göppinger: Freiheitsentziehung und Unterbringung, München 1975^2.

Unterhaltsrecht. Teil des →Familienrechts. Neben der Unterhaltspflicht unter Ehegatten (→Eherecht) und des nichtehelichen Vaters gegenüber der Mutter (→nichteheliche Kinder) kennt das BGB nur noch eine allgemeine Unterhaltspflicht zwischen Verwandten in gerader Linie (→Familienrecht). Von besonderer Bedeutung ist dabei neben den Ansprüchen →nichtehelicher Kinder das U. zwischen den Eltern und ihren ehelichen Kindern. Dieses regelt sich nach den Vorschriften über das U. zwischen Verwandten, also §§ 1601 ff. BGB. Ein Anspruch setzt Bedürftigkeit des Berechtigten und Leistungsfähigkeit des Verpflichteten voraus. Ansprüche für die Vergangenheit können nicht erhoben werden. Der Unterhalt ist grundsätzlich durch Entrichtung einer Geldrente zu gewähren (§ 1612). Gegenüber einem unverheirateten Kind können die Eltern aber bestimmen, in welcher Art und für welche Zeit im voraus der Unterhalt gewährt werden soll (Naturalverpflegung, Wohnung im Hause, Kleidung). Diese Vorschriften der §§ 1601 ff. gelten auch im Falle der Scheidung der Eltern (→Eherecht); derjenige Ehegatte, der das Kind bei sich behält, erfüllt seine Pflicht in der Regel mit der Versorgung und Betreuung der Kinder, während der andere Unterhaltsleistungen zu zahlen hat, deren Höhe sich nach der »Regelunterhalt-Verordnung« der Bundesregierung bestimmt (§ 1610 III). Zu dem angemessenen Unterhalt (§ 1610) des Kindes gehören auch die Erziehungs- und Ausbildungskosten für einen Beruf. Die Unterhaltspflicht der Eltern endet dabei nicht ohne weiteres, wenn sie dem Kind eine vollwertige Berufsausbildung finanziert haben. Vielmehr müssen sie ggfls. auch für weiterbildende Maßnahmen Unterhalt leisten. Dagegen besteht ein Anspruch des Kindes auf Kostenübernahme für eine zweite Ausbildung grundsätzlich nicht. Soweit der Staat für derartige Fälle der →Berufsbildung eine →Ausbildungsförderung gewährt, kommt eine Anrechnung bzw. Überleitung von Unterhaltsansprüchen (§ 37 BAFöG) nur nach Maßgabe der zu § 1610 von der Rechtsprechung entwickelten Auslegung in Betracht. Soweit einem Bedürftigen Sozialhilfe nach dem →BSHG oder einem Minderjährigen →Freiwillige Erziehungshilfe oder →Fürsorgeerziehung nach dem →JWG gewährt wird, kann der Träger der Sozialhilfe etwaige Unterhaltsansprüche gemäß §§ 90, 91 BSHG überleiten. Hier bestehen aber ziemlich enge Grenzen: Es können nach dem BGB Unterhaltspflichtige nicht herangezogen werden, die im zweiten oder entfernteren Grad miteinander verwandt sind, also nicht Großeltern und Enkel. Überdies sollen Unterhaltspflichtige nicht in Anspruch genommen werden, soweit dies eine Härte bedeuten würde, insb. nicht Eltern von Behinderten (→Rehabilitation) über 21 Jahren, die Eingliederungshilfe oder Hilfe zur Pflege erhalten haben (→BSHG). Rechtsweg zur Durchsetzung der Unterhaltsansprüche: →Vormundschaftsgericht, →Zivilgerichtsbarkeit. [U. W.]

Text u. Lit.: →BSHG, →elterliche Gewalt, →Familienrecht, →Jugendhilferecht. Ferner: Brühl G./Göppinger/Mutschler, Unterhaltsrecht. 1. Teil: Das materielle Unterhaltsrecht. Bielefeld 1973³. Göppinger/Mutschler, Unterhaltsrecht. 2. Teil: Das Verfahrensrecht. Bielefeld 1976. Donnepp B., Unterhaltsrecht. Neuwied 1977. Haegele K., Die gesetzliche Unterhaltspflicht (Recht im Alltag. 2) Bonn o. J. (nach 1970); Köhler W., Handbuch des Unterhaltsrechts. München 1977⁴.

Verhalten, weitgehend gebraucht als Bezeichnung für jegliche Aktivität des menschlichen und tierischen Organismus. 1. Im Sinne des Behaviorismus (Watson) alle direkt beobachtbaren (offenes V.) und alle nur durch Einsatz bestimmter Techniken meßbare – also nicht direkt beobachtbaren Aktivitäten (verdecktes V.). Somit fallen außer beobachtbaren Bewegungen auch sekretorische, hirnelektrische Vorgänge, Blutdruckschwankungen und sonstige vom Zentralnervensystem gesteuerte Prozesse (Wahrnehmen, Fühlen, Denken) unter diesen Begriff. So verstanden ist der Begriff V. weiter als »Handeln«. 2. Im Sinne von »sozialem V.« umfaßt V. neben den beobachtbaren Aktivitäten insbesondere auch die Intentionalität dieser Aktivitäten und ihre Abstimmung auf Erwartungen anderer, wobei die damit verbundenen psycho-physischen Prozesse außer acht gelassen werden. Von diesem Begriffsverständnis her leitet sich ein weitgehend synonymer Gebrauch von »Verhalten« und »soz. Handeln« ab, der sich auch bei der Bildung abgeleiteter Begriffe niederschlägt (abweichendes V., Verhaltensmuster, Verhaltenstheorie etc.) →Soziales Handeln, →Interaktion. [H. B.]

Lit.: Graumann, C. F.: Handbuch der Psychologie, Göttingen 1972. Hummell H. J.: Psychologische Ansätze zu einer Theorie soz. Verhaltens, in: König R. (Hg.): Handbuch der emp. Soz. forschung, II, Stuttgart 1969. Wiehn E. R.: Soziales Verhalten, Tübingen 1971.

Verhaltenstherapie, synonym für Verhaltensmodifikation, Behandlungsansatz zur Änderung unangepaßten oder unerwünschten Verhaltens (→Normalität), dem die Annahme zugrundeliegt, daß Verhaltensstörungen (→Neurosen, →Psychosen, →Suchterkrankungen, sexuelle Verhaltensabweichungen, psychosomatische Störungen) weitgehend das Resultat fehlgesteuerter oder unterbliebener Lernprozesse darstellen (Kanfer u. Phillips 1975). V. stützt sich in der Verhaltensanalyse und den Methoden der Verhaltensänderung auf Konzepte und Gesetzmäßigkeiten der experimentellen Psychologie. Im Gegensatz zur psychoanalytischen Betrachtungsweise wird keine Rückverfolgung aktueller Probleme auf frühkindliche Konfliktkonstellationen angestrebt. Die Behandlungstechniken der V. sind hauptsächlich aus der Lernforschung (→Lernen) gewonnen, speziell aus den Paradigmen des respondenten und operanten Konditionierens. Vor einer gezielten V. wird das problematische Verhalten in seinen Kontingenzen analysiert und in seiner Häufigkeit registriert sowie das Zielverhalten definiert. Die Definition von Ist- und Soll-Zustand erfolgt auf der Ebene beobachtbaren Verhaltens. In der Verhaltensanalyse (Schulte 1974) werden dazu folgende Schritte unternommen: 1. Beschreibung des Problemverhaltens, 2. Klärung der Problemsituation 3. Motivationsanalyse 4. Entwicklungsanalyse 5. Analyse der Selbstkontrolle 6. Analyse des sozialen Umfeldes. Nach den Ergebnissen der Verhaltensanalyse bestimmt sich die Auswahl der therapeutischen Maßnahmen. Mittels →Beobachtung, →Beurteilung und →Tests vor, während und nach der V. läßt sich zufallskritisch prüfen, ob und in welchem Ausmaß das Problemverhalten abnimmt und das Therapieziel erreicht wird. Verhaltensstörungen lassen sich grob als ein Zuviel (Verhaltensexzeß) oder ein Zuwenig (Verhaltensdefizit) eines in seiner mittleren Ausprägung erwünschten Verhaltens klassifizieren. Bei Verhaltensdefiziten muß das erwünschte Verhalten aufgebaut werden. Bei Verhaltensexzessen wird das unerwünschte Verhalten abgebaut, was in der Regel mit dem Aufbau eines erwünschten Alternativverhaltens einhergeht. In der V. sind eine Fülle von Techniken des Verhaltensaufbaus und -abbaus entwickelt worden: Desensitivierung, und Selbstsicherheitstraining bei Phobien (Rachman 1970; Wolpe 1972; Ullrich de Muynck u. Ullrich 1976); Aversionstherapie bei Süchten und sexuellen Störungen (Rachman u. Teasdale 1976); Behandlungsansätze bei Depressionen und geistigen Behinderungen (Florin u. Meyer-Osterkamp sowie Redlin in Kraiker 1974); Behandlungsmaßnahmen zur Entwicklung der Selbstkontrolle (Hartig in Kraiker 1974). Die Einsatzmöglichkeiten der V. für spezielle Bereiche beschreiben: für Probleme im Kindesalter: Kuhlen 1972, für pädagogische Probleme und Schulprobleme: Rost u. a. 1975; Seidenstükker u. Seidenstücker 1977, für Probleme der Sozialarbeit: Hoffmann u. Frese 1975. Das praktische Vorgehen der V. im Einzelfall behandeln Reiss u. a. 1976 und sehr systematisch Kaminski 1970. Angesichts der Vielfalt möglicher Behandlungsansätze für Verhaltens- und Erlebensstörungen (V., →Gesprächspsychotherapie, →Psychoanalyse, →tiefenpsychologische Schulen) ist in Zukunft vor allem die Frage nach der Indikation zu stellen: Welche Form der Behandlung durch wen ist für welchen Patienten mit welcher Störung am wirkungsvollsten? [G. S.]

Lit.: Bandura, A.: Lernen am Modell, Stuttgart 1976. Bergold, J. B.: Forschung in der Verhaltenstherapie, in: Schraml, W. J., Baumann, U. (Hg.): Klinische Psychologie II, Bern 1974. Hoffmann, N., Frese, M.: Verhaltenstherapie in der Sozialarbeit, Salzburg 1975. Eysenck, H. J., Rachman, S.: Neurosen – Ursachen und Heilmethoden, Berlin 1967. Kaminski, G.: Verhaltenstheorie und Verhaltensmodifikation, Stuttgart 1970. Kanfer, F. H., Phillips, J. S.: Lerntheoretische Grundlagen der Verhaltenstherapie, München 1975. Kraiker, C. (Hg.): Handbuch der Verhaltenstherapie, München 1974. Kuhlen, V.: Verhaltenstherapie im Kindesalter, München 1972. Rachman, S.: Verhaltenstherapie bei Phobien, München 1970. Rachman, S., Teasdale, T. J.: Verhaltensstörungen und Aversionstherapie, Frankfurt 1976. Reiss, M., Fiedler, P., Krause, R., Zimmer, D.: Verhaltenstherapie in der Praxis, Stuttgart 1976. Rost, D. H., Grunow, P., Oechsle, D. (Hg.): Pädagogische Verhaltensmodifikation, Weinheim 1975. Schulte, D. (Hg.): Diagnostik in der Verhaltenstherapie, München 1974. Seidenstücker, G., Seidenstücker, E.: Verhaltensmodifikation in der Schule, in: Hierdeis H. (Hg.): Handwörterbuch der Pädagogik, Freiburg 1977. Thompson, T., Grabowski, J.: Verhaltensmodifikation mit Geistigbehinderten, München 1976. Ullman, L., Krasner, L.: A psychological approach to abnormal behavior, New York 1969. Ullrich de Muynck, R., Ullrich, R.: Einübung von Selbstvertrauen und sozialer Kompetenz, München 1976. Wolpe, J.: Praxis der Verhaltenstherapie, Bern 1972. Hoffman, N. (Hg.): Depressives Verhalten, Salzburg 1976.

Verwaltungsgerichtsbarkeit/Verwaltungsrecht. 1. Die öffentliche Verwaltung ist die durchführende und gestaltende Wahrnehmung öffentlicher Angelegenheiten durch die Organe des Staates. Sie bildet einen Teil der Staatsgewalt, die sich in Gesetzgebung, Rechtsprechung und Verwaltung äußert (Art. 20 →GG, →Demokratie, →Rechtsstaat). Dabei ist die Verwaltung als die »vollziehende« Gewalt an die durch die Gesetzgebung erlassenen Normen gebunden. Die enge Bindung zeigt sich vor allem bei der Eingriffsverwaltung (z. B. Polizei- oder Steuerwesen). Im Bereich der Leistungsverwaltung, bei der es um die Daseinsvorsorge (→Sozialstaat) geht (z. B. Sozialwesen, →Sozialrecht), ist ein größerer Entscheidungs- und Gestaltungsspielraum gegeben; aber auch diese Tätigkeit bedarf jeweils einer gesetzlichen Grundlage. Das VerwR sind die Rechtsregeln, nach denen die Verwaltung ihre verfassungsmäßigen Aufgaben wahrnimmt. Seit 1. 1. 77 ist es zu einem großen Teil durch Verwaltungsverfahrensgesetze des Bundes und der Länder geregelt. Es gehört dem öffentlichen →Recht an, da es die Rechtsbeziehungen des Hoheitsträgers gegenüber einem einzelnen Rechtsunterworfenen oder die zwischen den einzelnen Hoheitsträgern betrifft. Die wichtigste Verwaltungsmaßnahme, mittels der die Verwaltung handelt, ist der Verwaltungsakt (VA). Zum VerwR gehört das Recht des öffentlichen Dienstes, soweit es die Beamten (des Bundes, der Länder, der Gemeinden sowie der Körperschaften, Anstalten und Stiftungen des öffentlichen Rechts) betrifft (→Arbeitsrecht, →Rechtsstellung im sozialen Beruf).

2. Rechtsschutz (→Rechtsstaat) gegen die Maßnahmen der Verwaltung (Anfechtungsklage) oder unterlassene Maßnahmen, auf die ein Rechtsanspruch des Bürgers besteht (Vornahme- bzw. Leisungsklage) wird durch die VerwGer gewährt. Die Gerichte der VerwGer (die Verwaltungsgerichte, die Oberverwaltungsgerichte, das Bundesverwaltungsgericht (BVerwG) in Berlin) sind für die Entscheidung öffentlich-rechtlicher Streitigkeiten zuständig. Eine besondere VerwGer üben die Finanzgerichtsbarkeit sowie die →Sozialgerichtsbarkeit aus. Öff.-rechtl. Streitigkeiten verfassungsrechtlicher Art entscheidet das Bundesverfassungsgericht (→Rechtsstaat). Rechtsgrundlage für Gerichtsorganisation und Verfahren ist die Verwaltungsgerichtsordnung (VwGO) von 1960. Ein Verfahren in der VerwGer kann in der Regel nur nach Durchführung eines Vorverfahrens mittels eines Widerspruchs eingeleitet werden (§§ 68 ff. VwGO). Anders als in der →Zivilgerichtsbarkeit gilt in der VerwGer der Untersuchungsgrundsatz (Offizialmaxime), d. h. der Verwaltungsrichter erforscht den Sachverhalt von Amts wegen und ist an Anträge nicht gebunden; allerdings darf das Urteil über das Klagebegehren nicht hinausgehen. [U. W.]

Text: →Recht. Ferner: Sartorius: Verfassungs- und Verwaltungsgesetze (Loseblatt-Sammlung) München 1978[41].

Lit.: Blasius, H.: Einführung in die Grundlagen und Methodik des Verwaltungsrechts, Stuttgart 1977. Bosch, E./J. Schmidt: Praktische Einführung in das verwaltungsgerichtliche Verfahren, Stuttgart 1978. Grunow/Hegner/Kaufmann: Bürger und Verwaltung, 4 Bde., Frankfurt/M. 1978. Kopp, F. O.: VwGO. Erläuterungsbuch, München 1979[4]. Ders.: Verwaltungsverfahrensgesetz. Erläuterungsbuch, München 1979[2]. Redeker, K./v. Oertzen: VwGO. Kommentar, Stuttgart 1978[6]. Tschira/Schmitt-Glaeser: Verwaltungsverfahrensgesetz. Text mit Kommentar. Loseblattausgabe, München 1976. Wolff, H. J./Bachof: Verwaltungsrecht. München, Bd. 1 (Allg. Teil) 1974[9], Bd. 2 (Organisations- und Dienstrecht) 1976[4], Bd. 3 (Ordnungs-, Leistungs- u. Verw.-Verfahrensrecht) 1978[4].

Vormundschaft, ein Teil des →Familienrechts, geregelt in den §§ 1773–1908 →BGB. V. ist die staatlich eingeleitete und überwachte (→Jugendamt, →Vormundschaftsgericht) Fürsorge für die Person und das Vermögen eines Menschen, der seine Angelegenheiten nicht selbst besorgen kann. Dabei ist zwischen V. über Minderjährige und V. über (entmündigte) Volljährige (→Entmündigung) zu unterscheiden. In der ersten Form stellt die V. einen Ersatz insb. für die fehlende elterliche Fürsorge dar. Deshalb erhält das minderjährige (auch durch →Adoption) eheliche Kind einen Vormund, wenn es nicht unter →elterlicher Gewalt steht, also wenn beide Eltern tot sind (Waise), ihnen die elterliche Gewalt entzogen worden ist (§ 1666) oder sie diese (wegen eines Verbrechens gegen das Kind) verwirkt haben (§ 1676), oder wenn die Eltern das Kind weder in persönlichen noch in Vermögensangelegenheiten vertreten dürfen, also z. B. wenn die elterliche Gewalt beider oder die des einen Teils ruht und der andere sie allein nicht ausüben kann (§§ 1673 ff.). Da die Mutter eines →nichtehelichen Kindes die elterliche Gewalt hat, ist ein Vormund unter den gleichen Voraussetzungen wie bei einem ehelichen Kind zu bestellen. Allerdings ist das →Jugendamt Amtsvormund (Vormund kraft Gesetzes), wenn die Mutter des nichtehelichen Kindes minderjährig ist (§§ 1673, Abs. 2, 1791 c BGB, § 41 JWG). Als Vormund können sowohl natürliche Personen (Verwandte oder Verschwägerte mit Vorrang, § 1779), Vereine (§ 53 JWG) oder auch das Jugendamt (§ 45 JWG) bestellt werden. Die V. wird im allgemeinen unentgeltlich als Ehrenamt geführt und kann nur aus bestimmten Gründen abgelehnt werden (§§ 1785, 1786). Der Vormund hat das Vertretungs- und Sorgerecht hinsichtlich der Person und des Vermögens seines Mündels; bei wichtigeren Geschäften (Grundstück, längerfristiger Arbeits- oder Lehrvertrag, Kreditaufnahme) bedarf es der Genehmigung des V.-Gerichts, und Mündelgeld hat er sicher anzulegen (§§ 1806 ff.). Die V. endet u. a. bei Entlassung des Vormunds wegen Untauglichkeit oder Gefährdung der Mündelinteressen. [U. W.]

Text u. Lit.: →BGB, →Famileinrecht, →Jugendhilferecht. Ferner: Boschan, S.: Die Vormundschaft. Köln 1956. Firsching, K.: Vormundschaftsrecht. München 1953. Haegele, K.: Vormundschaft und Pflegschaft (Recht im Alltag. 1) Bonn 5. Aufl. o. J. (nach 1970)

Vormundschaftsgericht. 1. Teil der sog. freiwilligen Gerichtsbarkeit, die im Unterschied zur →Zivilgerichtsbarkeit zumeist nicht streitige Angelegenheiten zu entscheiden hat, so z. B. in Familien-, Personenstands- oder Nachlaßsachen. Das Verfahren richtet sich nach dem Gesetz über die Angelegenheiten der freiwilligen Gerichtsbarkeit (FGG) von 1898. Das V. ist nicht nur, wie sein Namen glauben machen könnte, mit Angelegenheiten der →Vormundschaft und →Pflegschaft befaßt. Vielmehr ist es auch Schlichtungs- und Entscheidungsorgan zwischen den Eltern und vor allem Aufsichtsorgan bei der Ausübung der →elterlichen Gewalt (s. auch →Familienrecht, →nichteheliche Kinder). Allerdings sind seit 1977 vor allem die mit der Scheidung der Eltern zusammenhängenden Angelegenheiten (→Eherecht) sowie das

→Unterhaltsrecht betreffenden Streitigkeiten dem Familiengericht (→Eherecht) zugewiesen (§ 23 b Gerichtsverfassungsgesetz, →Zivilgerichtsbarkeit). Die entscheidende Vorschrift für die gesamte Aufsicht ist § 1666 BGB; sie gibt dem V. bei Gefährdung des Kindes durch Vernachlässigung oder durch Mißbrauch der Personensorge das Recht, alle erforderlich erscheinenden Maßregeln zu treffen (→elterliche Gewalt). Hinzu kommen eine Reihe weiterer Eingriffsbefugnisse nach dem BGB, z. B. bei Getrenntleben der Eltern, Ruhen der elterlichen Gewalt, Verhinderung der Eltern oder nach der Scheidung der Ehe sowie nach dem →JWG. Um einschreiten zu können, bedarf das V. der Information. Wichtigstes Hilfsorgan in diesen Fragen ist daher das →Jugendamt. Dieses muß z. B. eine Gefährdung des Kindes oder seines Vermögens anzeigen (§§ 1694 BGB, 47 a JWG). Das V. hat das Jugendamt vor jeder Anordnung in Personensorgesachen anzuhören (§ 48 a JWG). Zumeist sind auch die Betroffenen anzuhören. Gegen Verfügungen des V. findet das Rechtsmittel der Beschwerde für denjenigen Anwendung, dessen Recht beeinträchtigt ist (§§ 19 ff. FGG; Sonderregelungen in §§ 57 ff.); in einigen Fällen muß die Beschwerde innerhalb von 2 Wochen nach Bekanntmachung der Verfügung eingelegt werden (sofortige Beschwerde § 22, z. B. in § 60). Die Entscheidung über eine Reihe von Angelegenheiten sind dem Rechtspfleger nach dem Rechtspflegersatz (RPflG) von 1969 zugewiesen (§ 3); wichtige Entscheidungen bleiben aber immer dem Vormundschaftsrichter vorbehalten (§§ 14 ff. RPflG). Gegen die Entscheidung des RPfl ist das Rechtsmittel der Erinnerung zulässig; hilft dieser nicht ab, so entscheidet der Richter, ggfls. das Rechtsmittelgericht (§ 5).

2. Das Recht zur Überwachung der Familie und die Eingriffsbefugnis des V. sind verfassungsrechtlich durch Art. 6 Abs. 3 GG (→elterliche Gewalt) gedeckt. Die Notwendigkeit staatlicher Kontrolle kann auch nicht in Frage gestellt werden. Trotzdem kann und darf man nicht verkennen, daß der Richter oder der Rpfl vor eine schwierige Aufgabe gestellt ist. Er muß sich nicht nur in umfassender Weise das Tatsachenmaterial verschaffen, sondern mit seiner Entscheidung eine Prognose stellen, daß die von ihm getroffene Maßnahme (z. B. Entzug der elterlichen Gewalt und Anordnung der Heimerziehung, →JWG) tatsächlich die erhoffte Wirkung haben wird. Seine Entscheidung steht also zumeist auf einer fragwürdigen Basis, und trotzdem hat sie bestimmenden Einfluß auf die Zukunft des Kindes, des Mündels oder der Eltern. Im Hinblick auf das hohe Maß der richterlichen Verantwortung und der Schwierigkeit der Aufgabenbewältigung ist die Tätigkeit des V. und neuerdings des Familienrichters nur noch vergleichbar mit der des Strafrichters (→Jugendgerichtsbarkeit, →Strafrecht, →Strafvollzug). [U. W.]

Text: →Familienrecht, →Jugendhilferecht. Ferner: FGG – Freiwillige Gerichtsbarkeit. Einf. J. Kuntze (dtv 5527) München 1977.
Lit.: →Elterliche Sorge, →Familienrecht, →Jugendhilferecht. Ferner: Arnold, E./K. Meyer-Stolte: Rechtspflegergesetz, Bielefeld 1978³. Bassenge/Herbst: FGG/RPflG. Kommentar, Karlsruhe 1976². Habscheid, W. J.: Freiwillige Gerichtsbarkeit (Jur. Kurzlehrbücher), München 1977⁶.

Vorschulerziehung – Vorschulpädagogik. Der Begriff Vorschulerziehung wird heute meist im engeren Sinn gebraucht und bezeichnet alle Formen des Lernens drei- bis sechsjähriger Kinder in öffentlich zugänglichen, nichtschulischen Bildungseinrichtungen. Einrichtungen der Vorschulerziehung sind vor allem Kindergärten, Kindertagesstätten, Kinderläden, Eltern-Kind-Gruppen und Vorklassen. Vorschulerziehung grenzt sich nach »unten« gegenüber der Erziehung in Krippen ab, nach »oben« gegenüber der Erziehung in Horten und in Grundschulen ohne Vorklassen. Unter »Vorschulpädagogik« werden die erziehungswissenschaftlichen Grundlagen der Vorschulerziehung verstanden. Die Notwendigkeit einer institutionalisierten Vorschulerziehung kann in dreifacher Weise begründet werden:

1. Begabung wird heute als ein Prozeß verstanden, der in hohem Maße vom Lernen abhängig ist. Frühes Lernen ist besonders wirksam, weil wichtige funktionstragende Organe sich in ihrem Hauptwachstum befinden und weil angenommen werden kann, daß Lernprozesse hierarchisch aufgebaut sind; das heißt, der Erwerb einfacherer strukturierter Lernsets ist die Voraussetzung für das Erlernen komplexerer Verhaltensweisen.
2. Die Erziehung bedarf der Ergänzung durch außerfamiliale Erziehungsinstitutionen, weil in der Familie nur wenige Rollen und Verhaltensmuster erlernt werden, weil Kinder eine Alternative zum Wertsystem der Familie benötigen und weil die Gefahr besteht, daß Eltern die Kinder zu stark an ihre eigenen Bedürfnisse binden.
3. Durch den Ausgleich von kognitiven, sozialen und psychomotorischen Lerndefiziten können die Voraussetzungen für mehr Chancengerechtigkeit und für eine produktive Weiterentwicklung unserer Gesellschaft geschaffen werden.

Die Zielvorstellungen der institutionalisierten Vorschulerziehung sind ihrer Herkunft nach drei Bereichen zuzuordnen:

1. Die traditionelle deutsche Kindergartentheorie, die von Fröbel in differenzierter Weise angelegt, von seinen Nachfolgern jedoch vergröbert wurde, geht davon aus, daß für Kinder unter Abschirmung schädlicher Außeneinflüsse ein Freiraum geschaffen werden müsse, der eine ungestörte eigene Entwicklung und eine spielende Deutung der Umwelt zulasse.

2. Die in den USA in Verbindung mit dem »Sputnik-Schock« und mit den Rassenunruhen formulierten und durch einige westdeutsche Wissenschaftler »importierten« Zielvorstellungen richten sich einseitig auf die Förderung kognitiver Funktionen, auf die Schulvorbereitung und auf die Entwicklung leistungsorientierter Werthaltungen.
3. Die in Verbindung mit der »Kinderladenpädagogik« entwickelten »antiautoritär-sozialistischen« Ziele richten sich darauf, allen Kindern Erfahrungen ihrer Klassenlage zu vermitteln. Im Zentrum der pädagogischen Bemühungen steht die Entwicklung der Ich-Identität, des kollektiven Verhaltens und der klassenspezifischen Solidarität.

In enger Verbindung zu den Zielen der Vorschulerziehung stehen die curricularen Konzepte. Hier lassen sich vier Ansätze unterscheiden:
1. Strukturorientierte Curricula richten sich an den Strukturen der Fachdisziplinen aus. Gegenstände des Lernens sind die Schlüsselbegriffe und wichtige Beziehungszusammenhänge der Fachwissenschaften. Die Elementarisierung der Begriffe und Strukturen wird lediglich als ein didaktisches Problem angesehen.
2. Funktionsorientierte Curricula gehen von wünschenswerten Fähigkeiten aus, die Kinder erwerben sollten, z. B. dem Benennen, dem Messen, dem Vergleichen, dem Klassifizieren. Die Inhalte werden diesen anzustrebenden Fähigkeiten untergeordnet.
3. Situationsorientierte Curricula gehen von Situationen aus, die für das gegenwärtige bzw. für das in näherer Zukunft liegende Leben der Kinder bedeutsam sind. Ausgewählt werden vor allem solche Situationen, die für Kinder nachvollziehbar, gestaltbar – und damit beeinflußbar – sind.
4. Sozialorientierte Curricula versuchen allgemeine Lern- und Entwicklungshilfen bereitzustellen, die für den Aufbau einer autonomen Person unerläßlich sind. Angestrebt werden z. B. ein starkes Selbstwertgefühl, Selbständigkeit in der Befriedigung der Bedürfnisse, Bindungsfähigkeit, Innenkontrolle, Frustrationstoleranz.

Die Angemessenheit der Ziele und Inhalte ist eine notwendige, nicht jedoch hinreichende Bedingung für eine vertretbare Vorschulerziehung. Weitere unerläßliche Bedingungen sind die verbesserte Ausbildung des Fachpersonals, eine intensive Elternarbeit, eine umfassende Abstimmung mit der Grundschule, zieladäquate Methoden, funktionale Räumlichkeiten und Materialien. Das Problem, in welcher Institution Vorschulerziehung durchgeführt werden sollte, ist dagegen von nachgeordneter Bedeutung. [H. H.]

Lit.: Arndt, M. (Hg.): Didaktische Spiele, Stuttgart 1974[6]. Hechinger, Fr. M. (Hg.): Vorschulerziehung als Förderung sozial benachteiligter Kinder, Stuttgart 1972. Hielscher, H. (Hg.): Materialien zur sozialen Erziehung im Kindesalter,

Heidelberg 1976². Hielscher, H. (Hg.): Vorschulerziehung in Kindergärten, Vorklassen und Eingangsstufen, Hannover 1977. Schwartz, E. (Hg.): Begabung und Lernen im Kindesalter, Frankfurt/M. 1970. Stange, W., Tiemann, D. (Hg.): Materialien zur Erziehung im Kindesalter 2, Heidelberg 1977.

Vorurteil, Relativ starre, objektiv meist falsche bzw. zu pauschale Beurteilung von Personen, Handlungen, Dingen etc. Vorurteile enthalten meist (gegenüber der Eigengruppe positive, gegenüber der Fremdgruppe negative) moralische Wertungen, basieren häufig auf unzulässigen Generalisierungen von Einzelerfahrungen und sind auf rationalem Wege schwer beeinflußbar (es wird also z. B. auch bei objektiv richtigen Informationen an Vorurteilen festgehalten). →abweichendes Verhalten, →Diskriminierung, →Randgruppen, →Stigmatisierung. [H. B.]

Lit.: Allport, W.: Die Natur des Vorurteils, Köln 1971. Wolf, H. E.: Soziologie der Vorurteile, in: König, R. (Hg.): Handbuch der emp. Soz.forschung II, Stuttgart 1967.

Wahrnehmung, psychische Funktion, die dem Organismus über Sinnesorgane die Aufnahme von Informationen über Zustände und Prozesse der Umgebung einschließlich des eigenen Körpers ermöglicht. W.-Forschung bezieht sich auf die Leistungsbedingungen und -resultate einzelner Sinnesorgane (Gesichtssinn, Gehör, Geschmackssinn, Geruchssinn, Tastsinn, Temperatursinn, Drucksinn), denen spezifische Erlebnisqualitäten entsprechen. Darüber hinaus gehört zu ihren Problemen die Frage nach den Entstehungsbedingungen diskreter Einheiten und Strukturen, wie z. B. Gestalten, Gruppierungen, perzeptiven Strukturen, der kurzfristigen Ausbildung von W. und der langfristigen individuellen Entwicklung von W.-Funktionen. W. vollzieht sich in Wechselwirkung mit Sprache und nicht-kognitiven Komponenten wie Einstellung und Motivation (→soziale Wahrnehmung). Die schlüssigste Betrachtungsweise der W. gibt derzeit der kybernetische Ansatz (Klix 1971), dem folgende Sequenz der sensorisch-perzeptiven Leistungen zugrundeliegt: 1. Bestimmung der Lage des Organismus als Grundlage der Realisierung, 2. Bestimmung des Ortes von Gegenständen oder Ereignissen in der Umgebung, 3. Ausbildung diskreter Einheiten mit Gewinnung und Skalierung zugehöriger Objekteigenschaften, 4. Ermittlung und Darstellung komplexer Beziehungen und Erkennungsleistungen. [G. S.]

Lit.: Gibson, E. J.: Principles of perceptual learning and development, New York 1969. Klix, F.: Information und Verhalten, Bern 1971. Methger, W. (Hg.): Handbuch der Psychologie, Bd. 1/1, Göttingen 1966.

Wahrscheinlichkeit, quantitatives Maß der Möglichkeit. Ursprünglich nur logisch-erkenntnistheoretisch; Aristoteles – unzureichende Begründung eines Gedankens; Hume – agnostizistische Schlußfolgerungen; Sinne vermitteln nur wahrscheinliches Wissen, Leibnitz, Maß unseres Wissens; Pascal, Laplace, mathemat. W. Seit Rudolf Carnap (geb. 1891) gelten folgende Unterscheidungen: 1. Klassifikatorische W.: Ereignis E. ist mehr oder weniger wahrscheinlich, 2. Komparatorische W.: W. von E^1 ist größer als E^2 etc., 3. quantitative W.: Wahrscheinlichkeit von $E = 2/3$. Bedeutsam für Kybernetik und Informationstheorie. Weiterhin gilt mathematische W. als Bezeichnung für die Voraussage eines Ereignisses sowie eine vorweggenommene Aussage über den Grad der Bestätigung einer Hypothese. In der Prognostik, Individualprognostik bildet W. das Maß der Erfolgs- oder Risikoerwartungen nach Prüfung von Erfahrungswerten sowie subjektiver Abschätzung (Kriminalprognosen, Täterprognostik). Zu unterscheiden ist zwischen Theorie der W. als philosophischer Theorie und Wahrscheinlichkeitsrechnung. [A. S.]

Lit.: Hartfiel, G.: Wörterbuch der Soziologie, Stuttgart 1972. Lenk, H.: Erklärung, Prognose, Planung, Freiburg. 1972. Klaus, G., Buhr, M. (Hg.): Marxistisch-leninistisches Wörterbuch der Philosophie, Bd. 3, Reinbek b. Hamburg 1972.

Wert, globale Standards, Leitbilder für das Wünschenswerte (nicht Erwünschte). Sie stellen allgemeine Prinzipien für die Auswahl, Bewertung bzw. hierarchische Ordnung von Handlungszielen und -mitteln (und die mit ihnen verbundenen Bedürfnisse, Motive, Objekte und Interaktionspartner) dar, Bewertungen, die mit Freiheit wie Gleichheit, Höflichkeit, Pünktlichkeit, Liebe, Tod, Haß verbunden sind. In der Regel wird auf der Grundlage dieser allgemeinen Wertprinzipien durch Normen konkretisiert, welche Handlungsalternativen von wem unter welchen Bedingungen ergriffen werden sollen und welche Sanktionen bei Verstoß gegen diese Regeln einsetzen. Ähnlich wie Normen lassen sich auch Werte nach Gültigkeitsbereich (rollen-, situationsspezifische, allgemein gültige Werte) und nach Verbindlichkeitsgrad und -bereich unterscheiden (Verbindlichkeit nur in bestimmten Gruppen, Subkulturen oder der Gesamtgesellschaft). Als allgemein verbindliche Orientierungsmaßstäbe für Handeln und als Legitimation von Normen sind sie Grundlage für dauerhafte Regelmäßigkeit und Abstimmung des Handelns der Gesellschaftsmitglieder. Da sie globale Prinzipien darstellen, sind sie in der Regel relativ langfristige Bestandteile kultureller Tradition. Dadurch und durch ihre Legitimationsfunktion haben sie zentrale Bedeutung für die Kontinuität und Stabilität von Gesellschaften. Andererseits sind auch widersprüchliche Werte, Unterschiede in den Werthierarchien, Wertkonflikte, mangelnde Konkretisierung der Werte durch das Fehlen entsprechender Normen, unzureichende Internalisierung von Werten kennzeichnend für jede existierende Gesellschaft und damit auch Grundlage für den sozialen Wandel. →Norm, →soz. Handeln, →Sozialisation, →soz. Wandel. [H. B.]

Lit.: Kluckhohn, C.: Values and Value Orientation in the Theory of Action; in: Parsons, T., Shils, E. A.: Toward a General Theory of Action, Cambridge, Mass. 1954³. Friedrichs, J.: Werte und soziales Handeln, Tübingen 1968. Lautmann, R.: Wert und Norm, Opladen 1969.

Wille, wird in der älteren Vermögenspsychologie als Entscheidungsfähigkeit des Individuums aufgefaßt (Ach 1965). In neueren Konzeptionen wird W. als Aspekt komplexer Entscheidungsprozesse (mit den Stufen: konflikthafte Aufforderung – Aktivierung und Informationssammlung – Informationsverarbeitung – Entschluß – Befriedigung) gesehen (→Konflikt). In der Vornahme bezieht sich der W. auf künftige Handlungen. Nach Lewin (1926) bilden Vornahmen situationsgebundene Bedürfnisse (Quasibedürfnisse), die eine Spannung in Richtung des Handlungszieles aufbauen und die sich nach Erreichung des Ziels in einem Gefühl der Befriedigung lösen (→Bedürfnisse). [E. S.]

Lit.: Ach, N.: Über den Willensakt und die Willenshandlung, in: Thomae, H. (Hg.): Die Motivation menschlichen Handelns, Köln 1965, S. 149–155. Lewin, K.: Vorsatz, Wille und Bedürfnis, Psychologische Forschung, 1926, 7, 294–385; Mierke, K.: Wille und Leistung, Göttingen 1955. Thomae, H. (Hg.): Handbuch der Psychologie, Bd. 2, Göttingen 1965.

Wissenschaftstheorien (philosophies of science) Philosophische Theorien zu den Grundlagen, Voraussetzungen, Funktionen und Wirkungen von Wissenschaft in internen Systemen von Erkenntnis sowie in wechselseitigen Bezügen im Rahmen historischer sowie sozio-kultureller, ökonomischer und ideologischer Zusammenhänge. W. können als Disziplinen auf keine herkömmlichen Systeme von Erkenntnis zurückgreifen. Sie umfassen u. a. Elemente von klassischer Philosophie, Erkenntnistheorie, Logik und Logistik, Methodologie, Soziologie, Psychologie, Kybernetik, Systemtheorie, Informationstheorie, Mathematik und darüber hinaus Aussageelemente von Ethik. Gegenwärtige Positionen im Rahmen wissenschaftstheoretischer Erörterungen (Rombach, H.) werden eingenommen und dargestellt u. a. unter Aspekten von a) phänomenologischer Wissenschaftsbegründung (Edmund Husserl, 1852–1937); b) logischem Positivismus im »Wiener Kreis«; c) analytisch-empirischer Theorie mit Voraussetzungen einer logisch-mathematisch-naturwissenschaftlichen Methodologie; d) Hermeneutik (Lehre vom Verstehen und Interpretieren sinnhaltiger Aussagen (Dokumente); e) kritischer Theorie der Gesellschaft (Kritik an der Gesellschaft schließt auch Kritik ein an einer allumfassenden »positiven Wissenschaft« (Adorno). Eine »instrumentelle Vernunft« treibt Erkenntnisse voran, ohne nach Sinn und Zweck zu fragen (Horkheimer, Adorno); f) marxistischer Wissenschaftstheorie. WT im Kontext zu einer Ideologie vom »wissenschaftlichen Sozialismus« in Anlehnung an einen dialektischen Materialismus; g) Strukturalismus. Gegenstände strukturalen Forschens sind Objekte der Natur und Kultur nur insofern, als sie Elemente zwischenmenschlicher Kommunikation sind; h) Operationalismus. Objekte wissenschaftlicher Erkenntnis werden nicht als »an sich« existierend aufgefaßt, sondern konstituiert durch spezifische Formen des wissenschaftlichen Zugriffs (Untersuchungs- und Meßverfahren). W. ist nicht identisch mit Wissenschaftsforschung, auch Wissenschaftswissenschaft genannt (science of science), die u. a. umfassen kann: a) philosophische Wissenschaftstheorie, b) Wissenschaftslogik, c) Wissenschaftssoziologie. Eine weiterführende Auffächerung von Wissenschaftsforschung in mehr als zwanzig Einzeldisziplinen führt gegenwärtig zu Vertiefungen über Reflexionen zwischen philosophischen Wissenschaftstheorien und Aussageelementen wissenschaftswissenschaftlicher Konzepte. Agologie und damit Agogik (SA/SP), die sich in einem Schnittpunktbereich von Kultur-, Sozial- und Politikwissenschaften erkennen lassen, stehen jeweils vor der Entscheidung, Aussagen einzelner Wissenschaftstheorien in ihre jeweiligen Ziel- und Handlungskataloge zu übernehmen (Wissenschaftspluralismus). Das Dilemma wissenschaftstheoretischer Explikationen von Erziehungs- und angewandten Sozialwissenschaften liegt jeweils in der zwangsläufigen Bezugnahme (Implikation) von Ideenkonstrukten zu Menschenbildern, Gesellschaftstypen, Ideologien, vor dem Hintergrund unterschiedlich deutbarer Wert- und Zielvorstellungen politischen, sozialen, erzieherischen und agogischen Handelns. [A. S.]

Lit.: Albert, H.: Theorie und Realität, Tübingen 1964. Brezinka, W.: Die Krise der wissenschaftlichen Pädagogik im Spiegel neuer Lehrbücher, in: Ztschr. f. Pädagogik, 12, 1966. Ders.: Der Wissenschaftsbegriff der Erziehungswissenschaft und die Einwände der weltanschaulichen Pädagogik, in: Ztschr. f. Pädagogik, 13, 1967, S. 135–168. Hartfiel, G.: Wörterbuch der Soziologie, Stuttgart 1972. Horkheimer, M. und Adorno, Th. W.: Dialektik der Aufklärung, Amsterdam 1947. Horkheimer, M.: Kritische Theorie, 2 Bde., Frankfurt/M. 1968. Klaus, G. und Buhr, M. (Hg.): Marxistisch-leninistisches Wörterbuch der Philosophie, Bd. 3, Reinbek b. Hamburg 1972. Lades, H.: Burrichter C., Produktivkraft Wissenschaft, Hamburg 1970. Popper, K. R.: Logik der Forschung, Tübingen 1969^3. Rombach, H. (Hg.): Wissenschaftstheorie, Bd. 1–2, Freiburg, Br. 1974. Stegmüller, W.: Theorie und Erfahrung, Berlin-Heidelberg 1970.

Wohngeld. Aus dem Prinzip des →Sozialstaats ergibt sich das gesellschaftspolitische Ziel, daß der Einzelne und die Familie angemessenen Wohnraum zu einer tragbaren Miete erhalten und frei wählen können und daß der Besitz der Wohnung nicht nur rechtlich (→Mieterschutz), sondern auch wirtschaftlich gesichert ist. Da die Mieten auf dem freien Wohnungsmarkt im Laufe der letzten Jahre immer stärker gestiegen sind, gewährt der Staat zur Verwirklichung des genannten Zieles aufgrund des nunmehr geltenden 2. Wohngeldgesetzes von 1973 ein W. in der Form eines Mietzuschusses. Anspruchsberechtigt sind alle Mieter und Untermieter einer Wohnung oder eines Zimmers, auch Bewohner eines Wohn- oder Altersheimes sowie Schüler und Studenten, die nicht bei ihren Eltern leben; keinen Anspruch auf W. haben allerdings Personen, die →Ausbildungsförderung in Form eines Zuschusses nach dem BAFöG erhalten. Das W. wird auf Antrag bei der örtlich zuständigen Verwaltungsbehörde (Gemeinde, Stadt, Kreis) geleistet. Die Höhe des W. wird nach der Zahl der zum Haushalt gehörenden Familienmitglieder und deren Einkommen sowie den Wohnkosten berechnet. Lehnt die Behörde den Antrag ab oder hält der Antragsteller den Bescheid für unrichtig, kann er Widerspruch und anschließende Klage im Wege der →Verwaltungsgerichtsbarkeit erheben.

Text u. Lit.: →Mieterschutz. Ferner: Schwerz, G.: Rechtsfragen zum 2. Wohngeldgesetz unter Berücks. v. Rspr., Verw.Praxis u. Schrifttum. Bonn 1976. Richter, A.: Mein Wohngeld? Ein Jurist gibt Ratschläge. München 1974. Stadler/Gutekunst/Forster: 2. Wohngeldgesetz. Loseblattkommentar. Stuttgart ab 1971. Wohngeld '76. Verantwortl.: Bundesmin. f. Raumordnung, Bauwesen u. Städtebau. Bonn, Presse- u. Inf. Amt d. Bundesreg.

Zeugnisverweigerungsrecht. Wer als Zeuge in einem →Strafprozeß vernommen wird, hat grundsätzlich die Pflicht zum Erscheinen, Aussagen und Schwören. Die Aussagepflicht hat allerdings eine Reihe von Ausnahmen. Denn bestimmte Personen sind befugt, das Zeugnis insgesamt oder die Antwort auf einzelne Fragen zu verweigern (§§ 52–56 StPO). 1. Das uneingeschränkte Z. haben der Verlobte, der Ehegatte sowie nahe Verwandte des Beschuldigten (§ 52). 2. Ein begrenztes Z. haben gewisse Vertrauenspersonen, nämlich Geistliche, Verteidiger, Rechtsanwälte, Ärzte, Redakteure und die anderen in § 53 genannten Personen. Sozialarbeiter (-pädagogen), Psychologen usw. haben nur dann ein Z., wenn sie Mitglieder oder Beauftragte von Schwangerschaftsberatungsstellen oder -begutachtungsstellen sind (vgl. § 53 Abs. 1 Z. 3 a der StPO). Der ursprüngliche Regierungsentwurf zur Reform des Strafverfahrensrechts 1974, der eine umfassende Ausdehnung des Z. auf Sozialarbeiter, -pädagogen und Psychologen vorsah, ist nicht Gesetz geworden. 3. Jeder Zeuge kann die Auskunft über solche Fragen verweigern, deren Beantwortung ihm oder einem nahen Angehörigen die Gefahr einer Strafverfolgung zuziehen würde (§ 55). [M. F.]

Text und Lit.: →Strafprozeß. Ferner: Fieseler, G.: Rechtsgrundlagen sozialer Arbeit, Stuttgart 1977.

Zivilgerichtsbarkeit. Da ein bürgerlich-rechtlicher Anspruch (→*BGB*) nur in Ausnahmefällen im Wege der Selbsthilfe verwirklicht werden darf (§§ 229, 561, 859, 904, 962 BGB), muß der Staat zur Bewahrung des Rechtsfriedens und zur Behauptung des objektiven →*Rechts* eine Gerichtsorganisation und ein Verfahren zur Verfügung stellen, mit deren Hilfe der eine Bürger gegen den anderen sein Recht durchsetzen kann. Das geschieht mit Hilfe der Zivilgerichte (Amtsgerichte, Landgerichte, Oberlandesgerichte, Bundesgerichtshof (BGH) in Karlsruhe) aufgrund des Gerichtsverfassungsgesetzes (GVG) von 1877/1950 sowie mit Hilfe des Zivilprozesses aufgrund der Zivilprozeßordnung (ZPO) von 1877/1950. Von der Z. abgesondert ist die →*Arbeitsgerichtsbarkeit;* andere Ziele verfolgen die →*Verwaltungsgerichtsbarkeit,* →*Sozialgerichtsbarkeit* und die freiwillige Gerichtsbarkeit (→*Vormundschaftsgericht*). Der Zivilprozeß gliedert sich in Erkenntnis- und Vollstreckungsverfahren. Das erstere wird mit dem Ziel durchgeführt, ein Urteil über den geltend gemachten Anspruch zu erhalten. Im Vollstreckungsverfahren geht es um die Erzwingung des zuerkannten Anspruchs. Allerdings eröffnet nicht jedes Erkenntnisverfahren die Möglichkeit einer Zwangsvollstreckung. Einer Vollstreckung bedarf es dort nicht, wo es nicht um die Leistung oder das Unterlassen des Prozeßgegners, sondern um die Feststellung des Bestehens oder Nichtbestehens eines Rechtsverhältnisses, z. B. eines Eltern-Kindschaftsverhältnisses (§ 640 ZPO; →*elterliche Sorge,* →*nichteheliche Kinder*), oder um die Gestaltung eines Rechtsverhältnisses z. B. Scheidung einer Ehe (§§ 606 ff. ZPO; →*Eherecht*) geht. Der Zivilprozeß ist (im Unterschied zum Verwaltungs- und →*Strafprozeß*) vor allem durch den Grundsatz der Parteiherrschaft und den Beibringungsgrundsatz geprägt, d. h. die Parteien können das Verfahren im wesentlichen frei gestalten, die Anträge frei bestimmen und entscheiden, welchen Tatsachenstoff sie unterbreiten wollen. Einschränkungen bestehen nur dort, wo Belange der Allgemeinheit überwiegen, wie z. B. Ehe- oder Kindschaftsrecht; hier spielt das *Familiengericht* neuerdings eine bedeutsame Rolle, § 23 b GVG (→*Eherecht,* →*Vormundschaftsgericht*). [U. W.]

Text und Lit.: Bruns, R.: Zivilprozeßrecht, München 1978². Menne, H.: Der Zivilprozeß. Leitfaden, Neuwied 1977. Thomas, H./H. Putzo: ZPO. Kommentar, München 1978¹⁰. Wassermann, R.: Der soziale Zivilprozeß, Neuwied 1977.

Die Autoren

Arnold Schwendtke, geb. 7. 4. 1934 in Allenstein (Olstyn). Prof. Dr., Dipl. Soziologe, Diplom-Sozialarbeiter; nach Schulabschluß 1952 Bergmann, Heimerzieher, Sozialarbeiter. Von 1963–1970, Journalist, Redakteur, Studium der Soziologie, Psychologie und Philosophie an der J. W.-Goethe-Universität in Frankfurt/M. von 1963–1970. Nach dem Vordiplom 1965: Volkswirtschaftslehre, Sozialpolitik, Osteuropäische (russische) Geschichte. Wissenschaftsredakteur (Bildung und Forschung) bei der Wochenzeitung »Publik«, Frankfurt/M. 1970/1971; Journalistenpreis 1971. Dozent für Erwachsenenbildung an der Katholischen Akademie Trier 1971–1973. Seit 1973 Professor für Soziologie (Empirische Sozialforschung) an der Fachhochschule Rheinland-Pfalz, Abt. Koblenz, Fachbereich Sozialpädagogik. Promotion in Medizinsoziologie bei Prof. Dr. med. H. Baier, Universität Konstanz. Mitglied des Forschungsbeirates der Deutschen Gesellschaft für Gesundheitsforschung, Bochum e. V., Sektion Soziologie, Ruhr-Universität Bochum. Seit 1980 bei der Sektion Soziologie, Ruhr-Universität Bochum in der Forschung: Medizinsoziologie, Wissenschaftssoziologie, DDR-Soziologie, Analysen UdSSR. Mitglied im wissenschaftlichen Beirat der Gesellschaft für Terminologie und Wissenstransfer e. V., Trier, Mitglied des Senatsausschusses für Weiterbildung beim Präsidenten der Fachhochschule, Rheinland-Pfalz. Fachgebiete: Wissenschaftssoziologie, Medizinsoziologie, Soziologie sozialer Probleme (Sozialarbeit); Statisik, Empirische Sozialforschung; Managementmethoden in Non-Profit-Organisationen, Methodenlehre der Sozialarbeit, Sozialpädagogik. Seit dem 9. 7. 1990 Gastprofessor für Soziologie/Sozialpädagogik in der Sektion Erziehungswissenschaften an der Technischen Hochschule Cottbus, Land Brandenburg.

Bleidick, Ulrich, Prof. Dr. Universität Hamburg, Lehrstuhl für Sonderpädagogik.

Bohle, Martin: Diplom-Volkswirt, Promotion zum Dr. rer. pol. an der Universität Trier, Mitarbeit im HIS (Hochschulinformationssystem), gegenwärtig: Mitarbeit in einem Forschungsprojekt der DFG.

Böttner, Ingeborg, Dipl. Psych. Prof. Fachhochschule Frankfurt/Main.

Buba, Hanspeter: Mag. rer. soc. oec., Dozent in der Erwachsenenbildung, Wissenschaftlicher Assistent an der Universität Trier. Arbeitsgebiete in Lehre und Forschung: Theorienbildung in der Soziologie, Soziale Randgruppen, wie Obdachlose, Behinderte, Drogenabhängige und Straffällige. Leitung empirischer Forschungsprojkte mit entsprechenden Veröffentlichungen.

Fuchs, Maximilian: Dr. jur., wissenschaftlicher Assistent an der rechtswissenschaftlichen Fakultät der Universität Regensburg. Arbeitsgebiete: Arbeits- und Sozialrecht, Rechtsvergleichung, Rechtstheorie.

Helmer, Elvira: Diplom-Soziologin, Dr. soc. pol. Wissenschaftliche Assistentin an der PH Hannover. Arbeitsgebiete: Sozialisationsforschung, Soziologie des Kindesalters.

Hielscher, Hans: Dr. phil., Professor, Direktor des Seminars für Schulpädagogik und Allgemeine Didaktik an der PH Rheinland, Abt. Bonn. Schwerpunkte: Allgemeine Didaktik, Vorschulerziehung. Sozialerziehung, Grenzgebiete zwischen Schul- und Sozialpädagogik.

Koch, Friedrich: Dr. phil., Dozent, Wissenschaftlicher Oberrat an der Universität Hamburg. Schwerpunkte: Sozialerziehung, politische Erziehung, Sexualpädagogik, Grundschulpädagogik.

Leitner, Hartman: M. A., Wissenschaftlicher Mitarbeiter an der Universität Trier. Arbeitsgebiete: Berufs-, Alters- und Familiensoziologie, Doktorand.

Leitner, Ute: M. A., Mitarbeit am 2. Familienbericht der Bundesregierung, weitere Mitarbeit an Forschungsprojekten. Wissenschaftliche Mitarbeiterin an der Universität Trier. Arbeitsgebiete: Familien- und Alterssoziologie, Sozialpolitik.

Ludes, Peter: Master of Arts, Brandeis Universität, Massachusetts (USA), Lehrbeauftragter für Soziologie an der Universität Trier, Doktorand. Schwerpunkte: Gemeindesoziologie, Soziologie der Alternativen, Human- und Sozialökologie.

Niermann, Johannes: Dipl.-Päd., Dr. paed., Dozent für Erziehungswissenschaft an der PH Kiel. Arbeitsgebiete: Sozialisationsforschung, Medienwissenschaft und Mediendidaktik (auditive Medien), systematische Unterrichtswissenschaft.

Niermann, M. Monika: Dr. paed., Wissenschaftliche Assistentin an der Gesamthochschule Wuppertal. Curricula in der Musischen Erziehung. Unterrichtsforschung im Sekundarbereich I. Medienwissenschaft und Mediendidaktik in der Vor- und Grundschule.

Petzold, Ernst: Dr. med., Facharzt für Innere Medizin, Psychotherapie, Oberarzt der Sektion »Klinische Psychosomatik« der Abt. für Allgemeine Klinische Medizin II, Medizinische Universitätsklinik, Heidelberg. Arbeitsgebiete: Klinische Psychosomatik, Familientherapie, Ausbildungsfragen.

Pfaffenberger, Hans: Dipl. Psychologe, Dr. phil., o. Prof. für Sozialpädagogik und Sozialarbeit an der Universität Trier.

Reindell, Katharina: Dr. med., Wissenschaftliche Angestellte in der Forschungsgruppe Streß der Universität Heidelberg. Schwerpunkte: Streßforschung, pharmakologisch und testpsychologisch.

Reischies, Andrea: Diplom-Soziologin, Journalistin, Köln. Arbeitsgebiete: Sozialarbeit, Sozialpolitik, (Soziale Randgruppen).

Schilling, Johannes: P., Lic. rer. soc. (Heilpädagogik, Sozialarbeit, Sozialpädagogik), Dr. rer. soc. (Erziehungswissenschaft, Soziologie), Diplom-Kommunikationsberater, Spielpädagogik, Gegenwärtig: Sozial- und religionspädagogischer Berater der Erzdiözese Freiburg. Mitarbeit in Forschungsprojekten des Fachbereichs Erziehungswissenschaft der Universität Konstanz.

Schmidt, Lothar: Dr. med. Prof., Leiter der Abt. Klinische Psychologie an der Universitäts-Nervenklinik, Homburg a. d. Saar.

Schmölz, Alfred, Prof. Hochschule für Musikpädagogik und Musiktherapie, Wien.

Schüpp, Dieter: Diplom-Sozialwissenschaftler, Doktorand, Essen. Arbeitsgebiete: Heimerziehung, Jugend- und Sozialpolitik.

Seidenstücker, Ellen: Dipl. Psychologin, Dr. phil., Wissenschaftliche Assistentin im Fachbereich Kultur- und Erziehungswissenschaften an der Universität Erlangen-Nürnberg. Gegenwärtig: Wissenschaftliche Assistentin im Fachbereich Biologie und Vorklinische Medizin an der Universität Regensburg, Medizinerausbildung in Psychologie. Arbeitsgebiet: Gesprächs- und Verhaltenstherapie.

Seidenstücker, Gerhard: Dipl. Psych., Wissenschaftlicher Assistent im Fachbereich Philosophie /Psychologie / Pädagogik an der Universität Regensburg. Gegenwärtig: Wissenschaftlicher Assistent im Fachbereich Philosophie an der Universität Kiel. Arbeitsgebiet: Verhaltenstherapie.

Thorun, Walter: Erziehungsdirektor, Behörde für Schule, Jugend- und Berufsbildung der Freien und Hansestadt Hamburg. Mitglied in Fachausschüssen für Sozialberufe. Arbeitsgebiete: Jugendhilfe, Sozialpädagogik.

Watzinger, Daniela: Mag. rer. soc. oec., Wissenschaftliche Mitarbeiterin in Forschungsprojekten (Familie und Sozialisation, Obdachlose, Wohnverhalten) an der Universität Trier und an der Gesamthochschule Bamberg. Arbeitsgebiete: Methoden der Empirischen Sozialforschung, Methodenlehre der Statistik, Forschungsplanung und Forschungsorganisation.

Wolter, Udo: Dr. jur., Wissenschaftlicher Assistent im Fachbereich Rechtswissenschaft an der Universität Regensburg. Arbeitsgebiete: Bürgerliches Recht, Sozialrecht, Deutsche Rechtsgeschichte. Kirchenrecht.